Uwe Weller

Gott hat viele Namen

Ursprung und Werden der Weltreligionen

UEBERREUTER

CIP-Kurztitelaufnahme der Deutschen Bibliothek

Weller, Uwe:
Gott hat viele Namen: Ursprung u. Werden d. Weltreligionen/
Uwe Weller. – Wien; Heidelberg: Ueberreuter, 1983.
ISBN 3-8000-3190-6

Das Zitat auf den Seiten 307 ff. stammt aus dem Werk
»Begegnungen mit Menschen, Büchern, Städten« von Stefan Zweig.
Mit freundlicher Genehmigung des S. Fischer Verlags, Frankfurt am Main.

J 1324/1

Umschlag von Atelier Graupner & Partner, München

Papier und Gesamtherstellung: Salzer - Ueberreuter, Wien
Printed in Austria

INHALT

Nirvana needed.
Henry Miller

EINLEITUNG
oder
DER BLICK HINTER DEN SPIEGEL

Zu allen Zeiten, in allen Kulturen und Himmelsrichtungen hat der Mensch nach Gott gefragt. Es gibt kein Thema, das den Menschen mehr beschäftigt, weil mehr erregt und umgetrieben hätte als dieses. Die Frage nach Gott überwindet alle Zeiten und ist stets aktuell dort, wo vom Menschen die Rede ist; in diesem Sinne ist die Gottesfrage von ewiger, unzerstörbarer Aktualität – so wie Gott selbst. Kurt Tucholskys Frage: »Wer ist das eigentlich – Gott?«, ist unsere Frage, so wie sie wohl auch die Frage der ersten Menschen gewesen sein mag, selbst wenn diese sie anders formuliert haben werden. Wer nach Gott fragt, fragt nicht nur nach sich selbst und nicht nur nach der Welt als Daseinsraum; er fragt, im buchstäblichen Sinn, darüber hinaus und versucht sein persönliches wie auch sein geschichtliches Verhältnis zu Gott zu bestimmen. War die Frage nach Gott über Jahrhunderte hinweg in den Privatbereich verbannt, so stellt sie sich heute wieder in aller Öffentlichkeit: Auch in einer Zeit, in der die materiellen Werte zu dominieren scheinen, stellt sich die Frage nach dem Sinn, und also ist es eine Frage unserer Zeit.

Die Nähe zu Gott bestimmt nur der Mensch. Es gab Zeiten der Gottesferne, vielleicht auch der Abwesenheit Gottes; das alles waren aber nur Empfindungen des Menschen selbst. Gott war einmal der Schöpfer, ein andermal die Lösung des Weltgeheimnisses, dann der Gott, der Eisen wachsen ließ. Er war fern und nah, aber er hat keine Vergangenheit und keine Zukunft; auch der »kommende Gott« ist der »alte Gott« – selbst wenn der Münsteraner Theologe Johann Baptist Metz vom »zukünftigen Menschen und dem kommenden Gott« spricht. Gemeint ist hier die Armut jenes Wissens, die dem Menschen offenbar aufgibt, stets eine Frage zuviel zu stellen – eben die nach Gott, von der schon Jesaja (Jes 21, 11–12) versichert: »Wächter, wie lange noch dauert die Nacht?...« Der Wächter antwortet: »Es kommt der Morgen, es kommt auch die Nacht. Wenn ihr fragen wollt, kommt wieder, und fragt!«

In allen Religionen steht die Frage nach Gott im Mittelpunkt. Der frühe Mensch, der die Geheimnisse des Sternenhimmels zu enträtseln sucht; die Primitiven, die die Götter und Dämonen zu besänftigen versuchen, indem sie sie anbeten und ihnen Opfer darbringen; die Völker des Alten Testaments, die Gott noch unmittelbar mit Du anredeten und sich in ihrem historischen Verhalten nach ihm orientierten; die alten Griechen mit ihrer sympathisch-frivolen Götterwelt auf dem Olymp; die Kirchenväter, Ketzer und Kanoniker, ja sogar der wissenschaftliche Atheismus des 19. Jahrhunderts – sie alle versuchten Tucholskys salopp formulierte Frage zu beantworten. Insofern kann es nicht verwundern, daß auch unsere Zeit, das 20. Jahrhundert, seinen Beitrag zur Gottesfrage liefert, indem es neben die theologischen auch die philosophischen Gesichtspunkte stellt, neben die literarischen auch die naturwissenschaftlichen, neben die politischen auch die tiefenpsychologischen. Die Scheu des jüdischen Menschen, Gott zu definieren, ihm also mit zu vielen Fragen zu nahe zu kommen, teilen die modernen Wissenschaften nicht. Sie haben, wie nicht anders zu erwarten, keine Schwierigkeit, wissenschaftlich – und das heißt: mit guten Gründen – Gott in die Enge zu drängen. Julian Huxley ist denn auch von einem tiefen Gefühl der Erleichterung erfüllt, wenn er in seiner Vision des künftigen Menschen bündig feststellt: »Die Gotteshypothese ist heute wissenschaftlich nicht mehr verfechtbar. Sie hat ihren klärenden Wert verloren und lastet intellektuell und ethisch auf unserem Denken. Sie überzeugt und tröstet nicht mehr.«
Wenn es wirklich so wäre, wie Zweifler, Agnostiker und Atheisten meinen, dann wären Gott und die Religion in der Tat nur noch historische Themen; aber so ist es nicht. Auch in einer diesseitsorientierten Welt, in der mehr und mehr Menschen sich als nicht religiös bezeichnen, kann vom Ende der Religion überhaupt nicht die Rede sein. Nicht nur die Entstehung immer neuer Religionsgemeinschaften oder die Dynamik moderner Kirchentage vermittelt ein anderes Bild; vor allem bleibt der Mensch aufgefordert, Stellung zu beziehen, seine Identität zu bestimmen und damit eine Antwort zu geben auf die ebenfalls ewige, weil philosophische Frage: Was ist der Mensch?
Der Mensch ist ein Tummelplatz, ein Schlachtfeld der Leidenschaften, der Träume, Hoffnungen, Ängste und Verzweiflungen; er ist ein Wesen mit einer tiefen Sehnsucht nach dem ganz anderen (Horkheimer). Er ist das einzige Lebewesen, das Fragen stellen kann: Wo kommen wir her? Wo gehen wir hin? Warum ist alles, warum ist nicht vielmehr nichts? In allen Zeiten und in allen Kulturen wurde so gefragt, und auch der moderne Mensch, dem Naturwissenschaft und Technik so viele Antworten geben, daß es dem Laien den Atem rauben kann, kommt von diesen Fragen nicht los. Vielleicht ist er aber gerade aufgrund der Tatsache, daß er so viele Rätsel entschlüsselt hat und damit an jene Grenze des überhaupt Erkennbaren gekommen ist, die ihm sogar die Möglichkeit an die Hand gibt, diese seine Welt endgültig zu zerstören – vielleicht ist er einmal mehr aufgefordert, diese Frage aller Fragen zu stellen. Immerhin: Die Atombombe macht die Frage nach der Zukunft des Menschen auf geradezu unerhörte Weise aktuell. Die Irritation, die von dieser Möglichkeit ausgeht, hat schon Ernst Bloch gespürt, als er vor über 50 Jahren schrieb: »Wir leben und wissen nicht, wozu. Wir sterben und wissen nicht, wohin.«

Es ist leicht zu sagen, was man jetzt und nachher will. Aber wer kann schon angeben, was er überhaupt will in diesem doch so sehr zweckhaften, durchrationalisierten Dasein? Die Sinnfrage ist die Menschenfrage und damit die ewige Gottesfrage. Immanuel Kant hat diesen Zusammenhang klar gesehen und eindeutig beantwortet, indem er zu den wichtigsten philosophischen Fragen Stellung nimmt und feststellt, daß die zentralen Probleme des menschlichen Denkens die Beschäftigung mit Freiheit, Unsterblichkeit und Gott darstellen. Von dieser Bestimmung leitet er ja auch die thematische Nähe der Religion und der Philosophie, insbesondere der Ethik ab und erklärt Gott zum moralischen Prinzip schlechthin: Wenn Gott nicht wäre, wüßte der Mensch seinem Leben nicht nur keinen Sinn zu geben; er wäre auch nicht in der Lage, zwischen Gut und Böse zu unterscheiden.

Kant weist aber noch auf ein weiteres Problem hin, indem er den Gottesbegriff mit dem Phänomen der Unsterblichkeit koppelt. Wenn der Mensch seinem Leben einen Sinn geben will, wenn er die Frage nach Anfang und Ende stellt, dann weiß er um die Zeitbedingtheit seiner Existenz. Er weiß, daß er sterblich ist und daß das Problem des Todes sein ganzes Leben begleitet. Der Hindu, dessen sterbliche Hülle auf einem aufgeschichteten Scheiterhaufen verbrannt wird, hat sein Leben auf die Wiedergeburt hin eingerichtet. Die alten Ägypter gaben ihren Toten Schiffe bei, die ihnen bei der Überfahrt in das ewige Leben behilflich sein sollten. Das Totenbuch des Islams beschreibt minutiös »das Feuer und den Garten«, die die Seele des gläubigen Moslems nach seinem Tod erwarten. Die Jenseitsvorstellungen des Christentums sind bekannt. Es wäre wohl töricht zu fragen, was mit Gott geschähe, wenn der Mensch unsterblich wäre (obgleich so immerhin, vor allem im 19. Jahrhundert, gefragt beziehungsweise spekuliert worden ist). Auf jeden Fall ist die Frage des Todes und des Danach ein zentrales Problem der monotheistischen Religionen, und die Auffassung mancher Psychologen, man könne mit Gott und der Funktion der Religion im Leben des Menschen viel rüder umspringen, wenn man die Angst vor dem Tod überwunden habe, birgt, wenn überhaupt, nur die halbe Wahrheit.

Die Frage nach Gott ist die Frage der Religionen. Alle Religionen machen einen Wahrheitsanspruch geltend, sie alle beinhalten eine spezifische Ausschließlichkeit. Gott ist das Ziel, und die Religionen gleichen Booten und Schiffen unterschiedlicher Größe und Antriebssysteme, die sich auf verschiedenen Wegen auf dieses Ziel hinbewegen. Welcher Weg ein Umweg ist, weiß Gott allein, auch wenn die Menschen beharrlich ihre Route als die einzig richtige hinstellen; aber wer wird schon ein Schiff beharrlich in eine Richtung steuern, von der man weiß, es ist die falsche?

Das Thema der Religion ist die Beziehung des Menschen zum Heiligen, zu Gott. Religionen regeln die Beziehungen des Menschen zu Gott; sie weisen Gott als Schöpfer aus, als Daseinspartner oder als fremde, furchterregende, dämonische Macht. Insofern jedoch Religionen die Beziehungen zwischen Gott und den Menschen stiften, sind sie historisch, haben sie eine Geschichte und machen sie Geschichte. Sie entstehen, haben ihr Schicksal – und vergehen; bis auf jene, die sich als die modernen Weltreligionen konstituiert haben. Die sinnstiftende Rolle der Religionen, ihr Einfluß auf den Gang nicht nur

der Weltgeschichte, sondern auch in vielen Teilen der Welt auf die Regional- und Lokalgeschichte ist unbestritten.
Was wäre das alte Ägypten ohne seine Götter und Symbole? Was wäre das Abendland ohne Christentum, China ohne Konfuzius? Was wäre der Orient ohne den Islam, was Indien ohne die Vielfalt seiner großen und kleinen Götter? Wo stünde der Mensch ohne Religion, ohne Gottesvorstellung? Solche Fragen sind unbeantwortbar, weil unhistorisch, deuten aber schlaglichtartig an, wie sehr die Welt und die Menschheit durch Religionen geprägt und beeinflußt sind, viel mehr vermutlich als durch Politik, wirtschaftliche Entwicklung und Forschergeist. Auch das 20. Jahrhundert mit seiner Verwissenschaftlichung hat keinerlei Veranlassung, mitleidig in die Geschichte zu blicken, da der Mensch mit seinen gewiß geringeren Kenntnissen eher Zuflucht zu den Aussagen der Religionen genommen hat, als das heute sinnvoll und verantwortlich wäre. Daß aber gerade moderne Naturwissenschaftler wie Heisenberg oder Weizsäcker der Religion nach wie vor einen bedeutenden Platz im Denken und Fragen des Menschen einräumen, sollte immerhin ebenso zu denken geben wie eine Bemerkung des späten Max Horkheimer, wonach eine Gott-ist-tot-Theologie der Verzweiflung ein Aberwitz sei: »Menschliches Denken vermag die Tatsachen der Wahrnehmung zu ordnen, nicht über sie hinauszusehen, es sei denn als die aus dem Theologischen stammende Sehnsucht nach einem Anderen in dieser Welt.«

Die Sehnsucht nach dem ganz anderen hat viele Namen, so wie Gott viele Namen hat. Religionen entfalten sich im Raum und in der Zeit und stehen offenbar in einem tiefen Wechselverhältnis zu bestimmten Regionen der Erde. Wie anders wäre zu erklären, daß der Nahe Osten gleich drei Religionen hervorgebracht hat, die Weltreligionen wurden und damit viele Volks- und Naturreligionen überwunden haben? Das geschichtliche Erscheinungsbild der Religionen zu erforschen, war und ist Aufgabe der Religionswissenschaft, die – wie könnte es anders sein – ein Kind der europäischen Philosophie des 17. und des 18. Jahrhunderts ist, ihre Entstehung also der Aufklärung verdankt, jener geistesgeschichtlichen Richtung, die der Vernunft das Wort redet und zur Religion naturgemäß eine distanzierte Position einnimmt. Religionswissenschaft und Religionsgeschichte haben die Aufgabe, Wesen, Erscheinungsformen und Verbreitungsgebiete von Religionen zu untersuchen, das heißt, sie gehen von der unabwendbaren Tatsache aus, daß die Menschen zu allen Zeiten Beziehungen zum Heiligen hatten, unabhängig davon, ob es sich dabei um magische oder ethische Akte, mythische, künstlerische oder begriffliche Ausdrucksformen handelte. Um dieses zu leisten, bedarf es eines Minimums an Vorverständnis für das, was man unter Religion verstehen darf, und die Auseinandersetzung darüber hat nicht ausschließen können, daß sich zur Religionsbeschreibung auch die Religionskritik eingestellt hat.
Nicht erst die Aufklärungsphilosophie, sondern bereits die Sophisten, Platons Zeitgenossen also, haben sich kritisch bis abschätzig über Religion geäußert, gefolgt von Autoren wie Theognis (um 550 v. Chr.) oder Xenophon (um 500 v. Chr.), die die griechischen Götter gewissermaßen schulterklopfend kritisieren, aber auch die Unwürdigkeit der mythischen Gottesvorstellung anpran-

gern: »Alles haben Homer und Hesiod auf die Götter geschoben«, kritisiert Xenophon, »was bei den Menschen wird als Schimpf und Schande betrachtet: Diebstahl und Ehebruch auch und gegenseitige Täuschung.« Dieser Kritik hätte sich ein Ludwig Feuerbach, in der ersten Hälfte des 19. Jahrhunderts, gleichwohl anschließen können.

Dabei ist die Frage nach dem Ursprung der Religion mit derartigen Einwänden in keiner Weise berührt, und auch die griechischen Interpretationen zum Verständnis der alten Mythen haben keine bündige Antwort geliefert. Diese lieferte erst Demokrit (470–380 v. Chr.), der, von einem materialistischen Standpunkt ausgehend, die »unausrottbare These« (Mensching) aufstellte, Religionen seien aus Furcht vor übermächtigen Naturvorgängen entstanden. Jede materialistische Religionsdeutung bis Feuerbach und Marx wird sich dieser These bedienen und damit die Erklärung des Aristoteles verwerfen, der meinte, die Religion entstünde aus inneren seelischen Erfahrungen oder aus der Fähigkeit, sich in einen Traumzustand zu versetzen, worin man die Außenwelt vergißt und nur noch in sich selbst hineinhört. Wichtiger, weil wirkungsvoller, war indes eine zweite Aussage Aristoteles': Der Mensch gerate angesichts der Natur und ihrer Ordnung in Verwunderung, er staune im Angesicht des Kosmos. Religion könne man nicht lernen, sondern nur erleben, und: Religion sei eine Daseinsstimmung. Damit wird zum erstenmal in der abendländisch-europäischen Geistesgeschichte eine Aussage gemacht, die für das traditionelle Verständnis von Religion und Philosophie gleichermaßen Bedeutung erlangt hat; noch Thomas von Aquin und Herder, aber auch Teilhard de Chardin und Josef Pieper berufen sich zustimmend auf Aristoteles.

Das tiefreligiöse europäische Mittelalter war weit von einer religionswissenschaftlichen Betrachtungsweise entfernt: Von der Ausschließlichkeit des christlichen Glaubens überzeugt, konnten Auseinandersetzungen mit anderen Religionen nur polemisch und militant verlaufen. Nichtchristen wurden kurzerhand als Ketzer verteufelt (wobei man sich mit schöner Regelmäßigkeit auf Augustinus berufen konnte) oder als Heiden, was schließlich auf das gleiche herauskam. Von Quellenkritik konnte keine Rede sein.

Die engstirnige Betrachtung der Religionen änderte sich erst, als mit der durch Reisen und Entdeckungen im 15. und im 16. Jahrhundert erfolgenden Entgrenzung des europäischen Gesichtskreises der Blick frei wurde für andere Religionen, zugleich aber mit dem Vertrauen auf die menschliche Vernunft allem Irrationalen, Transzendenten gegenüber Mißtrauen und Verachtung angebracht schienen.

Die Aufklärung stammt ursprünglich aus England und ist dort im wesentlichen mit den Namen John Locke und Francis Bacon verbunden, in Frankreich mit Lehre und Person von René Descartes, jenes Philosophen, der die menschliche Existenz radikal aus dem menschlichen Denken selbst ableitete und der damit die Abkunft des Menschen vom Schöpfergott stolz zurückwies. Locke unterschied bereits zwischen religiöser Vernunfterkenntnis und Offenbarung, aber auch die Offenbarung wollte er nur als Bestätigung der durch die Vernunft vorgegebenen natürlichen Gotterkenntnis gelten lassen.

Kein Geringerer als Hegel meinte, die Leistung der Aufklärung habe darin bestanden, daß sie den Glauben an den Wert zufälliger geschichtlicher Wahrheiten aufgehoben habe, aber in eben diesem Kampf der Aufklärungsphilosophen gegen Orthodoxie und Dogmatismus der spätmittelalterlichen Religion liegt auch das Dilemma ihrer eigenen Geschichtslosigkeit begründet. Indem sie zum einen das subjektive Bedürfnis des Menschen nach religiösem Gedankengut, zum anderen aber die objektive Welt der Religionen untersucht, zeigt die Aufklärung überdeutlich ihre Möglichkeiten, aber auch ihre Grenzen religionswissenschaftlichen Interesses. Kein Wunder also, wenn sich neben durchaus seriösen Ansätzen wie denen von Friedrich Nicolai oder Moses Mendelssohn skurrile Interpretationen wie die einer »nützlichen Auslegung« der Bibel auf dem Büchermarkt und in den literarischen Salons breitmachten, deren zweifellos bemerkenswerteste Blüte die Schrift eines Hermann Samuel Reimarus (1694–1765) über *Die vornehmsten Wahrheiten der natürlichen Religion* gewesen sein dürfte. Es war Lessing, der dieses Buch edierte, das sich als schönes Beispiel des Umschlagens von Intellektualität in Besserwisserei und Hochmut liest, indem es mit grandioser Geste verkündet, die ganze Auferstehungsgeschichte der Bibel sei nichts anderes als Betrug und Augenwischerei, ja eine einzige Unwahrheit, weil sie nicht nur gegen den gesunden Menschenverstand, sondern auch gegen die guten Sitten verstoße. Mit einer an Schwachsinn grenzenden Kühnheit (so Egon Friedell) verstieg sich Reimarus schließlich noch zu der Behauptung, die Apostel hätten die Auferstehungsgeschichte zu ihrem Vorteil – wir würden sagen: zu Propagandazwekken – erfunden, aber kein halbwegs vernünftiger Mensch könne im Ernst derartigen Unsinn glauben.

So sehr man heute über solche Ausführungen verwundert sein mag, so zeigen sie beinahe exemplarisch die Schwierigkeiten der Aufklärung, historische und psychologische Faktoren in die Reflexion einzubeziehen. Aber es bedurfte erst eines Lessing, um einem literarischen Unfug Einhalt zu gebieten, der aus Jesus den Antichrist schlechthin und aus den Aposteln eine Bande gefräßiger Betrüger und Rattenfänger machte. In seiner *Erziehung des Menschengeschlechts* bekämpfte er die aufklärerische Tendenz zur Abstraktion als Unfähigkeit, das Irrationale in den Religionen zu erfassen. Zugleich machte er klar, daß Religionen ihre Geschichte, also eine Entwicklung haben und daß eben diese Entwicklung erst die Erziehung des Menschen begründet, nicht aber die Gewißheit um die sogenannte Vernunft des Menschen. Gott offenbart sich nicht in fertigen Wahrheiten, vielmehr stellen alle Religionen den mehr oder weniger gelungenen Versuch dar, die göttliche Wahrheit im Rahmen der zeitbedingten Möglichkeiten zu entschlüsseln.

Mit diesem Gedanken überwindet Lessing die banale Religionskritik eines Reimarus und eröffnet zugleich den Weg für Johann Gottfried Herder, der die Geschichte der Religionen in die allgemeine Weltgeschichte eingebettet hat. Ausgehend von dem Gedanken, daß Geschichte nicht nur das Werk einzelner Persönlichkeiten, sondern in erster Linie das Werden und die Entwicklung der Völker und Nationen ist, räumt er zunächst diesen in jedem Fall die Möglichkeit eines individuellen Zugangs zu Gott ein. Nationale Religionen seien die den Völkern gemäße Art, sich mit Gott auseinanderzusetzen, und mit diesem Hinweis überwindet er sowohl die Geschichtslosigkeit der Aufklärung als auch die Engstirnigkeit und Intoleranz der abendländischen Kirche.

Für Herder wie später für Schleiermacher ist Religion zunächst nichts anderes als Anschauung und Gefühl oder das Bedürfnis, in die Tiefen des menschlichen Seins hineinzuhören. Daß damit irrationale Aspekte angesprochen werden, stört ihn keineswegs, ja er träumt sogar von einer Geschichte der Menschheit in ihren Zuständen, Denkarten und Religionen, obgleich er nicht der Mann war, eine derart anspruchsvolle Arbeit auszuführen.
Die geistesgeschichtliche Leistung der Aufklärungszeit ist unbestreitbar: An die Stelle des engstirnigen, finsteren und in der spätmittelalterlichen Ketzerverfolgung abstoßend brutalen Dogmatismus tritt die Vorstellung, der Mensch sei lernfähig, freiheitsfähig und zu verbessern, wenn er sich nur seines Verstandes bediene. Daß die Erkenntnis der neuen menschlichen Fähigkeit und Kraft zu überdimensionaler Kraftmeierei (wie bei Reimarus und seinen Lesern, aber auch später im Umkreis der Französischen Revolution von 1789 mit ihrem »Vernunftglauben«) führen konnte, darf auch im nachhinein nicht verwundern.
Die Frage, was Religion sei, ist von Friedrich Schleiermacher an der Wende des 18. zum 19. Jahrhundert erneut diskutiert worden, und er gilt bis heute mit Recht als der eigentliche Überwinder der engen religionswissenschaftlichen Aussagen der Aufklärungszeit. Anknüpfend an Herders Gedanken, Religion sei in erster Linie Anschauung und Gefühl, hat er der Religionswissenschaft völlig neue Wege gewiesen, die jedoch alle auf den Punkt zurückzuführen sind, daß die Religion eine »eigentümliche Provinz des Menschen« darstellt. Für ihn sind religiöse Fragen Menschenfragen, und so löst er sich von den abstrakten und leblosen Konstruktionen der Aufklärung völlig los und begreift die Religion als eine Anschauung des Universums, die der Mensch in seiner »Lebensmitte« trifft und die ihn betrifft. Vor allem aber stellt er die revolutionäre These auf, daß jede Religion nur durch sich selbst verstanden werden kann, daß es also nicht zu begründen ist, wenn eine Religion sich über die andere erhebt.
Erst dem 19. Jahrhundert gelang es, die Religionswissenschaft zu verselbständigen, nachdem Hegel seine geniale *Philosophie der Religion* und Schelling seine systematischen Religionsstudien veröffentlicht hatten, und erst im 20. Jahrhundert wurde der Lessingsche Toleranzgedanke wissenschaftlich begründet und exemplarisch in den Arbeiten des großen Religionsforschers Rudolf Otto ausgebreitet. Otto hat mit seinem 1917 erschienenen Buch über *Das Heilige* die Religionswissenschaft des Verstehens begründet. Er und seine Schüler, insbesondere Gustav Mensching mit seinen religionssoziologischen Schriften, haben gezeigt, daß ein sinnvolles Verständnis der Religionen der Menschheit sich nur dann einstellt, wenn man bereit ist, die Einmaligkeit und Eigentümlichkeit jeder Religion anzuerkennen und nur dort zu vergleichen, wo Gleiches mit Gleichem verglichen werden kann. Otto liefert die wissenschaftliche Begründung des sympathischen Gedankens, daß alle Religionen ihre Berechtigung durch jenen Menschen haben, der ihrer bedarf, um die Frage aller Fragen stellen und auch beantworten zu können.
Was dem Menschen heilig ist, woran er glaubt, das ist zunächst einmal seine höchst persönliche Sache, insofern ist jede Religion irrational und subjektiv. Um jene unvergleichliche Eigenart des Heiligen wenigstens benennen zu kön-

nen, prägte Otto den Begriff des Numinosen. »Das Heilige ist eine völlig eigene Wirklichkeit, die daher auch mit einem Begriff benannt wird, der nicht aus der rationalen Begriffswelt ableitbar ist. Das Heilige ist das Göttliche, das das empfängliche Gemüt in eine eigentümliche, keiner anderen vergleichbare Gestimmtheit versetzt.« (Mensching)

Die Geschichte der Menschheit, insbesondere die Geschichte der Religionen belegt, daß es zu allen Zeiten und in allen Völkern Menschen gegeben hat, die sich in irgendeiner Weise mit dem Heiligen auseinandergesetzt haben. Insofern mag Schleiermachers Bestimmung, die Religion sei die Anschauung und das Gefühl des Universums, durchaus zutreffend sein, weil sie in ihrer allgemeinen Fassung jede Form religiösen Verhaltens einschließt und sich jeder Bewertung entzieht. Auch der 1978 verstorbene Religionswissenschaftler Gustav Mensching definiert Religion in einer Weise, welche die »Begegnung mit der heiligen Wirklichkeit« auf den Begriff bringt: »Religion ist erlebnishafte Begegnung des Menschen mit heiliger Wirklichkeit und antwortendes Handeln des vom Heiligen existentiell irgendwie bestimmten Menschen.« Religion heißt demnach Gespräch, Partnerschaft, Fragen und Antworten, und wer da miteinander redet, sind zwei durchaus unterschiedliche Partner: der Mensch und der oder das Heilige oder, wie es bei Otto heißt, »das Numinose«.

Das Wesen der Religion ist die Begegnung des Menschen mit dem Numinosen, am schönsten vielleicht ausgedrückt in der jüdischen und der christlichen Religion, wenn (im zweiten Buch Mosis) der Herr, Jahwe, aus dem brennenden Dornbusch zu Moses spricht. Da jedoch die Begegnung unterschiedliche Strukturen hat, gibt es nicht eine, sondern viele Religionen, die üblicherweise in Welt- und Volksreligionen aufgegliedert werden, obgleich eine solche Differenzierung nicht ohne Schwierigkeiten vonstatten geht. Volksreligionen unterscheiden sich von Welt- oder Universalreligionen nämlich nicht nur darin, daß sie von einem einzigen Volk, einer Nation getragen werden. Sie haben durchaus auch prägende Funktion für die Identität des Volkes selbst, weshalb Herder so sehr an Volksreligionen interessiert war, da er annahm, dadurch das Geheimnis nationaler und völkischer Identität entschlüsseln zu können.

Bereits Rudolf Otto hat erkannt, daß zwischen Volks- und Universalreligionen Übergänge existieren, die sich, weltgeschichtlich gesehen, in der Zeit zwischen 800 und 500 v. Chr. vollzogen haben mögen. So stiftete Buddha auf der Grundlage indischer Volksreligionen, die noch von Aberglauben, Beschwörungszaubern und makabren Riten besetzt waren, den Buddhismus; so reformierte Zarathustra die persische Volksreligion, und so wurden schließlich auch die Volksreligionen des Nahen Ostens im Alten Testament zusammengefaßt und später aus der Perspektive des Neuen Testaments neu gesehen und bewertet.

Karl Jaspers spricht einmal von der Achsenzeit und verlegt diese in die Periode zwischen 800 und 200 v. Chr. In dieser sei sich der Mensch seiner Grenzen und Möglichkeiten erstmals bewußt geworden, ja er habe mit der Entwicklung der Universal- und Erlösungsreligionen den entscheidenden Schritt aus dem Dunkel der Vorzeit in die moderne Menschheitsgeschichte getan, und da dieser Prozeß sich nicht auf einen Kulturkreis allein bezogen hat, sondern auf alle, könne man die Achsenzeit als Datum der religiösen Erneuerung des Menschen bezeichnen.

Die Universal-, Welt- oder Erlösungsreligion ist in jeder Hinsicht auf Grenzüberschreitung angelegt: Die Stammesgrenzen werden ebenso überwunden wie die bescheiden-primitiven Götter- und Götzenvorstellungen. Mehr noch: Sofern das religiöse Gefühl des Menschen durch Volks- oder Naturreligionen bestimmt wurde, war die Begegnung mit dem Heiligen, dem Numinosen, nicht durch Partnerschaft, sondern durch Unterwerfung, Furcht und Schrekken gekennzeichnet. Der magische Mensch, mit dem sich Danzel 1928 in einer fundierten Studie auseinandergesetzt hat, ist der ängstliche, aber auch der passive Mensch, der sich der Natur und ihren Göttern und Dämonen unterwirft. Erst die Fähigkeit des Menschen, handelnd in den Naturprozeß einzugreifen, Natur also in Kultur umzuwandeln, verknüpft mit einer völligen Loslösung von jener merkwürdig-irritierenden Kollektivverbundenheit mit der Tierwelt und den Pflanzen, hat die Voraussetzung für Kulturreligionen geschaffen, deren wesentlichstes Kennzeichen der Umstand ist, daß das Numinose nicht mehr von Göttern (Plural!), sondern von einem einzigen Gott besetzt ist, dessen Existenz erst jene partnerschaftliche Begegnung erlaubt, von welcher bereits die Rede gewesen ist.

An die Stelle von Baum, Quelle, Feuer, Tier, Dämonen und Geistern, Göttern und Halbgöttern tritt die Einheit des Numinosen, der eine, persönliche Gott, der in den Offenbarungs- und Buchreligionen über das Medium Mensch verfügt, um seine Botschaft zu vermitteln. Zwar haben weder Jesus noch Mohammed je eine Zeile geschrieben, aber für den religiösen Menschen besteht gar kein Zweifel, daß ihre Aussagen göttliche Offenbarungen gewesen sind, einfacher gesagt: Gottes Wort. Damit ist jedoch in keiner Weise gesagt, die Begegnung des Menschen mit dem Heiligen verlaufe klar und unwiderruflich auf vorgegebenen Bahnen. Zwar legt die Religion das Wort Gottes aus, aber die Bereitschaft zum Hören, die Weise der Begegnung sind nach wie vor des Menschen ureigene Angelegenheit. Auch wenn die Religionswissenschaft die verschiedenen Formen der Begegnung aufgeschlüsselt und analysiert hat, wenn sie differenziert in prophetische Frömmigkeit, Erleuchtung und Erkenntnis, Vision oder eben religiöses Hören, dann ist damit die religiöse Erfahrung in ihrer Mannigfaltigkeit ebensowenig ausgelotet, wie es verblüfft, wenn Jesus wie Buddha die Erfahrung ausgedrückt haben, daß der Mensch mit hörenden Ohren nicht hören mag.

Wer Gott hören will, bedarf, um es christlich auszudrücken, der Gnade, und insofern ist es keineswegs verwunderlich, wenn der atheistische Mensch nichts davon wissen will, wenn der religiöse mit Gott redet. Was aber will der Mensch von Gott hören? Auf diese seltsam banale Frage gibt es mehr oder weniger eindeutige Antworten. Zum Wesen des Menschen scheint eine tiefe Sehnsucht nach Erlösung zu gehören. Das Volk Israel sehnte sich nach Befreiung von den diversen Besatzungsmächten und nach Erlösung durch den Messias. Das Christentum spricht von dem Suchen und Erretten dessen, was verloren ist. Buddha versuchte mit seiner Lehre dem Menschen einen Wegweiser aus der Vergänglichkeit zu geben: »Wie das große Meer nur von

einem Geschmack durchdrungen ist, vom Geschmack des Salzes, also auch ist, ihr Jünger, diese Lehre und diese Ordnung nur von einem Geschmack durchdrungen, vom Geschmack der Erlösung.« Und auch die Weisheit des Brahmanen pendelt sich ein in Richtung auf Erlösung: »Der Allwirkende, Allwünschende, Allriechende, Allschmeckende, dies All in sich Befassende, Wortlose, Achtlose, dieser ist meine Seele im inneren Herzen, dieser ist das Brahman, zu ihm werde ich, von hier abscheidend, eingehen. Wem solches ward, fürwahr, für den gibt es keinen Zweifel.«
Die Erlösungsreligionen geben viele und vieldeutige Antworten auf die nüchterne Frage nach der Qualität der Erlösung, laufen aber alle darauf hinaus, daß die partnerschaftliche Beziehung des Menschen zu Gott sich in der Einheit vollendet. Der Traum vom Paradies, vom ewigen Leben, von Unsterblichkeit sind die »konkreten« Formen jener Erlösungssehnsucht – und das Opfer, der Kult, insbesondere das Gebet, die Meditation und jene spezifische *vita religiosa*, die sich von weltlichen Bindungen weitgehend befreien möchte, sind Ausdruck des Versuchs, in einen heiligen Raum zu treten und mit Gott zu reden, ihn als Werkmeister (so Luther) anzuerkennen und sich ihm aktiv zu unterwerfen.

Kann man heute noch an Gott glauben? Die Frage läßt sich heute nicht mehr so ohne weiteres beiseite drängen oder mit dem Hinweis auf Nietzsches Diktum, Gott sei tot, zu den Akten legen. Die Auskunft der Religionsphilosophie, die Religion regle die Beziehungen des Menschen zu Gott, setzt zwar die Existenz Gottes voraus, definiert ihn als den Grund alles Seienden und bezeichnet Gott als nicht zu begründende Wirklichkeit, als Schöpfer und als Daseinspartner, aber spätestens seit Feuerbach (1804–1872) und Karl Marx steht in der Geistesgeschichte die Frage an: Wo hat der Mensch die Idee des Göttlichen her? Ist die Religiosität nicht in erster Linie ein Zeichen der Schwäche? Wie kann man an einen gütigen und gerechten Gott glauben angesichts einer Welt, in der Hunger, Ausbeutung, Unterdrückung und Elend vorherrschen? In der Tat, die hiermit angedeuteten Einwände lassen sich nicht auf die leichte Schulter nehmen.
Der bürgerliche Atheismus im wissenschaftsgläubigen 19. Jahrhundert ging davon aus, daß die Idee des Göttlichen dem Menschen angeboren sei, aber er geriet in die Klemme, wenn er sich mit der Frage beschäftigte, warum der Mensch trotz Wissen und Bildung, die ja gerade in jenem 19. Jahrhundert gigantische Fortschritte gemacht haben, an Gott glaubt und sich also von der Religion nicht befreien will oder kann. Diese in jeder Hinsicht unklare Lage hat Feuerbach mit seinem Buch *Das Wesen des Christentums* 1841 mit einem Schlag überwunden, indem er die Religion den Traum des menschlichen Geistes nannte. Feuerbach versuchte zu zeigen, daß Inhalt und Aussage der Religion durchaus menschlich seien. Die Religion sei keineswegs das Verhalten des Menschen zu Gott, sondern das Verhalten des Menschen zu sich selbst. Gott und Mensch seien, so Feuerbach, ein und dasselbe: »Der Mensch ist sich selbst zugleich Ich und Du; er kann sich selbst an die Stelle des anderen setzen.«
Der Mensch trägt in sich selbst das Bild des Unendlichen, und Gott ist nichts

anderes als das »subjektivste, eigenste Wesen des Menschen«. Was der Mensch über Gott aussagt, sagt er in Wahrheit von sich selbst aus. Diese Überlegungen enthalten zweifellos revolutionäre Aussagen ersten Ranges, und Feuerbach war sich dieser Tatsache vollauf bewußt. Indem er die Idee Gottes zu dem irrtümlicherweise vergegenständlichten Gattungsbewußtsein des Menschen erklärte und sich um den Nachweis des illusorischen Charakters des Gegensatzes von Gott und Mensch bemühte, stiftete er ein faszinierendes Gefühl der Befreiung. Muß der Mensch nicht aufatmen, wenn er erkennt, daß er in seiner Religion nur sein eigenes Wesen angebetet hat? Feuerbach hat diese Frage nachhaltig bejaht, obgleich er die Religion keineswegs abschaffen wollte. Die Religion war für ihn der Traum des menschlichen Geistes, worin sich die verhüllte Wirklichkeit des Menschen selbst zeigte. Aufgabe der Philosophie mußte es nach Feuerbach demnach sein, diesen Traum dem Menschen zu Bewußtsein zu bringen, und eben diesem Anspruch wollte er mit seiner Religionsphilosophie genügen.

Wie Feuerbach wollte auch Marx eine Reform des menschlichen Bewußtseins als Voraussetzung seiner endgültigen Freiheit herbeiführen, und in seinen Jugendschriften hat er sich ausführlich mit Fragen der Religionen und deren Behandlung durch Feuerbach und Hegel auseinandergesetzt. Auch Marx geht davon aus, daß der Mensch die Religion erfunden habe, nur fragt er im Gegensatz zu Feuerbach nach den Gründen einer solchen Erfindung. Seine Antwort lautet, der Mensch sei sich selbst, seiner Umwelt und seinen Mitmenschen gegenüber fremd geworden, wobei die Religion der konkrete Ausdruck dieser verkehrten Beziehung des Menschen zu sich selbst sei. Da er sich in der Welt nicht frei entfalten könne, träume sich der Mensch in eine andere Welt, die gekennzeichnet sei von Freiheit, Gerechtigkeit und Glück. Die Religion stelle die älteste Form der menschlichen Entfremdung dar, und in jeder Religion könne man das Erleben der Ohnmacht des Menschen und den Glauben an ein überirdisches Wesen feststellen, das ihn von dieser Ohnmacht befreien soll. Der Glaube entsteht gewissermaßen aus der empirischen Situation des primitiven Menschen. Da sein Leben stets von den Naturgewalten bedroht ist, er selbst aber aus Unkenntnis der Naturgesetze diese Gewalten weder erklären noch beherrschen kann, verlege der Mensch seine Hoffnungen und Wünsche in die Transzendenz, in das Jenseits, und schaffe sich damit ein anderes Leben in der »Überwelt«. Die Verdoppelung seiner Existenz ist die Antwort des primitiven Menschen auf seine eigene Ohnmacht. Die Religion wurzelt demnach in der »Niedergedrücktheit des Menschen« (Lenin), und sie »ist der Seufzer der bedrängten Kreatur« (so Marx). Was der Mensch Gott nennt, ist nichts anderes als sein eigenes Selbst im idealen Zustand (womit Marx Feuerbach variiert). Die Religion ist »das Selbstbewußtsein und das Selbstgefühl des Menschen, der sich selbst entweder noch nicht erworben oder schon wieder verloren hat«, schreibt Marx in seiner *Kritik der Hegelschen Rechtsphilosophie.*

Die Einwände von Marx gegen die Religionen schlechthin, insbesondere aber gegen das Christentum, dem er vorwirft, Feigheit, Duckmäusertum, Erniedrigung, Unterwürfigkeit, Demut und so weiter zu predigen, sind so gewichtig, daß keine moderne Religionsphilosophie und Religionsgeschichte sich leichthin daran vorbeischleichen kann. Immerhin müssen sich die Religionen heute einmal mehr die Frage gefallen lassen – besser: sich selbst die Frage stellen –, inwieweit sie in der Lage sind, die konkrete Situation des Menschen zu beeinflussen, und zwar nicht irgendwie, sondern positiv. Wir wissen nicht, ob Feuerbach und Marx bekannt war, daß schon der griechische Dichter Kritias, der um 400 v. Chr. gelebt hat, in einem Fragment zu seiner Tragödie *Sisyphos* die Frage nach dem Ursprung der Religionen gestellt und mit dem Hinweis beantwortet hat, daß das religiöse Gefühl mit dem Gefühl der Ohnmacht und der Angst häufig gekoppelt sei. Auch habe der Mensch das Bedürfnis gehabt, die Rätsel und die Geheimnisse der Natur und des Kosmos zu deuten. Es mag sein, daß Kritias und seine Schüler es sich zu leicht gemacht, möglicherweise sogar die Ursache mit der Wirkung verwechselt haben; aber es trifft zweifellos zu, daß in vielen Religionen Mythen und Naturdeutungen enthalten sind, und die moderne Theologie läßt sich durch gegenteilige Ausführungen von Psychologen und Psychoanalytikern nicht beirren, die meinen, die Angst auflösen zu können.

Der moderne Mensch hat auf mehrfache Weise Angst. In den Industriestaaten braucht er zwar nicht mehr Angst vor dem Verhungern zu haben, dafür ist er von den Gefahren eines atomaren Krieges um so mehr bewegt. Aber er hat nach wie vor Angst vor dem Tod – und fragt sich: Was ist danach? In einer Repräsentativbefragung 1978 unter deutschen Studenten bekannten 12 Prozent häufig und 36 Prozent hin und wieder an den Tod zu denken.

Es gibt aber auch die Angst der Sinnlosigkeit, von der bereits Gottfried Benn in einer Einleitung zu W. H. Audens Buch *Das Zeitalter der Angst* schrieb, es breite sich die Angst der Sinnleere aus, wenn auch oft nur in der sentimentalen Form einer »fundamentalen Melancholie vor der panischen Leere und Zerrissenheit des inneren Menschen von heute«. Dieses Gefühl der Sinnlosigkeit des Lebens, der Arbeit, der Freizeit, der Sexualität kann der Mensch durchaus als tödliche Bedrohung erleben. Jeder zehnte Student gab in der genannten Befragung an, er denke oft, daß das Leben sinnlos sei, und nicht weniger als 57 Prozent bekannten, dieses Gefühl hätten sie manchmal.

Sich Gedanken über den Tod zu machen, muß nicht immer heißen, daß man Angst hat. Aber es besteht eine enge Beziehung zwischen dem Gefühl der Sinnlosigkeit und dem Denken an den Tod, und man kann ahnen, wieviel Verzweiflung dabei im Spiel ist. Sartres Satz: »Es ist absurd, daß wir geboren werden; es ist absurd, daß wir sterben«, gibt ebensowenig Lebensmut wie die Bemerkung von Samuel Beckett: »Ich bedaure nur eines: geboren zu sein. Sterben ist eine so lange, mühselige Sache, fand ich immer.« Um wieviel sympathischer, befreiender ist demgegenüber eine Aussage von Papst Johannes XXIII.: »Jeder Tag ist ein guter Tag, geboren zu werden. Jeder Tag ist ein guter Tag, zu sterben.« Aber was, wenn der Mensch die Angst der Sinnlosigkeit nicht überwinden kann, weil er seine Beziehung zu Gott verloren hat?

Es gibt eine schöne und beeindruckende Stelle im *Siebenkäs* von Jean Paul, die »Rede des toten Christus vom Weltgebäude herab, daß kein Gott sei«: »Ich ging durch die Welten«, klagt Jesus den Toten, zu denen er hinabgestiegen ist, »ich stieg in die Sonnen und flog mit den Milchstraßen durch die Wüsten des Himmels; aber es ist kein Gott. Ich stieg herab, so weit das Sein seine

Schatten wirft, und schaute in den Abgrund und rief: Vater, wo bist du? Aber ich hörte nur den ewigen Sturm, den niemand regiert, und der schimmernde Regen aus Westen stand ohne eine Sonne, die ihn schuf, über dem Abgrunde und tropfte hinunter. Und als ich aufblickte zur unermeßlichen Welt nach dem göttlichen Auge, starrte sie mich mit einer leeren bodenlosen Augenhöhle an; und die Ewigkeit lag auf dem Chaos und zernagte es und wiederkäuete sich. – Schreiet fort, Mißtöne, zerschreiet die Schatten; denn Er ist nicht!«

In einem Kommentar hat der Dichter darauf hingewiesen, daß niemand im All so sehr allein sei wie der Gottesleugner; »er trauert mit einem verwaisten Herzen, das den größten Vater verloren« habe. Auch der moderne Mensch in den modernen Gesellschaften ist wieder einmal dabei, die Sicherheiten des Glaubens zu verlieren, wenngleich dafür andere Gründe herangezogen werden müssen als jene, auf die Jean Paul verwiesen hat. Zweifellos ist der Mensch nach wie vor von Hoffnungen und Träumen erfüllt, zugleich aber auch von tiefer Hoffnungslosigkeit. Die Tröstungen der Religion können nicht darüber hinwegtäuschen, daß der lebendige Mensch heute auf vielfältige Weise bedroht ist: Hungerkatastrophen, Übervölkerung, Völkermorde, Kriege, Napalmbomben, raffinierte Unterdrückungssysteme sind ebenso unsere Wirklichkeit wie der Anpassungsdruck, die Anfälligkeit für Ideologien, für Endlösungen und die Lust am Untergang oder pseudowissenschaftliche Weltdeutungen und die Begeisterung für das Radikale. Über die Schwierigkeit, heute zu glauben, kann man nicht nur in der ohne Zweifel sehr ernsthaften Weise eines Josef Pieper reflektieren, der meint, nicht nur die Teilhabe am Wissen Gottes, sondern an seinem Leben selbst müsse wiederhergestellt werden.

Das Problem der Religionen heute und die Frage nach Gott lassen sich nicht so ohne weiteres abkoppeln von dem Einwand, den Camus in der *Pest* seinem Helden, dem Arzt Rieux, in den Mund legt, als dieser erkennt, daß er die Leiden eines pestkranken Kindes nicht lindern kann. Sein Gesprächspartner, ein Priester, kann die Erschütterung des Arztes wohl verstehen: »Aber vielleicht sollen wir lieben, was wir nicht begreifen können«, gibt er zu bedenken.

»Rieux richtete sich mit einem Schlag auf. Mit der ganzen Kraft und Leidenschaft, deren er fähig war, schaute er Paneloux (i. e. der Priester) an und schüttelte den Kopf.

›Nein, Pater‹, sagte er. ›Ich habe eine andere Vorstellung von der Liebe. Und ich werde mich bis in den Tod hinein weigern, die Schöpfung zu lieben, in der Kinder gemartert werden.‹

Ein bestürzter Schatten huschte über Paneloux' Gesicht.

›Ach, Herr Doktor‹, sagte er traurig, ›eben habe ich erkannt, was Gnade heißt.‹«

Die Schwierigkeit, heute zu glauben, ist nicht identisch mit jenem jahrhundertealten Glaubensverlust, der immer wieder einmal erklärt hat, Gott sei tot. Die aktuelle und durch nichts zu beschönigende Schwierigkeit besteht darin, daß wir nicht mehr so ohne weiteres jener Gnade teilhaftig werden, die uns erlaubt, die Leiden der Menschheit in einen sinnvollen Zusammenhang zu stellen mit unserer Kreatürlichkeit. Wenn das Kinderhilfswerk Terre des

Hommes am Weltkindertag im September 1981 darauf hinweist, daß jährlich mehr als zwölf Millionen Kinder an den Folgen des Hungers sterben, daß allein 250 000 Kinder durch Vitaminmangel erblinden, daß Kinderarbeit und Kinderprostitution das Schicksal von vielen Millionen sind, dann wird aus einem Weltkindertag ein Tag der Trauer für und um die Kinder, und dann wird einmal mehr deutlich, welche besondere Qualität jene Gnade haben muß, die den Menschen daran hindert, an sich, an Gott und an der Welt zu verzweifeln.

Vielen Modeerscheinungen zum Trotz haben es die Religionen heute schwerer denn je, dem Menschen Antworten auf Fragen zu geben, die sich nicht mit einem simplen »Daran muß man eben glauben« abspeisen lassen. Die Flucht in die Wissenschaft, in Ideologien, das Leben in den Tag hinein bis hin zu Heideggers vielzitierter Seinsvergessenheit des Menschen sind Hinweise auf eine tiefe und ernste Krise, in der sich die Menschheit wieder einmal zu befinden scheint. Die Hinwendung zum Marxismus als einer wissenschaftlichen Weltanschauung, die eine totale Absage an das Spekulative, das Irrationale und das Numinose erteilt hat und sich als Theorie und Praxis der Befreiung der Menschheit begreift, ist gewiß auch im Schwinden der Glaubenssicherheit begründet. Ein Aspekt der vielfältigen Attraktivität des Marxismus ist zweifellos der Umstand, daß er als wissenschaftliches System alle Fragen, die der Mensch seit eh und je gestellt hat, beantwortet, und zwar nicht irgendwie, sondern eben wissenschaftlich-rational.

Warum sind wir, wenn es so ist, dann noch nicht alle Marxisten geworden? Bei aller Fähigkeit, die Probleme von Menschen und Gesellschaften zu analysieren, wenn möglich sogar zu lösen, bei aller Begeisterung für Fortschritt und Technik bleibt dem Menschen offenbar eine tiefe metaphysische Sehnsucht eigen. Dem freien Menschen ist es zweifellos möglich, den Aberglauben und den Obskurantismus zu bekämpfen, der Natur ein Geheimnis nach dem anderen zu entreißen und neue Welten zu erobern. Aber ein Weltgeheimnis bleibt. Im Rückblick auf eine Moskau-Reise hat Klaus Mann einmal geschrieben: »Die Liebe bleibt Geheimnis, auch im sozialistischen Staat; und was im Tod uns entfernt, auch Marx und Lenin haben es nicht entschleiert. Die Schleier bleiben, die Rätsel sind immer da, das Phänomen des Lebens enthüllt uns nicht seinen Sinn, wir wissen nichts. Wir können die Landwirtschaft kollektivieren und die Saboteure des Fortschrittes einsperren und die klassenlose Gesellschaft anstreben; aber wir wissen nicht, warum wir hier sind, woher wir kommen und wohin wir gehen. Aber wir wissen nichts.«

DIE FRÜHEN RELIGIONEN
oder
DIE SYMBOLE DES URSPRUNGS

Die unauslotbare Tiefe

Von allen Geheimnissen der Welt ist seit Anbeginn dasjenige der Schöpfung, der Entstehung das geheimnisvollste gewesen. Alle Nationen und Religionen haben den Vorgang des Schöpferischen mit der Idee des Göttlichen verknüpft, denn alles Seiende kann erfaßt, erklärt und als Tatsache begriffen werden; aber wenn irgendwo zuerst ein Nichts war und plötzlich ein Etwas ist, dann stellt sich wohl das Gefühl des Überirdischen und des Göttlichen ein.

Am Anfang steht die Einheit von Mensch und Natur. Der Mensch versteht sich als Teil der Natur, ordnet sich ihr unter, versucht ihre Geheimnisse zu lüften, aber zunächst ist er von einem sprachlosen Staunen erfüllt. Das Leben und die Welt sind ein ewiges Werden und Vergehen; Geburt, Wachsen, Blühen und Sterben wiederholen sich in einer endlosen Reihe, so wie die Sonne jeden Morgen ihren pathetischen Tagesablauf beginnt und am Abend in einer Symphonie von Farben versinkt.

Andererseits ist da der Mond mit seiner kalten Unheimlichkeit und seinem Menschengesicht. Wo kommt er her? Was will er? Was ist dort, wo der Horizont zu Ende ist? Wer befindet sich auf den Gipfeln der wolkenverhüllten Berge? Wer bringt den Fluß in Gang? Wer achtet darauf, daß es regnet und daß jeder Tag durch eine Nacht abgelöst wird? Unendlich viele Fragen prasseln auf den Menschen ein, der zum erstenmal sein Antlitz vom Boden hebt und Beobachtungen macht und folglich Fragen stellen muß, die er nicht schlüssig beantworten kann. Was er aber in jedem Fall sofort begreift, ist die Bewegung, die ewige Wiederkehr des Gleichen. Und er erfährt, daß die Natur nicht nur sein Daseinsraum ist, sondern auch eine ständige Bedrohung und Gefahr. Blitz und Donner, Unwetterkatastrophen, Vulkanausbrüche, über die Ufer tretende Flüsse bedrohen den Menschen ebenso wie wilde Tiere, rätselhafte Krankheiten und schließlich der Tod, jenes geheimnisvoll-unbegreifliche Phänomen, dem jedes Lebewesen gleichermaßen unterworfen ist.

Der Mensch nimmt Bedrohungen, Rätsel und Geheimnisse wahr, aber auch Ordnung, und alle hält er für naturgegeben schon deshalb, weil sie sich prinzipiell seinem Einfluß entziehen. Einen Fluß kann er zwar eindämmen, aber zum Stillstand bringen kann er ihn nicht. Vor dem Blitz kann er sich zwar verbergen, aber abschalten kann man ihn nicht. Dem Toten kann man Lebensmittel und Waffen in seine letzte Behausung beigeben, aber ins Leben kehrt er nicht zurück. Der Mensch, der erkennen muß, daß sich Dinge unabhängig von seinem Willen und Einfluß mit schöner Regelmäßigkeit vollziehen, kann nur versuchen, sich dieser von der Natur offenbar vorgegebenen – aber von wem oder was gesteuerten? – Ordnung zu unterwerfen, und in der Tat sind die ersten und lange Zeit ausschließlichen kultischen, magischen oder religiösen Handlungen des Menschen darauf gerichtet, diese vorgegebene Ordnung nur ja beizubehalten, denn bei aller Bedrohung, die von ihr ausgehen mag, ist sie immer noch besser als das Chaos, das unvorhergesehene Unheil oder das Nichts, die Leere, die absolute Unvorhersehbarkeit.
Frühe Religionen sind autoritäre Religionen, denn sie verlangen vom Menschen die bedingungslose Unterwerfung, und sie versuchen, das Neue und Unvorhersehbare auszuschließen, indem sie das Alte, Bekannte absolut setzen. Sie sind aber auch autoritär, weil sie alle Lebensbereiche des Menschen umfassen und ihm selbst jene Freiheit nehmen, die ihm aufgrund seiner Unterwerfung unter die Naturgewalten noch bleibt.
Frühe Religionen sind furchtbare Religionen. Statt dem Menschen seine Angst vor dem Unbegreiflichen zu nehmen, zwingen sie ihn in die Knie, fordern ihm bedenkenlos Opfer ab und vermitteln ihm einmal mehr das Gefühl der schicksalhaften Abhängigkeit von allen Elementen und Eigenschaften der Natur. Indem die Naturvölker keine Trennung zwischen Mensch und Tier vollzogen, brachten sie sich in Abhängigkeit von dem Tier, beteten es an und hielten es für ihren Urahn. Der Totemkult der nordamerikanischen Indianerstämme ist dafür ebenso ein Beispiel wie die Verehrung der heiligen Kühe in Indien.
Frühe Religionen haben aber auch Eigenschaften ausgebildet, die sich verblüffenderweise bis in die Gegenwart erhalten haben. Die modernen Theorien über die Anfänge der Religion haben den Streit darüber, welches Element der naturalistischen Religion nun das wichtigste sei, längst beigelegt, so daß es keine Frage mehr ist, ob man von Religion erst dann sprechen kann, wenn nicht mehr das Tier, sondern einzelne Gegenstände, Fetische also, angebetet werden. Aber im Gegensatz zu der Unterwerfungsgeste des Menschen, der ein Tier idolisiert, ist es nicht ohne subtilen Reiz zu wissen, daß die gleichen Naturvölker einen Fetisch, der nichts taugte, einfach weggeworfen und durch einen neuen ersetzt haben. Da hat es der moderne Aberglaube, der mit Maskottchen, Horoskop und einer albernen Angst vor der Zahl 13 recht dürftig ausgestattet ist, sehr viel schwerer, sich Nachschub zu verschaffen ...
Die moderne Religionswissenschaft hat den Versuch, die Ursprünge des religiösen Verhaltens des Menschen auf dessen Angst vor dem Tod zurückzuführen, längst mit dem Hinweis widerlegt, daß dann alle Religionen Unsterblichkeitsreligionen sein müßten, wovon mitnichten die Rede sein kann. Eher zutreffend dürfte wohl sein, daß der Mensch ein Gefühl für die Hintergründe

des vordergründigen Erlebens entwickelt hat, ein Interesse für die Frage: Was geschieht hier und warum? Nicht zuletzt deshalb ist die Götterwelt der frühen Religionen bis in die Antike hinein übervölkert von Flußgeistern, Wassergöttern, hübschen Nixen und Neptunen, und wenn der Hindu in das heilige Wasser des Ganges taucht, dann geht auch er diese einzigartige Symbiose von Gottheit, Wasser und Geheimnis ein. Die Bedeutung des Wassers bezieht sich keineswegs nur auf die Tätigkeit des Fischers oder des Seefahrers. Vielmehr spiegelt sich seine reinigende, durststillende, befruchtende, kühlende und löschende Wirkung in magischen und symbolischen Handlungen des ganzen Lebens – von der Beschwörung der Wassergeister über die Bezeichnung des Nil als »Gott« bis zur christlichen Taufe.

Der moderne Mensch ist ohne sonderliche Anstrengungen in der Lage, naturwissenschaftlich gesicherte Aussagen über das Wasser zu treffen. Er kann darüber hinaus die Wasserkraft auf vielfältige Weise nutzen, und dennoch weiß er, daß ein Fluß mehr, sehr viel mehr ist als nur eine Ansammlung mehr oder weniger schnell fließenden Wassers. Da der Mensch seit eh und je in der Nähe von Flüssen und Strömen gesiedelt hat, konnte er diese in den verschiedensten Erscheinungsformen beobachten: ruhig und still dahinfließend, dann aber auch machtvoll und gewaltig über die Ufer tretend. Nach welchen Gesetzen vollzieht sich dieser Wechsel? Und warum fließt der Fluß? Hat er nicht sogar eine Stimme, die plätschert und rauscht, ein andermal donnert und schäumt? Gewiß, der moderne Mensch kann alle diese Phänomene naturwissenschaftlich-exakt erklären, aber ein Geheimnis, und sei es nur ein kleines, bleibt dennoch: Bis heute haben Fluß und Wasser ihre Faszination auf den Menschen nicht restlos eingebüßt. Max Planck hat einmal mit entwaffnender Bescheidenheit davon gesprochen, daß auch die moderne Naturwissenschaft nicht umhin könne zuzugeben, daß der Mensch nach wie vor vor letzten Geheimnissen steht und mit ihnen weiterhin wird leben müssen.

Die eigentümliche Einstellung des Menschen zur Natur sowie seine grundsätzliche Bereitschaft, sich ihr unterzuordnen, ist nicht zu verstehen, wenn man übersieht, daß der frühe Mensch unfähig war, die Welt als Ganzes, als Einheit zu sehen. Da er die Welt als eine Vielzahl unterschiedlicher Erscheinungen erlebte, brauchte er auch eine Vielzahl von Göttern, Geistern und Dämonen, um das jeweilige Wesen der Erscheinungen benennen und beschwören zu können. Was die Religionswissenschaft Animismus nennt, ist nichts anderes als der Glaube an die Beseeltheit alles Seienden oder das, was die Melanesier mit Mana bezeichnen, ein Begriff, der sich mittlerweile auch in der Religionswissenschaft eingebürgert hat. Die Mana-Kräfte, die jedes Ding und jeder Mensch gleichermaßen besitzt und die sowohl gut als auch böse sein können, stellen also die Seele alles Seienden dar und verkörpern sich oft in Dämonen, worunter man eine Art Mittelding zwischen Gott und Mensch zu verstehen hat. Da es ein solches konkret aber nicht gibt, schenkt ihm der Mensch eine Gestalt aus Holz oder Ton oder malt sein Bild auf einen entsprechenden Hintergrund.

Die enge Bindung des Menschen an die Natur, ja die Auffassung, daß beide von Mana-Kräften gleichermaßen durchseelt sind, hindert ihn, ein Bewußtsein seiner eigenen, unverwechselbaren Persönlichkeit zu entfalten. Statt dessen versteht er sich als Mitglied einer Gruppe, genauer gesagt einer Sippe, mit der er auch über seinen Tod hinaus in der Weise verbunden bleibt, daß die Sippe die Erinnerung an ihn bewahrt und ihn gegebenenfalls sogar als Dämon oder Geist anbetet. Die komplizierten und verblüffenden Balsamierungskünste der Ägypter wären nicht zu verstehen ohne Berücksichtigung der altägyptischen Auffassung, daß die Pharaonen mit dem Tod in ihr eigentliches, unsterbliches Leben eingehen. Die tiefe Erschütterung, die auch den heutigen Menschen beim Betrachten der ägyptischen Königsmumien und ihrer Masken trifft, scheint einer solchen Auffassung in gewisser Weise durchaus zu entsprechen.

Wer viele Seelen hat, wer über kein ausgeprägtes Ich-Bewußtsein verfügt, dessen Seele hört mit dem Tod durchaus nicht auf, in irgendeiner Weise zu existieren. So sehr die Welt und das Denken des frühen Menschen mit Geistern und furchterregenden Dämonen besetzt sind, es besteht kein Anlaß, unsere Vorfahren als trübsinnige Pessimisten zu charakterisieren; ganz im Gegenteil. Die magische Frömmigkeit ist durchaus lebensbejahend, gleichgültig ob sie sich in der Erfindung komplizierter Zeremonien und Beschwörungsformeln, in üppigen Totenmahlen oder kurzerhand im Verzehr der erschlagenen Feinde manifestiert, worin sich vornehmlich die Bewohner Borneos ausgezeichnet haben, um das Mana ihres Gegners zu ihrem eigenen zu machen.

Monotheistische Auffassungen von einem Gott als Schöpfergott haben in diesen frühen Formen des religiös-magischen Verhaltens naturgemäß keinen Platz. Ihr Auftreten wurde oft sogar als Ende des menschlichen Optimismus bezeichnet, denn in dem Moment, da man es nur mit einem einzigen Gott zu tun hat, ist klar, daß eine Ähnlichkeit mit diesem nie zu erreichen sein wird. Die indischen Religionen haben sich diesen Einwand insofern zu eigen gemacht, als sie den Glauben an die Wiedergeburt des Menschen mit dem Hinweis begründen, erst durch diese – sei es als Mensch, Tier, Pflanze oder gar Gott – sei der Mensch in der Lage, das Quantum seiner Erkenntnis zu vergrößern und dem Göttlichen dadurch einen Schritt näherzukommen. Das sogenannte Sansara, das Rad der ewigen Wiedergeburt, gilt als einzige Voraussetzung, zur rechten Erkenntnis der Welt und zu einem entsprechend ausgerichteten Leben zu gelangen.

Auf einem assyrischen Bronzetäfelchen aus dem 7. Jahrhundert v. Chr. ist eine Beschwörungsszene dargestellt: Oben befindet sich ein Kopf, darunter einige Göttersymbole, darunter sieben Dämonengestalten mit Tierköpfen, darunter wiederum ein Kranker oder Besessener mit zwei Magiern in Fischgestalt, begleitet von einigen weiteren Dämonen. Am unteren Rand des Reliefs ist ein weiblicher Dämon mit Tierkopf und Vogelbeinen zu sehen, an dessen Brüsten ein Hund und ein Schwein saugen. Die Dämonin kniet auf einem Esel, der in einem Schiff liegt, das im Wasser schwimmt, munter von Fischen umgeben.

Die Eigentümlichkeiten der religiösen Erfahrungen der Menschen in frühen Kulturen werden in einem solchen Bild überdeutlich – weil es nicht ausdeutbar ist. Zwar ist die Bedeutung des Tiers unmittelbar ersichtlich, aber andererseits geht aus der Darstellung keineswegs hervor, welches religiöse Empfinden den Menschen jener Zeit ausgezeichnet hat. Zwei Beobachtungen lassen sich dennoch machen: Zum einen versucht der Mensch, sich durch Magie und Zauber das Mana des Tieres anzueignen, zum anderen scheint diese Transaktion bereits so schwierig zu sein, daß es der Spezialisten bedarf, die hier in Gestalt von Magiern oder Priestern auftauchen. Insofern darf auf eine gewisse Ritualisierung des magischen Handelns und der religiösen Gebräuche geschlossen werden.

Das religiöse Empfinden des Menschen ist also nicht nur auf die Vermehrung der Seelenkraft gerichtet, sondern ebenso auf die Beibehaltung der bekannten Ordnung, der sich – und das ist das Entscheidende – auch die Dämonen und die Götter unterzuordnen haben. Bei aller »Primitivität« früher Religionen muß gesehen werden, daß deren Götter ebenso auf die Menschen angewiesen sind, wie sich andererseits die Menschen in der Abhängigkeit der Götter befinden, eine Art wechselseitiger Beziehung also, deren Spielregeln von entsprechend geschulten Fachkräften – Priestern – aufgestellt und eingehalten werden.

Auch wenn die Religionen der Frühzeit diesseitig und in erster Linie an den primären Lebensbedürfnissen des Menschen orientiert sind, so verschließen sie sich dennoch nicht dem Problem des Todes. Der vom Vorhandensein der Mana-Kräfte abgeleitete Totenglaube zum Beispiel schließt nicht aus, daß die Toten nach wie vor ihre Wirksamkeit haben. Zwar können die Mana-Kräfte des Toten von einem Mitglied seiner Sippe adoptiert werden, aber der Tote selbst existiert weiterhin. Um zu verhindern, daß er auf die Idee kommen könnte, zu den Lebenden zurückzukehren, hat sich der Mensch seltsame Behandlungen der Leichen ausgedacht: Er fesselt sie wie einen kraftstrotzenden Irren; er trägt sie im Kreis herum, damit sie sich verirren und nicht mehr zurückfinden; er verhält sich still, um den Toten nicht neugierig zu machen; und noch die christliche Sitte, die Toten mit den Füßen voraus aus dem Haus zu tragen, scheint auf diesen Gedanken zurückzuführen zu sein.

Wir wissen nicht, ob die Menschen früherer Kulturen mit ihren ausschließlich diesseitig orientierten Religionen wirklich glücklich waren, aber es besteht kein Zweifel, daß sie Vorstellungen vom Numinosen entwickelt haben, die ihnen halfen, das zu erklären, was mit dem normalen Menschenverstand und aus der Erfahrung heraus nicht zu erklären war. Zugleich half der Götter- und Götzenglauben Ordnung in eine Welt zu bringen, die aus den verschiedensten, aber auch faszinierendsten Elementen bestand, selbst wenn diese durch religiöse Einsicht gewonnene Ordnung sich im Grunde nur auf einen kleinen Ausschnitt der Welt beschränkte. Aber was wußte der Mensch schon von der Größe der Welt und von ihrer Systematik. Sobald er jedoch seinen Horizont über die unmittelbaren Lebensbedürfnisse und Interessen hinaus entgrenzte, waren die Fragen wieder da, und die kleinen Götter blieben stumm. Und so begann auch der sogenannte primitive Mensch über die komplizierteste Frage nachzudenken, von der der Mensch bis heute nicht losgekommen ist: Was war am Anfang?

Die Zahl der Stammes- oder Naturreligionen ist unübersehbar groß, und ebenso vielfältig sind ihre speziellen Inhalte, die jedoch zum Teil überraschend identische Phänomene ausgebildet haben. Allen scheint das Unterworfensein des Menschen unter eine geschichts- und entwicklungslose Ordnung eigen zu sein, wie sich auch vielfältige Formen oder doch zumindest Elemente des Totemismus und des Fetischismus in ihnen nachweisen lassen. Immerhin versuchen ja alle Religionen, die die engen Dimensionen der Geister- und Dämonenbeschwörung hinter sich lassen, eine Antwort auf die Frage nach dem Ursprung zu finden, aber wegen der innigen Verbindung des Menschen zur Natur sind die frühen Religionen darauf angewiesen, Schöpfungsgeschichten zu finden, die dem radikal diesseitig ausgerichteten Denken nicht allzu viele Schwierigkeiten bereiten, das heißt: nicht allzu abstrakt sind. Ob es nun die Schöpfungsmythen der Azteken und der Inkas in Mittel- und Südamerika sind, die die Entstehung der Welt in Verbindung bringen mit einer Urschlange oder einem mythologischen Vogel, oder ob es sich um das Zwölfergottsystem der römischen Religion handelt, von der Livius berichtet, der sich wiederum auf die alten Griechen beruft: Stets hat man es mit relativ hautnahen Beziehungen des Menschen zu seiner Götterwelt zu tun, und selbst noch im Alten Testament der christlichen Religion ist die Schöpfungsgeschichte mit geradezu verblüffend irdischer Dramatik erzählt. In dem schönen Schöpfungsmythos des Ngadju-Dajak-Stammes auf der Südseeinsel Borneo sind die Elemente der religiösen Weltdeutung so klar ausgebildet, daß sie bereits die Grundstrukturen der sogenannten Kulturreligionen vorwegnehmen.

»Es geschah damals in früher Zeit, als sich alles noch im Rachen der aufgerollten Wasserschlange befand«, so beginnt die Erzählung. »In der Urzeit war es, als noch nicht das Lob aufstieg der Leute von Batu Nidan Tarong und der Ruhm sich noch nicht verbreitete der Bewohner des Dorfes Liang Angkar Bantilong Njaring. ... Damals floß nur der Schein des Goldberges, der sich bis zu den Wolken erhob, zusammen mit dem Glanz des Edelsteingebirges. Der Goldberg ragte in die Höhe, und auf ihm erhob sich sein Nashornvogel Ranjing Mahatala Langit *(worunter wir offenbar seinen Herrn und Gebieter zu verstehen haben).* Der Edelsteinberg bewegte sich hin und her, und auf ihm wiegte sich sein Falke *(also dessen Eigentümer),* sein Herr, der König und Besitzer des Himmels. Goldberg und Edelsteinberg berührten sich in ihrer Bewegung. Sie stießen einmal zusammen, und es zuckten auf die Blitze, und sie verwandelten sich in die blumigen Wolken, die herabhängen vom Himmel.

Zum zweitenmal stießen der Goldberg und der Edelsteinberg gegeneinander, und schon zuckten hervor die Blitze, und sie breiteten sich aus und wurden zum weiten Himmel, und sie dehnten sich aus und wurden zum ausgestreckten Himmelsgewölbe.

Zum drittenmal stießen der Gold- und der Edelsteinberg gegeneinander, und es entstanden die steinernen Erhöhungen, die Berge und Felsen der Erde. Der Goldberg und der Edelsteinberg stießen wiederum gegeneinander, und es entstand der goldene runde Mond, und es wurden geschaffen die glänzenden edelsteinernen Ränder der Sonne.

Der Goldberg und der Edelsteinberg stießen von neuem gegeneinander, und die hervorsprühenden Blitze verwandelten sich in die Falken des Himmels, der dem Ranjing Mahatala gehört, und sie nahmen die Gestalt an des Fisches Ila-Ilai-Langit.«

Der Gold- und der Edelsteinberg stießen wieder gegeneinander, und die zukkenden Blitze verwandelten sich diesmal in einen kostbaren Schatz, der ebenfalls dem Ranjing Mahatala gehört. Schließlich erzählt der Mythos die Entstehungsgeschichte der Erde:

»Ranjing Mahatala Langit erhebt seine Stimme, und man sieht seine funkelnden goldenen Zahnstifte und seine leuchtenden elfenbeinernen Zähne, und er ruft seinen Sänger Tambon, die weibliche Djata«, worunter wir eine Frau zu verstehen haben, deren Kinder sich miteinander verheiratet haben. Diese weibliche Djata taucht nun auf, überschreitet eine elfenbeinerne Brücke, nähert sich Ranjing Mahatala, und beide schaffen nun gemeinsam die Ahnen der Menschen – also noch nicht die Menschen selbst! – an den Ufern des Flusses der Welt, welche die »Vorfahren der Bewohner an den Buchtungen des Dorfes der Lanzen« genannt werden. Zugleich schaffen sie auch die Vorfahren der Leute, die an den anderen Buchtungen der Insel Borneo leben werden. Schließlich erhebt sich Ranjing Mahatala Langit in die Lüfte und reicht seine goldene Kopfbedeckung zum Himmel, die sich, mit Edelsteinen besetzt, am Himmel hin und her zu bewegen beginnt. Daraufhin verwandelt sich diese magische Kopfbedeckung in einen hoch aufragenden Lebensbaum, der zarte Blüten und Blätter aus Gold treibt sowie Früchte, die wie Elfenbein glänzen.

»Die Schwester oder Frau des Mahatala, Putir Selong Langit, hat in einem goldenen Käfig einen weiblichen Nashornvogel«, wird dann weiter berichtet. »Eines Tages fliegt er fort, sieht in der Ferne den Lebensbaum, läßt sich auf ihm nieder und nährt sich von Blütenknospen und Früchten. – Es erhebt sich Ranjing Mahatala Langit, und er hält in der Höhe den goldenen gebogenen Dolch, der mit Edelsteinen besetzt ist, und wie der Dolch den Himmel erreicht, wird er plötzlich ergriffen, und er verwandelt sich in einen männlichen Nashornvogel, der den Himmel aufreißt.

Der Nashornvogel sieht den Lebensbaum, den hoch sich erhebenden, und er erblickt den erhabenen weiblichen Nashornvogel. Der männliche Nashornvogel begibt sich zum Lebensbaum«, nährt sich vom Moos des Baumes; aber als er sieht, daß der weibliche Nashornvogel von den Früchten des Lebensbaumes kostet, die natürlich sehr viel besser schmecken als das Moos, packt ihn der Neid. »Er schlägt mit den Beinen an den Lebensbaum, den hoch sich erhebenden, er hackt mit seinem Schnabel in den Lebensbaum, den hoch sich erhebenden. Plötzlich verwandeln sich die weißen Blütenknospen in ein Fahrzeug von gelbem Bangkiraiholz (auch Goldboot oder Wasserschlangenboot genannt). Nun versetzt auch der erhabene weibliche Nashornvogel mit dem großen Horn den elfenbeinern glänzenden Knorren des Baumes Fußtritte.

Es recken und strecken sich die elfenbeinern glänzenden Baumknorren, und sie verwandeln sich in ein menschliches Wesen, nehmen die Gestalt an eines den *sindjang* (Schultertuch) tragenden Weibes. Das Weib läßt sich sogleich nieder im Fahrzeug von gelbem Bangkiraiholz.«

Überraschenderweise geht der Streit der beiden Nashornvögel weiter. Sie hakken unausgesetzt auf den Lebensbaum ein, und aus jedem Stück der abgeschlagenen Rinde entsteht ein Teil der Welt: die Flüsse und die Meere. Als aber schließlich die Blütenknospen des Lebensbaumes abgerissen und zer-

trampelt werden, entsteht aus diesen der Ahnherr der Hexen und aus dem zerfetzten Baumstumpf am Ende ein düsteres Fahrzeug, das Edelsteinboot, dessen besondere Bedeutung sich sogleich enthüllt:
»Der männliche Nashornvogel hackt ein in die Kehle des weiblichen Nashornvogels, und aus der Kehle des weiblichen Nashornvogels fällt heraus das weiblich schillernde Moos, und es verwandelt sich und nimmt die Gestalt an eines menschlichen Wesens. Er (!) läßt sich nieder im schwarzen Boot. In quer liegender Fahrt treibt das schwarze Boot auf dem Urwasser herum, und es nähert sich schräg dem Fahrzeug von gelbem Bangkiraiholz.«
Was nun folgt, kann kaum noch überraschen. Der Jüngling sieht die Jungfrau und entbrennt in Liebe zu ihr. Bevor er sie aber zur Frau nehmen kann, stellt sie drei Bedingungen: Sie verlangt einen Ort, wo sie sich niederlassen können, und Mahatala schafft eine Insel herbei; sie wünscht ein Haus, um darin wohnen zu können, und Mahatala läßt aus der Götterwelt sieben goldene Bretter herabfallen, worauf die Göttin Djata aus der Unterwelt auftaucht, die Bretter bearbeitet und so den ersten Menschen ein Haus baut; den dritten Wunsch erfüllen sie sich gemeinsam, und auf diese Weise entsteht das Menschengeschlecht...
Der Schöpfungsmythos der Ngadju-Dajak enthält alle Elemente einer naturalistischen Religion: Er beginnt mit der Benennung jener Berge, die zum Sitz der Götter erklärt werden und darüber hinaus auch Funktionen für die Entstehung der Götter selbst innehaben. Aus dem göttlichen Reichtum entsteht der Lebensbaum, dessen Zerstörung nicht das Ende der gerade erst in Gang gekommenen Schöpfung darstellt, sondern im Gegenteil die Voraussetzung für die Entstehung des Menschengeschlechts bildet. Das urzeitliche Geschehen, symbolisiert im Kampf der Götterberge, setzt sich durch die ganze Schöpfungsgeschichte fort. Es gibt keine absoluten Gegensätze; Leben, Hochzeit und Tod sind dialektisch aufeinander abgestimmt, und die Entstehung des Menschen aus der Natur wird illustriert mit dem Bild der den Lebensbaum zerstückelnden Nashornvögel: Der Lebensbaum wird zerstört, aber das Leben beginnt.
Bei aller Vordergründigkeit der Handlungs- und Erzählstruktur haben wir keinerlei Anlaß, die Aussagekraft dieses oder jedes anderen Mythos milde und nachsichtig zu belächeln. Immerhin hat sich kein Geringerer als der bedeutende Gelehrte Karl Kerényi sein ganzes Forscherleben lang mit Fragen nach dem Ursprung der Religionen auseinandergesetzt und dabei insbesondere die Entstehung der antiken Mythologie – allerdings vornehmlich der griechischen und römischen – untersucht. Nach seiner Auffassung handelt es sich beim Mythos um ein erzählerisches Kunstwerk, das einen heroischen Stoff mit vielen Elementen des Märchens und alter Sagen verknüpft und damit den Mythos von der Entstehung der Welt und des Menschen mit geradezu verblüffender Folgerichtigkeit in die lebendige Realität des jeweiligen Kulturkreises einbringt. Insofern aber der Mythos zunächst nicht schriftlich fixiert, sondern mündlich weitergegeben wird, entwickelt er sich zu einem Geflecht aus vielfältigen Farben und Ornamenten.
Entscheidend aber ist wohl ein anderer Gesichtspunkt: Eine mythologische Erzählung vom Anfang der Welt hat keineswegs die Absicht, das Weltge-

heimnis ein für allemal gelöst zu haben. Vielmehr beansprucht sie Wahrheit nur für den konkreten Lebenszeitraum jener Menschen, die sich dieses Mythos bedienen. Insofern ist er nicht nur lebensnah und diesseitsorientiert, sondern auch auf bescheidene Weise zeitbedingt. Große Religionen verstehen sich als das letzte Wort, die vielen kleinen sind da sehr viel bescheidener. Der Mythos ist die Antwort des lebendigen Menschen auf die Frage nach der Vergangenheit; die Zukunft interessiert ihn nicht oder doch nur insofern, als die Kenntnis eben dieser Vergangenheit – man könnte auch sagen: der Tradition – dem lebendigen Menschen hilft, den nächsten Schritt zu tun; vermutlich ist das der Punkt, von dem aus auf den sittlichen Wert des Mythos geschlossen werden kann, selbst wenn man berücksichtigt, daß nicht jedes Götterleben ein lobenswertes Beispiel für den Menschen abgibt...

Die Vorliebe vieler Völker und Kulturen für ihre Mythen läßt sich nur so erklären, daß sie sich in ihnen heimisch fühlen, weil sie eben auf so sympathische Weise irdisch waren. Der naive Mensch fand in der konkreten Welt Grund genug, um seine Götter real zu finden. Er brauchte den überirdischen Gott ebensowenig wie ein kompliziertes Denkgebäude, das wir Religion nennen. Also begnügte er sich mit seinen märchenhaften Geschichten von der Entstehung und schmückte sie auch dann noch aus, wenn er bereits wußte, daß es gar nicht so gewesen sein konnte, wie er es sich in seinem Mythos zurechtgelegt hatte.

So beginnt eine australische Erzählung über den Ursprung der Sonne mit der Feststellung, damals »lebten auf der Erde nur Vögel und Tiere, die viel größer waren als heute«. Es war also eine Urzeit, von der nur die Mythologie zu berichten weiß, denn dabeigewesen ist eben keiner, und insofern ist der Berichterstatter des entsprechenden Mythos in keiner Weise veranlaßt, über dessen Inhalt Zweifel anzumelden: Die Mythologie erklärt sich selbst und alles andere in der Welt! Sie ist so wahr wie eine schöne Dichtung oder ein Musikstück, und niemand wird bezweifeln, daß Dichtung und Musik über Wahrheiten verfügen, die sich jeder wissenschaftlichen Kritik entziehen.

»In alten Zeiten gab es noch keine Sonne«, erzählt der australische Mythos. »Nur Mond und Sterne leuchteten am Himmel. Damals lebten auf der Erde auch keine Menschen, sondern nur Vögel und Tiere, die viel größer waren als heute. Eines Tages gingen der Emu Dinewan und der Kranich Bräglah auf der Ebene Murrumbidjee spazieren. Sie fingen an sich zu zanken und kriegten miteinander das Prügeln. Bräglah lief in ihrer Wut auf das Nest von Dinewan zu, nahm dort eines der großen Eier weg und warf es mit aller Kraft zum Himmel hinauf. Dort fiel es auf einen Haufen Feuerholz nieder und setzte es in helle Flammen, so daß die ganze Welt zu jedermanns Verwunderung hell beleuchtet wurde. Denn bis dahin war man nur an eine sanfte Dämmerung gewöhnt gewesen; nun wurde man von der großen Helligkeit fast geblendet. Im Himmel wohnte ein guter Geist; der sah, wie herrlich und wunderschön doch die Welt war, als sie durch die strahlende Helle beleuchtet wurde. Er dachte, es wäre doch schön, jeden Tag ein solches Feuer anzuzünden. Und seitdem hat er es immer getan.«

Mag sein, daß die Frage nach dem Ursprung hier nur unzureichend beantwortet ist, und es mag in der Tat eine europäische Spitzfindigkeit sein (so jedenfalls Kerényi), daß die Gründe für den Vogelstreit mit keinem Wort angegeben werden. Aber verblüffend ist es schon, wenn der australische Mythos durch ungezählte andere Beispiele ergänzt werden kann, in denen aus einem Ur-Streit ein Ursprung wird. Zudem erinnert der folgende afrikanische Mythos auf überraschende Weise an den alten Kronos, der seine Kinder auf ähnlich listige Weise um die Ecke gebracht hat.

»Mond und Sonne sind rechte Geschwister. Sie ersannen miteinander eine List. Der Mond sagte zur Sonne: ›Wir wollen unsere Kinder ins Wasser werfen.‹ Die Sonne stimmte zu. Als die festgesetzte Zeit kam, versteckte der Mond seine Kinder, suchte weiße Kieselsteine und tat sie in einen Sack. Die Sonne aber wußte nichts davon und nahm wirklich alle ihre Kinder und steckte sie in einen Sack. Dann machten sie sich auf den Weg und kamen an das Ufer des Flusses. Der Mond schüttete den Sack mit Steinchen aus in den Fluß. Dadurch wurde die Sonne betrogen und schüttete ihre Kinder auch in den Fluß. Darauf gingen sie beide nach Hause. Als der Tag kam, ging die Sonne zur Freude aller Menschen ganz allein auf. Die Nacht kam, und nun ging der Mond auf mit seinen Kindern. Da wurde die Sonne zornig und griff den Mond an, weil sie ihre Kinder ins Wasser geworfen hatte. Aber der Mond sagte zur Sonne, daß ihre Kraft viel zu groß wäre; es wäre viel besser für die Welt, daß ihre Kinder im Wasser wären, nun könnten die Leute diese Kinder fangen und sie kochen, damit sie etwas zu essen hätten und ihren Bauch füllen und in der Stadt leben könnten. Deshalb sind nun Sonne und Mond nicht im Frieden miteinander bis heute.«

Auch hier erklärt der Mythos, indem er zugleich verklärt. Vor allem jedoch erzählt er seine Geschichte so dicht wie ein Märchen, das sich ebenfalls der letztlichen Begründung entzieht. Was in sich stimmig ist, ist richtig, und was nachvollzogen werden kann, ist wahr. Kein Wunder also, wenn die Frage nach dem Ursprung und nach dem Göttlichen sich in viele Gewänder kleidet, am liebsten aber in das der Mythologie.

Die Farben des Regenbogens

In seiner schönen Studie *Über die platonischen Mythen* hat Josef Pieper darauf hingewiesen, daß nicht nur das unerfahrbar Zukünftige der letzten Dinge, sondern gleichermaßen auch der unerfahrbare Ursprung der Welt wie des Menschen selbst erst faßlich wird in einer Auskunft, die nicht das Resultat von Erfahrung und Denken ist, jedoch das Erfahrene und das Gedachte auf einzigartige Weise aufzuschließen und zu klären vermag. Jeder Mythos vom urzeitlichen Schicksal der Welt und des Menschen teilt das Schicksal jeder erklärenden Erzählung: Solange wir bereit sind, daran zu glauben, solange ist die Geschichte wahr, und es besteht kein Zweifel, daß die naiven Menschen ebenso an die Botschaft ihrer Mythen geglaubt haben wie beispielsweise der hochgebildete Platon.

Die Frage jedoch, welche die den Mythos beglaubigende Instanz ist, läßt sich nicht so ohne weiteres beantworten, sofern man nicht bereit ist, den etwas schwammigen Begriff der Ur-Offenbarung ins Gespräch zu bringen. Pieper versucht diesem Begriff Substanz zu geben, indem er schreibt: »Am Anfang der Menschengeschichte steht das Geschehnis eines eigens an den Menschen gerichteten göttlichen Redens; das darin Mitgeteilte ist in die heilige Überlieferung aller Völker, in ihre Mythen also, eingegangen und ist darin – zwar entstellt, überwuchert und oft genug nahezu unkenntlich geworden, aber dennoch unverlierbar – aufbewahrt und anwesend.« So gesehen, ist auch der moderne Mensch in zwei entscheidenden Punkten nicht weiter als beispielsweise Platon und viele andere, die sich mit den Mythen der Völker auseinandergesetzt haben: Zum einen ist der Mensch nach wie vor angewiesen auf ein spezifisches Hören, um der göttlichen Botschaft teilhaftig zu werden; zum anderen stellt sich zwangsläufig heraus, daß die Wahrheit der Botschaft nichts zu tun haben muß mit einer Form der Vernunftwahrheit, die wir aus der unmittelbaren Erfahrung ableiten könnten. Statt dessen handelt es sich bei den mythologischen Botschaften um die Darstellung von Handlungen und Ereignissen, die aus der Freiheit Gottes (oder der Götter) wie des Menschen selbst entspringen. Und in diesem Punkt sind sich Mythen, Volks- und Offenbarungsreligionen in der Tat einig, daß ihr Gegenstand nicht ein Sachverhalt ist, sondern eine Geschichte, die sich zwischen göttlichem und menschlichem Bereich ereignet hat.

Die Vorstellung des Numinosen in den alten Mythen ist zweifellos durch den Umstand behindert, daß der Mensch früher ein ungebrochenes Verhältnis zur Natur hatte, ja sich als ein integraler Teil von ihr empfand. Er wußte um dieses Beziehungsverhältnis, und er machte sich über seine Abhängigkeit von der Natur keinerlei Illusionen. Um die Natur, ihre Kräfte und Götter sich günstig zu stimmen, entwickelte der Mensch das, was man gemeinhin mit dem aus dem Altpersischen abgeleiteten Wort Magie umschreibt, worunter man zunächst nichts anderes als einen Feueranbeter zu verstehen hat.

Ob Magie etwas mit Frömmigkeit zu tun hat oder schlichtweg Zauber mit einem Hang zum Klamauk ist, mag dahingestellt sein. Fest steht jedenfalls, daß die menschliche Verbundenheit mit der Natur die Voraussetzung dafür ist, daß der Mensch sich der Natur günstig stimmen will. Die magische Beschwörung der Naturkräfte zielt auf deren Besänftigung ebenso ab wie auf deren Bestechung: Man möchte verhindern, daß die Triebkräfte der Natur den Menschen in seinen konkreten Lebensbedingungen radikal beeinträchtigen. Nüchtern betrachtet, könnte man durchaus sagen, daß es sich hierbei um eine Art von geschäftlicher Beziehung handelt: Man besänftigt die Natur – und später die Götter – und erhält von ihr – oder ihnen – jene Gaben, die man braucht, um überleben zu können. Je besser dieser Austausch funktioniert, desto vertrauensvoller mag das wechselseitige Verhältnis zueinander sein. Do, ut des, sagten die alten Römer, ich gebe, damit du gibst – die Grundform der Magie, vor allem aber des Opfers.

Die Kulthandlung ist in gewisser Weise die Überwindung jenes religiösen Verhaltens, das sich mit den Inhalten der mythischen Erzählungen begnügt, vor allen Dingen deshalb, weil es sich um ein aktives Verhalten handelt und die Beruhigungspille »Das ist alles schon lange her« aufhebt in dem Augenblick, da nicht nur die Frage aktuell wird, wo wir herkommen und wo wir hingehen, sondern vor allem auch die sittliche Problematik der unmittelbaren menschlichen Existenz erkannt wird. Kants Frage: »Was sollen wir tun?«, gehört ebenso zum ewigen Fragekanon des Menschen wie die nach Anfang und Ende der Welt und unser selbst.

Entwickeltere Formen von Frömmigkeit geben sich mit Erzählungen im Stil von »Es war einmal...« nicht zufrieden, weil sie die Gegenwärtigkeit des Numinosen nicht ausschließen. Sie stiften ein Beziehungsverhältnis zu Gott oder den Göttern und Dämonen ihrer Vorstellung, denn sie wollen sich die Götter günstig stimmen; immerhin verfügen diese ja über größere Kräfte als der Mensch. In dem Augenblick aber, in dem eine partnerschaftliche Beziehung konstituiert wird, gewinnt das Beziehungsverhältnis des Menschen zum Numinosen besondere Qualitäten, die dem Menschen in der Tat eine Reihe elementarer Ängste rauben: Die kultische Handlung, die sich in mannigfachen Formen des Opfers und der magischen Beschwörung niedergeschlagen hat, begründet ein besonderes Treueverhältnis, mit dem der Mensch jederzeit rechnen kann – Gott, die Götter oder ganz einfach das Numinose werden ihn nicht verlassen, sofern er sich in seinem Verhalten zum Numinosen richtig verhält. Aber was ist richtig?

In der kultischen Handlung ist eine tiefe Sehnsucht nach Einheit mit dem Göttlichen vorausgesetzt, die nur dann zu verstehen ist, wenn sich der Naturbegriff des Menschen inhaltlich ändert. Einen Baum, ein Tier anzubeten, ist »sinnlos«, sofern diese nicht als Inkarnation des Göttlichen verstanden werden. Erst der Mensch der Kulthandlung erkennt, daß die sichtbare Natur nicht die eigentliche ist, daß es noch ein Dahinter gibt – eben jene zusätzliche Frage, die nicht mehr von der Erfahrung, sondern erst vom Glauben beantwortet werden kann. Die Kult- und Opferhandlung ist somit auch ein Hinweis auf die »Qualität« der Religion: Je höher eine entsprechende Kulthandlung ist, desto bedeutender ist zweifellos die Gottheit und umgekehrt, und diese Dialektik relativiert sich keineswegs durch den Hinweis, daß die christlichen Religionen das Opfer nicht kennen.

Sinn und Formen des Opfers sind abhängig von dem verborgenen Sinn Gottes. Ein Gott, der von einem Vater verlangt, er möge seinen eigenen Sohn opfern (wie das in der Geschichte Abrahams der Fall ist), hat eine ganz andere Bedeutung als der Christengott, der seinen eigenen Sohn opfert, um den Menschen zu erlösen – und dennoch haben wir es in beiden Fällen mit dem Phänomen des Opfers zu tun. Die vielfältigen Opferformen, die zwischen diesen beiden Extremen angesiedelt sind, lassen sich allenfalls phänomenologisch, also von ihren spezifischen Erscheinungsformen her, ordnen, aber allen bleibt das Geheimnis der kultischen Frömmigkeit eigen, das keinen Zweifel daran läßt, daß die Götter das Opfer auch anzunehmen bereit wären. Nur bei den Brahmanen scheint die Auffassung vorzuherrschen, man könne mit dem Opferkult die Götter zwingen; alle anderen Religionen gehen von einer demütigbittenden Menschheit aus, welche die Götter gnädig stimmen möchte.

Daß man den Göttern Speise- und Trankopfer darbrachte, wird niemanden verwundern, der um die innige Beziehung des Menschen zur Natur weiß, welche die Alten ausgezeichnet hat, und daß sich Rituale, also bestimmte, festgelegte Verhaltensformen herausbildeten, ist ebensowenig verwunderlich. Immerhin ging es doch darum, Ordnung zu stiften und in diese Ordnung gerade jenen Bereich einzubeziehen, der sich den normalen Alltagsgepflogenheiten entzog. Diese Ordnung ließ sich am ehesten gewährleisten mit der Begründung einer speziellen Zeremonie, einem kultischen Brauch also, der keinen Zweifel mehr zuläßt an der Rechtschaffenheit und Richtigkeit jener Mensch-Gott-Beziehung, dabei aber auch jegliche kultischen Handlungsweisen so vorschreibt, daß sie wiederum nur von Spezialisten, eben den Priestern, wahrgenommen werden können.

Das Göttliche ist das Geheimnisvolle, das sich jeder empirischen Erfahrung des Menschen entzieht. Wenn die Magie abdankt und der Mythos sich in eine Religion umwandelt, werden aus Götterbergen Götter und alte Wahrheiten banal. Alte Religionen sind infolgedessen übersät mit Göttern, die allein schon durch ihre »Herkunft« und »Funktion« in Bereiche vorstoßen, die kein Mensch kennt. Der altägyptische Mondgott Chons ist der Sohn von

Amun, dem Verborgenen, dem in der unsichtbaren Luft wirkenden, und der Sonnengott Ra überquert mit seiner Barke den Himmelsozean, begleitet von seiner Tochter Maat, der Verkörperung der kosmischen Ordnung. Die bekannteste und in ihrer Symbolik wahrscheinlich umfassendste Göttergestalt war jedoch Osiris, der Herrscher der Unterwelt und Stellvertreter der Sonne in der Nacht. Seine Hautfarbe ist weiß wie die Mumienbinden oder schwarz wie die Totenwelt oder grün – als Zeichen der Auferstehung. Das *Ägyptische Totenbuch* ist eine faszinierende Sammlung von Sprüchen und Riten, die den Eintritt des Toten in die Osiris-Stadt Abydos erläutern und vor allem die Bedeutung jener Prozessionsbarke hervorheben, deren es auch in der griechischen Mythologie bedarf, um den Acheron, den Totenfluß, zu überqueren und in das Reich der Toten zu gelangen.
Auch wenn die Götter fern und unsichtbar sind, auch wenn ihre Botschaften verschlüsselt und rätselhaft bleiben, es besteht kein Zweifel, daß die Toten, weil sie um das Verbindungsstück zwischen wirklicher Welt und jener Welt dahinter wissen, besonderer Bedeutung und damit besonderer Verehrung würdig sind. Frühe Opferformen vollziehen sich gern in der Gestalt des Toten- und Ahnenopfers, denn die Dahingeschiedenen könnten ja immerhin, da sie um jene geheimnisvolle Treppe zur Unter- und Götterwelt wissen, zurückkommen und nach dem Rechten sehen, und auch das gilt es in jedem Fall zu verhindern. Assyrische und auch ägyptische Reliefs, auf denen Opferszenen dargestellt sind, machen häufig keinen Unterschied zwischen einem Toten und einer Gottheit und zeigen gleichermaßen eine Fülle an Opfergaben, um den geheimnisvollen Partner günstig zu stimmen.
»Hier ist die Butter – wo sind deine Gaben?« heißt es mit verblüffender Diesseitigkeit im brahmanischen Opferritual, welche Frage man nur schlecht Ahnen, Toten, Sonnen- oder Mondgöttern stellen kann, aber allen kultischen Opferformen ist der Dialog ebenso gemeinsam wie die Kultur, die mit der Einführung von Kultgeräten und Kulträumen (Kirchen) erst die Voraussetzungen für jenes zeremonielle Handeln schafft, durch welches sich die Götter nur ansprechen lassen. Und noch ein weiterer Gesichtspunkt ist unübersehbar: Das Opfer ist die materialisierte Form jenes Bundes zwischen Göttern und Menschen, der sich in der christlichen Bibel in dem schönen Symbol des Regenbogens manifestiert hat.
Wer einen Bund eingeht, hat Vertrauen, hofft und liebt und beseitigt damit eine Verzweiflung, die sich sowohl in einer durchgehenden Lebensangst als auch in einer spezifischen Unterwerfung ausdrückt. Der opfernde Mensch jedoch richtet sich voller Hoffnung und Vertrauen auf.
Das Opfer ist Sühne und Reinigung, Bannung und Bindung, in seinen schönsten Formen aber Danksagung für erwiesene Wohltaten oder Vorschüsse auf eine erwartete Hilfestellung. Das Opfer gibt Sicherheit, wo der personale, unmittelbare Kontakt zum Numinosen nicht mehr vorgestellt werden kann. Schließlich stiftet das Opfer jedoch eine lebendige Beziehung zum Göttlichen; als seine höchste Form gilt das Gebet, jenes demütig-andächtige Reden mit Gott, das erst durch die Bereitschaft zum Hören auf Gottes Botschaft in Gang gesetzt werden kann. Man könnte sogar sagen, daß das Göttliche im Opfer real wird, da dessen Vollzug erst sinnvoll wird, wenn man das Göttliche als

real existierend begreift; erst dann ist es ja in der Lage, das Opfer überhaupt anzunehmen. Das alte christliche Wort von der Spiritualität der kultischen Handlung trifft hier genau den Sachverhalt: In der kultischen Handlung verwandelt sich die Opfergabe ebenso, wie auch das Reden des Menschen mit Gott einen anderen Prozeß meint als jenen, der sich in der menschlichen Kommunikation abspielt, auch wenn wir uns in beiden Fällen der gleichen Wörter und Grammatik bedienen.

Opfern heißt darbieten, und es mag verwunderlich sein, daß das Christentum, das im Grunde keine Opfer kennt, zugleich in der Lage ist, die höchste Form des Opfers anzugeben: die Selbstdarbietung. Indem Jesus sich selbst darbietet, schafft er die Voraussetzung für das Leben unzähliger Menschen. Gott ist also bereit, so etwas wie einen Tausch mitzumachen, wenngleich der nüchterne Kaufmannsbegriff kaum in der Lage ist, den tatsächlichen Sachverhalt dieses höchsten Opfers zureichend zu kennzeichnen. Immerhin werden ja zwei einigermaßen unvergleichliche Gaben gegeneinander ausgetauscht.

Aber nicht nur Christus hat sich geopfert, um andere zu retten. Die Geschichte der Menschheit, und man möchte meinen insbesondere das 20. Jahrhundert, zeigt eine Fülle von Beispielen, in denen Menschen sich für andere Menschen geopfert haben, egal ob sie das nun in der Nachfolge Christi taten oder nicht. Der polnische Schriftsteller Janusz Korczak wollte die ihm anvertrauten Kinder nicht verlassen, als sie in die Vernichtungslager deportiert wurden, und Kafkas Lieblingsschwester Otla begleitete freiwillig einen Kindertransport nach Auschwitz. Hier vollzieht sich etwas, was zweifellos vom religiösen Opfer sehr weit entfernt ist und dennoch mit ihm das Geheimnis der lebendigen Teilhabe gemeinsam hat, jene Eigenschaft, die Thomas von Aquin als unabdingbare Voraussetzung jeder Opferhandlung bezeichnet.

Die höchste Form des Opfers bleibt damit die der Selbstdarbietung, damit andere sicher und ruhig oder doch beruhigten Gewissens weiterleben können. Der Prophet Jesaja beschreibt jenen Schmerzensmann, der die Erlösung bringt, in einer bewegenden Geschichte (53, 2–8, 11): »Er hatte keine schöne und edle Gestalt, so daß wir ihn anschauen mochten. Er sah nicht so aus, daß wir Gefallen fanden an ihm. Er wurde verachtet und von den Menschen gemieden, ein Mann voller Schmerzen, mit Krankheit vertraut. Wie einer, vor dem man das Gesicht verhüllt, war er verachtet; wir schätzten ihn nicht. Aber er hat unsere Krankheit getragen und unsere Schmerzen auf sich geladen. Wir meinten, er sei von Gott geschlagen, von ihm getroffen und gebeugt. Doch er wurde durchbohrt wegen unserer Verbrechen, wegen unserer Sünden zermalmt. Zu unserem Heil lag die Strafe auf ihm, durch seine Wunden sind wir geheilt. Wir hatten uns alle verirrt wie Schafe, jeder ging für sich seinen Weg. Doch der Herr lud auf ihn die Schuld von uns allen. Er wurde mißhandelt und niedergedrückt, aber er tat seinen Mund nicht auf. Wie ein Lamm, das man zum Schlachten führt, und wie ein Schaf angesichts seiner Scherer, so tat auch er seinen Mund nicht auf. Durch Haft und Gericht wurde er dahingerafft, doch wen kümmerte sein Geschick? Er wurde vom Land der Lebenden abgeschnitten und wegen der Verbrechen seines Volkes zu Tode getroffen … Mein Knecht, der gerechte, macht die vielen gerecht; er lädt ihre Schuld auf sich.«

Die phänomenologisch arbeitende Religionswissenschaft hat den Kern jener Frömmigkeit freizulegen versucht, die sich in den verschiedenen Formen der Opferhandlung verbirgt, und unterstützt durch die moderne Völkerkunde ist sie sogar in der Lage, bestimmte Opferrituale bis in die Gegenwart nachzuweisen, obwohl ihre Tradition mitunter Jahrtausende alt ist. Die wohl älteste Form des Opfers dürfte jene sein, die davon ausgeht, daß die Götter der Opfer bedürfen, um überhaupt existieren zu können und jene Aufgaben zu erfüllen, die der Mensch von ihnen erwartet. Obwohl die Götter in gewisser Weise unsterblich sein müssen, kommen sie ohne den Menschen nicht aus, selbst wenn sie sich dem menschlichen Einfluß entziehen wollen – wie das vom arischen Nationalgott Indra behauptet wird, den man sogar einfangen und zwingen muß, ehe er das Opfer annimmt.

So wie der Mensch der Götter bedarf, so, scheint es, bedürfen die Götter, um die ihnen eigenen Funktionen ausführen zu können, der Menschen. Wer gibt, bekommt etwas; wer seine Gaben verweigert oder nicht dafür sorgt, daß diese angenommen werden, verspielt den göttlichen Schutz. Der Gedanke, daß es sich bei einer solchen Transaktion um ein biederes Geschäft handelt, drängt sich unmittelbar auf, wird aber durch die unerwartbare Tatsache korrigiert, daß der opferbringende Mensch, der um die wechselseitige Abhängigkeit von den Göttern weiß, diesen durchaus nicht stolz erhobenen Hauptes gegenübertritt, sondern vielmehr mit abgewandtem Gesicht. Wenn es sein muß, wirft er sich vor den Göttern sogar in den Staub. Handelte es sich wirklich nur um eine Tauschbeziehung, dann wäre der Mensch ja prinzipiell in der Lage, sich von der Götterwelt unabhängig zu machen. Aber eben in der Einsicht, daß es keine Chance gibt, von den Göttern loszukommen, verbirgt sich jenes Quantum Frömmigkeit, dessen es bedarf, um des unsichtbaren Partners sicher zu sein. Wenn eine alte römische Opferformel sagt: »Werde gestärkt, Jupiter, durch die Opfergaben, die ich dir bringe, werde gestärkt durch den neuen Wein, den ich dir darbiete«, dann weiß der so Opfernde um die Bedürftigkeit des Gottes ebenso, wie er der Tatsache seiner eigenen Abhängigkeit von eben jenem Gott sicher ist.

Sehr viel schwieriger ist die Frage, was man den Göttern an Opfergaben darbieten kann, um sie bei Laune und guter Gesundheit zu halten. An Möglichkeiten bietet sich das ganze Spektrum vom Rauch- bis zum Menschenopfer an, und daß dabei Blut stets eine besondere Rolle gespielt hat, kann nicht verwundern, denn was es mit diesem »besonderen Saft« (Goethe) auf sich hat, darüber gab es auch bei den sehr frühen Menschen keinerlei Zweifel. Insbesondere die altmexikanischen Kulturen haben Opferzeremonien entwickelt, vor denen noch die keineswegs zimperlichen Eroberer des 16. Jahrhunderts schauderten.

Trotz all ihrer Größe und Macht galten die Götter der Azteken als keine unerreichbaren und vor allem keine unbeeinflußbaren Wesen, ja sie galten nicht einmal als allmächtig. Folglich entwickelten die Azteken Opferkulte, um mit ihrer Hilfe aktiv in das Naturgeschehen eingreifen und die Götter in ihren Tätigkeiten zum Besten der Menschheit lenken zu können. Der aztekische Mensch war also keineswegs passiv oder schicksalsergeben, wie man mitunter lesen kann, sondern im Gegenteil auf exponierte Weise aktiv, denn er wollte

ja die Welt erhalten und scheute dabei nicht einmal vor dem höchsten Opfer, dem Menschenopfer, zurück.
Im Gegensatz zur christlichen Religion, in der das Opfer durch das Gebet abgelöst wird, beginnt die aztekische Kulthandlung mit dem Gebet, um bereits auf diese Weise auf die Götter einwirken zu können. Andererseits versuchten die aztekischen Priester sich selbst mit Hilfe des Gebets in einen Zustand der Trance, der Meditation zu versetzen, um mit der Götterwelt in Kommunikation treten zu können. Sie scheuten dabei auch nicht vor der Kasteiung zurück, indem sie sich Verletzungen beibrachten, um ihr eigenes Blut darzubringen. Vor allem jedoch ging es um das Blut der speziell ausgewählten Opfer, die man häufig genug aus Kriegsgefangenen und unterworfenen Stämmen zusammenstellte.
Blut- und Menschenopfer lassen sich in allen mittel- und südamerikanischen Kulturen nachweisen, die Azteken jedoch dürften mit einigermaßen fragwürdigem Stolz auf die größten Zahlen an Menschenopfern verweisen. So sollen bei der Weihe des Haupttempels von Tenochtitlan, der alten Hauptstadt Mexikos, im Jahre 1487 in vier Tagen nicht weniger als 20 000 Menschen – nach anderen Berichten sogar 80 000 Menschen – auf den Altären der Tempel verblutet sein. Selbst wenn diese Angaben weit übertrieben sein sollten, ganz falsch können sie nicht sein, denn William Prescott, der Geschichtsschreiber der Eroberung Mexikos, berichtet, die Soldaten aus Cortez' Heer hätten auf dem großen Schädelgerüst vor dem Haupttempel Tenochtitlans nicht weniger als 136 000 Menschenschädel gezählt – eine Zahl, die allenfalls noch mit der Schädelpyramide des Mongolenfürsten Timur zu vergleichen ist.
Um den Götterdurst zu stillen, warf man das Menschenopfer über einen niedrigen Stein, der die Form eines abgestumpften Kegels hatte, so daß sich seine Brust herauswölbte und seine Arme und Beine durch Hilfspriester niedergedrückt werden konnten. Daraufhin öffnete der Hauptpriester die Brust unterhalb der Rippen mit einem Obsidianmesser und riß das Herz heraus, das mit seinem Blut in eine steinerne »Adlerschale« getan und dem Gott dargebracht wurde, während man den noch zuckenden Körper die Tempelstufen hinabstieß und den Kopf anschließend auf eine Stange des Schädelgerüsts steckte, nachdem die Schläfen durchstoßen worden waren. Der aztekische Chronist Sahagún beschreibt das Opfer folgendermaßen: »Sie schneiden ihm die Brust mit einem dicken, breiten Feuersteinmesser auf; das Herz des Gefangenen nennt man die kostbare Kaktusfrucht des Adlers. Sie heben es weihend zur Sonne empor, zum Türkisprinzen und Aufsteigenden Adler, geben es ihr und ernähren sie damit. Und nachdem es dargebracht worden ist, legt man es in die Adlerschale. Und die Gefangenen, die geopfert werden, nennt man Adlerleute.«
Diesen Ausführungen kann man entnehmen, daß es sich bei den aztekischen Menschenopfern stets um Opfer für die Sonne, den Adler, gehandelt hat, selbst wenn man die Opfer irgendwelchen Erd- und Vegetationsgöttern darbrachte. Und Sahagún läßt auch keinen Zweifel daran, daß sich der Opferkult aus der Überlegung herleitet, die Sonne würde sich von den Menschenherzen nähren, sie bedürfe also der Herzopfer. Die wahren Blutorgien, die sich dabei abgespielt haben, sind nur dann zu verstehen, wenn man die leben-

erhaltende Funktion der Sonne nicht außer acht läßt, und in der Tat haben die Völker und Religionen Mittelamerikas vor nichts soviel Angst gehabt wie vor einer Sonnenfinsternis.
Auch die Opfervorstellungen, die den Regen-, Erd-, Mond- und Fruchtbarkeitsgöttern gegenüber entwickelt wurden, gehen von dem Gedanken aus, daß die Natur im Laufe des Jahres alt und schwach wird und nur durch Blutopfer verjüngt werden kann. Derartige Vorstellungen weisen dem Opfer eine elementare Bedeutung zu, die natürlich auch dem Opfer selbst bekannt ist. Dieses hat sich freudig zur Verfügung zu stellen, und wenn es sich einmal um einen Kriegsgefangenen handelt, der nun partout nicht geopfert werden möchte und dem es obendrein gelingt, sich durch Flucht der heiligen Handlung zu entziehen, dann darf er sicher sein, von seinen eigenen Landsleuten geopfert zu werden, diesmal jedoch mit dem Makel des Feiglings versehen.
Freilich kommt das Menschenopfer auch an die Grenzen seiner Zeit. Zum einen bluten die Völker durch die Mammutopfer im buchstäblichen Sinn aus; zum anderen beginnen sich Vorstellungen durchzusetzen, in denen an die Stelle des Menschenblutes wieder das Tierblut tritt. Der amerikanische Ethnologe Rafael Girard hat in einer verblüffenden Studie nachgewiesen, daß die heutigen Nachfahren der alten Maya in Mittelamerika Opferriten beibehalten haben, so als hätten 400 Jahre Christianisierung keinerlei Spuren hinterlassen. An die Stelle des Menschenopfers ist der Truthahn getreten, und der kultische Raum zeichnet sich auch eher durch Bescheidenheit aus (weil alles ja im Verborgenen geschehen muß), aber ansonsten vollzieht sich die Opferhandlung in geradezu atemberaubender Übereinstimmung mit jener Zeremonie, die mit dem Untergang der alten Kulturen ebenfalls verschwunden sein sollte. Aber sie lebt immer noch und mit ihr die alte Vorstellung der göttlichen Bedürftigkeit: Die Indios »haben die Götter so gut bewirtet, damit diese für die Erzeugung des Regens und der Nahrung tätig werden« (Girard).
Nicht nur die indianischen Völker in Mittel- und Südamerika wachten über das Wohl und Wehe ihrer Götter. Schon die semitischen Völker im Zweistromland machten sich um das Leben ihrer Götter Gedanken, wie zahlreiche Inschriften auf Tontafeln und Denkmälern beweisen. Sie kannten bereits den Tisch des Gottes – die erste Form des Altars – und brachten darauf verschiedene Speisen dar, die sie mit größter Sorgfalt zubereitet hatten. Auf die Frage jedoch, wie man vor seinem Gott leben soll, gibt das *Gilgamesch-Epos* eine Antwort, die in ihrer sittlich-religiösen Werterkenntnis geradezu erstaunlich ist:

»Deinem Feinde vergilt nichts Böses,
dem, der dir Böses zugefügt, vergilt Gutes!
deinem Feinde laß Gerechtigkeit widerfahren;
Gib Speise zu essen und Trank zu trinken;
strebe nach Wahrheit, versorge und erweise Ehre!
So freut sich dein Gott über einen solchen Mann...
Täglich huldige deinem Gotte
mit Opfer, Gebet und würdigem Weihrauch.
Gegen deinen Gott sollst du Herzensneigung haben;

das ist es, was der Gottheit zukommt.
Gebet, Flehen und auf das Angesicht fallen
sollst du täglich darbringen.
Dann werden deine Kräfte gewaltig sein,
und im Überschwange wirst du mit Gott auf rechtem Wege sein.«

Hier dominiert bereits ein anderes Gotteserlebnis: Der Mensch weiß um das göttliche Geheimnis und steht vor den Göttern in tiefer Ehrfurcht. Auch erwartet er nicht mehr mit fordernder Hand, die Götter möchten sein Opfer anerkennen und sich entsprechend erkenntlich zeigen.

Unsere Möglichkeit, die Kulturgeschichte der Menschheit nachzuzeichnen, wäre arg begrenzt, hätte der Mensch nicht die Idee des Bauopfers entwickelt und damit jene Kultstätten, Tempel und Kirchen geschaffen, die wir in den verschiedensten Kulturen bewundern können, mehr noch: Sie sind oftmals die einzigen Zeugen früher Religiosität, die auf uns gekommen sind. Denn wo leben die Götter? Wenn wir sie nicht in den Himmel oder in die Unterwelt verbannen wollen, müssen wir ihnen eine Heimstatt schaffen, mögen sich beispielsweise die Sumerer und Babylonier gedacht haben, und folglich begannen sie heilige Stätten als Wohnstätten für die Götter zu bauen. Sie schufen aber dabei zugleich Stätten der Begegnung mit den Göttern. Noch in der Bibel, und zwar im Buch der Könige (1 Kön 16, 34), wird berichtet, daß in der Regierungszeit des Königs Ahab (871–852 v. Chr.) die Stadt Jericho unter der Aufsicht eines gewissen Hiël wiederaufgebaut wurde und daß Hiël dabei zwei seiner Söhne opferte, um die Gottheit günstig zu stimmen. Er opferte also gleich zweimal: einmal baute er die Stadt, und dann mauerte er wohl auch seine Kinder ein – und im Jahre 1908 haben amerikanische Archäologen in den Grundmauern von Jericho Tonkrüge ausgegraben, in denen sich Skelette von Kindern befanden.

Auf dem berühmten Tonzylinder von Gudea, dem Fürsten von Lagasch im südlichen Mesopotamien, wird berichtet, daß Gudea von dem brennenden Wunsch erfüllt war, einen neuen Tempel zu errichten. Er heuert Bauleute an, die die Fundamente legen, und schon von diesem Tage an sind die Felder fruchtbar, Öl und Wolle sind in Hülle und Fülle vorhanden, und der Wind aus den Bergen sorgt für ein angenehmes Klima; so dankbar sind die Götter vor 4 500 Jahren. Aber mit den göttlichen Wohnstätten allein ist es nicht getan. Also werden noch Schätze, Gold, Silber und wohlriechende Kräuter und Essenzen in die Fundamente eingebaut, um die Gottheiten mildtätig zu stimmen.

Die Tempelweihe aber schließlich enthüllt, daß es sich beim Bauopfer nicht bloß um einen Akt materieller Bestechung handelt. Bereits auf dem Gudea-Zylinder kann man lesen, daß die Tempelweihe mit tagelangen Gebeten und komplizierten kultischen Handlungen vollzogen wurde, die allesamt in die Formel einmünden: »Mögen die Ziegel des Hauses der Fünfzig *(so der Name des Heiligtums)* einem guten Schicksal geweiht sein.«

Anspruchsvoller war da zweifelsohne der assyrische Herrscher Nabopolassar, der im 6. und im 5. Jahrhundert v. Chr. nach dem Wiederaufbau des alten Babylon die Errichtung des neuen Marduk-Tempels feierte und diese nicht nur

als reine Formsache behandelte. Sein der Nachwelt erhalten gebliebenes Gebet drückt bereits eine Stimmung aus, die wir aus biblischen Texten zu kennen meinen:
»Was besteht, Herr, außer dir? Du hast den König, der dir wohlgefällig ist, bei seinem Namen genannt, du hast ihn auf sein Werk vorbereitet, du führst ihn auf dem rechten Weg. Ich bin ein Fürst, der dir gehorsam ist, ein Geschöpf deiner Hand. Du hast mich geschaffen und mir das Königtum über alle Menschen anvertraut. Hilf, Herr, daß deine Gnade, die du ihnen allen hast zukommen lassen, deine erhabene Herrschaft begünstigt. Laß Furcht vor deinem göttlichen Wesen in meinem Herzen wohnen, gewähre, was dir beliebt, du bist der Schöpfer meines Lebens.«
Hier deutet sich eine Beziehung zwischen Mensch und Gott an, die nicht mehr allein auf einem einfachen Partnerschaftsverhältnis beruht, weil der Mensch mehr und mehr von dem Gedanken ergriffen ist, daß er von Gott abhängt. Seine Haltung kann nicht länger die des Fordernden sein; vielmehr weiß sich der Mensch der göttlichen Gnade verpflichtet. Er beginnt Gott zu danken, auch wenn er seinen Dank zunächst nur in die Form des Versöhnungsopfers, des Reinigungsopfers oder des Sühneopfers kleidet. Je mehr sich der Mensch seiner eigenen Schwäche und Unvollkommenheit bewußt wird – und dieses Wissen geht einher mit seinem zunehmenden Wissen um die Komplexität und Unendlichkeit der Welt –, desto mehr ahnt er seine Abhängigkeit, seine Kreatürlichkeit, nicht nur von der Natur, sondern vielmehr von einer Gottheit, von der Natur und Mensch gleichermaßen ihren Ursprung genommen haben. In die Opferhandlung beziehungsweise das Opferverständnis fließt ein spezifisches Weltverständnis und Lebensgefühl mit ein, das sich am deutlichsten wohl in den Opfervorstellungen der alten Israeliten niedergeschlagen hat. Das Alte Testament enthält geradezu eine Fülle von Berichten und Darstellungen von Opfern, die sich nicht zuletzt dadurch weit von den aztekischen Menschenopfern absetzen, als sie an die Stelle des düsteren Blutrausches die freudige Anerkennung der göttlichen Allmacht setzen.
Wer Gott dankt, wer sich mit ihm versöhnen möchte, muß von einem besonderen Gefühl der göttlichen Gegenwart durchdrungen sein, das sich vor allem wohl in der griechischen Mythologie nachweisen läßt. Die Götter werden ohne viel Federlesens in die menschlichen Tätigkeiten einbezogen, ja sie kämpfen mit den Menschen in einer Reihe. Im Grunde gibt es keine klare Trennung zwischen irdischer und göttlicher Welt, auch wenn man den Göttersitz auf den wolkenumgebenen Olymp verlegt und damit die Sichtbarkeit der Götter auf elegante Weise verschleiert. Überhaupt haben gerade die Griechen einen verblüffend unkomplizierten Umgang mit ihren Göttern gepflogen, und – wenn man Homer und Vergil glauben will – die Götter selbst waren in ihren Beziehungen zum Menschengeschlecht nicht gerade zimperlich. Immerhin, Vergil berichtet in der vierten Ekloge vom *nicht*göttlichen Menschen, »kein Gott hat des Tisches, keine Göttin des Bettes ihn gewürdigt«, was doch immerhin auf eine Haus- und Bettgemeinschaft zwischen den Göttern und den von ihnen in gewisser Weise abhängigen Menschen schließen läßt, wofür die griechischen Texte ja auch eine Unmenge an Beispielen parat haben . . .

Die religiösen Vorstellungen der alten Griechen sind ohne die Vergegenwärtigung ihrer Gottheiten nicht zu verstehen; es gibt kaum eine andere Religion, in der ein derart lebensnaher Bezug zu den Göttern hergestellt wird. Die Gegenwart ihrer Götter dokumentierten die Griechen nicht nur bei ihren mythologischen Feiern oder in ihrem Wissen, Seite an Seite mit den Göttern in den Kampf zu ziehen; die Gegenwärtigkeit schien auch insofern gegeben, als der griechische Mensch die Götter als seine Verwandten betrachtete und insbesondere mit den Halbgöttern ein geradezu freundschaftliches Verhältnis anknüpfte, da diese ja die Vermittler zwischen Götter- und Menschenwelt darstellten.

Da man mit seinen Verwandten mitunter nicht nur im schönsten Einverständnis, sondern auch im handfesten Streit leben kann, kommt der griechischen Form des Opfers eine besondere Bedeutung zu. Realitätsbezogen, wie die Griechen nun einmal sind, laden sie die Götter, mit denen sie sich wieder versöhnen möchten, zu einem gargantuanischen Opfermahl ein, schlachten dazu eigens Opfertiere und stellen Wein und Fladen bereit, und es bedarf nicht viel Phantasie, um sich ausmalen zu können, in welch feucht-fröhlichem Gelage die Auseinandersetzung dann bereinigt wird. Während der Gott des Alten Testaments ein heiliger Gott ist, dem man nur fromm gegenübertreten darf und der sich gegen Betrug und Lügen ebenso abweisend verhält wie gegen Begierden und sinnliche Ausschweifungen, sind die griechischen Götter von derartigen Skrupeln vollkommen frei. Sie bezeichnen keine Untat als Sünde, verlangen keine übermäßige Frömmigkeit und sind gern zur Versöhnung bereit, wenn sie nur dabei auf ihre Kosten kommen.

Das griechische Opferfest hat also nichts mit jener Düsternis zu tun, die sich überall da einstellt, wo der Mensch dem unbekannten Gott gegenübertritt, da die griechischen Götter einigermaßen gute Bekannte und sogar Freunde sind. Wer jedoch ein solch partnerschaftlich-verwandtschaftliches Verhältnis zu seinen Göttern pflegt, wäre schlecht beraten, wenn er diese nicht auch ein bißchen menschlicher machen würde. Und so haben die Griechen denn auch etwas »erfunden«, was sich sonst vielleicht nur noch bei den Chinesen finden läßt: das Lachen der Götter. Das berühmte homerische Lachen ist dabei nicht nur ein Lachen der Götter über die Menschen – das könnte man möglicherweise noch verstehen –, sondern darüber hinaus auch das Lachen der Götter über sich selbst. Die Homer-Interpreten waren lange Zeit so entsetzt über diese Aussage, daß sie den religiösen Charakter der homerischen Götterszenen schlichtweg leugneten. Es kann aber gar kein Zweifel sein, daß wir es hier mit einem Götterlachen zu tun haben, einem Überlegenheitslachen dessen, der weiß, daß das von den Menschen unterstellte Verwandtschaftsverhältnis nicht über die Tatsache hinwegsehen kann, daß die Götter eben doch die bedeutenderen Partner sind, auch dann, wenn sich ab und zu Zweifel an der Götterkompetenz einstellen.

Kerényi schreibt über das Lachen der Götter: »In der israelitisch-jüdischen religiösen Erfahrung steht Gottes Zorn gegen das Gefühl der eigenen Vernichtung der Kreatur, Gefühl gegen Gefühl ... Demgegenüber muß die griechische Religion als gefühllos erscheinen. Bei den Griechen steht Idee gegen Idee. Hesiod führt die Idee aus, die dem Lachen des Zeus entspricht: die Idee des widerspruchsvollen menschlichen Daseins, in dem man sich am eigenen Verderben ergötzt und das eigene Unglück geliebt wird. Es gibt in den orientalischen Religionen ein mörderisch-tödliches, ein ›abgründiges‹ und auch ein schöpferisches Lachen der Gottheit. Vernichtend ist vielleicht das Lachen des Zeus – doch niemand stirbt daran. Nichts wird durch dieses Lachen am widerspruchsvollen menschlichen Dasein geändert, dessen Vertreter Prometheus und Epimetheus mit dem gleichen Rechte sind. Was wird durch dieses Lachen vernichtet? Die Wichtigkeit des ganzen titanischen Elends, das in der Gestalt der beiden Titanen zum Ausdruck gelangte. Vor dem zürnenden Jahwe wird alle Kreatur zu Asche. Vor Zeus, dem lachenden Zuschauer, spielt das ewige Menschengeschlecht seine ewige menschliche Komödie.«

In ihrer reinen Form hat die griechische Religion also den illusionären Charakter des Opferkultes durchaus durchschaut. Sie scheint zu ahnen, daß das Opfer dann eine Art Selbstbetrug ist, wenn den Göttern in erster Linie eine Zuschauerfunktion zugewiesen wird. Die Götter haben angesichts der Anstrengungen der Menschen, sich mit ihnen ins Benehmen zu setzen, gut lachen, aber ihr Lachen macht den Menschen wiederum einsam. Denn das göttliche Lachen vernichtet die Illusion der wechselseitigen Partnerschaft und demonstriert, allen Erwartungen und Wünschen zum Trotz, daß sich die Götter im entscheidenden Augenblick von der Welt absetzen und in die Unendlichkeit verflüchtigen.

Kann es da noch verwundern, wenn sich im klassischen Griechenland Stimmen erhoben, die Zweifel an der göttlichen Gerechtigkeit anmeldeten oder die Allmacht der Götter gegen die Ohnmacht der Menschen stellten? Der bereits erwähnte Theognis war wohl der erste, der mutig vor die Götter trat und ihnen Gerechtigkeit abverlangte, indem er darauf hinwies, es sei schlechterdings unverantwortlich, von den Menschen Gerechtigkeit zu verlangen, wenn die Götter einen Willkürakt nach dem anderen begingen. Seine Mahnung, unmittelbar an den Göttervater Zeus gerichtet, ist schon ein erster Schritt in Richtung auf ein individuelles religiöses Verhalten, das sich vom bisherigen Kollektivbewußtsein löst:

»Vater Zeus, wenn es den Göttern gefällig ist, daß die Frevler ihrem Übermut die Zügel schießen lassen, so möge auch dies ihnen gefällig sein im Herzen, daß, wer ruchlosen Sinnes schlimme Taten vollbringt, der Götter nicht achtend, dann auch selbst wieder seine Übeltaten büßt, und mögen nicht noch nachher des Vaters Sünden den Kindern zum Übel gedeihen, und mögen Kinder eines ungerechten Vaters, die selbst rechtlich denken und handeln, deinen Zorn, Sohn des Kronos, scheuend und von Anfang an mit ihren Mitbürgern die Gerechtigkeit liebend, nicht für die Übertretung ihrer Väter büßen. Möge dies den ewigen Göttern gefällig sein! Jetzt entrinnt der Übeltäter, und die bösen Folgen trägt dann ein anderer. Und wie soll das gerecht sein, König der Unsterblichen, daß ein Mann, der sich fernhält von ungerechten Taten, der keine Übertretung und keinen falschen Schwur auf dem Gewissen hat, sondern gerecht ist, nicht Gerechtigkeit erfährt?«

Herodot, der Vater der Geschichte, geht sogar noch ein Stück weiter, indem er in seiner Geschichte vom allzu großen Glück des Polykrates berichtet und einfließen läßt, daß die Götter ihm dieses Glück neideten, weil sie glaubten, damit würde die Grenze zwischen Mensch und Gott überschritten. Großes Glück aber provoziere unermeßliches Elend, und das sei zweifelsfrei auf den Götterneid zurückzuführen. Selbst wenn man berücksichtigt, daß diese Auffassung nicht unwidersprochen blieb, zum Beispiel von Aischylos, so zeigt sich in der Argumentation des Herodot auch die Problematik des griechischen Götterglaubens: Allzu menschlich dürfen die Götter nun einmal nicht sein, und so wie Xenophanes die Darstellung der Götter in ihrer menschlich-allzumenschlichen Gestalt kritisiert hat, so verwarf er auch die Unmoral der Götter – ein Einwand, der sich bis Feuerbach in der Religionskritik erhalten hat.

Da kann das Lachen den Göttern schon vergehen, und wenn sie dennoch lachen, dann wohl nur noch über sich selbst oder ohne Grund, und beides ist beschämend auch deshalb, weil der Mensch dann selbst nichts mehr zu lachen haben dürfte, und von Versöhnung ist keine Rede mehr.

Auch in den geheimnisvollen, unendlich farbenreiche und symbolkräftige Begriffe verwendenden indischen Religionen gibt es die Idee des persönlichen Gottes, dem der Mensch auf vielfache Weise opfernd entgegentritt. Der Gott der altindischen Religion ist Varuna, so jedenfalls nennt ihn der alte *Veda*, wohingegen der jüngere *Veda* das Verhältnis von Einheit und Vielheit als Grundthema der indischen Religionen überhaupt bezeichnet. *Veda* bedeutet soviel wie (heiliges) Wissen und ist der Name für die ältesten Texte der indischen Literatur. Seine ältesten Teile dürften um 1500 v. Chr., seine jüngsten um 500 v. Chr. geschrieben sein, und zwar von mehreren Autoren in der heiligen Sprache der Hindus, dem Sanskrit, einer heute toten Sprache, die etwa dem klassischen Griechisch in Europa entspricht.

Die bizarr verschachtelten, wenngleich in fünf Hauptstränge zu zerlegenden Texte versuchen die gesamte Thematik des religiösen Verhaltens der Inder abzudecken, von der Ausformulierung der religiösen Riten bis zurück zu den mystischen Spekulationen über die Weltentstehung, die sich im *Rigveda* (wissenschaftlich *Rgveda* geschrieben) befindet, einem Textteil, der vermutlich lange vor dem Jahr 1000 v. Chr. abgeschlossen worden ist. Ähnlich wie bei den Griechen, aber mit einer bedeutenden Erweiterung, spielt das Opfer eine nicht zu unterschätzende Rolle in der Beziehung des Menschen zu seiner Götterwelt. Der *Rigveda* enthält vorsichtshalber viele Gebete an alle Götter, die um Schutz vor Feinden und Dämonen, Krankheit und Unwetter bitten, aber auch um Reichtum, Kindersegen und gesundes Vieh ersuchen und um ein langes Leben:

»Hundert Jahre liegen vor uns, ihr Götter, in denen ihr uns das Alter der Leiber bestimmt habt, in denen die Söhne zu Vätern werden. Bringet uns nicht mitten auf dem Lebensweg am Leben zu Schaden.«

Man weiß aber auch, daß man das Wohlwollen der Götter erst erwerben muß, und dieses allein »bringt den recht Wandelnden Glück, der Götter Gunst soll bei uns einkehren. Um der Götter Freundschaft haben wir geworben, die Götter sollen unsere Lebensfrist verlängern.« Man bereitet den Göttern – so steht es jedenfalls im zweiten Kapitel des *Rigveda*, das die Opfergesänge enthält – eine Reihe von Opfermahlzeiten mit Gebäck, Reis und Fleischzutaten sowie erlesenen Getränken und zündet ein Opferfeuer an.

Dazu wird Musik gemacht, um die Götter heiter zu stimmen und sie auf ihre Hilfsbereitschaft anzusprechen, denn ohne die Götter könnte der Mensch sein Leben nicht sinnvoll gestalten. Vor allem scheinen die Götter aber in der Lage zu sein, über das konkrete Lebensalter der Menschen zu bestimmen, und da man möglichst alt werden möchte – hundert Jahre! –, bedarf es schon einiger menschlicher Anstrengung, um die Götter freundlich zu stimmen.

Die erlesenen Gesänge, mit denen die Götter gepriesen werden, kreisen jedoch nicht nur um solcherart irdische Hoffnungen und Bedürfnisse. Vielmehr hoffen die Gläubigen auch auf Vergebung ihrer Sünden, und damit richten sie einen Appell an die Götter, auf welche Idee die Griechen niemals gekommen sind. Zugleich enthüllt sich hier auch der besondere Charakter der großen vedischen Opfer, der sie fast in die Nähe des christlichen Gebets um Vergebung der Sünden rückt. Im *Rigveda* kann man eben nicht nur genaue Beschreibungen der Opferrituale finden, sondern darüber hinaus auch ein Gebet an Varuna, den »Einen unter den Göttern«, den »absolut Einen«:

»O Varuna, welch Unrecht wir irgend getan haben an einem Glaubensverwandten oder etwa gar an einem Glaubensgenossen, am Bruder oder an einem Eingesessenen, sei er verwandt oder fremd,

solch Unrecht, Varuna, erlasse;

Wenn wir beim Spiel betrogen, wie Spieler tun, die Sünde, die uns gewiß ist, und auch wovon wir nicht wissen. All dieses löse auf, o Gott, wie man Verschlingung entknotet.

Und dann, wenn du uns gelöst hast, o Varuna, laß uns dir wieder lieb sein.«

Hier kommt ein Ton auf, der sich von den griechischen Götterneckereien auf ernsthafte Weise unterscheidet. Zugleich aber deutet diese Stelle im *Rigveda* eine Dimension des religiösen Verhaltens beim Menschen an, das sich in vielen Religionen nachweisen läßt. Religiosität ist mehr, sehr viel mehr als ein oberflächliches Tête-à-tête mit den Göttern, weil sie stets von der Unvergleichlichkeit von Gott und Mensch auszugehen hat. Wenn bei den alten Ägyptern Ptah als Allgott bezeichnet und entsprechend gefeiert wird; wenn der *Veda* den Feuergott Agni anbetet; wenn die alten Israeliten sich vor dem zürnenden Gott Jahwe in den Staub werfen, dann ist stets von jenem unbekannten Gott die Rede, nach dem die Seele des Menschen dürstet, den sie aber nicht kennt, vor allen Dingen aber noch nicht gefunden hat. So ist der Gott des *Veda* der verborgene Gott, von dessen Existenz der Mensch überzeugt ist, wie er auch weiß, daß er hinter das Geheimnis Gottes nie wird schauen können. Folglich muß er Gott lieben, ihn anbeten und ihm Opfer darbringen. Seine Lebenszuversicht ist erst dann begründet, wenn er die Götter aus dem unmittelbaren Bereich des Lebens heraushält und ihnen ihr eigenes Reich läßt, das, vielleicht, das Jenseits ist, mit Sicherheit jedoch nicht unsere Menschenwelt und möglicherweise nicht einmal die Götterberge und sonstige Wohnstätten, die wir dem Numinosen zugewiesen haben.

So wie sich der Mensch des altindischen *Rigveda* nach den göttlichen Wohltaten sehnt, so weiß er auch um den einen, allmächtigen Gott, der sich den Menschen entzieht und zugleich im Gebet, der reinsten Form der Selbstdarbringung, als Du offenbart. Im schlichten Gebet eines Kindes ist all diese Zuversicht enthalten; ist es verwunderlich, daß es sich auf einem Grabstein

erhalten hat, der aus der Zeit und dem Land der ägyptischen Pharaonen stammt?
»Ich verehre dich, o Herr der Götter, während ich ein Kind bin, (dich) der dieses an (?) mir schädigte, während ich ein Kind war, ein schuldloses. Der sagte und es (?) geschah: und so schlafe ich im Wüstental (schon) in meiner Kindheit und dürste, wenn Wasser neben mir ist. Der mich aus meiner Kindheit verdrängt hat, ehe es die Zeit (dazu) war, und so wandte ich mich fort von meinem Hause in meiner Kindheit, ehe ich mich an ihm gesättigt hatte.
Die Finsternis, die ein Abscheu für ein Kind ist, aufgestiegen ist sie über mich, während die Brust (noch) in meinem Munde war. Die Wächter dieses Tores wehren alle Leute von mir ab, die ich nicht in der Zeit des Alleinseins bin, mein Herz war zufrieden, wenn ich viele Leute sah, denn ich habe die Fröhlichkeit geliebt.
O König aller Götter, Herrscher der Ewigkeit, zu dem alle Menschen hinkommen! Gib mir Brot und Bier und Weihrauch und Wasser, die auf deinen Tisch geliefert werden. Ich bin (ja) ein schuldloses Kind.«

Die Zeichen der Erlösung

In einem seiner letzten Gespräche mit dem amerikanischen Journalisten Edgar Snow hat sich der chinesische Parteichef Mao Tse-tung auch Gedanken über seine letzten Lebensjahre gemacht und dabei den für einen Atheisten überraschenden Ausspruch getan, es gebe einige Zweifel, ob er noch lange leben werde, und er müsse sich wohl darauf vorbereiten, Gott zu sehen. Snow schien wegen dieser Bemerkung ein wenig irritiert und fragte weiter, ob Mao wirklich glaube, daß es Gott gäbe. »Nein«, sagte er, »aber einige Leute, die von sich behaupteten, gut informiert zu sein, behaupteten, es gebe einen Gott.«

Es ist schon einigermaßen überraschend zu sehen, daß auch den überzeugten atheistischen Menschen das Problem Gott und die Frage nach der Erlösung so sehr beschäftigen, daß selbst ein Mao Tse-tung sich nicht scheut, auf Gott hinzuweisen, auch wenn er persönlich nicht an ihn glaubt. Aber der Umstand, daß viele Millionen Menschen zu allen Zeiten an Gott geglaubt haben, macht den alten Parteichef nachdenklich genug, um Gott nicht generell leugnen zu können. Und in der Tat hat die Frage nach Ursprung und Ziel den geschichtlichen Menschen ebenso beschäftigt wie die Frage nach dem Sinn des Lebens, der Bedeutung des Todes oder das Problem der Liebe. Kein Wunder also, wenn die Geschichte der Menschheit auf vielfältige Weise ihr Interesse an diesen Fragen und Problemen bekundet, wenn sie ihre Sehnsucht nach Welterklärung, ihre Paradiesvorstellungen und ihre Heilsvorstellungen in immer neue Bilder kleidete, die sich nicht nur in religiösen Texten niedergeschlagen haben, sondern ebenso in den großen Epen der Menschheit.

Niemand wird heute mehr auf die Idee kommen, den großen Epen ihre historische Bedeutung, aber auch ihre historische Wahrheit abzustreiten, nachdem unter anderem Heinrich Schliemann mit seinem Homer unter dem Arm Troja entdeckt und der moderne französische Archäologe Victor Bérard die meisten der in der *Odyssee* beschriebenen Orte wiedergefunden hat. Wir wissen auch um den Wahrheitsgehalt der großen indischen Epen, deren eines, das *Mahabharata*, zu den wichtigsten Quellen des Hinduismus überhaupt zählt, und das erste Großepos der Weltliteratur, das *Gilgamesch-Epos*, ist das bedeutendste Dokument über die Sumerer. Aber die großen Berichte der Völker sind mehr als nur historische Dokumente, die in eine dunkle, frühe Zeit der Menschheitsgeschichte hineinleuchten. Sie enthalten zugleich Aussagen über die Sehnsuchtsfragen des Menschen, sie sind mehr als handlungsvolle Heldengeschichten, denn sie zeigen, daß jene Menschen früherer Kulturen von den gleichen Fragen umgetrieben waren, die uns auch heute keine Ruhe lassen. Insofern kann die Beschäftigung mit den alten Epen Verwunderung und Beruhigung zugleich bringen, da sich auch der heutige Leser in eine große Kontinuität und Tradition eingebunden weiß. »Wir alle suchen das Paradies«: Dieser Satz des Völkerkundlers Ivar Lissner faßt das Problem, das sich wie ein roter Faden von der Zeit der alten Ägypter oder der Sumerer bis in unsere Zeit verfolgen läßt, einprägsam zusammen.

Wir alle suchen das Paradies, gewiß; aber die Unterschiede und Differenzen stellen sich dann ein, wenn die Religionen ihre spezifischen Heilsvorstellungen unterbreiten und Bilder vom Paradies malen, die unvergleichbar sind oder doch nur in erster Linie deshalb miteinander unmittelbar zu tun haben, als sie von der gleichen Ausgangsfrage umgetrieben sind.

Die ägyptischen Religionen, die in einem Jahrtausende währenden Zeitraum einander ablösten und dabei eine klare Tendenz zum Monotheismus ausbildeten, zum Sonnengott Ra, um den in Heliopolis eine eigene Religion und Theologie gebildet wurde, kreisten stets um den Gegensatz von »vitalem Leben« und »vitalem Tod« (Mensching). Daß die Ägypter dabei eine Vielzahl rätselhafter und seltsam ausschauender Gottheiten entwickelt haben, ändert nichts an der Tatsache, daß sie zweifellos von einem tiefen und echten religiösen Erleben erfüllt waren. Immerhin hat man mittlerweile herausgefunden, daß entgegen früheren Annahmen die vielen Tiergottheiten keineswegs Personifikationen von Naturgewalten darstellten; vielmehr schien dem Ägypter das Tier das am besten geeignete Ausdrucksmittel für das Anderssein der Götter darzustellen, und da er darüber hinaus wußte, daß das Tier entwicklungsgeschichtlich älter ist als der Mensch, schien es ihm zugleich ein Symbol für Unsterblichkeit und ewiges Leben zu sein. Bei aller Vielfalt und Unterschiedlichkeit der ägyptischen Götter, die sich auch aus dem langen Zeitraum erklären lassen, welche die ägyptische Geschichte überspannt – von der Tier-Mensch-Darstellung der Götter wurde nicht Abstand genommen. Wenn heute noch den modernen Museumsbesucher oder den Ägypten-Touristen geheimnisvolle Schauder und Ewigkeitsvorstellungen durchrieseln, wenn er altägyptische Götterbilder betrachtet, dann spürt er vermutlich ein wenig von jenem religiösen Gefühl des ägyptischen Menschen.

Die ägyptischen Religionen sind von einer echten Vergeistigung und einem hochentwickelten Symbolismus erfüllt, die sich in vielen Hymnen und Tempelinschriften erhalten haben. Zwar hat jede historische Epoche ihr besonderes Verhältnis zu ihrer eigenen Gottheit (oder ihren Göttern) gepflogen, aber bereits zur Zeit des Pharao Amenophis III., der um 1400 v. Chr. regierte, lassen sich Vorstufen zum monotheistischen Sonnenglauben des großen Echnaton nachweisen. Der Sonnengott Ra, der »Eine, der alles schuf« und der das Leben begründet und überhaupt ermöglicht hat, wird ebenso angebetet wie sein Konkurrenzgott Ptah in Memphis, der von Echnatons Nachfolgern als Allgott gefeiert wurde. In einem viele Seiten umfassenden Hymnus, der Echnaton selbst zugeschrieben wird, kommt der Glaube an Gott auf ergreifende Weise zum Ausdruck und ist einmal mehr ein Beweis für das tiefe religiöse Erleben des ägyptischen Menschen:

»Du erscheinst so schön im Lichtberge des Himmels, du lebendige Sonne, die zuerst zu leben anfing. Du bist aufgeleuchtet im östlichen Lichtberge und hast alle Lande mit deiner Schönheit erfüllt. Du bist schön und groß, glänzend und hoch über allen Landen ... Wie zahlreich sind doch deine Werke, sie sind verborgen dem Gesichte der Menschen, du einziger Gott, außer dem es keinen anderen gibt. Du hast die Erde geschaffen nach deinem Herzen, du einzig und allein, mit Menschen, Herden und allem anderen Getier ... Die Welt befindet sich auf deiner Hand, wie du sie geschaffen hast. Wenn du aufgeleuchtet bist, leben sie, wenn du zur Rüste gehst, sterben sie. Du bist die Lebenszeit selbst, man lebt in dir.«

Verblüffend ist neben der Schönheit und Einfachheit der Sprache die Glaubenssicherheit, die aus diesen Zeilen spricht, was um so mehr betont zu werden verdient, als der ägyptische Mensch dem Phänomen des Todes eine geradezu unermeßliche und seine Phantasie zu immer neuen Assoziationen anregende Bedeutung zukommen hat lassen. Der gläubige Mensch suchte Trost und Sicherheit im Osiris-Kult, jenem sterbenden und wieder zum Leben erwachenden Gott der Unterwelt *und* des Lebens, mit dem sich der religiöse Mensch ohne Unterlaß identifiziert: »So wahr Osiris lebt, wird auch er *(der Mensch)* leben; so wahr Osiris nicht gestorben ist, wird auch er nicht sterben; so wahr Osiris nicht vernichtet ist, wird auch er nicht vernichtet werden.«

Insofern die ägyptischen Religionen um Leben und Tod kreisen und den Göttern oder dem einzigen Gott Ra, Amon-Re oder Ptah dabei die zentrale Bedeutung schlechthin beimessen, insofern beziehen sie alle Daseinsbereiche des lebenden Menschen in dieses Spannungsverhältnis mit ein, sogar rechts und links, Ost und West. Links und der Westen sind dabei jene Richtungen, mit denen die Ägypter den Tod verbanden, denn im Westen geht die Sonne unter (und so wird Osiris zum »Herrn des Westens«), und durch das linke Ohr entweicht der Todeshauch aus dem menschlichen Körper. Obgleich dem Tod eine solche Wichtigkeit beigemessen wurde, war der Mensch des alten Ägypten in seiner Glaubenshaltung keineswegs unschlüssig oder gar ängstlich, im Gegenteil. Er entwickelte relativ konkrete Vorstellungen vom Jenseits, das er als ein Land ohne Feinde pries, in dem man Millionen und Abermillionen Jahre leben werde. Demgegenüber sei die Zeit, die man auf der Erde zubringe, nur ein Traumbild, das man gern hinter sich läßt, wenn man sich auf die Reise nach Westen begibt.

Mag sein, daß die Hunderttausende von Sklaven, die benötigt wurden, um die gigantischen und Jahrtausende überdauernden Kunstwerke und Baudenkmäler zu errichten, ein wenig anders über das Traumbild ihres Erdendaseins dachten, denn immerhin war ihr kurzes Leben eine mühselige Plackerei, in Gang gehalten durch die Peitschenhiebe unbarmherziger Sklavenaufseher.

Aber die Menschen, welche der ägyptischen Kultur ihren unverwechselbaren Stempel aufgedrückt haben, waren der Sache ihrer Sehnsucht so sicher wie jener Baumeister, der auf dem Rücken einer kleinen Statue den Satz einmeißelte: »Amun errettet den Schweigenden, er erlöst den Armen, er verleiht dem, den er liebt, Atem und gewährt ihm ein angenehmes Alter im Westen Thebens ...«
Nicht verschwiegen aber werden sollte, daß es auch Stimmen des Zweifels und der Hoffnungslosigkeit in der Vielzahl der ägyptischen Texte gibt, deren einer aus dem Mittleren Reich (um 2000 v. Chr.) die Jenseitsvorstellungen der Theologie kritisiert und an die Tränen erinnert, die geweint wurden, als man die Pyramiden baute, und an die Müden, »die auf dem Uferdamm starben ohne einen Hinterbliebenen«. Das alles rührte die Pharaonen und ihre Umgebung wohl wenig, denn sie wußten um die Schönheiten des Paradieses und waren sich der Erlösung gewiß, und sie bauten sich Grabstätten, wie es sie in der Geschichte der Menschheit nur einmal gibt. Und ewig leben sie auch, selbst wenn sie aus ihren jahrtausendealten Grabstätten längst in die Museen gewandert sind und uns ihre Goldmasken durch Panzerglas hindurch anschauen und durch uns hindurchsehen, von Ewigkeit zu Ewigkeit.

Die assyrisch-babylonischen Religionen gehen auf etwa die gleiche frühe Zeit zurück wie die ägyptischen, beruhen aber wiederum auf Vorläufern, die man unter den Sammelbegriff sumerische Religion faßt, selbst wenn man nicht genau weiß, wer die Sumerer waren und welches die spezifischen Elemente ihrer Religion waren. Um das 3. Jahrtausend v. Chr. muß zwischen Euphrat und Tigris so etwas wie eine Völkerwanderung stattgefunden haben, und im Verlauf der damit verbundenen politischen Erschütterungen, die sich in dem ständigen Wechsel der Hauptstädte des Landes niederschlug, erfolgten auch jene religiösen Wandlungen, deren Auswirkungen sich bis ins Alte Testament hinein nachweisen lassen. Auch als das babylonische Reich längst untergegangen war – man datiert diesen Untergang allgemein mit dem Jahr 539 v. Chr., als Kyros, der Begründer des persischen Reiches, Babylon eroberte –, lebte die babylonische Religion noch viele Jahrhunderte weiter, was unverständlich wäre, wenn sie sich nicht durch einmalige Besonderheiten von sonstigen Volks- oder Naturreligionen auszeichnen würde.
Zwar kennen die assyrisch-babylonischen Religionen wie die ägyptischen eine oberste Gottheit, die in der Sonne ihr gültiges Symbol hat, aber darüber hinaus ist die religiöse Vorstellungswelt der alten Babylonier von einer Unmenge verschiedenster Götter mit höchst unterschiedlichen Qualitäten und Eigenschaften besetzt, so daß es geradezu unmöglich ist, eine einheitliche Aussage über das Welt- und Lebensgefühl des babylonischen Menschen zu treffen. Wenn auf der einen Seite der Gläubige das Walten der ewigen Götter annimmt und sich intensiv mit der Frage der Urheberschaft jener phänomenalen Ordnung auseinandersetzt, die der Mensch erfährt, so zögert er keinen Augenblick, die Götter zu lieben und zu verehren. Auf der anderen Seite jedoch ist der gleiche Mensch von der geheimnisvollen Macht und Majestät der Götter erschüttert, und er fürchtet sich vor ihnen. Die göttliche Allmacht geht einher mit der Erfahrung der menschlichen Unzulänglichkeit und wird unter-

mauert mit dem Verdacht, daß das Leiden der Menschen nichts anderes ist als der Zorn der Götter.
Daß die Götter nicht nur gut, sondern eben auch böse, gereizt, möglicherweise auch ungerecht und sogar kriegerisch sind, das alles kann die Stellung des Menschen zu seinen Göttern nicht unbedingt positiv beeinflussen. Aus den außerordentlich reichhaltigen archäologischen Funden in Mesopotamien, deren wichtigster das Tontafelarchiv des Königs Assurbanipals aus dem 7. Jahrhundert v. Chr. ist, welches man Mitte des vorigen Jahrhunderts bei Ninive ausgegraben hat, wissen wir, daß das Lebensgefühl des babylonischen Menschen ambivalent war und er sich seiner Zukunft durchaus nicht sicher sein konnte, zumal die Vorstellung von einem Leben nach dem Tod für den Menschen offenbar völlig fremd war. Das *Gilgamesch-Epos* spricht an einer Stelle unmißverständlich aus, daß der Mensch sterblich ist und daß es kein Danach gibt. So wird der Assyrer und Babylonier nicht zu einem Wanderer zwischen den Welten, sondern zu einem in einer mitunter heiteren, mitunter jedoch erschreckend grausamen Zeit. Die vielen Klagegebete und Bußgedichte, die aus jener Zeit auf uns gekommen sind, lassen kaum einen Zweifel daran, daß der Mensch des Zweistromlandes von einem Übermaß an Unglück belastet ist. Seine Versuche, die Götter durch Gebet, Opfer und Zauberei zu beschwichtigen, scheinen nur in den wenigsten Fällen von Erfolg gekrönt zu sein. Wenn es im *Gilgamesch-Epos* heißt, am ehesten könne der Mensch durch »Herzensneigung« die Götter mild stimmen, so berichtet es doch zugleich von der dauernden Göttergrausamkeit und versucht diese Belastung des Menschenlebens vielleicht mit dem Hinweis etwas erträglicher zu machen, daß die Menschen einander lieben sollen. Sogar das christliche Gebot der Feindesliebe taucht in dem alten Text bereits auf, wenn es heißt: »Deinem Feinde vergilt nichts Böses, dem, der dir Böses zufügt, vergilt Gutes.«
Hier klingt schon so etwas wie ein christliches Lebensgefühl an, und es mag sein, daß dieses (und gewiß noch andere Faktoren) dazu beigetragen hat, der babylonischen Religion zu jener Bedeutung zu verhelfen, die sie auch nach dem Untergang des alten Reiches innehatte. Daß das *Gilgamesch-Epos* seinen Beitrag zur »Aktualität« der Religionen des Zweistromlandes beigetragen hat, kann niemanden verwundern, der berücksichtigt, daß dieses akkadische Großepos im 2. Jahrtausend v. Chr. in seine kanonische Form gebracht wurde, einige Jahrhunderte noch bevor Abraham dieses Land verließ. Die Geschichte um Gilgamesch, der eine historische Figur aus der zwischen Euphrat und Tigris gelegenen Doppelstadt Uruk-Kullab gewesen ist und dort aller Wahrscheinlichkeit nach im 3. Jahrtausend v. Chr. regierte, braucht hier nicht nacherzählt zu werden. Wichtig ist jedoch in unserem Zusammenhang, daß sich Gilgamesch zum Ziel gesetzt hat, den Tod zu besiegen; das scheint für ihn der einzige Sinn des Lebens zu sein. Als er aber eines Tages in die Unterwelt hinabsteigt, um nach dem Schicksal seines verstorbenen Freundes Enkidu zu forschen, da muß er mit Bestürzung feststellen, daß den Toten ein trauriges Schicksal zuteil wird: Der Leib zerfällt zu Staub, und nur die Seele lebt noch als Totengeist weiter. Am schlimmsten ergeht es aber dem, der unbestattet blieb und um den sich niemand kümmert (man denke an die Toten

auf den Schlachtfeldern!): Sein Schatten irrt ruhelos umher und muß sich von den Speiseresten ernähren, die die noch Lebenden achtlos auf die Straße geworfen haben.
Kein Wunder, wenn Gilgamesch von Leben und Tod enttäuscht ist und weint und sich mit flehenden Worten an den Schiffer Urschanabi wendet:

»Wofür, o Urschanabi, haben nun
gemüht sich meine Arme, und wofür
hat aufgebraucht sich meines Herzens Blut?«

Als Dokument der religiösen Sehnsucht ist das *Gilgamesch-Epos* insofern bedeutsam, als es wohl zum erstenmal in der Geschichte der Menschheit beziehungsweise ihrer Literatur jene tiefe Sehnsucht artikuliert, es möge etwas sein, was auch nach dem Tode Heil verspricht; es möge sinnvoll sein zu leben, und es möge einen Gott geben, an den sich der hilfesuchende Mensch voller Zuversicht wenden kann, weil nicht Furcht und Zorn, sondern Treue und Liebe die Beziehung zu Gott kennzeichnen. Viele Jahrhunderte mußten vergehen, ehe an die Stelle des alleszermalmenden assyrisch-babylonischen Tyrannengottes der der alten Israeliten und später dann der der Christen trat, der die Menschen nicht zerstörte, sondern errettete.
Ist das *Gilgamesch-Epos* die Erzählung von Menschen, Göttern und seltsamen Ungeheuern, das sich erst gegen Ende mit dem Problem von Leben und Tod sowie der Frage nach der Unsterblichkeit auseinandersetzt, so sind die griechischen Heldenepen von jener radikalen Diesseitigkeit gekennzeichnet, die sich schon bei der Definition ihrer Götter herausgestellt hat. In *Ilias* und *Odyssee* kämpfen keine Fabelwesen, sondern Helden aus Fleisch und Blut, die ihre Götter zwar gern in eine Schlachtreihe mit sich selbst stellen wollen, aber nicht übersehen können, daß auch die Götter selbst von einer anonymen Macht, dem Schicksal (griechisch *moira*), abhängig sind. Das haben sie davon, möchte man meinen, daß sie sich mehr und mehr der menschlichen Diesseitigkeit anpassen. Das klassische Griechenland hat aus diesem Dilemma jedoch zwei Auswege gefunden: zum einen die Ersetzung der Religion durch die Philosophie, die das Ideal der Gerechtigkeit als ethische Forderung an den Menschen aufstellt, der sich auch die Götter zu unterwerfen haben. Zum anderen ist auf dem »Umweg« über Platon, der das Göttliche als das Gute und Schöne schlechthin definiert hat, in Griechenland der Weg frei gemacht worden für Mysterienreligionen, die sich als ausgesprochene Erlösungsreligionen verstanden, auch wenn sie stets von dem etwas engen Gedanken ausgegangen sind, daß das diesseitige Leben eine Art Gefängnis der Seele darstelle und erst über den »vitalen Tod« das eigentliche Leben beginne.
Auf jeden Fall ist deutlich, daß die religiösen Vorstellungen der alten Griechen sich nicht mit den verschiedenen Kultformen und den darin enthaltenen Heilsvorstellungen begnügen. Ob es Apollo- oder Dionysoskult ist, bleibt sich letztlich gleich. Beide Arten können zwar Harmonie, Schönheit und Gerechtigkeit verherrlichen und dazu beitragen, die Gesinnung des Menschen entsprechend auszurichten, aber in ihrer Diesseitigkeit bleiben sie stets ein wenig vordergründig und übersehen die tiefe metaphysische Sehnsucht des Men-

schen, die sie gegebenenfalls durch Theater und Kulissen zu verstellen suchen. Daß die Griechen über viele Generationen mit dieser Art der Religiosität zufrieden waren, steht außer Frage. Aber die mannigfachen Zeugnisse der Kritik, des Zweifels und des Unbehagens an den kultischen Praktiken deuten an, daß kultische Ekstase und Enthusiasmus, der, wie wir wissen, oft genug in Orgiasmus einmündete, nicht jene Zeichen der Erlösung setzen konnten, auf die auch der Mensch im alten Hellas blickte.

Wir dürfen uns die alten Griechen als lebensbejahendes und phantasievolles Volk vorstellen, das keine Veranlassung hatte, sich eine düstere und den Menschen bedrängende Götterwelt zu schaffen. Immerhin lebten sie ja auch in einer Landschaft von bezauberndem Reiz, und was lag näher, als den Göttern in eben dieser Landschaft zu huldigen und ihre jeweiligen Wohnsitze in lauschige Haine oder sonnenumglühte Götterberge zu verlegen? Noch heute ist man von der ehrfurchtgebietenden Szenerie, den Farben und der Harmonie begeistert, und niemand hat das vielleicht intensiver empfunden als Henry Miller, der Griechenland 1939 besuchte und in einem jubelnden Brief an Anaïs Nin berichtete:

»Ich schaue auf das zivilisierteste und doch zugleich wildeste, dynamischste Land, das man sich vorstellen kann. Es ist die Quintessenz der Widersprüche. Dionysisch. Und hier entsprang zugleich das Apollonische – sonst wäre alles in Chaos und Torheit zurückgesunken. In dem, was diese wenigen Kilometer vor Delphi bergen, findet das Unausdrückbare seinen Ausdruck. Es ist die Apotheose des Menschen angesichts der Natur. Hier mußte er gottähnlich werden oder verderben. Nichts ist dem vergleichbar. Von hier bis nach Delphi steigert sich der einigende Konflikt in einem Crescendo, das den Menschen hinausträgt über die Welt und ihn in den Wolken an die Seite der Unsterblichen setzt. Dieser Ausflug stellt die Summe aller früheren Erlebnisse dar. Das Orakel war hier, weil man hier an das Ende, den Nabel, den Mittelpunkt des Lebens und das Zentrum aller menschliche Erfahrung gelangt. Hier geht das Menschliche in das Göttliche über. Es ist nicht mehr der Gott mit dem großen G, sondern der vergeistigte Gott, der im Menschen triumphierende Gott. Man muß über die Ekstase hinausgelangen. Man muß alle menschlichen Gefühle – selbst Anbetung und Verehrung – überwinden. Man muß das werden, vor dem man sich neigt. Man muß emporgehoben werden – bis zum reinen Wahnsinn – und entweder zurücksinken in den endlosen Abgrund oder aufwärts segeln, hinauf wie die einsamen Adler, die hier in den Gipfeln wohnen. Dies, so fühle ich, ist das Geheimnis der Kraft und der Majestät des Apollokultes ... Hier werden alle Konflikte durch eine Verschmelzung von Geist und Natur gelöst.«

Schöner kann man es wohl nicht sagen, was das Besondere des religiösen Gefühls der Griechen ausmachte und welche Stimmungen von dieser wahren Götterlandschaft ausgingen. Das Paradies war gleichsam die Gegenwart, und die Griechen schmückten es sich mit einer Vielzahl von Göttern und Göttinnen, Faunen und Nixen, Halbgöttern und Nymphen aus und fühlten sich in dieser Alleinheit mit dem Göttlichen so wohl, daß man die Frage nach dem Tod nicht mehr recht zu stellen wagte und Erlösung ein theoretisches Problem schien angesichts der lebenfüllenden Harmonie.

Dennoch haben sich die Griechen in der Ausgestaltung ihrer Götterwelt etwas einfallen lassen. Zwar verzichteten sie auf die Formulierung einer einheitlichen und im ganzen Volk verbindlichen Götterlehre, aber allen gemeinsam war doch immerhin die Vorrangstellung des Göttervaters Zeus und seiner Gattin Hera, zu deren Füßen sich eine höchst komplizierte Hierarchie von Göttern und Halbgöttern ausbreitete, die in verschiedenen Landschaften auch noch verschiedene Aufgaben zu erfüllen hatten. Obwohl die Zeus-Darstellungen, die auf uns gekommen sind, einen vergleichsweise seriösen Herrn zeigen – im Gegensatz zu den vielen lockeren und künstlerisch vollendeten anderen Götterbildern und -statuen –, ist unübersehbar, daß die wichtigsten Zeus-Mythen sich mit seinen zahlreichen Verbindungen mit göttlichen und sterblichen Frauen beschäftigen, aus denen dann mit schöner Regelmäßigkeit die ganze Genealogie der kleineren Götter hervorgegangen ist.
Mit Leto zeugte Zeus Apollo, den Hauptgott der dorischen Griechen. Er wurde als Sonnengott verehrt, in dieser Funktion später zwar mehr und mehr von Helios verdrängt, aber seine besondere Bedeutung wurde in einer Vielzahl von Festen immer wieder unterstrichen. So brachte man ihm Frühlings- und Erntefeste dar, feierte ihn an jedem ersten Tag eines Monats, dankte ihm für militärische Siege, bat ihn um Frieden und liebte ihn als Helfer in vielen Nöten. Vor allem jedoch galt er als der Gott der Weissagung, denn von seinem Vater Zeus war er dazu ausersehen, den väterlichen Willen zu verkünden. Man weiß, welche Bedeutung die Griechen dem Orakel beigemessen haben, und das berühmteste in Delphi war das Orakel des Apollo. Der ganze Aufwand der das Jahr begleitenden Apollokulte wäre nicht zu verstehen, wenn man nicht die List der Griechen berücksichtigen würde, die darin bestand, durch Feste und Opfer den Gott freundlich zu stimmen und ihn zu Aussagen über die Zukunft zu veranlassen, die optimistisch waren, denn immerhin konnte der Gott dem Schicksal doch ein wenig nachhelfen.
Daß es sich bei den Prophezeiungen des Orakels in Delphi nicht nur um ernstzunehmende Aussagen handelt, ist unübersehbar angesichts der Fülle an Anekdoten, die sich überliefert haben. Zugleich sind diese aber auch ein Hinweis darauf, daß die Griechen selbst augenzwinkernd um die nicht ganz auszuschließende Taschenspielerei in Delphi wußten und sich doch ebenso gern weissagen ließen wie der moderne Mensch, der bei all seiner Weltläufigkeit und Rationalität nicht vergißt, schnell noch in das Horoskop der Morgenzeitung zu schauen. Der Unterschied besteht aber vielleicht wieder einmal darin, daß sich der griechische Mensch mit der Illusion zufriedengab und sich von dem Verdacht der Einfältigkeit mit der Anekdote befreite.
Ein Bericht aus dem 5. Jahrhundert v. Chr. erzählt die Geschichte von drei »Tyrannen«, »d. h. den drei Söhnen des Deinomenos von Syrakus in Sizilien, Gelon, Hieron und Polyzelos, die sich nach dem Sieg über die Karthager bei Himera darum streiten, wer Apollo die reichste Opfergabe spendet. Als sie den Gott durch die Pythia *(das ist der Name des Orakels)* fragen, welches Opfer das größte Wohlgefallen gefunden habe, antwortet diese: ›Die Gerstenkörner des Domikos.‹ Domikos war ein delphischer Bauer, der einen kleinen steinigen Acker bebaute. Er kam an demselben Tag von seinem Feld zurück, an dem die Tyrannen ihre Hekatomben herbeiführten, und zog eine Handvoll

Gerstenkörner aus dem Sack, um sie auf dem Altar auszubreiten, und erregte dadurch mehr Gefallen beim Gott als die Tyrannen von Syrakus mit ihren üppigen Opfern.« (Rochedieu)

Auch Dionysos war ein Gott der Erde, aber sein Kult von dem des Apollo sehr verschieden. Auf antiken Darstellungen wird er stets mit Bacchanten und Bacchantinnen gezeigt, von Wein umkränzt und mit weiblichen Gesichtszügen. Sein Gesicht sprüht jugendliche Begeisterung und ist völlig frei von jener durchaus stillen und ernsten Lebenszuversicht seines Kollegen Apollo. Sein Kult, der sich rasch über das ganze Land ausdehnte, ja sogar im ganzen Mittelmeerraum verbreitet war, gibt Rätsel auf, gerade weil er auf so verblüffende Weise vordergründig ist. Dionysos-Feste hat man sich buchstäblich als Freß-, Sauf- und Liebesgelage vorzustellen, seine Anhänger zogen Tag und Nacht weinselig durch die Gassen und zum Meer hinaus. Sie überschlugen sich in Orgien und versetzten ihre Anhänger in einen Trancezustand, in dem man nicht mehr Herr über sich und seine Sinne ist. Zugleich aber schienen die Dionysos-Jünger von ihrem Gott so etwas wie ihr Heil zu erwarten, denn bei aller Lebenslust, bei Tanz und Gesang und Karneval ist der Dionysoskult das Zerrbild der religiösen Stimmung und drückt möglicherweise eine tiefe Irritation und Einsamkeit der Menschen aus, die den normalen Alltag nicht ertragen können und sich in Rausch und Vergessen flüchten oder ihre mythische Vereinigung mit der Gottheit nur im Sinnenrausch vollziehen.

Unter Kaiser Tiberius (14–37 n. Chr.) soll ein Schiffer die Ionischen Inseln umfahren und dabei den geheimnisvollen Ruf vernommen haben: »Verkünde Palodes, daß der große Pan tot ist.« So jedenfalls berichtet der große Historiker Plutarch. Der große Pan gehörte in den Zug des Dionysos, und sein Tod rückt das Ende des Dionysos-Glaubens ins Bewußtsein und darüber hinaus wohl auch das Ende der antiken Welt.

Bevor es jedoch dazu kam, hat das alte Griechenland in einem beispiellosen Kraftakt den Versuch unternommen, den religiösen Verfall zu bremsen. In den großen Epen *Ilias* und *Odyssee* des Homer ist ja nicht nur die politische Geschichte Griechenlands im Umkreis der Belagerung der kleinasiatischen Festung Troja enthalten; es handelt sich auch um die Betrachtung des Menschenlebens und des Weltganzen, und so gesehen kommt den Epen eine Bedeutung zu, die sich bis in unsere Zeit nachweisen läßt. Sie sind viel mehr als nur historische Werke, sondern aktuell in einer Weise, wie es nach Vergils *Aeneis* nur wenigen Werken der Weltliteratur zukommt.

Homer hat in der Geschichte des Odysseus eine Quelle allerersten Ranges zum Verständnis des griechischen Menschen und seines Weltbildes geschaffen (und einen Wegweiser für die Archäologie, wie Heinrich Schliemann 1870 der ungläubig staunenden Fachwelt bewiesen hat). Die Helden seiner Epen stehen in einer engen Beziehung zu den Göttern, aber nicht in der flachen Weise des Dionysoskults. Vielmehr wissen sich Götter und Menschen den Kräften des Schicksals ausgeliefert, und wenn der Mensch gut sein soll, so müssen auch die Götter gut und gerecht sein. Menschen und Göttern sind die Grenzen der Willkür durch das Schicksal vorgegeben. Ein großer Unterschied bleibt aber schon insofern bestehen, als Menschen das Leid kennen und die Götter nicht. Indem Homer auf den Begriff des Schicksals verweist, leistet er durchaus einen Beitrag zur religiösen Ernsthaftigkeit, woran es so vielen Götterkulten mangelt. Zugleich wird bei ihm aber auch deutlich, daß die Struktur der griechischen Götterwelt die Strukturen der griechischen Feudalgesellschaft widerspiegelt, womit man Homer beinahe als den ersten Religionssoziologen bezeichnen möchte.

Die Götter Homers mischen sich ständig in die Angelegenheiten des Menschen ein. Helfen sie ihm aber auch, den Schritt aus dem Leben hinaus zu vollziehen? Tragen sie zur Befreiung des Menschen aus der Unheilssituation körperlicher Existenz bei? Solche Fragen müssen vorsichtig verneint werden. Es bedurfte jedoch erst der grundlegenden politischen Änderungen im Mittelmeerraum, die durch die atemberaubenden Eroberungen Alexanders des Großen vollzogen wurden und die sich für die Griechen im Zusammenbruch ihrer Stadtstaaten manifestierten, ehe die Überwindung des alten Götterglaubens in die Wege geleitet werden konnte. Das 3. Jahrhundert v. Chr. ist das Jahrhundert der großen geistigen Erschütterung, gewissermaßen die Rache für die leutselige Nonchalance im bisherigen Umgang mit den vielen Provinz- und Stadtgöttern, die gegen die Übermacht der mazedonischen Feinde ebenso hilflos waren wie die Menschen.

Harmonien hören bekanntlich dann auf, wenn sich der erste Mißklang einstellt; dann aber gründlich. Aber was folgt dann? Die Griechen blieben sich zunächst insofern treu, als sie an die Stelle der abgesetzten, weil wirkungslosen Götter eine neue setzten, die Göttin Tyche, eine launische und unberechenbare Glücksritterin. Man setzte also auf den Zufall und verengte damit den herkömmlichen Schicksalsbegriff auf bedrohliche Weise. Auch hier wurde im Grunde die Göttlichkeit der Gottheit abgelehnt, weil man nicht bereit war, ihr jene Freiheit zuzuschreiben, die nun einmal nötig ist, um eine begründete Differenzierung von Gott und Mensch vornehmen zu können. Es spricht für die Irritation der Griechen, daß sie, am Ende ihrer großen historischen Zeit angekommen und in ihrem realen Leben weit entfernt von Reichtum, Glück und Göttergunst, sich mit dem Gedanken beschäftigten, ob die Götter nicht eigentlich frühe Könige, also nichts anderes als wirkliche Menschen gewesen seien, denen man Eigenschaften zugeschrieben hat, die sie nicht erfüllen konnten – denn sie waren ja tot.

Für die Griechen der Umbruchszeit spricht aber auch, daß sie, sich gewissermaßen an die platonischen Vorstellungen des Göttlichen erinnernd, Raum schufen für eine Reihe von Mysterienreligionen, in denen die Erlösung des Menschen und die Unsterblichkeit der Seele thematisiert werden. Das Mithrasmysterium spricht unumwunden von der Wiedergeburt des Menschen und dem »heiligen Hauch«, der in ihm wehe. Zugleich erinnert es an den Ursprung des Menschen, sein Von-Gott-Geschaffensein, und an die dialektische Einheit von Geburt und Tod. Das Leben wird auch hier nicht länger nur für sich selbst gesehen, sondern als Voraussetzung des Todes; fast möchte man mit Heidegger vom »Sein zum Tode« sprechen. Hier begreift sich der Mensch nicht länger als Daseinspartner der Gottheit, sondern schon als Sohn Gottes, und er tritt ihm in tiefer Frömmigkeit und Andacht gegenüber. In den Isismysterien erscheint die Göttin Isis gar als gnadenvolle Gottheit, deren universales Wirken außer jedem Zweifel steht. Sie zu loben und zu preisen ist der einzige Weg zur Erlösung, denn »so will ich – nur dies kann ja ein frommer und sonst armer Mensch – das Eine tun: dein göttlich Antlitz und dein heiliges Wesen will ich tief in des Herzens Schrein bergen und stets vor Augen haben«.

Wer so betet, kann schwerlich als Teilnehmer an einem Dionysos-Fest gedacht werden, denn hier spricht der Mensch aus einer tiefen und schweren Identitätskrise, der Mensch vor allem, der nach dem Erlöser sucht. Eines der bemerkenswertesten Phänomene der Religionsgeschichte der Menschheit beginnt sich hier anzubahnen: die Sehnsucht nach dem Erlöser (nicht also nur nach Erlösung), der die Garantie für die transzendente Existenz Gottes ist, aber auch für die Erlösung und die Unsterblichkeit.

Wir befinden uns in einer Zeit des Übergangs, in der die neuen Religionen entstehen, die sich als Übergangsreligionen erweisen werden, da sie alle jenes geistige Klima schaffen helfen, in dem sich das Christentum entwickeln wird. Ein Produkt der Krise und der Übergangszeit ist auch die sogenannte Offenbarung des Hermes Trismegistos, eine merkwürdige Sammlung philosophisch-religiöser Texte ohne große literarische Bedeutung, die spätestens gegen Ende des 3. Jahrhunderts n. Chr. geschrieben sein dürften, und zwar von mehreren Autoren, die wohl so etwas wie einen Orden von Auserwählten Hermesianern gründen wollten.

Die Schriften kreisen um den Gott Hermes Trismegistos, welches der griechische Name für den ägyptischen Gott Thot ist, den Gott der Schrift und der Weisheit. Dabei ist die Grundtendenz des Werkes keineswegs nur ägyptisch, sondern vielmehr eine Zusammenfassung von Elementen aus heidnischen Erbauungs- und Offenbarungsreligionen, und insofern ist es zunächst nicht einmal originell. Jedoch laufen die Aussagen des Hermes darauf hinaus, daß erst der weise Mensch der eigentliche Mensch ist, da er seine Möglichkeiten erkennt und wahrnimmt und auch stärker ist als sein Schicksal. Die Erlösung ist eine innere Ruhe, wie sie den Göttern selbst eigen ist. Der wichtigste Gedanke des 17 Bücher umfassenden Werkes, das erst 1936 im lateinischer Sprache wiedergefunden wurde, ist jedoch der, daß der Mensch vor allem der Liebe bedarf. Die Liebe Gottes, die sich in der Glaubensgewißheit des Menschen enthüllt, gibt gerade dem leidgeprüften Leben einen Sinn, und in der Einheit mit Gott erfüllt sich die menschliche Sehnsucht nach Unsterblichkeit. Wenn es im Johannes-Evangelium heißt: »Gott ist Liebe«, dann ist diese Aussage bei Hermes Trismegistos bereits vorweggenommen in den Worten: »Von allen Lebewesen ist der Mensch am unsterblichsten, er empfängt Gott in sich selbst und lebt in Vereinigung mit Gott ... Überall auf deinem Wege wird dir Gott begegnen ... denn es gibt nichts, das nicht Gott ist.«

Kein Volk hat sich fremden Einflüssen so willig überlassen wie das römische. Diese Feststellung, so hart sie auch klingen mag, trifft sogar für die religiösen Auffassungen der Römer zu, und sie hat ihre Auswirkungen bis heute, da sich nur die wenigsten geschichtlichen Werke mit der Frage der römischen Religion beschäftigen. Auch der sonst so eifrige Materialiensammler Eduard Kroker hat in seiner 1891 in Leipzig erschienenen Arbeit *Katechismus der Mythologie* den Römern nur ein paar bescheidene Seiten gelassen und darauf hingewiesen, daß die meisten Phänomene der römischen Religion von früheren

abgeleitet sind, mitunter einfach nur »abgeschrieben«. Dennoch haben sich die Römer bemüht, ihre Fundstellen so umzuarbeiten, daß man nicht einfach von einer schlechten Kopie sprechen darf.
Es ist nicht ganz einfach, die Besonderheiten des römischen Glaubens aus den vielen Anleihen, die bei Griechen und Etruskern gleichermaßen vorgenommen worden sind, herauszupräparieren, vor allem wenn man berücksichtigt, daß die Römer in erster Linie eine politische Nation gewesen sind, deren Sinn im Gegensatz zu vielen anderen Völkern zunächst aufs Nützliche gerichtet war. Für das Irrationale, das Metaphysische jedenfalls haben sie sich herzlich wenig interessiert, und in der ganzen römischen Literatur gibt es infolgedessen nur wenige Fundstellen, die sich mit religiösen Fragen auseinandersetzen; schon gar nicht lassen sich spezielle Systematisierungsversuche nachweisen. Man war eben eine weltliche, kriegerische, auf Welteroberung ausgerichtete Nation, und die Eroberung der geistigen Räume hat darunter naturgemäß leiden müssen.
Dennoch: Ganz ohne göttliche Absicherung verlief auch das Leben der Römer nicht. Zunächst hatte jeder seinen eigenen Schutzgeist, einen Genius, der sich nach dem Tod des Menschen verselbständigte und zu einem greulichen Dämon werden konnte, wenn es nicht durch Opfergaben gelang, ihn rechtzeitig zu beruhigen. Auch die Griechen kannten Dämonen, aber bei Homer beispielsweise sind das keine bösen Erdteufelchen, sondern ganz allgemein die göttliche Gewalt oder die Inkarnation des menschlichen Schicksals. Dergleichen war den Römern viel zu abstrakt, obgleich ihr religiöses Empfinden durch eine gewisse peinliche Scheu gekennzeichnet war. Aber der emotionale Zugang zu ihrer Götterwelt blieb durch ihre pragmatische Lebensauffassung behindert und konnte sich allenfalls in den vielfältigen Kult- und Opferhandlungen, die die Römer ausgebildet haben, entfalten.
Die emotionale Behinderung ist besonders deutlich im Verhältnis der Römer zu ihren obersten Gottheiten. Ein Gefühl der kühlen Distanz macht sich breit, das auch in dem Umstand abzulesen ist, daß man sich die Götter sehr viel weniger personal dachte, als das bei den Griechen der Fall gewesen ist. Vom Obergott Janus gibt es nicht eine einzige Statue, und hätte man nicht wenigstens ein paar Münzen aus der Zeit des Kaisers Hadrian gefunden, so müßte man sich das Bild des doppelköpfigen Gottes selbst mühsam rekonstruieren. Dabei kommt ihm mindestens die Bedeutung eines Jupiter zu, den die Römer zu ihrem Himmelsgott gemacht haben – entsprechend dem alten Zeus der Griechen. Janus zeichnet sich nicht in erster Linie durch handfeste Fähigkeiten aus, obwohl er als der Gott des Krieges galt; vielmehr galt er als der Öffner, später auch als der Beschließer. Mit ihm begann alles, er war der Anfang von allem, und mit ihm endete alles. Sein Doppelgesicht weist ihn als den großen Dreh- und Angelpunkt alles Seins aus, als den Gott des Anfangs, vielleicht sogar des allgemeinen Ursprungs. Hier aber zeigt sich deutlich die durchgehende Schwierigkeit des religiösen Denkens der Römer; zwar wiesen sie Janus die genannten Eigenschaften zu, aber die Frage nach dem Anfang des Anfangs und die Frage nach dem, was sich hinter der letzten Tür befinden mag, stellten sie nicht; auf jeden Fall haben sie keine Antwort gegeben. Sie begnügten sich mit der etwas vordergründigen Etikettierung, und diese

vornehme, aber eben auch ein wenig enttäuschende Auskunft blieb alles, was die Römer sich erlaubten.

Es ist sehr gut möglich, daß der römische Staat mit seinen vielfältigen Einflußmöglichkeiten auf das gesellschaftliche Leben jener Zeit dazu beigetragen hat, eine selbständig-eigenwillige römische Religion zu verhindern. Gegebenenfalls unter Ausnutzung der römischen Diesseitsorientierung hat man zwar zugelassen, daß es so etwas wie die Grundelemente einer römischen Religion geben konnte, und die variantenreichen römischen Opferkulte sind staatlicherseits wohl nie beeinträchtigt worden, aber der Staat selbst interessierte sich nicht für Religion. Er förderte sie nicht und nutzte sie möglicherweise nicht einmal aus. Fast ist man versucht, auf die Bemerkung Friedrichs des Großen zu verweisen, wonach jeder nach seiner Fasson selig werden solle, wenn das nicht einen Pluralismus unterstellen würde, den es seinerzeit nicht gab.

War der Römer überhaupt ein religiöser Mensch? Wir wissen es nicht recht und tun gut daran, es zu bezweifeln. Jedenfalls gibt es keine gesicherten Angaben über die Tiefe und die Ernsthaftigkeit des religiösen Empfindens der Römer, und kein Text spricht von Erlösung und dem Leben danach. Die Schilderungen der Unterwelt muß man schon bei Vergil selbst nachblättern, der mit seiner *Aeneis* das Gegenstück zu Homers *Ilias* und *Odyssee* insofern geschaffen hat, als er die Geschichte des Trojanischen Krieges aus der Sicht der Trojaner schildert und nicht, wie Homer, aus der Perspektive der griechischen Angreifer. Zwölf Jahre lang hat der Dichter an seinem Epos gearbeitet, und als er erschöpft 19 v. Chr. starb, war das Werk immer noch nicht in seinem Sinne vollendet. Die *Aeneis* ist bei aller kompositorischer Nähe zu Homer ein selten eigenständiges und von einer staunenmachenden Wirkungsgeschichte begleitetes Werk, der Grabgesang auf die antike Welt und gleichzeitig die Prophetie einer neuen Weltordnung. Daß sich Vergil in diesem Zusammenhang auch mit Fragen des Wertzerfalls und der Zeitbedingtheit der Religion auseinandergesetzt hat, kann in keiner Weise verwundern. Der Dichter war sich wie kaum sonst jemand der Zeitenwende bewußt, in der er lebte, und es spricht für seinen Kaiser Augustus, daß auch dieser den moralischen und religiösen Zerfall seiner Zeit erkannte und mit dem Versuch, zur alten Frömmigkeit zurückzukehren, aufhalten wollte.

Vergil hat die religiösen Probleme seiner Zeit nicht lösen können, aber er hat sie existentiell empfunden und in seiner Dichtung durch die zunehmende Entfernung der Götter von den Menschen deutlich gemacht. Hatte noch Homer die Götter unmittelbar am trojanischen Kampfgetümmel beteiligt, so spürt man in der *Aeneis* in jeder Szene die Scheu des Dichters, diesen intimen Kontakt fortzusetzen. Vergil ist der Mensch an der Zeitenwende, der erkennen muß, daß die Götter vielleicht in der Lage sind, Katastrophen abzumildern, notfalls sogar aufzuhalten, aber die Katastrophen selbst können auch die Götter nicht verhindern. Was bleibt, ist ein göttliches Mitgefühl. Der Zeus des Homer schaut dem Heldentod ungerührt zu, der Gott des Vergil wendet sich leise ab, da er den Menschen zwar liebt, aber ihn nicht erlösen kann. Daß es sich bei diesem Scheitern nicht nur um ein religiöses Problem, sondern auch um eines der Kunst allgemein handelt, hat in unserer Zeit niemand so stark empfunden, vor allem aber auszudrücken vermocht wie Hermann Broch, der in dem Roman *Der Tod des Vergil* die Fieberträume des Dichters und seine Gespräche mit Kaiser Augustus dargestellt und die letzten Tage des todkranken Vergil als Paradigma der sterbenden Antike vorgeführt hat.

Der Untergang der Antike, so wie er sich in den Auflösungserscheinungen der Religionen manifestiert, hat einen geheimnisvollen Vorläufer gehabt im Untergang der Etrusker, deren religiöse Vorstellungen auch auf die Römer eingewirkt haben. Bei dem wenigen, was wir über dieses unbekannte und dennoch für die Entwicklung Italiens und damit in gewisser Weise des ganzen Abendlandes so wichtigen Volkes, das zwischen 800 und 400 v. Chr. im Raum des heutigen Bologna seine Blütezeit erlebt hat, wissen, gibt es keine Zweifel über das tiefe religiöse Bedürfnis dieses Volkes. Die auf uns gekommenen Grabdenkmäler zeigen eindeutig, daß die Römer unrecht hatten, wenn sie den Etruskern in erster Linie ihre Wahrsagekunst nachsagten. Viel eher neigten sie zum Finsteren und Dämonischen hin und machten sich Gedanken über das gelobte Land. Ob sie nun Blitze, das Eingeweide von Opfertieren oder den Vogelflug analysierten, stets waren sie von dem Bedürfnis nach Erforschung der Zukunft umgetrieben. Die Götter der Etrusker waren nicht heiter wie die griechischen oder renovierte Imitationen wie die römischen, sondern böse und düster, da sie dem gleichen Schicksal unterworfen waren wie die Menschen selbst. Zwar haben auch die Römer – spätestens mit Vergil – geahnt, daß man die Götter nicht überfordern darf in der Erwartung, sie könnten Katastrophen abwenden; aber ihre historischen Vorgänger waren von einer tragischen Lebensauffassung zutiefst erfüllt und konnten sich von den Mächten des Schicksals nicht mit vordergründigem Pragmatismus befreien. Rohe und auch grausame Gebräuche, in denen Menschenopfer nicht selten vorgekommen sein sollen, sind nur der Ausdruck jener Weltangst und Daseinssorge, weil sie ebenso wie die Wahrsagerei den verzweifelten Versuch darstellen, das Schicksal doch ein wenig günstig zu stimmen.

Daß sie sich dennoch mit Fragen des Lebens nach dem Tod auseinandergesetzt haben, stellt keinen Gegensatz dar, und die vielen erhaltenen und in den vergangenen Jahrzehnten mehr durch Zufälle aufgefundenen etruskischen Grabstätten sind Ausdruck dieser Stimmung. Aber die Etrusker blieben sich treu bis zuletzt, indem sie nicht wußten, ob die Seele der Toten im Grab bleibt oder eingeht in ein Totenreich, worin nur die Seelen noch herrschen. Vor allem jedoch ist es ihnen nicht gelungen, die Angst vor dem Tod zu überwinden. So berichtet Rochedieu von verschiedenen Gemälden, die man in etruskischen Grabstätten gefunden hat. In einem der spätesten Gräber, das einer Familie Pumpu zugeschrieben wird, findet sich die Darstellung einer Gruppe von Männern und Frauen, die von einer Horde entsetzlicher Dämonen ins Unbekannte vorgestoßen wird. Dicht aneinandergedrängt, blicken sie nach vorn, und ihre Gesichtszüge sind entstellt vor Angst. Sowenig sie im Leben glücklich und heiter waren, so gering scheint ihre Hoffnung auf eine erlösende Fortexistenz nach dem Tod gewesen zu sein. Vielleicht hat Rochedieu recht, wenn er meint, daß sich in dieser Verzweiflung, im Fehlen jeglicher Hoffnung und im Scheitern eines Volkes, das nicht an sein Heil glauben konnte, auch eine Erklärung für das völlige Verschwinden der Etrusker findet.

Die Geschichte der Religionen ist nicht eben arm an Parallelerscheinungen. In jener Zeit, in der die Etrusker nach der Erlösung suchen, sie aber nicht finden können, also im 8. bis 6. Jahrhundert v. Chr., entwickeln Mahavira und Buddha in Indien zwei neue Religionen, formuliert Konfuzius in China seine Staatsethik und Laotse seine Sprüche, das *Tao Te King*, die Lehre von der unerschöpflichen Meditation. In Persien aber taucht eine Prophetengestalt von einzigartiger Größe auf, die noch Friedrich Nietzsche fasziniert und zu einem der wichtigsten Bücher des 19. Jahrhunderts angeregt hat: Zarathustra, den die Griechen Zoroaster nannten.

Von seinem Leben ist so gut wie nichts bekannt. Man vermutet, er habe zwischen 1000 und 600 v. Chr. gelebt, wahrscheinlich im westlichen Iran, aber auch darüber ist man sich nicht sicher. Seine Aussagen über Religion wurden erst Jahrhunderte nach seinem Tod aufgezeichnet und stellen eine eigenartige Komposition aus Dichtung und religiöser Unterweisung beziehungsweise Erbauung dar, in deren Zentrum der eine Gott Ahura Mazda steht, weshalb die zoroastrische Religion als Mazdaismus (mitunter auch als Mazdakismus) bezeichnet wird. Ahura Mazda ist weniger der Name als vielmehr die Bezeichnung des Wesens Gottes. Gott ist der weise Herr, der die rechte Erkenntnis von Gut und Böse, Wahrheit und Lüge besitzt, mit anderen Worten: Auf ihn gehen alle Moralvorstellungen des Menschen zurück. Gäbe es Gott Ahura Mazda nicht, dann gäbe es kein Gut und Böse, weil der Mensch allein nicht in der Lage ist, sie zu unterscheiden. Die Einheit Gottes und der Dualismus von Gut und Böse sind die beiden wesentlichen Grundeinsichten Zarathustras; seine ganze Religion ist von dem Gegensatz Gott und Teufel (der bei ihm Angra Mainyu heißt) gekennzeichnet. Die eigentliche Besonderheit bei Zarathustra – und vermutlich auch das, was Nietzsche so an ihm fasziniert hat – besteht aber nur darin, daß er die Situation des Menschen und der Welt nicht als vollendet definiert, sondern vielmehr als Aufgabe für den Menschen. Seine persönliche Entscheidung ist es, ob er sich in Richtung auf Wahrheit oder in Richtung auf Trug bewegt. Wenn der Mensch über die »Windbrücke« geht, das heißt, wenn er stirbt, wird er zum erstenmal einer gerichtlichen Bewertung unterzogen, die den sittlichen Habitus des irdischen Lebens zu analysieren hat. Der gerechten Seele wehen schon die milden, verlockenden Düfte des Paradieses entgegen. Die ungerechte Seele muß Gestank als Vorhof der Hölle einatmen. Aber bei Zarathustra geht es nicht nur um die individuelle Sittlichkeit und Güte des Menschen. Vielmehr kämpft auch der Gott Ahura Mazda mit dem Teufel und kann diesen Kampf, unterstützt von den guten Menschen, gewinnen, so daß sich das Gute in der Welt durchsetzt und das Böse endgültig aus ihr verschwindet. Die Nachfolger des Zarathustra, neugierig geworden, haben auszurechnen versucht, wie lange diese Auseinandersetzung dauern würde, und haben 12 000 Jahre genannt, die genügen, um diesen Reinigungsprozeß der Welt zu vollenden. 12 000 Jahre, das ist eine lange Zeit; aber dem guten Menschen winken die Unsterblichkeit und der Genuß, die »Glückseligkeit im Himmel beschauen« zu dürfen.

In Zarathustras großartigem religiösen Entwurf wird dem Menschen eine aktive Rolle zuteil bei der Vollendung der Erlösung. Indem die schließliche, gute und gerechte Welt für immer unsterblich und ewig wird, wird sie auch eine reale, eigentliche Welt. Die Aufhebung des Dualismus von Gut und Böse ist die Aufhebung der Welt als Schein und als finsteres Jammertal. Die Erlösung des Menschen ist nicht länger mehr eine schöne Theorie mit begrenzter Reichweite oder unbekanntem Ausgang; sie wird zur Möglichkeit des Menschen selbst. In diesem Gedanken enthüllt sich die eigentliche Seelengröße Zarathustras: daß er an den Menschen und an das Gute glaubt und davon überzeugt ist, daß beide keinen ewigen Gegensatz darstellen. An die Stelle der etruskischen Lebensfurcht tritt bei Zarathustra ein Optimismus, der mit billiger Hoffnungsphilosophie schon deshalb nichts zu tun hat, weil er die Erfüllung dieser Hoffnung vom Menschen abhängig macht. Seine Religion ist eine farbenprächtige Symphonie der Hoffnung, die sich in einem Preislied auf das Reich Ahura Mazdas erfüllt:

»Wann wird, o Weiser, Armaiti mit dem Asha, mit dem Gottesreiche der schöne, weidereiche Wohnsitz kommen? Wer wird Ruhe vor den grausamen Falschgläubigen stiften?...

Das gute Reich bringt am ehesten den besten Lohn. Süße Milch fließt darin, o Asha, für den, der durch seine Taten, o Mazda, das beste als Lohn erhält. Dieses Reich will ich uns jetzt vorbereiten.

... Der das Allerbeste *(das Paradies)* bestimmt einem jeden, der es seinem Willen recht macht, er, der Weise Herr, durch sein Reich, der aber das Allerschlimmste *(die Hölle)* demjenigen bestimmt, der ihm nicht dient, bei dem letzten Wendepunkt des Lebens...

Demütig verehrend möget ihr beten um diesen Freundschaftsdienst des Mazda.«

Alle Religionen versuchen den Menschen aus seinem »niedrigen« Zustand herauszulösen, ihn zu erhöhen und ihm das zu vermitteln, was wir mit Erlösung allgemein umschreiben. Allein in der Eigentümlichkeit der jeweiligen Heilsvorstellungen unterscheiden sie sich voneinander. Die tiefe metaphysische Sehnsucht, wie sie sich auch in den großen Dichtungen der Menschheit niedergeschlagen hat, stellt ein einigendes Band dar, selbst wenn wir immer wieder feststellen müssen, daß die Religionen in ihren Heilsvorstellungen in Konkurrenz zueinander treten. Vielleicht hilft der Gedanke, daß diese Sehnsucht unauslöschbar ist, solange der Mensch lebt, weil er die Zeichen der Erlösung zwar sucht und des Paradieses gegebenenfalls auch glaubenssicher sein mag; aber es bleibt ein unauflösbarer Rest, den wir getrost das Geheimnis Gottes nennen können. Denn, wie Adorno einmal gesagt hat, der Mensch lebt in dem Bewußtsein, daß das, was ist, nicht alles ist.

DAS JUDENTUM
oder
DIE EWIGE GOTTESFRAGE

Das jüdische Geheimnis

»Das Judentum ist ganz Historie und ganz Metaphysik, es ist beides schlechthin: Wirklichkeit und durchaus Idee. Dies Volk hat als Volksganzes das Unzeitliche, das vom zeitlichen Zustand wesentlich verschiedene Moment der Währung, als Zeitlichkeit innerhalb dieses Hier, raumhaft ausgedrückt, es ist immer dagewesen und lebte immer woanders. Man kann es eigentlich nicht das ›alte Volk‹ nennen, denn auch die Gesetze des Wachsens in der Zeit sind nicht seine Gesetze. Darum hat es keine besonderen, abgesonderten Blütezeiten, oder es hat deren viele. Es wird nicht, es besteht, und selbst in seinen heiligen Büchern, die von seinem Anfang reden, ist es ein ursprünglich Gegebenes; könnte man doch mit allem Fuge sagen: Schon Abraham ist das ganze Volk, Altvater und Einheit. Dessen verhülltes Spiel mit den Mächtigen der Erde, sein Kauf der Grabstätte als des einzigen Grundes, den er sichern will (wie wichtig ist es, wie aufschlußgebend, daß dem Jenseits ein Hier gegeben wird und nur ihm!), sein Freien aus dem gleichen Stamm, den es noch nicht gab, sein Feilschen um die anderen (Sodom!), sein in den Geist verlegtes Fleischopfer des Sohnes: ist das nicht die ganze Jüdischheit im Einzelsein? Was sonst Leben heißt, scheint hier in jedem Moment in Frage gebracht, ja überwunden; was sonst Denkformen, Denknormen sind, ist hier Erscheinung geworden. So ist das Judentum da, greifbar, schmeckbar wie sonst nichts auf der Erde, faktisch und sich selber gleich, selbst eigen – so ist es zugleich bildlos in jedem Verstand, ist nicht Form, nicht Leib, nicht schaubar im höchsten griechischen, im Mysteriensinne, ist fremd und unterschieden, unerlebbar den Völkern, die in seinem Allerheiligsten, da sie es sprengten – nichts fanden. Denn diese wirklichste Wirklichkeit entzieht sich der symbiotischen, pflanzenhaften Gemeinschaft von Leben und Leben, sie befruchtet ohne die Organe des Zeugens. Und so spottet sie auch der Einordnung in Gattungen, so kann sie unter keinen ›Gesichtspunkt‹ gebracht werden. Ratlos stehen Natur- und Geschichtswissenschaft vor dem Problem. Ist das Judentum eine Rasse oder eine Glaubenseinheit oder eine Zufallsmischung, ein Staat, ein Stamm, eine Gemeinde, ist es zugrund gegangen oder lebt es weiter, wann war seine antike Lebensstufe, wann beginnt seine Transzendenz, ist das Prophetentum, dies unerhörte Novum in der Welt, ein Novum fürs Jüdische? Jede Erwägung schlägt fehl, jede Feststellung wankt, gleitet ab von diesem Unfaßbaren. Ja, die letzten, einfachsten Fragen sind nicht zu erledigen, nicht mystische, nicht sittliche, nicht äußerlich reale. Ist es zu Haus oder in der Fremde, ist es treu oder abtrünnig, ist es berufen oder verfemt? Das Göttliche selber war immer im Hader mit ihm und ist immer mit ihm zusammen gewesen: welch ein Zustand, welch eine Bewegung! Zahllose Wege, dunkel das Ziel. Übergroß das Wirken in die Weite, unendlich die Vereinsamung. Mehr ist nicht auszusagen, als daß hier das durchaus Antithetische Wesen wird. Und so dürfen wir gewiß sein, daß diese stets straffe und stets zerstiebende Einheit, dies Beharren und dies Verstreuen, dies Bändigen und dies Befreien, dies ewige Jetzt, stets Gegenwart sei. Denn ER, der den Bund schloß mit dem Ahnherrn, ER ist dessen Samen fern und nah geblieben, nie so eins mit ihm, daß ER ihn ganz zu sich zwinge, ganz ihn übergehen lasse in das Andere Reich, nie so abgewandt, daß er in Spreu zerstaube, in Scherben zerfalle und Schutt und untergehe irgendwann.«

Es gibt viele Zeugnisse, die den Versuch unternehmen, das Wesen des Judentums auf eine mehr oder weniger griffige Formel zu bringen. Vor allem das 19. Jahrhundert, das man einmal das Emanzipationsjahrhundert genannt hat, ist reich davon, weil es die Zeit ist, in der das Judentum den vorsichtigen Versuch unternommen hat, seine jahrtausendealte Gettoexistenz zu verlassen und sich in die christliche Welt und ihre Gesellschaft zu assimilieren. Jede religiöse Öffnung setzt aber das sichere Wissen um das eigene religiöse Erleben voraus, und so hat sich das moderne Judentum bei seinem Assimilierungsprozeß zunächst auf das Wesen seiner Religion konzentriert. Der Autor des zitierten Versuchs, das Wesen des Judentums zusammenzufassen, war der Dichter Karl Wolfskehl, ein Mann, der aus dem Literatenkreis um Stefan George stammte, der das Scheitern des Assimilationsprozesses in Deutschland miterlebte, der vor der Gestapo fliehen mußte, von Hotel zu Hotel, von Elendsherberge zu Elendsherberge hastete und der in der Emigration ein Hungerleiderdasein fristete, aus dem ihn der Tod 1948 erlöste. Sein Aufsatz stammt aus dem Jahr 1936, als den Juden die größten Prüfungen und Leiden in Deutschland noch bevorstanden, und wenn auch Wolfskehl die Gaskammern von Auschwitz überlebt hat, so hat ihn die Geschichte doch eingeholt: Heute kennt ihn niemand mehr. Sein Leben könnte das Paradigma des jüdischen Schicksals sein, wenn das nicht hieße, unzählige andere Schicksale außer Betracht zu lassen.

Kein Volk hat für seine Religion soviel gelebt, weil soviel gelitten wie das jüdische, kein Volk hat sich über die Dauer von zweieinhalb Jahrtausenden so intensiv mit Fragen der Religion, mit Gott auseinandergesetzt. Der jüdische Mensch ist der religiöse Mensch schlechthin. Er ist von seiner Religion erhöht wie sonst kein Mensch in der Geschichte; er ist von ihr gezeichnet bis in die Fasern seines Alltags; und er ist von ihr geschlagen seit dem Auszug aus Ägypten. Wenn Religion Prüfung durch Gott heißt – was eine sehr eindimen-

sionale Kennzeichnung wäre –, dann ist das jüdische Volk das von Gott geprüfte.
Hier fangen die Fragen an, die Wolfskehl auch gestellt hat: Sind die Juden ein Volk, eine Rasse gar oder in erster Linie eine Glaubensgemeinschaft? Kann man Jude werden, oder muß man zum Juden geboren sein? Was ist das Besondere an der jüdischen Religion, daß sie den Gläubigen einen Stempel aufdrückt, der sie vor allen anderen Menschen auszeichnet – durchaus nicht nur im wohlverstandenen Wortsinn zu nehmen, wie man weiß. Welche Beziehung zu Gott liegt vor, wenn Gott sein Volk auserwählt, so daß alle anderen Völker mit Fingern auf es zeigen? Worin besteht die Einheit des Glaubens angesichts der zentrifugalen Kräfte der Religion?
Die jüdische Religion ist das jüdische Schicksal, sie ist eine Herausforderung, ein Trauma und ein Gefängnis, sie ist autoritär und kennt doch keine Dogmen, sie fordert Unterwerfung und stiftet Identität. Wer sich mit dem Judentum auseinandersetzt, hat es nicht nur mit religiösen Regeln und Gebeten zu tun, sondern auch mit einer Geschichte des jüdischen Volkes, die älter ist als die Geschichte der meisten anderen, heute noch existierenden Völker. Es ist eine tragische Geschichte der Vertreibung, der Ruhelosigkeit und des ewigen Exils, es ist die Geschichte von Unterdrückung, Verfolgung und Ermordung, die sich hinter dem neutralen Begriff Antisemitismus verbirgt. Es ist aber auch die Geschichte des Nicht-Wissens. So alt das Judentum ist, solange lebte es im Getto, entzog sich den neugierigen Blicken der Andersgläubigen und gab dem Neugierigen Rätsel auf. Man weiß um die gemeinsame Wurzel von Judentum und Christentum auf der Grundlage des Alten Testaments – und hat sich im 19. Jahrhundert nicht gescheut, das Judentum als ein zurückgebliebenes Christentum zu bezeichnen. Man weiß um die Erlösersehnsucht des Juden und wirft ihm vor, Christus nicht anerkannt zu haben, ja man schleudert ihm sogar das Schlagwort vom Gottesmörder entgegen. Eine spezifisch tragische Lebensauffassung, die dem Juden eigen sein mag, hat die Verständigung zwischen den Religionen ebenso behindert wie die affektive Ablehnung jüdischer Gebräuche und Rituale durch Andersgläubige.
Nicht das Sterbenlernen steht im Zentrum der jüdischen Religion, obgleich dies, so zynisch es klingt, die konkrete Lebenssituation des verfolgten jüdischen Menschen hätte erleichtern können; vielmehr geht es um das Gotterlebnis in der Lebensmitte. Die Allgegenwart Gottes – nie ist sie deutlicher und ausschließlicher als im Judentum. Der Jude ist nur Jude durch eine *vita religiosa activa*; er lebt nicht erst im Hinblick auf eine Einheit mit Gott, sondern er lebt bereits in seinem irdischen Leben mit und in Gott, so daß die Erlösung nicht die Sehnsucht auf einen kommenden Zustand darstellt; sie ist die Gegenwart, weil sie sich aus dem bereits geschlossenen Bund Gottes mit Abraham und seinen Kindern herleitet. Die Fähigkeit des jüdischen Menschen, die vielen Prüfungen und Leiden, die ihm in der Geschichte zugestoßen sind, zu ertragen, gründet sich auf eben dieser Heilsgewißheit, die für ihn auch dann eine bereits geschichtliche Erfahrung ist, wenn die Geschichte selbst sich als Prüfung definieren läßt. Nicht der Tod also ist das Problem des Juden, sondern das Leben im Angesicht Gottes. Hier deutet sich bereits eine weitere Besonderheit des Judentums an: Bei aller Orientierung des Lebens nach dem

Gesetz, nach Bräuchen und Vorschriften, die tief in die Autonomie des Menschen eingreifen, ist das Verhältnis des jüdischen Menschen zu Gott zunächst einmal ein individuelles. Der einzelne steht vor Gott, und die Religion ist allenfalls der Rahmen, die Stütze, um das Beziehungsverhältnis inhaltlich zu strukturieren.
Wer Jude ist, kann es kaum mit halbem Herzen sein, dafür sind die Etikettierungen viel zu eindeutig. Das Judentum ist von einer exemplarischen Glaubenssicherheit gekennzeichnet, die sich bis in den Fanatismus hinein fortsetzt und die nicht zuletzt die Kritik und die Aggression anderer Menschen hervorgerufen hat. Wer sich für das auserwählte Volk hält, für das Salz der Erde und der Menschheit, kann kaum auf die Toleranz der Nicht-Auserwählten hoffen und sieht sich dann von Gefahren umgeben, wenn er seinen ursprünglichen Daseinsraum verlassen und im Exil leben muß, gewissermaßen von der Gnade andersgläubiger Gastgeber abhängig ist. Nahum Goldmann, der frühere Präsident des Jüdischen Weltbundes und trotz aller seiner Ämter ein unabhängiger Kopf, hat einmal von einer merkwürdigen Analogie zwischen den Juden und den Deutschen gesprochen, die sich ja auch für ein besonderes Volk hielten und dadurch das Mißtrauen und das Unbehagen anderer Völker provozierten, bis dann die Parolen vom »deutschen Wesen« in den Trümmern des Zweiten Weltkrieges untergegangen sind.
Wenn die Deutschen um die Jahrhundertwende begannen, einen Platz an der Sonne zu fordern, so haben sich demgegenüber die Juden bereits seit 2 500 Jahren als Vertriebene aus dem Paradies bezeichnet, in das es zurückzukehren gelte, und die Begründung hierfür haben sie nicht irgendwelchen Kapitalisten und Kaisern überlassen müssen (wie es die Deutschen taten), sondern konnten sie unmittelbar aus der Bibel übernehmen. Das ungezählte Generationen lange Exil hat den Juden die Gettoexistenz aufgezwungen, und es mag offenbleiben, ob diese Sonderrolle selbstgewählt oder stets von außen oktroyiert wurde. Auf jeden Fall forderte sie jene Leidensfähigkeit und Leidensbereitschaft heraus, die mit dem Phänomen des Judentums unabdingbar verknüpft bleibt. Wenn die Deutschen an Deutschland litten (aber auch Heinrich Heine, ein Deutscher und Jude, litt an Deutschland), so litten die Juden an ihrem Judentum und nahmen Niederlagen und Pogrome hin, als müßte es so sein, als hätte der zürnende Gott Jahwe ihnen noch eine Prüfung auferlegt. Erst der jüdische Mensch der Moderne, durch die Erfahrungen des Dritten Reiches gegangen und mit einem eigenen Staat ausgestattet, hat lernen müssen, sich zu wehren, Widerstand zu leisten und das Schicksal auch durch Auseinandersetzungen zu meistern. Historisch gesehen, hat der Jude jedoch stets seinen Kopf vor dem drohenden Unheil eingezogen und dabei zugleich zu Gott geblickt, manchmal, wenn man dem jüdischen Witz glauben kann, vielleicht auch nur geschielt. Aber hat er auch an Gott gezweifelt?
Der Jude ist in der Religion zu Hause und fremd im eigenen Land. Seine Religion, die ihm das Stigma der Besonderheit aufdrückte und die Sicherheit der Gegenwart Gottes vermittelte, hat ihn bis tief ins 19. Jahrhundert daran gehindert, sich mit anderen Völkern und Kulturen zu mischen. Die Religion wirkte als Assimilationsbremse, als Hemmschwelle für Integration, und schon deshalb hat sie dem Antisemitismus immer neue Nahrung gegeben. Nichts wäre

jedoch falscher, als zu vermuten, die jüdische Religion habe kulturell keine Wirkungen nach außen gehabt; ganz im Gegenteil. So wie es eine spezifisch jüdische Kultur gab und auch heute noch gibt, so lassen sich parallel dazu eine wahre Fülle an gegenseitigen Befruchtungen von Judentum und Nicht-Judentum nachweisen. Das gilt besonders für den deutschen Kulturraum, der ohne den jüdischen Beitrag nicht ganz so stattlich in der Geschichte der Kulturen auftreten könnte. Auch hier zeigt sich das Wesen des Judentums in seiner Ambivalenz, mitunter sogar in seinem Widerspruch: Zum einen beeinflußt es die Kultur des jeweiligen »Gastlandes« auf sehr bedeutende Weise; zum anderen zieht es sich jedoch in einen sprachlich-kulturellen Gettobereich zurück, welcher Prozeß sich in Deutschland nicht besser andeuten läßt als mit dem Hinweis auf das Jiddisch, eine jüdische Sprache, die weitgehend den Mittelhochdeutschen, also dem Deutsch Walthers von der Vogelweide, entlehnt ist. Wie die Religion stiftet hier auch die Sprache eine Identität, die nur vor dem Hintergrund eines Lebens in der Diaspora zu verstehen ist. Juden verstehen sich in einer nur ihnen eigenen Sprache, und sie verständigen sich über die Inhalte einer Religion, die allen anderen Menschen unzugänglich und verschlossen ist.

Bei aller Versenkung in die Religion, die dem jüdischen Menschen eigen ist und die wir als Kennzeichen des Judentums schlechthin verstehen können, ist es nicht gelungen, eine jüdische Theologie auszubilden, und genausowenig hat das Judentum eine Säkularisation durchgemacht. Als das Christentum die Scholastik ausbildete, hat sich in Südfrankreich und in Spanien die jüdische Mystik entwickelt, deren aktuelle Bedeutung für das Judentum nicht zuletzt durch die Arbeiten Gerschom Scholems garantiert war. Und wenn sich im christlichen Europa am Ende des 18., vor allem dann im 19. Jahrhundert die materialistische Religionsphilosophie regte, so entwickelte sich demgegenüber in Polen und in der Ukraine der Chassidismus, die jüdische Orthodoxie, die sich bis in unsere Zeit fortgesetzt hat durch die Arbeiten des deutschen Juden Martin Buber. Die Orthodoxie wurde zum Schutz des Judentums vor der Auflösung in der Diaspora, sie schien die Garantie für ein authentisches Judentum zu sein – und hat nicht wenig dazu beigetragen, das Mißbehagen der Nichtjuden zu provozieren.

Die Säkularisation hingegen konnte jahrhundertelang kein Problem des Judentums sein, da es nicht über einen eigenen Staat verfügte, der ein Interesse an einer Verweltlichung, gewissermaßen an einer politischen Verwertbarkeit der Religion hätte haben können. Was sich im christlich bestimmten Europa als Säkularisation bereits Anfang des 19. Jahrhunderts abzeichnete – parallel mit einer allmählichen Verdrängung oder doch zumindest Beeinträchtigung der Religion durch die modernen Wissenschaften, insbesondere durch die Naturwissenschaft –, das erlebte und erlebt das Judentum erst mit der Gründung seines eigenen Staates nach dem Zweiten Weltkrieg. Aber auch hier zeigte sich wieder einmal die ungebrochene Kraft der religiösen Tradition: Als Ministerpräsident Begin 1981 sein neues Kabinett bildete und dabei auf die Hilfe der Orthodoxen Partei angewiesen war, kam er nicht umhin zuzugestehen, daß der Einfluß der Rabbiner künftighin wieder größer werden dürfe. So schwankt das Judentum bis heute zwischen Liberalisierung und Orthodo-

xie, ein Spannungsverhältnis, unter dem nicht zuletzt die deutschen Juden in den letzten eineinhalb Jahrhunderten gelitten haben.
Der Jude scheint ein Mensch zu sein, der auf der ständigen Suche nach sich selbst ist; insofern ist er in der Tat dem Deutschen nicht sehr fern, und vielleicht erklärt sich aus dieser beiderseitigen Identitätssuche auch die besondere Art des deutschen Antisemitismus, weil die Konkurrenz unerträglich zu sein schien. Jedenfalls hat sich schon der Religionsphilosoph Hermann Cohen mitten im Ersten Weltkrieg, 1916, über *Deutschtum und Judentum* Gedanken gemacht und diese eigenartige Parallelsituation auszuloten versucht. Aber die Gegensätze brechen gerade bei den subtilsten Vergleichen immer wieder durch: Während die Deutschen ihre Provinz bis zum Ende des 19. Jahrhunderts niemals verlassen haben, sind die Juden demgegenüber wegen ihres Heimatverlustes ständig auf der Wanderschaft. Wer Jude ist, hat ein anderes Verhältnis zur Welt als jeder andere Mensch: Er ist weltoffen und lebt dennoch in der Fremde; er sehnt sich nach dem Land der Verheißung und erlebt die Heimat des Glaubens in der Synagoge. Das Stichwort vom ewigen Juden trifft genau diesen Sachverhalt, auch wenn es ursprünglich etwas ganz anderes meinte. Der Jude ist der ewige Jude – was sonst? –, und das ist auch der Jude auf Wanderschaft, der Flüchtling, der Heimatlose, der Emigrant. Noch einmal zeigt sich hier die tiefere Bedeutung jener Kennzeichnung, die Judentum als Schicksal definiert. Der Jude kommt, wenn überhaupt, sehr viel weniger von seinem Väterglauben los als jeder andere gläubige Mensch, und da er um diese Abhängigkeit von der Religion weiß, ist er einmal mehr durch jene Zerrissenheit gekennzeichnet, von der Wolfskehl gesprochen hat.
Diese innere Widersprüchlichkeit des jüdischen Menschen offenbart sich einerseits in einer nur ihm eigenen Art der Ironie, die sich nirgendwo charakteristischer als im jüdischen Witz ausgebildet hat, zum anderen allerdings im jüdischen Selbsthaß, jenem eigenartigen Phänomen, dem Theodor Lessing, der pessimistische Geschichtsphilosoph der Weimarer Zeit, eine profunde Studie (1930) gewidmet hat. Man wird als Jude geboren und kann seinem Schicksal nicht entrinnen; aber muß man sich dessen unbedingt freuen? Nicht nur Theodor Lessing hat diese Frage verneint, sondern ungezählte andere europäische, insbesondere deutsche Juden auch. Ein Heine litt an seinem Deutschtum und seinem Judentum – und versuchte beidem durch politische und geistige Emigration zu entfliehen. Sein Zeitgenosse Karl Marx setzte sich in einer seiner ersten Schriften kritisch mit dem Judentum auseinander, und im späten 19. Jahrhundert wurde die Zahl derer, die vom Judentum zum Christentum konvertierten, immer größer; unbewußt förderte diese Entwicklung das Gettobewußtsein der jüdischen Orthodoxie. Konnte es da wirklich verwundern, wenn weltoffene Geister wie der vielbegabte Walter Rathenau, Sohn des AEG-Direktors Emil Rathenau und späterer Außenminister der Weimarer Republik, in einem Aufsatz um die Jahrhundertwende sich ärgerlich von seinen jüdischen Glaubensbrüdern abwandte, ihre provinzielle Enge geißelte und die Juden schlichtweg »eine asiatische Horde auf märkischem Sande« nannte? Zwar war diese Bezeichnung abgrundfalsch – aber sie stammte doch immerhin von einem Juden! Daß der jüdische Selbsthaß auch in seiner milderen Form der Selbstkritik Material für den Haß gegen die Ju-

den bereitstellen konnte, wird nirgendwo deutlicher als im Geschick des *Jud Süß* von Lion Feuchtwanger. Der Roman, 1925 erstmals erschienen, schildert die Geschichte eines längst verschollenen kleinen deutschen Herzogs zu Beginn des 18. Jahrhunderts und seines Hofjuden, der zu beinahe unumschränkter Macht aufsteigt. In seiner Hand liegt die steuerliche Ausbeutung des Landes, die nötig ist, um die Ausschweifungen, den Absolutismus und die Verschwendungssucht des Herzogs zu finanzieren. Daß sich Jud Süß Oppenheimer dabei den Haß der Bevölkerung zuzieht, liegt auf der Hand; er wird zum gängigen Objekt antisemitischer Rachegelüste. Erst als der Herzog Oppenheimers Tochter nachstellt und sie in den Tod treibt, wird auch sein Lebenswille gebrochen. Nach dem Tod des Herzogs wird Oppenheimer vor ein Gericht gestellt und gehenkt. *Jud Süß* hatte einen beispiellosen Erfolg, wurde unmittelbar nach Erscheinen in alle Kultursprachen übersetzt, aber als Hitler an die Macht kam, wurde das Buch natürlich verboten und verbrannt; immerhin war Feuchtwanger selbst Jude. Nun geschah das Sonderbare, und Feuchtwanger hat selbst darüber berichtet: »Der Ruhm, der mit dem Begriff *Jud Süß* verknüpft war, ließ Hitlers Propagandaminister nicht schlafen. Er ließ auf Basis des Romans einen neuen Film herstellen. Ausgezeichnete Schauspieler spielten ihn, der Film war technisch ungewöhnlich gut. Nur eben unterschlug er alles, was in diesem Roman positiv war, und vergröberte grotesk das Negative. Er war politisch überaus wirksam, geistig vollkommen leer.« Mit einem Wort: Die Nationalsozialisten hatten aus der Geschichte um einen Juden einen antisemitischen Film gemacht, und Feuchtwanger mußte mit Verblüffung feststellen, daß er selbst das Material dafür geliefert hatte. Auch das ist ein Stück jüdischen Schicksals und ließe sich durch ungezählte andere Begebenheiten ergänzen.

Der jüdische Mensch ist in der Welt zu Hause, aber diese erlebt er als Fremde. Wirklich zu Hause scheint er nur in seinem Glauben zu sein, und damit spielt seine geographische Situation nur eine untergeordnete Rolle, auch wenn sein Denken ständig um das Gelobte Land kreist. Die Begriffe des nationalen, insbesondere des nationalistischen Denkens ersetzt er durch die Kategorien des Glaubens; zwar hat Palästina auch seine Geographie, aber zunächst ist es ein Glaubens- und ein Seelenland, ein Traumland im Kopf. Kommt er wirklich dort an, dann hat ihn auch seine Verzweiflung eingeholt. Isaac B. Singers Geschichte von Joel Jabloner hat diese erneute Zerrissenheit auf enthüllende Weise dargestellt. Joel Jabloner, der Kabbalist vom East Broadway, ein alter jiddischer Schriftsteller, sitzt schweigsam und vergessen irgendwo in einer Cafeteria am East Broadway und träumt von Israel, dem Land der Väter. Nach vielen Jahren im selbstgewählten amerikanischen Exil gelingt es ihm, den Traum seines Lebens zu verwirklichen; er reist nach Israel, wird dort ein gefeierter Redner, von einem Salon in den anderen gereicht, ein glücklicher Mann. Jahre später sieht man ihn wieder in New York, »ohne Bart, in einem schäbigen Anzug und einem nicht zugeknöpften Hemd. Er war abgemagert, runzlig, ungekämmt, sein Mund schien wieder eingefallen und leer. Seine hervorstehenden Augen starrten auf die leere Wand gegenüber... Sein Gesichtsausdruck zeigte etwas von der Verzweiflung eines Menschen. der in einem unlösbaren Dilemma gefangen ist.«

Auch das ist der ewige Jude, jener, der nie ankommt. Beth Jisrael, das Haus Israel, seine Geschichte, seine Hoffnungen, seine Traditionen, seine Prüfungen und seine Erfolge stellen das jüdische Erbe dar, das keine Gegenwart mehr einholt. Die Heimkehr entzieht sich der geographischen Logik, und sie muß sich entziehen, weil die eigentliche jüdische Heimkehr die zu Gott ist und nicht die in ein Land, das Abraham einst von Gott erhielt.

Wenn es einen Namen gibt, der das jüdische Schicksal in der Welt auf eine Formel bringen sollte, dann wäre es der Name Hiob. Der Jude ist Hiob, von Gott auserwählt, geprüft, gemartert und gerettet; Hiob, der in all seiner Not nie an Gott gezweifelt hat und sich stets auf ihn verließ; Hiob, der auch den grausamen Gott nicht verflucht hat, weil er sich sein ganzes Leben auf der Suche nach Gott befindet. Es ist die Tragik des Judentums, daß es erst durch die Hölle von Auschwitz und Majdanek gehen mußte, bevor es, nach 2 500 Jahren Exil, einen eigenen Staat erhielt, der in seinen geographischen Ausmaßen dem biblischen Land der Juden nicht unähnlich ist. Ob dieser jüdische Staat der Gegenwart wirklich das Gelobte Land der Juden ist, mag zweifelhaft sein. Immerhin ist es ihm nicht gelungen, alle Juden zur Rückkehr zu bewegen und Frieden zu schließen mit seinen Nachbarn und denen, die sich nun von den Juden um ihr Heimatrecht beraubt sehen: den Palästinensern.

In der Geschichte der Völker haben die Juden schon deshalb eine bedeutsame Rolle gespielt, weil sie selbst eine bedeutsame Geschichte hatten. Ob sich diese Rolle mit all ihren Möglichkeiten und Verzweiflungen im politischen Gebilde Israel mit seiner so unjüdisch radikalen Diesseitigkeit erfüllt hat, weiß niemand, nicht einmal die Juden selbst; es ist und bleibt ihr Geheimnis.

Das Land der Verheißung

Das Paradies hat einen Namen, die religiöse Sehnsucht ein Ziel. Im Gegensatz zu allen anderen Religionen, die wir als Welt- oder Hochreligionen bezeichnen, hat sich das Judentum geographisch beschränkt und den Weg zu Gott immer über das Gelobte Land genommen. Das Heilige Land trägt seinen Namen in mehrfacher Hinsicht zu Recht; es ist das Land, von dem alles ausgeht und zu dem man als gläubiger Jude zurückkehren muß. So wie der gläubige Mohammedaner wenigstens einmal in seinem Leben nach Mekka gepilgert sein muß, so hat für den Juden das Land seiner Väter konstitutive Bedeutung, so wie es bereits im 105. Psalm zu lesen ist: »... Kanaan ..., das Land, das dir als Erbe bestimmt ist.«

Wenn andere Religionen nach Expansion drängen, wenn sie sich im missionarischen Eifer überschlagen, so hat das Judentum dem nichts entgegenzusetzen. Seinem Wesen widerspricht die geographische Ausdehnung, und wenn man es dennoch auf der ganzen Welt finden kann, so ist das ausschließlich auf die Juden selbst zurückzuführen, die schon in früher Zeit zur Flucht, zur Diaspora gezwungen waren; aber eine jüdische Mission hat es nicht gegeben. Der gläubige Jude zieht sich in sich selbst zurück, er hört in sich hinein, um eine Antwort auf die Frage nach Gott zu finden; aber ein Bekehrungseifer ist ihm wesensfremd. Nur so ist es verständlich, daß das Land Kanaan und seine Metropole Jerusalem eine einzigartige Bedeutung für den jüdischen Glauben erlangt haben und daß die Sehnsucht nach diesem Land und dieser Stadt die Juden in der langen Geschichte ihres Exils niemals verlassen hat.

Das Land ist der Ursprung. Als Gott das Land Kanaan Abraham vermachte, übergab er es ihm auch für seine Nachkommen, und in den fünf Büchern Mosis gibt es nicht wenige Stellen, die immer wieder auf diese Landschenkung Bezug nehmen und darauf verweisen, daß es sich um besonderes Land, ja um göttliches Land handelt, denn Gott wohnt in diesem Land. So wird das Land auch zum Ziel, denn immer dann, wenn es von fremden Herrschern

und Völkern besetzt ist, gilt es als entweiht, und solange die Juden nicht in diesem Land sind, leiden sie unter der Gottesferne. Die Sehnsucht nach der Einheit mit Gott, nach Erlösung, nach der Fortsetzung und Vollendung des Bundes erfüllt sich nur in der Heimkehr in das Land Gottes. Das Einssein mit Gott setzt das Einssein mit dem Land voraus. Von daher erhellt die besondere, einmalige Bedeutung des Landes, aber auch die der jüdischen Geschichte, durch die sich die Sehnsucht nach der Rückkehr wie ein roter Faden hindurchzieht, der nicht nur durch seine Länge fasziniert, sondern auch durch die dazugehörende Tatsache irritiert, daß sich die Juden in der Diaspora immer als Emigranten empfunden haben, daß sie sich in ihren neuen Heimatländern nie recht wohl fühlen konnten; denn das alttestamentarische »Wenn ich dich je vergesse...« haben sie um ihres Glaubens willen nie vergessen können.
Das Spannungsverhältnis zwischen Land und Exil hat aber auch dazu beigetragen, daß die Juden nie davon abgelassen haben, über die innere Begründung ihres Glaubens nachzudenken. Die schier unübersehbare Fülle ihrer religiösen Schriften, aber auch ihre schöpferischen Beiträge zu Philosophie und Literatur wären möglicherweise undenkbar ohne dieses Spannungsverhältnis. Bei aller Fragwürdigkeit, von denen Begriffe wie jüdische Literatur oder jüdische Philosophie umgeben sind, ist es unbestreitbar, daß die Juden in der Diaspora sich im Denken an das Land und seine Bedeutung für das Wesen des Judentums stets einig und vor allem nahe gewesen sind. Im Bewußtsein, in ihrem religiösen Verhalten waren die Juden immer in ihrem Land; auch die bescheidenste Synagoge stiftete Heimat in der Fremde.
Das Land, dieses bescheidene Rechteck zwischen dem 30. und dem 33. Breitengrad, war stets sehr viel mehr als nur eine Angelegenheit der Geographen, es hatte von Anfang an eine theologische Dimension. Nachdem Gott das Land an Abraham und seine Erben gegeben hat, schien es ausgemacht, daß den Juden die Aufgabe zufiel, darin zu leben – und das bedeutete zunächst einmal, andere Völkerstämme und Nomaden zu vertreiben, ein Problem, mit dem sich auch die Bibel auseinandergesetzt und es insofern gelöst hat, als sie das Land zum Wohnsitz Gottes erklärte und den »sündigen« Völkerstämmen das Wohnrecht aberkannte mit dem Hinweis, sie würden den Aufenthaltsort Gottes entweihen. Wo aber Gott wohnt, ist ein besonderer Ort, und so heißt es schon bei Ezechiel, das Land Israel sei der Nabel der Welt. In einem alten jüdischen Text kann man lesen: »Es ist die Grundlage der Welt. Jerusalem befindet sich im Mittelpunkt des Landes Israel, der Tempel befindet sich im Mittelpunkt Jerusalems, das Allerheiligste ist im Mittelpunkt des Tempels, die Bundeslade befindet sich im Mittelpunkt des Allerheiligsten, und der Grundstein befindet sich vor der Bundeslade, und an seiner Stelle ist die Grundlage der Welt.« Und schließlich erklärt der *Mischnah Kelim* (das ist eine Auslegung der *Torah* aus dem 2. Jahrhundert n. Chr.) unmißverständlich: »Das Land Israel ist heiliger als alle anderen Länder.«
Was war das für ein Land, das der *Talmud* Gottes Land nennt, das im Alten Testament noch zögernd Palästina, öfters jedoch das Land Kanaan, in der Zeit der römischen Besatzung dann Judäa genannt wird? Zunächst war es ein kleines Land, im Grunde nur eine lächerlich bescheidene Provinz um Jerusa-

lem, dessen Nord-Süd-Ausdehnung nicht größer war als die Entfernung zwischen Stuttgart und München, nämlich 235 Kilometer. Vom Mittelmeer bis zum Toten Meer beträgt die Entfernung 140 Kilometer. Man möchte annehmen, daß man zu biblischen Zeiten ohne allzu großen Aufwand in der Lage war, das Land zu durchwandern (was für Nomadenstämme von nicht unerheblicher Bedeutung war), und von seinen höchsten Gipfeln aus konnte man möglicherweise den Eindruck haben, das ganze Land sei mit einem Blick überschaubar. Immerhin deutet sich ein solcher Gedanke an, wenn Moses seinem Volk berichtet: »... Der Herr sagte zu mir: Genug! Trag mir diese Sache niemals wieder vor! Steig auf den Gipfel des Pisga, richte die Augen nach Westen, nach Norden, nach Süden und nach Osten, und schau mit eigenen Augen hinüber! Doch hinüberziehen über den Jordan hier wirst du nicht. Setz Josua ein, verleih ihm Macht und Stärke: Er soll an der Spitze dieses Volkes hinüberziehen. Er soll an sie das Land als Erbbesitz verteilen, das du nur schauen darfst.« (Dtn 3, 26–28)
Kein Zweifel, das Land ist schön, aber von einer herben Schönheit, und es macht es seinen Bewohnern nicht unbedingt leicht, darin zu leben. Es ist ein gebirgiges Land mit Kalksteinbergen und ein Wüstenland, das man am besten rasch hinter sich läßt. Die meisten Flüsse führen nur an den wenigen Regentagen im Jahr Wasser, so daß die natürliche Vegetation des Landes kaum mehr als spärlich ist. Sehr viel besser sieht es in der dritten natürlichen Landschaft, dem Jordantal, aus, ein geologisches Wunder, mit dem Toten Meer als geheimnisumwitterten Zentrum und dem Jordan, dem einzigen wirklichen Fluß in Israel, dem biblischen Fluß schlechthin. Henri Daniel-Rops ist den Jordan entlanggefahren und hat den Versuch unternommen, ihn aus der Perspektive der Bibel zu sehen: »Der Fluß befindet sich bereits 208 Meter unter dem Meeresspiegel, wenn er einen großen See erreicht, den er nach zwanzig Kilometern wieder verläßt. Zur Zeit des Wirkens Jesu hieß dieser See ›Tiberias‹. Gerade begann Herodes Antipas hier seine heidnische Stadt zu bauen, deren Name an seinen römischen Protektor erinnern sollte. Häufig sagte man ›Galiläisches Meer‹, ein bißchen emphatisch, denn man brauchte kaum zwei Stunden, um dieses Meer mit dem Kahn zu durchqueren. Poetischer war ein Ausdruck, der an die Harfenform des Gewässers erinnerte, ›Kinnereth‹; daraus ist der Name ›See Genezareth‹ geworden. Noch heute ist er einer der schönsten Plätze der Welt. Man kann ihn mit den berühmtesten Seen Europas, dem Comer, dem Genfer See, dem Lac d'Annecy vergleichen. Sein reines Wasser, manchmal von seltsamen Flecken geädert, wechselt im Farbenspiel von Saphirblau bis zu Jadegrün; am Fuß der östlichen Abhänge kommen ockerfarbene und rostrote Reflexe hinzu. Die umliegenden Hügel reihen sich anmutig aneinander, sie sind mit sorgfältig aufgeteilten Anbauflächen bedeckt. So war der Kinnereth bereits, als Jesus seine ersten Jünger um sich scharte und, aufrecht in einem Boot, zu den am Ufer versammelten Menschen sprach. Vielleicht war er noch schöner, als wir ihn sehen ... Dort ist das Land, wo den Friedfertigen, den geistlich Armen und den Sanftmütigen der Himmel versprochen wurde.«
In seiner herben Schönheit ist Palästina ein unvergleichliches Land, und warum sollen es die alten Israeliten nicht geliebt, warum sollen sie nicht ge-

glaubt haben, es sei das Land der Verheißung? Umgeben von ödem Wüstenland, über dessen wirkliche Ausmaße niemand recht Bescheid wußte, war Palästina überschaubar, abwechslungsreich, und es ernährte seinen Mann. Und das Land war alt, fast so alt wie Gott selbst. Neuere archäologische Forschungen haben ergeben, daß die Stadt Jericho, 11 Kilometer nördlich vom Toten Meer gelegen und die erste Stadt, die den Kindern Israels in die Hände fiel, bereits im Neolithikum (8000–5000 v. Chr.) nicht nur bewohnt war, sondern vor allem schon auf eine ausgebildete Kultur, Architektur und Verwaltung blicken konnte.

Das Gelobte Land der Bibel ist seit der Wende des 2. Jahrtausends v. Chr. ein beliebtes Einfallsgebiet für alle möglichen Völkerstämme und politischen Abenteurer gewesen, unter anderem weil das Land von einer Reihe wichtiger Karawanenstraßen durchzogen war. Diese wechselvolle Geschichte nachzuerzählen, kann hier nicht unsere Aufgabe sein; dazu bedürfte es einer eigenen, umfangreichen Darstellung. Wichtig ist die Geschichte hier nur insofern, als ihr eine spezifische Bedeutung für die jüdische Religion zukommt. Um dieses Jahr 2000 v. Chr. soll es gewesen sein, daß Abraham, aus Mesopotamien kommend, in das Land Kanaan zog, um dort den Glauben an einen Gott zu verbreiten und um dem Götzendienst seines Vaterlandes zu entgehen. Daß er ausgerechnet nach Kanaan ging, wird mehrere Gründe gehabt haben! Neben seiner geographischen Lage zeichnete sich das Land nämlich durch eine überraschend einheitliche, vor allem jedoch kosmopolitische Kultur aus, die auf verschiedene Einflüsse aus Ägypten, Mesopotamien und sogar aus der Ägäis zurückzuführen war. Die Religion der alten Stämme Kanaans trug demgegenüber alle Kennzeichen des Verfalls: Von der mythologischen Verehrung des Obergottes Baal, dessen Sinnenfreude noch Bertolt Brecht angezogen hat, bis zur vielzitierten Tempelprostitution war so ziemlich alles möglich. Für Abraham und seine Söhne schien das der rechte Ort und die rechte Zeit, sich um die religiöse Erneuerung zu bemühen.

Den alten Patriarchen – Abraham soll in der chaldäischen Stadt Ur geboren sein – war das Land Kanaan nicht unvertraut, als sie von ihm Besitz ergriffen. Es soll bereits ihnen als Land der Verheißung und als früherer Wohnort ihrer Ahnen gegolten haben; so alt ist die jüdische Auffassung vom Land der Verheißung. Sie lebten in diesem Land als echte Nomaden, das heißt, sie nahmen es nie recht in Besitz und Eigentum, sondern betrachteten es als selbstverständlichen Daseinsraum. Auch die Söhne Abrahams, später auch sein Enkel Jakob, setzten das Nomadenleben fort, indem sie mit ihren großen Familien von einer Futterstelle zur anderen zogen. Eine wirkliche Kultur, die sich in archäologischen Funden hätte niederschlagen können, besaßen sie alle nicht.

Aus der Bibel und aus dem wundervollen Roman von Thomas Mann weiß man, daß Jakobs Sohn Josef von dessen Brüdern als Sklave nach Ägypten verkauft wurde, daß er zum mächtigen Minister des Pharao wurde, weil er eine vorbildliche Wirtschaftspolitik betrieb, und daß er und seine Familie einen einflußreichen Clan bildeten, dessen Sehnsucht wiederum auf das Land der Väter gerichtet war. Aber erst Moses sollte es gelingen, den Auszug aus Ägypten in die Wege zu leiten, und dieser soll in der Regierungszeit des Pharao Ramses II. (1290–1223 v. Chr.) mit nicht weniger als 600 000 Mann stattgefunden haben. Nach biblischen Berichten führte Moses das Volk Israel durch das Rote Meer und befreite es damit aus der ägyptischen Knechtschaft. Als sie am Sinai vorbeizogen, redete Gott mit Moses und diktierte ihm die Zehn Gebote, womit die Grundlage sowohl des Monotheismus als auch der Gesetzesreligion geschaffen war.

Niemand bestreitet heute noch ernsthaft, daß die Zehn Gebote das Werk von Moses seien; daran ändert auch nichts, daß eine Reihe von Einzelgesetzen in dieser oder jener Form bereits früher aufgetaucht und in der Bibel erwähnt sind. Im *Bundesbuch* (Ex 21,1–23, 33) erinnern viele Gesetze an entsprechende Aussagen der Sumerer, Assyrer und Babylonier, und selbst hethitische Spuren will man in ihnen entdeckt haben. Entscheidend ist aber doch ganz etwas anderes: In dem historischen Augenblick, in dem die Kinder Israels, die wir uns, noch einmal, bislang als eine vielfarbige Nomadengemeinschaft vorzustellen haben, sich durch Moses eine Gesetzesreligion geben lassen, in dem Augenblick werden sie ein Volk. Wohl setzen sie ihr unruhiges Nomadendasein nach wie vor fort, aber sie wissen sich als Einheit, weil sie eine einheitliche Religion haben.

Das Seßhaftwerden ist den Israeliten nicht leichtgefallen. Zum einen hatten sie ihr Land gegen viele Gegner und Feinde zu verteidigen – und das Alte Testament liest sich ja streckenweise auch wie ein historischer Kriegsbericht. Zum anderen mußte das Land erst richtig besiedelt werden, das heißt, es bedurfte gewisser ökonomischer Umstellungen, ehe das Wanderdasein ein Ende haben konnte. Darüber hinaus darf aber nicht übersehen werden, daß die Israeliten nicht unbedingt Glück mit ihren Herrschern hatten, nachdem die Periode der Richter zu Ende gegangen war. So viele unterschiedliche Interessen gab es immerhin noch unter den zwölf Stämmen Israels, daß sie sich schwergetan haben, einen starken König zu wählen, der in der Lage gewesen wäre, die Aggressionen von außen wirksam abzuschlagen. Statt dessen begnügte man sich häufig genug mit Verlegenheitskandidaten, die zur allgemeinen Verblüffung jedoch dem traditionellen Prophetentum feindlich gesinnt waren, weil es, wie so oft in der Geschichte, um die Frage der religiösen oder der politischen Führung ging.

Wirklich gelöst wurde das Problem eigentlich nicht, auch als der im Geiste des Prophetentums erzogene David auf den Thron stieg (1030–993 v. Chr.), dem es aber immerhin gelungen ist, den Staat zu befestigen *und* die Stadt Jerusalem zum Zentrum des religiösen Lebens zu erheben. Damit kam zum Gelobten Land das himmlische Jerusalem, ein weiteres Symbol jüdischer Glaubensorientierung. »Wenn ich dich je vergesse, Jerusalem . . .« singt der Psalmist, dann ist der Glaube seines geographischen Zentrums beraubt. Fast möchte man sagen, er franst ohne Jerusalem an der Peripherie aus und verliert damit seine innere Form. Noch Ben Gurion, der erste Präsident des jüdischen Staates der Gegenwart, hat oft darauf hingewiesen, die Juden könnten bei der Wiedererlangung ihrer geographischen Heimat im Interesse der Nachbarvölker auf vieles verzichten, aber nicht auf Jerusalem.

So wie das Land nicht irgendein Land, so ist Jerusalem nicht irgendeine Stadt. Seit David ist sie ein fester Bestandteil der Heilsordnung und von der Offenbarung nicht zu trennen. Jesaja zufolge hat es Gott selbst so bestimmt:

»... Denn ich mache aus Jerusalem Jubel und aus seinen Einwohnern Freude.« (Jes 65, 18) Und ein Aphorismus der Rabbiner versicherte, wer Jerusalem nicht gesehen habe, der »hat noch niemals eine schöne Stadt gesehen«. David ist es jedoch nicht in erster Linie um die Schönheit der Stadt, sondern vielmehr um die religiöse Konsolidierung gegangen, und als er mit Hilfe eines Tricks seinen jüngeren Sohn Salomo (993–953 v. Chr.) auf den Thron brachte, wußte er sehr wohl, was er tat, als er an die Stelle eines politischen Charakters einen musischen Menschen setzte.

Das bedeutendste Symbol, das die Herrschaft Salomos gesetzt hat, war die Errichtung des großen Tempels in Jerusalem: ein Zeichen der Zentralisierung und Konzentration des israelitischen Geistes. Seine Regierungszeit war eine Zeit des Friedens, in der sich das religiöse Leben zur großen Blüte entfaltete. Zugleich setzte unter Salomo aber auch der Prozeß der Auflösung ein, der 953 v. Chr. zum Auseinanderfallen des vereinigten Reiches der zwölf Stämme Israels führte. Hier zeigt sich eine eigenartige, letztlich auch nicht ganz zu entschlüsselnde Dialektik von religiöser Erneuerung auf der einen und gefährlicher Liberalisierung auf der anderen Seite. Die politischen und sozialen Entwicklungen unter Salomo setzten die Bestimmungen des Mosaischen Gesetzes immer mehr außer Kraft. An die Stelle der religiösen trat die materielle Orientierung. Die Friedensjahre, die den Wohlstand des Volkes vermehrten, bargen zugleich den Keim der Gefährdung und der Zerstörung. Salomos Sohn konnte die Auflösungserscheinungen ebensowenig aufhalten wie sein Vater, und er mußte mit ansehen, wie sich Teile der zwölf Stämme im Reich Juda mit Jerusalem als Hauptstadt zusammenfanden und die übrigen Stämme im Reich Israel mit der Hauptstadt Sichem, später Thirza und noch später Samaria.

Was die Religion geeint hatte, war durch die Politik wieder geteilt worden – eine Lehre, die die Juden nie mehr vergessen haben. Die Abweichung vom Gesetz Mosis galt ihnen von diesem Zeitpunkt an als die Ursache von Unterdrückung und religiöser Identitätskrise, und sie haben versucht, aus dieser Erfahrung zu lernen, indem sie ihr ganzes Leben unter das Gesetz *(Mitzwoth)* stellen.

Dem Land Israel ist es nie mehr gelungen, zur inneren Festigkeit zurückzukehren. Zwar blieb der Staat Juda dem Haus David treu und infolgedessen politisch noch einige Jahrhunderte lang einigermaßen stabil, wohingegen das Reich Israel sich rasch dem Zerfall näherte. Seine Könige, schwächliche und politisch unklug taktierende Potentaten, waren nicht in der Lage, die Gefahren zu erkennen, die von außen auf die beiden israelitischen Reiche hereinbrechen konnten. Ein Blick auf die geopolitische Situation jener Zeit zeigt überdeutlich die Gefährdung durch das Reich der Assyrer und das babylonische Reich, die beide spätestens seit dem 8. vorchristlichen Jahrhundert zu ungeahnter Macht gelangt waren und außenpolitisch natürlich die Gunst der Stunde erkannten, die sich ihnen im politischen Verfall der israelitischen Reiche bot.

Der Zusammenbruch des Gelobten Landes war also vorprogrammiert. Es ist sicher nicht falsch zu sagen, daß die letzten Jahrzehnte, vielleicht sogar die letzten beiden Jahrhunderte vor dem Zusammenbruch Israels durch Anar-

chie, Korruption, Meuchelmorde und ähnliche, das innenpolitische Chaos fördernde Ereignisse gekennzeichnet waren, die in krassem Gegensatz zur einstmaligen religiösen Fundamentierung des Systems standen. Auf diesen Augenblick schienen die assyrischen Könige seit langem gewartet zu haben. Mit einem für das Altertum geradezu atemberaubenden Tempo gingen sie an die Eroberung des Gelobten Landes, das ihnen den Zugang zum ehemaligen Reich der Pharaonen ermöglichte, und als der Assyrerkönig Salmanassar III. mit seiner Streitmacht um 730 v. Chr. begann, sich in Richtung Israel zu bewegen, hatte er leichtes Spiel, denn der letzte Israelitenkönig Hosea konnte ihm keinerlei Widerstand entgegensetzen. Die Assyrer besetzten das Land, zersprengten die Bevölkerung, siedelten neue Kolonisten aus Babylon und dem Land Kuta an (aus deren Vereinigung mit den letzten Israeliten die Samaritaner oder Kutäer hervorgegangen sein sollen) und führten Israeliten in großer Zahl in Gefangenschaft nach Assyrien. Das war im Jahre 722 v. Chr. Auch das Reich Juda wurde vom Schicksal – oder der Geschichte – eingeholt. Zwar erfreute es sich generationenlang einer erheblichen ökonomischen Blüte und war vor allem im Besitz Jerusalems, des Tempels und der legitimen Priesterschaft, aber der außenpolitischen Bedrohung ist es dennoch nicht entgangen. Immerhin hat die Stabilität der politischen und geistigen Führung Judas dazu beigetragen, das Ende des Reiches hinauszuzögern, wie ihm natürlicherweise die innenpolitische Krise in Assyrien selbst zugute gekommen ist. Der Tod des Assyrerkönigs Sargon II. (705 v. Chr.) und die Thronbesteigung seines Nachfolgers Sanherib (705–681 v. Chr.) jedenfalls schienen aktuelle Gefahren von Juda fernzuhalten. Aber im Jahre 701 v. Chr. fiel Sanherib in Palästina ein, drang wie sein Urgroßvater Tiglatpileser (745–727 v. Chr.) an der Küste südwärts vor und soll innerhalb kurzer Zeit nicht weniger als 46 Städte eingenommen haben, worauf er die bedingungslose Übergabe der Stadt Jerusalem forderte. Daraufhin soll sich der König von Juda Hiskia mit dem Propheten beraten und von diesem überzeugt worden sein, daß die Übergabe Jerusalems das Ende des Reiches Juda bedeuten würde und also abgelehnt werden müsse. Über den Verlauf der folgenden Kämpfe sind wir nicht unterrichtet, wissen aber, daß Jerusalem nicht eingenommen wurde, was Jesaja selbstverständlich als einen Sieg der Religion und des allmächtigen Gottes pries, der seine Stadt nicht in die Hände der Feinde fallen ließ.
Dennoch waren die letzten Tage von Juda nicht weit. Zum einen konnte sich Hiskias Sohn Manasse nicht länger gegen die Übermacht der Assyrer zur Wehr setzen, zum anderen war auch Assyrien selbst nicht frei von innenpolitischen Krisen, die sich dramatisch schürzten, als König Assurbanipal im Jahre 627 v. Chr. starb. Daraufhin fiel Babylon von Assyrien ab, und als 15 Jahre nach Assurbanipals Tod, 612, die Hauptstadt Ninive fiel, hatten die Judäer kurzfristig den Eindruck, nun sei die Last der Unterdrückung von ihnen gewichen und eine neue Zeit der Selbständigkeit würde beginnen. Tatsächlich erlebte das Reich Juda vor seinem endgültigen Untergang noch eine letzte Blüte, fast so wie ein furchtbares Gewitter durch einen schönen Sonnenuntergang eingeleitet wird. Kunst und Literatur erlebten einen neuen Aufschwung, die Propheten Amos und Micha wurden in ihrem Kampf gegen den Götzendienst unterstützt, man erinnerte sich erneut an die Mosaischen Gesetze, so

daß die Zeit des Juda-Königs Josias (640–609 v. Chr.) allgemein als die Zeit der religiösen Wiedergeburt bezeichnet wurde.
Dennoch waren die letzten Tage von Juda nur kurz, da das Reich keine Kraft mehr hatte, in die außenpolitischen Auseinandersetzungen zwischen Babylon und Ägypten, das eben erst die assyrische Fremdherrschaft abgeschüttelt hatte, einzugreifen. Juda war wohl so etwas wie ein religiöser Staat, aber politisch war er seit langem ausgeblutet. 609 v. Chr. fiel Juda an Ägypten, welches das Land von gemieteten Schwächlingen regieren ließ, deren einer, Jojakim, wenigstens versucht hat, einigen Widerstand zu leisten. Aber die Stunde der Wahrheit kam dennoch. 597 v. Chr. erstürmten babylonische Heere Jerusalem, schleppten Fürsten, Bürger und Kunsthandwerker sowie Kultgegenstände nach Babylon, wurden entgegen dem Rat des Propheten Jeremia durch aktiven Widerstand noch einmal bedrängt und nahmen bei dieser Gelegenheit einige andere Städte ein: »... als das Heer des Königs von Babel *(Nebukadnezar)* bereits gegen Jerusalem und die übriggebliebenen Städte Judas, nämlich Lachisch und Aseka, kämpfte; denn nur diese befestigten Städte waren in Juda noch übriggeblieben.« (Jer 34, 7)
Im Sommer des Jahres 586 v. Chr. eroberten die Babylonier die Stadt Jerusalem endgültig, und einen Monat später, am 9. Tag des hebräischen Monats Ab, zerstörten sie die Stadt und ihren Tempel, verschleppten die Bevölkerung in die Babylonische Gefangenschaft, blendeten den letzten König von Juda, Zidkija, warfen ihn in den Kerker und tilgten alle Spuren der einstigen Pracht. Die Verwüstungen müssen ungeheuer gewesen sein, und sie überstiegen wohl auch die Vorstellungskraft der Zeitgenossen, die sicher einiges in dieser Hinsicht gewöhnt waren. Noch Ezechiel (33, 27) klagt über die Trümmer, in denen die letzten Reste des versprengten Volkes dahinvegetierten, und fragt nach dem künftigen Schicksal der *Juden* – denn das war der Name, den sie von nun an in der Verbannung trugen. Was blieb, war zunächst Trauer und Verzweiflung und ganz einfach der Versuch, in der Gefangenschaft oder im Exil (einige Juden hatten sich nach Ägypten abgesetzt) zu überleben.
Aber da war noch etwas anderes. In dem Augenblick, als die Juden ihr Land verloren, erinnerten sie sich an die gründende Bedeutung eben dieses Landes und seiner Stadt, und sie erinnerten sich auch, daß die Propheten Jesaja und Jeremia bereits die Waffen des Glaubens geschmiedet hatten, mit deren Hilfe allein es möglich sein würde, das Land und die Stadt wiederzugewinnen. Nach der politischen und militärischen Niederlage schien es eindeutig, daß die Wiedergewinnung des Landes und der jüdischen Identität nur mit der Waffe des Glaubens geleistet werden konnte. Nur so ist es verständlich, daß man der Babylonischen Gefangenschaft auch eine positive Seite abgewinnen kann. Das Judentum als Religion hat seine innere Festigkeit durch die Vertreibung aus dem Gelobten Land gewonnen; das Exil, hebräisch *Galuth*, wird zu einer Prüfung des Glaubens.
Die Propheten haben die Juden darüber belehrt, daß das Exil eine Strafe Gottes für die Sünden des jüdischen Volkes ist. Der Prophet Jeremia hat genau diesen Sachverhalt gemeint, wenn er darauf hinwies, das Exil sei eine Zeit der Prüfung, so wie einst Gott Abraham geprüft habe. Das Exil sei also keinesfalls das Ende der jüdischen Geschichte, sondern seine Fortsetzung auf einer

anderen, einer höheren Ebene, gleichsam auf der Ebene des Glaubens. Man könnte auch sagen: Das Exil ist der Weg des jüdischen Volkes über die Verbannung zu sich selbst, und in eben diesem Sinne haben sich Jeremia und Ezechiel geäußert (und damit zugleich ihren Zeitgenossen den Glauben zerstört, das Exil würde nur wenige Jahre dauern):
»Die Väter haben saure Trauben gegessen, und den Söhnen werden die Zähne stumpf. ... So wahr ich lebe – Spruch Gottes, des Herrn –, keiner von euch in Israel soll mehr dieses Sprichwort gebrauchen. ... Ist jemand gerecht, so handelt er nach Recht und Gerechtigkeit. ... Er ist gerecht, und deshalb wird er am Leben bleiben ... Angenommen aber, er zeugt einen Sohn, der gewalttätig wird, ... soll der dann am Leben bleiben? Er soll nicht am Leben bleiben. Er hat alle diese Greueltaten verübt, darum muß er sterben. ... Nun hat auch dieser Sohn wieder einen Sohn gezeugt, und der Sohn sieht alle die Sünden, die sein Vater begeht. Er sieht sie, begeht sie aber nicht. ... Dieser Sohn wird nicht wegen der Schuld seines Vaters sterben; er wird bestimmt am Leben bleiben.« (Jer 31, 29; Ez 18, 3–17) Und an anderer Stelle heißt es bei Jeremia (9, 14 f): »Darum – so spricht der Herr der Heere, der Gott Israels: Ich gebe ihnen Wermut zu essen und Giftwasser zu trinken. Ich zerstreue sie unter die Völker, von denen weder sie noch ihre Väter wußten, und schicke das Schwert hinter ihnen her, bis ich sie vernichtet habe.«
Das sind harte Worte, die Zweifel an der göttlichen Gerechtigkeit aufkommen lassen mögen. Aber die Juden haben, bestärkt durch ihre Propheten und später durch die Rabbiner, sie ganz anders ausgelegt. Sie begannen sich als aus dem Land Vertriebene zu betrachten, die in der Fremde die Sicherheit ihres Glaubens wiederfinden sollten, und insofern sie Gott mit dem Exil strafte, gab er ihnen die Chance, den Bund mit ihm zu erneuern beziehungsweise sich seiner würdig zu erweisen. Die Strafe wurde zur Prüfung, die Unterdrückung durch andere Völker zur Erhebung durch Gott. Wenn die Juden in den folgenden Jahrhunderten, ja bis in unsere Zeit hinein, immer wieder auf die Bedeutung des Exils zu sprechen kamen, dann nicht etwa, weil es ihnen in der Verbannung schlechtgegangen wäre (in Babylon sollen sie sogar recht gut gelebt haben, wie wir aus verschiedenen Berichten wissen), sondern weil sie sich natürlicherweise nach der Dauer der Prüfung fragten. Immerhin, nimmt man alles in allem und mißt es mit menschlichem Maß, waren ihre Verfehlungen doch nicht so überdimensional gewesen, daß eine viele Jahrhunderte andauernde Strafe gerechtfertigt schiene. Wer aber so argumentiert, übersieht, daß es sich eben nicht um eine Strafe nach menschlichem Ermessen, sondern um eine göttliche Strafe gehandelt hat, und bei aller göttlichen Gnade haben die Propheten immer wieder darauf hinweisen müssen, daß wer hoch strebt, auch tief fällt, von Gott aber niemals verlassen, sondern eines fernen Tages errettet wird.
In der religiösen Literatur, vor allem in den jüdischen Selbstdarstellungen, wird häufig darauf hingewiesen, daß das Land nach dem Fall Jerusalems nur noch als geistig-religiöser Ansporn verstanden werden konnte und daß die Juden gut daran taten, zum Ausgleich für den Verlust des sichtbaren Landes *Torah* und *Mitzwoth* auszubauen. Das Wort der *Torah*, das sind die fünf Bücher Mosis oder »das Gesetz«, sollte gelernt und zur Lebensregel gemacht werden,

dessen Vermittlung man dem Rabbiner (Lehrer) übertrug. An die Stelle des zerstörten Tempels in Jerusalem trat die Synagoge, die Opferhandlung wurde durch den Gottesdienst ersetzt. Das Ritual des jüdischen Gottesdienstes geht also auf Zeit und Erfahrung der Babylonischen Gefangenschaft zurück.

Es wäre jedoch einigermaßen verkürzt, anzunehmen, das Land sei ausschließlich in den Bereich der Religion aufgehoben. Daß die Juden ihr Land auch in seiner topographischen Gestalt nach wie vor liebten, daß sie sich danach sehnten, wer kann es ihnen verdenken, der selbst ein Gefühl für Heimat und Heimkehr hat? Niemals ist die Sehnsucht nach dem Land schöner ausgedrückt worden als von dem Psalmisten, der beide Dimensionen, die dem Land eigen sind, in ergreifenden Worten besingt (Ps 137, 1–6): »An den Strömen von Babel, da saßen wir und weinten, wenn wir an Zion dachten. Wir hängten unsere Harfen an die Weiden in jenem Land. Dort verlangten von uns die Zwingherren Lieder, unsere Peiniger forderten Jubel: ›Singt uns Lieder vom Zion!‹ Wie könnten wir singen die Lieder des Herrn, fern, auf fremder Erde? Wenn ich dich je vergesse, Jerusalem, dann soll mir die rechte Hand verdorren. Die Zunge soll mir am Gaumen kleben, wenn ich an dich nicht mehr denke, wenn ich Jerusalem nicht zu meiner höchsten Freude erhebe.«

Die Babylonische Gefangenschaft hat weniger als 50 Jahre gedauert. Nach der Eroberung Babylons durch die Perser ließ der Perserkönig Kyros die Juden im Jahre 538 v. Chr. nach Palästina zurückkehren, und 42 360 Verbannte sollen von dieser Möglichkeit Gebrauch gemacht haben. Sie begannen mit dem Wiederaufbau des Tempels, der 516 eingeweiht werden konnte, bauten die religiösen Gebräuche aus und ordneten die religiösen Erfahrungen, die sie seit den Zeiten Mosis gemacht hatten, in der *mündlichen Torah*, dem *Talmud*, den man nicht zu Unrecht die Enzyklopädie des Judentums genannt hat. Diese religiöse Erneuerung beziehungsweise Erweiterung des Judentums wäre nicht möglich gewesen, hätte sich Alexander der Große ihm nicht als gnädig erwiesen; allerdings stellten geistige Kämpfer keine Gefahr für ihn dar.

Aber auch hier erfolgte ein rascher Wechsel, als mit dem Tod Alexanders des Großen die Zeit der Diadochenkämpfe begann, die an Palästina nicht spurlos vorübergegangen ist. Die Ptolemäer Ägyptens bemächtigten sich des schutzlosen Gebiets, verloren es aber schon bald an die mazedonischen Diadochendynasten, die wiederum den Hasmonäern (besser bekannt unter dem Namen Makkabäer) die Herrschaft über das Land antrugen. Als sich die Brüder Hyrkan und Aristobul im letzten Jahrhundert v. Chr. den Thron streitig machten, holten sie zu allem Überfluß die Römer als Schiedsrichter ins Land und schufen damit die Voraussetzung dafür, daß Palästina eine römische Provinz wurde, von autoritären römischen Gouverneuren geleitet, deren einer Pontius Pilatus war, immerhin jener Statthalter, der Christus als »König der Juden« ans Kreuz nageln ließ. Unter dem römischen Herrscher Titus schließlich hat Palästina erneut, und diesmal fast zwei Jahrtausende lang, aufgehört, als politisches System zu existieren. Das geschah im Jahre 70 n. Chr.

Indem die Juden ihre politische Geschichte abermals verlieren, sind sie gehalten, sich auf die Geschichte der Kunst, der Literatur und vor allem natürlich der Religion zu beschränken. Aber was heißt hier schon beschränken? Der Begriff Judentum wird zum Synonym für Religiosität schlechthin, und die Juden selbst haben das nicht nur aus ihrer politischen Situation heraus erkannt, sondern auch aus dem Umstand abgeleitet, daß mit der Umstrukturierung des Vorderen Orients nicht nur politische, sondern auch geistige Kräfte mobilisiert wurden, vor allem der Geist Griechenlands. Mit der in Vorderasien sich immer mehr einbürgernden griechischen Kultur erwuchs den Juden und dem Judentum ein starker Feind, der spätestens dann auch sichtbar wurde, als Antiochos IV. Epiphanes (175–163 v. Chr.) in Palästina Altäre für griechische Gottheiten und im Tempel zu Jerusalem gar eine Zeus-Stele errichten ließ. Aber das Judentum hat sich von diesem etwas vordergründigen Kulturimperialismus nicht sonderlich irritieren lassen. Bedeutender und wichtiger war vielmehr die Auseinandersetzung mit den Spitzen des griechischen Geistes, mit Platon und Aristoteles, ja sogar mit den Stoikern. Von ihnen haben die Juden das systematische Denken übernommen und damit die leidenschaftlich-emotionale Argumentation der Propheten überwunden. Mehr noch: Die Rezeption des griechischen Denkens förderte die Tendenz des Judentums zur Herausbildung der religiösen Rituale und, bedingt durch die Herausbildung jüdischer Sekten, die Fixierung eines Kanons der religiösen Texte und Unterweisungen durch *Talmud* und *Mishnah.* Damit überwand es die ausschließliche Orientierung an der *Torah* und den Büchern der Propheten, der *Neviim.* Die Zahl der religiösen Texte des Judentums ist unübersehbar groß, aber sie alle gehen von der Überlieferung, den Texten des Alten Testaments, aus, und sie alle sind Ausdruck einer inneren Größe, die das Land Kanaan niemals gehabt hat. Wenn wir festgestellt haben, daß der Verlust des Landes mit der Festigung des Glaubens kompensiert wurde, so heißt das auch, daß der wahre Verlust in keinem Verhältnis steht zu dem singulären Gewinn. Obwohl sich die Juden dieses Umstands immer sicher waren, haben sie an ihrer Geschichte gelitten wie kein zweites Volk, da sie die Geschichte als Leiden erlebt haben. Sogar das so behutsam informierende Meyers Konversationslexikon von 1896 nennt diese Leidensgeschichte schlicht das »Tagebuch eines Henkers«.

Dennoch haben sich die Juden durch die Jahrhunderte hindurch der Geschichte gestellt und ihre religiöse Bedeutung niemals vergessen. Noch Max Horkheimer hat 1939 notiert, die Juden weinten der Vergangenheit viele Tränen nach, weil die vergangenen Leiden gering sind angesichts der neuen und der möglicherweise noch kommenden. Die Sehnsucht nach Erlösung, die wir in vielen Religionen nachweisen können, hat im Judentum stets auch eine geographische Dimension gehabt. Die Geschichte des Exils kann nur die Geschichte des Übergangs sein, denn der Jude weiß, daß seine Wanderschaft zwar lange dauert, aber nicht ewig ist, daß sie ihn zwar auf viele Wege führt, er aber dennoch nicht vom Weg und vom Ziel abkommt (Am 9, 13–15):

»Seht, es kommen Tage – Spruch des Herrn –, da folgt der Pflüger dem Schnitter auf dem Fuß und der Keltertreter dem Sämann; da triefen die Berge von Wein, und alle Hügel fließen über. Dann wende ich das Geschick meines Volkes Israel. Sie bauen die verwüsteten Städte wieder auf und wohnen darin; sie pflanzen Weinberge und trinken den Wein, sie legen Gärten an und essen die Früchte. Und ich pflanze sie ein in ihrem Land, und nie mehr werden sie ausgerissen aus ihrem Land, das ich ihnen gegeben habe, spricht der Herr, dein Gott.«

Sein Volk

»Im dritten Monat nach dem Auszug der Israeliten aus Ägypten – am heutigen Tag – kamen sie in der Wüste Sinai an. Sie waren von Refidim aufgebrochen und kamen in die Wüste Sinai. Sie schlugen in der Wüste das Lager auf. Dort lagerte Israel gegenüber dem Berg.
Mose stieg zu Gott hinauf. Da rief ihm der Herr vom Berg her zu: Das sollst du dem Haus Jakob sagen und den Israeliten verkünden: Ihr habt gesehen, was ich den Ägyptern angetan habe, wie ich euch auf Adlerflügeln getragen und hierher zu mir gebracht habe. Jetzt aber, wenn ihr auf meine Stimme hört und meinen Bund haltet, werdet ihr unter allen Völkern mein besonderes Eigentum sein. Mir gehört die ganze Erde, ihr aber sollt mir als ein Reich von Priestern und als ein heiliges Volk gehören. Das sind die Worte, die du den Israeliten mitteilen sollst.« (Ex 19, 1–6)
Schon mit Abraham hatte Gott seinen Bund geschlossen, aber mit Moses erhielt dieser erst die Kraft eines unumstößlichen Gesetzes. Das jüdische Volk ist ein besonderes Volk, weil es sich von Gott ausgewählt und über alle anderen Völker erhaben empfindet. Da aber Gott nicht nur der Gott der Juden, sondern aller Menschen in allen Ländern der Erde ist, kann der Bund Gottes mit den Juden nur so verstanden werden, daß er ihnen eine besondere Aufgabe zukommen läßt, von dem im zweiten Buch Mosis die Rede ist, wenn es heißt, die Juden sollten ein »Reich von Priestern« sein. Das heilige Volk der Juden kann sich dem göttlichen Auftrag und dem Bündnisangebot keineswegs entziehen, denn seine Religion ist eine von Gott selbst geschaffene, die zusammenbrechen müßte, wenn man den unmittelbaren Bezug zu Gott aufkündigte. So wie es kein auserwähltes Volk geben könnte, wenn es nicht Gott gäbe, der die Auswahl träfe, so läßt sich aus jüdischer Sicht keine andere Begründung für den Bezug zu Gott herleiten als die der Auszeichnung gegenüber allen anderen Völkern der Erde. Die gesamte jüdische Tradition kreist mit philosophischen und religiösen Denkanstrengungen um dieses Problem,

denn ein Problem ist es in jedem Fall. Einerseits wird das jüdische Volk zum Vorbild aller anderen Völker erhoben und kann seine Authentizität nur wahren, wenn es den Weg, den Gott ihm vorgezeichnet hat, nicht verläßt. Damit ist eine nicht unerhebliche Hypothek verknüpft, deren sich die Juden durch die gesamte Geschichte stets bewußt waren: Schließlich wurde ihnen ja seit der Vertreibung aus Jerusalem durch Titus im Jahr 70 während des gesamten Zeitraums ihres Exils der Weg zur Integration mit anderen Völkern schmerzlich verwehrt. Sie mußten in abgesonderten Gemeinschaften leben, argwöhnisch beobachtet von ihren »Gastländern«, und indem sie immer wieder auf ihre Auserwähltheit verwiesen, haben sie nicht wenig dazu beigetragen, daß ihr Leben schwerer wurde, als es ohnehin schon war.
Damit ist ein zweiter Gesichtspunkt berührt. Von Gott auserwählt zu sein ist sowohl eine Würde als auch eine Last, deren sich, wie erwähnt, die Juden in ihrer Geschichte nur zu oft bewußt wurden. Insofern mag es kaum verwundern, wenn es in der jüdischen Literatur von Amos bis Mordechai Kaplan Stimmen gibt, die die Besonderheit des jüdischen Volkes herunterspielen wollen mit dem Hinweis, Gott sei schließlich der Gott aller Menschen und die Juden seien auch keine besseren. Allenfalls könne man davon ausgehen, daß Gott den Juden größere Strafen für Verfehlungen auferlegt; es handele sich also gewissermaßen um eine negative Auszeichnung.
Wer so argumentiert, ist durchaus kein Feigling, wohl aber ein recht guter Psychologe, der die positiven und die negativen Auswirkungen des Stigmas, Gottes Volk zu sein, abzuwägen weiß. Aber auch die Kritiker können nicht übersehen, daß es den Zusammenbruch der jüdischen Religion bedeuten würde, ließe sie von dem Gedanken des Bundes und des auserwählten Volkes ab. Indem Gott seinen Bund mit Moses erneuert, gibt er dem jüdischen Volk noch einmal die Chance, seiner Gnade teilhaftig zu werden.
Die Geschichte des Bundes ist im zweiten Buch Mosis mit einer Reihe von historischen Details ausgestattet, die den besonderen Charakter dieser Gemeinschaft außer Zweifel lassen. Gott ist das Schicksal aller Völker, aber insbesondere der Juden, die sich in ägyptischer Gefangenschaft befinden. Er ist bereit, die Juden unter der Führung Mosis in das Gelobte Land zurückkehren zu lassen, und er ist bereit, die Juden für ihre Sünden zu bestrafen und ihnen zu vergeben. Er ist der persönliche Gott auf dem Berg Sinai, der sich durch seinen Knecht Moses unmittelbar an sein Volk wendet und diesem durch seine Anwesenheit keinerlei Ausweichmöglichkeit läßt (was man spätestens immer dann merkt, wenn man sich entgegen dem göttlichen Gebot verhalten hat und entsprechend bestraft wird). Schließlich gibt Gott seinem Volk das Gesetz, die Zehn Gebote, die für Rechtschaffenheit, Treue, Liebe und Barmherzigkeit sorgen sollen. Damit erhält der Bund einen eindeutig verpflichtenden Charakter, ja mehr noch: Das Judentum würde sich als Religion selbst zerstören, wenn es sich dieser Verpflichtung entziehen würde.
Warum hat Gott aber gerade die Söhne Abrahams zu seinem auserwählten Volk ernannt und damit alle anderen Völker herabgesetzt? Auf diese Frage gibt es kaum eine begründete Antwort – bis auf die, daß Gott schon gewußt haben mag, warum er ausgerechnet die Juden zu seinem Volk machte. Dennoch ist diese Frage in der nachbiblischen jüdischen Literatur häufig disku-

tiert und niemals definitiv beantwortet worden. Die erste Antwort, die sich einstellt, weist auf die Verdienste Abrahams hin, der Gott als den Einzigen und Ewigen anerkannt und dem Götzendienst abgeschworen hat. Die letzte Antwort ist demgegenüber nicht viel mehr als ein Gemeinplatz, der dem Rabbi Abba bar Aha zugeschrieben wird: »Man kann die Natur dieses Volkes nicht ergründen.« Der bedeutende hebräische Philosoph und Dichter im Mittelalter, der spanische Jude Judah Halevi, der 1140 ins Heilige Land zurückgekehrt sein soll, um dort zu sterben, hat in seinen religiösen Streitgesprächen ebenfalls eine Antwort versucht, indem er schreibt: »Israel inmitten der Nationen ist gleich dem Herzen inmitten der Organe des Körpers; es ist das kränkste und gesündeste von ihnen zugleich... Unser Verhältnis zur göttlichen Macht ist das gleiche wie das der Seele zum Herzen.« Auch hier bleibt ein Rest, der nicht aufgeht, ein Stück Unergründbarkeit oder einfach ein Geheimnis Gottes, mit dem man leben muß. Und die Juden haben damit gelebt in all seiner Doppeldeutigkeit.

Zum auserwählten Volk zu gehören heißt, sich nicht (oder möglichst nicht) mit anderen Völkern zu mischen, heißt aber auch, den Kreis der Dazugehörigen nicht endlos zu erweitern. Dennoch hat das Judentum Konvertiten anerkannt und, vor allem im 19. Jahrhundert, erlebt, daß viele Juden in Europa den mosaischen Glauben abgelegt und den christlichen angenommen haben. Die Motive hierzu waren vielfältiger Natur, von der echten Konversion über den Opportunismus bis zur Enttäuschung darüber, mit dem Stigma des Auserwähltseins gezeichnet und das heißt geschlagen zu sein.

Moses Maimonides, der im 12. Jahrhundert lebte und die überragende Persönlichkeit des Judentums im Mittelalter darstellt, war sich der Last des Bundes sehr wohl bewußt, und da schon das Mittelalter Judenverfolgungen und Pogrome kannte, durfte er sich den Argumenten derer nicht verschließen, die dem Bund entkommen und ein »normales« Leben führten wollten. In seiner Antwort an die Zweifler und Zauderer schwingt die tiefere Bedeutung des Bundes unmißverständlich mit. Er schreibt: »Seid versichert, daß das, woran wir glauben, das Gesetz des ewigen Gottes ist, das uns durch den Vater der Propheten *(Moses)* gegeben wurde, und daß der himmlische Gesetzgeber durch seine Lehre beabsichtigte, uns als völlig eigenes Volk einzusetzen... Meine Brüder! haltet fest am Bund! Bleibt unerschütterlich in euren Überzeugungen, erfüllt die Gebote eurer Religion... Freut euch der Prüfungen, die euch widerfahren, der Plünderungen, der Beschimpfungen, all dies um der Liebe Gottes willen, zum Ruhme seines glorreichen Namens. Ihr könntet ihm kein süßeres Opfer darbringen.«

Das sind schöne Worte zu einem ernsten Anlaß, und aus dem Erfahrungshorizont des 20. Jahrhunderts mag man einmal mehr fragen, wie weit die göttlichen Prüfungen gehen dürfen und ob man angesichts der Massenvernichtungslager noch von »süßen Opfern« sprechen kann. Der Rabbiner Arthur Hertzberg hat denn auch festgestellt, »es ist Verdienst und Auszeichnung, Gottes auserwähltes Volk zu sein. Zugleich aber ist es die Erklärung für die Tragödien der Judenheit.« Tatsächlich haben sich die Juden in ihrer langen Geschichte oft gefragt, ob Gott nicht den Bund heimlich aufgekündigt, ob er sein auserwähltes Volk nicht verlassen habe. Alle jüdischen Texte sind sich jedoch darin einig, daß trotz aller historischen Belastungen, Unterdrückungen und Vernichtungen die Juden und das Judentum leben, daß es in 2 000 Jahren feindlicher oder doch nur in den wenigsten Fällen freundlicher Umgebung nicht gelungen ist, das Judentum zu vernichten. Müssen die Juden nicht wirklich auserwählt sein, daß sie alle Schrecken und Leiden der Geschichte überstanden haben und eines Tages sogar in ihren eigenen Staat wieder einziehen konnten?

Die vielen Spielarten des jüdischen Glaubens, die sich in der Diaspora herausgebildet haben und die mittlerweile viele Begriffe der jüdischen Religion modifizieren, haben letztlich das Phänomen des Bundes und der Auserwähltheit durch Gott nicht überwinden können, da andernfalls das ganze Fundament des Judentums zusammenbrechen würde. Darauf hat nicht zuletzt Martin Buber wiederholt hingewiesen, wenn er meinte, daß nicht der gemeinsame Gottesglaube ein Volk zum Volk Gottes machte, sondern daß es sich darum bemühe, Gottes Eigenschaften wie Gerechtigkeit und Liebe in seinem eigenen Volk und im Umgang mit anderen Völkern zu verwirklichen. Gegen Gott könne man nicht gerecht sein, aber man könne ihn lieben: »Wer Gott liebt, liebt auch den, den Gott liebt.«

Wäre Bubers Auffassung des Bundes populär und vor allem von jedermann praktiziert worden, so hätten die Leiden und Prüfungen des jüdischen Volkes möglicherweise nie jene Ausmaße angenommen, die den tatsächlichen Gang der Geschichte bestimmt haben. Immerhin bringt Buber den Gedanken des Alten Testaments wieder in Erinnerung, daß das Auserwähltsein zunächst ein Auftrag, ein Ansporn ist und zum geringsten eine Auszeichnung, auf die andere Völker nur mit Neid und Mißvergnügen starren können.

Aber darf man die Juden überhaupt ein Volk nennen, nachdem mit Hilfe sogenannter wissenschaftlicher Rassentheorien, die im 19. Jahrhundert wie Pilze aus dem Boden schossen, politische Theorien und vor allen Dingen Praktiken entwickelt wurden, die davon ausgingen, die Juden seien keineswegs in erster Linie eine Religionsgemeinschaft? Vielmehr handele es sich um eine ganz bestimmte Rasse, und zwar um eine minderwertige, auszumerzende, und die Hitler, Himmler oder Eichmann sind nie im Traum auf den Gedanken gekommen, den religiösen Charakter des Judentums in den Vordergrund zu stellen.

Als Gobineau, Chamberlain und andere ihre unseligen Rassentheorien aufstellten, war es in der anthropologischen Forschung längst nicht mehr unbekannt, daß die Juden keine einheitliche Rasse darstellten. Spätestens seit den Forschungen des Ägyptologen Flinders Petrie und den Untersuchungen von Alsberg über die Rassenmischung im Judentum (1891) sollte man wissen, daß von einer Reinheit der jüdischen Rasse nicht die Rede sein kann. Vielmehr muß man davon ausgehen, daß die Juden schon wegen der geographischen Lage ihres Landes, des Einbruchs fremder Völkerschaften und der frühen Formen des Exils ein Rassengemisch darstellten, das neben dem ursprünglichen semitischen Stamm auch arische Amoriter (die bereits in der Bibel genannt werden) und die den Armeniern nahe verwandten Chetiter zum Volk Israel umfaßte. Ebenfalls in der Bibel kann man nachlesen, daß die Juden in Kanaan mit den dortigen nichtjüdischen Stämmen häufig Ehen eingingen,

und in der Zeit nach dem Wiederaufbau des Tempels (516 v. Chr.) zogen Syrer und Griechen ins Jordantal und konvertierten zum Judentum, um jüdische Frauen heiraten zu können. Bis in das tiefe Mittelalter hinein, in Ungarn wohl noch im 13. Jahrhundert, kam es zu Vermischungen durch Eheschließungen, und sogar die Judenverfolgung in Spanien und Portugal hat noch, indem zahlreiche Juden rasch zum Christentum übertraten, um ihren Kopf zu retten, einen Beitrag zur Rassenmischung geleistet; von den außerhalb Europas lebenden Juden gar nicht erst zu reden.
Dennoch ist unübersehbar, daß das Judentum nicht nur eine Religionsgemeinschaft darstellt. Charakteristisch ist ausschließlich die Religion, und wenn es seit der frühen Neuzeit in Europa mehr und mehr unüblich wurde, daß Juden Nichtjuden heirateten (und umgekehrt), so ist das auch darauf zurückzuführen, daß die Glaubenskriege nun einmal nicht das Zeitalter der religiösen Toleranz waren und die Mehrheitsgesellschaften in den jüdischen Minderheiten oft genug den willkommenen Sündenbock sahen, den man für alles haftbar machen konnte und der auch noch freudig den Kopf dafür hinhielt. Da die Religion nun aber das einigende Band der aus vielen Rassen kommenden Menschen darstellte, blieb sie auch die einzige Kopula im Exil, was auch dann noch zutrifft, wenn man die verschiedenen Arten des jüdischen Glaubens berücksichtigt. Anders gesagt: Juden erkannten sich als Juden in ihrem gemeinsamen Bekenntnis zu Gott, nicht jedoch in ihrer wechselseitigen Legitimation. Daß sie im Lauf der Geschichte ihre besonderen Eigenschaften und Gebräuche, Lebensgewohnheiten und Begriffe, ja mitunter sogar ihre auffallende Kleidung geschaffen haben, wurde ihnen von der Mehrheitsgesellschaft überflüssigerweise als Arroganz und kulturelle Nichtanpassungsbereitschaft vorgeworfen – völlig zu Unrecht, wie man wohl eingesehen haben dürfte. Sie konnten nicht anders, als in gewisser Weise anders sein als die anderen Menschen, denn sie waren die Menschen des Bundes und das heißt an das Gesetz gebunden und an das *Bundesbuch* (Ex 21, 1–23, 33), das ihr Leben minutiös regelte, es aber zugleich abhob von allen übrigen.
Der Mann, der den Bund Gottes mit seinem Volk stiftete, war Moses, der erste und größte Prophet des Alten Testaments. Er war eine reale, historische Person, die um 1260 v. Chr. – manche Quellen sagen auch 1230 v. Chr. – gelebt haben dürfte. Sein Name ist ägyptischen Ursprungs und heißt soviel wie Kind oder Sohn. Seine Geschichte bildet den Anfang des Alten Testaments, und sie ist mit unnachahmlicher Deutlichkeit geschildert. Moses tritt hier so plastisch und lebensnah auf, wie ihn später nur noch Michelangelo für die Kirche San Pietro in Vincoli zu Rom geschaffen hat (und auch Michelangelo selbst soll seinen Moses so lebensnah empfunden haben, daß er der Legende nach ein Hämmerchen nahm und mit diesem Moses auf das Knie schlug und rief: »Rede!«).
Bevor Moses zu reden begann, hütete er Ziegen in Ägypten, und als der Pharao starb, berief ihn Gott zu seinem Gottesmann (Ex 2, 23; 3), machte ihm das Angebot des Bundes und beauftragte ihn, sein Volk nach Kanaan zurückzuführen. Die Bibel läßt keinen Zweifel daran aufkommen, daß Moses mit Gott wirklich redete, indem sich Gott in einem brennenden Dornbusch befand. Wir wissen aber auch, daß die Zehn Gebote im wesentlichen das Werk von

Moses selbst sind, und so muß man fragen: Welche Vorstellung von Gott liegt hier vor?

Das Gotteserlebnis des Propheten Moses unterscheidet sich grundsätzlich von dem der Naturreligionen. Zum einen ist der Gott des Moses der Gott seines Volkes, auch wenn andere Völker andere Götter haben oder bei ihren alten Göttern bleiben. Indem es heißt (Ex 20, 2 f): »Ich bin Jahwe, dein Gott... Du sollst neben mir keine anderen Götter haben«, verhilft Moses andererseits dem Monotheismus im Zeitalter der Magie und der Mythen zum endgültigen Durchbruch. Schließlich ist in den Zehn Geboten ein allgemeiner Kodex sozial-religiöser Forderungen aufgestellt, die den Zugang zu Gott insofern erleichtern, als sie sich jeder Vorschrift über eine Form der Gottesverehrung tunlichst enthalten. Wir tun gut daran, uns Moses als einen tiefen und schöpferischen Denker vorzustellen, der zugleich auch noch Staatsmann und Heerführer war und darüber hinaus in den schwierigsten Fällen Herr der Situation. Vielleicht war er nicht unbedingt ein Visionär mit Zukunftsillusionen, sondern einer, der das Kommende sah und der in der Einheit von Denken und Handeln seine einzigartige Führerposition behauptet hat, so daß er auch zum Lehrmeister der ihm nachfolgenden Propheten hat werden können.

Der Gott des Moses ist der Gott der Begegnung und damit nicht mehr mit einem herkömmlichen Naturgott zu verwechseln. Und er ist der Gott, der Freiheit und Unabhängigkeit garantiert, selbst wenn er mitunter geradezu martialische Züge trägt, die er noch von den alten Kriegsgöttern geerbt hat. Schließlich ist Jahwe der Gott des Rechts, denn in seinem Geiste sind die Gebote gefaßt. Er fordert eine Frömmigkeit, welche die magisch-mythologische Frömmigkeit überwindet, ja im Grunde stellt er zwischen sich und seinem Volk Rechtsbeziehungen auf, die Gehorsam verlangen und göttliche Huld versprechen: »... Denn ich, der Herr, dein Gott, bin ein eifersüchtiger Gott: Bei denen, die mir feind sind, verfolge ich die Schuld der Väter an den Söhnen, an der dritten und vierten Generation; bei denen, die mich lieben und auf meine Gebote achten, erweise ich Tausenden meine Huld.« (Ex 20, 5 f)

Von hier gehen zwei Richtungen der Gottesvorstellung aus, der Weg zum zürnenden, strafenden Gott und der Weg zum liebenden, erlösenden Christengott.

Die Propheten, die auf Moses folgten, hatten durchaus keine nur einheitliche Vorstellung von Gott, seinem Zorn und seiner Gnade. Neben die Berufungsvisionen eines Jesaja oder Jeremia tritt auch der Gedanke der leidenden Gottesknechtschaft, der von Jesus später wieder aufgenommen, im zweiten Buch Jesaja, dem sogenannten Deuterojesaja, dagegen zum erstenmal formuliert wurde.

Da der Prophet Jesaja noch vor dem Fall der Stadt Babylon gelebt hat, müssen wir davon ausgehen, daß er der erste in der langen Kette jüdischer Schriftsteller und Gläubigen gewesen ist, der die Frage aller Fragen des Judentums stellte: Wie kann es Gott gefällig sein, daß die Kinder Israels soviel leiden müssen, und welche Möglichkeiten haben sie, um von ihren Sünden loszukommen? In der jüdischen Literatur wird der zweite Jesaja als ein Dokument des Volkes Israel gedeutet und die darin enthaltenen *Vier Lieder vom Gottesknecht* als ein Symbol der Leidensfrage; die umstrittene Frage nach der eigentlichen Autorschaft der Lieder kann dahinter völlig zurücktreten. Entscheidend ist die Idee vom leidenden Gottesknecht, der stellvertretend für das jüdische Volk Leiden und Schuld auf sich nimmt und somit sein Volk entlastet. Die erschütternden Aussagen des Deuterojesaja (Jes 53, 1–12) lassen hier bereits die Umrisse jener messianischen Erlösergestalt erscheinen, die im Judentum, vor allem aber in der Person Jesu Christi ihre zentrale Bedeutung erhalten hat. »... Mein Knecht, der gerechte, macht die vielen gerecht; er lädt ihre Schuld auf sich. Deshalb gebe ich ihm seinen Anteil unter den Großen, und mit den Mächtigen teilt er die Beute, weil er sein Leben dem Tod preisgab und sich unter die Verbrecher rechnen ließ. Denn er trug die Sünden von vielen und trat für die Schuldigen ein.« (Jes 53, 11–12) Indem der Prophet sagt, »... er trug die Sünden von vielen ...«, stellt er nach Ansicht der Forschung auch die Frage nach dem Tod, was in diesem Zusammenhang soviel bedeutet, als daß er wissen möchte, ob mit dem Tod des Gerechten alles verloren sei. Und hier taucht noch einmal die Idee des messianischen Erlösers auf, der erst dem opfer- und entbehrungsreichen Leben einen Sinn geben kann. Jesaja gibt also nicht weniger als den großen Trost der Erlösungshoffnung, indem er seinen Zeitgenossen und ihren Nachkommen versichert, kein Leiden sei sinnlos; gerade den schwergeprüften Menschen wird Gott retten. Wer so spricht und Hoffnung macht, der muß selbst voller Hoffnung und Glaubenssicherheit sein, und so zeichnet sich jeder Prophet durch eine elementare Zuversicht aus, die ihm nicht eigen sein könnte, wenn er sich nicht als von Gott beschützt wüßte. Mehr noch: Der Prophet geht davon aus, daß Gott ihn berufen hat, um mit den Menschen reden und den Bund erneuern zu können. Wer durch den Propheten spricht, ist niemand anders als Gott selbst. Nichts wäre falscher, als in den Propheten so etwas wie Wahrsager oder selbsternannte Prediger zu sehen; statt dessen sind gerade die jüdischen Propheten ein besonderes Kennzeichen des Judentums wie auch ein Indiz für die Überwindung der heidnischen Magier der Vorzeit. Immerhin ist es Moses und seinen Nachfolgern Jesaja, Jeremia, Ezechiel, Hosea, Amos und anderen gelungen, die Religion aus ihren primitiven Formen zu befreien und zu einem wohlausgebildeten Gedankensystem von erhabener Größe und verpflichtendem Charakter auszugestalten.

Die Frage, warum sich gerade in Palästina das Prophetentum herausgebildet hat, ist leichter gestellt als schlüssig beantwortet. Man darf aber wohl davon ausgehen, daß die Prophetie an eine bestimmte Zeit und an eine bestimmte Topographie gebunden ist, und niemand wundert sich eigentlich, daß die Propheten in Vorderasien auftauchten und nicht in Nordeuropa, wo sie möglicherweise eher komisch gewirkt hätten, weil sie, salopp gesprochen, nicht gerade in die Landschaft paßten. Das eigentliche Territorium der jüdischen Prophetie war der Süden Palästinas, genauer das Land Juda und seine Nachbarstämme. Elias und Amos sind Söhne der Wüste, und Jeremia, der aus dem Norden stammte, wurde erst im Süden zum Propheten. Man darf wohl daraus schließen, daß die Prophetie in einem engen Zusammenhang mit der Weltanschauung und den Hoffnungen der Wüstennomaden in vorchristlicher und weitgehend schriftloser Zeit steht. Demgegenüber wird heute noch häufig die Meinung vertreten, die Bedrohung durch äußere Mächte, insbesondere durch Assyrien, und die damit gekoppelte Vision des nahenden Zusammenbruchs hätte die Prophetie entstehen lassen. Die Propheten seien so etwas wie Volksführer und moralische Erneuerer gewesen, weil sie als erste erkannt hätten, daß das Überleben des Volkes Israel nur gewährleistet wäre, wenn es sich moralisch über die anderen Völker erheben könnte. Aber in keiner Prophezeiung ist von Assyrien jemals die Rede, und dennoch hat Amos im 8. Jahrhundert v. Chr. den Untergang Israels vorhergesagt...

Waren die Propheten vielleicht Sozialrebellen? Es fällt doch auf, daß einige Propheten die Verschwendungssucht der Reichen und die Unterdrückung des einfachen Volkes kritisieren und zu so etwas wie sozialer Gerechtigkeit aufrufen. Aus heutiger Sicht klingt dieser Gedanke einigermaßen sympathisch, aber historisch ist er nicht zu belegen. Zwar ist das Zeitalter der Propheten ein Zeitalter der Ungerechtigkeit und der ständigen militärischen Auseinandersetzungen; zwar dürfen wir nicht davon ausgehen, daß es den Menschen am Rande der Wüste ökonomisch einigermaßen gut gegangen wäre; aber es darf nicht übersehen werden, daß es weder große Städte noch lohnabhängige Arbeiter noch Großgrundbesitzer gegeben hat, wo sich die Konflikte hätten entzünden können. Vielleicht haben die Propheten eher dazu beigetragen, soziale Konflikte rechtzeitig zu beruhigen, indem sie an die Leidensbereitschaft der Menschen appellierten und damit die Religion zu einem Instrument der Aufrechterhaltung des politischen und ökonomischen Status quo machten. Aber dies sind nun einmal moderne Gedanken, auf die die Propheten selbst niemals gekommen wären; auf jeden Fall lassen sie sich in ihren Schriften nicht einmal in Spuren finden.

Propheten hat es nur wenige gegeben – die Bibel nennt ein knappes Dutzend –, und über ihr Leben ist wenig bekannt. Wir ahnen, daß sie alle von dem Gedanken der Gottesnähe erfüllt waren und daß sie das Zeitalter des Moses als goldenes Zeitalter betrachteten, dem ihre Sehnsucht galt. Die Sehnsucht des Psalmisten nach dem lebendigen Gott ist die Sehnsucht der Propheten. Wenn man in den Psalmen lesen kann, »Wie der Hirsch lechzt nach frischem Wasser, so lechzt meine Seele, Gott, nach dir. Meine Seele dürstet nach Gott, nach dem lebendigen Gott« (Ps 42, 2 f), so ist das Lebensgefühl der Propheten bis in die Einzelheiten hinein ziemlich gut getroffen, denn die Wasser-Metapher enthüllt sich in ihrer Dynamik erst vor dem Hintergrund der prophetischen Wüstenexistenz.

Da sich die Propheten in das Zeitalter der mosaischen Gottesnähe zurücksehnten, kann es nicht verwundern, daß man sie konservativ genannt hat. Aber mit diesem negativ gemeinten Etikett hat man ihnen gewiß unrecht getan. Wohl sahen sie die Vergangenheit im milden Licht der Verklärung, aber zugleich haben sie sich mit den Problemen und Sehnsüchten ihrer eigenen Zeit auseinandergesetzt, und indem sie auch eine Fülle von Verhaltensmaßregeln aufgestellt haben, waren sie auch kritisch und progressiv. Wenn Amos (6, 4–6) gegen die müßigen Männer wettert, die den ganzen Tag auf ihrem Lager dösen, Wein trinken und sich mit feinstem Öl salben, dann übt er damit Zeit- und Gesellschaftskritik zugleich, und niemand wird ihn des Konservatismus bezichtigen können. Dennoch waren die Propheten Traditionalisten – wie ja überhaupt das ganze Phänomen der Religion ohne Tradition nicht

denkbar wäre. Tradition ist aber zunächst einmal weder schlecht noch gut, sondern nichts anderes als der Versuch, etwas weiterzugeben, und die Propheten hatten etwas weiterzugeben: sittliche Gebote, die sich auf der gemeinsamen Wüstenerfahrung und dem damit gekoppelten Zusammenschmieden der einzelnen Stämme gründeten und die Voraussetzung dafür schufen, daß aus den Kindern Israels ein Volk wurde; und das Wissen um den Bund Gottes mit seinem auserwählten Volk. So wie Abraham und Moses das Bündnisangebot Gottes angenommen haben, so haben die nachfolgenden Propheten ihre Funktion darin gesehen, das Bündnis aufrechtzuerhalten, und das war immer dann vonnöten, wenn dem Volk Israel eine neue Prüfung auferlegt wurde, die es an der Bündnistreue Gottes zweifeln ließ.
Der Prophet Ezechiel, von dem wir wissen, daß er mit seinem König Jojachin und vielen Stammesgenossen in die Babylonische Gefangenschaft geschleppt wurde (597 v. Chr.), wurde seinen eigenen Aussagen zufolge an einem Kanal des Euphrat zum Propheten berufen. Er war ein Mann von bedeutender visionärer Kraft und verfügte über eine beachtliche Rednergabe. In seiner Prophetie spannt sich der Themenkatalog von den Fragen nach der Schuld über das göttliche Erbarmen bis zur menschlichen Verantwortung. In seiner Berufungsvision teilt der Prophet mit, wie er sein Amt auffaßt und wodurch er sich legitimiert (Ez 3, 4–6; 16–27):
»Er sagte zu mir: Geh zum Haus Israel, Menschensohn, und sprich mit meinen Worten zu ihnen! Nicht zu einem Volk mit fremder Sprache und unverständlicher Rede wirst du gesandt, sondern zum Haus Israel, auch nicht zu vielen Völkern mit fremder Sprache und unverständlicher Rede, deren Worte du nicht verstehst...
Am Ende der sieben Tage erging das Wort des Herrn an mich: Menschensohn, ich gebe dich dem Haus Israel als Wächter. Wenn du ein Wort aus meinem Mund hörst, mußt du sie vor mir warnen. Wenn ich zu einem, der sich schuldig gemacht hat, sage: Du mußt sterben!, und wenn du ihn nicht warnst und nicht redest, um den Schuldigen von seinem schuldhaften Weg abzubringen, damit er am Leben bleibt, dann wird der Schuldige seiner Sünde wegen sterben; von dir aber fordere ich Rechenschaft für sein Blut. Wenn du aber den Schuldigen warnst und er sich von seiner Schuld und seinem schuldhaften Weg nicht abwendet, dann wird er seiner Sünde wegen sterben; du aber hast dein Leben gerettet. Und wenn ein Gerechter sein rechtschaffenes Leben aufgibt und Unrecht tut, werde ich ihn zu Fall bringen, und er wird sterben, weil du ihn nicht gewarnt hast. Seiner Sünde wegen wird er sterben, und an seine gerechten Taten von einst wird man nicht mehr denken. Von dir aber fordere ich Rechenschaft für sein Blut. Wenn du aber den Gerechten davor warnst zu sündigen, und er sündigt nicht, dann wird er am Leben bleiben, weil er gewarnt wurde, und du hast dein Leben gerettet.
Dann legte sich die Hand des Herrn auf mich. Er sagte zu mir: Steh auf, und geh hinaus in die Ebene! Ich will dort mit dir reden. Ich stand auf und ging in die Ebene hinaus. Und siehe, dort stand die Herrlichkeit des Herrn, so wie ich sie schon am Fluß Kebar gesehen hatte, und ich fiel nieder auf mein Gesicht. Doch der Geist kam in mich und stellte mich wieder auf die Füße. Er redete mit mir und sagte zu mir: Geh in dein Haus, und schließ dich ein! Und du,

Menschensohn – sie werden dich fesseln und mit Stricken binden, so daß du nicht mehr zum Volk hinausgehen kannst. Deine Zunge lasse ich dir am Gaumen kleben. Du wirst verstummen und nicht mehr ihr Mahner sein können; denn sie sind ein widerspenstiges Volk. Wenn ich aber mit dir rede, werde ich deinen Mund öffnen. Dann sag zu ihnen: So spricht Gott, der Herr. Wer hören will, der höre, wer nicht hören will, der lasse es; denn sie sind ein widerspenstiges Volk.«

Im Grunde sind hier alle Elemente des jüdischen Prophetentums enthalten: der göttliche Auftrag, die sittlichen Gebote, das Verhältnis von Weisung und Strafe, die Verantwortlichkeit des Propheten vor Gott und das Wissen um das »widerspenstige Volk«, das allein mit der Verheißung des Friedensreiches zusammengehalten und gerettet werden kann. Die Propheten wissen um den göttlichen Auftrag, und sie haben diesen in ihren Schriften kunstvoll formuliert. Kein falsches Wort, keine Hektik ist ihnen nachzuweisen, denn sie begreifen sich als das Werkzeug, die Stimme Gottes: »Das Wort Gottes kam zu mir« ist die Metapher dieses göttlichen Redens. Und noch etwas fällt auf: Wer die Texte der Propheten aufmerksam liest, wird nicht nur von ihrer Sprachgewalt beeindruckt sein, sondern auch von dem vollkommenen – man möchte sagen: heiligen – Ernst, durch den sich die Prophetenbücher auszeichnen. Mit keiner Silbe erlauben sie sich jenen neckisch-kameradschaftlichen Ton anzuschlagen, den Homer gelegentlich in der Schilderung der griechischen Götter verwendete. Wohl ist der Gott Jahwe ein furchtbarer Gott, aber eben auch ein furchtbar gerechter, und für den Propheten besteht überhaupt kein Zweifel an der elementaren Bedeutung des Göttlichen und seines Gebotes. Die Propheten können zwar mit Gott reden, aber sie können sich mit Gott nicht als gleichberechtigte Partner auseinandersetzen, wie das die zeitgleichen Griechen zu tun beliebten. Jahwe ist immer der ewige Gott, die Verkörperung der vollkommenen Sittlichkeit und die einzige Garantie für ein sinnvolles Zusammenleben der Menschen. Gott kann streng sein, aber nicht ungerecht, und er macht auch keine Fehler, die die Griechen ihren Göttern so gern als kleine menschliche Schwächen angekreidet haben. Hieraus erhellt das Wechselverhältnis von einzigem und ewigem Gott einerseits und Prophetentum andererseits.

Es mag durchaus sein, daß sich schon die alten Israeliten gefragt haben, wodurch man falsche Propheten von richtigen unterscheiden könne. Sie werden ohne weiteres festgestellt haben, daß auch richtige Propheten falsche Voraussagen machten, so wie es umgekehrt möglich ist, falschen Propheten richtige Prophezeiungen nachzuweisen. Die einzige Möglichkeit der Differenzierung zwischen richtig und falsch scheint eine alte Wahrheit zu sein: Richtige, weil wahre Aussagen sind die, die unbequem sind. Der zitierte Ezechiel war ein Prophet, weil er den jüdischen Mitmenschen die Illusion raubte, ihre Babylonische Gefangenschaft sei nur von kurzer Dauer; und der Prophet Jeremia war ein »richtiger Prophet«, weil er sein Volk tröstete, indem er ihm nicht billige Illusionen vorgaukelte, sondern die Wahrheit sagte. So gesehen, ist der Prophet ein Mann der Wahrheit, wie Gott, der durch den Propheten spricht, selbst die Wahrheit ist. Im Gegensatz zum Ideologen, der die Lüge verbreitet und weiß, daß es die Lüge ist, ist der Prophet der Mensch, dem die göttliche

Offenbarung unmittelbar zuteil wurde. Er beugt sich dem sittlichen Gesetz Gottes (anders gesagt: er hält den Bund mit Gott ohne Wenn und Aber ein) und schaut, so pathetisch es klingen mag, der Wahrheit ins Angesicht – und diese Wahrheit ist niemand anders als wiederum Gott selbst. Nur so enthüllt sich die doppelte Bedeutung des Satzes: Gott ist die Wahrheit.

Wenn Gott allwissend ist, so wissen seine Propheten immerhin mehr als die übrigen Menschen, da sie von Gott zum Instrument der Vermittlung ausgewählt sind. Technisch formuliert, könnte man auch vom Transmissionsriemen sprechen, der den Bewegungsablauf zwischen der Antriebsachse (Gott) und der anzutreibenden Achse (Menschheit) reguliert. Die Propheten haben, analog zu Ezechiel, keinen Zweifel daran gehabt, daß sich Gott ihrer als Werkzeug bedient, um der Menschheit zur Vollendung zu verhelfen, und dennoch waren sie für ihre Zeit hochgebildete, eigenständige und wohl auch eigenwillige Persönlichkeiten. Nichts wäre falscher, als sie zum einfachen Medium des göttlichen Willens zu degradieren, denn die verhüllte Wirklichkeit Gottes enthüllt sich erst in ihnen und verleiht ihnen dadurch jene Eigenschaften, die sie von allen anderen Menschen abheben. Und sie erhalten auch eine spezifische Autorität, die ihnen einerseits von Gott verliehen ist und die sie andererseits dadurch für sich beanspruchen dürfen, weil sie ihr Denken und Handeln unter ein Gesetz stellen, womit jedweder Willkür eine Ende bereitet wird. Die Besonderheit des Judentums, viele Schritte, Entscheidungen und Handlungen im Leben des Menschen zu regulieren, weil unter das Gesetz, *Mitzwoth,* zu stellen, geht auf die Propheten zurück, die sich die göttliche Gerechtigkeit nur im Rahmen einer sittlichen Weltordnung vorstellen konnten und damit erstmals einen Gedanken formulierten, der die gesamte jüdische Philosophie bis zur Neuzeit beeinflußt hat.

So wie Heidegger am Anfang des 20. Jahrhunderts das In-der-Welt-Sein des Menschen als Sorge beschrieben und die Sorge als Sein des Daseins definiert hat, so haben sich die Propheten vor mehr als zweieinhalb Jahrtausenden bemüht, die Sorge um das Wohl und die Zukunft der Israeliten zu ihrer eigenen zu machen. Sie sind keineswegs die geheimen Verführer der Neuzeit, sondern vielmehr von der Sorge um das Schicksal des Volkes befeuert, und damit übernehmen sie eine Verantwortung, die weiter reicht als jede politische Strategie, die von ständigen Wechselfällen begleitet ist. Die Propheten haben auf geradezu substanzielle und einmalige Weise das Schicksal des jüdischen Volkes bestimmt und es damit einmal mehr unter das göttliche Gebot gestellt.

Auftrag, Verantwortung, Sorge und Gesetz machten aus den Propheten Kämpfernaturen, die sich nicht selten gegen die Mehrheitsgesellschaft stemmen mußten und manchmal sogar für die Verteidigung ihrer Religion mit dem Leben bezahlten. Auch die kleineren Propheten waren nicht bereit, dem Volk nach dem Munde zu reden, und durch den Umstand, daß sie mitunter nur sehr vage Auskünfte über die Zukunft machten, hat sich ihr Kredit in der Bevölkerung nicht unbedingt erhöht. Ihre Leistung für die Entwicklung der Religion und damit für das jüdische Volk insgesamt ist freilich davon völlig unabhängig, und niemand würde heute im Ernst auf die Frage kommen wollen, ob die historische Bedeutung der Propheten nicht doch wegen ihrer manchmal hinkenden Publizität relativiert werden müßte.

Dennoch werden die Propheten nicht einfach über einen Kamm geschoren. Man unterscheidet zwischen den großen Prophetenbüchern eines Jesaja, Jeremia und Ezechiel einerseits und dem Zwölfprophetenbuch der sogenannten kleineren Propheten von Hosea bis Maleachi andererseits. Mitunter wird auch die Differenzierung in vorexilische Propheten (Amos bis Zefanja), Exilpropheten (Ezechiel und Deuterojesaja) und den kleinen Epigonen Haggai, Sacharja, Maleachi und Jona sowie Joël vorgenommen. Allerdings sind solche Unterscheidungen nur von begrenzter Aussagefähigkeit. Wichtiger bleibt zweifellos, daß allen Propheten gemeinsam die Bekämpfung der billigen und vordergründigen Glaubenssicherheit ist, wie sie sich in der Epoche nach Moses ausgebreitet hatte. Parallel hierzu haben sie alle eine vergeistigte Gottesanschauung entwickelt, welche mit den überkommenen religiösen Ritualen radikal aufräumte. Erst den Propheten ist es nämlich gelungen, die Problematik des Opfers aufzurollen, das sich von Generation zu Generation im Schlachten der Opfertiere erschöpfte. Amos, Jesaja und der Prophet Micha haben demgegenüber betont, daß derartige Opfer sinnlos seien, wenn sie nicht mit einer sittlichen Grundstimmung des Opfernden übereinstimmten, und Hosea erklärte kategorisch, daß Gott die Treue zum Bund wichtiger sei als Schlachtopfer und daß die Erkenntnis Gottes höher stehe, als ein Opferrauch jemals steigen könne (Hos 6, 6).

In solchen Neuerungen, die mit religiösen Reformen nur sehr unzureichend umschrieben sind, liegt die Bedeutung der Propheten: Sie haben einen fundamentalen Beitrag zur Entrümpelung des traditionellen Gottesbildes geleistet und sich damit tief in die Geschichte der jüdischen, aber auch der späteren christlichen Religion eingeschrieben. In richtiger Einschätzung dessen, was das Volk von ihnen erwartet, wenn sie die alten Vorstellungen über Gott problematisieren, haben sie sich darum bemüht, ein Ideal zu formulieren, das zwar bei verschiedenen Propheten unterschiedliche Elemente enthält, stets jedoch den Trost der göttlichen Gerechtigkeit in den Vordergrund stellt. Der Prophet Amos beispielsweise, der viele Jahre seines Lebens als Hirt und Sammler zwischen Bethlehem und dem Hebron hin- und hergependelt und in der schweigenden Einsamkeit des herben Hügellandes von Juda ein stilles Leben geführt hatte, fühlte sich nach eigener Aussage von Gott berufen, dem Volk Israel zu weissagen. Er entwickelte sich zu einem heftigen Kritiker der jüdischen Oberschicht, klagte die Unterdrückung der Armen an und rief zur geistig-religiösen Umkehr auf: »Denn ich kenne eure vielen Vergehen und eure zahlreichen Sünden. Ihr bringt den Unschuldigen in Not, ihr laßt euch bestechen und weist den Armen ab bei Gericht. Darum schweigt in dieser Zeit, wer klug ist; denn es ist eine böse Zeit. Sucht das Gute, nicht das Böse; dann werdet ihr leben, und dann wird, wie ihr sagt, der Herr, der Gott der Heere, bei euch sein. Haßt das Böse, liebt das Gute, und bringt bei Gericht das Recht zur Geltung! Vielleicht ist der Herr, der Gott der Heere, dem Rest Josefs dann gnädig.« (Am 5, 12–15)

Auch Hosea, etwas jünger als Amos und aus einer fortschrittlichen bäuerlichen Siedlung stammend, prophezeite den baldigen Zusammenbruch Israels, wenn es nicht gelänge, rechtzeitig den Bund mit Gott zu erneuern. Er war ein Mann des tiefen Mitleids, den die religiösen und politischen Zersetzungserscheinungen seiner Zeit in hohem Maße beunruhigten. Aber auch er war nicht nur ein Mann der Kritik, sondern setzte zugleich ein Symbol der Hoffnung: »Kommt, wir kehren zum Herrn zurück! Denn er hat (Wunden) gerissen, er wird uns auch heilen; er hat verwundet, er wird auch verbinden. Nach zwei Tagen gibt er uns das Leben zurück, am dritten Tag richtet er uns wieder auf, und wir leben vor seinem Angesicht.« (Hos 6, 1 f)

Das Sprichwort sagt, der Prophet gelte nichts im eigenen Land, und Hosea war einer, der das am eigenen Leib erleben mußte. Das Volk ging nämlich nicht mit ihm, und so mußte der Prophet mit tiefer Bekümmerung den Zerfall des Reiches Israel mitansehen. Mehr Glück und Erfolg hatte da zweifellos der Prophet Jesaja, eine der sympathischsten Prophetengestalten überhaupt. 735 v. Chr., einem Jahr politischer Unruhe und Umwälzung, ist er zum Propheten geworden. Es gelang ihm, unter König Achas ab 733 v. Chr. politischen Einfluß zu gewinnen, da er wie kaum ein zweiter seiner Zeit über rasche Auffassungsgabe und eine breitgefächerte Bildung verfügte. Wiederholt hat er seinem König geraten, und so hat er seinem Volk manche schwere Stunde erspart. Seine Maxime: »Glaubt ihr nicht, so bleibt ihr nicht« (Jes 7, 9), wurde gleichsam zum Motto der jüdischen Religiosität überhaupt, und er ist es auch gewesen, der die Idee des Messianismus in das Judentum eingepflanzt hat.

Jesaja war der Prophet der Hoffnung. In einer Sprache, die an Schönheit, Farbigkeit und Rhythmus nicht zu übertreffen ist, hat er immer neue Bilder von Gott und dem endzeitlichen Heil entworfen, und wenn es einen gibt, den man ihm gleichstellen könnte, dann nur Jeremia, den man getrost einen Dichter nennen darf. Er verfügt wie Jesaja über eine umfassende Bildung und beherrscht die Sprache in all ihren Ausdrucksmöglichkeiten, er kann singen, weinen und trösten und bedient sich so einprägsamer Bilder, daß sie der Bibelleser auch heute noch jederzeit präsent hat. Auch er hat sich über das Prophetenschicksal geäußert und dabei keine Hemmungen gehabt, die Bürde seines Amtes deutlich zu machen: »Du hast mich betört, o Herr, und ich ließ mich betören; du hast mich gepackt und überwältigt. Zum Gespött bin ich geworden den ganzen Tag, ein jeder verhöhnt mich. Ja, sooft ich rede, muß ich schreien, ›Gewalt und Unterdrückung!‹ muß ich rufen. Denn das Wort des Herrn bringt mir den ganzen Tag nur Spott und Hohn.« (Jer 20, 7 f) Das sind starke Worte aus dem Mund eines Propheten, aber selbstverständlich hat Jeremia keinen Augenblick gezögert, sein Amt fortzuführen, ja er sah, wie die Propheten vor und nach ihm, darin die einzige Möglichkeit der Rettung Israels. Kein Widerstand seiner Zeit konnte ihn darin beirren, daß sein Weg der einzig richtige sei, daß das menschliche Herz allein in der Lage sei, den Bund mit Gott zu erneuern, und daß Sittlichkeit und Religion eine unzerstörbare Einheit darstellen.

Auch Propheten haben ihre Zeit, und so wie Jeremia, über dessen Ende so gut wie nichts bekannt ist, auf fremdem Boden gestorben seien dürfte, so haben auch die ihm nachfolgenden, kleineren Propheten im Grunde nur die Auffassungen ihrer Vorgänger bestätigen können. Nicht zu Unrecht nennt man sie deshalb Epigonen, auch wenn das ein hartes Wort ist. Wollte man die Leistung der Propheten auf einen Begriff bringen, so wäre es der, daß sie den

Gedanken von Moses, daß es nur einen einzigen Gott gebe, fortgesetzt und ihm endlich zum Durchbruch verholfen haben. Wenn Jesaja von der Nichtigkeit der heidnischen Götter spricht, dann sagt er zugleich, daß die Errettung des Menschen (und das ist für die Propheten immer auch die Errettung Israels) nur durch den einzigen Gott möglich ist: »... daß es außer mir keinen Gott gibt. Ich bin der Herr, und sonst niemand. Ich erschaffe das Licht und mache das Dunkel, ich bewirke das Heil und erschaffe das Unheil. Ich bin der Herr, der das alles vollbringt.« (Jes 45, 6 f)
Damit ist die historische Leistung der Propheten jedoch keineswegs erschöpft. Durch die Verknüpfung des sittlichen menschlichen Verhaltens mit dem göttlichen Gebot haben sie die Kultur der Menschheit in einer Weise gefördert, die gar nicht hoch genug eingeschätzt werden kann. Und sie haben in der Kritik an der politischen und gesellschaftlichen Situation ihrer Zeit der Religion auch einen Stellenwert bei der Entfaltung der menschlichen Freiheit zugewiesen. Sie kritisierten die Ungerechtigkeit und die Unterdrückung, sie geißelten das Drohnendasein der Oberschicht und der ausländischen Besatzungsmächte; sie forderten soziale Gerechtigkeit und träumten von einem ewigen Frieden in der Welt. So verstanden, sind die Propheten doch so etwas wie echte Revolutionäre gewesen, und ihre Forderungen sind heute so aktuell wie zu jener längst vergangenen Zeit. Jesajas Verheißung der Geburt eines göttlichen Kindes ist weniger die Vorhersage der Geburt Jesu als vielmehr eine Metapher oder ein Symbol der Hoffnung: auf Frieden, Gerechtigkeit und Gott (Jes 9, 1): »Das Volk, das im Dunkel lebt, sieht ein helles Licht; über denen, die im Land der Finsternis wohnen, strahlt ein Licht auf.«

Viele Namen für Ihn

Gott ist; aber wer ist Gott? Das Verhältnis des Judentums zu Gott läßt sich ohne große Mühe auf diesen einen knappen Satz reduzieren, der in seiner Vieldimensionalität jedoch eine Fülle von Problemen bereithält. Anders als das Christentum oder der Islam ist das Judentum durch eine unmittelbare Nähe zu Gott gekennzeichnet, aber zugleich auch durch eine eigentümliche Ferne, die das Alte Testament unnachahmlich anschaulich gemacht hat im Bild des brennenden Dornbuschs, in dem Gott Moses erschienen ist. Gott war Moses zugleich nah und fern, und – um im Bild zu bleiben – hätte sich Moses um eine noch größere Nähe zu Gott bemüht, so hätte er sich unzweifelhaft die Finger verbrannt.
Die revolutionäre Bedeutung des Judentums innerhalb der Entwicklungsgeschichte der Religionen besteht unter anderem darin, daß es die Existenz des einen Gottes in keiner Weise mehr bezweifelt, aber ständig von der Frage nach dem Wesen Gottes, nach seinem Verhältnis zum Menschen und nach dem Verhältnis des Menschen zu Gott umgetrieben ist. Der Bibelübersetzer und letzte bedeutende Theologe des deutschen Judentums Franz Rosenzweig hat diesen Sachverhalt einmal aus dem Blickwinkel einer negativen Theologie formuliert und damit zugleich auch die äußerste Position des jüdischen Verhaltens zu Gott ins Wort gebracht: »Wir wissen von Gott nichts; aber das ist ein Nichtwissen von Gott.« Damit ist ja nichts weniger gesagt, als daß auch eine Ablehnung Gottes, eine Nichtbeachtung und Leugnung immer noch mit Gott zu tun hat. Wenn Nietzsche auf dem Höhepunkt des bürgerlichen Atheismus erklärt hat, Gott ist tot, dann sagt er damit zugleich, daß Gott gelebt hat.
Derartige Überlegungen haben im Judentum keinen Platz. Die Wirklichkeit und Ewigkeit Gottes kann nicht sein eigentliches Thema sein, sondern, ausgehend von der Existenz Gottes, allein die Frage nach dem Verhältnis zu Gott, womit das Judentum ja nichts anderes tut, als sich dem elementaren Problem

jeder Religion zu stellen. Daß Gott ist, darüber gibt es keinerlei Zweifel. Die Bibel bietet keinerlei Veranlassung, Gott in Frage zu stellen. Gott ist der Anfang; existierte er nicht, dann gäbe es keine Schöpfung, also auch keine Menschen. Da aber auch Menschen und Welt wirklich sind, ist Gott real, allerdings auf eine metaphysische, der unmittelbaren menschlichen Erfahrung sich entziehende Weise. Die Wirklichkeit und Vernünftigkeit der Welt läßt sich aus der Sicht des Judentums nur aus Gott begründen, was aber in Anlehnung an eine Bemerkung von Hegel in seiner *Vorrede der Grundlinien der Philosophie des Rechts* wiederum nur bedeuten kann, daß Gott wirklich und vernünftig ist.

Daß die Wirklichkeit Gottes nicht identisch ist mit der Wirklichkeit des Menschen und der Welt, geht aus vielen Stellen des jüdischen Schrifttums hervor, das insgesamt mit Recht darauf hinweist, daß die Welt zwar Gottes Schöpfung, aber nicht Gott ist. Anders formuliert: Obwohl Gott in der Welt ist, ist das Judentum keineswegs pantheistisch. Die *Kabbala* ist erfüllt vom dem Gedanken der Gottesnähe und Gottesferne und hat immer wieder versucht, ihr eigenartiges Spannungsverhältnis auszuloten wie auch die »größere« Wirklichkeit Gottes zu beschreiben. Daß sie dabei wiederholt einen Vergleich zwischen Gott einerseits und der menschlichen Seele andererseits angestellt hat, liegt auf der Hand, denn auch die menschliche Seele stellt eine Wirklichkeit des Menschen dar, die sich der Sichtbarkeit der materiellen Wirklichkeit entzieht.

Vernunft und Glaube haben dem Judentum das Wissen um Gottes Existenz vermittelt, aber in der jüdischen Tradition erst haben sich die Beziehungs- und Verhaltensmuster zu Gott strukturiert. Im Buch *Sohar,* dem Grundtext der *Kabbala,* über Moses Maimonides bis zu den modernen Interpreten des Chassidismus hat sich das Judentum immer wieder mit dem Standpunkt zu Gott auseinandergesetzt. So sehr sie in den Einzelheiten voneinander abweichen mögen, in ihren zentralen Aussagen über Gott dokumentieren sie eine einzigartige Kontinuität und Geschlossenheit, die sich unter anderem auch darin niedergeschlagen hat, daß moderne Rabbiner auf nichtbiblische Texte zurückgreifen, die aus dem Mittelalter oder aus der frühen Neuzeit stammen und denen beinahe die gleiche Authentizität beigemessen wird wie der Bibel selbst.

So hat sich bereits der frühmittelalterliche jüdische Gelehrte Saadia um 900 mit der Gottesfrage in einer Weise auseinandergesetzt, die auch heute noch als durchaus »modern« gelten darf. In seinem *Buch der Glaubensbekenntnisse und Meinungen* wies er mit unmißverständlicher Deutlichkeit darauf hin, daß Gott zwar der Schöpfer der Welt, aber selbst kein physisches Wesen sei; insofern wäre es unzutreffend, ihm irgendwelche menschliche Eigenschaften anzudienen. Beispielsweise sei es unsinnig, sich Gott sitzend oder stehend oder dergleichen zu denken – und dennoch ist gerade das Alte Testament voll von solchen Beschreibungen. Hier drückt sich einmal mehr das Spannungsverhältnis zwischen Gottes Nähe und Ferne aus – und die Schwierigkeit der Propheten, Gott mit Begriffen zu umschreiben, die nicht aus dem Erfahrungsbereich des menschlichen Handelns entlehnt sind. Saadia schreibt aber auch, Gott sei kein physisches Wesen, weil ursprünglich außer ihm nichts existierte.

Noch der Begründer des Chassidismus, der Rabbi Israel Baal-Schem Tov, im 18. Jahrhundert, wird sich in ähnlichen Begriffen über die Wirklichkeit Gottes äußern.

Gott ist – ewig und einzig, wirklich und wahr, aber ohne Bild und ohne Namen; so will es schon die Bibel: »Du sollst dir kein Gottesbild machen und keine Darstellung von irgend etwas am Himmel droben, auf der Erde unten oder im Wasser unter der Erde.« (Ex 20, 4) Gott ist zwar wahr, aber nicht einmal Moses durfte ihn sehen, und die Einmaligkeit Gottes ist zugleich die Unfähigkeit, sich ein Bild von ihm zu machen. Diese Verborgenheit Gottes hat sich im Judentum in einer Gottesscheu niedergeschlagen, auf die die ihm eigentümliche Bildlosigkeit zurückzuführen ist. Nur der Islam hat außer dem Judentum dem begreiflichen menschlichen Wunsch widerstehen können, sich ein Bild von Gott zu machen, aber die Gottesscheu des Judentums hat dieses auch daran gehindert, Gott einen Namen zu geben. Wie sollte er auch wohl heißen? Gott ist Er oder der Ewige oder der Eine oder einfach der Herr, aber mehr läßt sich über ihn nicht konkret sagen. Moses Maimonides hat darauf hingewiesen, daß sich damit keineswegs ein Mangel ausdrücke; Gottes Einssein sei so absolut, daß dieses mit der menschlichen Erfahrung und ihren Begriffen nicht in Übereinstimmung gebracht werden könne; also könne man Gott vielleicht in seinen Werken beschreiben, aber definieren, beim Namen nennen könne man ihn nicht.

Auch Moses dürfte es nicht ganz leichtgefallen sein, sich Gott im brennenden Dornbusch vorzustellen; um wieviel schwerer muß es da für den einfachen, nicht in philosophischen Kategorien denkenden Menschen sein, von Gottes Wirklichkeit auszugehen und sich dennoch kein Bild von ihm zu machen. So ist es auch in der Tat: Der jüdische Mensch hat überhaupt keine Schwierigkeit, sich Gott in den verschiedensten Begriffen vorzustellen – aber eben in Begriffen, die schon einen Versuch der Vergegenständlichung darstellen. Immerhin, wenn Gott auf die Frage Mosis, wie er denn heiße, antwortet: »Ich bin der ›Ich-bin-da‹« (Ex 3, 14), dann setzt das schon eine immense Abstraktionsfähigkeit voraus – und hält die Distanz zwischen Gott und Mensch aufrecht. Auch eine Bemerkung von Hermann Cohen, »der Gott des Alls wird Gott, das All«, macht dem Menschen das Schöpfertum Gottes nicht plausibler. Allerdings hat sich der jüdische Gläubige mit dieser Situation abzufinden. Gott hat viele Namen und ist namenlos; er ist der Herr Jahwe, JHWH buchstabiert, was Luther mit »ICH werde sein, der ICH sein werde« übersetzt hat.

In der Namenlosigkeit Gottes manifestiert sich seine Unergründlichkeit und der Umstand, daß Gott zwar mit den Menschen redet, die Menschen aber nicht in der Sprache Gottes sprechen können. Wenn die Väter des alten Israel Gott *Schaddai* nannten oder *El* oder *Elohim* oder wenn der Gläubige in der Synagoge statt Gott *Adonai* sagt, dann drückt sich in diesen Worten die Scheu vor Gott ebenso aus, wie sie inhaltlich auf dessen Macht verweisen; denn *El* und *Elohim* bedeuten Macht, oberste Macht und Macht, die auf nichts mehr zurückzuführen ist. Daß der Gott des Alten Testaments oftmals als zürnender, eifersüchtiger oder strafender Gott auftritt, ist nichts anderes als der Ausdruck seiner vollkommenen Macht.

Aber Jahwe ist nicht nur der Mächtige, sondern auch der Gerechte, der Barmherzige und der Liebende, und auch in dieser Hinsicht unterscheidet er sich unendlich von den Göttern des Götzenkults und der Naturreligionen. Der jüdische Mensch anerkennt die göttliche Macht als Ausdruck von Gottes Gnade und als Voraussetzung von Gerechtigkeit und Liebe. Gott mißbraucht ja nicht seine Macht (was die Götter Griechenlands mitunter gern getan haben), und er stößt den Menschen auch nicht in die Apathie stiftende Ohnmacht; vielmehr ist sie Ausdruck der göttlichen Vollkommenheit und die Voraussetzung für die menschliche Freiheit. Wäre Gott nicht so mächtig, dann wäre der Mensch nicht frei. In der Absolutsetzung der göttlichen Macht befreit sich der Mensch von den Beengungen des früheren Götterglaubens, denn er weiß, noch einmal, daß Gott seine Macht um der Gerechtigkeit willen und also nicht willkürlich einsetzen wird.
Wer so die göttliche Macht und Vollkommenheit anerkennt, begründet zugleich ein anderes Verhältnis des Menschen zu Gott. Der Mensch, der die Größe und Namenlosigkeit Gottes anerkennt, kann ihm vertrauen, kann die Angst überwinden und in der Befolgung der göttlichen Gebote den Versuch unternehmen, näher zu Gott zu kommen. In der Entdeckung des einzigen Gottes entdeckt der Mensch sich selbst neu, und auch insofern hat Buber mit der bereits erwähnten Bemerkung recht, daß man Gott nur im Dialog, im andächtigen Hören finden werde. Der Jude sucht Gott – und findet dabei, vielleicht, sich selbst...
Der Gott des Alten Testaments ist der Schöpfergott, der, von dem alles ausgeht. Damit wird die zentrale Frage des Menschen: Warum ist alles und warum nicht vielmehr nichts?, ein für allemal beantwortet, zugleich aber auch die Abhängigkeit des Menschen von Gott positiv definiert. Die Herrlichkeit Gottes drückt sich in der Majestät der Schöpfung aus – warum sollte der Mensch da in seiner Abhängigkeit unglücklich sein? Der Psalmist hat in seinem Loblied auf den Schöpfergott die Freude des Menschen, von Gott geschaffen zu sein, in jubelnden Versen formuliert: »Ewig währe die Herrlichkeit des Herrn; der Herr freue sich seiner Werke. Er blickt auf die Erde, und sie erbebt; er rührt die Berge an, und sie rauchen. Ich will dem Herrn singen, solange ich lebe, will meinem Gott spielen, solange ich da bin. Möge ihm mein Dichten gefallen. Ich will mich freuen am Herrn.« (Ps 104, 31–34)
Hier wird jener Ton angeschlagen, dessen nur der glückliche, freie Mensch fähig ist, zugleich aber jene demütige Haltung Gott gegenüber angedeutet, die um seine Einmaligkeit und Wahrheit weiß (Rabbi Hanina schrieb: »Die Wahrheit ist das Siegel des Ewigen, gepriesen sei er.«). Da nun aber der jüdische Mensch der Mensch der ewigen Gottesfrage ist, stellt sich hier noch ein tieferer Gedanke ein, der in der alten *Kabbala,* dem Hauptwerk der jüdischen Mystik, großes Gewicht und durch die Arbeiten Gerschom Scholems tiefgründige Interpretationen erfahren hat. In seinem durch Walter Benjamin angeregten langen Weg durch das jüdische Denken hat sich Scholem wiederholt mit dem Problem der *Schöpfung aus Nichts und Selbstverschränkung Gottes* (so der Titel eines 1958 gehaltenen Vortrags), dem *Zimzum* der *Kabbala,* auseinandergesetzt und damit den Beitrag der jüdischen Mystik für das jüdische Denken insgesamt erneut herausgestellt. Scholem geht in seinem Vortrag da-

von aus, daß die Schöpfung aus dem Nichts das große Problem aller monotheistischen Religionen bildet, und belegt diese Aussage mit einer Fülle eindeutiger Fundstellen aus der christlichen wie der jüdischen Religionsgeschichte. Aber bei der Verwandlung der Schöpfung aus dem Nichts in eine Schöpfung durch Gott bleibe ein Problem für das monotheistische Denken bestehen, der Widerspruch nämlich, daß Gott zwar als das vollkommene Sein dargestellt werden könne, dann aber seiner Natur nach kein Nichts dulden dürfe. Man müsse sich also die Frage stellen: »Wie können Dinge bestehen, die nicht Gott selber sind?« Auf diese Frage haben die Kabbalisten, angeführt durch Isaak Luria, mit dem hebräischen Wort *Zimzum* geantwortet, was wörtlich soviel bedeutet wie Kontraktion oder Konzentration. Scholem schreibt: »Es ist damit eine Konzentration des göttlichen Wesens auf sich selbst gemeint, ein Hinabsteigen in seine eigenen Tiefen, eine Verschränkung seines Wesens in sich selber, das allein, nach dieser Auffassung, den Inhalt einer möglichen Schöpfung aus Nichts darstellen kann ... Es gibt also in diesem Sinne einen Akt, in dem Gott etwas von sich selbst, und sei es auch nur gewissermaßen von einem Punkte seines Wesens, zurückzieht ... In der Idee des *Zimzum* haben wir einen unendlich kühnen Ausdruck für die tiefe Bewegtheit in der Gottheit selbst ... Der *Zimzum* stellt im Sinne der Kabbalisten eine Bestimmung dar, durch die jene Rede von der absoluten Freiheit Gottes in der Schöpfung, ..., überhaupt erst einen Sinn erhalten kann. Er ist der eigentliche Inhalt solcher Freiheit, nämlich die Freiheit, die unendliche Vollkommenheit seines Wesens, und sei es auch nur punktuell, zu beschränken.« Der erste Akt der Schöpfung konnte also nicht ein Herausgehen Gottes aus sich selbst, sondern im Gegenteil ein Hineingehen in sich selbst, eine Selbstverschränkung sein. Die Freiheit Gottes, sich selbst zu beschränken, begründete die Schöpfung und schuf in gewisser Weise die Freiheit des Menschen.

In diesem Gedanken enthüllt sich viel Tiefes vom Judentum, denn er zeigt das bohrende Fragen auf, das sich bei aller Glaubensbereitschaft gerade der Kabbalisten erhalten hat. Hier liegt kein naiver Schöpfungsmythos mehr vor, sondern ein Denken bis zum Ende, das sich mit der Systematik des naturwissenschaftlichen Fragens durchaus vergleichen läßt, wenngleich es sich diametral entgegengesetzter Grundlagen bedient.

Indem Gott sich selbst beschränkt und damit die Freiheit gibt, stiftet er ein Verhältnis zum Menschen, das wir historisch als Bund bereits kennengelernt haben und das wir aus dem Blickwinkel der religiösen Anthropologie als Partnerschaft bezeichnen können. Gott der Erhabene, der Mächtige, der Herr ist selbstverständlich dem Zugriff des Menschen entzogen (und insofern hat er mit den Naturgöttern anderer Völker nichts gemein). Aber der Mensch lebt in Abhängigkeit von Gott, und sein Verhalten zu Gott kann nur durch Ehrfurcht, Demut, Andacht und Frömmigkeit gekennzeichnet sein. Der Mensch ist Menschensohn und zugleich Gottessohn, und da er um dieses Spannungsverhältnis weiß, bejaht er Gott freudig, auch wenn ihn dieser straft, und nähert sich ihm »mit Freude«, wie es in vielen religiösen Texten heißt. Und: Er unterstellt sich dem göttlichen Gebot, *Mitzwoth,* um seiner Sehnsucht nach Gott Ausdruck zu verleihen.

Der Psalmist hat dieser Gottessehnsucht auf ergreifende Weise zum Wort verholfen und auf die Rätsel des Lebens gedeutet, die sich erst lösen, wenn Gott selbst sie löst:
»Wie der Hirsch lechzt nach frischem Wasser, so lechzt meine Seele, Gott, nach dir. Meine Seele dürstet nach Gott, nach dem lebendigen Gott. Wann darf ich kommen und Gottes Antlitz schauen?« (Ps 42, 2 f)
»Der Mensch bleibt nicht in seiner Pracht; er gleicht dem Vieh, das verstummt. So geht es denen, die auf sich selbst vertrauen, und so ist das Ende derer, die sich in großen Worten gefallen. Der Tod führt sie auf seine Weide wie Schafe, sie stürzen hinab zur Unterwelt. Geradewegs sinken sie hinab in das Grab; ihre Gestalt zerfällt, die Unterwelt wird ihre Wohnstatt. Doch Gott wird mich loskaufen aus dem Reich des Todes, ja, er nimmt mich auf.« (Ps 49, 13–16)
Die Sehnsucht nach Gott meint einen Schöpfer, der nicht nur dem Anfang Sinn gibt, sondern auch dem Ende. Wenn es im *Schmone Ezre,* dem Achtzehngebet, heißt, der Ewige herrscht in alle Ewigkeit, dann fließt aus diesem Bekenntnis auch Trost für den Menschen, der im Angesicht des Todes lebt. Zwar ist die jüdische Religion von einer auffallenden Diesseitigkeit gekennzeichnet, aber der Gedanke vom Reich Gottes bezieht sich keineswegs nur auf die wirkliche, erlebbare Zeit. Das »Land, wo Milch und Honig fließen« (Dtn 6, 3), ist mehr als nur das Land ums Jordantal, auch wenn damit nicht ausschließlich das Paradies gemeint ist.
Die Grundforderungen des namenlosen Schöpfergottes sind die nach Liebe und Furcht vor dem Einzigen, und so betet der gläubige Jude morgens und abends das *Schma Jisrael:* »Höre, Israel! Jahwe, unser Gott, Jahwe ist einzig. Darum sollst du den Herrn, deinen Gott, lieben mit ganzem Herzen, mit ganzer Seele und mit ganzer Kraft.« (Dtn 6, 4 f) Das eigentliche jüdische Glaubensbekenntnis stammt von Moses Maimonides, und die Kraft seiner Worte hat sich nirgends erschütternder gezeigt als im Warschauer Getto, in dem sich 500 000 Juden befanden, deren Blutzeugen mit dem »Ich glaube ...« des Moses Maimonides in den Tod gegangen sind:
»Ich glaube mit voller Überzeugung, daß der Schöpfer, gepreisen sei Er, der Schöpfer und Führer aller Schöpfung ist, und daß Er allein alle Dinge gemacht hat, macht und machen wird.
Ich glaube mit voller Überzeugung, daß der Schöpfer, gepriesen sei Er, Eins ist und daß es keine Einheit irgendwelcher Art gibt, die Seiner gleichkäme, und daß Er allein unser Gott ist, der war, ist und sein wird.
Ich glaube mit voller Überzeugung, daß der Schöpfer, gepriesen sei Er, kein Körper ist, und daß Er frei von allen Merkmalen eines Körpers ist, und daß Er keinerlei Form hat.
Ich glaube mit voller Überzeugung, daß der Schöpfer, gepriesen sei Er, der Erste und der Letzte ist.
Ich glaube mit voller Überzeugung, daß der Schöpfer, gepriesen sei Er, und Er allein, durch das Gebet angerufen werden darf, und daß es nicht angemessen ist, außer Ihm irgend jemanden anzurufen.
Ich glaube mit voller Überzeugung, daß alle Worte der Propheten wahr sind.

Ich glaube mit voller Überzeugung, daß die Prophezeiung des Moses, unseres großen Lehrers, möge er in Frieden ruhen, wahr gewesen ist, und daß er der Vater der Propheten gewesen ist, sowohl derer, die ihm vorangingen, als derer, die ihm folgten.
Ich glaube mit voller Überzeugung, daß die ganze Torah, so wie sie jetzt in unserem Besitz ist, die gleiche ist, die Moses, unserem Lehrer, möge er in Frieden ruhen, gegeben wurde.
Ich glaube mit voller Überzeugung, daß die Torah niemals ausgetauscht werden wird, und daß es nie eine andere Torah vom Schöpfer, gepriesen sei Er, geben wird.
Ich glaube mit voller Überzeugung, daß der Schöpfer, gepriesen sei Er, alle Werke der Menschen und ihre Gedanken kennt, so wie es geschrieben steht: ›Er, der aller Herzen gebildet, der achtet auf alle ihre Werke.‹ (Ps 33, 15)
Ich glaube mit voller Überzeugung, daß der Schöpfer, gepriesen sei Er, diejenigen belohnt, die Seine Gebote halten, und diejenigen bestraft, die Seine Gebote übertreten.
Ich glaube mit voller Überzeugung, daß der Messias kommt, und möge er auch säumen, so warte ich doch täglich auf ihn.
Ich glaube mit voller Überzeugung, daß es eine Wiedererweckung der Toten geben wird zu einer Zeit, die dem Schöpfer genehm sein wird, gepriesen sei Er, und erhaben sei Sein Name auf immer und ewig.«
Was hier vorliegt, ist ein Glaubensbekenntnis, das in jedem jüdischen Gebetbuch steht, aber es ist kein Gebet und nicht einmal ein für alle Juden verbindliches Bekenntnis. Dennoch ist unübersehbar, daß Moses Maimonides am Ende des 12. Jahrhunderts von einem Glaubensernst erfüllt war, der sich bis in die schönen Rhythmen der Sprache hinein fortsetzt. Und es ist auch keine Frage, daß er die zentralen Themen des jüdischen Glaubens auf ihre unabdingbaren Bestandteile festgelegt hat, die sich aus dem Verhältnis des Menschen zu Gott ableiten.
So wie Gott mit seinem *Schma Jisrael!* Höre Israel! die Menschen anredet, so sprechen die Menschen im Gebet mit Gott und wissen, daß er sie hört, anhört und erhört. Im *Kaddisch,* der Lobpreisung Gottes während des Gottesdienstes, hat das Judentum seine meistgebrauchte Form des Redens mit dem einen Gott gefunden. Zugleich ist es ihm, historisch gesehen, damit gelungen, die Bedeutung des Opfers vollständig zu eliminieren. Unübersehbar ist aber auch, daß das *Kaddisch* das Du zu Gott noch nicht wagt; das bleibt dem Christentum vorbehalten.

»Erhoben und geheiligt werde sein großer Name in der Welt,
die er schuf nach seinem Willen,
und er bringe sein Reich
bei euren Lebzeiten
und bei Lebzeiten des ganzen Hauses Israel,
bald und in naher Zeit.
Darauf sprechet Amen.
Es sei sein großer Name gepriesen,
ewig und in alle Ewigkeit.

Gepriesen, gerühmt und verherrlicht,
erhoben und erhöht und geehrt
und geweiht und gelobt
werde der Name des Heiligen.
Er werde gepriesen
hoch über Segnungen und Loblieder,
über Preis- und Trostgesänge,
die in dieser Welt ertönen.
Darauf sprechet Amen.
Empfangen werde das Flehen und Beten
von ganz Israel
vor dem Vater im Himmel.
Darauf sprechet Amen.
Es sei Fülle des Friedens vom Himmel
und Leben für uns und für ganz Israel.
Darauf sprechet Amen.
Er, der Frieden schafft in seinen Höhen,
er schaffe Frieden uns und ganz Israel.
Darauf sprechet Amen.«

Im *Kaddisch,* im Gebet, ist Gott nah und doch wiederum fern. Seine Majestät vergißt der jüdische Gläubige auch dann nicht, wenn er sich ihm betend nähert. Insofern ist allen Juden die unnahbare Erhabenheit Gottes und das Erbeben der menschlichen Kreatur vor ihm, das Jesaja in seiner Berufungsvision zum Ausdruck gebracht hat (Jes 6, 1–5), stets bewußt. Fast möchte man eine Parallele ziehen zwischen dem jüdischen Volk, das sich in der Diaspora auf Wanderschaft befindet, um eines Tages ins Gelobte Land zurückzukehren, und dem einzelnen gläubigen Juden, der sich sein ganzes Leben lang auf dem Weg zu Gott befindet, ihn vor, hinter und neben sich weiß und dennoch nicht vergißt, daß Gott von einer anderen Wirklichkeit ist als er selbst.
Die Allgegenwart Gottes hat ihren sichtbaren Ausdruck darin gefunden, daß, will man vor allem der schöngeistigen jüdischen Literatur folgen, der jüdische Mensch ständig von Gott redet und sich mitunter sogar kritisch mit ihm anlegt, um im nächsten Augenblick wieder eine versöhnlich-demütige Haltung einzunehmen: Noch in der bescheidensten jüdischen Emigrantenbleibe ist Gott gegenwärtig und wacht streng auf die Einhaltung der Gesetze – Henry Roth hat es in seinem lange vergessenen Roman *Nenne es Schlaf* auf erschütternde Weise beschrieben. Und die ganze osteuropäische Literatur ist, soweit von jüdischen Schriftstellern produziert, geradezu »voll« von Gott. Ganz so fern und unnahbar, wie es im *Kaddisch* den Eindruck macht, kann er also nicht sein.
Die Bedeutung des Gebets, das an die Stelle des Opfers getreten ist, hat Rabbi Israel Baal-Schem Tov (man erinnert sich: der Begründer des Chassidismus) in einer kleinen Erzählung darzustellen versucht: »Im Palast des Königs gibt es viele Räume, und für jeden gibt es einen Schlüssel. Eine Axt aber ist der Nachschlüssel der Nachschlüssel, denn mit ihr kann man alle Türen und Tore durchbrechen. Jedes Gebet hat seine ihm eigene Bedeutung, und es ist damit

der bestimmte Schlüssel zu einer Tür des göttlichen Palastes. Ein gebrochenes Herz aber ist eine Axt, die alle Türen öffnet.«

Wer so von der Bedeutung des Gebets spricht, kann nicht im gleichen Atemzug von der Ferne Gottes reden, und dennoch gehört beides zusammen. Die Talmudisten haben in der *Mishnah* klargemacht, daß das Reden zu Gott nicht nur spontan sein kann, sondern wie alles sonst dem Gesetz, dem Ritual unterworfen ist. Zwar kennt auch das Judentum das persönliche Gebet und die persönliche Frömmigkeit, aber indem viele der Gebete in den *Talmud* aufgenommen wurden (vor allem natürlich die der frühen Rabbiner), wurden sie kanonisiert und in die allgemeinen Gebetsvorschriften eingearbeitet. Wenn das Judentum sagt, beten müsse man lernen, dann nimmt es diese Aussage sehr viel wörtlicher, als das im Christentum beispielsweise geschehen könnte.

Ob das Reden mit Gott aber nun kanonisiert oder in irgendeiner Weise spontan und persönlich ist, immer ist es ein Reden mit der moralischen Autorität schlechthin, und so verwundert es schon ein wenig, daß das Judentum der *Talmud*-Zeit (also bis zum Ende des 5. Jahrhunderts), das sich mit so vielen religiösen Problemen auseinandergesetzt hat wie nur irgend denkbar, die Frage, ob Gott das Gute sei oder wolle oder ob er etwa gezwungen sei, das Gute zu wollen, nicht recht zu stellen wußte. Man wußte um sein Schöpfertum, man nannte ihn barmherzig und gnädig und konnte im Deuteronomium nachlesen (32, 4), daß seine Wege recht seien – aber ob Gott das Gute war, das wußte man nicht.

Erst Franz Rosenzweig hat um die Jahrhundertwende die jüdische Literatur auf dieses Problem hin untersucht und mit erfreulicher Deutlichkeit Stellung genommen, die keinen Zweifel mehr erlaubt (und dem Rationalisten jene Sicherheit zurückgegeben, die der Gläubige ohnehin stets besaß). »Für sein Volk ist Gott, der Ewige, gleichzeitig der Gott der Vergeltung und der Gott der Liebe. Im gleichen Augenblick nennen sie ihn ›unser Gott‹ und ›König des Universums‹ oder – um den gleichen Gegensatz in einem vertrauteren Bereich aufzuzeigen – ›unser Vater‹ und ›unser König‹. Er will, daß man ihm mit Zittern diene, und doch freut es ihn, wenn seine Kinder vor seinen Wundern die Angst verlieren. Wenn immer die Schriften seine Majestät erwähnen, unterstreichen die darauffolgenden Verse seine Sanftmut. Er fordert die sichtbaren Zeichen des Opfers und Gebets, die in seinem Namen vollbracht werden, und das ›Leiden unserer Seele‹ bei seinem Anblick. Und fast im gleichen Atemzug verwirft er beide und wünscht nur durch die geheime Glut des Herzens geehrt zu werden.«

Auch bei Rosenzweig taucht also das Motiv des in seiner Gerechtigkeit strafenden Gottes auf, und er begründet es mit dem gleichen Argument, das sämtliche jüdischen Autoren vor ihm benutzt haben: mit der Erwähltheit des jüdischen Volkes, das vor Gott sein Knie beugen und ihm zugleich Lobgesänge darbringen soll. Wenn der Psalmist (22, 2) die Gottverlassenheit beklagt in den Worten: »Mein Gott, mein Gott, warum hast du mich verlassen, bist fern meinem Schreien, den Worten meiner Klage?«, so ist er dennoch von der Gewißheit der göttlichen Gerechtigkeit und des Heils erfüllt. Vielleicht zeigt sich die wahre Größe und Bedeutung des Judentums innerhalb der Ge-

schichte der Menschheit und der Religionen auch darin, daß es den Schrei des Psalmisten hinter den Stacheldrahtzäunen von Auschwitz wiederholen mußte und dennoch nicht an Gott verzweifelt ist.
Das Wissen um die Güte Gottes und seine Gerechtigkeit ist aber noch nicht alles, was der jüdische Mensch von Gott weiß. Auf seiner langen Reise zu Gott ist ihm längst klargeworden, daß Gott unerforschlich, weil allwissend ist, wohingegen das Wissen des Menschen stets begrenzt bleiben wird. Kein Wunder also, wenn Gustav Mensching einmal von einem »Ton müder Resignation« gesprochen hat, den er bei den Psalmisten herausgehört haben will, aber es wäre verwunderlich für das Judentum, wenn es ihm nicht gelungen wäre, diesen Ton durch den unerschütterlichen Gottesglauben wieder aufzuheben. Auch hierin ist ein Stück des jüdischen Geheimnisses verborgen. Das Glück, »Gott nahe zu sein« (Ps 73, 28), erklärt sich ausschließlich aus seiner Allgegenwart und der damit unabdingbar gekoppelten Distanz: »Herr, du hast mich erforscht, und du kennst mich. Ob ich sitze oder stehe, du weißt von mir. Von fern erkennst du meine Gedanken. Ob ich gehe oder ruhe, es ist dir bekannt; du bist vertraut mit all meinen Wegen. Noch liegt mir das Wort nicht auf der Zunge – du, Herr, kennst es bereits. Du umschließt mich von allen Seiten und legst deine Hand auf mich. Zu wunderbar ist für mich dieses Wissen, zu hoch, ich kann es nicht begreifen. Wohin könnte ich fliehen vor deinem Geist, wohin mich vor deinem Angesicht flüchten? Steige ich hinauf in den Himmel, so bist du dort; bette ich mich in der Unterwelt, bist du zugegen.« (Ps 139, 1–8)
Auch Moses Maimonides hat sich im *Mishne Torah* über die Allgegenwart und Allwissenheit Gottes geäußert und dabei die Frage nach der Willensfreiheit des Menschen gestellt. Immerhin war er ein Mann, der im Europa der systematischen Theologie lebte, beinahe ein Zeitgenosse des Thomas von Aquin. Er rät seinen Lesern, sie sollten davon ausgehen, daß »Gott nicht erkenne mit einem Erkennen, das außer ihm ist, wie die Menschen, die von ihrem Erkennen verschieden sind, sondern er und sein Erkennen ist eines, und das menschliche Erkenntnisvermögen ist nicht imstande, das ganz zu erfassen«. Und so ist der Mensch weder imstande, das wahre Wesen Gottes ganz zu erfassen, noch das Erkennen des Schöpfers zu erfassen und zu finden. »Daher«, so argumentiert Maimonides weiter, »sind wir auch nicht fähig einzusehen, wie Gott von den Geschöpfen und den Handlungen weiß, aber das wissen wir unzweifelhaft, daß alle Handlungen des Menschen seinem freien Willen überlassen sind und Gott ihn nicht zwingt oder über ihn bestimmt, daß er das und das tue. Und nicht bloß von seiten der Religion ist uns das bekannt geworden, sondern auch durch klare wissenschaftliche Beweise; daher heißt es bei den Propheten, daß man den Menschen wegen seiner Handlungen in Gemäßheit derselben richtet, ob gut oder schlecht; das ist der Grundsatz, auf dem alle Worte der Propheten aufbauen.«
Man liest diese Ausführungen wohl nicht ganz ohne Verblüffung, denn ganz so frei, wie Maimonides meint, ist der Mensch weder als religiöses noch als politisches Wesen; und das ist auch längst wissenschaftlich erwiesen. Mehr noch: Die Menschen wissen es längst aus Erfahrung, und auch in dieser Hinsicht haben die Juden den Nichtjuden einige Erfahrungen voraus. Immerhin

haben sie sich die Frage, ob man Gott lieben könne, nicht nur rhetorisch stellen dürfen, sondern auch angesichts der Sinnlosigkeit des Leidens und häufig genug hinter Gettomauern oder der Wand von Vorurteilen. Auch hier zeigt sich das jüdische Schicksal, das den Menschen zwischen Davids Vertrauen zu Gott (Ps 23, 1: »Der Herr ist mein Hirte, nichts wird mir fehlen«) und Hiobs Verzweiflung hin- und herpendeln läßt. Der Jude weiß zwar, daß er auch in Auschwitz nicht ohne Gott ist, aber sind die Prüfungen nicht zu groß, ist die Last der Religiosität nicht zu schwer? Das Buch Hiob hat diese Frage klar verneint, indem es Gott auf seine Ankläger antworten läßt.

Was heißt aber, noch einmal, Gott lieben angesichts der Sinnlosigkeit und Ausweglosigkeit?

Das Alte Testament, der *Talmud* und die jüdischen Schriftsteller des 18. und des 19. Jahrhunderts haben allesamt auf diese Frage zu antworten versucht. Ob ihre Antworten stimmig sind, wird nur der ermessen können, der selbst glaubt, weil er allein der Gnade teilhaftig ist, die auch in den schwersten Prüfungen das Element der göttlichen Gerechtigkeit nicht übersieht. Der von der Allgegenwart Gottes erfüllte jüdische Mensch wäre auf existenzielle Weise einsam, trüge er nicht Gottes Gesetz auf sein Herz geschrieben (Jer 31, 33). Die Liebe Gottes steht in einem dialektischen Verhältnis zur Liebe des Menschen zu Gott, und in diesem Sinne heißt Gott lieben, »sowenig wie möglich traurig zu sein«. Jedenfalls ist das die schöne Antwort des Rabbi Israel Baal-Schem Tov. In seinem Testament, einem Grundtext des Chassidismus, hat er die Treue zu Gott als Freude beschrieben und damit eine grundsätzliche Aussage über die Ansicht des Judentums gemacht:

»Weinen ist sehr schlecht, denn der Mensch muß Gott mit Freuden dienen. Wenn aber die Ursache des Weinens Freude ist, dann ist das sehr gut. Wir sollten nicht über jeden einzelnen unserer Akte nachgrübeln, denn eine solche Geistesverfassung könnte durch unsere Furcht, Böses zu tun, dazu führen, daß wir unsere Pflichten nicht erfüllen und darob traurig sind. Und Traurigkeit ist ein großes Hindernis, wenn man dem Schöpfer, gepriesen sei er, dienen will. Selbst wenn ein Mensch eine Sünde begangen hat, sollte er darüber nicht übermäßig traurig sein, denn sonst vernachlässigt er den Gottesdienst. Natürlich sollte er auch wegen der Sünde traurig sein, dann aber sollte er zur Freude am Schöpfer, gepriesen sei er, zurückkehren.«

Der Jude ist Hiob, wir wissen es. Sein Schicksal zeigt, daß Gott lieben tatsächlich heißt, sowenig wie möglich traurig zu sein, auch und gerade im Angesicht der Verzweiflung. In seinem »Roman eines einfachen Menschen«, *Hiob,* hat Joseph Roth 1930 noch einmal gezeigt, was es damit auf sich hat. Er schildert die Geschichte eines Mannes namens Mendel Singer, der »fromm, gottesfürchtig und gewöhnlich« war, »ein ganz alltäglicher Jude«. Durch eine Reihe von schweren Schicksalsschlägen wird er zur Reinkarnation Hiobs im 20. Jahrhundert. Ihm wird ein schwachsinniger, epileptischer Sohn geboren; sein ältester Sohn muß entgegen dem Glauben zum Militär; seine Tochter läßt sich mit einem Kosaken ein. Als Mendel mit seiner Familie nach Amerika emigriert, erwarten ihn weitere Prüfungen: Seine Söhne fallen im Krieg, seine Frau stirbt vor Gram, und seine Tochter wird wahnsinnig. Da rechtet Mendel mit Gott, schwört ihm ab, betet nicht mehr, will nicht länger Jude sein. Nun aber erbarmt sich Gott seines Hiob. Die Prophezeiung eines Wunderrabbi, wonach sein epileptischer Sohn gesund würde, bewahrheitet sich. Er wird ein berühmter Musiker und nimmt seinen verarmten Vater zu sich. Die in einer Sprache von biblischer Unmittelbarkeit und Farbigkeit erzählte Legende von Hiob im 20. Jahrhundert, der durch die göttliche Heimsuchung das Wunder der göttlichen Gnade erfährt, endet mit den Worten: »Mendel schlief ein. Und er ruhte aus von der Schwere des Glücks und der Größe der Wunder.«

Die Protokolle des Glaubens

Die religiöse Literatur des Judentums gleicht einem Dickicht, in dessen Verstrickungen man sich nur verirren kann, sofern man nicht über einen kundigen Führer verfügt. Eine Welt von Büchern, Schriften und religiösen Quellen tut sich auf, die in ihrer vielfältigen Verzweigtheit einem riesigen Baum gleicht, der Äste und Ästchen, Zweige und Blätter getrieben hat, die alle ohne den einen Stamm nicht denkbar wären. Das Geäst der jüdischen Schriften dreht sich gleichfalls nur um einen Stamm, und der heißt Gott. Das Judentum hat ein Schrifttum hervorgebracht wie kaum eine andere Religion, und diese Produktivität ist vermutlich nur zu begreifen unter der Berücksichtigung des langen Exils und der Zeit in der Diaspora: Aus dem Schneeball der fünf Bücher Mosis entwickelte sich eine gigantische Lawine der nachbiblischen Literatur, die, insgesamt gesehen, erst einen Eindruck von der jüdischen Geisteshaltung vermittelt. Die Schriften sind die Grundlage, aber auch die Voraussetzung des lebenslangen Studiums, und die Funktion des Rabbiners läßt sich nicht besser kennzeichnen als mit dem Hinweis, daß er zunächst nur Lehrer ist, dessen Aufgabe es ist, die Schriften zu lesen, zu deuten – und neue Schriften zu publizieren, die in den Kanon der jüdischen Literatur aufgenommen werden.

Die Grundpfeiler des jüdischen Glaubens sind im ersten Teil des Alten Testaments geformt – auf nicht mehr als 200 Seiten. Aber in dem Augenblick, als die Juden das Exil als ihr Schicksal erkannten, begannen sie, die normativen und ethischen Elemente des mosaischen Glaubens auszuweiten und in ein ausuferndes Gedankengebäude einzufügen. Dabei hat die jüdische Literatur von Anfang an verbindlichen Charakter gehabt, und auch das ist im wesentlichen auf das Exil zurückzuführen. Die Juden, könnte man sagen, waren die ersten, die, mit Hofmannsthal zu reden, das Schrifttum als geistigen Raum erkannten, und sie mußten ihn als solchen erkennen, weil ihnen der geographisch-politische Raum verlorengegangen war. Hofmannsthal hat in dem angedeuteten Zusammenhang die Auffassung vertreten: »Nicht durch unser Wohnen auf dem Heimatboden, nicht durch unsere leibliche Berührung in Handel und Wandel, sondern durch ein geistiges Anhangen vor allem sind wir zur Gemeinschaft verbunden.« Das läßt sich unmittelbar auf die Situation des Judentums übertragen. In dem Augenblick, in dem sie das Gelobte Land verlieren, erkennen sie die Möglichkeit der geistigen Heimat, ja mehr noch: Sie wissen, daß sie ihre Identität als Juden, ihre Gemeinschaftlichkeit verlieren würden, wenn es ihnen nicht gelänge, den geistigen Raum wiederzugewinnen.

Die Juden haben diese Chance auf singuläre Weise genutzt – was man auch darin ablesen kann, daß die Bedeutung der jüdischen Literatur seit der Gründung des Staates Israel rapide zurückgegangen ist, sofern man nicht beispielsweise auf konservative jüdische Autoren in den Vereinigten Staaten zurückgreift, die, weil noch in der Diaspora, die Schriften existenziell brauchen.

Obwohl sich die gesamte jüdische literarische Produktivität und das Studium auf Gott ausgerichtet haben, kann man nicht eigentlich von einem System sprechen, vielmehr von einem ständigen Prozeß des Nehmens und Weitergebens. Das Schrifttum konstituiert die jüdische Gemeinschaft nicht nur in der Gegenwart, sondern schließt es zunächst an die Vergangenheit an; insofern wird (und wirkt) der fromme Jude nie eigentlich modern. Statt dessen orientiert er sich an der Tradition, die er durchaus als Herausforderung begreift, und bemüht sich um die Teilhabe am gemeinsamen jüdischen Besitz. Noch die frühe Einweisung osteuropäischer Judenknaben in den *Cheder*, die traditionelle Judenschule, ist darauf zurückzuführen, möglichst früh mit dem Studium zu beginnen, um nicht den Anschluß an die Gemeinschaft zu verlieren.

Die ernsthafte Vertiefung in das jüdische Schrifttum, die dem einzelnen Juden aufgegeben ist, und der Umstand, daß das Judentum nicht eigentlich über eine wissenschaftliche Theologie verfügt, haben dazu beigetragen, daß das Schrifttum den Eindruck einer undurchschaubaren Anarchie vermittelt. Aber gerade diese auf den ersten Blick verwirrende Vielfältigkeit sowie der enzyklopädische Charakter des Gesamtschrifttums verlangen vom Gläubigen eine permanente Auseinandersetzung und Vertiefung; den religiösen Juden kann man sich ohne religiösen Eifer, ohne Studium und ohne religiöse Debatte nur schwer vorstellen. Und jeder weiß, daß er, studierte er auch sein Leben lang, niemals alles über Gott wissen könnte, da die Allwissenheit Gottes unerreichbar bleibt. Es gehört jedoch zum Charakter des Auserwähltseins, daß man sich Gott im Studium ständig nähert; anders gesagt: An die Stelle der Mission nach außen (»das Wort Gottes in alle Welt tragen«) tritt beim Judentum die Mission nach innen, das nicht nachlassende Bemühen, sein Leben im Angesicht Gottes einzurichten.

Die Entfaltung des jüdischen Schrifttums ist eng mit dem Exil verknüpft, und der Prophet Ezechiel dürfte der erste gewesen sein, der in der Babylonischen Gefangenschaft die Bedeutung des geistigen Raums der Schriften (und ihrer Verbindlichkeiten) erkannt hat. Immerhin hat er, ohne ein Blatt vor den Mund zu nehmen, die Schuld der Juden an ihrer Vertreibung analysiert und seine Vision vom neuen Israel mit dem Hinweis verknüpft, daß die Konsti-

tuierung der Juden zur kultischen Gemeinde die Voraussetzung dafür sei, daß sie historisch überhaupt weiterexistieren könnten. Er schuf sogar einen Verfassungsentwurf für diese neue Gemeinde und forderte zur kultischen, das heißt ritualisierten Frömmigkeit auf (ganz im Gegensatz zu Jeremia mit seiner Vorstellung der ausschließlich persönlichen Frömmigkeit), weil er ein sicheres Gespür dafür entwickelte, wo – wenn überhaupt – noch eine Chance für das Judentum wäre. Ezechiel setzte es durch, daß die Schriften des Moses der unumstößliche Grundtext des Judentums blieben und daß deren Aussagen normative Funktionen hatten. Folglich wurde der Gesamtbereich des religiösen Lebens auf Moses ausgerichtet, und es entstand ein reiches, aber nicht erhalten gebliebenes Schrifttum, dessen Aufgabe es war, die fünf Bücher Mosis verbindlich auszulegen und auf deren Grundlage die Bestimmungen für Feste, Feiertage, heilige Handlungen, die Beschneidung und die Speisegesetze festzulegen. Wie kaum anders zu erwarten, entstand so etwas, das wir gern »orthodoxes Judentum« nennen möchten, obwohl sich dieser Begriff aus heutiger Sicht auf einen anderen religiösen und historischen Zeitraum bezieht. Aber immerhin zeigten die Aktivitäten im Umfeld des Ezechiel, wohin die Bemühungen gehen sollten: Zum einen verfolgten sie eine ausschließliche Orientierung an den Mosaischen Schriften (woran auch sonst?); zum anderen jedoch, und das scheint bedeutsamer, wurde durch die kultische Frömmigkeit klargemacht, daß es auch – oder gerade – im Exil und in der Diaspora zu keinerlei Verschmelzung mit anderen Religionen kommen dürfe. Die assoziative Interpretation der heiligen Schriften wurde zum Schutzschild gegenüber jeder anderen Form der Religiosität – bis heute.
Die kultische Frömmigkeit des Judentums hat selbstverständlich keinen Zweifel an der These vom auserwählten Volk angemeldet, aber in den Vordergrund gerückt hat sie erst der sogenannte Deuterojesaja, ein namentlich nicht bekannter Prophet, dessen Schriften in den Jesaja eingerückt wurden. Er hat vermutlich zur gleichen Zeit gelebt wie Ezechiel, in seinen Schriften aber die Betonung auf die Einzigartigkeit Gottes gelegt und darauf verwiesen, daß Gott nicht nur der Schöpfer, sondern auch der Weltenlenker ist. Indem er aber vor allem auf die Juden als das auserwählte Volk verweist, provoziert er indirekt die Rachegefühle anderer Völker, die dieser Gnade nicht oder doch nur über das jüdische Beispiel teilhaftig werden. Insofern ist es nicht ganz richtig, wenn Buisman meint, die Erwählung durch Jahwe, wie sie der Deuterojesaja beschreibt, sei nicht ein Besitz, sondern ein Geschenk, »das zu einem universellen Dienst auffordert«. Vielmehr zeigt sich die wahre Bedeutung der Auserwähltheit erst in der Prozeßhaftigkeit des religiösen Verhaltens, also in dem Bestreben, sich des göttlichen Angebots (!) für würdig zu erweisen.
Immerhin wird deutlich, daß kultische Frömmigkeit und universelles Dienertum durchaus unterschiedliche Dinge sein können, und die Diskussion darüber, welche Seite der Medaille nun die entscheidende sei, hat die Autoren zweieinhalb Jahrtausende in Bann geschlagen. Allerdings hält das Zeitalter des Prophetentums noch eine dritte Möglichkeit bereit, die mit dem Propheten Daniel eng verknüpft ist. Danach ist davon auszugehen, daß es allen Abgrenzungen gegenüber anderen Religionen nicht gelungen ist, sich den Ein-

flüssen des apokalyptischen Denkens zu entziehen. Wenngleich nur das Buch Daniel in die Heilige Schrift aufgenommen wurde, so ist doch unübersehbar, daß einige Teile des Judentums sich intensiv mit der Frage der Zukunft und ihrer Erforschung auseinandergesetzt und die Vermutung angestellt haben, diese halte weniger eine Erlösung als ein Ende mit Schrecken bereit. Wie sollte man es ihnen auch verdenken, da sie doch in der Verbannung lebten und dadurch mit apokalyptischen Visionen anderer Religionen in Berührung kommen konnten; vor allem jedoch war ihre augenblickliche materielle und geistige Situation wenig geeignet, sich »Illusionen« zu machen. So haben sich denn auch die Pharisäer zur Zeit Jesu Christi zu den Visionen des Jüngsten Gerichts und der Auferstehung der Toten bekannt und alle Hoffnung fahrenlassen, wohingegen die Sadduzäer fest bei den mosaischen Vorstellungen geblieben sind. Noch der junge Jesus hat sich in seiner Auseinandersetzung mit den Pharisäern zu diesem Konflikt, der ja innerhalb des jüdischen Glaubens eine kaum zu überschätzende Bedeutung innehat, geäußert.
Diese drei Strömungen im frühen Judentum machen zumindest klar, daß von einer einheitlichen Entwicklung von Anfang an nicht recht die Rede sein kann. Obwohl sich diese Linien vielfach berührt haben, ist es niemals gelungen, eine einheitliche Richtung festzulegen, und in der Auseinandersetzung über solche und tausend andere Fragen ist die Literatur des Judentums entstanden. Die Frage, ob es angesichts der Exilexistenz nicht sinnvoller gewesen wäre, sich mit praktischen Problemen statt mit kniffligen und endlosen religiösen Debatten zu beschäftigen, geht am Kern des Sachverhalts, weil am Judentum selbst, vorbei. Dieses ist, egal wo, immer nur denkbar, wenn es Gott denkt, und um sich mitzuteilen (man denke nur an die Kommunikationsprobleme in der Diaspora), bedurfte es nicht zuletzt der schriftlichen Form.
Das Judentum hat mit dem Christentum viel gemeinsam, aber der gemeinsame Besitz sagt noch nichts über das Verhältnis zum Besitzenden aus. Beide Religionen gehen vom Alten Testament aus, aber während das Christentum zunächst nur zwischen Altem und Neuem Testament unterscheidet, differenziert das Judentum anders, weil es sich ausschließlich auf das Alte Testament beruft. Die Heilige Schrift der Juden, der *Tenach,* unterscheidet zwischen *Torah, Neviim* und *Ketubim,* wobei die *Torah* die fünf Bücher Mosis umfaßt, die *Neviim* die Prophetenbücher und die *Ketubim* die Psalmen, das Buch Hiob und weitere Schriften des Alten Testaments. Ihre Sprache ist Hebräisch bis auf die Bücher Daniel und Esra, die in Aramäisch, der Sprache des Jesus Christus, abgefaßt wurden.
Unmittelbar nach der zweiten Zerstörung Jerusalems im Jahre 70 n. Chr. haben die Juden mit der Textredaktion begonnen, das heißt, sie begannen die mündlichen Überlieferungen zu sammeln, zu ordnen und aufzuzeichnen, und auf der Synode von Jamnia 90 n. Chr. wurde der normative Charakter der Schriften bestätigt. Etwa von diesem Zeitpunkt ab kann man, religionswissenschaftlich formuliert, von einem masoretischen Text sprechen. Was an handschriftlichen Texten auf unsere Zeit gekommen ist, ist verständlicherweise sehr viel jüngeren Datums. Bis vor wenigen Jahrzehnten galten Textstücke, die in einer Synagoge von Kairo gefunden worden waren, als die ältesten Zeugnisse der jüdischen wie der christlichen Religion, und so war es eine

wirkliche Sensation, als man 1947 am Nordwestufer des Toten Meeres die sogenannten Schriftrollen der Gemeinde von Qumram fand. Diese Gemeinde von Qumram muß man sich wohl als eine ordensmäßige Gemeinschaft in einer klösterlichen Siedlung – in der Geschichte des Judentums eine einzigartige Konstellation – vorstellen, die neben den Texten, die ihre Ordensregeln enthielten, auch solche in trockenen Höhlen aufbewahrten, die vom Alten Testament her bekannt waren. Das Sensationelle war aber nun die Feststellung der Archäologen und Religionswissenschaftler, daß die Qumram-Rollen wesentlich älteren Datums waren als alles, was man bisher aufgetan hatte, und daß sie die Vermutung bestätigten, das Alte Testament würde nur einen Bruchteil des ursprünglich sehr viel reicheren hebräischen Schrifttums enthalten. Und schließlich enthielt eine Rolle den Text des Jesaja mit vielen Varianten, die einen Blick zulassen auf den Entstehungsprozeß eines Textes, der uns bislang nur in der kanonisierten Form bekannt war.
Die fünf Bücher Mosis oder die *Torah* bilden die Hauptquelle des jüdischen Glaubens, denn sie reden von Gott und seinem Bündnis mit dem auserwählten Volk. Indem der Bündnischarakter zwischen Gott und Menschen in den Vordergrund rückt, wird die *Torah* zugleich zu der Hauptquelle des jüdischen Rechts und der Ethik; sie wird zum Wegweiser des Denkens und des Lebenswandels. Sie ist also sehr viel mehr als die Geschichte der Erschaffung der Erde und vom Leben und Sterben des Moses; sie ist das Gesetz, dem sich der Jude, wenn er den Bündnisgedanken ernst nimmt, unterwerfen muß, wobei auch ein noch so rascher Blick in das Buch Levitikus die ausdifferenzierten Anweisungen nicht übersehen kann. Von daher wird es unmittelbar einsichtig, daß die *Torah* ständig und regelmäßig gelesen werden muß und daß sie im Mittelpunkt des jüdischen Gottesdienstes steht.
Damit wird die Bedeutung der Prophetenbücher, der *Neviim,* keineswegs heruntergespielt. Immerhin sind sie die bleibenden Quellen der jüdischen Sehnsucht nach Befreiung, nach Rückkehr und nach Gott, und sie bergen nichts weniger als den Plan, wonach das jüdische Volk erst in der Lage ist, das Bündnisangebot Gottes zu erfüllen. Von einem hohen sittlichen Ernst und mit literarischem Rang, sind die Schriften der Propheten von unzähligen Rabbinern auf ihre Heilsaussagen hin untersucht und interpretiert worden. Das Judentum unterscheidet zwischen den frühen Propheten, die die Bücher des Volkes Gottes »aufgeschrieben« haben (Josua, das Buch der Richter, die Bücher der Könige), und den späten – die Christen würden sagen: den eigentlichen – Propheten, die auch gern in die drei großen Propheten Jesaja, Jeremia und Ezechiel sowie das Zwölfprophetenbuch von Hosea bis Maleachi untergliedert werden.
Nicht alle Propheten werden regelmäßig in der Synagoge gelesen, wohingegen die Schriften, die *Ketubim,* insbesondere jedoch die Psalmen (hebr. *Tehillim* = Preisungen) bei vielen Gelegenheiten im jüdischen Gottesdienst Verwendung finden. Es liegt jedoch in der Natur der Sache, daß die sogenannten Fünf Rollen, die *Megilloth,* die die Bücher Rut, Hohelied, Prediger, Klagelieder und Ester enthalten, ebenso wie die Bücher Esra und Nehemia, die von der nachexilischen Gemeinde handeln, nur bei besonderen Anlässen herangezogen werden.

Torah heißt Unterweisung und meint den Inbegriff aller Unterweisung; sie ist die Grundlage eines jeden jüdischen Gesetzes. Daß es sich bei den fünf Büchern Mosis nicht primär um ein historisches Werk handelt, zeigt mit letzter Deutlichkeit der Vergleich mit einem anderen Werk, das sich mit der jüdischen Geschichte beschäftigt hat, den *Antiquitates Judaicae* des Flavius Josephus. Dieses Buch, um 94 n. Chr. erstmals erschienen, behandelt den Zeitraum vom ersten Schöpfungstag bis zum Jahr 66 n. Chr. und ist rein erzählenden Charakters, wobei Flavius Josephus nicht weniger als 1 400 moderne Druckseiten benötigte, um seinen gewaltigen Stoff auch nur einigermaßen kontinuierlich abhandeln zu können. Normativ ist seine Geschichte der Juden in keiner Weise; dieses Vorrecht ist allein der *Torah* vorbehalten.

Der zentrale Unterschied jedoch zwischen jedem anderen historischen Werk und der *Torah* ist der, daß es sich bei den Büchern Mosis um Quellen handelt, die von Gott reden und dann erst von der Geschichte der Juden. Nicht um Historie kann es also gehen, sondern um eine Aktualität, die nur dem ewigen Gott eignet. Mehr noch: Indem der *Torah* diese einzigartige, nur auf Gott selbst zurückführende Aktualität zukommt, ist es verständlich, wenn eine berühmte rabbinische Maxime sagt, die *Torah* sei ein Mittel zur Reinigung der menschlichen Seele.

Alle modernen *Torah*-Darstellungen versuchen deshalb weniger den Inhalt der fünf Bücher Mosis wiederzugeben – immerhin kann man das durch einen Blick in die Bibel selbst tun –; vielmehr geht es ihnen um eine Interpretation der wichtigsten Unterweisungen und damit um eine ständige Aktualisierung und Erweiterung der homiletischen Bibelkommentare. Der *Midrasch,* wörtlich übersetzt: die Suche nach Bedeutung, ist ein riesiges, vielfach zerklüftetes und dennoch stets um die gleichen Probleme bemühtes Kompendium an Bibelkommentaren, das die ernsthaften und kontinuierlichen Versuche des Judentums nach religiöser Orientierung dokumentiert. Gewissermaßen als Nebenprodukt solcher Anstrengungen kann die Alphabetisierung der Juden bezeichnet werden, die sehr viel früher als bei anderen Völkern einsetzte, da sie ja erst die Voraussetzung einer Orientierung an der *Torah* schuf.

Die *Torah,* so hat ein ganz Neugieriger einmal ausgerechnet, soll nicht weniger als 650 Gesetze, Bestimmungen und Vorschriften enthalten, und in der Tat enthält sie viele, vielleicht sogar allzu viele Gebote, so daß man kaum mehr die Frage nach der menschlichen Entscheidungsfreiheit zu stellen wagt. Aber bereits Solomon Schechter, ein Vertreter des konservativen Judentums im angelsächsischen Kulturraum, hat um die Jahrhundertwende darauf hingewiesen, daß schon zu Jesu Zeiten eine Reihe dieser Gesetze überholt waren, weshalb es unsinnig wäre, in bezug auf die *Torah* von einer Bürde, gar von einer Belastung des Menschen zu sprechen. Dennoch ist nicht zu übersehen, daß die Vorschriften und deren Interpretationen, gegebenenfalls auch deren Modifikationen, den jüdischen Alltag auf sehr viel entscheidendere Weise beeinflussen, als das für das Christentum nachgewiesen werden könnte. Allenfalls noch der Islam reguliert aus religiöser Verantwortung den Alltag des Moslem auf vergleichbare Weise.

Das Judentum hat, von einigen Ausnahmen abgesehen, die Strenge der *Torah* stets anerkannt, auch wenn man im Exil gelegentlich unter der Last der Gesetze gestöhnt haben mag. Zugleich war es sich jedoch stets bewußt, daß mit der Liberalisierung der *Torah*-Bestimmungen das Ende des Judentums eingeläutet würde, und so haben nicht wenige jüdische Autoren geradezu begeistert von der normativen Kraft der *Torah* gesprochen, deren Einhaltung die einzige Antwort auf die Frage wäre, warum es den Juden gelungen ist, über mehr als 70 Generationen ihre Identität zu bewahren. Sie vermochten es, weil sie alle politischen und religiösen Anfechtungen mit Hilfe der *Torah* selbst überwinden konnten. Noch in der ärmsten jüdischen Behausung hat es nie an Geld für die Sabbatkerzen gefehlt, vor denen die jüdischen Mütter beteten: »Möge es dein Wille sein, daß die Augen meiner Kinder vor der *Torah* erstrahlen.«

Das Judentum verfügt also wie das Christentum über die fünf Bücher Mosis, aber es liest sie anders, da es sie als die Quelle der Weisheit versteht. Als Gott einst dem König Salomo erschien, fragte er ihn nach seinen Wünschen, und Salomo antwortete, er wolle keine Reichtümer, sondern die Gnade, die *Torah* verstehen zu dürfen, und die Weisheit, zu unterscheiden zwischen Gut und Böse. Darauf erwiderte Gott: »Wenn du auf meinen Wegen gehst, meine Gesetze und Gebote befolgst wie dein Vater David, dann schenke ich dir ein langes Leben.« (1 Kön 3, 14) Damit ist erneut auf den Bund Gottes mit seinem auserwählten Volk verwiesen, und jeder Einwand, die *Torah* verlange vom Menschen zuviel, verblaßt.

Die Bibel anders lesen heißt, Schwerpunkte im Verständnis der Schrift zu setzen, die für das religiöse Verhalten des Menschen unumstößliche Bedeutung erhalten. So gesehen, ist das Buch Genesis aus der Sicht des Judentums natürlich die Schöpfungsgeschichte, zugleich aber mit einem Schwerpunkt ausgestattet, der die jüdische Lesart unterstreicht. *Bereschit,* das hebräische Wort für die Schöpfungsgeschichte, vermittelt ein Bewußtsein von der Geschichte, das sich nicht allein mit der Frage nach dem Ursprung der Welt aufhält, sondern darüber hinaus zu der Erkenntnis gelangt, daß Gott der Gott der Geschichte ist. Alles, was ist, ist historisch und damit von Gott abhängig – und also hat die Schöpfungsgeschichte ihre Aktualität bis auf den heutigen Tag. Mit anderen Worten: Es geht beim *Bereschit* nicht um eine Aussage, die keiner wissenschaftlichen Erkenntnis mehr standhält, sondern um die Schaffung eines Bewußtseins von der Geschichte und damit auch um die Herausbildung eines Bewußtseins vom Menschen. Im *Mischnah Sanhedrin,* einem der Haupttexte des nachbiblischen *Talmud,* heißt es dazu, Gott habe nur einen Menschen geschaffen, um damit sicherzustellen, daß der Mensch in Frieden mit der Welt lebe. Das Unglück, die Fehlentwicklungen der Geschichte seien nicht auf Gott zurückzuführen, sondern auf die Menschen selbst, die sich des göttlichen Gebots nicht mehr bewußt waren.

Wenn im *Bereschit* die Geschichte von Abraham und seinen Söhnen erzählt wird, so geht es auch hier weniger um die historischen Einzelheiten, von deren Legendenhaftigkeit man ohnehin weiß. Aber unabhängig davon bleibt, daß es Abraham gewesen ist, dem Gott das Bündnisangebot machte, und daß Abraham das Land genommen und mit seinem Leben ein Symbol der Gottesfurcht und des Gehorsams gegeben hat. Indem die Juden den Bund mit Gott einhalten wollen, müssen sie alle sein wie Abraham und seine Söhne, und da-

mit ist der alte Herr jederzeit sehr viel mehr als nur ein legendenumwobener Vorfahre; er wird zum Vorbild, zum Ideal. Um dieses Ideal zu erreichen, bedarf es einer Reihe von Vorschriften, denen die Kraft eines Gesetzes zukommt, und die Zehn Gebote des Moses sind diese Vorschriften, die einerseits einen Rechtskodex, andererseits einen gesellschaftlichen Moralkodex, zum dritten aber die Regelung des Verhältnisses zwischen Gott und Menschen enthalten. Im *Schemot* (hebräisch für Exodus) sind die Zehn Gebote aufgeführt, und man stellt wohl nicht ganz ohne Überraschung fest, daß sie in der *Torah* ungleich genauer, das heißt detaillierter gefaßt sind, als das durch die Lutherbibel oder in der modernen Einheitsübersetzung den Anschein hat.
Nirgendwo wird der Gesetzescharakter der *Torah* deutlicher als im dritten Buch Mosis, dem *Wajikra* (hebräisch für Levitikus), denn dieses regelt den Opferdienst, enthält Aussagen über die Priester, die geschlechtliche Reinheit und nicht zuletzt über die Speisevorschriften, die im Judentum ein höchst kompliziertes Gebilde darstellen. Das vierte Buch Mosis, das in der lateinischen Bibel den Namen Numeri trägt und hebräisch *Bamidbar* heißt, schildert den Weg des jüdischen Volkes durch die Wüste, im zweiten Jahr nach dem Auszug aus Ägypten. Neben die Geschichtsdarstellung tritt jedoch zugleich die Erinnerung an die verhängnisvollen Folgen des Murrens gegen Gott, das Aufbegehren gegen Moses, die Wiedereinführung des Götzendienstes. *Bamidbar* zeigt, daß das Aufbegehren gegen den Gott des Bündnisses schwere Strafen nach sich zieht, daß Gott dennoch nicht von seinem auserwählten Volk abläßt, er aber auch nur dann zur Vergebung bereit ist, wenn sich Männer wie Moses für ihr Volk einsetzen und es weiter durch die Geschichte führen. Auch im priesterlichen Segen soll zum Ausdruck kommen, daß dieser von Gott ist und dem Priester nur eine Vermittlerrolle zukommt. Um diese Distanz zu wahren, hat Martin Buber die allgemeine Segensformel sehr viel kantiger übersetzt als Luther oder die Einheitsbibel: »Segne dich ER und bewahre dich, lichte ER sein Antlitz dir zu und sei dir günstig, hebe ER sein Antlitz dir zu und setze dir Frieden.« (Num 6, 24–26)
Das letzte Buch Mosis, das *Debarim* (lateinisch Deuteronomium), ist nach jüdischer Lesart das Buch der Liebe Gottes zu seinem Volk. Nirgendwo sonst ist die Formel vom *Schma Jisrael,* Höre, Israel! so häufig verwendet wie hier. Hier zeigt sich Gott als der Gott des Bundes und der Juden, als der einzige und ewige, aber auch der eifersüchtige Gott. Hier ist die Rede vom Segen des Gehorsams und vom Fluch des Ungehorsams, von der Einsetzung Josuas als Nachfolger Mosis' und vom Sterben des großen Volksführers und Propheten. In ergreifenden Worten wird geschildert, wie Moses auf den Berg Nebo steigt, um einen letzten Blick auf das Land Kanaan zu werfen, das Gott den Israeliten versprochen hat und das Moses nicht mehr betreten soll. Es klingt fast wie ein Symbol für das Geschick des Judentums und läßt eine Fülle geschichtsphilosophischer Assoziationen zu, daß Moses das Gelobte Land nur »von der anderen Talseite aus sehen« darf. »Aber du darfst das Land, das ich den Israeliten geben werde, nicht betreten.« (Dtn 32, 52)
Mit diesem lange nachhallenden Schlußakkord endet die *Torah;* die Geschichte des Volkes Israel setzt sich fort in den Prophetenbüchern, den *Neviim,* deren Bedeutung für das Judentum bereits an anderer Stelle untersucht

wurde. Auch die Psalmen, das Buch Hiob und die kleineren Schriften der Bibel, die *Ketubim*, sind die unabdingbaren Bestandteile der jüdischen Religion. Aber an die Bedeutung der *Torah* reichen sie nicht heran, selbst wenn man die stets religiöse Bedeutung der Ereignisse in der jüdischen Geschichte nicht außer acht läßt.

Die staunenerregende Tradition des jüdischen Denkens hat eines der merkwürdigsten und geheimnisumwittertsten Dokumente hervorgebracht, über die die Weltliteratur verfügt, den *Talmud*. Hans-Joachim Schoeps, der letzte preußische Jude von Format, hat sicher nicht zu Unrecht darauf hingewiesen, es gebe wohl keine Quellenschrift der Weltliteratur, über die derart phantastische und abenteuerliche Vorstellungen verbreitet seien, wie den *Talmud*. Nur zu oft ist er gerade in unserem Jahrhundert zu antisemitischen Zwecken mißbraucht, falsch zitiert und in seiner Anlage falsch verstanden worden, und dabei ist er zunächst einmal nicht viel mehr als eine Sammlung von Protokollen geistig-religiöser Auseinandersetzungen, die in den rabbinischen Gelehrtenakademien zwischen 200 v. Chr. und 500 n. Chr. geführt wurden. In nicht weniger als zwölf dicken Folianten ist die Arbeit einer 700jährigen religiösen Debatte zusammengefaßt, in der Tat ein einmaliges Phänomen. Man tut gut daran, sich den *Talmud* wie eine Enzyklopädie, der von Diderot vergleichbar, vorzustellen, denn sie ist eben nicht das Werk eines einzelnen, sondern mehrerer Generationen, die über die Zeitgrenzen hinweg miteinander im Disput standen. Jüngere Rabbiner haben sich mit den Aussagen der älteren Autoren auseinandergesetzt, haben mit der *Torah* verglichen, neue Interpretationen ausprobiert und irgendwann zu einer schriftlichen Formulierung gefunden. Denn zunächst, in den Rabbinerakademien und *Torah*schulen, waren die Diskussionen naturgemäß mündlich, und so wird der *Talmud* auch gern die »mündliche *Torah*« genannt, selbst wenn alles Mündliche heute schriftlich vorliegt.

Auch der *Talmud* ist ohne die Grundstimmungen des Judentums – Gott, Bund, Land, Gesetz – nicht recht zu begreifen, aber für die Rabbiner des zweiten Exils war er zweifellos so etwas wie eine Heimat, der Ort der Auseinandersetzung mit den heiligen Schriften und des Gesprächs über Gott und seine Gebote. Der *Talmud* will nicht mehr, aber auch nicht weniger als das in der Bibel enthaltene Gesetz auslegen, er will Lesehilfen für die *Torah* bereitstellen und den Erfahrungsschatz der jüdischen Tradition bewahren. Dabei bedient er sich einer im Grunde höchst einfachen Methode, indem er stets zunächst einige Sätze aus der *Mischnah* zitiert, diese dann diskutiert und das Protokoll der Diskussion zu einem Werk verarbeitet, das den Namen *Gemara* trägt. Was aber ist die *Mischnah?*

Der Überlieferung zufolge geht die *Torah* auf die Offenbarung am Berge Sinai, also unmittelbar auf Gottes Wort, zurück. Seither wurden ihre Lehrsätze durch mündliche Überlieferung von den Vätern auf die Söhne übertragen, bis sie in der Zeit der Tannaiten oder *Mischnah*lehrer ihre schriftliche Fixierung erhalten haben. Das geschah im 1. und im 2. Jahrhundert unserer Zeitrechnung. Der Patriarch Rabbi Judah, ein Zeitgenosse des Kaisers Antonius und möglicherweise auch des Philosophenkaisers Marc Aurel, soll zur Festlegung der »mündlichen *Torah*« gedrängt haben, der damit der Charakter einer

Zweitschrift zukommt. Die *Mischnah,* die zum größten Teil in hebräischer Sprache abgefaßt ist, umfaßt sechs Bücher oder »Ordnungen«, die wiederum 63 Traktate enthalten, die in nicht weniger als 525 Kapitel untergliedert sind, die sich aus einzelnen Lehrsätzen zusammensetzen. Die *Mischnah* enthält 4 187 solcher Lehrsätze, in denen die Riten, Gebete, Segenssprüche, die Feier- und Fasttage des jüdischen Kalenders, das Ehe- und Familienrecht und schließlich das Zivil- und Strafrecht der Juden mit Bestimmungen über die Prozeßführung abgehandelt werden. Es ist ein gewaltiges Werk, dessen berühmtester Erläuterer Moses Maimonides gewesen ist, auf den die *Mischne Torah* (die Wiederholung der Lehre) zurückgeht, die wiederum zu einem vielbändigen Gesetzeskodex ausgeufert ist, der *Summa theologica* des Thomas von Aquin nicht unähnlich.
Ist schon die *Mischnah* ein Riesenwerk, so stellt sie dennoch nur den einen Teil des *Talmud* dar, denn dieser kommentiert in den *Gemara,* wie gesagt, die Lehrsätze der *Mischnah;* beide zusammen erst machen den *Talmud* in seiner vollen Größe aus. Der *Talmud* ist also nichts anderes als der Ausdruck eines eineinhalb Jahrtausende währenden liebevollen und ernsthaften Studiums der Quellen des Heils, und in ihm und seiner Struktur offenbart sich der jüdische Geist auf unvergleichliche Weise. Wenn Studium ernsthafte Anstrengung bedeutet – und das Wort *Talmud* heißt auf hebräisch nichts anderes –, dann heißt das auch, daß der jüdische Gläubige sich in seinem Studium zunächst auf das der Vorfahren zu stützen hat. In der Tat hat der *Talmud* schon kurz nach seinem Erscheinen (zunächst in einigen mühsam, aber kunstvoll zusammengestellten Handschriften) bei den meisten Juden Anerkennung, bei einigen jedoch heftige Kritik gefunden. Es dürfte kein Dokument eifrigerer Gottesliebe geben als den *Talmud,* und nur das Judentum konnte ihn hervorbringen. Die Zeiten, da diese religiöse Enzyklopädie in 20 Wagenladungen öffentlich verbrannt wurde (so geschehen in Paris im Jahre 1242), sind zwar längst vorüber, aber noch immer existieren die Vorbehalte der Nichtjuden gegenüber diesem Opus magnum, und möglicherweise sind sie auch nie auszuräumen, solange die Vorurteile gegenüber der jüdischen Religion, die ja in erster Linie auf Unkenntnis zurückzuführen sind, weiterbestehen. Allerdings hat das Judentum mit der Schaffung des *Talmud* auch eine Barriere zwischen sich und allen Andersgläubigen aufgerichtet, denn die Bibel kann man immerhin noch lesen, wohingegen das *Talmud*-Studium eine lebenslange Aufgabe ist, die dem jüdischen Gläubigen vorbehalten bleibt. Und noch ein weiterer Gedanke stellt sich ein; vielleicht ist der *Talmud* neben seiner tiefen religiösen Bedeutung auch Ausdruck einer Weltscheu, weil Gottesfurcht, die den Weg aus der Welt des Glaubens in die der Wirklichkeit und des Lebens nur mit Mühe findet. Es mag jedoch andererseits auch wahr sein, daß der Jude diese Trennung nicht vollzieht oder vielmehr seine eigentliche Welt im *Talmud* und seinem Studium findet.
Der *Talmud* wurde in zwei Überlieferungen kodifiziert, dem palästinensischen und dem babylonischen *Talmud,* dessen älteste und zugleich einzig vollständige Handschrift sich heute in der Bayerischen Staatsbibliothek in München befindet. In Übereinstimmung mit der *Mischnah* ist der *Talmud* in sechs sogenannte Ordnungen unterteilt, deren erste von den Gesetzen der

Landwirtschaft handelt. Der *Seraim,* so der Name der ersten Ordnung, umfaßt elf Traktate, deren erster *Becharoth* (Segenssprüche) betitelt ist. Die zweite Ordnung, *Moed,* behandelt die Fest- und Fasttage, vor allem die Sabbatgesetze und Bestimmungen über die Gebräuche in Haus und Synagoge. Die dritte Ordnung, *Naschim,* beschäftigt sich mit dem jüdischen Frauen-, Ehe- und Familienrecht; die vierte, *Nesikin,* kodifiziert das Zivil- und Strafrecht. Die fünfte Ordnung, *Kodaschin,* orientiert über den Tempelkult und die Speisegesetze, und die sechste schließlich, *Toherot,* führt die Reinheitsrituale näher aus. Das alles hat man sich nicht in der Form eines modernen Lehrbuchs, eines Knigge oder Nachschlagewerks vorzustellen, sondern als eine Sammlung höchst unterschiedlicher Quellen, die zwar durchaus nicht völlig unverständlich sind, sich aber in keinem Fall auf den ersten Blick erschließen lassen. Das Studium des ewigen Gotteswortes bedarf der lebenslangen Anstrengung. In seiner Anthologie über die jüdische Geisteswelt hat Schoeps eine Probe für Geist und Stil des *Talmud* gegeben, und zwar eine Lehrhausdiskussion aus dem Traktat Sanhedrin des babylonischen *Talmud,* die sich mit dem Kommen des Messias beschäftigt, von der hier einige wenige Zeilen(!) zitiert werden sollen:

»Rabbi Nachman sprach zu Rabbi Jizchaq: Hast du vielleicht gehört, wann der Sohn der Verfallenen kommen wird? Dieser fragte: Wer ist denn der Sohn der Verfallenen!? Jener erwiderte: Der Messias. – Den Messias nennst du Sohn der Verfallenen? Jener erwiderte: Freilich, denn es heißt: An jenem Tage werde ich die verfallene Hütte Davids wieder aufrichten (Amos 9, 11). Da erwiderte er: So sagte Rabbi Jochanan: Im Zeitalter, in dem der Sohn Davids kommen wird, werden die Schriftgelehrten vermindert werden, und auch die Augen der anderen werden vor Trauer und Klage dahinschwinden; viele Leiden und böse Verhängnisse werden neu aufeinander folgen; bevor noch das eine vorüber sein wird, wird das andere bereits herbeigeeilt sein.

Die Rabbanen lehrten: Im Septennium, in dem der Sohn Davids kommen wird, (wird sich folgendes ereignen): Im ersten Jahre wird in Erfüllung gehen der Schriftvers: Ich werde regnen lassen auf die eine Stadt und auf die andere nicht (Amos 4, 7). Im zweiten werden die Pfeile des Hungers abgesandt werden. Im dritten wird der Hunger sehr stark sein; Männer, Frauen und Kinder, Fromme und Männer der Tat werden sterben, und die *Torah* wird bei denen, die sie studieren, in Vergessenheit geraten. Im vierten wird eine Sättigkeit und doch keine Sättigkeit sein. Im fünften wird eine große Sättigkeit sein; man wird essen und trinken und lustig sein, und die *Torah* wird zu denen, die sie studieren, zurückkehren. Im sechsten werden Stimmen (Posaunenstöße) erschallen. Im siebenten werden Kriege sein. Im Ausgang des siebenten wird der Sohn Davids kommen.«

In diesem Stil geht der Disput unentwegt weiter, so als spielte die Zeit keine Rolle, und tatsächlich ist sie in den *Talmud*-Diskussionen niemals berücksichtigt worden, denn man hatte über viele Generationen lang unendlich viel Zeit, und womit konnte sie besser ausgefüllt sein als mit religiösen Debatten? Die Liebe zu Gott drückt sich zuweilen auch in Quantitäten aus, und das *Torah*- und *Talmud*-Studium wurde zu einer sinnvollen Gewohnheit und alltäglichen Übung.

Das vielfach zerklüftete System des *Talmud* wird, um den Zugang zu erleichtern, in zwei Textgruppen aufgeteilt. Seine rechtlichen Bestimmungen, die den Juden helfen sollen, den richtigen und gottgefälligen Weg im Leben einzuschlagen, finden sich im *Halachah,* was soviel heißt wie Gehen oder Wandeln. *Halachah* ist der Wegweiser des religiösen Lebens und die Grundlage jener Gesetze, die das Leben des gläubigen Juden bis in alle Einzelheiten bestimmen, so daß er um das *Talmud*-Studium überhaupt nicht herumkommt. Diejenigen Teile des *Talmud,* die die eigentlichen Reden und Erzählungen enthalten, bilden demgegenüber die *Haggadah,* genauer die *Haggadah schel Pessach,* worunter man sich eine Sammlung jüdischer Texte und Liturgien vorzustellen hat, die die Feiern zu Beginn des achttägigen *Passah*-(=Oster-) Festes ausgestalten. Die *Haggadah* gilt als das am meisten verbreitete Druckwerk in hebräischer Sprache und hat seit 1480 nicht weniger als 2 500 Auflagen erreicht, woraus einmal mehr seine Bedeutung für das tägliche religiöse Leben der Juden abgelesen werden kann. Es ist die Sittenlehre des Judentums schlechthin, die Ethik innerhalb der jüdischen Literatur.
Wegen ihres belehrenden Inhalts und weil es sich eben um jüdische religiöse Literatur handelt, steht die *Haggadah* nicht allein für sich; vielmehr nimmt sie ständig Bezug auf die Bibel, deren Verse sie zitiert und zu deuten versucht. Aber auch aus der nachbiblischen Literatur werden Zitate verwendet, vor allem aus der *Mischnah,* soweit diese zur Erläuterung einzelner Bibelstellen wichtig sind. Nur für den Nichtjuden bildet die *Haggadah* ein kompliziertes System an Vorschriften für das sittliche Verhalten; im Judentum selbst ist sie ständig erweitert und neu ausgelegt worden, so daß sie niemals veralten konnte. Das ganze europäische Mittelalter hat eine wahre Fülle prächtiger Ausgaben der *Haggadah* hervorgebracht, und noch die Gegenwart hat Editionen gesehen, die sich nicht scheuten, den Text mit modernen Illustrationen, vom Art déco der Jahrhundertwende bis zur abstrakten Kunst, auszustatten. Aber diese Art der Aktualisierung tritt hinter einer anderen, wichtigeren zurück. Wie so vieles in der jüdischen Geisteswelt trägt auch die *Haggadah* Spuren des Exils, der ständigen Flucht und der Judenverfolgung. In der Spätzeit des zweiten jüdischen Staates entstanden, ist diese jüdische Sittenlehre ein wichtiger Baustein für das Judentum in der Diaspora, und so kann es nicht verwundern, daß in seinen neueren Ausgaben auch derer gedacht wurde, die dem Rassenwahn zum Opfer fielen. Noch in der jüngsten Texterweiterung werden Probleme des heutigen Judentums berücksichtigt, indem die Anweisung erfolgt, man möge beim Passah-Fest einen Platz an der Festtafel freihalten – in Erinnerung an die Juden Osteuropas, denen die Teilnahme (oder die Ausführung) verwehrt ist...
Die eigentliche literarische Form der *Haggadah* ist der *Midrasch,* worunter die deutende Geschichtsauffassung verstanden wird, die Vergangenheit und Zukunft miteinander verknüpft. Der *Midrasch* schreibt die Form der Bibelkommentare verbindlich vor und ist damit so etwas wie eine jüdische Homiletik (Predigtlehre). So kann man beispielsweise im *Midrasch Tehillim* über den 36. Psalm lesen:
»Rabbi Jochanan bar Nappacha hat gesagt: Nach der Verknechtung in Ägypten kam die Erlösung durch Moses. Nach der Verknechtung durch Ba-

bel kam die Erlösung durch Daniel, Chanaja, Misael und Asarja. Danach kamen die Verfolgungen durch Elam, Medien und Persien und die Erlösung durch Mardochai und Esther. Danach die Verknechtung durch Hellas und die Erlösung durch die Hasmonäer und ihre Söhne, und dann kamen sie in die römische Gefangenschaft. Da sprachen die Israeliten: Wir sind es müde, erlöst und unterjocht, erlöst und wieder unterjocht zu werden. Wir wollen keine ›Erlösung‹ mehr durch Menschenhände. ›Erlösung‹ kommt nur durch Gott.«

An einer anderen Stelle heißt es, das jüdische Volk habe sich zu Mosis Zeiten einen Leuchter gemacht; der sei erloschen. Dann habe man zu Salomos Zeiten zehn Leuchter gemacht, und auch die seien erloschen. »Von nun an und in alle Zukunftszeit warten wir auf dein *(Gottes)* Licht, wie es heißt: ›In deinem Licht sehen wir Licht.‹ «

Auch in der *Haggadah* ist die Bedeutung der Geschichte des jüdischen Volkes für die Religion aus jedem Abschnitt ersichtlich, ja man darf sagen, daß das jüdische Schrifttum qualitativ und quantitativ nicht diese gigantischen Dimensionen angenommen hätte, wenn es kein Exil gegeben hätte. So aber kam der Literatur die Bedeutung einer geistigen Heimat zu, nachdem das Gelobte Land geographisch und zeitlich in immer weitere Ferne rückte. Von den späten Propheten über die großen jüdischen Schriftsteller des Mittelalters bis hin zu Franz Rosenzweig und Martin Buber war man sich dieser zentralen Bedeutung des jüdischen Schrifttums jederzeit bewußt, und jede Generation hat ihr Teil dazu beigetragen, die Literatur zu erweitern, indem sie sich zunächst in deren Tradition vertiefte und dann das an den Tag brachte, was der aktuellen Situation der Juden nützlich war. Daß der eigentliche Nutzen – die Nähe zu Gott und das Wissen um die weltweite Verbundenheit der Juden in ihrem Glauben – stets im Vordergrund stand, versteht sich von selbst und braucht kaum eigens erwähnt zu werden. So gesehen, wird das, was der nichtjüdische Mensch als Labyrinth empfindet, in dem man sich verirrt und keinen Ausgang findet, für den Juden zu einem zwar mühevollen und mit vielen Haupt- und Nebenstraßen ausgestatteten Weg zu Gott, aber er weiß, daß er mit Gottes Hilfe ankommen wird, sofern er sich rechtzeitig auf den Weg macht und jeden Tag ein Stück weitergeht. Über 70 Generationen Juden sind in diesem Sinne erzogen worden, und keiner wird sagen, er sei bereits angekommen.

Leben nach dem Gesetz

»Judentum ist eine Lebensart«, schreibt der konservative amerikanische Rabbiner Louis Finkelstein in seinem Buch über Geschichte, Kultur und Religion der Juden, »die danach strebt, praktisch jede menschliche Handlung in ein Mittel der Kommunion mit Gott umzuformen. Durch diese Kommunion mit Gott vermag der Jude seinen Anteil zur Errichtung des Königreichs Gottes und der Brüderlichkeit des Menschen auf Erden zu leisten. Insofern es sich um seine Anhänger handelt, sucht das Judentum den Begriff von richtig und falsch auf jeden Aspekt ihres Verhaltens auszudehnen. Jüdische Verhaltensregeln beziehen sich nicht nur auf den Gottesdienst, das Zeremoniell und Gerechtigkeit zwischen den Menschen, vielmehr auch auf solche Themen wie Philanthropie, persönliche Freundschaften und Zuneigung, intellektuelles Streben, künstlerische Schöpfung, Höflichkeit, die Erhaltung der Gesundheit und die Einhaltung einer Diät.«

Das Judentum ist eine Gesetzesreligion und folglich streng, mit einer ausgeprägten Neigung zur Orthodoxie und zum Dogmatismus. Seine radikale Diesseitigkeit verpflichtet den Juden, ein gottgefälliges Leben nach der Bibel zu leben und im Grunde jeden Schritt und jede Handlung mit dem Ideal des jüdischen Schrifttums abzustimmen. Auch wenn das Judentum keine religiöse Orden im Sinne des Christentums kennt, so leben doch alle Juden gleichsam in einem riesigen Orden und müssen dessen Regeln peinlich genau einhalten.

Das Gesetz der Religion verlangt, daß sich das Gesetz des Lebens nach ihm richtet. Es verlangt, daß der Jude dreimal täglich betet und dabei eine bestimmte Haltung innehat und Gebetsriemen anlegt; es verlangt, daß er für jede Gabe Gott dankt; daß er vor jeder Entscheidung Gott anruft; daß er seine Kleidung, ja sogar seine Haare auf eine ganz bestimmte Weise trägt, und der Jude akzeptiert alle diese Forderungen mehr oder weniger ohne Murren. Sogar sein eigenes Heim weiht er Gott, indem es für ihn zu einem verkleinerten Heiligtum wird, worin der Tisch zum Altar und seine Einrichtungen

Instrumente der Heiligkeit werden. So lebt der Jude sein ganzes Leben im Angesicht Gottes und seiner Allgegenwart gewiß, und er erlebt die Freuden, aber auch die Bürde des Bundes und des Auserwähltseins.

Am Sabbat erstarrt er zur Tatenlosigkeit, weil auch Gott am siebenten Tag ruhte; er läßt sich von seiner Umwelt schikanieren und auslachen; er kann nicht verhindern, daß die ihm heiligen Gesetze von Andersgläubigen als aberwitzig bezeichnet werden; und er ist sich der ständigen Gefahr bewußt, die von der argwöhnischen Mehrheitsgesellschaft ausgehen kann. Alles das – und noch viel mehr – erträgt der Jude mit einer Duldsamkeit und Gottergebenheit, die nur unter dem Gesichtspunkt tiefer Frömmigkeit verstanden werden kann. Also muß der Jude konservativ und traditionell sein, um den von seinen Vätern ererbten Auftrag fortzuführen und an die nächste Generation weiterzugeben. Er kann nicht ablassen von dem Gesetz, auch wenn es ihn manchmal drückt, weil es das Ende des Judentums wäre; und was sollte dann sein? Gerschom Scholem hat den Irrtum des Assimilationsjudentums schon in den zwanziger Jahren sehr deutlich erkannt und als einen Irrweg bezeichnet, ja sogar von einem »Selbstbetrug der Assimilation« gesprochen. Seinen Weg aus Deutschland nach Palästina im Jahre 1923 hat er konsequent als die Rekonstruktion seiner jüdischen Identität bezeichnet und damit dargetan, daß für die Juden nur der »Rückzug in ihre eigene Geschichte« gangbar sei.

Was für Scholem die Gelehrsamkeit, leistet für den Durchschnittsjuden die Beobachtung und Einhaltung der Gesetze auf Schritt und Tritt, so wie es Moses Gott am Berg Sinai gelobt hat (Ex 24, 7).

Die Entwicklung des Judentums zur Gesetzesreligion geht wie so vieles in dieser Religion auf die Erfahrung der Babylonischen Gefangenschaft zurück. Mit der Zerstörung des Tempels 586 v. Chr. verlagerte sich die jüdische Religiosität zwangsläufig vom Tempeldienst auf den Gottesdienst in den Synagogen, vor allem jedoch auf die ethischen Gebote der Lebensführung, wodurch jeder Jude jederzeit in die Lage versetzt wurde, Gott gefällig zu sein. 2 500 Jahre im Exil haben aber auch nicht wenig zur Gigantomanie der Ethik beigetragen, die das jüdische Leben vollständig unter das Gottesgebot stellt.

Das hebräische Wort für das Gebot Gottes und dessen Erfüllung heißt *Mitzwah*, im Plural *Mitzwoth*, und die *Torah* kennt gleich zweierlei Arten von *Mitzwoth*. Zum einen bedeuten sie schlicht das Bekenntnis zu Gott, was in seiner ethischen Dimension aber soviel heißt, wie sich vollständig Gott zu unterstellen; zum anderen beinhalten sie auch den Gedanken der sozialen Gerechtigkeit. Noch in den Sabbatgesetzen taucht der Gedanke der sozialen Gerechtigkeit auf und steht ebenbürtig neben dem Gesichtspunkt der Feier. Danach vollzieht sich das jüdische Leben im Angesicht und im Bewußtsein der Allgegenwart Gottes und bemüht sich um Gerechtigkeit, so wie es Moses gelehrt hat: »Du sollst deinen Nächsten lieben wie dich selbst.« (Lev 19, 18)

Die *Mitzwoth* der *Torah* stellen den Menschen sein Leben lang unter die Verantwortung vor Gott, und was sie verlangen, ist nicht eben wenig. Immerhin gibt es 613 *Mitzwoth*, von denen 365 Verbote und 248 Gebote sind, wobei die Zahl der Verbote der Zahl der Tage im Jahr entspricht und die Anzahl der Gebote den Bestandteilen des menschlichen Körpers. Was hier vorliegt, ist ein gigantischer ethischer Kodex, den einzuhalten die ganze Anstrengung

eines Menschen erfordert. Aber auch diese ethische Bürde gehört zu den Prüfungen, die Gott seinen auserwählten Volk abverlangt. Nur ein lebenslanges Studium der *Mitzwoth* ist in der Lage, diese auch nur einigermaßen einzuhalten, und wir wissen aus vielen Quellen des Judentums, welche Schwierigkeiten sich gerade im Exil einstellten, wenn es darum ging, die Gesetze einzuhalten. Es liegt auf der Hand, daß das Reformjudentum die Lockerung der *Mitzwoth* angestrebt und für sich selbst auch verwirklicht hat, sich damit aber den berechtigten Vorwurf der Orthodoxie einhandelte, es würde die Grundprinzipien des Judentums auflösen.
Selbst ein enzyklopädisches Lexikon ist heute nicht in der Lage, alle jüdischen Vorschriften aufzulisten, denn dazu bedürfte es eines eigenen und nicht eben schmalen Buches, das sich mit den Gebetsvorschriften, dem Segen, den Synagogenritualen, dem Gebetbuch, der Gemeinde und dem Haus des Herrn, den *Tallith*, den *Tefillin* (Gebetsriemen), ja sogar mit den Türpfosten der Synagoge, den *Mesusah*, den *Torah*behältern, dem *Yad* und vielen anderen Dingen mehr auseinandersetzte, die für den Gottesdienst notwendig sind, um dann die unendliche Fülle an Lebensgeboten und -verboten zu beschreiben. Nein, auch hier zeigt sich die einzigartige Besonderheit des Judentums, daß es in seinem Leben vor Gott und im Laufe seiner langen Geschichte Formen und Rituale, Vorschriften und Anweisungen ausgebildet hat, die sich schon aufgrund ihrer Quantität dem Zugang des Nichtjuden entziehen, wenngleich die Juden mit Recht darauf verweisen, daß die meisten dieser Vorschriften in der Bibel ihre Grundlage haben, nämlich im Levitikus, der ja in der Tat minutiöse Anweisungen enthält, die eigentlich nur ausgebaut werden mußten; und die Juden haben auch hier das ihrige getan, um dem Bund mit Gott gerecht zu werden.
Gäbe es den Bund mit Gott nicht, so entbehrten auch die *Mitzwoth* ihrer Grundlage, selbst wenn man davon ausgehen darf, daß eine Vielzahl von Gesetzen in anderen Völkern und Religionen in der einen oder anderen Weise ebenfalls beobachtet werden können. Aber es hieße, das Verständnis für die jüdische Gesetzesethik verkürzen, wenn nicht hinter jedem *Mitzwah* der Bundesgedanke sichtbar würde. So geht zwar das Sabbatgebot auf die Schöpfungsgeschichte zurück, aber es handelt sich dabei keineswegs nur um einen Ruhetag, sondern, wie gesagt, es wird im Sabbatritual auch das Motiv der Mitmenschlichkeit und Barmherzigkeit deutlich. Und Leo Baeck, einer der bedeutendsten jüdischen Gelehrten im 20. Jahrhundert, hat die besondere Dimension des Sabbat unmißverständlich herausgestellt, wenn er meinte: »Besonders wenn der Sabbat dem Frommen ›ein Gleichnis, ein Diesseitsbild des Jenseits‹ wird, tritt dieses Charakteristische des Judentums hervor, das ihm als Ziel alles Menschenlebens und aller Menschheit erscheint, das Diesseits mit dem Jenseits, den Tag mit der Ewigkeit zu versöhnen.«
Das ist so schön gesagt, daß man es kaum zu ergänzen wagt, denn diese Kennzeichnung macht deutlich, daß der Sabbat sehr viel mehr ist als nur ein arbeitsfreier Tag. Das ist er zwar auch, und es mag nach der vorerwähnten Gesamtzahl der *Mitzwoth* nicht verwundern, daß es nicht weniger als 39 Bestimmungen gibt, die die Grundarten verbotener Arbeit benennen, aber die durch das Arbeitsverbot gewonnene Muße soll nicht einfach zum Ausruhen

von der täglichen Plackerei verwendet werden, sondern erfüllt einen heiligen Zweck. Die Heiligkeit des Sabbat konstituiert eine geradezu mystische Vereinigung des Menschen mit Gott, sie erneuert den Bund, indem sich der Mensch an diesem einen Tag in der Woche mit nichts anderem beschäftigt als mit Gott. Der Sabbat ist ein Tag des göttlichen Friedens und der Einkehr; in einem jüdischen Gebet wird er »der köstlichste der Tage« genannt, und wenn sich die Juden am Sabbatabend »e gute Woch!« wünschen (sofern sie Jiddisch sprechen), dann meinen sie, daß es sich allen Unbilden des Lebens zum Trotz recht gut leben läßt, solange die Woche durch einen Sabbat eingeleitet und durch einen Sabbat beendet wird. Ein amerikanischer Religionsphilosoph hat einmal von der »Heiligkeit in der Zeit« gesprochen, die sich am Sabbat ereigne, und wer die vielfältigen Vorbereitungen in einer jüdischen Familie beobachtet, die am Vorabend des Sabbat getroffen sein müssen, um den heiligen Tag würdig begehen zu können, der empfindet zweifellos etwas von der Jenseitigkeit im Diesseits, die Leo Baeck meinte. Jüdische Schriftsteller wie – um nur einige zu nennen – Joseph Roth, Isaac Bashevis Singer, Isaak Babel oder auch Manès Sperber haben die Rituale, die Gebete und die feierliche Atmosphäre in den jüdischen Häusern beschrieben, und es gibt wohl nicht eine einzige Quelle, die die Vermutung zuließe, die Juden würden sich den Sabbatgeboten nur ungern beugen. Immerhin kann man im Exodus lesen (31, 12–17): »Der Herr sprach zu Mose: Sag den Israeliten: Ihr sollt meine Sabbate halten; denn das ist ein Zeichen zwischen mir und euch von Generation zu Generation, damit man erkennt, daß ich, der Herr, es bin, der euch heiligt. Darum haltet den Sabbat; denn er soll euch heilig sein. Wer ihn entweiht, soll mit dem Tod bestraft werden. Denn jeder, der an ihm eine Arbeit verrichtet, soll aus seinen Stammesgenossen ausgemerzt werden. Sechs Tage soll man arbeiten; der siebte Tag ist Sabbat, Ruhetag, heilig für den Herrn. Jeder, der am Sabbat arbeitet, soll mit dem Tod bestraft werden. Die Israeliten sollen also den Sabbat halten, indem sie ihn von Generation zu Generation als einen ewigen Bund halten. Für alle Zeiten wird er ein Zeichen zwischen mir und den Israeliten sein. Denn in sechs Tagen hat der Herr Himmel und Erde gemacht; am siebten Tag ruhte er und atmete auf.«

Diese Bibelstelle erhellt die Bedeutung des Sabbat unmißverständlich, indem sie den Bundesgedanken in den Vordergrund stellt, zugleich aber mit deutlichen Worten vom Zorn Gottes redet, der auf die Juden kommt, wenn sie sich dem Gebot entziehen sollten. Und noch ein dritter Gesichtspunkt taucht hier auf: der der Traditionspflege. Der Jude hat nicht nur darauf zu achten, daß er selbst die Sabbatgebote einhält; er ist auch dafür verantwortlich, daß die ihm folgende Generation die Einhaltung der Gebote peinlich wahrnimmt, und dies geschieht in der Praxis ganz einfach in der Weise, daß der Sabbat als Familienereignis gefeiert wird; so lernen es die Kinder von den Erwachsenen.

Auch die Reinheits- und Speisevorschriften des Judentums unterliegen der Tradition und gehen auf einen Satz aus dem Levitikus zurück (19, 2): »Seid heilig, denn ich, der Herr, euer Gott, bin heilig.« Die *Kaschruth*, die Speisegesetze oder Essensvorschriften, gelten als die zwingendsten aller jüdischen Rituale und sind damit vermutlich auch diejenigen Bestimmungen des Judentums, die für den Nichtjuden eigenartige und widersprüchliche Empfindungen hervorrufen. Die jüdische Literatur selbst hat im Lauf der Jahrhunderte immer wieder die Bedeutung der *Kaschruth* zu erklären versucht, und noch der große Moses Maimonides hat sich ausführlich damit auseinandergesetzt. Aber auch hier ist das Komplizierte im Grunde höchst einfach, weil es viel weniger um die Einzelbestimmungen der *Kaschruth* als um den zentralen Gedanken der Vorschriften geht. Die *Kaschruth* schreiben, analog zu den Auskünften des Levitikus, zunächst einmal vor, was man essen darf und was nicht. Pflanzliche Nahrung ist ohne Einschränkung erlaubt, aber bei der Verwendung und Zubereitung von tierischen Produkten, insbesondere von Fleisch, beginnen die Schwierigkeiten, und nur wirklich ausgebildete Rabbiner (nicht etwa Metzger!) können entscheiden, ob dieses oder jenes Tier oder Teile davon gegessen werden dürfen. Das Fleisch muß koscher sein, muß also den Schlachtbestimmungen entsprechen. Aber auch das Küchengeschirr, die Töpfe, Teller und Pfannen, ja sogar die Messer und Gabeln müssen sich in einem koscheren Zustand befinden, und sollte sich einmal ein Versehen ereignen, so gibt es wiederum Bestimmungen, wonach unsauber (im rituellen Sinne!) gewordenes Koch- und Eßgerät wieder koscher gemacht werden kann. Singer hat in seinem Roman *Das Landgut* noch einmal geschildert, welche Probleme auf eine chassidische Judenfamilie zukommen, wenn es um die Einhaltung der Essensvorschriften geht, aber man fragt sich bald einigermaßen ungeduldig, wozu das alles gut sein soll und ob es nicht doch über die Grenzen der Religion hinausgeht, wenn der Hausfrau in der Küche vorgeschrieben wird, wie und womit sie zu kochen hat, und wenn neben dem Metzger der Rabbiner mit der *Torah* steht.

Die Antwort des Judentums ist denkbar einfach. So wie die Sabbatgesetze den Weg der menschlichen Seele zu Gott ebnen, so sollen die *Kaschruth* die besondere Verantwortung der Juden als »Priestervolk« (Hertzberg) dokumentieren. Die Speisegebote lassen sich als ein Instrument zur Bewahrung der Einzigartigkeit des jüdischen Volkes begreifen. Sie greifen also sehr viel weiter als beispielsweise das christliche Gebot, am Freitag kein Fleisch zu essen; und sie lassen sich nicht einfach mit ernährungswissenschaftlichen Argumenten abtun. Eine alte Formel sagt, der Mensch sei, was er ißt; wenn diese je einen Sinn gehabt haben soll (woran man durchaus zweifeln darf), dann beim Judentum, das sich noch in der Vorbereitung und Einnahme der Mahlzeiten seiner Auserwähltheit bewußt ist und diese auch dadurch dokumentiert, daß es nicht wie das Tier alles mehr oder weniger wahllos zu sich nimmt, sondern sich an die göttlichen Vorschriften hält.

Die Essensvorschriften sind kompliziert, hart, umständlich und auf Dauer nur schwer einzuhalten, und nur den orthodoxen Juden scheint jedes Opfer gerechtfertigt, um die *Kaschruth* nicht zu verletzen. Demgegenüber ist es nicht zu übersehen – und auch nicht anders zu erwarten –, daß liberalere Juden die Gebote nicht allzu wörtlich nehmen, also dazu neigen, auswärts so zu essen wie jeder andere Mensch auch. Sind sie aber bei sich zu Hause, dann wird koscher gekocht, denn Gott duldet nicht, daß blutiges Fleisch gegessen wird, und er straft jeden, der seinen Anweisungen zuwiderhandelt: »Die Lebenskraft des Fleisches sitzt nämlich im Blut. Dieses Blut habe ich euch gegeben, damit ihr auf dem Altar für euer Leben die Sühne vollzieht; denn das Blut ist

es, das für ein Leben sühnt. Deshalb habe ich zu den Israeliten gesagt: Niemand unter euch darf Blut genießen.« (Lev 17, 11 f)
Kein Tag vergeht, an dem sich der jüdische Mensch nicht fragen muß, ob er ein gottgerechtes Leben führt, und so teilt die Religion das Jahr in eine Reihe von Intervallen ein, die durch Feste und Feiertage voneinander getrennt sind und die dem Menschen die Möglichkeit geben, sich zu freuen, aber auch besinnlich auf vergangene und künftige Zeiten zu blicken. »Du sollst an deinem Fest fröhlich sein«, heißt es im Deuteronomium (16, 14) über das Laubhüttenfest *Sukkoth*, mit dem die Juden im Herbst die Wüstenwanderung des Volkes Israel feiern. Du sollst fröhlich sein und Gott und deiner Geschichte gedenken, möchte man hinzusetzen, denn darum geht es bei den jüdischen Festen wie schon beim Sabbat: fröhlich zu sein im Angesicht Gottes.
Unter Berücksichtigung all der 613 *Mitzwoth* stellt sich unschwer der Eindruck ein, der Jude müsse sein irdisches Leben als permanenten Gottesdienst führen, was nur mittels eines asketischen Daseins denkbar wäre. Diesen Einwand hat die jüdische Literatur stets abgelehnt mit dem Hinweis auf die jüdischen Feste, die zwar allesamt religiösen und historischen Ursprungs sind, aber dem Menschen seine Gottnähe ständig ins Bewußtsein rücken – warum sollte er dann nicht fröhlich sein!?
Der jüdische Kalender und die Vielzahl seiner Feiern und Feste vermitteln durchaus den Eindruck der Lebensfreude und des Lebensgenusses, freilich nicht unbedingt auf vordergründige Art, sondern eben religiös motiviert und damit in jedem Fall von jener spezifisch jüdischen Ernsthaftigkeit, welche die ganze Daseinsstimmung des Juden prägt. Denn selbst bei den Festen und Feiertagen kommt der Jude nicht umhin, die Frage nach dem Sinn seines Daseins und sich in die Verantwortung vor Gott zu stellen, und so wie jeder Tag ein neuer Tag ist, so muß der Jude verhindern, daß seine Glaubensbereitschaft sich durch Ritualisierung und Gewöhnung verringert oder zu einer nachlässig geübten Gewohnheit wird. Den lauen Juden gibt es nicht.
Der jüdische Kalender, der von dem berühmten Rabbi Hillel um 350 v. Chr. festgelegt wurde und der die Kalenderjahre selbstverständlich vom Tag der Schöpfung an zählt, kennt neben Sonnen- und Mondjahren eine ganze Fülle von Bezeichnungen, die ohne detaillierte Kenntnis der jüdischen Geschichte nicht zu verstehen sind. So ist der erste Monat im Jahr nicht identisch mit dem christlichen Januar, sondern als *Nissan* der Monat der Befreiung Israels, wohingegen in den Herbstmonat *Tischri* der Jahresanfang fällt, gefeiert mit dem Neujahrsfest *Rosh Hashanah*. Überhaupt ist der Herbstmonat der Monat der Feste, denn am 10. des *Tischri* wird *Yom Kippur* gefeiert, der Tag der Versöhnung, gefolgt vom Laubhüttenfest *Sukkoth*, das mit *Schawuoth* und *Passah*-Fest die drei Wallfahrtfeste des Judentums bildet. Der Herbst- und Feiermonat *Tischri* wird ausgeblendet mit dem *Simchath Torah*, dem am 23. Monatstag gefeierten Fest der Freude über die *Torah*, weshalb er auch Gesetzesfreudenfest genannt wird.
Es gibt also viel zu feiern für die Juden, aber so wie der Kalender die Feste datiert, so hält er auch die Tage des Gerichts und der Rechenschaftsablegung fest und weist auf die Tage der ehrfürchtigen Scheu hin. In der *Mischnah* kann man lesen, daß zu vier Zeiten des Jahres über die Welt Gericht gesessen

werde beim *Passah* im Hinblick auf die Ernte, beim *Schawuoth* im Hinblick auf die Früchte der Bäume, beim *Rosh Hashanah* im Hinblick auf Gott, und beim Laubhüttenfest werde über die Zuteilung des Wassers entschieden (bei einem Volk am Rande der Wüste ein nicht unwichtiger Termin).

Rosh Hashanah heißt wörtlich: das neue Jahr, und es eröffnet den jüdischen Kalender – im Herbst. *Rosh Hashanah* ist feierlich und ernst, denn es ist der Tag des Bekenntnisses. Einen ganzen Monat lang hat sich der Jude auf den Neujahrstag vorbereitet, indem er sich einer Reihe komplizierter Zeremonien und Reinigungsritualen unterwarf, um das neue Jahr festlich und aufrichtig beginnen zu können. Die in der *Rosh-Hashanah*-Liturgie vorgeschriebenen Gebete dienen der Reue und mahnen zur Umkehr; sie feiern den ewigen Gott und seine Vollendung der Welt. Sie fordern zur Gerechtigkeit auf und zum Ende des Frevels in der Welt, und so erflehen sie auch Gerechtigkeit für die Juden. Vor allem aber ist *Rosh Hashanah* das Fest der Vollendung und des Neubeginns, und damit ist es das Fest Gottes schlechthin. »Du aber bist der König, der lebendige, immerseiende Gott«, heißt es in einem Gebet eines Mainzer Juden und Märtyrers aus dem Mittelalter, und »Rückkehr in Reue, Gebet und Werke des Guttuns heben jede harte Fügung wieder auf...«

Rosh Hashanah ist also auch der Tag, an dem sich das Judentum Rechenschaft ablegt über den Weg, den es in der Geschichte weitergegangen ist, und sich fragt, ob es nicht auch ein gewisses Maß an Mitschuld daran zu verantworten hat, daß es das Gelobte Land noch nicht erreicht hat. *Rosh Hashanah* mit einer Woche Abstand folgt *Yom Kippur*, der Versöhnungstag. *Yom Kippur* ist nicht nur der Sühnetag vor Gott, der mit einem 24stündigen Fasten einzuleiten ist, und er stellt auch nicht nur eine förmliche Beichte vor Gott dar, sondern er ist im wesentlichen der Tag der sozialen Gerechtigkeit und der Nächstenliebe. Das orthodoxe Judentum trägt an diesem Tag ein Totenhemd, um seine Demut und Unterwerfung unter den göttlichen Willen zu bekunden, und das berühmteste jüdische Gebet, das *Kol Nidre*, mit dem der Abendgottesdienst des *Yom Kippur* eingeleitet wird, erläutert die unabänderliche Überzeugung des Judentums, daß die Gebete des Menschen am *Yom Kippur* nur die Sünden des Menschen gegen Gott, nicht aber gegen die Mitmenschen sühnen. Noch bei dem kleineren *Chanukkah*-Fest, mit dem die Juden an die Befreiung der Makkabäer von den syrischen und den griechischen Unterdrückern erinnern, spielt der Gedanke der Sühne eine zentrale Rolle, indem man sich der Worte des Jesaja erinnert: »Wie eine Mutter ihren Sohn tröstet, so tröste ich euch; in Jerusalem findet ihr Trost.« (Jes 66, 13)

Die Reue und der Trost stehen auch im Mittelpunkt des *Sukkoth*-Festes, das sehr viel mehr ist als nur ein Erntedankfest, auch wenn sein deutscher Name zutreffend mit Hütten- oder Laubhüttenfest wiedergegeben wird. Das *Sukkoth*-Fest, das eine ganze Woche dauert, steht in engem Zusammenhang mit dem Marsch der Israeliten durch die Wüste. Es feiert nicht nur die Einbringung der Ernte, es stellt auch die Danksagung für das Obdach, für die Rückkehr in das Gelobte Land dar. Und es ist die Gelegenheit, bei der sich die Juden über das Gesetz, unter dem sie leben, freuen. Im Grunde, möchte man meinen, ist *Sukkoth* das Fest der Lebensfreude, und so wird es auch mit einem nicht unerheblichen Aufwand betrieben. Man liest die *Torah* und betet um Regen, man schmückt die Synagoge mit festlichen Sträußen und beschenkt die Kinder mit Bonbons und ausgewählten Süßigkeiten. Hätte der jüdische Festkalender nicht noch das Wochenfest *Schawuoth* und vor allem das *Passah*-Fest bereit, so könnte man das Hüttenfest als das Fest der größten jüdischen Freude bezeichnen.

Schawuoth ist im Zyklus der jüdischen Erinnerungen der Tag, an dem Gott sich dem Moses am Sinai offenbarte; er entspricht damit dem christlichen Pfingsten. An diesem Tag wird im Buch Rut gelesen, das von jener Frau handelt, die sich zu Gott bekehrte und zur Urgroßmutter des Königs David wurde. Wieder ist die Synagoge mit frischen Zweigen und Blumen geschmückt, aber ansonsten fehlt jede weitere Symbolik – oder vielleicht doch nicht ganz, denn *Schawuoth* wird in der jüdischen Literatur oft als der Tag des »Hochzeitsvertrages« zwischen Gott und dem Haus Israel bezeichnet und gilt daher als der Tag, an dem jüdische Mädchen gern heiraten...

Wenn die Christen Ostern als den Tag der Auferstehung Christi feiern, dann begehen die Juden das *Passah*-Fest in Erinnerung an den Auszug aus Ägypten. *Passah*, das Frühlingsfest, ist das Sinnbild der Wiedergeburt der Natur und des jüdischen Volkes, und *Passah* ist das Fest der Freiheit. Das *Passah*-Ritual der *Haggadah* macht deutlich, daß es sich um eine Feier von höchster Wichtigkeit handelt, bei der auch besondere Speisevorschriften eingehalten werden müssen (wozu auch das Backen des ungesäuerten *Matzah*-Fladens gehört, denn die Juden hatten bei ihrem Auszug aus Ägypten nicht so viel Zeit, daß sie den Teig zum Brotbacken noch säuern lassen konnten). Nicht zuletzt jedoch ist das *Passah* die beste Gelegenheit, die Kinder in die geheimnisvolle Symbolik des jüdischen Glaubens einzuweisen.

»Einst waren wir Knechte in Ägypten«, heißt es in der *Haggadah*, »im Lande Pharaos, doch der Ewige, unser Gott, führte uns mit starker Hand und ausgestrecktem Arm von dort hinaus. Und hätte der Ewige, gepriesen sei er, unsere Väter von dort nicht hinweggeführt, so wären wir, unsere Kinder und unsere Enkel noch immer in ägyptischer Knechtschaft bei Pharao. Und deshalb sollen wir von dem Auszug aus Ägypten immer wieder erzählen, auch wenn wir alt und klug und verständig sind und die *Torah* schon genau kennen... Zu jeder Zeit soll jeder von uns sich vorstellen, daß er selbst aus Ägypten gezogen ist, denn es steht geschrieben: ›Du sollst deinem Sohn an diesem Tag sagen: um dessentwillen, was *mir* Gott getan, als ich auszog aus Ägypten.‹ Denn nicht allein unsere Väter hat der Ewige, gepriesen sei er, erlöst, sondern auch uns mit ihnen, und so heißt es: ›Denn *uns* hat er von dort herausgeführt, um uns hinzubringen und uns das Land zu geben, das er unseren Vätern zugeschworen. Darum sind wir verpflichtet, dem zu danken, den zu loben, zu rühmen, zu preisen, zu erheben, zu verherrlichen, zu segnen und zu verehren, der unseren Vätern und uns all diese Wunder getan. Der uns aus der Knechtschaft zur Freiheit geführt, vom Kummer zur Freude, von der Trauer zum Festtag, aus der Finsternis ins helle Licht, aus der Sklaverei zur Erlösung. Und so singen wir ihm ein neues Lied: Halleluja!«

Die Grundstimmung des *Passah*-Festes ist fröhlich und zuversichtlich. So wie der Frühling die Natur verjüngt und erneuert, so hat sich auch das Volk Israel mit dem Auszug aus Ägypten erneuert. Damit wird *Passah* zu einem Symbol

des Judentums auf Wanderschaft, weil es die Hoffnung auf die endliche Rückkehr in das Gelobte Land erhält, und damit erklärt sich auch das Festhalten an der Ordnung am häuslichen Tisch, dem *Seder*, der für einen kurzen, aber schönen Moment wieder zum Opfertisch des Tempels in Jerusalem wird. Im *Passah* sind alle Elemente des Judentums wieder vereint: der Bund mit Gott, die Sehnsucht nach dem Haus Israel, die Einhaltung der *Mitzwoth* und die Gültigkeit und Aktualität der *Torah*. Nur in der Beschneidung kann die Bündnistreue zu Gott noch gesteigert werden, und es ist gewiß von tiefer Symbolik, daß sie die erste *Mitzwah*, das erste Gesetz ist, zu dem die jüdischen Knaben nach der Geburt hingeführt werden. Die Beschneidung als einen hygienischen Eingriff zu interpretieren, wie es selbst Leo Trepp in seiner kleinen enzyklopädischen Schrift über das Judentum nicht unterlassen hat, geht an der wahren und eigentlichen Bedeutung dieses Vorgangs, den wir ja auch von anderen Kulturen her kennen (zum Beispiel von den Moslems), vorbei. Die Beschneidung des Glieds der Knaben am achten Tag nach ihrer Geburt und in Anwesenheit von mindestens zehn Mitgliedern der Gemeinde, ist nichts anderes (aber eben auch nicht weniger) als die Aufrechterhaltung des Bundes mit Gott. Wenn der Vater des Kindes während der Beschneidung betet: »Geheiligt seist Du, o Herr, der Du uns hießest, ihn in den Bund unseres Vaters Abraham aufzunehmen«, dann ist damit auf die Genealogie des Judentums ebenso hingewiesen wie auf die ständige Aktualität der Bündnistreue. Gott selbst hat die Beschneidung als Zeichen des Bundes angeordnet (Gen 17, 10–14): »Das ist mein Bund zwischen mir und euch samt deinen Nachkommen, den ihr halten sollt: Alles, was männlich ist unter euch, muß beschnitten werden. Am Fleisch eurer Vorhaut müßt ihr euch beschneiden lassen. Das soll geschehen zum Zeichen des Bundes zwischen mir und euch. Alle männlichen Kinder bei euch müssen, sobald sie acht Tage alt sind, beschnitten werden in jeder eurer Generationen, seiens sie im Haus geboren oder um Geld von irgendeinem Fremden erworben, der nicht von dir abstammt. ... Ein Unbeschnittener, eine männliche Person, die am Fleisch ihrer Vorhaut nicht beschnitten ist, soll aus ihrem Stammesverband ausgemerzt werden. Er hat meinen Bund gebrochen.«
Das sind deutliche und eindeutige Worte, die sagen, was gemacht werden soll und warum. Sie weisen darauf hin, daß der Mensch zunächst zwar für sich selbst verantwortlich ist, daß er aber vor allen Dingen in der Verantwortung vor Gott steht. Das kann aber wiederum nur heißen, daß der Mensch eine Verantwortung vor der Geschichte hat, der er sich jederzeit stellen muß. Da es für den jüdischen Menschen keinen Weg an Gott vorbei gibt, kann er auch nicht auf den Gedanken kommen, die durch den Bund auferlegten Verpflichtungen zu unterlaufen oder gar zu lösen. Wo und wie auch immer der Jude leben mag, sein Leben und Handeln, sein Glauben und Hoffen vollziehen sich in der Verantwortung vor Gott. Wenn es je sinnvoll ist, von einer *imitatio Dei* zu sprechen, dann ist sie dem Juden auferlegt und macht sein Leben und sein Schicksal aus. Dieses meinte wohl auch der Rabbi Nahman, als er in einem Brief an seinen Sohn schrieb: »In all deinen Taten, Worten und Gedanken und zu allen Zeiten denke, du stündest vor Gott und seine *Schechinah* (Gnade, Liebe) ruhte auf dir, denn sein Ruhm erfüllt das Universum.«

DAS CHRISTENTUM
oder
LIEBE DEINEN NÄCHSTEN

Die Barmherzigkeit des Samariters

»Da stand ein Gesetzeslehrer auf, und um Jesus auf die Probe zu stellen, fragte er ihn: Meister, was muß ich tun, um das ewige Leben zu gewinnen? Jesus sagte zu ihm: Was steht im Gesetz? Was liest du dort? Er antwortete: Du sollst den Herrn, deinen Gott, lieben mit ganzem Herzen und ganzer Seele, mit all deiner Kraft und all deinen Gedanken und: Deinen Nächsten sollst du lieben wie dich selbst. Jesus sagte zu ihm: Du hast richtig geantwortet. Handle danach, und du wirst leben. Der Gesetzeslehrer wollte seine Frage rechtfertigen und sagte zu Jesus: Und wer ist mein Nächster?
Darauf antwortete ihm Jesus: Ein Mann ging von Jerusalem nach Jericho hinab und wurde von Räubern überfallen. Sie plünderten ihn aus und schlugen ihn nieder; dann gingen sie weg und ließen ihn halbtot liegen. Zufällig kam ein Priester denselben Weg herab; er sah ihn und ging weiter. Auch ein Levit kam zu der Stelle; er sah ihn und ging weiter. Dann kam ein Mann aus Samarien, der auf der Reise war. Als er ihn sah, hatte er Mitleid, ging zu ihm hin, goß Öl und Wein auf seine Wunden und verband sie. Dann hob er ihn auf sein Reittier, brachte ihn zu einer Herberge und sorgte für ihn. Am andern Morgen holte er zwei Denare hervor, gab sie dem Wirt und sagte: Sorge für ihn, und wenn du mehr für ihn brauchst, werde ich es dir bezahlen, wenn ich wiederkomme.
Was meinst du: Wer von diesen dreien hat sich als der Nächste dessen erwiesen, der von den Räubern überfallen wurde? Der Gesetzeslehrer antwortete: Der, der barmherzig an ihm gehandelt hat. Da sagte Jesus zu ihm: Dann geh und handle genauso!« (Lk 10, 25–37)
Die Geschichte, die der Evangelist hier erzählt, ist für das Verständnis und das Selbstverständnis des Christentums von zentraler Bedeutung, denn sie enthält viele Elemente der christlichen Lehre. Am Anfang steht die Frage des Schriftgelehrten, was zu tun sei, um das ewige Leben zu gewinnen, und Jesus verweist ihn zunächst auf die Schrift. Deren Text wird durch Jesus mit Hilfe

eines Gleichnisses erläutert, nachdem der Schriftgelehrte wissen wollte, wer denn der Nächste sei, und Jesus benutzt sein Beispiel, um einen Hinweis auf das Doppelgebot der Gottes- und der Nächstenliebe zu geben. Am Ende der Erzählung fordert Jesus den Schriftgelehrten gar auf, so zu handeln wie der Samariter: »... und du wirst leben.«

Das Gleichnis vom barmherzigen Samariter ist jedoch nicht nur eine schöne Geschichte der praktischen Nächstenliebe, sondern, da sie in eine religiöse Lehre eingebaut ist, auch ein Hinweis auf zwischenmenschliche Beziehungen, die von einem neuen ethischen Selbstverständnis getragen sind. Die Barmherzigkeit des Samariters erfüllt sich nämlich nicht ausschließlich darin, daß einer, der zu helfen in der Lage ist, jemandem etwas Gutes tut, dessen er dringend bedarf, so als handele es sich um ein eindimensionales Tun; vielmehr ist zugleich zum Ausdruck gebracht, daß sich beim Gebenden selbst etwas verändert. Indem er den Akt der Hilfestellung leistet – und zwar völlig selbstverständlich, ohne erst nachdenken und die Für und Wider abwägen zu müssen –, geht er von einem Selbst-Verständnis aus, das man getrost als neues Menschenbild begreifen kann. Der Samariter weiß, daß es zu seiner Identität als Mensch gehört, helfend zu handeln, um zu leben. Der Sinn seines Lebens vollzieht sich damit nicht ausschließlich in ihm selbst, sondern in der Herstellung einer Subjekt-Objekt-Beziehung zum Nächsten. Damit ist der barmherzige Samariter alles andere als etwa ein staatlich bestellter Wohltäter, sondern ein Mensch, der sein Menschsein erst in bezug auf andere Menschen definieren und vor allem leben kann: Die gelebte Nächstenliebe wird damit zur sinnstiftenden existentiellen Tat, zu dem, was erst das Menschliche am Menschen ausmacht.

Nun wäre diese Interpretation der Geschichte vielleicht nicht allzu aufregend, wenn man außer acht lassen dürfte, wer der Erzähler ist, nämlich Jesus selbst, der mit diesem Bericht die Metapher, das Symbol seines eigenen Lebens, genauer: Vor-Lebens, gefunden hat. Jesus schildert sich hier als der barmherzige Samariter, der den Menschen als Daseinspartner annimmt, sich seine Sorgen und Probleme auflädt und damit den Menschen erlöst. Damit rettet er den Menschen auf existentielle Weise, da er, um im Bild zu bleiben, sonst womöglich an seinen Blessuren zugrunde gehen würde. Nicht als Prophet, nicht als Sohn Gottes tritt Jesus hier auf, sondern als Bruder und als der Nächste des Menschen. Warum er das tut, läßt sich unschwer erahnen: Er macht die Sache des Menschen zu seiner eigenen und stiftet auf diese Weise eine neue Beziehung des Menschen zu Gott. Er, Jesus, trägt zur Erlösung des Menschen bei, indem er diesen als seinen Bruder versteht. Aber es geht noch um weit mehr.

Indem das Christentum als Religion der Nächstenliebe verstanden wird und damit zu einem neuen Bild vom Menschen findet, das sich in einer Neudefinition der zwischenmenschlichen Beziehungen manifestiert, begründet es nicht nur eine neue Ethik, die sich von der alten Gesetzesethik des Judentums ganz eindeutig abhebt. Es formuliert zugleich auch die Grundprinzipien einer neuen Anthropologie, die durch ein neues, modernes Menschenbild insofern gekennzeichnet ist, als es das Gesetz des menschlich-barmherzigen Handelns in den Vordergrund rückt und ein neues Selbstverständnis des Menschen entfaltet, das auf den schönen Satz hinausläuft: »Liebe deinen Nächsten wie dich selbst.« Das ist, historisch gesehen, durchaus revolutionär, da es das alte Naturgesetz der zwischenmenschlichen Beziehungen außer Kraft setzt, das um das Prinzip »Aug um Auge, Zahn um Zahn« kreiste. Die Anerkenntnis des Mitmenschen als des Nächsten eröffnet eine Perspektive von eminenter geschichtsphilosophischer Bedeutung, weil sie die Voraussetzung für die Überwindung einer als Naturgesetz anerkannten Beziehungsebene der Menschen schuf, in der das Prinzip der Feindschaft und des Mißtrauens die dominante Rolle spielte. Das Christentum befreit von diesem alten Prinzip und setzt an dessen Stelle das Hohe Lied der Liebe (1 Kor 13, 4–8): »Die Liebe ist langmütig, die Liebe ist gütig. Sie ereifert sich nicht, sie prahlt nicht, sie bläht sich nicht auf. Sie handelt nicht ungehörig, sucht nicht ihren Vorteil, läßt sich nicht zum Zorn reizen, trägt das Böse nicht nach. Sie freut sich nicht über das Unrecht, sondern freut sich an der Wahrheit. ... Die Liebe hört niemals auf.« Es ist nicht zu bestreiten, daß hier ein Ton angeschlagen wird, der seinesgleichen sucht und der, in den Mittelpunkt einer religiösen Lehre gestellt, von fundamentaler Bedeutung auch dann ist, wenn die Geschichte der menschlichen Praxis nur allzu viele Beispiele dafür parat hat, daß sie sich eben ganz anders verhält. Auch Jesus weiß, daß die Menschen nur zu oft *wider besseres Wissen handeln*, und er selbst stellt sich ja mit schonungsloser Offenheit dieser menschlichen Unzulänglichkeit, bis hin zur physischen Liquidation: Seine Liebe zu den Menschen als seinen Nächsten hört auch dann nicht auf, wenn er erfährt, daß sie nicht erwidert wird. Deshalb hat Karl Kraus den schönen Satz »Liebe deinen Nächsten wie dich selbst« mit schonungsloser Offenheit einmal fortgesetzt mit der Bemerkung »... denn jeder ist sich selbst der Nächste«. Da schlägt Barmherzigkeit in Erbärmlichkeit um, womit das Grundprinzip des Christentums pervertiert ist.

So wie sich in der Geschichte vom barmherzigen Samariter ein neues Verständnis vom Menschen anbahnt, so ist auch unübersehbar, daß sich zugleich das Verständnis von Gott reformiert. Wir hätten es beim Christentum nicht mit einer neuen Religion, sondern allenfalls mit der Fortsetzung des Judentums mit gewandelten Schwerpunkten zu tun, wenn sich in der Beziehung des Menschen zu Gott nicht wesentliche Änderungen beobachten ließen. Indem Jesus mit seinem Gebot der Nächstenliebe von dem alten Naturrecht der Rache befreit, trägt er indirekt, aber sehr bewußt auch zum Wandel des traditionellen Gottesverständnisses bei. Wer das Prinzip der Liebe predigt und, wie Jesus, sogar so weit geht, sich die Schuld der anderen aufzuladen, kann nicht mehr von einem Gott reden, der als Rächer über den Menschen wacht. Bei genauerer Betrachtung stellt sich sogar heraus, daß Jesus als Gottes Sohn das Bild vom zornigen Gott zerstört, das im Alten Testament zu nicht geringer Dramatik beigetragen hat. Der Gott des Neuen Testaments, der Gott des Jesus Christus, kann nur ein gütiger Gott sein, der sich des Menschen erbarmt. Das Christentum als Erlösungsreligion zu definieren heißt, ein anderes Verständnis von Gott in den Blick zu nehmen, als es im Alten Testament noch vermittelt ist, aber es heißt nicht unbedingt, einen »neuen Gott« zu sehen. Immerhin stimmt es einigermaßen bedenkenswert, wenn Jesus in der Bergpredigt (Mt 5, 17) davon spricht, er sei nicht gekommen, um das Gesetz und die

Propheten (und ihre Lehre) aufzuheben, »sondern um zu erfüllen«. Indem er also zu den tradierten Vorstellungen von Gott seine praktische Seite, die Nächstenliebe, stellt, vervollständigt er das Bild von Gott und gestaltet es unübersehbarerweise insofern neu, als durch die »Erfüllung durch Praxis« die Beziehungen zwischen Gott und den Menschen neu definiert werden: Auch Gott ist des Menschen Nächster, weil er sich dem menschlichen Schicksal gegenüber als barmherzig erweist. Der Mensch stellt sich damit in eine Nähe und Unmittelbarkeit zu Gott, die den Eindruck erwecken möchte, am Ende stelle sich die Sichtbarkeit Gottes ein. Aber das Gegenteil ist der Fall; Gott ist unsichtbar. Seine Sichtbarkeit vollzieht sich in Jesus und in den Taten des Menschen. Ihn sehen kann man nur, heißt das, wenn man ihn lebt. Bereits hier zeigt sich ein wesentliches Merkmal der Gottessohnschaft Jesu Christi: Indem er sich gewissermaßen in den Dienst des Menschen stellt, indem er das Gesetz des liebenden Handelns in seinem radikalen Sinn gelebt hat, hat er Gott gesehen, weil er ihm und den Menschen gleichermaßen nah war.

Im Matthäus-Evangelium gibt es nicht wenige Stellen, die keinen Zweifel daran lassen, was Jesus wichtig schien in der Erfüllung des irdischen Daseins. (In der Bergpredigt sind die Hinweise geradezu überdeutlich.) Es geht ihm nicht so sehr um die Einhaltung bestimmter Gesetze, etwa der jüdischen *Mitzwoth*, um die Frage nach dem Sinn des Lebens und des gottgefälligen Daseins richtig beantworten zu können. Vielmehr ist es ihm darum zu tun, daß der Mensch »reinen Herzens« existiert, hinter welcher aus heutiger Sicht etwas verstaubten Metapher sich ja nichts anderes verbirgt als der Hinweis, daß ein gottgefälliges Dasein sich in der demütigen Anerkenntnis des Willens Gottes vollzieht. Anders gesagt: Indem der Mensch die Allmacht Gottes anerkennt, leistet er ihm Gehorsam, der wiederum nichts anderes sein kann als die tätige Nächstenliebe, weil Gott selbst den Menschen liebt. Demut ist also keineswegs eine dumpfe Unterordnung, sondern wird zum freudigen Nachahmen dessen, was das Wesen Gottes ausmacht. Indem Jesus sich und seine Biographie in den Dienst Gottes gestellt hat, hat er den Menschen gezeigt, was es mit der Praxis des neuen Verständnisses von Religion auf sich hat, und es ist insofern nur folgerichtig, daß seine Biographie ein Teil der christlichen Religion geworden ist (bei Mohammed ist das ganz undenkbar). Jesus hat nach dem neuen Gesetz gelebt, weil gelitten; er hat sich für Barmherzigkeit in einer herzlosen Welt eingesetzt.

Wir gehen davon aus, daß Jesus der Begründer einer neuen Religion ist, die sich zwar aus Prinzipien des Judentums auf vielfältige Weise herleiten läßt, aber dennoch neu ist. Mit einer solchen Bestimmung muß einigermaßen vorsichtig umgegangen werden, und zwar in zweierlei Hinsicht. Ganz sicher ist, daß sich Jesus als der Stifter eines Neuen Bundes begriff. Mit seinem Eintritt in die Geschichte der Religionen geht die Geschichte des Alten Bundes, die im Alten Testament erzählt wird, zu Ende. Aber endet nicht, so muß man fragen, der Neue Bund mit einer Niederlage? Als Jesus am Kreuz hängt und den Spott der Umstehenden ertragen muß, ist er es doch selbst, der fragt: »Mein Gott, mein Gott, warum hast du mich verlassen?« (Mt 27, 46) Wie steht es da mit der Liebe Gottes, wenn er seinen eigenen Sohn ermorden läßt? Die Antwort auf diese Frage ist natürlich nicht sehr schwer, aber sie ist von funda-

mentaler Bedeutung nicht nur für die Erklärung dieses Todes, sondern für das gesamte Verständnis der christlichen Lehre überhaupt. Indem Christus sein Leben opfert, um die Menschen zu erlösen, gibt er sehr viel mehr als der barmherzige Samariter, der sich mit Wein und Öl und zwei Goldstücken zunächst einmal als Mitmensch erweisen kann; Jesus gibt sich selbst, und damit leistet er das höchste Opfer, das von einem Menschen einzufordern wäre. Jesus ist der Blutzeuge, der sich zur Verfügung stellt, um den Neuen Bund zwischen Gott und den Menschen herzustellen, und seine Tat hat sehr viel mehr als nur symbolische Bedeutung. Er ist es – nicht Gott –, der die Grundlage des Neuen Bundes schafft, und sein Beispiel soll von den Menschen so aufgenommen werden, wie er dem Schriftgelehrten empfahl, zunächst in der Schrift zu lesen. Der Stifter des Neuen Bundes handelt selbst und fordert den Menschen zur Nachahmung auf. Er fragt Gott in der Stunde der höchsten Not zwar, warum er ihn verlassen habe, aber wir dürfen den ausschließlich rhetorischen Charakter der Frage getrost unterstellen, selbst wenn wir die extreme Situation, in der sie gestellt wurde, nicht außer acht lassen wollen. Zwar erlebt Jesus am Kreuz den Mißerfolg seines vor-bildlichen Handelns, und seine Hoffnungslosigkeit schlägt in Gottverlassenheit um, so daß die Zeitgenossen einmal mehr den Eindruck haben mußten, Jesus sei nicht der Messias, der Bote, sondern nur ein mittelmäßiger Schauspieler gewesen, den am Ende seine Rolle aufzehrt. Aber indem er das Kreuz im buchstäblichen Sinn auf sich nimmt, indem er den Zorn Gottes ausschließlich auf sich selbst konzentriert, befreit er das Volk Israel von der Last der Geschichte; mehr noch: In seinem Schicksal erfüllt sich der Auftrag, den Gott einst an das Volk Israel gerichtet hat. Durch Jesus und seine Tat, weniger wohl durch seine Predigten und Gleichnisse, werden die geschichtlichen Menschen frei. Wenn wir heute mit schöner Selbstverständlichkeit die Zeit »ab Christi Geburt« rechnen, so begründet sich dies nicht allein mit den Assoziationen um die Geburt und das Leben Jesu, sondern auch in der Weise, daß sich mit dem Leben und Leiden des Gottessohnes ein neues Bild vom Menschen entwickelt, das diesen zwar nicht im modern-politischen Sinn frei macht, aber in jenem übertragenen; die Weltgeschichte – und das ist die Geschichte des Menschen – ist seit der Tat des Jesus Christus in vieler Hinsicht anders verlaufen, weil ein »neuer Mensch« in ihr die entscheidende Rolle zu spielen begann.
Was den Völkern des Alten Testaments seit Abraham und Moses verheißen wurde, das hat sich durch Jesus erfüllt. An ihn und seine Botschaft zu glauben bietet sich nicht nur deshalb an, weil es von deren Inhalt her zu begründen wäre, sondern auch in der Hinsicht, daß Jesus das durch Abraham begonnene Werk, den Menschen in eine Beziehung zu Gott zu setzen, reformiert hat. »Wenn ihr aber zu Christus gehört«, schreibt der Apostel Paulus in seinem Brief an die Galater (Gal 3, 29), »dann seid ihr Abrahams Nachkommen, Erben kraft der Verheißung.« Der hier angedeutete Blutzusammenhang zwischen Abraham und Jesus ist auch einer zwischen Abrahams Zeitgenossen und denen Jesu Christi, aber wie so oft in der Geschichte der Religionen ist die Verkündigung sehr andere Wege gegangen – und hat insbesondere andere soziale Träger gefunden –, als das von Christus ursprünglich vorgesehen war. Zwar haben die Juden, wie wir wissen, auf den Erlöser oder Erneuerer des

Bundes gehofft, aber sie haben Jesus nicht als Heiland der Welt anerkannt – ja sie haben ihn sogar ans Kreuz geschlagen, wie der unselige Antisemitismus des 20. Jahrhunderts nicht müde wurde zu erinnern. Die Gründe hierfür liegen sehr viel tiefer als in der Vermutung, Jesus habe das Gesetz, *Mitzwoth*, abschaffen wollen. Genau das hat er ja nicht getan, denn dem Schriftgelehrten empfiehlt er nicht ohne Grund, zunächst in das Gesetz zu schauen. Aber Jesus geht einen Schritt weiter, indem er erklärt, es sei irrig, das Heil im Gesetz zu suchen. Der Gnade wirklich teilhaftig werde der Mensch nur, wenn er sich an die ethischen Bestimmungen des Gesetzes halte *und* zugleich das Evangelium anerkenne. Das Gesetz erkläre den Menschen und seine Taten stets für schuldig – immerhin ist es das Gesetz des Alten Bundes mit dem Bild vom zornigen Gott –, erst die Verkündigung, das Evangelium, vermittle jene Gnade, deren der Mensch bedarf, um frei zu werden. Die Vergebung der Schuld, wovon das Vaterunser spricht, begründet sich als Hoffnung ausschließlich in dem Wissen um die göttliche Barmherzigkeit und darin, daß der Mensch aufgefordert ist und aufgefordert bleibt, ein gottgefälliges Leben zu führen. So gesehen, ist die Vergebung der Schuld nicht unbedingt ein Geschenk Gottes, wohl aber eines von Jesus Christus, der den Menschen den Weg dorthin gewiesen hat – in seiner Lehre wie in seinem Leben und Leiden.
Dennoch: Warum hat sich das Judentum von der christlichen Botschaft ferngehalten, wo es doch auf den Messias wartet(e) und wo das Gebot der Nächstenliebe bereits bei Moses (Lev 19, 18) formuliert ist: »Du sollst deinen Nächsten lieben wie dich selbst. Ich bin der Herr.«? Die jüdische Theologie hat dazu erläutert, daß die Zehn Gebote nichts anderes als das Gesetz der Nächstenliebe seien, die mit dem Wort »Ich bin« beginnen und mit dem Wort »dein Nächster« enden. Daraus ist ersichtlich, daß Gott selbst sich als der Nächste definiert, allerdings nicht dem einzelnen Menschen gegenüber, sondern pauschal im Verhältnis zum gesamten Volk Israel. Die Einhaltung der Zehn Gebote schlägt die Brücke der Menschen zu Gott, sie sind die Garantie für die Lebendigkeit des Bundes, den Gott mit seinen Geschöpfen geschlossen hat. Wir wissen auch, daß beispielsweise im vierten Gebot zwischenmenschliche Beziehungen auf der Basis der Nächstenliebe geregelt sind und daß das Verhältnis der Kinder zu ihren Eltern in gewisser Hinsicht dem der Menschen zu Gott gleicht. Es ist also unübersehbar, daß das Gebot der Nächstenliebe schon im Judentum eine große Rolle gespielt hat; insofern es das Zentralmotiv der Zehn Gebote ist, gilt die Nächstenliebe uneingeschränkt. Diese Einsicht ist insofern nicht verwunderlich, als das Alte Testament ja von einem ersten Menschen ausgeht, der von Gott nach seinem Ebenbild geschaffen wurde, so daß alle Menschen untereinander verwandt sind und demnach nicht prinzipiell Feinde sein können. Zwar wird das Judentum nicht als Religion der Liebe charakterisiert – das bleibt dem christlichen Glauben vorbehalten –, jedoch geht auch jenes davon aus, daß die Grundlage der zwischenmenschlichen Beziehungen die Liebe ist, die sich eben aus diesem Verwandtschaftsverhältnis herleitet. So gesehen, kann ein Feind nur jemand sein, den Gott als Vollstrecker seines Gerichts geschickt hat (das ist jedenfalls die Auffassung von Franz Rosenzweig) – und den muß man, so extrem es sein mag, auch lieben. Der Feind im Judentum ist also immer jemand, der mit

der Gerechtigkeit zu tun hat, und in der Tat werden in der jüdischen Literatur (und schon im Alten Testament, siehe Micha 6, 8) Liebe und Gerechtigkeit immer zusammen gesehen. Diese Verbindung der beiden Phänomene verpflichtet den Juden, für den Mitmenschen gegebenenfalls mehr zu tun, als von Rechts wegen von ihm eingefordert werden kann, aber dennoch darf die Liebe nicht über die Gerechtigkeit gestellt werden. Die Gerechtigkeit ist – das ist der Grundgedanke – ein Gesetz, das von Gott stammt, die Liebe demgegenüber in erster Linie ein subjektives Gefühl, ein Empfinden, das sich dem Gesetz in jedem Fall unterzuordnen hat. Genaugenommen wird die Liebe der Gerechtigkeit nicht nur zugeordnet, sondern auch ein- oder untergeordnet.

Das Verhältnis von Gerechtigkeit (Gesetz) und Liebe (Subjektivität) mag auf den ersten Blick allenfalls ein Thema für scharfsinnige philologische Diskussionen hergeben. Für das Verständnis der beiden Religionen, die eben nicht zu einer einzigen werden konnten, ist es von grundlegender Bedeutung, denn indem Jesus auf das Evangelium verweist, geht er zwar von den Gesetzen aus, aber er stellt sie in einen neuen Zusammenhang, und, noch einmal, er macht unmißverständlich deutlich, daß die Gnade allein von diesem kommt. Vor dem Gesetz sind die Menschen allemal schuldig (was Kafka in einer tiefsinnigen Erzählung sehr eindringlich geschildert hat, weil er auch die sich daraus ergebenden menschlichen Beklemmungen mit kompromißloser Schärfe beleuchtet hat), und ihre Schuld besteht darin, daß sie der Versuchung nicht widerstehen können. Wären sie zur Umkehr in der Lage, dann würden sie von ihren Sünden befreit; die Schöpfung würde sich ihnen aufs neue ereignen.

Demgegenüber ist die Lehre von der Liebe des Jesus Christus ganz anderer Natur, und sie hat verhindert, daß die Juden ihn als ihren Messias anzuerkennen bereit waren. Zwar hat sich in der Ablehnung seiner Person und seiner Lehre in 2 000 Jahren manche Schärfe gemildert, wie auch die jüdische Theologie bereit ist, ihn als einen bedeutenden Juden (!) anzuerkennen oder mitunter sogar als den Messias der Nicht-Juden, aber für die Juden selbst blieb er eine historische Persönlichkeit.

»Das Christentum«, schreibt Franz Rosenzweig in einer feinsinnigen Studie, »erkennt den Gott des Judentums an, nicht als Gott, aber als den Vater Jesu Christi. Es hält sich selbst an den Herrn, aber weil es weiß, daß nur er der Weg zum Vater ist. Er bleibt als der Herr bei seiner Kirche alle Tage bis an der Welt Ende. Dann aber hört er auf, Herr zu sein, und wird auch er dem Vater untertan sein, und dieser wird dann Alles in Allem sein. Was Christus und seine Kirche in der Welt bedeuten, darüber sind wir einig: Es kommt niemand zum Vater denn durch ihn.

Es kommt niemand zum Vater – anders aber, wenn einer nicht mehr zum Vater zu kommen braucht, weil er schon bei ihm ist. Und dies ist nun der Fall beim Volk Israel (nicht des einzelnen Juden). Das Volk Israel, erwählt von seinem Vater, blickt starr über Welt und Geschichte hinüber auf jenen letzten, fernsten Punkt, wo dieser sein Vater, dieser selbe, der Eine und Einzige – Alles in Allem! – sein wird. An diesem Punkt, wo Christus aufhört, der Herr zu sein, hört Israel auf, erwählt zu sein. An diesem Tage verliert Gott den Namen, mit dem ihn allein Israel anruft. Gott ist dann nicht mehr sein Gott. Bis

zu diesem Tage aber ist es Israels Leben, diesen ewigen Tag in Bekenntnis und Handlung vorwegzunehmen, als ein lebendiges Vorzeichen dieses Tages dazustehen, ein Volk von Priestern mit dem Gesetz, durch die eigene Heiligkeit den Namen Gottes zu heiligen.« Die Kluft zwischen Judentum und Christentum ist also alles andere als ein philologisches Problem. Es ist eine existentielle, die die Gesetzesreligion von der Religion der Nächstenliebe trennt.
Die Lehre vom unsichtbaren Gott der Liebe ist das unterscheidende Charakteristikum von Christentum einerseits und Judentum und Islam andererseits. Indem sich das Christentum als Religion der Erlösung des Menschen begreift, schafft es die Voraussetzung für ein neues Verständnis der menschlichen Freiheit ebenso, wie es zugleich mit der Hoffnung auf Erlösung die Vision des Reiches Gottes als Zentralsymbol der menschlichen Sehnsucht ausgibt. An die Stelle der jüdischen Unterwerfung des Daseins unter das göttliche Gesetz – worauf sich die jüdische Diesseitigkeit aufbaut – und an die Stelle der geradezu militanten Daseinsorientierung des Islams tritt beim Christentum die Idee vom unsichtbaren Gott, der das Reich der Freiheit in der Transzendenz bereithält. So mag es den Anschein haben, als sei die Transzendenz sehr viel mehr als bei anderen Religionen im Christentum von vorrangiger Bedeutung, und in der Geschichte der Religion hat es auch nicht wenige Phasen gegeben, die bereit waren, das irdische Dasein mit einer geradezu wegwerfenden Handbewegung hinter sich zu lassen, um dieses Reich Gottes möglichst rasch zu erlangen. Indem das Barockzeitalter das Leben als Tragödie und das irdische Dasein als Jammertal beschrieben hat, trug es fatalerweise zu einem Verständnis von Christentum bei, das dieses in die Kategorie einer Religion der Duldsamkeit und des Leidens drängte, so als hätte Jesus nie etwas von der menschlichen Tat, die auch eine Tat der Befreiung sein kann, weil sie das Heil bringt, gesagt. Zwar ist unübersehbar, daß auch (!) das Christentum eine demütige Haltung in bezug auf Gott einnimmt – nur die griechische Götterwelt konnte sich, wie man sich erinnern wird, den menschlichen Forderungen nicht entziehen –, aber es ist nicht die Demut oder die Andacht, also eine bestimmte Form von Unterwürfigkeit, die das Verhältnis des Christen zu seinem Gott bestimmt; vielmehr handelt es sich auch hier um einen Akt der Liebe und des Vertrauens, der in der religiösen Handlung stets erneut vorgenommen wird. Man kann auch sagen: Indem das Christentum an den unsichtbaren Schöpfergott glaubt, der den Menschen von seinen Sünden erlöst und ihm damit die Freiheit schenkt, begründet es einen neuen Glauben, der sich grundsätzlich von dem alttestamentarischen wie auch dem naturreligiösen Glaubensverständnis unterscheidet. Zum einen muß man davon ausgehen, daß sich Gott nicht mehr zeigt (auch nicht im brennenden Dornbusch oder hinter dem Vorhang), und er wird dennoch vorbehaltlos als wahr und wirklich anerkannt. Daß der Mensch bereit ist, einen dermaßen großen Schritt in Richtung auf den unbekannten Gott zu unternehmen, ist nur verständlich, wenn man andererseits berücksichtigt, daß sich die Unbekanntheit Gottes durch das Zeugnis Jesu Christi relativiert: ganz so unbekannt ist er also nicht. Jesus spannt die Brücke zu Gott, er ist, noch einmal, der Stifter des Neuen Bundes, eines neuen Glaubensverhältnisses.
Damit nicht genug, läßt sich der neue Glaube auch dadurch kennzeichnen,

daß der Mensch zu der Einsicht gelangt, es sei gut, zu glauben. Zur grundsätzlichen Glaubensbereitschaft des Menschen kommt also sein Wille zu glauben – oder nicht zu glauben; auch hierin zeigt sich ein Element der christlichen Freiheit. Indem Jesus seinen Jüngern und seiner Gemeinde sein Bild von Gott und dem wahrhaftigen Leben vor Gott erläutert, stellt er indirekt stets die Frage, ob man bereit sei, seinem Beispiel zu folgen. Warum allerdings der Mensch glaubt, hat mit schöner Eindeutigkeit John Henry Newman einmal so formuliert: »Wir glauben, weil wir lieben.« Das ist die einzig sinnvolle Antwort der christlichen Religion auf die Frage, warum der Mensch gegebenenfalls nicht bereit ist, zu glauben. Wer nicht liebt, heißt das, kann nicht glauben; wer das Prinzip der Nächstenliebe und Barmherzigkeit nicht anerkennt und danach handelt, der kann und wird nicht glauben. Daß es für den Menschen gut sei, zu glauben, daran kann ein religiöser Mensch und schon gar ein Christ keinerlei Zweifel haben, weil er in seinem Glauben nicht nur die Tatsächlichkeit der Offenbarung voraussetzt und sich damit gegen die moderne Erfahrung von der Abwesenheit und dem Schweigen Gottes wehrt, sondern in seinem Glauben zugleich die einzig sinnvolle Antwort auf die göttliche Liebe gibt, und die heißt, mit Newman: »Ich liebe dich.« Die christliche Vorstellung von der Menschwerdung Gottes und der Authentizität der Offenbarung Jesu Christi begründet ein Verhältnis zwischen Gott und Mensch, das sich nicht nur in sachlichen Mitteilungen Gottes an den Menschen begnügt, sondern darüber hinaus das Wesen Gottes den Menschen erschließt. Gott schenkt ihnen ein Vertrauen, das einzig ist, weil er ihnen in der Offenbarung seines Wesens die Hoffnung auf die Teilhabe am göttlichen Leben – dem Reich Gottes – macht. Damit bekommt Gott eine Wirklichkeit, die zwar »nicht von dieser Welt« ist, aber dem Glaubenden mühelos den Weg zum Gott der Transzendenz ebnet. Die Transzendenz erhält eine Wirklichkeit, die sich dem Gläubigen unmittelbar mitteilt; dadurch wird Gott so real, wie es, sofern der Vergleich überhaupt erlaubt ist, die alten Götter je gewesen sind. Der Glaube ist damit, auf eine knappe Formel gebracht, nicht allein die Teilhabe am Wissen Gottes, sondern an der göttlichen Wirklichkeit selbst.

Das Christentum hat die Existenz Gottes zwar nicht unbedingt neu entdeckt, aber mit seiner Idee der Menschwerdung Gottes einen schwierigen wie gleichermaßen faszinierenden Gedanken in die Geschichte der Religionen eingebracht. Indem der Gott des Christentums der Gott in der Transzendenz ist, ist er entpersonalisiert, bedarf aber zugleich der Personalität, um sich den Menschen mitzuteilen. Die christliche Offenbarungsreligion kennt hierfür drei Wege: die Offenbarung Gottes auf dem Wege der Vernunft, die Offenbarung über Jesus Christus und die Offenbarung, welche sich in der Kirche vollzieht. Allen drei Offenbarungsvorstellungen ist der Gedanke eigen, daß der Mensch nur dann in der Lage ist, den Sinn seines Lebens zu definieren, wenn er sich in ein adäquates Verhältnis zu Gott setzt; der Mensch kann sich nur in bezug zu Gott finden, also muß er Gott finden. Die Fundamente dieses Prozesses hat Jesus Christus gelegt, in seinem Leben und seiner Lehre. Die komplizierten Gedankengänge, die notwendig sind, um dieses neue Verständnis von Gott aushalten zu können, hat der Evangelist Johannes ganz knapp formuliert, wenn er in seinem Prolog den Bogen schlägt von dem Einleitungssatz:

»Im Anfang war das Wort, und das Wort war bei Gott«, bis zu der späteren Bemerkung: »Und das Wort ist Fleisch geworden und hat unter uns gewohnt, und wir haben seine Herrlichkeit gesehen, die Herrlichkeit des einzigen Sohnes vom Vater, voll Gnade und Wahrheit.« (Joh 1, 1. 14)

Die Inhalte des Glaubens teilen sich nur dem mit, der glauben will und der weiß, wozu es gut ist, zu glauben. Das ist die eine Grunderkenntnis des Christentums. Die andere: Der Gott der Transzendenz offenbart sich über seinen Sohn den Menschen und wird damit selbst Mensch. Er ist der Vatergott, der für seine Kinder sorgt, so wie es Jesus in seinem Gleichnis vom verlorenen Sohn beschrieben hat. Sich ihm anzuvertrauen heißt nicht, sich einer abstrakten Idee, einem Hegelschen Weltgeist zu unterwerfen, sondern Gott real zu wissen und sich ihm in einem sehr unmittelbaren Beziehungsverhältnis zu unterwerfen. Dabei ist nicht zu übersehen, daß die konkrete Gotteserfahrung in jedem Menschen so komplex und vieldimensional ist wie der Mensch selbst. Je älter das »historische Verhältnis« des Menschen zu Gott wird, um so mehr Liebe, Treue, Sinn und Erfahrung enthält es, um so viel mehr ist von jener anderen Wirklichkeit vorhanden, über die der Mensch nicht verfügt, an die er nur zu glauben vermag. Zur Erfahrung des heutigen Menschen gehört allerdings auch, daß seine Bereitschaft zu glauben durch eine Vielzahl von Versuchungen getrübt wird. Die Unbegreiflichkeit seines Daseins enthüllt sich ihm trotz der Unmenge des angebotenen Wissens und der Reichweite wissenschaftlicher Forschungen. Denn der Mensch scheint gerade wegen der wissenschaftlichen Antworten auf seine Fragen nach dem Dasein und dessen Sinn skeptischer geworden zu sein – auch gegenüber Gott und Jesus und seiner Botschaft. Den Christengott heute anzunehmen, scheint sehr viel schwieriger geworden zu sein als zur Zeit des Jesus, der zwar auch, wie man weiß, mit seinen Gegnern und Spöttern zu kämpfen hatte und diesen schließlich leibhaftig unterlegen ist, aber die heutige Glaubensunsicherheit ist doch von anderer Struktur. Am Grundwesen des Glaubens scheint sich insofern etwas gewandelt zu haben, als es schwerer zu fallen scheint, von einem persönlichen Gott zu sprechen. Aufgefordert, die gültige »Personalität« Gottes noch einmal in die Unbegreiflichkeit Gottes zu entlassen, tut sich der Mensch offenbar schwer, Gott als den zu begreifen, als welchen Christus ihn in seiner Offenbarung deutlich gemacht hat: als Du. Angesichts der Errungenschaften des wissenschaftlich-technischen Zeitalters, so möchte man meinen, muß der Mensch in seinem Bemühen, an den Christengott zu glauben, noch einmal an der Stelle anfangen, von der Christus vor 2 000 Jahren ausgegangen ist. Die Begründung des Glaubens in einer agnostischen Welt fällt schwer, aber der um den Glauben ringende Mensch, der der Gnade teilhaftig werden will, muß den Mut haben, hoffend, liebend und betend der »Unbegreiflichkeit Gottes als dem bergenden Geheimnis entgegenzugehen«, wie es Karl Rahner einmal ausgedrückt hat. Daß dieser Weg schwer ist, hat Jesus gewußt, aber zugleich hat er seinen Jüngern die Ausschließlichkeit dieses Weges deutlich gemacht: Für den christlichen Menschen gibt es keinen anderen Weg zu Gott als den im Evangelium vorgezeichneten, aber für die Liebe Gottes sind die menschlichen Anstrengungen keineswegs ein zu hoher Preis.

Innerhalb der Geschichte der Religionen ist das Christentum eine Revolution, weil es ein neues Beziehungsverhältnis des Menschen zu Gott aufbaut, das auf dem Prinzip der Liebe ruht. Indem es die alten heidnischen Religionen zerstörte und an ihre Stelle einen »neuen«, unsichtbaren, nur im Glauben erfaßbaren Schöpfergott setzte, hat es, wie andere monotheistische Religionen auch, die Welt in gewisser Weise entgöttert und die Möglichkeit für einen Atheismus geschaffen, den es in dieser Radikalität und Ausschließlichkeit bislang nicht gegeben hat. Nach christlichem Verständnis ist die Erschaffung der Welt eine *creatio ex nihilo*, eine Schöpfung, die Gott aus dem Nichts heraus vollzogen hat. Als willkürlich Geschaffene behält sie ihren nur auf Zeit geltenden Sinn, so daß die Zeit zum Ausdruck der Unvollkommenheit des irdischen Seins wird und diese erst verliert, wenn sie durch die Ewigkeit überwunden ist. Nur durch den Willen Gottes wird die Welt erhalten, und sie erhält sich nicht selbst, so wie der antike Kosmos davon lebte, daß er für alle Ewigkeit Dauer und Sein hatte. Wer an Gott zweifelt, zweifelt konsequenterweise im christlich-nachchristlichen Zeitalter an der Möglichkeit einer sinnvollen Welt und an einem sinnvollen Leben, denn zu den alten Naturgottheiten gibt es begreiflicherweise kein Zurück.

Allerdings bedeutet die Kennzeichnung des Christentums als Revolution in der Geschichte der Religionen noch nicht zwangsläufig, daß Jesus selbst ein Revolutionär gewesen sei. Gerade in den letzten Jahren hat sich über diese Frage innerhalb der christlichen Kirchen ein mitunter heftiger Streit entzündet, da, ausgehend von der Frage nach der christlichen Verantwortung in einer Welt, die auch durch Hunger und Unterdrückung gekennzeichnet ist, einmal mehr das Problem diskutiert werden muß, wie es mit der Barmherzigkeit hier und heute aussieht. Immerhin ist es bezeichnend und wohl auch von immanenter Logik, daß das Christentum als einzige der großen Religionen sich heute in einer Legitimationskrise befindet, die weit über den Befund hinausgeht, der Glaube habe es in einer agnostischen Welt naturgemäß schwer. Spätestens seit der weltweiten Unübersehbarkeit der sozialen Frage, insbesondere in den sogenannten Entwicklungsländern, steht das Christentum vor dem Problem, inwiefern das Prinzip »Liebt eure Feinde« (Mt 5, 44) heute noch beherzigt werden darf oder ob es sich dabei nicht vielmehr um ein Selbstmordprogramm von erschreckendem Ausmaß handelt. Es gibt eine ganze Literatur, die den Gedanken der christlichen Demut und Barmherzigkeit als anachronistisch verwirft und statt dessen sich für eine Theologie der Befreiung ausspricht, welche allein in der Lage wäre, das Bild vom barmherzigen Samariter zu aktualisieren. Heute, so wird etwa argumentiert, gibt es viel zu wenige barmherzige Samariter, und das Ausmaß des Elends sei auch zu groß, als daß durch einzelne Akte der Barmherzigkeit eine Wendung zum Besseren vollzogen werden könnte. Wessen man bedarf, seien strukturelle Änderungen, denen sich auch die Kirche selbst nicht entziehen könne, die in ihrer Geschichte (und Gegenwart) nur zu oft mit den Mächtigen paktiert habe und dabei in geradezu sträflicher Weise von ihrem Auftrag abgewichen sei. Solche Forderungen sind der katholischen Kirche seit dem Zweiten Vatikanischen Konzil (1962–1965) durchaus bekannt, so wie die Amtskirche auch mit der Tatsache zurechtkommen muß, daß es an der Basis zahlreiche Verbindungen zwischen religiöser und politischer Aktivität gibt, und das böse Wort von

den »roten Bischöfen« Lateinamerikas hat mehr als einmal schon die Runde gemacht. Allerdings hat der Papst, Johannes Paul II., mit überraschender Deutlichkeit anläßlich seiner Mittelamerikareise im Jahre 1980 und neuerlich 1983 zu verstehen gegeben, daß er von einer Theologie der Befreiung oder gar von einer Verbindung von Religion und Revolution überhaupt nichts hält: Jesus sei kein Revolutionär gewesen.
In der Tat: Jesus war kein Sozialrevolutionär. Was ihn in erster Linie bewegte und was zum Mittelpunkt seiner Offenbarung wurde, war das kommende Reich Gottes. Darauf soll der Mensch sein Leben und Handeln ausrichten, nicht auf den fragwürdigen Versuch, so etwas wie ein Reich der Freiheit auf Erden zu begründen. Deshalb erhob er die Feindesliebe zum kategorischen Imperativ einer christlichen Ethik, wie er ja auch nicht grundsätzlich gegen den Reichtum gewesen ist und die selig nannte, die »arm sind vor Gott« (Mt 5, 3). Muß man eigens betonen, daß Jesus vom Prinzip der Liebe erfüllt war und die Erlösung des Menschen von den irdischen Schwierigkeiten in einer anderen, besseren, weil göttlichen Welt sah? Wohl kaum; und dennoch hat uns Ernst Bloch in seiner großen Untersuchung über *Atheismus im Christentum* daran erinnert, daß es bei Matthäus neben dem Gebot der Feindesliebe auch heißt: »Denkt nicht, ich sei gekommen, um Frieden auf die Erde zu bringen. Ich bin nicht gekommen, um Frieden zu bringen, sondern das Schwert.« (Mt 10, 34) Von Feindesliebe ist da plötzlich keine Rede mehr, im Gegenteil: Jesus redet hier davon, er wolle den Sohn mit dem Vater und die Tochter mit der Mutter entzweien, und man kann Bloch kaum widersprechen, wenn er in seiner Interpretation meint, Jesus sei eben doch ein Rebell oder zumindest ein Erzketzer gewesen, denn mit den Matthäus-Worten habe er zu einer Art geistlichem Krieg aufgerufen und zu Unruhe unter den Menschen, damit sie nicht verlernen, daß das eigentliche Reich nicht von dieser Welt ist. Aber Bloch wäre kein Materialist und Atheist, wenn er sich mit dieser Feststellung zufriedengäbe. Vielmehr leitet er davon die These ab, das Reich der Freiheit, welches das Christentum meint, sei utopisch, weil es in der Transzendenz angesiedelt sei und nicht im konkreten, wirklichen Leben. Erst der Atheismus mache den Menschen frei, weil dessen Utopie konkret sei, und das heißt machbar hier auf Erden. Etwas radikal formuliert, könnte man sagen: Bloch und mit ihm der wissenschaftlich-marxistische Atheismus der Gegenwart wenden sich enttäuscht vom Christentum ab, weil es angesichts der weltweiten Bedrohung des Menschen insofern versagt, als es zwischen Feindesliebe einerseits und dem Schwert andererseits hin- und hergerissen ist. Da es aber das Schwert nicht benutzt, um die Fesseln des Menschen zu zerschneiden, sondern vielmehr als Metapher braucht, um die Erinnerung an das Reich der Freiheit in der Transzendenz wachzuhalten, versäumt das Christentum seine einzigartige Chance, dem irdischen Dasein des Menschen jenen Freiheitsraum zu schaffen, den es nach christlicher Auffassung wohl nur im Reich Gottes gibt.
Historisch gesehen, ist die Geschichte des Christentums die Geschichte der Befreiung des Menschen, und als solche hat es seine Faszination für das Urchristentum wie für den Menschen der Gegenwart ausgeübt. Es ist nur banal, daran zu erinnern, daß die Menschheitsgeschichte völlig anders verlaufen

wäre und auch im buchstäblichen Sinne völlig anders aussehen würde, hätte es Christus und seine Lehre von der Barmherzigkeit und vom Reich Gottes nicht gegeben. Zugleich ist die Geschichte des Christentums aber auch die Geschichte der großen Enttäuschungen darüber, daß es der Religion nicht gelungen ist – oder nicht gelingen konnte –, seine sozialen Prinzipien in eine Praxis umzuwandeln, welche die materiellen und geistigen Existenzbedingungen des Menschen in der Welt und in der Geschichte anders strukturiert hätte, als es konkret der Fall gewesen ist. Blochs Begriff von der »konkreten Entzauberung« trifft das Christentum – vor allem in seiner Institution Kirche – an seiner empfindlichen Stelle: Es ist von Anfang an die Religion des Mit-Leidens an der Situation des Menschen gewesen und muß sich durch seine 2 000jährige Geschichte hindurch den Vorwurf gefallen lassen, es habe beinahe mit den Methoden der billigen Magie zu einer Verzauberung beigetragen, die den Menschen lehrte, seine Situation zu ertragen, weil er sich mit dem Reich Gottes, von dessen Herannahen Jesus so oft spricht, versöhnt. Niemand hat diese Enttäuschung wohl schärfer formuliert als der junge Karl Marx, der sich in seinem Zeitungsartikel vom 12. September 1847 entschieden vom Christentum abwandte, indem er mit unversöhnlich-pathetischer Geste schrieb: »Die sozialen Prinzipien des Christentums predigen die Feigheit, die Selbstverachtung, die Erniedrigung, die Unterwürfigkeit, die Demut, kurz alle Eigenschaften der Kanaille ... Die sozialen Prinzipien des Christentums sind duckmäuserisch.«

Sollte es wirklich das gewesen sein, was Jesus predigte, was er vorlebte und wofür er starb? So sehr man den Schmerz und die Enttäuschung von Marx und vielen anderen Autoren verstehen kann, so sehr man gerade heute das Prinzip der Nächstenliebe ausgehöhlt sieht angesichts einer Zahl von verhungerten Kindern, die in die Millionen geht, so stiften Christus und seine Lehre für den gläubigen Menschen auch heute noch eine Hoffnung, die sich radikal von den vielen kleinen Hoffnungen des Alltags, die sich erfüllen mögen oder nicht, unterscheidet. Die Allgegenwart Gottes, seine Liebe als Schöpfer und Erlöser, seine Menschwerdung in Jesus sind auch heute keine kleinbürgerlichen Vertröstungssymbole, wenn zu Gott und Jesus Christus jenes menschliche Tun kommt, das uns ihm ähnlich macht und das utopische Element der christlichen Religion konkretisiert. Denn es sind die Werte Gottes selbst, die das christliche Leben verkörpert. An diese hat Paulus in seinem (wie uns scheint wenig gelesenen) Epheser-Brief noch einmal erinnert: »Zieht den neuen Menschen an, der nach dem Bild Gottes geschaffen ist in wahrer Gerechtigkeit und Heiligkeit. ... Ahmt Gott nach als seine geliebten Kinder, und liebt einander, weil auch Christus uns geliebt und sich für uns hingegeben hat als Gabe und als Opfer, das Gott gefällt.« (Eph 4, 24; 5, 1 f)

Gottes Menschensohn

Hat Jesus gelebt? Gewiß. Hat er so gelebt, wie es in der Bibel beschrieben ist? Gewiß nicht. Im Gegensatz zu Mohammed und dem Koran ist es sehr schwer bis unmöglich, den historischen Kern von Jesu Leben und Worten herauszuarbeiten und diese mit dem geglaubten Jesusbild in Einklang zu bringen. Die Geschichte Jesu Christi ist neben den historischen und den geglaubten Fakten immer auch die Geschichte des Gegensatzes von Geschichte und Glauben. Auf jeden Fall kennzeichnet nichts die Situation des Christentums besser als der nackte Hinweis auf die Tatsache, daß es keine Übereinstimmung zwischen Geschichte und Glauben gibt, das Christentum aber dennoch von der Verknüpfung beider Bereiche lebt. Ja man kann sogar die Auffassung vertreten, daß das Kennzeichen des christlichen Glaubens auch darin zu suchen ist, daß das Bild des historischen Jesus immer mehr verblaßt, so daß am Ende – im Stadium des Glaubens – der geglaubte Jesus erscheint, der sich von dem historischen so abgelöst hat wie ein Abziehbild von seiner Vorlage.

So leicht man sich als Christ ein Bild von Jesus machen kann, indem man das Studium der Texte des Neuen Testaments zugrunde legt, so unbefriedigend ist die Situation des Historikers, der, an einigermaßen zuverlässige Quellen gewöhnt, vom Christentum in mehr als nur einer Hinsicht enttäuscht wird – und damit gleichermaßen dazu beiträgt, daß die Religion selbst sich vom Historiker und seinen bohrenden Fragen abwendet, da er am Jesusbild Fragezeichen anbringt, die bis ins Innerste seiner Substanz gehen. So unterschiedlich die Bewertung der Quellen des Christentums durch den Historiker einerseits und den Theologen und Religionswissenschaftler andererseits ausfällt, so müssen sich beide Gruppierungen von Interpreten dennoch nicht zu ganz entgegengesetzten Bewertungen verstehen, da ihre Aufgabe nicht darin besteht, dem Glauben die historische Grundlage zu nehmen oder, aus der Sicht des Glaubenden, die Fragen des Historikers leichthin abzutun: Dennoch bleibt, daß der Historiker alles das, was vor 2 000 Jahren in und um Jerusalem geschehen

ist, aus dem Gesichtswinkel der normalen historischen Erscheinung betrachten und bewerten muß, während der Religionswissenschaftler und Theologe von vornherein von dem außerordentlichen Geschehen auszugehen hat. Für ihn ist die Geburt Jesu Christi nicht ein Ereignis, das sich zunächst nur im Geburtenregister niederzuschlagen hat (das es damals gewiß noch nicht gegeben hat), und sein Interesse an Jesus erlischt auch nicht mit dessen Tod, im Gegenteil. In gewisser Weise könnte man sagen, daß sich der Religionswissenschaftler wie auch der Gläubige intensiv mit Jesus erst dann zu beschäftigen hat, wenn er tot ist – und das ist genau der Punkt, wo das Forschungsinteresse des Historikers normalerweise erlischt. Für den Geschichtswissenschaftler ist Jesus ein Mensch, der unter einigermaßen sonderbaren Umständen gestorben, aber nicht dieser Umstände halber von Interesse ist, sondern weil man es bei ihm mit einer abgeschlossenen Biographie zu tun hat, die allerdings über den Schönheitsfehler nicht hinwegtäuschen kann, daß die Quellen, auf denen sich unsere Kenntnisse aufbauen, alles andere als zuverlässig sind, so daß sich sogar Zweifel an der historischen Existenz des Jesus angemeldet haben, die bis heute nicht ganz erloschen sind.
Mit guten Gründen muß der Historiker außerdem davon ausgehen, daß viele Tatsachen aus dem Leben Jesu aus religiösen Gesichtspunkten im nachhinein geändert wurden, und zwar nicht erst dann, als die christlichen Kirchen bereits Massenorganisationen glichen, sondern schon unmittelbar nach dem Tod Jesu. So haben die Synoptiker Matthäus, Markus und Lukas ihren Bericht nicht selbst und nicht in einem Guß geschrieben – wobei insbesondere Markus ein ziemlich unsicherer Kronzeuge zu sein scheint –, und schon gar nicht hat der Evangelist Johannes die Absicht verfolgt, mit der Präzision eines Historikers die Geschichte vom Leben Jesu aufzuzeichnen. Vielmehr ging es allen, insbesondere Johannes, darum, die historischen Fakten mit den Erfordernissen des Glaubens zu verknüpfen, so daß die Authentizität der Geschichte in den Hintergrund tritt. So gesehen, beunruhigt der Historiker allerdings keineswegs den Gläubigen mit seiner unbefriedigten Faktenneugier, wie sie auch grundsätzlich nicht gegeneinander arbeiten müssen, denn das Interesse beider berührt zwar denselben »Gegenstand«, jedoch auf einer ganz anderen Ebene und mit einem diametral entgegengesetzten Erkenntnisinteresse.
So begreiflich es einerseits ist, den Gegensatz von Geschichte und Glauben zu überwinden, so müßig bleibt er auch angesichts der Feststellung, die Albert Schweitzer bereits 1913 getroffen hat: »Das moderne Christentum muß von vornherein und immer mit der Möglichkeit einer eventuellen Preisgabe der Geschichtlichkeit Jesu rechnen.« Und noch vor Schweitzer hat der Theologe Martin Kähler in seinem grundlegenden Buch *Der sogenannte historische Jesus und der geschichtliche, biblische Christus* (1896) den komplizierten Sachverhalt auf die Formel gebracht, die Tatsache der Persönlichkeit und Geschichte Jesu sei auf geschichtlichem Boden nicht mehr unanfechtbar. Zwar könne Jesus gelebt haben – wofür einige Anzeichen sprechen –, aber der Christus der Religion sei etwas ganz anderes und vor allem historisch eben nicht zu belegen. Christus sei der Mann des Glaubens, als solcher von seinen Jüngern und insbesondere von den Evangelisten auf den Schild gehoben, aber ein Mann der Geschichte sei er nicht.

Die Durchdringung dieses komplizierten Sachverhaltes ist mit großen Schwierigkeiten verbunden, zumal sich mittlerweile (und das heißt im Grunde seit etwa 200 Jahren) ganze Bibliotheken mit Spezialuntersuchungen zu diesem Thema gefüllt haben. Aber wie so vieles, was kompliziert ist, gibt es auch hier einen roten Faden, der das Problem verdeutlicht: Die Evangelisten haben wir uns keineswegs als Historiker vorzustellen, sondern als Glaubende. Was sie von und über Jesus aufgeschrieben haben, taten sie im Sinne der Weisung, die Lehre des Jesus zu verbreiten. Also schufen sie in den Evangelien keine historischen Abhandlungen; sie waren nicht um Detailgenauigkeit und Präzision bemüht, sondern um Wirkung, um die Lehre, von der sie selbst überzeugt waren, zu verbreiten. Sie schufen sich und der Welt ein Bild von Jesus, das sie aus religionspublizistischen Gründen benötigten, aber eben keineswegs ein geschichtliches Werk. Das Neue Testament als Biographie aufzufassen heißt, es aus der Sicht des Historikers wie des Gläubigen mißzuverstehen, da es im Grunde nicht von vorn, sondern von hinten gelesen werden muß. Das heißt: Was die Evangelisten aus Berichten, Informationen und Eindrücken sammelten und zu einer Art Lebensgeschichte Jesu zusammenfaßten, haben sie stets unter dem Blickwinkel getan, daß der Messias nicht wie jeder andere Mensch auch gestorben ist, sondern auferstanden, und daß der, den sie zu Ostern wahrzunehmen *glaubten,* jener war, den sie als historische Persönlichkeit meinten. Ihre Absicht konnte also nur darin bestehen, das Leben Jesu gewissermaßen als Vorgeschichte seiner nur über den Glauben zu erschließenden Biographie zu schreiben. Was für die wissenschaftliche Diskussion heute die Kluft zwischen dem historischen und dem kerygmatischen Jesus darstellt, war für die Evangelisten allenfalls ein redaktionelles Problem, das sie lösten, indem sie ihren Bericht über Jesus aus der Sicht der Glaubenden schrieben. Für sie gab es keinen Bruch zwischen irdischem (historischem) und göttlichem (religiösem, kerygmatischem) Sein Jesu; er war ihnen stets eine Einheit.
Was wir über Jesus wissen, erschließt sich nicht nur aus den Evangelien, wenngleich vor allem aus diesen. Es ist wenig genug und muß dennoch ausreichen, um seine Biographie aus historischer Perspektive zu schreiben, denn immerhin gilt, daß wir über ihn alles in allem sehr viel mehr wissen als über jeden anderen jüdischen Menschen, der nach der Zeit, die im Alten Testament beschrieben wurde, gelebt hat. Nach dem bisher Gesagten liegt es jedoch auf der Hand, daß die Probleme sich einstellen, wenn man das Neue Testament als Quelle benutzt. Im religiösen und kirchlichen Gebrauch, vor allem in der orthodoxen Theologie wird so getan, als handele es sich bei dem gesamten Neuen Testament um einen Offenbarungstext, der gewissermaßen aus dem Munde Jesu selbst stammt, so wie man die Texte des Korans Mohammed zuschreibt – dort allerdings mit mehr und vor allem besseren Gründen. Der naive Bibelleser und der ebenfalls naive, unkritische Interpret des Neuen Testaments unterstellt, daß die dort versammelten Texte wahr und von gleichwertiger Bedeutung sind, an denen keinesfalls mit den Methoden der wissenschaftlichen Kritik gerüttelt werden darf. So begreiflich ein solches Ansinnen auch sein mag, es entstellt damit den eigentlichen Wert der Schrift, weil es indirekt den Verdacht zuläßt, jemand, der sich diesen Texten nur auf unreflektierte Weise zu nähern wagt, befürchtet den Zusammenbruch des

Glaubens dann, wenn man sich ihnen auch wissenschaftlich-kritisch nähert. Für den »einfachen« Gläubigen wäre das alles nicht sonderlich wichtig, handelte es sich hierbei nicht um Positionen, die von den christlichen Kirchen, insbesondere von der katholischen, eingenommen und beinahe bis zur Selbstentäußerung vertreten werden. Als Rudolf Augstein vor gut zehn Jahren den Versuch unternommen hat, das theologisch-wissenschaftliche Wissen um Jesus und seine Lehre mit dem zu vergleichen, was in den Kirchen darüber vermittelt wird, kam er zu der berechtigten Frage, »mit welchem Recht sich die christlichen Kirchen auf einen Jesus berufen, den es nicht gibt, auf Lehren, die er nicht gelehrt, auf eine Vollmacht, die er nicht erteilt, und auf eine Gottessohnschaft, die er nicht beansprucht hat«. Dabei hat Augstein lediglich den Stand der modernen theologischen Forschung aufgearbeitet (was allerdings ein Riesenunternehmen ist) und darauf aufmerksam gemacht, was die wissenschaftliche Theologie selbstverständlich weiß: daß die Forschung, die seitens der Theologie und Religionswissenschaft betrieben wurde und auch weiterhin betrieben wird, für die praktische Arbeit der Kirchen als Organisationen zur Verbreitung der Lehre Jesu Christi weitestgehend unberücksichtigt geblieben ist. In jüngster Zeit hat dies schmerzlich noch einmal der katholische Theologieprofessor Hans Küng, ein Schweizer, der in Tübingen lehrt, erfahren müssen, dem die kirchliche Lehrbefugnis entzogen wurde, weil er, als Universitätslehrer wohlgemerkt, Schluß machen wollte mit der naiven Rezeption dessen, was man im Neuen Testament über Jesus lesen kann.
Man möchte meinen, derartige Diskussionen über die rechte Methode zur Erforschung des Christentums kommen um Generationen zu spät. Das trifft jedoch nicht zu, denn was die Kirchen auch heute noch kaum oder nur sehr schwer verkraften wollen: die historisch-kritische Analyse, das hat es bereits vor gut 200 Jahren gegeben und ist im deutschen Sprachraum an die Namen Lessing und Reimarus geknüpft, an Aufklärungsphilosophen und -philologen also, welche zum erstenmal in der Geschichte der das Christentum begleitenden Sekundärliteratur zu einer Erschütterung der naiven Sicherheitsgläubigkeit beigetragen haben. Ihnen verdanken wir im Grunde den Hinweis, daß das Neue Testament ein Glaubenstext, nicht jedoch eine Geschichtsquelle ist. Daß Jesus dennoch eine historische Gestalt ist, werden die Aufklärer nicht bezweifelt haben, selbst wenn sie die Texte der Essener Gemeinde, die man 1947 in Qumran gefunden hat, noch nicht kennen konnten. Allerdings kann man nicht ganz ohne Verblüffung feststellen, daß ausgerechnet die theologische Betrachtung der neutestamentlichen Texte die Intentionen der Aufklärer insofern auf die Spitze getrieben hat, als sie sich für die historische Grundlegung kaum noch interessiert, sondern in erster Linie den Jesus der Offenbarungshandlung, den kerygmatischen Jesus, in den Blick nimmt, womit sie wiederum zu einer eigentümlich eindimensionalen Betrachtungsweise gelangt, die, sehr überspannt formuliert, auch damit leben müßte, daß Jesus als historische Gestalt so uninteressant ist, daß man ihn auch hätte erfinden können ...
Das 20. Jahrhundert, und damit vor allen Dingen die protestantische Theologie, hat sich noch einmal mit großem Elan der Problematik angenommen, und die Namen Barth, Bultmann oder Käsemann sind aus der heutigen Diskussion nicht mehr wegzudenken, weil sie unser Wissen um das Problem des

christlichen Glaubens auf fundamentale Weise entrümpelt und damit zugleich erneuert haben. Mehr oder weniger von der Existenzphilosophie Heideggers beeinflußt, hat Bultmann ein Verständnis Gottes und des Jesus herausgearbeitet, das weit über das Interesse der wissenschaftlichen Forschung hinausgeht, weil es sich auch darum bemüht, die Frage des modernen Menschen nach dem Gottesverständnis neu zu beantworten. Seine Kerygma-Theologie, mitunter auch als Theologie des Wortes bezeichnet, hat deutlich zu machen versucht, daß es mehr oder weniger sinnlos sei, hinter den kerygmatischen Jesus zurückzugehen, denn nicht der historische Jesus sei der Herr, sondern der gepredigte, der, den die Evangelisten brauchten, um ihre Gemeinde inhaltlich bilden zu können. Angeregt durch Heideggers Existenzialontologie, hat Bultmann zu einer gründlichen Entmythologisierung des Christentums und seiner Schriften aufgefordert. Nur das Offenbarungshandeln, welches sich im kerygmatischen Jesus zeigt, erlaubt dem Menschen nach Bultmann, zu jener Glaubenssicherheit und jenem Selbstverständnis zu gelangen, dessen gerade der moderne Mensch bedarf. Etwaige Rückfragen an die Geschichtlichkeit Jesu müßten zwangsläufig zu einer Mythologisierung und damit in gewisser Hinsicht auch zu einer Vernebelung des Glaubens führen, so daß Gott letzten Endes unsichtbar würde und ein Haufen historischer Müll zurückbliebe, mit dem, nachdem der Historiker das letzte brauchbare Stückchen herausgesucht hat, nichts mehr anzufangen wäre. Der Versuch, Geschichte und Glauben in Einklang zu bringen, geht laut Bultmann stets zu Lasten des Glaubens.
Noch sehr viel schärfer als Bultmann, dessen Kritik an der historischen Forschung um der Rettung der Glaubensfähigkeit willen verstanden werden sollte, weshalb man ihn beinahe mit einem mittelalterlichen Nominalisten vergleichen möchte, ist Karl Barth mit seinem berühmten Kommentar zum Römer-Brief 1919 verfahren, worin er mit einer geradezu radikalen Geste die historische Forschung, die um das Neue Testament betrieben wurde, als starre Buchgelehrsamkeit und Orthodoxie verwarf und die Auffassung vertrat, die einzig richtige Methode im Umgang mit dem Neuen Testament sei der Versuch, »das Wort hinter den Wörtern« zu finden. Barth kritisierte, daß die historische Forschung von den eigentlichen Aussagen der Bibel ablenkte, daß sie aus dem Offenbarungsbuch eine historische Quelle machte und damit den gesamten heiligen Text denaturierte. In seinem Kommentar zum Römer-Brief hat Barth vorgeführt, wozu seine Art des Vorgehens gut ist. Mit einer geradezu furiosen Formulierungs- und Interpretationskunst, die sich weniger auf die Methodik als auf die subjektive Inspiration verläßt, hat er darauf hinzuweisen gewußt, daß die Paulusbriefe – und damit in gewisser Hinsicht alle neutestamentlichen Texte – durchaus keine verstaubten Quellen, sondern höchst lebendige Aussagen sind, die den Menschen hier und heute betreffen. Er, Barth, hat gezeigt, daß die Religion eben nicht nur ihre Geschichte hat, sondern sich in ihrem wahren Wert erst zeigt, wenn es möglich ist, die ursprünglichen Quellen und Texte so zu lesen, als seien sie für den Menschen der Gegenwart geschrieben – was sie ja wohl auch sind. Natürlich enthält ein solches Verfahren auch eine eminente Gefahr. Es kann auf den Fehler verfallen, jedes Wort der Heiligen Schrift als wörtliches Wort Gottes zu nehmen und damit jene naive und unkritische Methode wiederaufnehmen, gegen die

sich bereits die Aufklärungsphilosophen zur Wehr gesetzt haben. Einem Karl Barth ist diese Gefahr gewiß nicht unbekannt gewesen – Bultmann hat sie ihm seinerzeit auch in einer vielbeachteten Diskussion nahegebracht –, und dennoch spricht sehr viel dafür, Barths Interpretationsmethode so ernst zu nehmen, wie die Religion stets ernst genommen zu werden verdient. Das letzte Wort im Zusammenhang mit diesem Methodenstreit – der sich von der Sache her, um die es hierbei geht, von jedem anderen Wissenschaftsstreit grundsätzlich unterscheidet – ist ohnehin noch nicht gesprochen und wird wohl auch auf sich warten lassen, selbst wenn wir Ernst Käsemann gern zustimmen möchten, der als Kriterium für die Echtheit jeder neutestamentlichen Jesus-Überlieferung den strengen methodischen Grundsatz aufgestellt hat, wonach von einem historisch sicheren Boden nur dort auszugehen sei, wo die Tradition weder aus der jüdischen Umwelt noch aus dem Gedankengut des Urchristentums abgeleitet werden könne. Von diesem Grundsatz aus allein könne man die »Eigenart der Sendung Jesu« herausarbeiten. Das wiederum heißt nichts anderes, als daß Käsemann, der ein Schüler und Freund Rudolf Bultmanns ist, vom kerygmatischen zum historischen Jesus zurückkehrt, um das Antithetische der christlichen Lehre (hier verstanden als Antithese zum jüdischen Glauben, wie es sich beispielsweise in der Bergpredigt niedergeschlagen hat in den Worten: »Ihr habt gehört, daß zu den Alten gesagt worden ist... *Ich* aber sage euch...« [Mt 5, 21 f.]) herauszuarbeiten. Wie um einen Schlußstrich unter die Debatte zu ziehen, die dennoch bis auf den heutigen Tag nicht zu Ende gegangen ist, hat Käsemann schon 1952 in einem Beitrag über neutestamentliche Probleme den folgenden Tatbestand konstatiert, dem man sich schon deshalb anschließen kann, als er die Diskussion nicht wirklich (und das hieße gewaltsam) beendet: »Das ganze Neue Testament behauptet, daß die Jünger zu Ostern nicht irgendein Himmelswesen, geschweige denn einen abstrakten Sachverhalt wie dogmatische Lehrsätze, sondern eben Jesus erkennen. Der seit Ostern geglaubte und verkündigte Christus steht also in einer Kontinuität mit dem sogenannten historischen Jesus, ohne welche Glaube und Verkündigung nach der Meinung der Urchristenheit sinnlos wären. Diese Kontinuität inne und gewiß zu werden, ist eine unaufgebbare theologische Notwendigkeit. Eine Theologie, die darauf aus historischer Skepsis oder seltsamer Dogmatik verzichten wollte, verdiente ihren Namen nicht.«
Es bleibt also dabei: Wir haben es mit zwei Jesus-Bildern zu tun, deren erstes das der Geschichte ist, worauf das zweite, das des Glaubens, aufbaut. Ein Jesus, der nur geglaubt wird, dessen historische Existenz radikal ausgeschaltet würde, würde zugleich zu einer radikalen Demontage des geglaubten Jesus beitragen und in gewisser Hinsicht auch zu einem Zusammenbruch des Christentums als Religion. Andererseits hat der Methodenstreit aber auch mit begrüßenswerter Offenheit klargemacht, daß es sinnlos und in gewisser Weise eben auch nicht-religiös wäre, so zu tun, als wäre der historische Jesus vollkommen mit dem geglaubten identisch. Dies zu unterstellen hieße, die Intentionen der Evangelisten zu übersehen oder zu unterlaufen. Das Evangelium des Johannes hat ganz genau gewußt – und auch gesagt –, worum es geht. »Noch viele andere Zeichen, die in diesem Buch nicht aufgeschrieben sind«, heißt es im Epilog (Joh 20, 30 f), »hat Jesus vor den Augen seiner Jünger ge-

tan. Diese aber sind aufgeschrieben, *damit ihr glaubt,* daß Jesus der Messias ist, der Sohn Gottes, und damit ihr durch den Glauben das Leben habt in seinem Namen.«

Es hilft nichts, man muß an Jesus glauben, um in ihm Christus zu sehen, so wie man an Gott glauben muß. Es geht nicht darum, daß Gott und Jesus Christus außerhalb des Glaubens nicht wirklich seien, sondern einzig darum, daß sie außerhalb des Glaubens nicht erkennbar sind. Wer an Jesus Christus glaubt, kann ihn auch nur von der Kreuzigung und von der Auferstehung her erkennen. Wer das nicht kann oder nicht will, für den ist Jesus allenfalls eine historische Figur, über die wir nur bruchstückhaft informiert sind. Unser Wissen über den historischen Jesus basiert auf christlichen und wenigen außerchristlichen Quellen, deren Wert in erster Linie darin beruht, daß sie mit ziemlicher Sicherheit die historische Existenz Jesu nachweisen. Hätten nicht Tacitus, der jüdische Geschichtsschreiber Flavius Josephus in seinen *Antiquitates Judaicae* und der sogenannte babylonische Talmud, der *Traktat Sanhedrin,* einige Anspielungen auf einen Jesus gemacht, der im Norden Israels, in Bethlehem oder in Nazareth, geboren und nach einem auch für damalige Verhältnisse kurzen Leben eines gewaltsamen Todes gestorben ist, dann wäre die Befürchtung Albert Schweitzers bis auf den heutigen Tag aktuell. Die historische Existenz des Jesus scheint also festzustehen, wenngleich diese von den christlichen Darstellungen, genauer: den Mitteilungen in den Evangelien, kräftig abweicht. Die christlichen Quellen wollten den Jesus der Verkündigung herausstellen und setzten den historischen stillschweigend voraus, so wie sie Jesus ja auch Worte in den Mund schoben, die er *so* gewiß nicht gesagt haben wird.

Die christlichen Quellen zu Jesus sind zunächst die kanonischen Texte des Neuen Testaments, ferner die außertestamentlichen Sammlungen von Sprüchen, die auf Jesus zurückgehen sollen, die von der späteren Kirche auch mitunter zu gottesdienstlichen Zwecken herangezogen wurden, mittlerweile jedoch als die *Apokryphen* eine bescheidene Randexistenz fristen. Was wir heute über Jesus wissen, wissen wir aus dem Neuen Testament, in erster Linie von den Evangelien des Markus, Matthäus und Lukas, den sogenannten Synoptikern; schon der vierte der Evangelisten, Johannes, ist nicht mehr recht als Quelle zu verwenden, weil er, wie bereits gesagt, das Leben Jesu gewissermaßen als einen roten Faden benutzte, um seine religiösen Vorstellungen daran aufzureihen. Er ist der Mann der religiösen Publizistik, nicht mehr der Historiker. Auch die Synoptiker sind jedoch nur mit einiger Vorsicht zu genießen. Zum einen haben sie den Vorteil, daß sie alle drei die Geschichte von Jesu Leben und Lehre erzählen, so daß man im nachhinein in der Lage ist, eine Zusammenfassung (Synopse) der einzelnen Aussagen zu machen – in der etwas getrübten Erwartung allerdings, die Evangelisten würden sich nicht widersprechen, und das tun sie an manchen Stellen ganz erheblich.

Die Verwandtschaft der drei Synoptiker ist darauf zurückzuführen, daß sie die gleichen Quellen ausgeschöpft beziehungsweise gekannt haben. Es gilt heute als sicher, daß Markus das älteste Evangelium »geschrieben« hat und sich dabei auf einen alten Bericht über das Leben Jesu stützte wie auf die Spruchquelle, die in der Forschung mit dem nüchternen Katalogbuchstaben

Q bezeichnet wird. Matthäus und Lukas, so wird weiter angenommen, haben sich sowohl auf die alte Biographie und die Q-Sprüche bezogen als auch bei Markus Anleihen aufgenommen, so daß der Eindruck entstehen mag, Markus sei der beste Kronzeuge für das Leben Jesu. Immerhin sei er ihm von seiner schriftstellerischen Arbeit her am nächsten gewesen. Leider ist das keineswegs der Fall, und so muß sich Markus gefallen lassen, als »enttäuschender Kronzeuge« bezeichnet zu werden (Augstein). Damit nicht genug, muß man sich klarmachen, daß Matthäus und Lukas lange nach der Zerstörung Jerusalems und des Tempels (70 n. Chr.) zu schreiben begannen, und sie schrieben nicht einmal auf palästinensischem Boden und nicht einmal für die judenchristliche Gemeinde. Damit entfiel für sie zwangsläufig die Notwendigkeit, sich an Details zu halten oder historische Fakten zu überprüfen, da sie von vornherein auf Wirkung bedacht waren und ein Bild des Jesus zusammenschrieben, das ihren Idealvorstellungen entsprach und damit publizistisch wirksam war. Aus der Perspektive der vergleichenden Religionswissenschaft betrachtet, kann man auch sagen, daß mit der schriftstellerischen Arbeit des Matthäus und des Lukas die Zeit der geschlossenen jüdischen Theokratie zu Ende war: Jedermann – auch im Ausland! – wurde begreiflich, daß es seit der Tempelzerstörung, aber völlig unabhängig von ihr, zwei Religionen gab, die aus dem alten Israel in die Welt kamen. Die Aufgabe der Evangelisten hat deshalb darin bestanden, zu zeigen, daß die Lehre, die sie mit der Figur des Jesus in Verbindung brachten, eine neue Religion war. Von diesem Anspruch ausgehend, haben Matthäus und Lukas, von Johannes nicht erst zu reden, die Vorstellungen des Markus an vielen Stellen der Lebensgeschichte Jesu überwunden, denn bei Markus finden sich noch erstaunlich (vielleicht aber auch ganz normalerweise?!) viele Wendungen, die an die alte Gesetzesreligion erinnern, über die die christliche Religion jedoch hinweggegangen ist.
Wer sich aus historischem Interesse über die Texte der Evangelisten beugt, wird in nur sehr geringem Maße auf seine Kosten kommen, was nicht wenige Historiker zu der unbekümmerten, aber falschen Aussage bewegt hat, man habe es im Neuen Testament mit dem historischen Jesus und nicht mit dem kerygmatischen zu tun. Wie sehr nämlich die Erfordernisse des Glaubens – und bald auch der Kirche – die alten heiligen Texte beeinflußt haben, zeigt sich unter anderem auch darin, daß es doch kein Zufall sein kann, daß in den ersten christlichen Gemeinden Jesus als Lehrer, Wundermann und Messias verstanden wurde, wohingegen die griechischen, später die griechisch-orthodoxen Christen sich sehr viel mehr für den Jesus der Auferstehung, den man dann schon Christus nennen sollte, interessieren. Bis auf den heutigen Tag ist für die orthodoxe christliche Kirche das Auferstehungsgeschehen von so zentraler Bedeutung, daß es nicht nur das Kirchengeschehen entsprechend beeinflußt hat, sondern darüber hinaus das Interesse an dem Jesus der Geschichte weitgehend verlorengegangen ist.
Die Grundlage des Christentums, das Neue Testament, das gemeinsam mit dem Alten Testament die Bibel ausmacht und damit die gemeinsame Wurzel der beiden Religionen auch editionsgeschichtlich zum Ausdruck bringt, umfaßt 27 Bücher, die in drei Gruppen gefaßt sind: die Evangelien und die Apostelgeschichte, die Paulusbriefe und die als Katholische Briefe bezeichneten

Sendschreiben von Petrus, Johannes, Jakobus und Judas sowie die Offenbarung des Johannes. Mit Ausnahme des wahrscheinlich ursprünglich in aramäischer Sprache geschriebenen Markus-Evangeliums sind die ersten Niederschriften in griechischer Sprache erfolgt. Wer die wirklichen Autoren der einzelnen Texte sind, ist nicht mehr zu ermitteln, obwohl einige der Texte ein halbes Jahrtausend nach der Niederschrift des Alten Testaments entstanden sein dürften. In den ersten Jahrhunderten des Christentums dürfte eine wahre Fülle an Schriften und Abschriften durch die Gemeinden gegangen sein, so daß sich niemand für die Authentizität der Texte verantwortlich fühlen kann. Man vermutet, daß der aus dem 2. Jahrhundert stammende Codex-B-Typus in seiner äußerst knappen Form der ursprünglichen Fassung am nächsten kommt. Daneben hat es noch eine Art Volksausgabe, den Codex-D-Typus, gegeben, in dessen Ausschmückungen die eigentlichen religiösen Aussagen der Geschichte des Jesus unterzugehen drohten. Anfang des 4. Jahrhunderts ist der Codex-A-Typus entstanden, der zur offiziellen kirchlichen Edition erklärt wurde und über Byzanz nach Europa gelangte, wo er von den meisten Kirchenschriftstellern benutzt wurde, so daß sich die Weitergabe der beiden anderen Codices erübrigte. Kein anderes Werk ist in der christlichen Antike so oft abgeschrieben, illustriert und vervielfältigt worden wie das Neue Testament, kein anderes wurde so oft übersetzt wie dieses. Wer die Bibel als das Buch der Bücher bezeichnet, den wird die Tatsache nicht verwundern, daß die Heilige Schrift heute in über 600 Sprachen vorliegt, einzelne Textstücke sogar in über 1 000 Sprachen. Damit nicht genug, ist die Bibel gerade in den letzten Jahrzehnten neuen Übersetzungsversuchen unterzogen worden, nachdem die erste vollständige Übersetzung des Neuen Testaments durch Martin Luther, 1522 bei Melchior Lotther in Wittenberg gedruckt, sich als revisionsbedürftig erwiesen hatte. Der deutsche Sprachraum benutzt heute die 1980 edierte Einheitsübersetzung, die im philologischen Sinn einigermaßen zuverlässig sein dürfte, aber die Schönheit der alten Lutherbibel vermissen läßt.

Für den gläubigen Christen sind derartige Überlegungen und Skrupel vermutlich einigermaßen belanglos. Für ihn ist das, was das Neue Testament mitteilt, von vornherein aus der Sphäre des irdisch Wirklichen in den Bereich der überirdischen Wirklichkeit abgehoben, denn er spürt nur zu genau, daß er Jesus als Kultgott verlieren würde, wenn er aus geschichtswissenschaftlichen Motiven an ihm zweifeln müßte. Angesichts der Ungenauigkeit der Quellen tut der Gläubige gut daran, sich von vornherein auf den kerygmatischen Jesus einzustellen. Täte er das nicht, so könnte er doch immerhin auf den ein wenig ketzerischen Gedanken kommen, ob nicht beispielsweise der Mormonenbegründer Joseph Smith im Amerika des 19. Jahrhunderts oder der Holländer Lou oder sonst ein Wundermann so etwas wie Jesus (oder gar der auferstandene Jesus) wäre, wofür diese Männer von ihren Anhängern gehalten werden. Denn das ist das eigentlich Verwunderliche und Tragische an der Unzulänglichkeit der Quellen: Die wenigen chronologisch-geschichtlichen Feststellungen, die wir über Jesus treffen können, sind nicht ausreichend, um eine Psychographie der Person aufzustellen, die als Jeschua geboren wurde (woraus der griechische Name Jesus wurde) und als Christus die Welt und die Menschen nachhaltigst verändert hat.

Was wir über Jesus wissen, ist wenig. Als geschichtlich gesichert gilt, daß er als ältester Sohn des Josef und der Maria geboren wurde, vielleicht in Bethlehem, vielleicht in Nazareth. Als Geburtsjahr wird das Jahr 7 vor Beginn unserer Zeitrechnung angenommen (in manchen Darstellungen hält sich hartnäckig das Jahr 2 v. u. Z.). Er war das Kind armer Leute, denn sein Vater war Tischler und hatte außer Jesus noch vier Söhne und mehrere Töchter zu ernähren. Der Vater Josef kann nicht sehr alt geworden sein, so daß sich die materielle Situation der Familie noch verschlechterte. Man darf vermuten, daß Jesus das Handwerk seines Vaters erlernte und auch ausübte, während welcher Zeit er sich intensiv mit dem jüdischen Schrifttum beschäftigt haben muß. Wir wissen allerdings nicht, warum er das tat und wie diese Beschäftigung ausgesehen hat. Als Jesus etwa 25 Jahre alt war, trat Johannes der Täufer am Jordan auf, und Jesus ließ sich von ihm taufen. Danach begann er schon bald mit seiner eigenen messianischen Tätigkeit. Matthäus und Markus berichten, daß Jesus zu predigen begann, weil Johannes durch den Herrscher Herodes Antipas gefangengenommen worden war; er schien sich also zunächst in der Kontinuität des Johannes zu sehen. Wie lange Jesus öffentlich gewirkt hat, ist ebenfalls nicht genau bekannt; die Schätzungen gehen von einem bis zu drei Jahren. Eine vierjährige Tätigkeit Jesu als Wanderprediger wird heute als unwahrscheinlich bezeichnet. Wie immer dem auch sei: Die Zeit seines öffentlichen Wirkens war erstaunlich knapp, aber sie reichte aus, um die Fundamente der Weltreligion zu gießen. Jesus zog mit seinen Jüngern durch die Städte und Dörfer Galiläas, predigte und vollbrachte die in den Evangelien geschilderten Wundertaten. Er setzte sich kritisch mit den religiösen Vorstellungen der Pharisäer auseinander, weil er von der Idee einer religiösen Erneuerung erfüllt war, die beim Volk nicht wenige Anhänger fand. Kein Wunder, daß er sich den Haß der Obrigkeit zuzog und gefangengenommen wurde, als er in Jerusalem einzog, um damit ein Zeichen der religiösen Erneuerung zu setzen. Man machte ihm den Prozeß, indem man ihn revolutionärer Umtriebe beschuldigte – keineswegs nahm man ihn primär als religiöse Persönlichkeit ernst! –, und richtete ihn hin. Er starb vermutlich am 7. April 30 oder, was wahrscheinlicher ist, am 3. April 33 (aufgrund der Angaben bei Mt 27, 45; Mk 15, 33; Lk 23, 44). Er war noch keine 40 Jahre alt, als er starb, im Vergleich zu Mohammed, Buddha oder gar den alten Propheten ein junger Mann.

Wir hätten es nicht mit einem Menschen zu tun, auf den sich in irgendeiner Weise eine Weltreligion beruft, wenn man sich mit diesen dürftigen Daten zufriedengeben könnte. Im Grunde beginnen die Probleme ja auch erst dann, wenn es um die Bewertung, die Interpretation der einzelnen Lebensstationen geht. Das beginnt mit der Geburt. Als Religion vertritt das Christentum, sich hier auf Matthäus und Lukas berufend, die Auffassung von der jungfräulichen Geburt des Jesus, wenngleich es bei Johannes (1, 45) eine Stelle gibt, in der ausdrücklich von Josef als dem Vater des Jesus gesprochen wird. Ähnlich wie beim (historisch gesehen) später einsetzenden Marienmythos haben wir es hier mit einer dogmatischen Korrektur zu tun, so wie die bei den Aposteln erwähnten Geschwister des Jesus kurzerhand zu Vettern und Kusinen gemacht werden, um die Einzigkeit des Jesus nachdrücklich zu unterstreichen. Im Ver-

gleich zu den plötzlich als weitere Verwandte auftauchenden Geschwistern ist es dem Vater Josef denkbar schlecht ergangen: Man hat ihn kurzerhand gestrichen, weil er aus dogmatischer Sicht störte, genauer: überflüssig war.
Ähnlich verhält es sich mit der Frage nach der Abstammung Jesu. Die Evangelisten, die das Alte Testament sehr genau kannten, wußten, daß die Alten den kommenden Messias aus dem Stamm Davids, des Populären, erwarteten. Folglich stellten Matthäus (Mt 1, 2–16) und Lukas (3, 23–38) einen Stammbaum auf, der die Genealogie von David bis zu Josef, den Vater des Jesus, festhielt. Und noch bei Johannes heißt es in der oben zitierten Stelle (Joh 1, 45): »... Wir haben den gefunden, über den Mose im Gesetz und auch die Propheten geschrieben haben ...« Jedes Schulkind lernt, daß Jesus in Bethlehem, der Stadt Davids, geboren sei, und in der Tat gibt es niemanden außer Jesus und seine Familie, die damals als davidisch bezeichnet worden sind. Dennoch ist nicht zu übersehen, daß die allzu große Schönheit des Stammbaums, der von König David bis zu Jesus Christus reicht, mißtrauisch machen muß. Die Zeitgenossen konnten und wollten sich den Messias nur vorstellen, wenn er von David abstammte – wie es im Alten Testament beschrieben war –, und also lieferten die Evangelisten die entsprechende Genealogie. Sie deshalb der Geschichtsfälschung zu bezichtigen, geht an dem eigentlichen Sachverhalt vorbei; die davidische Abstammung mußte gewissermaßen als Legitimation des Messias herhalten, denn wie sollte man begründen, daß Jesus der Messias war – und nicht von König David abstammte?
Noch sehr viel schwieriger als das Problem der Jungfrauengeburt und der davidischen Herkunft ist die Frage nach der Gottessohnschaft Jesu. War er kein Mensch? War er Gottes eigener Sohn? Wenn der Historiker die Evangelien genau liest, so kann für ihn kein Zweifel bestehen, daß Jesus ein Mensch gewesen ist. Neben den außerchristlichen Quellen, die seine Identität bestätigen, macht schon der Stammbaum der Evangelisten klar, daß der Messias einen Menschen zum Vater hatte, und er ist auch als Mensch gestorben. Durch die Forschungen zur Geschichte und Theologie des Judenchristentums des Erlanger Religionswissenschaftlers Hans-Joachim Schoeps wissen wir, daß die Judenchristen die Idee der Jungfrauengeburt zwar ablehnten, den Begriff »Sohn Gottes« (nicht umgekehrt) jedoch kannten und in dem Sinne verwendeten, indem sie damit eine besondere Zugehörigkeit und Verbundenheit mit Gott zum Ausdruck bringen wollten. Sohn Gottes war demnach jemand, der sich durch sein Leben und Handeln auf außerordentliche Weise Gott widmete, sei es als Mönch, Prediger oder als Messias. Die spätere christliche Dogmatik hat diesen Begriff übernommen und ihm ein anderes Verständnis übergestülpt und sich dabei unter anderem auf Jesu Rede von der Endzeit berufen, wie sie von Markus, dem unzuverlässigen Kronzeugen, übermittelt wird. Wer anders sollte hier gemeint sein als Jesus, der nach einem leidvollen Leben – und nachdem er dreimal die Verbindung zwischen Leiden und Auferstehung hergestellt hat – zur Rechten Gottes sitzt oder auf den Wolken geht: »Aber in jenen Tagen, nach der großen Not, wird sich die Sonne verfinstern, und der Mond wird nicht mehr scheinen; die Sterne werden vom Himmel fallen, und die Kräfte des Himmels werden erschüttert werden. Dann wird man den Menschensohn mit großer Macht und Herrlichkeit auf den Wolken kommen

sehen.« (Mk 13, 24–26) Und auf die Frage, die Jesus an Petrus richtet, wer er, Jesus, denn sei, antwortet dieser brav: »Du bist der Messias, der Sohn des lebendigen Gottes!« (Mt 16, 16) Wer so spricht, erfüllt die frommen Erwartungen der Dogmatiker und braucht sich um die Folgen nicht zu kümmern.

Jesus war Jude. Unter dem Gesetz der alten Religion geboren, unterzog er sich allen Riten der jüdischen Tradition. Er wurde beschnitten und jüdisch erzogen, und das heißt, wie wir wissen, daß er auch so etwas wie eine religiöse Erziehung erhielt. Er dürfte die örtliche Schule besucht haben, und vermutlich konnte er auch die Texte der Heiligen Schrift lesen. Als er zwölf Jahre alt war, diskutierte er mit den Schriftgelehrten im Tempel, was zunächst nur den Umstand dokumentiert, daß Jesus in religiösen Fragen nicht ungebildet gewesen sein kann. Unabhängig davon mag sich bereits damals ein besonderer Hang für religiöse Themen bei ihm gezeigt haben, den man später, in der Dogmatik, mit seinem messianischen Beruf in Verbindung brachte.

Niemand kann sagen, wie Jesus zu der Zeit, als er den Beruf seines Vaters lernte, ausgesehen hat. Im Gegensatz zu Mohammed, über den es eine Reihe glaubhafter Augenzeugenberichte gibt, tappen wir bei Jesus völlig im dunkeln. Das heißt, so ganz im dunkeln steht der abendländische Mensch nun auch wieder nicht, denn die Malerei hat eine wahre Unmenge von Bildern über Jesus geschaffen, die zwar nichts mit der historischen Gestalt zu tun haben, unser Bild von Jesus dennoch entscheidend prägten. Vermutlich hat jeder Mensch ein Bild von Jesus, das er der Phantasie eines Malers verdankt. Wer an den lebendigen Jesus denkt und davon ausgeht, daß dieser höchstwahrscheinlich genauso ausgesehen hat wie seine Zeitgenossen – mit Bart, einem »nahtlosen Rock« und Sandalen – und seine religionsgeschichtliche Bedeutung im Blick hat, der wird ihn sich möglicherweise so vorstellen, wie ihn uns die Gebrüder van Eyck auf dem Genter Altar gemalt haben: mit feinen Gesichtszügen ausgestattet und eine innere Ruhe ausstrahlend, die Autorität und Würde verleiht. Dort sieht er aus wie ein Dutzendmensch und zugleich doch ganz anders.

Jesus sprach Aramäisch, muß jedoch auch Hebräisch verstanden haben, die Sprache des Alten Testaments, denn sonst hätte er schwerlich mit den Schriftgelehrten mithalten können. Ob er ein gebildeter Mensch gewesen ist, dürfte nur schwer auszumachen sein und ist vermutlich auch einigermaßen unerheblich. Immerhin dürfen wir davon ausgehen, daß das, was er sagte und dachte, von Assoziationen aus dem jüdischen Gedankengut erfüllt war, so daß man auf der einen Seite ihm traditionelle Bildung nicht wird absprechen können, es auf der anderen allerdings nicht einfacher wird, die originale Diktion des Jesus herauszuhören. Was an Wortlaut von ihm im Alten Testament berichtet wird – vor allem von Markus, der noch einige aramäische Satzfetzen in seine Darstellung einbaute und damit eine Originalität für sich reklamierte, auf welche die ihm nachfolgenden Evangelisten nicht mehr pochen durften –, ist ohnehin durch so viele Hirne und Federn gegangen, daß es müßig scheint, die Stimme von Jesus selbst hören zu wollen. Dennoch hat Martin Buber einmal mit schöner Bescheidenheit gemeint, wer fähig sei zu lauschen, der könne aus den späten Berichten der Evangelien die Stimme Jesu heraushören. Damit hat er gewiß recht, wenn man die innere Stimme meint und nicht einen Tonfall,

der unverwechselbar wäre, aber in den geschichtlichen Wechselfällen weggespült und verloren ist.
Als Jude hat Jesus natürlich gewußt, daß das Heil der Welt nur vom Judentum ausgeht, und er hat sich auch seinerseits zu dieser Auffassung bekannt. Vielleicht hat er sogar zu Beginn seiner Missionstätigkeit daran gedacht, primär das Haus Israel religiös zu erneuern – jedenfalls kommt seine Aufforderung, man möge seine Lehre in der ganzen Welt verkünden, verhältnismäßig spät. Auch die Geschichte von der Tempelreinigung muß aus der Sicht seines Judentums gelesen werden: Da hat es sich um sehr viel mehr gehandelt als nur um die zugegebenermaßen etwas aggressive Auseinandersetzung mit Leuten, die den Tempel nach alter Unsitte mißbraucht haben. Wer weiß, welche Bedeutung dem Tempel als dem Haus Gottes zukommt – und insbesondere dem Tempel in Jerusalem –, der kann in keiner Weise über den Zorn des Jesus überrascht sein. Als Knecht Gottes kommt ihm unmittelbar die Aufgabe der Tempelreinigung zu, um im buchstäblichen Sinn das Zentrum des alten Glaubens wiederherzustellen, indem es von heidnischen oder areligiösen Praktiken und Mißbräuchen befreit wird.
Aber noch in einer weiteren Perspektive muß Jesus als Jude gesehen werden. Er ist ein unbedingter Vertreter des Monotheismus und eines Gottesverständnisses, das sich aus dem Prinzip der Unterwerfung unter den Willen Gottes begreift. Wer Gott lieben will, so wird Jesus predigen, muß ihm dienen. Und es ist alles andere als ein Zufall, daß Jesus auf eine entsprechende Frage eines Schriftgelehrten, welches Gebot von allen das erste sei, antwortet: »Das erste ist: Höre, Israel, der Herr, unser Gott, ist der einzige Herr. Darum sollst du den Herrn, deinen Gott, lieben mit ganzem Herzen und ganzer Seele, mit all deinen Gedanken und all deiner Kraft.« (Mk 12, 29 f) Hier ist jedoch nicht nur das *Was* der Antwort interessant, sondern auch das *Wie:* Jesus antwortet nämlich präzis nach dem jüdischen Schema – er antwortet als Jude. Im übrigen setzt er ungefragt hinzu: »Als zweites kommt hinzu: Du sollst deinen Nächsten lieben wie dich selbst.« (Mk 12, 31) Auch mit dieser Antwort macht er auf sein Judentum aufmerksam und erinnert uns zugleich daran, daß das christliche Gebot der Nächstenliebe – ein jüdisches Gebot ist, insofern es auf das von Moses gelehrte Sittengesetz zurückgeht.
Derartige Analogien ließen sich beinahe beliebig fortsetzen und ergäben ein aufschlußreiches Dokument der gemeinsamen Herkunft der beiden großen Konfessionen. Dennoch wäre es gewiß unzutreffend, die Behauptung aufzustellen, im Grunde sei Jesus eigentlich nur das auf die Spitze gebrachte jüdische Prinzip. Wäre es so – wie es beispielsweise Ernest Renan vertreten hat –, dann ließe sich die Frage nicht recht beantworten, warum sich das Judentum als Religion dem Messias Jesus verschlossen hat. Wäre nicht durch Jesus selbst – und später durch die Dogmatiker – etwas hinzugekommen, das von den jüdischen Glaubensprinzipien grundsätzlich abweicht, dann wäre Jesus tatsächlich allenfalls ein Reformator geworden, nicht jedoch jemand, der bis an das Ende der jüdischen Gesetzesreligion gegangen ist und darüber hinaus. Nach einer Formulierung des Apostels Paulus (2 Kor 3, 6) hat Jesus die Menschen fähig gemacht, Diener des Neuen Bundes zu sein, »nicht des Buchstabens, sondern des Geistes. Denn der Buchstabe tötet, der Geist aber macht

lebendig.« Damit hat der Apostel aus christlicher Sicht den Unterschied zwischen jüdischer und (neuer) christlicher Frömmigkeit auf eine Formel gebracht: Die Vorschriften allein machen den Menschen nicht selig, und sie stiften auch kein Vertrauensverhältnis zu Gott, sondern es ist der Geist des Gesetzes, der dieses erst zum Leben bringt. Die Buchstabenreligion ist tot; und sie macht tot.

Der in diesen Überlegungen implizit ausgedrückte Vorbehalt gegenüber der alten Gesetzesreligion ist natürlich in erster Linie ein Einwand gegen deren Praxis, gegen die Formalisten also, die sich mehr um die Rituale als um die Inhalte kümmern. Wie so oft in der Geschichte der Religionen, ist der Beginn der eigentlich religiösen Tätigkeit des Jesus an das Gefühl geknüpft, in einer Zeit der geistigen Irritation und des Umbruchs zu leben. Wir müssen davon ausgehen, daß die Lebenszeit des Jesus mit der einer religiösen Erneuerungssehnsucht zusammenfällt. Äußerliches Symbol dieser Umbruchszeit war eine Fülle von Wanderpredigern und Häretikern, die durch Galiläa zogen und gewissermaßen in Konkurrenz zur orthodoxen Kult- und Tempelgläubigkeit traten. Einer der bedeutenden Exponenten dieser religiösen Gegenbewegung war der Asket und Anhänger der Qumran-Gemeinde Johannes der Täufer, der als Wanderprediger durch das Land zog, sich von den Früchten der Steppe ernährte, der das Leben und die Religiosität der Menschen in den Städten kritisierte und die Menschen zur Umkehr von ihrem sündhaften Tun aufforderte. Wir sind durch die Bibel recht gut über diese Täuferbewegung und vor allem über Johannes den Täufer unterrichtet. Wir wissen, daß die spätjüdische Endzeitvorstellung in den Predigten des Täufers eine zentrale Rolle gespielt hat, und wir können unmittelbar nachvollziehen, daß die Zeitgenossen insbesondere an der Taufe, die Johannes verabreichte, interessiert waren. Johannes forderte ja nicht nur zur echten Buße und Umkehr auf, sondern vermittelte durch die Taufe das Gefühl der Reinigung von den Sünden und damit eine gute Voraussetzung für einen Neubeginn.

Auch Jesus war von Johannes fasziniert. Wenn der Täufer mit dem Brustton tiefster Überzeugung ausrief: »Kehrt um! Denn das Himmelreich ist nahe.« (Mt 3, 2); wenn er in seiner asketischen Lebenspraxis das genaue Gegenteil dessen dokumentierte, was die satten Schriftgelehrten darstellten; wenn er die Apokalypse herbeibeschwor, dann konnte er sich seiner Wirkung durchaus sicher sein. Zwar wissen wir nichts über den psychologischen Hintergrund der Entscheidung Jesu, sich der Täuferbewegung anzuschließen, aber wir dürfen vermuten, daß die religiöse Erregung, in die Johannes seine Zuhörer zu bringen in der Lage war, sich auch auf Jesus selbst übertrug, der mehr oder weniger plötzlich den Eindruck haben mußte, was Johannes sagte, sei in etwa das, was er selbst als religiöser Mensch empfand. Sein Disput mit den kalten Dogmatikern im Tempel – viele Jahre war es her, und er war vom Kind zum Mann geworden – fand in der Auseinandersetzung mit den Predigten des Johannes seine adäquate Fortsetzung, nur daß sich jetzt unmittelbare Folgen einstellten. Zunächst ließ sich Jesus taufen, das heißt, ganz so einfach war das wiederum nicht, denn, laut Matthäus, wollte sich Johannes durch Jesus taufen lassen, so daß sich zwischen den beiden ein kleiner Disput entwickelte, den Jesus mit den Worten abkürzte: »Laß es nur zu! Denn nur so können wir (!)

die Gerechtigkeit (die Gott fordert) ganz erfüllen.« (Mt 3, 15) Jesus verknüpft also mit der Taufe – und zwar noch vor dem eigentlichen Taufgeschehen – die Erwartung, daß aus der Täuferbewegung eine neue Form der religiösen Gemeinde entstehen werde, die zwangsläufig in Opposition zur Tempelgemeinde treten muß. Die Taufe Jesu durch Johannes brachte die Wende im Leben des Zimmermannssohnes: »Kaum war Jesus getauft«, heißt es bei Matthäus, »und aus dem Wasser gestiegen, da öffnete sich der Himmel, und er sah den Geist Gottes wie eine Taube auf sich herabkommen. Und eine Stimme aus dem Himmel sprach: Das ist mein geliebter Sohn, an dem ich Gefallen gefunden habe.« (Mt 13, 16 f) (In einer früheren Übersetzung der entsprechenden Stelle bei Markus hatte es sogar geheißen: »... Dies ist mein Sohn, *der einzige*, an ihm fand ich Wohlgefallen ...« [Mk 1, 11]) In der religionswissenschaftlichen Literatur ist begreiflicherweise lange und ausführlich darüber gehandelt worden, wer da gesprochen beziehungsweise wen und was genau Jesus gehört habe. Es gibt Autoren, die daran erinnern, im alten Israel sei es durchaus üblich gewesen, sogenannte Hallstimmen zu hören. In bestimmten ekstatischen Situationen hört der Mensch ja in der Tat das, was er zu hören wünscht und was der Situation in gewisser Hinsicht durchaus angemessen ist. So mögen auch Jesus, als er aus dem Taufwasser stieg, die alten Prophetenworte vom Gottesknecht, von der Erwähltheit oder vom Sohn Gottes durch den Kopf gegangen sein, und in einem übertragenen Sinn wird er diese Begriffe auch »gehört« haben; vermutlich nicht nur er allein. Der entscheidende Unterschied zwischen der Taufe des Jesus und seiner Mittäuflinge ist aber der gewesen, daß sich Jesus zwar taufen ließ, aber nicht zu einem unbedingten Anhänger des Johannes des Täufers wurde, sondern seine eigene Mission erkannte. Er mag zwar zunächst noch gezögert haben, welchen Weg er gehen sollte, aber viel Zeit blieb ihm nicht. Den entscheidenden Schritt zu seiner eigentlichen Bestimmung vollzog er, als Johannes der Täufer durch den Tetrarchen Herodes Antipas gefangengesetzt und hingerichtet wurde (es ist derselbe Potentat, durch dessen Helfershelfer auch Jesus sein Leben verlieren sollte). Jesus trat in die Fußstapfen des Johannes, lenkte seine Schritte aber in eine andere Richtung. Während der Asket Johannes auf der Basis des apokalyptischen Weltbildes zur Umkehr aufforderte und als einziges Mittel zur Überwindung des sündhaften Daseins die Taufe (deshalb ja auch Täuferbewegung) kannte, wir ihn uns also im Grunde als einen von der Welt enttäuschten Pessimisten vorzustellen haben, versuchte Jesus als Prediger und Lehrer den Weg zum Reich Gottes über die barmherzige Tat vorzuzeichnen. Die Taufe als Reinigung von den Sünden allein reichte ihm nicht aus; er verlor nicht aus dem Blick, daß der Mensch nach der Taufe noch einen Lebensweg vor sich hat, den er sinnvoll gestalten muß im Hinblick auf das Reich Gottes.

Daß die Taufe allein nicht ausreicht, um Gott nahe zu sein, erlebte Jesus durch seine Begegnung mit dem Teufel, den er mit den Worten in die Flucht schlägt: »Der Mensch lebt nicht nur von Brot, sondern von jedem Wort, das aus Gottes Mund kommt.« (Mt 4, 4) Die Versuchung Jesu durch den Teufel in der Wüste gehört zu den in den meisten Prophetenbiographien bereitgehaltenen Beispielen der rechten Gottesfrömmigkeit. Bei Jesus bekommt sie aller-

dings insofern ihre besondere Note, als er sich in der Auseinandersetzung mit dem Teufel ausdrücklich auf die Schrift, also das Alte Testament, beruft, um seinen Gottesglauben unter Beweis zu stellen – ein Hinweis mehr darauf, wie stark sich Jesus in der Tradition der jüdischen Religiosität verwurzelt sah.
Die Unterschiede zwischen der Täuferbewegung und der Botschaft Jesu, die er in den wenigen Jahren, die ihm noch blieben, verkündigte, liegen auf der Hand. Jesus war kein Asket und auch kein grundsätzlicher Feind des Reichtums. Wenn er und Johannes der Täufer vom Nahen des Reiches Gottes erfüllt waren, so gingen sie zwar von der gleichen Prämisse aus, aber eben doch unterschiedliche Wege. Das Leben und die Lehre des Jesus nach der Taufe waren erfüllt von dem Wissen der Unmittelbarkeit Gottes. Noch einmal schien sich eine Nähe in der Beziehung von Gott und Mensch aufzutun, wie sie nur die alten Propheten gekannt haben, aber angesichts des apokalyptischen Weltbildes wurde Jesus von einer Endzeitstimmung geprägt, die, mit Heidegger zu reden, das Dasein als Sein zum Tode definierte und den Menschen wieder einmal daran erinnerte, daß er die letzte Chance erlebe, die die Geschichte für ihn bereithält. Ob Jesus dabei von einer universalen apokalyptischen Vision ausgegangen ist oder vielmehr den näherliegenden Gedanken vom zeitlichen Ende eines jeden Menschenlebens zugrunde legte, wissen wir nicht genau; jedenfalls sind seine diesbezüglichen Aussagen sehr viel weniger präzis als die Mohammeds. Seine religiösen Vorstellungen unter dem Signum der Erlösungsreligion zusammenzufassen heißt nicht, daß wir wüßten, welche konkreten Bereiche Jesus gemeint haben könnte. Bei ihm gibt es keine Ausschmückung des Paradieses oder andererseits grauen- und angsterregende Visionen des Jüngsten Gerichts, wie sie etwa der Koran bereithält. Das alles bleibt offen, weil es dem Menschen unmittelbar nah ist und er keine Zeit verlieren darf, sich auf die Ankunft des Reiches Gottes vorzubereiten. Soviel jedoch ist sicher: Erlösung heißt bei Jesus, keine Angst mehr zu haben vor dem Ende, weil dieses mit dem Nahen Gottes zusammenfällt.
Die Lehre vom Reich Gottes, die Jesus in den Mittelpunkt seiner prophetischen Tätigkeit stellte, war, genau gesehen, nicht neu, aber indem er verkündete, daß sein Anbruch unmittelbar bevorstünde, hat er das religiöse Empfinden seiner Zeit zu dramatisieren gewußt. Vor allem jedoch, und das kennzeichnet seine Persönlichkeit als Messias, war er selbst von einem tiefen Gottesverständnis erfüllt. Er redete nicht von Gott, wie es die Schriftgelehrten taten, die ja nichts anderes vermochten, als die Inhalte der Schrift wiederzugeben. Sein tiefes Gotteserleben war von so existenzieller Natur, daß der Begriff von Gottes Menschensohn oder vom Messias, wie er in den apokalyptischen Büchern der damaligen Zeit verwendet wurde, unmittelbar auf ihn paßte. In diesem Sinne hat er von sich selbst auch als von einem göttlichen Wesen gesprochen und damit einen Anspruch angemeldet, der zwar ungeheuerlich ist, aber von jedem anderen Menschen gleichermaßen reklamiert werden kann, denn schließlich ist die ganze Bibel, was ihre anthropologischen Positionen anbelangt, von dem Gedanken besetzt, Gott selbst habe den Menschen nach seinem Ebenbild geschaffen; es führe von Adam über David eine direkte Linie zu Jesus, so wie wir alle von Adam abstammen. So gesehen, ist in der Idee der Gottessohnschaft Jesu zunächst nichts Revolutionäres. Wenn das Chri-

stentum jedoch bis in unsere Gegenwart hinein von dem Satz ausgeht, Gott sei in der Gestalt Jesu Christi Fleisch geworden (Joh 1, 14), und zwar nur in ihm, dann stellt sich einmal mehr die Frage, wie Jesus sich selbst gesehen hat: ob als Mensch, dessen Vater Zimmermann war, oder als Gottes eigenen Sohn. Da wir Authentisches darüber nicht wissen, müssen wir den Evangelien glauben, so wie diese glauben, Jesus sei in der Tat Gottes eigener Sohn gewesen und eben keineswegs nur irgendein Durchschnittsgläubiger mit einem Hang zum Missionieren.

Das existenzielle, nicht das papierene Erleben Gottes, das Jesus eigen ist, unterscheidet ihn von den Schriftgelehrten. Seine Zeitgenossen, oder doch immerhin nicht wenige von ihnen, mußten von der Persönlichkeit des neuen Propheten zwangsläufig fasziniert sein, weil er etwas zu sagen hatte, was über die bisherige Gesetzesreligion weit hinausging. Obwohl uns sein Sprechrhythmus im einzelnen nicht vertraut ist, dürfen wir davon ausgehen, daß seine Hörer von seiner Art der Rede, vor allem jedoch von ihrem Inhalt mehr als nur einfach angetan waren: Sie merkten, hier spricht jemand nicht über die Ränder eines alten Buches hinweg, sondern aus einem Erleben, lebendig, anschaulich und beispielhaft. Die in der Täuferbewegung bereits angedeutete religiöse Umbruchstimmung, der substanzielle Entleerungsprozeß der Gesetzesreligion, die Generationen bewegende apokalyptische Vision und das Faszinosum, das dem Gedanken von der unmittelbaren Nähe Gottes anhaftet, haben Jesus bereits anläßlich seines ersten Auftretens in Galiläa mit einem Nimbus ausgestattet, den die Evangelisten später nur auszuschmücken brauchten, um aus Jesus einen Menschen zu machen, aus dem die göttliche Vollmacht spricht: »Sie kamen nach Kafarnaum. Am folgenden Sabbat ging er in die Synagoge und lehrte«, »berichtet« Markus über die erste Predigt (Mk 1, 21–28). »Und die Menschen waren sehr betroffen von seiner Lehre; denn er lehrte sie wie einer, der (göttliche) Vollmacht hat, nicht wie die Schriftgelehrten. In ihrer Synagoge saß ein Mann, der von einem unreinen Geist besessen war. Der begann zu schreien: Was haben wir mit dir zu tun, Jesus von Nazaret? Bist du gekommen, um uns ins Verderben zu stürzen? Ich weiß, wer du bist: der Heilige Gottes. Da befahl ihm Jesus: Schweig und verlaß ihn! Der unreine Geist zerrte den Mann hin und her und verließ ihn mit lautem Geschrei. Da erschraken alle, und einer fragte den andern: Was hat das zu bedeuten? Hier wird mit Vollmacht eine ganz neue Lehre verkündet. Sogar die unreinen Geister gehorchen seinem Befehl. Und sein Ruf verbreitete sich rasch im ganzen Gebiet von Galiläa.«

Das Reich Gottes gehört der Zukunft, aber die Zukunft ist nicht mehr fern, und Jesus setzte durch Taten und Wunder Zeichen, die jedermann die Unmittelbarkeit des Reiches Gottes erkennen ließen. Diese Wunder im buchstäblichen Sinne ernstzunehmen heißt, ihre wahre Bedeutung mißzuverstehen. Ob Jesus einen Aussätzigen heilt, einem Lahmen wieder zum Gehen verhilft, ob er die Schwiegermutter des Petrus heilt oder die Besessenen und Kranken, die man ihm vorführt, ob er den Sturm auf See bändigt oder die Fünftausend sättigt oder gar Verstorbene wieder zum Leben erweckt: Alle diese Taten und Wunder sind gleichsam Zeichen für das Nahen Gottes, sie sind der Schlüssel zum Verständnis der bald heranbrechenden neuen Zeit. Es hat, so gesehen, wenig Sinn, über den Wahrheitsgehalt der biblischen Berichte zu räsonieren. Wer Jesus glaubte und mit ihm vom Heranbrechen des Reiches Gottes überzeugt war, der konnte auch die Wunder glauben, die sich als Praxis seiner Gleichnisse anboten. So wird es sein, werden die Zeitgenossen gedacht haben, wenn das Reich Gottes da ist; die Verstorbenen werden auferstehen, die Lahmen gehen können, die Aussätzigen geheilt werden und so weiter. Man ist versucht, Blochs Begriff von der konkreten Utopie einzuführen, um die Wundertaten Jesu zu verstehen, und er wird sie wohl auch in der Tat als Symbole des kommenden Zeitalters und der Herrschaft Gottes verstanden haben.

Die Wunder, die mit dem Wirken Jesu verbunden sind, zeigen an, was sein wird, wie es sein könnte, wenn das Reich Gottes anbricht. Sie sind die konkreten Zeichen der Erlösung, weil sie dem Menschen eine Freiheit geben, die er nie zuvor gekannt hat. Sie sind die Symbole der Hoffnung auf eine Zeit, in der das Leiden keine Rolle mehr im menschlichen Leben spielt. Wenn Jesus an verschiedenen Stellen seiner Predigten eine Verbindung von Leiden und Auferstehung herstellt, dann drückt er damit auch aus, daß mit der Auferstehung das Zeitalter des Leidens vorüber ist. Damit wird die zentrale Bedeutung des Auferstehungsgedankens wieder einmal ins rechte Licht gerückt: Das richtige Handeln führt zur Gnade der Auferstehung und damit zur Überwindung des Leidens, und in der Liebe Gottes und in seiner Barmherzigkeit werden die Schranken und Bedrängnisse des irdischen Daseins ein für allemal überwunden. Man muß, heißt das, die Wunder Jesu in Verbindung setzen mit seinen Gleichnissen und Predigten und sie als Metaphern der göttlichen Barmherzigkeit in jenem anderen Reich verstehen, keinesfalls jedoch als billige Effekthaschereien, die etwa mit den Zaubereien naiv-primitiver Religionen zu vergleichen wären. Damit ist aber zugleich auch gesagt, daß man sich davor hüten muß, die Wundertaten wörtlich zu nehmen. Sie sind Symbole für die Macht und die Herrlichkeit Gottes, womit die Frage nach ihrem Realitätsgehalt bedeutungslos wird.

Allerdings hat sich Jesus nicht nur durch die irdische Natur überwindende Zeichen und Symbole hervorgehoben. Er hat zugleich auch keine Gelegenheit ausgelassen, darauf hinzuweisen, daß es die Taten und Verhaltensweisen des Menschen selbst sind, die den Weg zum Reich Gottes ebnen. So wie sich Mohammed ein halbes Jahrtausend später zunächst an die Armen und Entrechteten wendet und bei diesen auch erfolgreicher ist als bei den reichen Kaufleuten, so hat sich Jesus der Aufgabe nicht entschlagen, die Klassenschranken seiner Zeit und seiner Gesellschaft durch sein praktisches Beispiel einzureißen. Davon ausgehend, daß im Reich Gottes ganz andere Werte als Reichtum, Besitz und Macht eine Rolle spielen, daß vielmehr alle Menschen vor Gott gleich sind, hat er in der Berufung des Matthäus und durch das Mahl mit dem Zöllner deutliche Zeichen jener Welt gesetzt, die er meinte: einer Welt der Gerechtigkeit, der Liebe und des Friedens.

»Als Jesus weiterging«, so erzählt Matthäus (Mt 9, 9–13), »sah er einen Mann namens Matthäus *(nicht identisch mit dem Evangelisten)* am Zoll sitzen und sagte zu ihm: Folge mir nach! Da stand Matthäus auf und folgte ihm. Und als Jesus in seinem Haus beim Essen war, kamen viele Zöllner und Sünder und aßen zusammen mit ihm und seinen Jüngern. Als die Pharisäer das sahen, sagten sie zu seinen Jüngern: Wie kann euer Meister zusammen mit Zöllnern und Sündern essen? Er hörte es und sagte: Nicht die Gesunden brauchen den Arzt, sondern die Kranken. Darum lernt, was es heißt: Barmherzigkeit will ich, nicht Opfer. Denn ich bin gekommen, um die Sünder zu rufen, nicht die Gerechten.«

Wir meinen, es gibt kaum eine Stelle bei den Evangelisten, wo Jesus so deutlich als Mensch und Messias hervortritt wie hier. Indem er die Klassenschranken niederreißt und die Tabus, von denen Zöllner und Sünder umgeben waren, außer acht läßt, erweist er sich zwar gewiß noch nicht als Sozialrevolutionär, als den man ihn mitunter gern hätte (aus politischen, weniger aus religiösen Motiven). Vielmehr drückt er durch sein praktisches Beispiel das aus, was er in seinen Gleichnissen so oft thematisiert: Das kommende Reich Gottes kümmert sich nicht um die menschlichen Schranken und Tabus, sondern reißt sie ein, weil es von ganz anderen Fundamenten getragen ist. Zugleich sagt Jesus aber auch, daß sein konkretes Handeln, das in dem schönen Symbol des gemeinsamen Essens zum Ausdruck kommt, ein Hinweis auf sein Verständnis von Gott ist. Sein Gott ist nicht der Gott der Rache oder des Gesetzes, dem man demütig Opfer bringen muß, sondern sein Gott anerkennt nur die Barmherzigkeit als mitmenschliche Tugend, und zwar nicht im Sinne eines (vielleicht sogar mit einem gewissen Widerwillen dargebrachten) Opfers, vielmehr mit freudiger Selbstverständlichkeit. Jesus ruft und liebt die Sünder. Er gibt ihnen ihre Menschlichkeit zurück, weil er sie als seine Mitmenschen anerkennt. Indem Jesus so redet und handelt, bringt er auch zum Ausdruck, daß das Leben als durchgehende Beziehung des Menschen zu Gott begriffen werden muß. Religiosität, Nähe zu Gott stellt sich demnach nicht nur ein, wenn der Mensch zufällig oder an ein Ritual gebunden sich im Tempel aufhält. Wer im Angesicht des Nahen Gottes lebt, kommt nicht umhin, sein ganzes Denken und Tun primär auf diesen auszurichten. Insofern jedoch sein Gott ein Gott der Barmherzigkeit und der Liebe ist, kann sich das menschliche Dasein nicht der Barmherzigkeit und der Liebe entziehen. Die Barmherzigkeit, das bringt die Geschichte vom Zöllner unmißverständlich zum Ausdruck, ist die Lebensregel schlechthin, da sie ein mitmenschliches Verhältnis begründet, welches dem zwischen Gott und Mensch nicht unähnlich ist: Auch Gott erbarmt sich des Menschen.

Muß man es da nicht als einen fundamentalen Widerspruch empfinden, daß Jesus auf der einen Seite für eine neue Form der zwischenmenschlichen Beziehungen plädiert und diese auch konkret vorlebt, so daß das utopische Element auf greifbare Weise konkret wird, und auf der anderen Seite das Sein des Menschen als Leiden definiert? Müssen einem nicht Zweifel kommen angesichts einer Lebensphilosophie, die zwischen Pessimismus und existenzialistischem »Sein zum Tode« (Heidegger) hin- und herpendelt und den Menschen mit beinahe grausamer Ausschließlichkeit immer wieder auf die Vorläufigkeit seines Daseins stößt? Muß man Jesus nicht am Ende einen Pessimisten nennen? Wir wissen nicht, wann und aufgrund wovon Jesus im Verlauf seines kurzen Predigerdaseins das Leiden, die Passion, als Grundstimmung seines Daseins definiert hat. Wir wissen auch nicht, ob er mit seiner Vorstellung vom leidenden Gottesknecht (Mt 12, 15–21) assoziative Anleihen bei der alttestamentlichen Geschichte vom Gottesknecht und vom Gericht (bei Jesaja) genommen hat, aber es mag schon sein, daß die Sprüche des Jesaja über das kommende Reich der Gerechtigkeit (Jes 32, 1–8: »Seht: Ein König wird kommen ...«) und die bessere Zukunft (Jes 33, 17–24: »... der Herr ist unser König, er wird uns retten ...«) von Jesus intuitiv verwendet wurden, um seinem Beruf als rettende Heilsgestalt eine Tradition zu geben. Zwar ist die Verbindung der Idee des Menschensohnes mit dem Gedanken der leidenden Gottesknechtschaft nicht schon bei Jesaja vorgegeben, aber da Jesus kein Philologe war und sich möglicherweise auch nicht an die Einzelheiten bei Jesaja erinnern mußte, darf zumindest vermutet werden, daß er für seine eigene Biographie Anleihen bei dem alten Propheten gemacht hat. Damit ist aber die Frage nach den moralischen Einschlüssen einer Auffassung vom Leben als Leiden noch keineswegs beantwortet, und es überrascht nicht, daß bereits die Jünger Jesu ihn nach der Funktion oder dem Sinn des Leidens gefragt haben. Auf dem Weg nach Jerusalem, als Simon Petrus Jesus sein kategorisches »Du bist der Messias!« gesagt hat, kommt Jesus zum erstenmal auf das Leiden zu sprechen – und auf die Auferstehung: »Da begann er, sie darüber zu belehren, der Menschensohn müsse vieles erleiden und von den Ältesten, den Hohenpriestern und den Schriftgelehrten verworfen werden; er werde getötet, aber nach drei Tagen werde er auferstehen. Und er redete ganz offen darüber. Da nahm ihn Petrus beiseite und machte ihm Vorwürfe. Jesus wandte sich um, sah seine Jünger an und wies Petrus mit den Worten zurecht: Weg mit dir, Satan, geh mir aus den Augen! Denn du hast nicht das im Sinn, was Gott will, sondern was die Menschen wollen.« (Mk 8, 31–33) Nun wissen wir zwar nicht, was Petrus Jesus ins Ohr geflüstert haben mag, aber die Reaktion Jesu ist überraschend heftig. Daß Jesus sich im Widerspruch zu den Schriftgelehrten sieht, ist nichts Neues, auch daß er um sein Leben bangt, ist angesichts der rüden Methoden jener Zeit, sich seiner Gegner zu entledigen, nicht sonderlich überraschend. Aber der Auferstehungsgedanke, verkoppelt mit der Vision des Mordes, ist neu und so radikal, daß Petrus mit Recht nachgefragt haben mag. Es hilft wenig, zu vermuten, daß sich Jesus als Prediger in einer kritischen Phase befunden haben mag; immerhin hatte er Erfolge als Prediger wie als überragender Wundermann. Sehr viel wichtiger und zum Verständnis der Philosophie des Leidens eher beitragend wird die Überlegung sein, daß Jesus die Dialektik von Leiden und Erlösung (hier eingebunden in den Begriff der Auferstehung) deutlich geworden sein muß wie nie zuvor. Seine ganze Lehre ist, bei aller bruchstückhaften Übermittlung auf die Nachkommenden, von dem zentralen Gedanken der Erlösung durch das Reich Gottes gekennzeichnet. Indem er sich selbst nun mit bisher unbekannter Schärfe zum leidenden Gottesknecht erklärt, gibt er zu verstehen, daß er nicht nur an einzelnen Menschen Zeichen und Wunder vollbringen will, um diese Gottesnähe zu dokumentieren, und daß es nicht nur um den einen (oder um ein paar wenige) Zöllner geht, den er als seinen Bruder behandelt, sondern um sehr viel mehr. Er, Jesus, will bewußt das Leiden der Welt auf sich nehmen, um die Welt von dem Leiden zu befreien. Was seinen persönlichen Tod verursachen wird, wird damit für ihn und die Menschen, die an ihn glauben, zum Symbol der Freiheit und der Liebe Gottes. Ohne daß er es in seiner ersten Ankündigung vom

Leiden und von der Auferstehung ausdrücklich gesagt hätte: Indem Jesus das Leiden der Welt auf sich nimmt, bestimmt er seine Rolle nicht mehr nur als Prediger, sondern als die Welt rettender Heiland, der nicht für einen einzelnen Menschen stirbt, sondern für die ganze Menschheit. Hier, an dieser Stelle seiner Biographie, erkennt er, »was Gott will«, und die Argumente des Petrus wischt er deshalb mit ungeahnter Heftigkeit weg. Im Angesicht seines als unmittelbar bevorstehend geahnten Todes kommt Jesus nicht umhin, seine »Funktion« ganz radikal zu denken.

Aus der Perspektive der christlichen Gemeinde, die das Leben Jesu von seinem Tod und der Auferstehung her aufrollt, erhält das Leiden eine ganz andere Bedeutung, als es etwa vergleichsweise in der Existenzphilosophie eines Kierkegaard hat. Der Tod beendet das Dasein als Leid, aber die Auferstehung und das ewige Leben im Angesicht Gottes überwinden den Tod, und so gesehen ist das Leiden einmal mehr nur ein Übergangsstadium, eine Phase der Prüfung und die höchste Form der Barmherzigkeit, wovon sich die Erlösung begründet. Mehr noch: Das Leiden, das Jesus meint, ist das Mit-Leiden an der Situation des Menschen, und zwar dessen, der mühselig und beladen, bedrückt und bedrängt, geschlagen und geschunden ist. Ihn zu befreien bedarf es jener Barmherzigkeit, die höher gilt als das Opfer, da sie vom Menschen verlangt, *sich selbst* zu opfern – im Vertrauen auf die Erlösung. Nur das Wissen um die Nähe Gottes konnte Jesus veranlassen, so zu sprechen, und nur dieses konnte ihm Trost sein angesichts der furchtbaren Bedrohung, die er ahnte und deren Opfer er wurde, als er 33 zu Ostern in Jerusalem einzog, dem Zentrum des alten und des neuen Glaubens.

Zwei Tage vor dem traditionellen *Passah*-Fest lud Jesus seine Jünger zu seinem Abschiedsmahl ein, denn er wußte, daß seine Tage gezählt waren. Wir haben es hier mit einer Handlung von erheblichem Symbolcharakter zu tun. Es ist die letzte Zusammenkunft von Jesus mit seinen Jüngern, die alte Vertrautheit ist noch gegeben, denn nur Jesus weiß, daß sie zum letztenmal miteinander essen, aber er weiß auch schon, daß einer unter seinen Jüngern sitzt, der ihn verraten wird. Die Schönheit der Handlung – Jesus lädt zum Essen ein, statt möglicherweise noch einmal als Lehrer vor seine Jünger zu treten – ist unseligerweise durch einen Jahrhunderte dauernden Streit über die Bedeutung der Handlung vielfach aus dem Blick gekommen. Es grenzt fast an einen Aberwitz, was theologischer Scharfsinn und Sophistik alles aufgeboten haben, um das Abendmahl zu interpretieren, und niemand ist auf den nächstliegenden Gedanken gekommen, es sei primär eine liebenswürdige Geste Jesu gegen seine Jünger gewesen, denen er beim Abendmahl seinen Abschied gab und sie zugleich zu den Fortsetzern seines Werkes bestimmte. Es kann gar kein Zweifel sein, daß Jesus das Abendmahl sehr viel mehr bedeutete als nur eine letzte Zusammenkunft, und er selbst hat ja auch nachdrücklich auf den besonderen Charakter der Veranstaltung hingewiesen. Aber es heißt schon, von seiner Bildhaftigkeit und seinem ausgeprägten Hang zu Gleichnissen nicht viel verstehen, wenn man die Bemerkung von Jesus wörtlich nimmt, die Matthäus (Mt 26, 26–28) berichtet: »Während des Mahls nahm Jesus das Brot und sprach den Lobpreis; dann brach er das Brot, reichte es den Jüngern und sagte: Nehmt und eßt; das ist mein Leib. Dann nahm er den Kelch, sprach

das Dankgebet und reichte ihn den Jüngern mit den Worten: Trinkt alle daraus; das ist mein Blut, das Blut des Bundes, das für viele vergossen wird zur Vergebung der Sünden.«
Daß es hierbei um eine ausschließlich symbolische Handlung geht, nicht jedoch darum, daß die Jünger etwa tatsächlich vom Fleisch und Blut Jesu genossen hätten, mag man nicht eigens hervorheben. Wer weiß, daß das Trinken von Blut den Juden grundsätzlich verboten ist, weil das Blut Gott gehört, ihm also geopfert werden muß, für den ist im Grunde völlig klar, daß der Wein im Kelch Wein bleibt und sich nicht auf geheimnisvolle Weise in Blut verwandelt. Da aber Jesus ausdrücklich sagt, es handele sich hierbei um »das Blut des Bundes«, bekommt der Wein jene sakrale Qualität, die ihm als Rebensaft im allgemeinen abgeht. Das Abendmahl ist ein Gedächtnismahl, und nach Lukas hat Jesus diesen Aspekt selbst sehr deutlich ausgesprochen: »Tut dies zu meinem Gedächtnis!« (Lk 22, 19) Was jedoch aus der Biographie und dem Selbstverständnis Jesu klar zu sein scheint – es hat, wie gesagt, die Dogmatiker nicht daran gehindert, einen philiströsen Streit über die Bedeutung des Abendmahles in Gang zu setzen, aus dem so viel Sprengkraft hervorgegangen ist, daß sie eben das zu verhindern half, worum es Jesus eigentlich gegangen ist: um die Nachfolge und die Herausbildung einer einheitlichen Gemeinde.
Jesus hat geahnt, daß er bald sterben und daß sein Tod leidvoll sein werde. Er war noch ein junger Mann, als man ihn im Jahre 33 in Jerusalem verhaftete, ihm wegen revolutionärer Umtriebe den Prozeß machte und ihn anschließend zum Tod durch das Kreuz verurteilte. Der Jesus der Kirche läßt keinen Zweifel am Prozeß und am Kreuzestod aufkommen; die Geschichtswissenschaft schweigt sich beinahe vollständig aus. Zwar liegen die Berichte der Evangelisten vor, und insbesondere der Evangelist Johannes hat sich bemüht, ein geschlossenes Bild von den letzten Tagen des Jesus zu zeichnen. So ist gerade bei ihm ein imponierendes Stück Welttheater herausgekommen – aber eben ein Theater, das sich nur sehr wenig um die Realität zu kümmern brauchte. In den vergangenen Jahrzehnten sind immer wieder Zweifel an der Tatsache des Prozesses und des Kreuzestodes angemeldet worden, denen man zum Teil mit Riesenstudien die Grundlage rauben wollte. So hat beispielsweise der Regensburger Theologe Joseph Blinzler Anfang der sechziger Jahre eine Mammutuntersuchung über den Prozeß Jesu veröffentlicht, um den Nachweis zu erbringen, daß es diesen Prozeß tatsächlich gegeben haben muß. Was für den religiösen Menschen Bestandteil seines Glaubens an den leidenden Gottesknecht ist, wird von manchen Historikern ernsthaft bezweifelt.
Unterstellen wir getrost, es habe einen Prozeß und den Tod am Kreuz gegeben. Dann ist damit gesagt, es habe sich um einen politischen Prozeß gehandelt, dessen Angeklagtem unterstellt wurde, er sei „gegen Rom“ gewesen, was immer das auch heißen mag. In der Tat muß man wohl davon ausgehen, daß das letzte Kapitel in der Biographie Jesu wieder einmal auf einem Mißverständnis beruhte, man kann vermutlich sagen: bewußt als Mißverständnis ausgelegt wurde. Indem man Jesus nämlich der revolutionären Umtriebe anklagte, schufen sich die Pharisäer und der Hohepriester die Voraussetzung, den Prozeß nicht als religiösen Diskurs führen zu müssen. Statt dessen gingen

sie davon aus, daß Jesu Tun und Reden sich gegen die römische Herrschaft richtete und daß sein Etikett, er, Jesus, sei der König der Juden, nicht anders als Ausdruck einer politischen Opposition verstanden werden durfte. Man bezichtigte ihn, gewiß, der Gotteslästerung und der Tempellästerung, und auch seine bewußten Übertretungen der heiligen Sabbatgesetze dürften zur Sprache gekommen sein. Aber man setzte sich nicht damit auseinander, was Jesus beabsichtigte, als er den Tempel von all dem Plunder befreite, der mit Frömmigkeit nichts zu tun hatte; und man setzte sich auch nicht mit Jesu Verständnis von Gott auseinander. Vielmehr konzentrierte sich schließlich die Anklage auf Jesu Selbstverständnis als Gottes Menschensohn, die Markus möglicherweise recht authentisch berichtet haben mag mit den Worten: »Da wandte sich der Hohepriester nochmals an ihn und fragte: Bist du der Messias, der Sohn des Hochgelobten? Jesus sagte: Ich bin es. Und ihr werdet den Menschensohn zur Rechten der Macht sitzen und mit den Wolken des Himmels kommen sehen.« (Mk 14, 61 f) (Die beiden anderen Synoptiker berichten ähnlich; nur Johannes schmückt die Szene gewaltig aus, ist aber schon deshalb historisch unzuverlässig, als er das Verhör durch den Landpfleger Pilatus durchführen läßt.)

Es bedarf keiner besonderen Erwähnung, daß die Bemerkung des Jesus die krasseste Form der Blasphemie, der Gotteslästerung, gewesen ist, und der Hohepriester reagiert auch entsprechend wütend, indem er seine Kleider zerreißt und auf Todesstrafe plädiert, die den Juden allerdings nicht erlaubt war durchzuführen. Wegen des geltenden Besatzungsstatuts in Galiläa mußte Jesus dem römischen Vertreter und Rechtspfleger Pilatus ausgeliefert werden, der alles weitere veranlaßte. Die weiteren Ereignisse sind – selbst wenn sie historisch nicht gesichert sind – zu bekannt, als daß sie hier nachgezeichnet werden müßten. Interessant ist jedoch ein Detail, das im Johannes-Evangelium auf uns gekommen ist. Danach hat Pilatus Jesus gefragt, ob er der König der Juden sei, und Jesus antwortete: »Sagst du das von dir aus, oder haben es dir andere über mich gesagt?« Und da Pilatus mit dieser ausweichenden Antwort nicht zufrieden ist und seine Frage erneut stellt, weicht Jesus bezeichnenderweise zum zweitenmal aus: »Du sagst es, ich bin ein König.« Und dann kommt die Ergänzung: »Ich bin dazu geboren und dazu in die Welt gekommen, daß ich für die Wahrheit Zeugnis ablege«, worauf Pilatus mit der ewigen Philosophenfrage erwidert haben soll: »Was ist Wahrheit?« (Joh 18, 33–38) Wir hätten es nicht mit einem so bedeutenden Schriftsteller wie Johannes zu tun, um den literarischen Charakter der Szene nicht zu genießen. Aber darüber hinaus stellt sich schon etwas Überraschung ein, zu lesen, daß Jesus selbst nicht gesagt hat, er sei der König der Juden, sondern es Pilatus überläßt, eine derartige Feststellung – wenngleich in eine Frage gekleidet – zu treffen. Angesichts des Todes, so könnte man meinen, blieb Jesus nur noch eine kleine Hoffnung, die Menschen möchten begreifen, als wen er sich versteht und warum.

Jesus scheint ohne Todesurteil an Pilatus ausgeliefert worden zu sein, und dieser hat ihn ohne Urteilsspruch hinrichten lassen. Übergehen wir die vielfältigen wissenschaftlichen Kontroversen über die möglichen Todesarten des historischen Jesus, deren eine sich ohne Hemmungen mit der Frage auseinan-

dergesetzt hat, wie lange ein Mensch überhaupt in der Lage sei, am Kreuz zu hängen und noch zu leben. Unterstellen wir statt dessen, daß Jesus am 3. April 33 am Kreuz gestorben ist, und ersparen wir uns Einzelheiten. Sein Tod muß grauenvoll gewesen sein, so grauenvoll, daß es viele Jahrhunderte gedauert hat, bis sich ein Maler getraute, ihn einigermaßen realitätsgetreu zu veranschaulichen – von den ersten glorifizierenden Darstellungen bis Dürer und Matthias Grünewald war der Weg der Kunstgeschichte ausgesprochen weit. Jesus ist unter unsäglichen Schmerzen gestorben und als ein einsamer Mensch dazu. So wie er nach der „Verurteilung" verstummte, so hat er sich vieler großer und letzter Worte enthalten, denn er hat möglicherweise bis zuletzt auf ein Wunder gewartet, das nicht eintrat, auf eine Erlösung gehofft, die nicht kam. Man könnte nur Phantasieprodukte darüber anbieten, was in seinen letzten Stunden in ihm vorgegangen sein mag. Die Apostel Markus und Matthäus berichten übereinstimmend, seine letzten Worte am Kreuz hätte er in seiner aramäischen Muttersprache gesprochen: »Mein Gott, mein Gott, warum hast du mich verlassen?« (Mk 15, 34; Mt 27, 46), während Lukas (Lk 23, 46) das Problematische dieser äußersten Gottverlassenheit erkannte und deshalb Jesus einen anderen Satz in den Mund legte: »Vater, in deine Hände lege ich meinen Geist.« Das reichte Johannes auch noch nicht aus, so daß er insofern einen dramatischen Schlußpunkt setzte, als er Jesus sagen läßt: »Es ist vollbracht.« (Joh 19, 30)
In seiner letzten Stunde (oder gar in seinen letzten) hat Jesus vor Schmerzen geschrien und möglicherweise noch auf das Zeichen der Erlösung und der Erhöhung gehofft. Statt dessen kamen ihm allenfalls die Spottrufe der Schaulustigen noch zu Ohren. Wir sollten es in aller Deutlichkeit festhalten, daß Jesus einen unendlich grausamen und schmerzhaften Tod gestorben ist und daß er von einer existenziellen Gottverlassenheit erfüllt war. Nicht, daß die Menschen ihm nicht folgten, sondern daß Gott, dessen Nähe er verkündigt hatte, ihm und der Welt kein Zeichen gab, macht diesen Tod für Jesus und die Welt so unbegreiflich. Während Mohammed, sehr viel älter geworden als Jesus, im Schoße seiner Lieblingsfrau sanft entschlief; während andererseits Buddha aufhörte zu sein, weil er das himmlische Nirvana erreicht hatte, starb Jesus den Verbrechertod – keineswegs erlöst, keineswegs befriedigt, keineswegs vollendet. Sein historischer Tod scheint vielmehr ein drastisches Zeichen des Scheiterns: Jesus hat versagt, denn das Reich Gottes hat sich nicht eingestellt. Mit seinem Tod, der nicht einen Gran leichter wurde, weil ihn Jesus »für die Welt gestorben« ist, wie die theologische Literatur gern behauptet, war die auf ihn gegründete Hoffnung und die prophetische Spannung zunächst einmal dahin, und die ersten Jünger wie Paulus, Petrus und Johannes mußten die Tatsachen so umschreiben, daß sie zu Glaubenswahrheiten werden konnten; sie mußten aus dem Menschensohn einen Kultgott machen.
Mit dem Tod Jesu am Kreuz und der Frage: Wo bleibt Gott?, endet konsequenterweise der historische Jesus, der Jesus der Geschichte, und das Kerygma beginnt. Alles, was nach dem April 33 geschehen ist, von der Auferstehung bis zur Dogmatisierung des Lebens Jesu, ist Sache des Glaubens und entzieht sich damit der historisch-wissenschaftlichen Kritik. Die Lebensgeschichte Jesu endet für den Gläubigen nicht mit seinem Tod, sondern sie gip-

felt in der Auferstehung, von welcher Jesus dreimal im Zusammenhang mit dem bevorstehenden Leiden gesprochen hatte. Niemand ist beim Auferstehungsgeschehen selbst dabeigewesen, und die Berichte des Neuen Testaments sind nicht frei von Widersprüchen. Obwohl den Jüngern Jesu Vorstellung von der Auferstehung noch in den Ohren gewesen sein dürfte, so deuten die Evangelien, insbesondere die Darstellung bei Lukas (Lk 24, 36–53), eine gewisse nicht ganz unberechtigte Skepsis an, als Jesus ihnen als der Auferstandene erscheint. Schon in der Begegnung mit dem Auferstandenen auf dem Weg nach Emmaus (Lk 24, 13–35) wird deutlich, daß die Jünger von dem Tod des Jesus enttäuscht waren. Sie hatten wohl bis zuletzt auf ein Wunder, auf ein Zeichen gewartet, und als das ausblieb, mögen sie sich heimlich gefragt haben, ob nicht doch Zweifel an der Identität des Meisters angebracht wären. Als Jesus ihnen nun auf dem Weg nach Emmaus erscheint, kann man sehr gut nachvollziehen, daß sie immer noch mißtrauisch und vorsichtig sind, und Jesus muß sich denn auch eine Reihe von Fragen gefallen lassen. Auch die Erscheinung des Auferstandenen in Jerusalem ist nicht von Anfang an ein Erfolgserlebnis für den Glauben. Vielmehr muß Jesus, um die letzten Ressentiments zu überwinden, vor den Augen der Jünger ein Stück gebratenen Fisch essen, damit sie endlich von seiner Identität überzeugt sind. Derartige Ausschmückungen nimmt man möglicherweise nicht ohne etwas Verwunderung zur Kenntnis, denn immerhin sind es geradezu drastische Symbole, zu denen Jesus greifen muß, um die Bedenken seiner Jünger zu überwinden. (Warum hat er, möchte man nebenbei fragen, den Jüngern nicht ein »himmlisches«, ein göttliches Zeichen gegeben ...?)

Die Berichte der Evangelisten lassen erkennen, daß den Jüngern selbst die Auferstehung als etwas Unglaubliches, Nie-Dagewesenes erscheint, was man ihnen keineswegs verdenken kann. Immerhin mußten sie innerhalb einer sehr kurzen Zeitspanne den Sprung vom Jesus der Geschichte zum Jesus des Glaubens vollziehen. Indem sie sich den Auferstehungsgedanken zu eigen machten, vollzogen sie zum erstenmal das mit aller Deutlichkeit, wovon der Christenmensch seither ausgegangen ist: daß Jesus Christus ist, Gottes Sohn. Damit einher ging eine völlige Neuinterpretation von Jesu Leben und Leiden, das seiner Diesseitigkeit mehr und mehr beraubt und zum Zentrum des Heilsgeschehens und des Glaubensinteresses gemacht wurde. Auf jeden Fall ist es unangebracht, die widersprüchlichen Berichte über den Auferstandenen zum Anlaß zu nehmen, das Phänomen der Auferstehung selbst zu problematisieren oder gegebenenfalls gar zu bestreiten. Die Widersprüchlichkeit ist dem Phänomen immanent. Da es sich den realen Erfahrungen und den Gesetzmäßigkeiten des irdischen Daseins entzieht, es also nicht unmittelbar erfahren werden kann, dringt es in den Bereich des Glaubens ein, der zu jener Zeit, noch durch keine dogmatische Schranke beeinträchtigt, zu durchaus unterschiedlichen, weil subjektiven Bewertungen führen konnte. Ob Jesus *wirklich* auferstanden ist, kann den Historiker nicht interessieren, weil er keine Möglichkeit besitzt, ein Geschehen, das ein Wunder ist, zu beschreiben und etwa mit anderen historischen Geschehnissen zu vergleichen. Der Mensch des Glaubens jedoch ist in jedem Fall über die möglichen Skrupel des Historikers erhaben, denn für ihn ist die Auferstehung Jesu die Garantie für dessen Gottessohnschaft wie auch für die nach wie vor gültige Dialektik von Leiden und Erlösung. Die Auferstehung Jesu ist, kurz gesagt, der Dreh- und Angelpunkt des Christentums: das Zeichen der Überwindung des Todes, das Zeichen der Erlösung und damit der Schlüssel zum Reich Gottes und zur Unsterblichkeit der Seele als Lohn für die Unvollkommenheit des irdischen Seins. Ohne die Auferstehung wäre Jesus für den Menschen des Glaubens eines sinnlosen Todes gestorben und im Bewußtsein einer enttäuschten Hoffnung auf den barmherzigen Gott. Dennoch bleibt da ein Rest, der nicht aufgeht; Wolfhart Pannenberg hat ihn 1960 einmal auf eine schlichte Formel gebracht, der man die Zustimmung nicht verweigern kann: »Es stünde schlecht für den christlichen Glauben«, schrieb er, »wenn die Auferstehung Jesu wirklich keine historische Tatsache wäre.«

Wir haben bereits angemerkt, daß mit dem Tod und der Auferstehung Jesu ein Teil jener prophetischen Spannung nachließ, die stets das Kennzeichen von Erlösungsreligionen und apokalyptischen Visionen ist. Der Mensch fragt sich aus naheliegenden Gründen stets: Wann wird es sein, das Reich Gottes? Wann wird der Messias wiederkommen, um die Menschen und die Welt zu erlösen? Warum kommt er nicht beispielsweise gerade jetzt? Mit solchen Fragen hatten sich die Begründer des Christentums, die Anhänger Jesu, auseinanderzusetzen, und der erste, der das tat, war Paulus. In seinem ältesten uns erhaltenen Brief an die ungeduldig werdende Gemeinde, den er um das Jahr 50 n. Chr. an die Thessalonicher schickte, ging er auf die Bedeutung der Auferstehung für den Glauben ein. Am Schluß seines Briefes schreibt er: »Er ist für uns gestorben, damit wir vereint mit ihm leben, ob wir nun wachen oder schlafen. Darum tröstet und ermahnt einander, und einer richte den andern auf, wie ihr es schon tut.« (1 Thess 5, 10 f) Man begann sich also darauf einzurichten, daß die Geschichte weiterging und daß der Glaube an die Auferstehung das zentrale Zeichen der Hoffnung sei, daß das Reich Gottes doch eines Tages kommen werde, wenngleich niemand ein genaues Datum anzugeben in der Lage sei (auch Jesus hat ja keinen Termin genannt). Paulus fordert nun in dem Brief seine Anhänger, genauer gesagt, die christliche Gemeinde auf, weiterhin an Jesus zu glauben und die Bedeutung seiner Lebensgeschichte für die Welt von der Auferstehung her zu sehen. Das heißt aber auch nichts Geringeres, als daß Paulus seine Briefpartner ermutigt, an den persönlichen Gott zu glauben, der mit der Auferstehung Jesu ein Zeichen seines Bundes mit den Menschen gesetzt hat, wie es seit den Geschichten aus dem Alten Testament keines mehr gegeben hat. Das Sterben Jesu am Kreuz und die Auferstehung von den Toten gehören so unlösbar zusammen, wie – für den christlichen Glauben – in Person und Geschick des Jesus der unüberbrückbare Widerspruch zwischen Gott und den Menschen zur Einheit gebracht wird. Nimmt man auch nur ein Teilstück aus dieser Kette heraus, so bricht nicht nur die Argumentation, sondern, was viel wichtiger ist, der Glaube zusammen. Wer an Gott glaubt, kann die Auferstehung nicht als eine Fata Morgana beiseitewischen; und wer an Jesus Christus glaubt, setzt sich in eine Unmittelbarkeit zu Gott, welche die von Jesus gepredigte Nähe des Reiches Gottes auf eine zunächst ganz andere und überraschende Weise ins Bewußtsein rückt, als man möglicherweise ursprünglich vermutet hat. Durch den Auferstehungsgedanken treten an die Stelle von Leiden, Schrecken, Unglück und Unheil das Heil, der Segen und die Erfüllung des Willens Gottes und die Gewißheit seines Reiches. So gesehen, sind der Tod und die Auferstehung Jesu *und der Glaube daran* die Voraussetzungen dafür, daß sich neben die Erfahrung der irdischen Existenz des Menschen auch jene andere einstellt, die Jesus gemeint hat, wenn er vom Nahen des Reiches Gottes sprach. Da die Zeiten des Alten Testaments vorüber waren, wo Gott sich noch auf die Erde begeben hat, um sich – verhüllt zwar – zu erkennen zu geben, erneuerte Jesus durch sein Leben und seine Lehre den Bund des Menschen mit Gott und stellte damit jene Gottesnähe wieder her, von der die alten Propheten und ihre Stämme erfüllt waren. Am Ende steht damit nicht die gnadenlose Gottverlassenheit, sondern der Auftrag des Auferstandenen an die Welt, so wie es Matthäus am Ende seines Evangeliums (Mt 28, 16–20) beschreibt, wenn er Jesus, nun schon in die Position des Kultgottes gerückt, sagen läßt: »Mir ist alle Macht gegeben im Himmel und auf der Erde. Darum geht zu allen Völkern und macht alle Menschen zu meinen Jüngern; tauft sie auf den Namen des Vaters und des Sohnes und des Heiligen Geistes, und lehrt sie, alles zu befolgen, was ich euch geboten habe. Seid gewiß: Ich bin bei euch alle Tage bis zum Ende der Welt.«

Vom Reich Gottes

Jesus war ein Prophet, und er wurde von seinen Zeitgenossen als ein solcher verstanden. Auch die Hohepriester und die Pharisäer nannten ihn einen Propheten und stellten ihn damit in die Reihe der großen Prophetengestalten des Alten Testaments. Noch ein halbes Jahrtausend später wird ihn der Prophet Mohammed einen Propheten nennen, der den Versuch unternommen habe, das Wort Gottes auf die Erde und unter die Menschen zu bringen. Wenn man Jesu Biographie betrachtet, kommt man nicht umhin, ihm das gleiche Schicksal zu bestätigen, das vor ihm viele Propheten erlitten haben: Man hörte ihm zu, aber man glaubte ihm nicht. Mehr noch: Jesus wurde zum Opfer seiner eigenen Lehre, er hat mit seinem Leben dafür bezahlt, und dieser Umstand läßt ihn aus der Geschichte der Propheten herausragen.

Jesus einen Propheten nennen, stößt jedoch zugleich auf Widerstand. Nur wenige Jahre nach seinem Tod machten sich die Jünger, insbesondere die Apostel Paulus und Johannes, daran, ein Bild des Gekreuzigten zu entwerfen, das der damaligen Gemeinde helfen sollte, Jesus im Gedächtnis zu behalten. Sie machten aus dem Menschen Jesus Gottes eigenen Sohn und statteten ihn mit Funktionen aus, die er zu Lebzeiten nie für sich reklamiert hatte: Jesus war viel bescheidener als jene, die, sich fälschlicherweise auf ihn berufend, ein neues Bild schufen, aus dem sich das Christusbild entwickelt hat, welches bis zur Gegenwart gilt. Mit der Entstehung des Christentums, das – überspitzt formuliert, aber den eigentlichen Sachverhalt ziemlich genau treffend – weniger das Werk Jesu als vielmehr die Leistung der Apostel Paulus und Johannes ist, wurde aus Jesus dem Propheten Jesus der Kultgott, der Herr über Leben und Tod, der Herr der Weltgeschichte, vor allem auch der Bringer des Reiches Gottes. Aus der Sicht des frühen Christentums wurde Jesus durch Gott erhöht, er wurde zum Kultgott, den man genauso anbetet wie Gott selbst. Indem aus dem Menschensohn Gottes Sohn gemacht wurde, wurde einerseits die Beziehung Gottes zu den Menschen völlig neu gestaltet (und stellt in der

Geschichte der Religionen durchaus einen revolutionären Prozeß dar); zum anderen jedoch wurde Jesus seines Menschentums im nachhinein beraubt. Die Apostel, die Dogmatiker und nicht zuletzt die christliche Kirche machten ihn zu jenem Messias, von dem im Alten Testament verschiedentlich die Rede ist, zu jener Zentralgestalt des Glaubens also, von dem die Erlösung ausgehen werde. Vor allem das Christusbild des Apostels Johannes hat zu einer Überhöhung des historischen Jesus beigetragen, aus dem sich die eigentlichen Züge Jesu nur noch schwer rekonstruieren lassen. Die Christenmenschen, ohnehin wenig über den historischen Jesus unterrichtet, haben sich darauf eingestellt, daß Jesus Christus Gottes Sohn und der Messias ist, und als Bestandteil eines Glaubens, der die Einheit von Gott und Mensch eingeführt hat, ist das gewiß richtig so. Jedoch muß es einigermaßen bedenklich stimmen, wenn namhafte Religionswissenschaftler, unter ihnen auch Rudolf Bultmann, darauf hingewiesen haben, daß sich Jesus selbst niemals als Messias oder Kultgott bezeichnet, geschweige denn habe feiern lassen. Nicht das angeblich Messianische an ihm sei es ja auch gewesen, was die Pharisäer herausforderte, sondern seine Kritik an dem, was wir der Einfachheit halber die jüdische Kirche seiner Zeit nennen wollen. Anders gesagt: Jesus wollte die Kirche seiner Zeit reformieren, aber er wollte keine neue Religion stiften – so wie eineinhalb Jahrtausende später der Mönch Martin Luther auch keine neue christliche Konfession begründen wollte, sondern vielmehr an einer Erneuerung des alten Glaubens interessiert war. Daß diese Prozesse sich verselbständigt haben, ist uns geläufig; daß Jesus oder Luther das bewußt veranlaßten, dürfte sich nur schwer nachweisen lassen.
Das gültige Christusbild geht davon aus, daß Jesus Gottes Sohn und der Garant für das kommende Reich Gottes ist; man betet zu Jesus, seit Jahrhunderten auch zu seiner Mutter Maria, der die Rolle der heiligen Muttergottes zugefallen ist (was auf dem Konzil zu Ephesus im Jahre 431 erstmals geschah). Obwohl Jesus Christus als Mittler zwischen Gott und Mensch verstanden wird, kommt man bei genauerer Betrachtung um die einigermaßen provozierende Frage nicht herum: Was hat Jesus mit Gott zu tun? Muß man, anders gefragt, an ihn glauben, wenn man an den Gott der Bibel glaubt? Muß man sich dem Christusbekenntnis des Johannes unmittelbar anschließen, wonach Christus der fleischgewordene Gott und neben dem Heiligen Geist ein Teil der göttlichen Dreieinigkeit ist? Immerhin leuchtet doch unmittelbar ein, daß sich die Frage: Wer war eigentlich Jesus?, auf sehr radikale Weise dann stellt, wenn man davon ausgeht, er sei Gottes Sohn, er sei der auf die Erde gekommene Gott, er sei zwar Fleisch geworden, aber immer auch noch etwas anderes, was ihn einmalig und unverwechselbar macht und von der allgemeinen menschlichen Natur grundsätzlich unterscheidet. Für das Verständnis Jesu ist nicht nur wichtig, daß er eine Botschaft vom Nahen Gottes und dem künftigen Reich brachte und diese gleichzeitig durch konkretes Verhalten in Praxis umsetzte (man denke beispielsweise an den barmherzigen Samariter oder an den ausgestoßenen Zöllner); wichtig ist vor allem, daß er Theorie und Praxis seiner religiösen Vision mit einer Autorität umkleidete, die unmittelbar von Gott selbst zu kommen schien – jedenfalls haben es die Jünger so gesehen und die Evangelisten entsprechend notiert. Das Neue an Jesus, sowohl am hi-

storischen als auch am kerygmatischen, ist sein Wissen um die Nähe Gottes. Damit erhält seine Botschaft eine Aktualität, die sich von den papierenen Wahrheiten der Pharisäer himmelweit unterscheidet. Ob man Jesus als Messias oder Gottes Sohn anerkennen möchte oder nicht: Entscheidend bleibt, daß es ihm gelungen ist, ein Bild von Gott und ein Beziehungsverhältnis zu ihm zu stiften, das so eng und authentisch ist, daß der Mensch der christlichen Gemeinde gar nicht mehr umhin kann, als Gott und Jesus in eine so enge Beziehung zu setzen, daß sie, gemeinsam mit dem Heiligen Geist, eine unauslöschliche Einheit im Glauben bilden. In einer sich verhärtenden, wir können auch sagen: in einer orthodoxen Glaubensgemeinschaft war die Botschaft Jesu so etwas wie eine Kampfansage an die etablierten Mächte der Kirche, und wie wir wissen, hat das Christentum schließlich diesen Kampf gewonnen. Das heißt aber auch, daß Jesus die Beziehungen des Menschen zu Gott vereinfacht und damit zugleich intensiviert hat, weil er das ritualisierte Tempelgehabe strikt ablehnte und zu einer Frömmigkeit und Einfachheit des Glaubens aufforderte, die sich über die Beschränkungen der institutionalisierten Kirche hinwegsetzte. Nicht irgendeine Institution, nicht ein Tempelgebot steht für Gott, sondern er, Jesus, Christus selbst. Wer an ihn glaubt, glaubt an den Gott der Bibel – und umgekehrt. Eine der wichtigsten Leistungen des Jesus möchten wir darin sehen, daß er die finsteren Dogmatiker bekämpfte, welche die Kirche und ihre Religion als ein Mittel zur Herrschaft gebrauchten (was Religion immer auch ist, aber eben: auch); daß er zur Entmythologisierung der Welt beigetragen hat und damit ein Licht in die Welt brachte, woran sich die Menschheit zu großen Teilen orientiert; und daß er das Problem von Gottes Wirklichkeit mit der Existenz und dem Wirken seiner eigenen Person ganz klar und eindeutig beantwortete. Indem Jesus die Sache Gottes zu seiner eigenen Sache machte, trieb er keineswegs Gotteslästerung, wie die Pharisäer meinten; vielmehr begründete er ein neues Verhältnis des Menschen zu Gott, das sich in dem Terminus von der Nachfolge niedergeschlagen hat; er meint ja nicht, daß der Mensch werden solle wie Gott (etwa im Sinne einer *imitatio*). Er meint vielmehr, daß sich die christliche Frömmigkeit jederzeit der Nähe Gottes bewußt ist und den von Jesus vorgezeichneten und vorgelebten Weg zum Reich Gottes nachvollzieht. Jesus Christus nachfolgen heißt damit zunächst nichts anderes, als seinem Beispiel nacheifern, um der Welt und auch sich selbst zu einer neuen Wirklichkeit zu verhelfen, die der Wirklichkeit Gottes – und damit seinem Reich – immer näher kommt.

Die Schriften des Neuen Testaments sind in bezug auf das Selbstverständnis Jesu unzuverlässig, weil wir hier durchgehend mit dem Jesus des Glaubens konfrontiert werden. So ist es auch kein Widerspruch, wenn die Evangelisten Jesus als Messias darstellen (insbesondere Johannes) und die moderne Forschung diese Etikettierung für historisch falsch hält. Immerhin muß man berücksichtigen, daß nach dem Tod Jesu am Kreuz die Enttäuschung seiner Jünger und der winzigen Gemeinde, die sich mittlerweile zu dem »König der Juden« bekannte – mutige Forscher sprechen von etwa 100 Mitgliedern der ersten frühchristlichen Gemeinden –, offenkundig war und überblickt werden mußte. Die Begründung des Christentums durch Paulus und Johannes mußte die sich zwangsläufig verringernde prophetische Spannung auffangen, was

ihnen nur durch eine Stilisierung zum Christus des Glaubens gelingen konnte. Damit ist ihnen zwar eine große und großartige geschichtliche Leistung gelungen, aber sie haben im gleichen Augenblick dazu beigetragen, das Selbstverständnis Jesu zu vernebeln. Es ist bezeichnend, daß Gustav Mensching auf die Henoch-Apokalypse des Alten Testaments (im ersten Buch Mosis) zurückgegriffen hat, um die Frage nach der Auserwähltheit Jesu und seiner Verkündergestalt in einen historischen Zusammenhang zu stellen, um zu der Feststellung zu gelangen, Jesus habe in der Henoch-Tradition gelebt und gehöre als Verkünder des Wortes Gottes »selbst mit in das Geschehen der Endzeit und wird selbst Objekt der Divination«.
Da sich die Forscher über das Selbstverständnis Jesu nicht einig sind, tut man gut daran, sich an das zu halten, was in der Bibel konkret berichtet wird. Es sprechen gute Gründe dafür, daß sich Jesus nicht ständig damit abgequält hat, welche Rolle er denn nun in der Geschichte zu spielen habe. Statt dessen hat er das, was er wollte, in einfacher Sprache an den einfachen Mann zu bringen versucht und zugleich, als ein Mann der Tat, einige Beispiele gesetzt, die sein Verständnis vom Glauben klar illustrieren. Dazu gehört an vorderster Stelle sein Einzug in Jerusalem, der Höhepunkt und zugleich tragische Abschluß seiner kurzen Prophetenlaufbahn. Es ist durchaus unzutreffend, wenn Augstein und andere meinen, es sei unbekannt, was Jesus gerade in Jerusalem wollte und was er dort getan habe. Wenn wir davon ausgehen, daß Jerusalem, das himmlische Jerusalem des Alten Bundes, das Zentrum des alten Glaubens war, dann darf mit Recht vermutet werden, daß sich Jesus gewissermaßen in die Höhle des Löwen wagte, um seine Lehre gegen die Papierweisheiten der Schriftgelehrten zu stellen: Indem Jesus nach Jerusalem zog, um sich mit der offiziellen Religion auseinanderzusetzen, nahm er zugleich für sich in Anspruch, nicht irgendein Provinzheiliger zu sein, sondern *der* Künder des Wortes Gottes, dessen Autorität sich alle anderen Vertreter der Religion zu beugen hätten. Der Einzug in Jerusalem sollte die Erfüllung sein, wo Jesus sein Königtum vollenden wollte. Keine andere Stadt der Welt als diese uralte heilige Stadt wäre dazu besser geeignet gewesen. Die Jünger Jesu haben, wie man bei den Synoptikern nachlesen kann, kräftig nachgeholfen, um den Symbolcharakter des Einzugs in die Hauptstadt der Religionen zu unterstreichen, und sie haben auf die Frage, wer Jesus sei, geantwortet: »Das ist der Prophet (!) Jesus von Nazaret in Galiläa.« (Mt 21, 11) Die Leute riefen aber auch: »Gesegnet sei der König, der kommt im Namen des Herrn. Im Himmel Friede und Herrlichkeit in der Höhe!« (Lk 19, 38) Angesichts der allgemeinen Begeisterung, die der Einzug Jesu in Jerusalem bei den einfachen Leuten am Wege hervorgerufen hat, muß es ein wenig verwundern, daß Jesus selbst durchaus nicht freudig erregt, sondern vielmehr erfüllt war von der Vision des zerstörten Jerusalem. Zwar ist Jesus gekommen, um ein Reich zu gründen mit Jerusalem als Zentrum, aber er sieht auch das Ende der stolzen Stadt vorher, »... denn du hast die Zeit der Gnade nicht erkannt!« (Lk 19, 44)
Wenn wir ein wenig respektlos feststellen, daß die Szene von Symbolik überzogen ist bis zur Unwirklichkeit, so dürfen wir doch die hervorragende Bedeutung der Stadt für die beiden Religionen Judentum und Christentum nicht außer acht lassen. Für die Evangelisten war das Reich Gottes und die Ver-

wirklichung der Lehre Jesu nur denkbar in dieser Stadt oder doch zumindest von dieser Stadt aus, und die Offenbarung des Johannes enthält geradezu fieberhafte Visionen jenes neuen Jerusalem, welches identisch sein müsse mit dem Reich Gottes. Ein Reich Gottes kann sich Johannes gar nicht anders vorstellen als in Gestalt eines himmlischen Jerusalem, das aus Gold und Edelsteinen und Perlen besteht und worin die Herrlichkeit Gottes leuchtet und wo Gott auf einem Thron mitten unter den Menschen sitzt (Offb 21, 1 – 22, 5). Derartige phantastische Vorstellungen sind aus dem Munde Jesu nicht bekannt, und vermutlich hat er sich mit keiner Silbe in diesem Sinne geäußert. Was die Johannes-Offenbarung beschreibt, ist mehr ein glitzerndes Phantasieprodukt als eine Aufforderung zu einem Glauben, der den Menschen in ein neues Verhältnis zu Gott setzt. Das macht den Unterschied, daß der Evangelist mit seiner Vision der Traumwelt blendet und Jesus demgegenüber auf einem Esel in die Stadt Gottes einzieht, ohne Prunk, ohne Aufsehen, ohne Selbstgefälligkeit.

Indem Jesus in Jerusalem einzog, hat er einen Anspruch angemeldet, der den Schriftgelehrten höchst zuwider sein mußte. Damit nicht genug, hat er mit der Tempelreinigung drastisch vorgeführt, was ihm am überlieferten Kultglauben problematisch schien: »In der Schrift steht«, warf er den Tempelhändlern vor, »Mein Haus soll ein Haus des Gebetes sein. Ihr aber macht daraus eine Räuberhöhle.« (Mt 21, 13) Es bringt nicht viel, wenn man sich vorstellt, daß der heilige Raum im Tempel durchaus nicht durch Tempelhändler und Dirnen mißbraucht wurde; diese haben sich in Vorhallen und entsprechenden Buden eingerichtet. Auch wäre es natürlich unsinnig, sich vorzustellen, Jesus sei mit Waffen und Geräten ausgestattet in den Tempel gegangen und habe für Ordnung gesorgt. Davon kann keine Rede sein. Vielmehr stellt sich die Bedeutung der Tempelreinigung erst dann ein, wenn man berücksichtigt, daß es sich dabei nicht um einen x-beliebigen Tempel, sondern um das zentrale Heiligtum der Juden gehandelt hat, das Jesus durch den ritualisierten Gottesdienst einerseits und durch die mit dem Glauben nichts zu tun habenden Praktiken andererseits entweiht sah, so daß er mit einer symbolischen Handlung darauf aufmerksam machen *mußte*, worum es ihm und seiner Vorstellung von Frömmigkeit und der Verehrung Gottes ging. Vielleicht ist es ein wenig übertrieben, wenn Adolf von Harnack meinte, die Tempelreinigung sei die erste unzweideutige messianische Handlung Jesu gewesen; seine letzte war es mit Sicherheit, denn es ist unübersehbar, daß Jesus sich anschließend nur noch als Prediger betätigte, und auch dazu hatte er bekanntlich nicht mehr allzuviel Zeit.

In diesem Zusammenhang sollte man darauf aufmerksam machen, daß Jesus, indem er auf die Schrift verweist und den Tempel »mein Haus« (gemeint ist Gottes Haus) nennt, das er, Jesus, wieder in Ordnung bringen möchte, sich erneut als Knecht Gottes betätigt, so wie er sich bereits zu Beginn seiner Prophetentätigkeit selbst genannt hat – ebenfalls mit Bezug auf das Alte Testament und die entsprechende Stelle bei Jesaja. An ihm, Jesus, sollte sich erfüllen, was Jesaja über den Gottesknecht geoffenbart hatte: Wer der Knecht Gottes ist, auf den werde Gott seinen Geist legen, damit er den Völkern das Recht verkünde, »und auf seinen Namen werden die Völker ihre Hoffnung setzen«. (Mt 12, 15–21) Damit bringt Jesus die Begriffe des Dienens und der Knechtschaft in die Diskussion, entäußert sich allerdings ihres demütigenden Charakters, da es sich um einen Dienst an Gott handelt, der den Menschen wiederum erhöht, selbst wenn die Mitmenschen ihn dafür mißachten oder gar töten. Indem Jesus also den Tempel reinigte, setzte er über die Kritik an den Tempelverwaltern hinaus ein Zeichen für alle Welt, worin der wahre Gottes-*dienst* zu bestehen habe, und forderte mit seinem Beispiel die Menschen auf, die Verkrustungen der Institution Kirche zu überwinden, um Gottes Nähe erneut zu erleben. Auf eine einfache Formel gebracht, heißt das: Die Tempelreinigung Jesu ist das Symbol für die Reinigung der Beziehung des Menschen zu Gott; sie stiftet eine neue Unmittelbarkeit oder, wieder einmal, den Neuen Bund.

Es ist sehr bezeichnend, daß Jesus auf dem Weg nach Jerusalem auf das Problem der Nachfolge zu sprechen gekommen ist. Zum einen mußte er davon ausgehen, daß seine Tage gezählt waren, zum anderen wollte und mußte er durch seine kompromißlose Haltung ein Beispiel setzen, woran sich die Zeitgenossen und alle späteren Generationen orientieren konnten. Es ist geradezu erschütternd, mit welcher Radikalität er zur Nachfolge auffordert, indem er alle jene zurückweist, die zunächst noch ihren irdischen Geschäften nachgehen wollen, ehe sie in die Nachfolge treten. »Keiner«, so äußert er kategorisch, »der die Hand an den Pflug gelegt hat und nochmals zurückblickt, taugt für das Reich Gottes.« (Lk 9, 62) Demgegenüber lobt er seine Jünger und preist sie selig (was uns angesichts der Tatsache, daß es die Jünger selbst gewesen sind, die den Text geschrieben haben, wenig verwundern kann). Obwohl es zunächst den Anschein haben mag, daß Jesus vom Elitegedanken erfüllt war, wenn er an die Verbreitung des Glaubens (oder genauer, weil bescheidener: seiner Lehre) dachte, so macht andererseits das Gleichnis vom Sämann unmißverständlich deutlich, worum es ihm eigentlich geht: um die Massenwirkung, weil nicht einzelne, sondern jeder einzelne Mensch das Reich Gottes erleben soll. In dem schönen Gleichnis vom Sämann, das er vom Boot aus den am Ufer harrenden Menschen erzählt, sagt Jesus im Grunde nichts anderes, als was jeder Landmann weiß: Wenn man den richtigen Samen in den richtigen Boden legt, gibt es eine gute Ernte; wenn man Dornen sät, wird man Dornen ernten. Nur mit einem einzigen Satz, der gewissermaßen hintangesetzt scheint, kommt Jesus auf das zu sprechen, was er eigentlich meint: »Wer Ohren hat, der höre!« (Mt 13, 9) Für denjenigen, der mit dieser simplen Aufforderung nichts anzufangen weiß, hält Lukas eine wortreiche Deutung bereit, worin er den Samen als das Wort Gottes bezeichnet, der von den Menschen auf unterschiedliche Weise aufgenommen wird. Nur wer richtig hört, bei dem ist der Samen auf guten Boden gefallen: »Auf guten Boden ist der Samen bei denen gefallen, die das Wort mit gutem und aufrichtigem Herzen hören, daran festhalten und durch ihre Ausdauer Frucht bringen.« (Lk 8, 15)

Durch seinen Einzug in Jerusalem, die Reinigung des Tempels und das Reden von der Nachfolge hat Jesus klargemacht, daß er ein Verständnis von Gott und vom Glauben hat, das von dem des Tempeljudentums entschieden abweicht. Indem er das Gleichnis vom Sämann gebrauchte, differenzierte er

Glaubenshaltungen nicht nur in gute und schlechte, sondern machte gleichzeitig darauf aufmerksam, daß man Gott *mit dem Herzen hören* müsse und nicht durch die verstandesmäßig oder gar durch Rituale gesteuerte Einhaltung bestimmter Gesetze, die inhaltlich längst entleert waren. Aber wer war (und ist) der Gott des Jesus, wenn es nicht mehr der alte Jahwe der Gesetzesreligion ist? Und warum predigte Jesus vom Kommen des Reiches Gottes in einer Gesellschaft, die seit je von der Nähe Gottes erfüllt war? Wenn er nicht etwas anderes gemeint hätte, als durch die alte Gesetzesreligion bereits geprägt, dann wäre er kein Prophet geworden und sein Reden vom Reich Gottes allenfalls die Wiederholung bereits bekannter Positionen.

Gott, den Jesus meinte, ist der »radikal« anwesende Gott, obwohl er im Vergleich zum Alten Testament nicht erscheint. Während das Buch vom Alten Bund zwar von der Anwesenheit Gottes ausgeht und dafür auch viele schöne Bilder und Symbole gefunden hat, ist die Beziehung des Menschen zu Gott stets von einer ganz deutlichen Distanz gekennzeichnet. Jahwe ist zwar der Gott seines Volkes, aber dem Volk erscheint er nie. Vielmehr bedient er sich des Vermittlers in Gestalt der Propheten, womit zum Ausdruck kommt, daß zwischen Gott und Mensch zwar eine Verbindung besteht, jedoch zugleich auch eine unüberwindbare Kluft. Im Christentum ist diese Kluft geschlossen. Gott ist nicht mehr Er, sondern Du, aber paradoxerweise ist von ihm im Neuen Testament sehr viel weniger die Rede als im Alten, will sagen: er tritt nur vermittelt in Erscheinung. Die Sichtbarkeit Gottes, bereits im Alten Bund eingeschränkt, wird im Neuen vollends zur Metapher. Er ist den Menschen unmittelbar nahe, aber er offenbart sich durch den Menschen: Seine Sichtbarkeit vollzieht sich im Symbol der Gottesebenbildlichkeit des Menschen; vor allem vollzieht sie sich in der Person des Jesus. Indem Gott dem Menschen durch Jesus begegnet, vollendet sich die Sehnsucht des Menschen nach Gott, weil sich Gott in einer Weise objektiviert, die so radikal anders ist als im bisherigen, jüdischen Gottesverständnis, daß durchaus von einem neuen Gottesverständnis gesprochen werden muß, seit Jesus auf der Welt war.

Davon ausgehend, daß der Mensch nur dann in der Lage ist, den Sinn seines Lebens zu entdecken, wenn er Gott entdeckt, kommt die christliche Offenbarungsreligion diesem menschlichen Streben insofern entgegen, als sie dem Menschen mitteilt, wer Gott ist und was er will. Die Offenbarung Gottes ist aus der Sicht des Neuen Testaments um den Begriff der Liebe konzentriert (im Gegensatz zum Alten Testament, wo Gott der Gerechte und der Weltenrichter ist), ein Phänomen, von dem wir an anderer Stelle festgestellt haben, daß es die Vorstellung vom Gott des Gesetzes bricht. Damit ist von vornherein zum Ausdruck gebracht, daß der Sinn des Lebens sich in der Erwiderung dieser Liebe definiert, und zwar nicht allein in theoretischer Hinsicht, sondern praktisch. Die Antwort des Christenmenschen auf die Liebe des Christengottes kann nur die Liebe sein. Alle Versuche einer christlichen Theophanie, Gott zu begreifen, haben von diesem Begriff auszugehen und auf ihn zurückzukommen. Dabei dürfte auf den ersten Blick klar sein, welche Bedeutung einem durch die Liebe definierten Gottesverständnis zukommt; noch sehr viel bewußter dürfte dieses werden, wenn man andere Gottesverständnisse dem gegenüberhält: So geht der Islam primär von der Erhabenheit Gottes aus, von

seiner Größe und Macht; das Judentum ist fasziniert von der Gerechtigkeit Gottes. Zweifellos sind das durchwegs bedeutsame Aussagen über Gott. Aber die Liebe zum zentralen Prinzip des göttlichen Seins zu erheben, gibt nicht allein einen Blick frei auf Gott, den Barmherzigen, sondern darüber hinaus auch auf den Menschen. Das Christentum als Erlösungsreligion definieren heißt immer auch, von einem Gottesbegriff ausgehen, der dem Menschen zunächst die Liebe schenkt und damit zugleich eine grundsätzliche Aussage über den Sinn des menschlichen Seins trifft, die mit keiner anderen Religion verwechselt werden kann. Wer sagt: Gott ist die Liebe, setzt im gleichen Augenblick die Liebe an die Spitze des menschlichen Selbstverständnisses.
Es gehört zu den Besonderheiten Jesu, daß er sich nicht explizit über sein Verständnis von Gott geäußert hat. Vielmehr ist es ihm in Lehre und Taten darum gegangen, seine Vorstellungen von Gott unmittelbar in die alltägliche Realität umzusetzen – womit man ihn beinahe als Dialektiker bezeichnen möchte. Daß Jesus kein selbständig-unabhängiges Bild von Gott entworfen hat, ist, historisch gesehen, unmittelbar einleuchtend. Ähnlich wie später Mohammed ging er stets von dem einen Gott aus, der den Propheten des Alten Testaments erschienen war, um sich den Menschen mitzuteilen. Im Laufe der Geschichte haben sich die Menschen, insbesondere wohl die institutionalisierten Vertreter der Judentums, seiner Auffassung nach immer mehr von Gottes Wort entfernt und damit zugleich den Abstand zwischen Gott und den Menschen bis zur Unkenntlichkeit vergrößert. Dieser Entwicklung galt es Einhalt zu gebieten. Indem Jesus nach Jerusalem zog und den Tempel reinigte und vom Kommen des Reiches Gottes sprach, stellte er die Verbindung wieder her und goß zugleich neuen Wein in die alten Schläuche. Damit soll gesagt sein, daß Jesus natürlicherweise nicht noch einmal daranging, Gottes Existenz nachzuweisen; vielmehr ging es ihm darum, die Sinnlosigkeit der menschlichen Existenz zu demonstrieren, die sich von Gott mehr und mehr abkoppelte. Die Verbindung wiederherzustellen, wurde für ihn zu einem Akt der Wiederherstellung des Menschlichen im Menschen. Schließlich ging Jesus – wie vor ihm die Täuferbewegung – davon aus, daß die göttliche Offenbarung ein ungeschuldetes Geschenk sei, deren sich der Mensch allerdings würdig zu erweisen habe. Zwar wird der Mensch in seinem Denken und Handeln weitgehend durch Vernunft und Erfahrung bestimmt, aber damit ist noch nicht gesagt, diese Eigenschaften würden dem Menschen die völlige Enthüllung der Geheimnisse der Natur und seiner selbst ermöglichen. Im Gegenteil: Je mehr der Mensch in der Lage ist, mit Hilfe seines Verstandes die Zusammenhänge des Weltenbaus zu entschlüsseln, desto eher muß er zu der Frage nach dem göttlichen Gesamtplan und der Rolle, die der Mensch darin zu spielen habe, vorstoßen. Ohne daß Jesus es so explizit gesagt hätte: Sein Gottesverständnis geht von der Logik aus, daß es hinter der Natur noch etwas gibt, das sich der menschlichen Einsicht und der Empirie entzieht, aber auf das mit Hilfe des Verstandes geschlossen werden muß. Noch Thomas von Aquin hat, im Hochmittelalter, in seiner *Summa theologica* den Versuch unternommen, auf der Basis der Vernunft und der Logik fünf Arten der Gotterkenntnis herauszuarbeiten, um klarzumachen, daß zwischen Glauben und Vernunft durchaus kein Widerspruch besteht (wohingegen, vielleicht überra-

schenderweise, der Reformator Martin Luther oft verächtlich von der Hure Vernunft gesprochen hat, so als würde gerade diese den Bereich des Glaubens stören).

Wer davon ausgeht, daß die gesamte Natur (einschließlich der Mensch) durch ihren einzigartigen Aufbau auf die Existenz Gottes schließen läßt, muß sich nicht mehr darum kümmern, ob es Gott gebe oder nicht – diese Frage ist, das muß nicht eigens hervorgehoben werden, Jesus natürlicherweise nie gekommen –, sondern es konnte ihm einzig darum gehen, welches Prinzip sich in Gott verwirklicht. Indem Jesus davon ausging, daß Gott die Liebe sei, das Gute und das Wahre und das Schöne, hat er deutlich gemacht, daß der Mensch das Schöne, Wahre, Gute und so weiter nicht verwirklichen kann, ohne sich zugleich in die Nachfolge Gottes zu stellen. Anders gesagt: Wenn der Mensch das Gute will, dann kann er nur Gott wollen; will er das Böse, so ist er des Teufels. Daran schließt sich unmittelbar der Gedanke an, daß der Mensch, der Gott und die Liebe will, gerettet wird und dadurch in jenen Zustand zurückkehrt, von dem der Mensch einst ausgegangen ist. Im Gleichnis vom verlorenen Sohn hat Jesus sehr deutlich gemacht, worum es ihm geht: Die Güte und die Gerechtigkeit Gottes müßten, um die Daheimgebliebenen nicht zu diskreditieren, den zurückkommenden Sohn verurteilen. Statt dessen nimmt ihn der Vater(gott) freudig in die Arme und verzeiht ihm, weil er ihn liebt.

Es geht Jesus also nicht um die Begründung der Existenz Gottes – das haben die Alten längst geleistet –, sondern um die Begründung der Existenz des Menschen. Man ist beinahe versucht, seine geistesgeschichtliche Leistung als einen Beitrag zur Anthropologie zu deuten, wenn es nicht um sehr viel mehr ginge als nur um eine neue Deutung des Menschen. Immerhin steht seit Jesus ja auch eine neue Deutung der Realität – sagen wir es mit einem anderen Begriff: der Natur – auf dem Spiel. Jesus und die auf seiner Lehre aufbauende Literatur (hier vor allem die hochmittelalterliche Scholastik) haben sich nicht mehr mit der alttestamentarischen Idee des Schöpfergottes zufriedengegeben, um eine Antwort auf die Frage zu erhalten, warum alles sei und nicht vielmehr nichts (wie es Schelling einmal formuliert hat). Vielmehr geht Jesus davon aus, daß die Natur und der Mensch aus sich selbst heraus keinen Sinn ergeben, so daß, da sie aber dennoch einen Sinn haben müssen, dieser von Gott vorgegeben sein muß. Gott muß sich etwas »dabei gedacht« haben, als er die Welt schuf. So simpel der Gedanke auch ist, der sich hier andeutet: Von Augustinus bis zur Moderne hat es immer wieder Autoren gegeben, die sich darum bemühten, die Sinnhaftigkeit der Welt und des Menschen von Gott abzuleiten – von wem auch sonst? Der Unterschied zwischen den »modernen« ontologischen oder aposteriorischen Gottesbeweisen eines Anselm von Canterbury und eines Thomas von Aquin ist allerdings fundamental, wenn man sie mit dem Gottesverständnis Jesu konfrontiert: Was die mittelalterlichen Autoren mit einem Höchstmaß an Scharfsinn und Akribie unter Beweis zu stellen versuchten, war für Jesus überhaupt keine Frage. Für ihn erschloß sich die Existenz und das Wesen Gottes ausschließlich aus dem Umstand, daß Mensch und Natur sinnlos wären, gäbe es Gott nicht. Ist Gott aber, noch einmal, die Liebe, dann ergibt sich zwingend, daß das Prinzip des menschlichen, vor allem jedoch des mitmenschlichen Seins ebenfalls die Liebe ist –

und zwar die zwischen den Menschen ebenso wie die Liebe des Menschen zu Gott. Was sich also durch den Verstand als zwingend erschließt, erfüllt sich durch das Prinzip der Liebe (und man ist versucht, hinzuzufügen, so wie der Verstand irgendwo und irgendwann an Grenzen des Erkennbaren stößt, so ist andererseits die Liebe unbegrenzt und das heißt unendlich; sie ist das Prinzip des Seins schlechthin).

Indem Jesus Gott als den Gott der Liebe begreift und in seinen Gleichnissen vom Reich Gottes die materielle Seite dieser Liebe gewissermaßen vorwegzeichnet, stellt sich ein Gesichtspunkt ein, der sich ebenfalls in anderen Religionen, vor allem im jüdischen Glauben, *so* nicht wiederfinden läßt: Gott ist transzendent, und alle Versuche, ihn zu beweisen, müssen sich mit abstrakten Formulierungen begnügen. Es gehört zum Wesen Gottes, daß er sich menschlichen Begriffen und Kriterien entzieht, weil er sich der unmittelbaren Wahrnehmung entzieht: Sein Reich ist nicht von dieser Welt. Auch wer die Existenz Gottes aus dem Gesamtplan der Natur erschließt und sich die Sinnhaftigkeit der geschichtlichen Existenz des Menschen nicht anders als im Hinblick auf Gott deuten kann, kommt um gewisse Abstraktionen nicht herum, worin sich das Entrücktsein Gottes vom irdischen Dasein einmal mehr dokumentiert. Soweit folgen viele andere Religionen auch der christlichen Anschauung. Jedoch ist die christliche Vorstellung von Gott von einer eigentümlichen, einzigartigen und damit charakteristischen Dialektik gekennzeichnet: Gott ist transzendent, jenseitig, nicht von dieser Welt, und Gott ist zugleich welt-immanent, er ist in dieser Welt, indem er sich nicht nur in der Natur erschließt, sondern, was mehr ist, sich darüber hinaus im Menschen materialisiert. Indem das Christentum Gott als Daseinspartner, als Du, bezeichnet, gibt es dem Symbol der Gottesebenbildlichkeit des Menschen einen Sinn, der im Alten Testament in dieser Schärfe noch nicht enthalten war: Jeder Mensch wird zu Gottes Ebenbild, und zwar keineswegs nach seinem äußeren Wesen (denn Gott ist kein Mensch), sondern vielmehr nach seiner inneren Struktur. Immer dann, wenn sich der Mensch darum bemüht, die Liebe zu leben und den Sinn seines Lebens nach Gott auszurichten, ist er ihm auf eine Weise nah, die Gott in die Welt bringt. Die Vollkommenheit, Ewigkeit und Transzendenz Gottes bleiben unangetastet, aber wenn der Mensch bereit ist, nach seinem Vor-Bild zu leben, dann ist Gott in einer bislang ungeahnten Weise immanent. In der etwas komplizierten Diktion der katholischen Theophanie wird deshalb gern davon gesprochen, daß Gott der »transzendent Immanente« sei. Durch das Prinzip der Liebe wird der Mensch die Sichtbarkeit Gottes auf Erden. Gott wird, was er seit der Entstehung der Offenbarungsreligionen nicht mehr war: Person, allerdings in einem entscheidend anderem Verständnis als jenem, von dem ein Moses noch ausgehen konnte. Die Nähe Gottes ist, heißt das, die Nähe des Menschen zu Gott in dem Versuch, das göttliche Prinzip der Liebe zu leben. Sein Wirken begnügt sich nicht in der Erschaffung der Welt, sondern es setzt sich im Handeln des Menschen unmittelbar fort. Die Schöpfung ist nur das eine, was auf Gott zurückgeht (und von ihr spricht Jesus mit keinem Wort); die Erhaltung der Schöpfung und die Mitwirkung bei ihrer Vollendung sind das andere (und davon spricht Jesus mit jedem Wort). Was Gott geschaffen hat, versteht sich nicht einfach als Geschenk an den

Menschen, womit er beliebig umzugehen in der Lage wäre; vielmehr soll und muß sich der Mensch dieser Schöpfung stets würdig erweisen, und das heißt, er muß seinen Beitrag zu ihrer Vollendung liefern, indem er sich selbst unter das göttliche Prinzip stellt, im Denken und im Handeln, also in seinem ganzen Sein. Die Gesamtheit des göttlichen Weltenplans enthält damit über den Charakter eines Geschenks hinaus auch den des Auftrags an den Menschen, und man kann Jesus nicht nachsagen, er habe diesen Auftrag etwa undeutlich gelassen. Im Gegenteil: Indem er die Lehre vom Reich Gottes in den Mittelpunkt seiner prophetischen Existenz stellte, machte er deutlich, worin das Wirken Gottes im Menschen selbst besteht. Daß er dabei gründlich mißverstanden worden ist – und zwar nicht nur von den Hohenpriestern und den Pharisäern, sondern ebenso von seinen Jüngern und den Aposteln –, gehört zur Tragik eines jeden Prophetenlebens: Sie alle meinten, Gott würde vom Himmel auf die Erde herabsteigen und würde buchstäblich unter den Menschen wohnen (so hat es die Offenbarung des Johannes allzu deutlich beschrieben: »Dann sah ich einen neuen Himmel und eine neue Erde; denn der erste Himmel und die erste Erde sind vergangen, auch das Meer ist nicht mehr. Ich sah die heilige Stadt, das neue Jerusalem, von Gott her aus dem Himmel herabkommen; sie war bereit wie eine Braut, die sich für ihren Mann geschmückt hat. Da hörte ich eine laute Stimme vom Thron her rufen: Seht, die Wohnung Gottes unter den Menschen! Er wird in ihrer Mitte wohnen, und sie werden sein Volk sein; und er, Gott, wird bei ihnen sein. Er wird alle Tränen von ihren Augen abwischen: Der Tod wird nicht mehr sein, keine Trauer, keine Klage, keine Mühsal. Denn was früher war, ist vergangen« [Offb 21, 1–5]).

Im Vergleich zu den schönen Visionen des Korans sind das gewiß bescheidene Aussagen, aber hat Jesus wirklich das gemeint, als er vom Reich Gottes sprach und von der Erlösung? Die Gleichnisse vom Reich Gottes jedenfalls (Mk 4, 1–34; Mt 13, 1–53) legen durchaus nicht den Schluß nahe, daß Gott als Tränentrockner tätig werden wird, wie ja auch nicht unbedingt davon ausgegangen werden sollte, das Reich Gottes *auf dieser Welt* zu erleben. Zwar hat Jesus in seinen Gleichnissen immer wieder von dem baldigen Anbrechen des Goldenen Zeitalters gesprochen und sich in dieser Hinsicht mit den alttestamentlich eschatologischen Vorstellungen in eine Reihe gestellt, aber ihm nachzusagen, er habe gewissermaßen mit der Uhr in der Hand auf das Ende der alten Zeit geblickt, heißt im selben Augenblick, fundamentale Selbstverständnisse einer jeden Religion außer Betracht zu lassen. Seine Bemerkung, Gottes Reich sei nicht von dieser Welt, drückt unmißverständlich aus, daß das Reich Gottes eben nicht auf Erden ausbricht. Vielmehr wollte Jesus gerade mit seinen Gleichnissen zeigen – und natürlicherweise auch in seiner eigenen Person –, daß sich das Reich Gottes im Menschen vollendet und nirgendwo sonst. So gesehen, bricht das Reich Gottes in jedem Menschen an, wenn er bereit ist, sich unter das göttliche Prinzip zu stellen, und damit hat Jesus auch sein »Versprechen« eingehalten, wonach dieses Reich unmittelbar bevorsteht. Immer dann, wenn der Mensch bereit ist, sich Gott zu stellen, trägt er zur Verwirklichung seines Reiches hier und jetzt bei. Das Wunder der göttlichen Schöpfung setzt sich im menschlichen Handeln und Sein fort.

Auch oder gerade weil Jesus nicht direkt von Gott spricht, sondern in seinen Gleichnissen stets das menschliche Handeln unter dem Gesichtspunkt der Barmherzigkeit thematisiert, zeigt sich Gott auf eine geradezu unverwechselbare Weise: im Menschen. Seine Existenz wird damit nicht mehr zum logischen Kalkül oder zur naiven Glaubenstatsache, sondern sie vollzieht sich in jedem einzelnen Menschen neu; sie wird existentiell. In seinen Gleichnissen berichtet Jesus stets von der Begegnung Gottes mit dem Menschen – aber im Menschen und in seinen Handlungen, nicht mehr in dem Versuch, Gott anschaulich zu machen. Das wiederum bedeutet, daß das Neue Testament nicht nur in einer völlig anderen Weise von Gott spricht, sondern darüber hinaus auf sehr harte und äußerst gegenständliche Weise. Man ist sogar versucht zu sagen: Jesus spricht von Gott als von einer neuen Wirklichkeit des Menschen, und einer der bedeutendsten evangelischen Theologen des 20. Jahrhunderts, Paul Tillich, hat denn auch folgerichtig vom neuen Sein des Menschen gesprochen, das sich durch die Nachfolge Gottes erschließt. Wer sagt: Gott ist, geht nicht nur von seiner Existenz aus wie andere Religionen auch, sondern unterstellt auch eine Personalität Gottes, die sich allein im Menschen selbst vollendet. Die Menschwerdung Gottes ist demnach eine Metapher von geradezu bedrückender Universalität, denn sie trifft sowohl die Feststellung, daß Jesus Gottes eigener Sohn ist, wie auch die, daß alle Menschen zu Gottes Wirklichkeit gehören. Daß sich damit der Absolutheitsanspruch Jesu relativiert, ist unübersehbar, aber war er es nicht selbst, der von sich sagte, man solle seinem Beispiel folgen? Bis in die äußerste Konsequenz gedacht, kann das auch heißen, daß Jesus ein Teil des menschlichen Seins ist – und umgekehrt.

Die Menschwerdung Gottes, im Johannes-Evangelium (Joh 1, 1–14) auf den Begriff gebracht, ist also alles andere als eine geheimnisvolle Mutation. Sie stellt *die* Herausforderung Christi an den Menschen dar, sich ihrer würdig zu erweisen; im gleichen Atemzug jedoch ist sie das Symbol dafür, daß Gott sich nicht nur durch seine Göttlichkeit, sondern auch durch seine Menschlichkeit auszeichnet. Die Göttlichkeit Gottes erschließt sich dem Menschen in seiner Menschlichkeit, wir können auch sagen: in seiner Humanität. Mit dieser Aussage ist im Grunde die höchste Kennzeichnung des Christentums und seines Gottesverständnisses getroffen und einmal mehr das zum Ausdruck gebracht, was Jesus mit seinem Gleichnis vom barmherzigen Samariter gemeint hat. Gott wird für den Menschen zum barmherzigen Samariter oder zum Vatergott, der sehnsüchtig auf seinen verlorenen Sohn wartet; seine Liebe zum Menschen zeigt sich in seiner Menschlichkeit. Karl Barth ist diesem Gedanken Anfang der fünfziger Jahre nachgegangen, und er hat darauf hingewiesen, daß die Göttlichkeit Gottes lange seine Menschlichkeit »aus der Mitte an den Rand gerückt« habe, so als handele es sich dabei um ein nachgeordnetes Etikett. Demgegenüber vertritt Barth die Auffassung, daß Göttlichkeit und Humanität zwei Seiten einer Münze seien, was für den gläubigen Menschen ein zutiefst beglückender Gedanke sein muß: »Wer Gott«, heißt es bei Barth, »und was er in seiner Göttlichkeit ist, das erweist und offenbart er nicht im leeren Raum eines göttlichen Fürsichseins, sondern authentisch gerade darin, daß er als des Menschen (freilich schlechthin überlegener) *Partner* existiert, redet und handelt... Eben Gottes recht verstandene Göttlichkeit schließt ein: seine Menschlichkeit.«

Es gibt gewiß viele biblische und außerbiblische Zeugnisse von der Herrlichkeit Gottes. Der Gedanke allerdings, daß im Christengott Göttlichkeit und Menschlichkeit zusammenfallen, ist von einer so beruhigenden Schönheit, daß man die kärglichen Aussagen über das Paradies und das Leben nach dem Tod gern in Kauf nimmt, wie man andererseits oft übersehen hat, daß Jesu Lehre vom Reich Gottes neben dem religiösen auch einen sehr real-politischen hatte: Immerhin war das Land Israel zu seinen Lebzeiten ein besetztes Land, und die Fremdherrschaft hat das Leben des Propheten in mehr als nur einer Hinsicht berührt. Fremdherrschaft wurde seit den Tagen des Alten Testaments stets als Folge sündhaften Verhaltens verstanden, und in den Schriften der ersten Rabbiner tauchte vielfach der Gedanke vom Reich Gottes als Ausdruck der Beendigung der Fremdherrschaft über Israel auf. Wir dürfen davon ausgehen, daß Jesus in seinen Gleichnissen vom Reich Gottes auch ein Auge auf die ihn umgebende politische Realität hatte und daß er sich Wirkungen versprach, die über eine ethisch-religiöse Erneuerung der Menschen zu einer Befreiung seines Heimatlandes führen sollten. Dennoch hat er stets den empirisch nicht faßbaren Charakter des Reiches Gottes unterstrichen, und sein Wirken begann bezeichnenderweise mit der Aufforderung, Buße zu tun: »Kehrt um! Denn das Himmelreich ist nahe.« (Mt 4, 17)

Im Gegensatz zu den Erwartungen vieler seiner Zeitgenossen, die sich bald enttäuscht sahen, und dem eschatologisierenden Jesus-Bild von Lessing bis Albert Schweitzer (»Die Tat Jesu besteht darin, daß seine natürliche Sittlichkeit von der spätjüdischen Eschatologie Besitz ergreift und so dem Hoffen und Wollen einer ethischen Weltvorstellung in dem Vorstellungsmaterial seiner Zeit Ausdruck gibt.«) hat Jesus mit dem Hinweis auf die Nähe und das Reich Gottes niemals falsche Hoffnungen erweckt. Im Gegenteil. Als er von den Pharisäern gefragt wurde, wann denn das Reich Gottes komme, antwortete er: »Das Reich Gottes kommt nicht so, daß man es an äußeren Zeichen erkennen könnte. Man kann auch nicht sagen: Seht! Hier ist es!, oder: Dort ist es! Denn: Das Reich Gottes ist (schon) mitten unter euch.« (Lk 17, 20 f)

Das sind deutliche Worte, aber sie haben die Mißverständnisse nicht aus der Welt räumen können, weil die Menschen – aus psychologisch gesehen vielleicht sehr naheliegenden Motiven – das Reich Gottes unmittelbar, und das heißt: real, erleben wollten. Indem Jesus jedoch darauf verweist, daß es bereits mitten unter den Menschen ist, demonstriert er eine Nähe Gottes, die jene Menschen, die seinen Glauben nicht teilen können oder wollen, auch nicht wahrhaben können. Auch in dieser Hinsicht ist Jesus ein Mensch gewesen, dessen eschatologische Vorstellungen weit über das Vorstellungsvermögen seiner Mitmenschen hinausgegangen sind, wie er zugleich – und auch das ist ein singuläres Phänomen – nicht einfach das Ende der Zeit und damit das Ende der Geschichte verkündet, so als sei mit dem Reich Gottes alles bisher Geschichtliche zu Ende. Vielmehr muß man in ihm auch den einzigen Juden sehen, der mit der Vision vom Reich Gottes auch die des Heils und der Erlösung verbindet. Wenn man Jesus, den Kultgott, als Erlöser bezeichnet, dann in dem Sinn, daß er seine apokalyptischen Visionen mit Vorstellungen des

Heils und des Paradieses verbindet, so daß sich das Schreckliche, das Angsteinflößende der Apokalypse verliert.
Indem der Christengott einerseits der Gott der Transzendenz, andererseits zugleich immanent ist und Jesus kategorisch erklärt, das Reich Gottes sei bereits mitten unter den Menschen, stiftet er eine Hoffnung auf Erlösung, die mit der jüdischen, aber auch mit der islamischen unvergleichlich ist. Er drückt damit einen Prozeß aus, der mit der Schöpfung des Menschen durch Gott beginnt und sich in der Ausrichtung des Menschen auf die göttliche Erlösung erfüllt, und zwar durchaus nicht in einer stummen oder einfach demütigen Erwartungshaltung, sondern aktiv, indem der Mensch das göttliche Liebesprinzip zum kategorischen Imperativ seines Seins macht. Zwar bleibt die Unbegreiflichkeit Gottes auch im Christentum zweifelsfrei bestehen, aber sie nimmt Konturen durch das menschliche Verhalten an, die diesem den Charakter einer neuen Ethik zuteil werden lassen. Jedoch ist das Christentum noch sehr viel mehr als eine Ethik, weil es eine neue Anthropologie begründet, weil es ein neues Menschenbild schafft, worin Gott sichtbar wird. Sich Gott einfach als einen Wundermann vorzustellen, der eines Tages auf die Erde kommt, ist und bleibt ein böses Mißverständnis von Jesu Lehre vom Reich Gottes. Die zynische Frage derer, die unter dem Kreuz stehen und den sterbenden Jesus fragen, wo denn nun sein rettender Gott sei, lästert ihn und beruht auf einem fundamentalen Denkfehler. Das Heil und die Erlösung hat Gott den Menschen als Möglichkeit geoffenbart, und die christliche Anthropologie entwikkelte auf dieser Basis die Umrisse eines gottgefälligen, sinnvollen Daseins. Die einfache Formel »Gott ist in uns und mitten unter uns« ist sehr viel mehr als nur eine Metapher; sie drückt aus christlichem Verständnis die zentrale Botschaft Jesu aus.
Es ist das Verhalten des Menschen, das die Anwesenheit Gottes auf der Welt stiftet. In seinen Gleichnissen vom Reich Gottes hat Jesus sehr deutlich gemacht, daß die Gottesebenbildlichkeit des Menschen diesen wegen dieser Eigenschaft beruft, Gott nachzufolgen und alle anderen Möglichkeiten und Verhaltensweisen auf Erden diesem primären Ziel unterzuordnen. Da Gott den Menschen nicht geschaffen hat, damit er unglücklich sei, sondern als Ausdruck der göttlichen Güte und Barmherzigkeit, so verlangt Gott die Nachfolge des Menschen, eindeutig und unabdingbar. Wer Gott Ursprung und Dasein verdankt, kann sich dieses Geschenks nur dann würdig erweisen, wenn er dem göttlichen Gebot folgt, was jedoch keineswegs heißt, der Mensch habe etwa im Sinne der Prädestinationslehre (die im Islam eine große Rolle spielt) einen von Gott vorgezeichneten Weg einfach nachzugehen. Vielmehr stattet Gott den Menschen prinzipiell mit der Möglichkeit aus, sich eines anderen Lebensweges zu bedienen, der zwar in die Irre führt, aber dennoch eine Möglichkeit der menschlichen Freiheit ist. Sagen wir es anders, dann kommen wir um die Vermutung nicht umhin, festzustellen, daß Jesus dem Menschen sehr viel mehr Freiheit in der Verfolgung des göttlichen Weges zugestanden hat als die Kirchen, die durch Institutionalisierung und Kanonisierung nicht wenig von jener falschen Frömmigkeit wiederhergestellt haben, gegen die Jesus selbst mit der Tempelreinigung vorgegangen ist.
Jesu Lehre vom Reich Gottes hebt die alte Dualität von irdischer und göttli-

cher Welt auf. Sie macht Gott und den Menschen zu Partnern – vorausgesetzt, die Menschen nehmen das göttliche Angebot an. Immerhin hat Jesus in seinem Gleichnis vom Reichtum und der Nachfolge – das oft mißverständlich dahin interpretiert wird, als habe sich Jesus prinzipiell gegen den Reichtum und für die Armut ausgesprochen – verdeutlicht, daß die Partnerschaft Gottes mit dem Menschen ihren Preis hat, der sich allerdings weniger in Geldwert als im Verhalten ausdrückt, und er hat gesagt, daß dieser Preis hoch ist (und dennoch gering angesichts des Reiches Gottes, das die Wirklichkeit des Menschen werden soll): »Geh, verkaufe, was du hast«, rät Jesus dem reichen Mann, »gib das Geld den Armen, und du wirst einen bleibenden Schatz im Himmel haben; dann komm und folge mir nach! ... Wie schwer ist es für Menschen, die viel besitzen, in das Reich Gottes zu kommen! Die Jünger waren über seine Worte bestürzt. Jesus aber sagte noch einmal zu ihnen: Meine Kinder, wie schwer ist es, in das Reich Gottes zu kommen! Eher geht ein Kamel durch ein Nadelöhr, als daß ein Reicher in das Reich Gottes gelangt. Sie aber erschraken noch mehr und sagten zueinander: Wer kann dann noch gerettet werden? Jesus sah sie an und sagte: Für Menschen ist das unmöglich, aber nicht für Gott; denn für Gott ist alles möglich.« (Mk 10, 21–27)
Wir tun gewiß gut daran, uns Jesus als einen guten Psychologen vorzustellen, denn in diesem Gleichnis bringt er ja weniger ein prinzipielles Mißtrauen gegenüber dem Reichtum zum Ausdruck als vielmehr den Eindruck, der Mensch sei trotz all seiner Glaubensbereitschaft, seiner Frömmigkeit und Heilserwartung immer noch ungläubig genug, um die Nähe und das Reich Gottes nicht so zu begreifen, wie es Jesus gemeint hat: als eine Dimension im Zentrum der menschlichen Existenz selbst. Das Wort vom Menschen als dem Erdenpilger, das in der christlichen Literatur, insbesondere bei Augustinus und Thomas von Aquin, eine so große Rolle spielt, hat in erster Linie den Sinn, daß sich der Mensch stets auf dem Weg zu Gott befindet und von der Hoffnung lebt, eines Tages zu Gott zu gelangen. Nichts wäre falscher, als zu vermuten, im christlichen Verständnis würde sich die Sichtbarkeit Gottes erst in der Transzendenz erweisen. Vielmehr liegt das Besondere des Christentums darin, daß es zwar und natürlicherweise vom Gott der Transzendenz ausgeht, aber zugleich von dem Gedanken erfüllt ist, daß Gott und sein Reich im Menschen real wird, wenn er nur will. Der Mensch, der sich auf dem Weg zu Gott befindet, ist bereits bei Gott, da, wie Jesus seinen Jüngern zu bedenken gegeben hat, Gott allein die Möglichkeit besitzt, dem Menschen zu jenem erlösten Dasein zu verhelfen, das zu erreichen er allein nicht in der Lage wäre.
In diesen Gedanken spricht sich ein Trost aus und eine Hoffnung, die sich in nur sehr wenigen religiösen Vorstellungen, welche die Menschheitsgeschichte aufzuweisen hat, widerspiegeln. Nicht das Symbol des leidenden und schließlich sogar für die zu erlösende Menschheit ermordeten Gottes ist das besondere Siegel des Christentums, sondern die Hoffnung auf eine Erlösung, die zu erreichen der Mensch selbst aufgefordert ist und aufgefordert bleibt. Indem Jesus in der kurzen Phase seiner Prophetentätigkeit die Fundamente seines Gott- und Weltverständnisses darlegte, wies er zugleich dem Menschen die Aufgabe zu, seinen eigenen entscheidenden Beitrag zur Erlösung zu leisten, und in diesem Sinne haben in der Tat viele Menschen die Nachfolge Christi

angetreten, von den ersten Christen, die sich grausamen Verfolgungen ausgesetzt sahen, über den heiligen Franz von Assisi, der gegen die Spielregeln der Welt lebte, bis zu Dietrich Bonhoefer, der für seinen Glauben in den Konzentrationslagern der Nationalsozialisten litt und starb und dessen Briefe dennoch eine Ruhe und innere Festigkeit ausstrahlen, die uns den Atem verschlagen, und vielen, vielen anderen.
Das war es wohl, was Jesus meinte, wenn er vom Reich Gottes sprach und von der Hoffnung, es zu erreichen. Was er sagte, sagte er in Gleichnissen, deren gelassenen Ton man zitieren, aber nicht nachahmen kann; er ist unverwechselbar und unpathetisch. In ihrer vermeintlichen Alltäglichkeit gründet sich auch formal, stilistisch eine tiefe Solidarität mit den Menschen, insbesondere mit jenen, denen es durch die Widrigkeiten ihrer gesellschaftlichen Existenz verwehrt ist, sich in umständlichen Sentenzen auszudrücken. Jesus hat sich ganz bewußt in Gleichnissen verständlich gemacht, weil er, modern gesprochen, die Bildungsschranken und -barrieren einreißen wollte und weil er in Übereinstimmung mit den Weissagungen des Jesaja davon ausging, daß sich das Unvergleichliche – eben das Reich Gottes – nur in Gleichnissen ausdrücken läßt. »Deshalb rede ich zu ihnen in Gleichnissen«, sagte er seinen Jüngern, »weil sie sehen und doch nicht sehen, weil sie hören und doch nicht hören und nichts verstehen.« (Mt 13, 13) Und an anderer Stelle heißt es: »Dies alles sagte Jesus der Menschenmenge durch Gleichnisse; er redete nur in Gleichnissen zu ihnen. Damit sollte sich erfüllen, was durch den Propheten gesagt worden ist: Ich öffne meinen Mund und rede in Gleichnissen, ich verkünde, was seit der Schöpfung verborgen war.« (Mt 13, 34 f)
Es hat, nimmt man alles in allem, den Anschein, als hätten die Menschen dennoch Schwierigkeiten gehabt, das zu verstehen und vor allem: sich daran zu halten, was Jesus ihnen in seinen Gleichnissen vermitteln wollte. Was seit der Schöpfung verborgen war, will Jesus durch seine Gleichnisse entbergen, aktuell machen, um damit dem Menschen ein neues Sein zu vermitteln, welches das Ewig-Alte ist. Jesus postuliert ein neues Ethos, das sich auf eine Grundhaltung zurückführen läßt, die sich bereits im Alten Testament findet: die Offenheit des Menschen für Gott. Wer die Sinnlosigkeit der menschlichen Existenz wie auch der Geschichte überwinden will, heißt das, muß offen sein für Gott, muß ihn hören, um ihm zu gehören, muß ihn lieben, so wie Gott den Menschen liebt. Eine Religion, welche die Nächstenliebe predigt, ja sogar das Gebot vertritt, man möge seine Feinde lieben, bleibt in einer Welt aktuell, die durch Feindschaft, Kriege, Völkermorde und Zerstörungen gekennzeichnet ist. Wo aber, fragen wir uns am Schluß, könnte die Aktualität Jesu und des Christentums größer sein als in der Bergpredigt (Mt 5, 1–12), die den heutigen Leser ebenso betroffen macht wie jene, die Jesus seinerzeit angesprochen hat (Mt 7, 28). Hier zeigt sich, daß die Aktualität einer Religion nicht darauf beruht, wie viele Mitglieder sie in aller Welt habe, sondern vielmehr darin, daß ihre Botschaft heute ebenso gilt wie vor 2 000 Jahren oder seit Anbeginn der Welt. Vielleicht ist es die Tragik der Menschheit, daß sie sich den Geboten der Bergpredigt (insbesondere der Goldenen Regel: »Alles, was ihr also von anderen erwartet, das tut auch ihnen!«, Mt 7, 12) immer wieder entzogen hat und heute in einer Welt lebt, der eher Sinnlosigkeit als Sinnhaftigkeit nachge-

wiesen werden könnte; vielleicht ist es aber auch das einzige Glück der Menschheit, daß das Christentum damals wie heute von einer brennenden Aktualität ist, die Paul Tillich einmal folgendermaßen ins Wort gebracht hat: »Würde man mich auffordern, die christliche Botschaft für unsere Zeit in zwei Worte zusammenzufassen, so würde ich mit Paulus sagen: sie ist die Botschaft von der ›Neuen Schöpfung‹, vom Neuen Sein, von der Neuen Wirklichkeit, die mit der Erscheinung Jesu erschienen ist... Die Neue Schöpfung – sie ist das, was uns letztlich angeht. Sie sollte unsere unendliche Leidenschaft sein – die unendliche Leidenschaft jedes menschlichen Wesens. Darum und nur darum geht es im letzten Sinne. Damit verglichen ist alles andere, sogar die Frage, ob Religion oder keine Religion, ja, auch die Frage, ob Christentum oder kein Christentum, ganz belanglos – und letztlich ein Nichts... Es ist die reifste Frucht des christlichen Erkennens, daß das Christentum als solches belanglos ist... Das Christentum verkündigt nicht das Christentum, sondern eine neue Wirklichkeit.«

DER ISLAM
oder
SCHWERTER UND SCHWERMUT

Die Geburt des Morgenlandes

Als glücklichstes Land des Altertums galt den Römern Arabien. Sie nannten es *Arabia felix*, wobei sie die ganze arabische Halbinsel jenseits der nördlichen Wüsten meinten, von der sie irrtümlicherweise annahmen, es handele sich um ein fruchtbares und durchweg reiches Land. Noch Ptolemäus gliederte Arabien in das Glückliche, die Wüste und das sogenannte Petraïsche Arabien, das er so nannte wegen der Stadt Petra im Land der Edomiter. Auch wenn derartige geographische Einteilungen längst zu den Akten der Geologiegeschichte gelegt sind, die Idee vom *Arabia felix* geistert bis heute in den Geschichtsbüchern herum, und diese Idee ist grundfalsch.
Arabien ist immer und vor allem ein Wüstenland gewesen, dessen Klima dem der Sahara sehr ähnlich ist, und selbst die klimatisch und topographisch günstiger ausgewiesenen Küstenstreifen lassen nur ein kärgliches Wachstum zu. Wälder sind so gut wie unbekannt, und der am meisten verbreitete Baum ist die Akazie, allenfalls durch steifblättrige Aloenarten ergänzt. Als Symbol der Wüste die Dattelpalme anzunehmen, heißt die Ausnahme mit der Regel verwechseln: Sie gedeiht – dann allerdings prächtig – in wasserreichen Oasen. Bei aller Schönheit, die der Wüste eigen ist, bleibt sie menschenfeindlich, und noch ein T. E. Lawrence, der legendäre Lawrence von Arabien, hat zu Beginn dieses Jahrhunderts die Beschwernisse des Lebens in der Wüste am eigenen Leibe erlebt und in seinem weltberühmt gewordenen Buch *Die sieben Säulen der Weisheit* hinreißend beschrieben. Er schildert das mörderische Klima, die Qualen des Durstes, die endlosen Kamelritte durch die Wüste, das eintönige Einerlei des arabischen Alltags und die schwermütige, geduldige Mentalität der Wüstenvölker. Kein Zweifel, daß das Leben in der Wüste einen besonderen Menschentyp prägt, weil es sich in der ständigen Auseinandersetzung mit einer unbarmherzigen Natur vollzieht.
Nicht zuletzt durch die Informationen des Alten Testaments sind wir ein wenig über die Ursprünge der arabischen Geschichte orientiert, aber die älteste

Geschichte Arabiens ist wegen der geringen Kontakte zur übrigen Welt und der zwar farbenprächtig ausgemalten, aber unzuverlässigen arabischen Geschichtstradition ein dunkles, weil wenig gesichertes Kapitel der Menschheitsgeschichte. Gerade die in diesem Jahrhundert gefundenen südarabischen Quellen und Inschriften lassen sich mit ihrem Informationsgehalt nicht mehr ohne weiteres mit der mündlichen Tradition in Übereinstimmung bringen. Wir wissen, daß »in alten Zeiten« im nordwestlichen Teil Arabiens, der Arabia Peträa des Ptolemäus, Edomiter lebten, in der Wüste hingegen vor allem Ismaeliten und Ketruräer, und an der Südküste saßen die Homeriten, alles wanderne Nomadenstämme, die sich mit schöner Regelmäßigkeit dem Zugriff und der Neugier der aus dem Norden kommenden Expeditionen entzogen. So mußte Pompejus im Jahre 63 v. Chr. unverrichteter Dinge umkehren, und auch der Plan des Kaisers Augustus (25 v. Chr.), in das Innere Südarabiens vorzustoßen, mißglückte kläglich. Nur an den Grenzen zur römischen Provinz gab es so etwas wie einen lockeren Kontakt, doch schon zur Zeit des Kaisers Trajan kam man auf den naheliegenden Gedanken, von Arabien abzulassen und sich allenfalls mit einem nominellen Hoheitsrecht zu begnügen.
Als es jedoch den Römern gelang, den indischen Handel auf dem Seeweg an Arabien vorbeizuleiten, verödeten die bislang einigermaßen florierenden Küstenstreifen des Landes, es kam zu einer Art Völkerwanderung von Süden nach Norden, und fast überall sanken die arabischen Stämme auf die Stufe des Nomadentums zurück. Um die Verwirrung gewissermaßen auf den Höhepunkt zu bringen, drangen an einigen Stellen das Christentum und das Judentum in die arabische Region ein und setzten den arabischen Stammes- und Naturreligionen arg zu, was neben die politische eine geistig-religiöse Krise setzte und den Eindruck vermitteln mochte, man befinde sich bereits am Ende seiner Geschichte, noch ehe diese überhaupt recht angefangen habe. Daß es ganz anders kommen sollte – für Arabien und für die Welt –, ist auf Mohammed und seine Botschaft zurückzuführen. Die von ihm begründete Religion des Islams war die Rettung in letzter Stunde und zugleich der Anfang eines stürmischen Eintritts der arabischen Stämme in die Weltgeschichte.
Die Sozialstruktur Arabiens am Vorabend der mohammedanischen Zeit ist durch Nomadentum und Stammesleben gekennzeichnet. Der Stamm, der sich durch Blutsverwandtschaft von anderen Stämmen abgrenzte, war die Heimat und der Schutz für die Stammesmitglieder. Sie ordneten sich willig den Verfügungen des Stammeshäuptlings unter, dessen vornehmlichste Aufgabe darin bestand, das physische Überleben seines Stammes zu sichern; und als Wandervölker in einer kaum besiedelten Wüste entwickelten sie nur wenige Institutionen, die wir heute als politisch bezeichnen würden: Man ging vielmehr einander aus dem Weg oder bewirtete die Mitglieder anderer Stämme mit jener geradezu sprichwörtlich gewordenen arabischen Gastfreundschaft. Ohne allzu große Vereinfachung kann man die Lebenssituation des nomadisierenden Arabers vor Mohammed als eine Seinsweise zwischen Schutz und Freiheit bezeichnen: Schutz bot die Stammesgemeinschaft, Freiheit die Wüste und die damit verbundene Möglichkeit, einander aus dem Weg zu gehen.
Über die religiösen Vorstellungen im Arabien vor Mohammed ist nur sehr

wenig bekannt. Als sicher darf angenommen werden, daß die Nomadenstämme eine Natur- oder Stammesreligion hatten, die polytheistisch ausgerichtet war und die ihre bescheidenen Symbole in besonders geformten Steinen hatte, in denen man mitunter menschenähnliche Gestalten zu erblicken meinte oder vermutete, sie seien vom Himmel gefallen wie jener berühmte schwarze Stein, der sich bis heute in der Kaaba zu Mekka befindet und der also auch noch von den Mohammedanern als Himmelsstein verehrt wird. Aus dem Koran kann man ersehen, daß in den alten Heiligtümern verschiedene Gottheiten, mitunter sogar Göttinnen (Sure 53) verehrt wurden, und daß an der Spitze des arabischen Pantheons der höchste Gott schlechthin stand, Allah, der Schöpfer der Welt und des Menschen (Sure 29, 61), der Herr über Leben und Tod (Sure 23, 84), der aber so weit vom Menschen entfernt war (ein wichtiger Gesichtspunkt für die Erklärung der Funktion des Propheten Mohammed!), daß man ihn nur in der allerhöchsten Not anrief und sich im allgemeinen mit den kleineren Göttern begnügte.
Die Menschen des alten Arabien kannten keine Priester, statt dessen jedoch den Seher, den *Kahin*, der, mit magischen Eigenschaften ausgestattet, in der Lage ist, bestimmte Ereignisse vorauszusagen, wobei er sich (aus Sicherheitsgründen, möchte man vermuten) in der Regel mit Andeutungen und mißverständlichen Formulierungen begnügt, vergleichbar dem delphischen Orakel. Es steht unzweifelhaft fest, daß der Seher in jedem Stamm eine besondere Rolle gespielt und daß man ihn vor jeder Entscheidung herangezogen oder auch gefragt hat, wann der lebensnotwendige Regen komme, ob die schwangere Frau einen Sohn gebären werde oder nicht, und nicht zuletzt übte er wohl auch die Funktion des Schiedsmannes und Richters aus, denn sein Urteil wurde selbstverständlich als im Einklang mit dem göttlichen Willen anerkannt.
Jede Religion hat ihre Zeit; das gilt insbesondere für Naturreligionen. Es spricht für die bereits angedeutete Umbruchssituation in Arabien, daß sich am Vorabend der Erscheinung Mohammeds Gottsucher zusammenfanden, die Hanifen, die mit dem gängigen Polytheismus nicht mehr einverstanden waren und Gott in der Einsamkeit der Wüste oder in der Meditation suchten. In ihrer Suche nach dem einen und einzigen Gott blickten sie zwar auch in Richtung auf Christentum und Judentum, aber sie vermochten nicht den entscheidenden Schritt zur Adaption zu unternehmen. Auch Mohammed war ein Gottsucher, und daß er Anleihen bei Christentum und Judentum machte, ist aus dem Koran hinreichend nachzuweisen, wie man dort vielleicht nicht ganz ohne Verblüffung nachlesen kann, kein Geringerer als Abraham sei der erste Hanife gewesen (Sure 3, 67). Bei aller Bereitschaft, sich an Christentum und Judentum zu orientieren, blieb der Kontakt dennoch oberflächlich, nicht zuletzt deshalb, weil die beiden anderen großen Religionen aus der Wüstenregion in jenen Zeiten noch keine nennenswerten Missionen unterhielten und die Kenntnisnahme allein aufgrund solcher mehr technischen Probleme erschwert blieb. Unübersehbar ist jedoch, daß die vormohammedanischen Gottsucher vom jüdischen Monotheismus tief beeindruckt waren, wie sie wohl auch seine ernste Moral und den unpathetischen Gottesdienst nicht ohne innere Anteilnahme zur Kenntnis genommen haben werden. Es be-

durfte eines Mohammed, um dieser Sehnsucht eine Erfüllung zu geben, und wenn er auch zunächst gegen Unverstand, Freigeisterei und religiöse Uninteressiertheit zu kämpfen hatte, so sollte sich seine monotheistische Religion dennoch mit Windeseile durchsetzen und alle Volksmythologien und fragwürdig gewordenen Götzenkulte hinwegfegen.
Die Geburt und der Aufstieg des Islams nehmen sich wie ein Wunder aus. Als einzige der großen Weltreligionen ist es ihm nicht nur gelungen, die alten religiösen Vorstellungen zu überwinden, sondern er hat darüber hinaus wie keine andere Religion der Weltgeschichte sich nachdrücklich und unverhüllt als weltliche Macht entfaltet, und zwar bis auf den heutigen Tag. Seine weltgeschichtliche Bedeutung ist eine religiöse wie eine politische, und in dieser dualen Wirkung ist er in der Tat einzig in der Menschheitsgeschichte. Mohammed und seiner Lehre ist es gelungen, innerhalb einer vergleichsweise bescheidenen Zeitfolge aus einem unbekannten Haufen von Nomadenstämmen ein Volk zu schaffen, das seine Identität in einer einheitlichen monotheistischen Religion findet und damit eine ungeheure Dynamik und Kraft entfaltet, die ihre Spuren tief in die Weltgeschichte eingegraben hat. Bereits unmittelbar nach dem Tod des Propheten eroberte das islamische Arabien das ganze Sassanidenreich, weite Teile der asiatischen und afrikanischen Provinzen des Byzantinischen Reiches. Im Jahre 711 standen die Araber auf europäischem, genauer auf spanischem Boden, zugleich strebten sie nach Indien, nach China, ließen Äthiopien und den westlichen Sudan nicht aus, eroberten Gallien und schließlich, 1453, Konstantinopel. Damit nicht genug, standen sie 230 Jahre später (1683) zum zweitenmal vor Wien, und wenn es auch nicht gelungen ist, ein islamisches Weltreich vergleichbar mit dem Alexanders des Großen zu konstituieren, so ist doch der Einfluß des Islams auf vielfältige Weise spürbar gewesen und auch geblieben, nicht zuletzt in der Kultur. Immerhin ist der Islam als kulturstiftende Religion nicht nur als das Prophetenwort bezeichnet und verstanden worden, sondern nicht selten auch als die Erzieherin des Abendlandes.
Islam und Christentum, Orient und Abendland – diese beiden Religionen, Kulturen und Regionen sind ohne ihre wechselseitige Beziehung nicht recht vorstellbar, sie sind Nachbarn, aber niemals Brüder geworden. Der Islam ist, aller Völkerverständigung der Neuzeit zum Trotz, den Europäern auf eigenartige Weise fremd geblieben: Der Orient und seine Religion blieben dem alten Europa stets auf geheimnisvolle Weise verschlossen. Zwar gab es verschiedentlich eine Orientbegeisterung – von Goethe bis zum Bayernkönig Ludwig II. –, aber eine Rezeption des Korans hat es nicht gegeben. Er ist, neben anderen, das Buch mit den sieben Siegeln geblieben, und noch die wissenschaftliche Orientalistik streitet sich bis auf den heutigen Tag über den Einfluß der klassischen Antike auf die Tradition des Islams. Dabei sind die wechselseitigen Beziehungen mit den Händen zu greifen und von vielen Autoritäten längst erkannt, deren eine natürlich Goethe ist. In seinen *Noten und Abhandlungen zum Westöstlichen Diwan* bemerkt er, »daß der schönste Grund und Boden für Religion in der Nationalität zu finden sei; diese ruhet auf der Poesie, die uns älteste Geschichte in fabelhaften Bildern überliefert, nach und nach sodann ins Klare hervortritt und ohne Sprung die Vergangenheit an die

Gegenwart heranführt«. Diese Einschätzung verband Goethe mit der Beobachtung, daß der Orient zum Sammelbecken für die »Reste griechischer, römischer Verdienste und so vieler geistreicher Christen, deren Eigenheiten aus der Kirche ausgestoßen« geworden ist, so daß das Mittelalter, auf das das Abendland mit soviel Stolz zurückblickt, eigentlich ein islamisches Mittelalter sei, denn nirgendwann sonst habe sich Europa so sehr vom Islam beeinflussen lassen (und wohl auch müssen) wie in jener Zeit, da ausschließlich durch arabische Vermittlung die Kenntnis eines Plutarch, eines Euklid, eines Platon und Aristoteles erfolgt sei. Diese klassischen Autoren habe man bereits im 9. Jahrhundert gelesen, und zwar in arabischer Übersetzung, und daß Astronomie, Mathematik und Medizin ohne die arabischen Leistungen undenkbar wären, ist ebenso bekannt, wie daß arabische Philosophen wie Avicenna und Averroes prägende Bedeutung für die Entfaltung der abendländischen Philosophie gehabt haben. Dabei ist nicht ohne tiefgründige Bedeutung geblieben, daß gerade der 1198 gestorbene Averroes auf die christlichen Philosophen Duns Scotus und William von Occam einigen Einfluß gehabt hat, die wiederum einen gewissen Martin Luther nicht unwesentlich prägten, so daß man feststellen muß, daß es eine Verbindungslinie zwischen dem Islam und dem norddeutschen Protestantismus gibt. Kein Wunder also, wenn die Religionswissenschaftlerin Siegrid Hunke unser arabisches Erbe kritisch untersucht und zu der liebenswürdigen Formulierung gelangt, Allahs Sonne leuchte auch über dem Abendland (wobei ihr allerdings überraschenderweise die religiösen Parallelen und Einflüsse entgangen zu sein scheinen).
Im Zentrum des Judentums steht Gott, im Zentrum des Christentums Jesus Christus. Der Islam als die jüngste der Weltreligionen ist eine Buch- und Gesetzesreligion. In seinem Mittelpunkt steht der Koran, das dem Propheten Mohammed geoffenbarte Wort Gottes. Damit ist zum Ausdruck gebracht, daß der Islam keine Religion wie Judentum, Christentum oder die Religionen des Ostens ist (denn auch im Buddhismus steht ja nicht ein Buch im Mittelpunkt, sondern die Lehre, was, so mühsam das auch sein mag, dennoch einen Unterschied macht). Judentum, Christentum und in gewisser Hinsicht auch die indischen Religionen erhielten ihre Prägung durch Kräfte, die sich gegen etablierte gesellschaftliche Formen und Normen wandten. Der Islam demgegenüber war jedoch eine Lehre gewissermaßen aus dem Nichts, aus einem geistig-kulturellen und politischen Vakuum, und so wurde er folgerichtig von Anfang an zu einer Bewegung von geradezu radikaler Diesseitigkeit. Walter Beltz, einer der besten Kenner des Islams im deutschsprachigen Raum, hat einmal mit Recht gesagt, der Islam sei nicht nur dadurch gekennzeichnet, daß er eine Buchreligion sei; vielmehr trete neben die religionsgeschichtliche Bedeutung des Korans auch die als »Gründungsurkunde der arabischen Nation«, und so muß der Islam immer in dieser Dualität gesehen werden: als Religion und als staats- und nationsstiftende Klammer der zentrifugalen arabischen Kräfte und Strömungen. Indem der Islam die alten Stammesreligionen überwunden hat, überwand er auch im Grunde die alte Stammespolitik (selbst wenn sie in einigen Ausläufern bis auf den heutigen Tag beobachtet werden mag). Dem Islam eine radikale Diesseitigkeit nachzusagen, bedeutet jedoch nicht, ihn mit der Diesseitsorientierung des Judentums auf eine Stufe

zu stellen. Die islamisch-arabische Diesseitigkeit ist politisch, die jüdische ethisch konstituiert, und der bereits angedeutete islamische Expansionismus ist nichts anderes als der offenkundige Ausdruck dieser Diesseitigkeit, die man, ins Politische übersetzt, getrost kämpferisch, militant und in gewisser Hinsicht wohl auch imperialistisch nennen mag. Daß diese Eigenschaften in krassem Gegensatz zu jener vielzitierten und in der Tat eigenartigen islamischen Toleranz stehen, kann nicht mehr verwundern, wenn man die beiden Ebenen der islamischen Wirklichkeit stets vor Augen hat: die der Religion und die der Politik. Daß es sich dabei keineswegs um einen Widerspruch handelt, geht allein schon aus dem Umstand hervor, daß der Religionsstifter Mohammed in Medina mit der Religionsgemeinschaft zugleich auch einen Religionsstaat gründete (das gilt bis heute: der iranische Revolutionsführer Ajatollah Khomeini ist der religiöse *und* politische Führer, so wie er ja auch eine politische Erneuerung auf religiöser Grundlage anstrebt...).
Arabien, wir sagten es bereits, war schon früh bescheidenen, aber nachweisbaren Einflüssen anderer Religionen ausgesetzt, und noch Mohammed (Sure 46, 10) wird sich bescheiden als öffentlicher Warner, nicht jedoch als religiöser Neuerer bezeichnen. Dennoch ist der Islam eine autonome Religion und geht von jenem absoluten Gültigkeitsanspruch aus, den alle Weltreligionen sich zu eigen gemacht haben. Zugleich ist er von einer sehr charakteristischen Toleranz anderen Religionen gegenüber gekennzeichnet, die wohl nur unter Hinweis auf ähnliche Ursprünge des religiösen Denkens zu begreifen ist. Zwar nennt der Araber den Nicht-Muslim bis heute kurzerhand einen Ungläubigen (worin ja nicht wenig Bedauern und Verachtung mitschwingen); andererseits ist die gesamte islamische Literatur von berückenden Dokumenten religiöser Toleranz gekennzeichnet. Geleitet von der Weisung des Korans, »es ist kein Zwang im Glauben« (Sure 2, 257), zieht sich der Toleranzgedanke durch das islamische Denken, und zwar von den Worten des Propheten bis zu den modernen islamischen Denkern. Dabei ist das Urmotiv dieser spezifisch islamischen Toleranz keineswegs zu übersehen: Bereits Mohammed mußte immer wieder erleben, wie schwierig es ist, die Menschen zum Glauben zu führen, und wie oft der Mensch vom rechten Weg abzukommen versucht. Zur Wahrung und Verbreitung des Glaubens sowie auch zur Festigung der Glaubensgemeinschaft, die im Islam stets auch eine politische Gemeinschaft ist, verwies bereits der Prophet auf die Toleranz nach innen und nach außen. Die Synthese von göttlicher Allmacht und menschlicher Freiheit machte nach seiner Auffassung erst die Bedeutung und Festigkeit der Religion aus, wie er auch davon überzeugt war, daß der Mensch die Pflicht zum Glauben hätte und sich dem Willen Gottes unterwerfen müßte, womit ja zunächst nichts anderes als eine spezifische Einschränkung der eben noch gewährten Freiheit gemeint ist. Dennoch ist der islamische Grundgedanke unübersehbar: Erst der Glaube macht den Menschen frei, und warum sollte er dann nicht tolerant sein, und zwar auch den anderen Religionen gegenüber?
Die Beziehungen des Islams zu Judentum und Christentum, insbesondere die teilweise Gleichursprünglichkeit, verknüpft mit dem religiösen Toleranzgedanken, lassen Juden und Christen nicht unbedingt nur als Ungläubige, sondern als Teilgläubige erscheinen, deren Schicksal es ist, nur einen Teil des

wahren Glaubens zu akzeptieren, weshalb man jüdische und christliche Gemeinden von Anfang an innerhalb der islamischen Glaubensgemeinschaft tolerierte, wenngleich stets mit einem mitleidigen Bedauern. Einer der bedeutendsten arabischen Dichter, der noch vor der Jahrtausendwende in Nordsyrien geborene Ma'arri, ein kühner, selbständiger Denker, ist in seiner Forderung nach religiöser Toleranz so weit gegangen, daß man ihm Zersetzung und Intransigenz vorgeworfen hat, weil er von der Gleichgewichtigkeit aller Religionen ausging und diese immer wieder in schönen Versen zu beschreiben wußte:

»Macht mich nicht zu eurer Feindschaft Ziel.
Denn fürwahr, Christus und Mohammed gelten mir gleich viel.
Nützt der Morgenschein etwa dem Nachtdurchwaller?
Oder ist Finsternis das gemeinsame Los aller?«

Auch der 1165 im spanischen Murcia geborene und 1240 in Damaskus gestorbene islamische Mystiker und Pantheist Ibn Arabi hat viele Zeugnisse über die Gleichwertigkeit der Religionen hinterlassen und die Auffassung vertreten, daß der Mensch sich nach dem einen Gott sehne, der einmal El, ein andermal Allah heiße; alle vernunftbegabten Menschen befänden sich auf dem Weg zu diesem Gott, und ein Streit über den wahren Glauben sei mehr als müßig. Angesichts derartiger Äußerungen muß man unwillkürlich an den Toleranzgedanken der abendländischen Aufklärung denken, sollte darüber aber nicht vergessen, daß die Verbindung von Glaube und Politik im Islam mehr als nur einmal Beispiele für Willkür und Fanatismus bereithält, was die Verbreitung der mohammedanischen Religion angeht.
Das Gegenstück zur islamischen Glaubenstoleranz ist die Idee vom Heiligen Krieg, den alle gläubigen Moslems zu kämpfen haben (Sure 61, 11), allein, in Gruppen und als Staaten. Der Pflicht zum Heiligen Krieg wird Genüge getan, wenn der Mensch an jeder Stelle in dieser Welt aktiv für die Sache des Islams eintritt, sei es in der Abwehr fremder Einflüsse, sei es in Gestalt einer militärischen Auseinandersetzung, sei es auch »nur« in der Setzung spezifisch arabisch-islamischer Akzente in Kunst und Literatur, mit denen sich die *anderen* Kulturen und Traditionen auseinanderzusetzen haben. In diesem Sinne führt der Islam einen Heiligen Krieg seit 1 300 Jahren: von der Eroberung der arabischen Stämme und Regionen über die militärischen Aggressionen gegenüber dem christlichen Abendland bis hin zu der neuen Rolle, die der Religion gegenwärtig unter dem Signet »Renaissance« in Arabien zugewiesen wird, und noch die militärischen Auseinandersetzungen zwischen Iran und Irak gelten in diesem Sinn als Heiliger Krieg. Toleranz und Heiliger Krieg (letzteres als Ausdruck einer islamischen Orthodoxie) halten sich somit die Waage, und diese eigentümliche Dialektik ist es wohl auch, die dem Nicht-Moslem mitunter im Verständnis des Islams einige Schwierigkeiten bereitet. Allerdings wäre die Kennzeichnung des Islams als Gesetzesreligion unzutreffend, wenn nicht kraft dieser Prämisse jeder Moslem aufgerufen wäre, sein ganzes Leben als Kampf im Dienst der Religion zu begreifen. Immer und überall steht er an der Front, im Dienste Gottes und seines Propheten Mohammed, und dieser

Kampf endet erst, wenn der Gegner unterworfen und kampfunfähig gemacht ist. Solange die islamische Gemeinschaft mit ihrem Einsatz Siege erzielte, solange behielt auch die Theorie des Heiligen Krieges im klassischen Islam ihre Gültigkeit. Angesichts der Tatsache jedoch, daß die Zeiten der großen militärischen Auseinandersetzungen längst Geschichte geworden und die modernen arabischen Staaten politische Beziehungen auf der Grundlage jener Spielregeln unterhalten, die sich in der internationalen Diplomatie durchgesetzt haben, haben sich auch diese Beziehungen beruhigt und ist an die Stelle der Aggression die Kooperation getreten, obgleich der offensive Einsatz für den Islam in der Theorie weiterhin besteht – aber, durchgeführt, heute mehr denn je ein Selbstmordprogramm wäre, ganz unabhängig von der Vermutung, daß der Stern des Propheten hinter den modernen Kampfmaschinen rasch verblassen und in Vergessenheit geraten würde.
Als Reaktion auf die nur noch begrenzten Möglichkeiten des Heiligen Krieges hat sich in unserer Zeit eine neue Form der islamischen Orthodoxie herausgebildet, die in der strengen Beobachtung und Einhaltung der islamischen Gesetze ihren alltäglich sichtbaren Ausdruck findet, zugleich aber auch daran erinnert, daß ein Wesenszug der mohammedanischen Offenbarung in den apokalyptischen Visionen, in der Beschreibung des menschlichen und weltlichen Endzustandes zu sehen ist. Daß der Islam bei aller Toleranz nach innen streng, ja autoritär und in vieler Hinsicht fortschritts- und zivilisationsfeindlich ist, rückt ihn in eine gewisse Nähe zum Judentum, das sich ja ebenfalls als Gesetzesreligion begreift und damit die menschliche Freiheit einengt. Dennoch ist der Unterschied zwischen Judentum und Islam gerade an dieser Stelle einigermaßen deutlich. Während der Jude weiß, daß er die Plackereien und Beschwernisse des Lebens auszuhalten hat, weil er von Gott auserwählt ist und das Leben als Aushaltenkönnen dieser Erwähltheit zu begreifen hat, enthält der Islam als Gesetzesreligion ein ihm eigentümliches Element der Drohung. Er verlangt von seinen Gläubigen die ständige Orientierung an den Forderungen des Glaubens, die Unterwerfung und das Anerkennen einer Philosophie des Lebens, die von der Prädestination des menschlichen Seins erfüllt ist. Im Koran heißt es dazu (Sure 81, 1–14):

»Wenn die Sonne zusammengefaltet wird
und wenn die Sterne herabfallen
und wenn die Berge sich rühren
und wenn die hochschwangeren Kamelstuten vernachlässigt werden
und wenn die wilden Tiere sich versammeln
und wenn die Meere anschwellen
und wenn die Seelen gepaart werden (mit ihren Leibern)
und wenn das lebendig begrabene (Mädchen) gefragt wird,
um welcher Sünde willen es getötet ward,
und wenn die Seiten aufgerollt werden
und wenn der Himmel weggezogen wird
und wenn der Höllenpfuhl entflammt wird
und wenn das Paradies nahegebracht wird,
dann wird jede Seele wissen, was sie getan hat.«

Das Leben angesichts der Apokalypse wird man schwerlich als heiter beschreiben wollen, und unwillkürlich ist man versucht zu fragen, worin nun eigentlich das Element der Freiheit im Islam besteht, wenn man sich nicht damit zufriedengeben will, sein Monotheismus habe die Schreckensphantasien der alten Stammesreligionen gründlich über Bord geworfen; immerhin ist das schon ziemlich lange her und heute niemandem mehr Trost. Vielleicht ist die Frage nach der Freiheit auch falsch gestellt, weil sie nach einer Heiterkeit und Schwerelosigkeit sucht, die es in der Wüste nicht gibt. Die islamische oder arabische Lebensauffassung geht, unabhängig von den religiösen Einschlüssen, von Voraussetzungen aus, die den abendländischen sehr entgegengesetzt sind: Wer sich den Gesetzen der Wüste zu unterwerfen hat, um überleben zu können, der unterwirft sich auch leichter einem göttlichen Gesetz; wer nicht in der Lage ist, in theologischen Seminaren seinen Zweifel und seinen Glauben kritisch zu überprüfen, wird dankbar seinen Gebetsteppich ausbreiten und zuversichtlich und wohl auch gelassen zu Gott aufschauen, zu Allah, von dem alles ausgeht, der alles in der Hand hat und alles vorherbestimmt hat. Dabei ist die islamische Ergebenheit in das Schicksal, das *Kismet*, alles andere als eine billige Anpassung an eine vorgegebene göttliche Ordnung und schon gar nicht eine Form von Fatalismus, den man in Europa nur zu gern in die Ecke einer dumpfen Schicksalsergebenheit verdrängen möchte; vielmehr handelt es sich hierbei um eine Glaubenssicherheit, die Leben und Geborgenheit stiftet, zwei Qualitäten, die es in der Wüste nicht gratis geben kann.
Der Islam ist alles in einem: kämpferisch und fromm, diesseitig und weltabgewandt, staatsstiftend und Individuen bändigend, und so wie seine Diesseitigkeit sich unter dem Symbol der Prophetenschwerter zusammenfassen läßt, so mag es gerechtfertigt sein, die islamische Lebensauffassung als süße Schwermut zu definieren, welche sich nicht zuletzt niedergeschlagen hat in einer betörenden, abgezirkelten und eben auch schwermütigen Kultiviertheit, deren sichtbarster Ausdruck zweifellos die Architektur ist, die allein schon dem Islam den Anspruch zusichert, die (neben der chinesischen, indischen und europäischen) vierte Weltkultur gestiftet zu haben. Angesichts seiner durchgehenden und strengen Bilderfeindlichkeit hat sich der Islam in der Kunst auf Ornamentik, Schnitzereien, Teppichwebereien und ornamentale Formen in der Buchkunst beschränkt, dort aber staunenmachende Leistungen hervorgebracht. Und da die islamische Religiosität durch Kultarmut gekennzeichnet ist, hat sich die arabische Phantasie einen Ausweg in den Märchendichtungen geschaffen, worin die Elemente des arabischen Denkens und Fühlens, aber auch der arabischen Geschichte subtil verarbeitet wurden – zugleich jedoch eine Welt erschlossen haben, von der ungezählte Generationen von Menschen lebten. Noch ein Goethe hat aus den Erzählungen der Scheherazade von *Tausendundeiner Nacht* so gezehrt, als wäre dieses das Buch der Bücher, und zweifellos war es für den Dichter ein Lebensbuch.
Die Religion des Islams setzte eine neue Form der Gottesverehrung frei, und diese bedurfte einer neuen Gestaltung in der Kunst und insbesondere in der Architektur. Überall dort, wo der Islam wirksam gewesen ist oder bis heute als Religion lebt, dokumentiert er seine Anwesenheit in Form von Bauwerken, die wohl ein orientalisches Kunstelement enthalten, dabei auch zum

christlichen Altertum und insbesondere zum byzantinischen Baustil Parallelen zeigen, aber dennoch von einzigartiger Unvergleichlichkeit und Schönheit sind und deren genereller Eindruck bei aller Farbenpracht und Ornamentik der der Stille und des Schweigens ist. Die imposanten Kuppeln und die zierlich verspielten Minaretts, von denen herab der Muezzin die Stunden des Gebets verkündet, die Überdeckung der Arkaden, Türen- und Fensteröffnungen, das Heiligtum mit der Nische, die nach Mekka hindeutet und wo allgemein der Koran aufbewahrt wird, das alles bildet eine faszinierende Symbiose von großem Kultbau und Freude am Detail, wie sie wohl nur der orientalische Kunstverstand zustande bringen kann. Vor allen Dingen jedoch symbolisiert die muslimische Architektur ein Verständnis von Gott, das diesem in jeder Hinsicht zu entsprechen scheint: Die Moscheen erwecken den Eindruck, als hätten sie weder Anfang noch Ende, als seien sie offen und zugleich in sich gekehrt, als seien sie Kultraum und weltliche Versammlungshalle zugleich. Schöner kann man die Anwesenheit und das Wesen Gottes nicht umschreiben, wenn man sich an das Gebot seiner Unabbildbarkeit hält.

Die Moscheen sind die sichtbaren Zeichen des Islams in der Welt. 1 300 Jahre nach der Gründung der Gemeinde in Medina glauben gegenwärtig mehr als 750 Millionen Menschen an Allah, deren überwiegende Mehrheit in Asien und in Arabien zu finden ist. Nach den Jahrhunderten der streitbaren Verteidigung des Islams in der Welt, hat er sich auf die südliche Erdhemisphäre zurückgezogen, während er in Europa nur rudimentär vorhanden ist (in Österreich beispielsweise soll es 5 000 Moslems, in der Bundesrepublik Deutschland 150 000 Moslems geben, die ausländischen Arbeitnehmer nicht eingerechnet). Die eigentlichen Zentren des Islams – von Schwarzafrika abgesehen, das 75 Millionen Moslems zählen soll, aber wegen der Beibehaltung der alten Stammestraditionen wenig Bedeutung für die Entfaltung des Islams insgesamt hat – sind Nordafrika, die Türkei, der Vordere Orient, Afghanistan, Pakistan und Bangla Desh sowie Malaysia und Indonesien und insbesondere die arabischen Länder selbst: von Libyen über Ägypten und Saudi-Arabien bis zum Südjemen sind jeweils mehr als 90 Prozent der Bevölkerung Mohammedaner. Wer sich die Mühe machte, die genauen Zahlenangaben in den einzelnen Ländern miteinander zu vergleichen, wird unschwer ermitteln, daß der eigentliche arabische Islam heute zahlenmäßig in der Minderheit ist; aber unbeschadet dieser Tatsache ist gerade er das Herz des Islams – dank seiner reichen theologischen und kulturellen Geschichte. Ob das jedoch stets so bleiben wird, mag angesichts der modernen Entwicklungen, die um den Begriff der »islamischen Renaissance« kreisen, nicht ohne weiteres unterstellt sein.

So hat beispielsweise Bassam Tibi in einer Studie über *Die Krise des modernen Islam* die neue Rolle der Religion in Arabien als Ausdruck eines Krisenbewußtseins definiert. Er geht davon aus, daß der moderne Islam und die vielfältigen Versuche der Re-Islamisierung Ausdruck einer Defensivkultur seien, die sich aus der »Herausforderung« durch das christliche Abendland ergeben habe. Der Begriff »Islamische Republik«, den Ajatollah Khomeini in die Welt gesetzt hat, sei dafür ein Symbol, da die Begriffe Islam und Republik einander ausschlössen. Islamische Herrschaft ist immer autoritär und wenn man so will: totalitär, weil sie Gott und nicht dem Menschen verpflichtet ist.

Diesen modernen und wie er meint falschen Auffassungen stellt Tibi die Forderung entgegen, den Islam wieder als einen historischen Prozeß zu begreifen. Aber gerade diese Vorstellung dürfte in den Ohren der meisten Moslems auch heute noch nicht angenehm klingen; immerhin enthält sie auch die Forderung nach einer Rückführung der Religion in den Bereich des Privaten (was auch Martin Luthers Reformation forderte), um auf diese Weise das islamische Dogma der Einheit von Staat und Religion zu überwinden. Tibi und vielen anderen modernen Islam-Interpreten schwebt dabei der Gedanke vor, durch diese Trennung eine gesellschaftliche Entwicklung einleiten zu können, die über Renaissance und Aufklärung ins Industriezeitalter führt und auf diese Weise den tragischen Nord-Süd-Konflikt überwinden hilft.
An derartigen Überlegungen ist zweifellos richtig, daß der Islam seit seiner Gründung keine Reformation erlebte und daß auch die abendländische Aufklärungstradition ihm fremd geblieben ist, so daß es ihm zwar gelungen ist, die islamisch-arabische Kultur auf eine staunengebietende Höhe zu bringen, aber gleichzeitig eine industrielle Revolution und den Übergang zu einer Industriegesellschaft zu verhindern. Nicht zuletzt ist ja der Schah von Persien an diesem Konflikt gescheitert: Er wollte die Trennung von Staat und Religion, um die Modernisierung (oder: Europäisierung) einzuleiten, aber er wurde auch das Opfer eben dieser Säkularisation, sonst wäre es Khomeini nicht gelungen, ihn vom Thron zu stürzen. Und fände heute beispielsweise in Saudi-Arabien oder in Marokko das Politische nicht seine Entsprechung im Religiösen, dann wären möglicherweise auch in den Palästen der Nachfolger des großen Propheten und Hüter der Heiligen Stätten von Mekka und Medina längst die Lichter ausgegangen.
Ganz so einfach macht es uns der Islam nicht, aber er macht dadurch eigentlich wieder einmal deutlich, daß er, die Religion, es ist, wovon in Arabien alles ausging und bis auf den heutigen Tag alles ausgeht. Wenn Ernst Bloch die Religion einmal als den »Umgang des ältesten Traums« bezeichnet hat, so trifft das für den Islam auch insofern zu, als daß er allein Identität und Kontinuität zu stiften weiß in einer Religion, in der schon allein aufgrund der natürlichen Gegebenheiten alles anders ist als im engen und dichtbesiedelten Europa. Und auch der Gedanke, am Islam seien Renaissance und Aufklärung spurlos vorübergegangen, trifft *so* nicht den eigentlichen Sachverhalt, weil er mehr von europäischen Denkvoraussetzungen ausgeht und sich mit der Verinnerlichung von islamischen Denktraditionen und -methoden immer schwergetan hat. Ein Mann wie Scheich Mohammed Abduh, der als einer der hervorragenden moslemischen Theologen der Neuzeit und als Begründer der ägyptischen Richtung des Modernismus im Islam gilt (1849–1905), hat in einem Koran-Kommentar deutlich zu machen versucht, worin die Größe der Religionen im allgemeinen und des Islams im besonderen gesehen werden dürfen, und dabei in versöhnlichem Ton auch an den ethischen Ansatz seiner Religion erinnert, von dem aus eine Verwestlichung im Sinne Bassam Tibis sich verbietet: »Die Religionen traten auf, als die Menschen, nach ihrem Verständnis für das Wohl der Allgemeinheit und selbst des einzelnen zu urteilen, in einem der Kindheit des Neugeborenen vergleichbaren Zustande waren. ... Da trat der Islam auf, der zur Vernunft sprach und das Verständnis und

die Einsicht zu Hilfe rief und sie mit den Gefühlen und den Sinnen verband, um den Menschen im Diesseits und im Jenseits zu seinem Glück zu führen.« Und der tiefreligiöse indische Dichter und Gelehrte Mohammed Ikbal, der in Cambridge, Heidelberg und München studiert hat und kurz vor seinem Tod noch, fast erblindet, einen Kommentar zum Koran zu schreiben begann, faßte die ganze Wucht des Islams in zwei Zeilen zusammen, die daran erinnern, daß auch Weltreligionen zunächst immer nur den einzelnen Menschen meinen, wenn sie in der Lage sind, ihn zu treffen.

»Vom Osten kam mein Morgen und vertrieb die Nacht,
ein frischer Tau fiel auf die Rose der Welt.«

Der Gepriesene

Der Islam ist eine Buchreligion, und das Buch geht auf einen einzigen Menschen zurück, Mohammed, mit seinem vollen Namen Mohammed Abul Kaßim ibn Abdallah geheißen. Er ist einer der großen Stifterpersönlichkeiten der Weltgeschichte; Karl Jaspers reihte ihn ohne Zögern in die Gruppe der maßgebenden Menschen ein. Selbst wenn man berücksichtigt, daß Mohammed weder den Koran *geschrieben* hat, noch unterstellt werden darf, daß sämtliche vorliegenden Teile von ihm allein stammen, bleibt die Leistung dieses Mannes über jeden Zweifel erhaben. Ihm kommt eine Bedeutung zu, die sich allenfalls mit der Abrahams in bezug auf die alten Israeliten vergleichen läßt. Damit ist zugleich auf ein mögliches Mißverständnis verwiesen, das sich immer dann einstellt, wenn die Rolle des Propheten aus europäischer Sicht analysiert wird: Die islamische Theologie nämlich weist den Hinweis zurück, Mohammed habe die Religion gestiftet; vielmehr sei sein Werk darauf beschränkt gewesen, die Menschheit auf die ursprüngliche Religion zurückzuführen. Mohammed sei allenfalls ein Erneuerer, nicht jedoch so etwas wie ein »Erfinder« einer neuen Religion. Um die Verwirrung gänzlich herbeizuführen, soll daran erinnert werden, daß Mohammed selbst sich nur als Warner, nicht jedoch als Neuerer bezeichnet hat (Sure 46, 10). Ganz ohne Zweifel auf dem Boden der alten arabischen Stammesreligionen und Mythen stehend und in Kenntnis einiger Aussagen des Juden- und des Christentums, kommt Mohammed die Bedeutung des Religionsstifters zu: Von ihm nimmt der Islam seinen Ausgang, er hat seine Glaubenslehre und seine Gesetze definiert und in einen Kanon eingeschlossen, der zur Grundlage der islamischen Gemeinde wurde, zunächst in Medina, später in der halben Welt.

Die Zeit vor Mohammed ist durch eine Schriftlosigkeit gekennzeichnet, die es auch heute noch erschwert, einigermaßen gesicherte Angaben über die arabische Gesellschaft und ihre Religiosität zu machen. Fest steht, daß der ganze arabische Raum der Lebensbereich umherziehender Beduinenstämme gewe-

sen ist, die möglicherweise in einem Land lebten, das einen sehr viel freundlicheren Anblick vermittelte, als das heute der Fall ist. Geologen und Historiker vermuten, daß in vormohammedanischer Zeit die Wüste sehr viel grüner war, daß die Anzahl der Oasen bedeutender war, als das heute den Anschein hat. Immerhin muß das Land ständig von umherziehenden Nomadenstämmen durchstreift und in gewisser Weise also auch bewohnt gewesen sein, und nur die unfruchtbaren basaltischen Hochebenen mögen lange Zeit keinen Menschen gesehen haben. Sogar Bewässerungsanlagen soll es bereits, vor allem im Gebiet des heutigen Südjemen, gegeben haben.
Die arabische Gesellschaft ist durch die Stammesorganisation gekennzeichnet, für die die Nomaden die Hauptrolle spielten, jedoch auch Ackerbauern, Seßhafte also, nachgewiesen werden konnten. Man tut jener Zeit und ihren Menschen gewiß nicht allzuviel Unrecht an, wenn man die kulturelle Entwicklung nicht allzu hoch einstuft, sich dabei allerdings nicht wenig Kritik der moslemischen Historiographie einhandelt, die unentwegt behauptet, jene frühen Zeiten seien so etwas wie das Goldene Zeitalter der arabischen Geschichte gewesen, was aus europäischer Sicht einigermaßen unverständlich ist. Aus der Perspektive der arabischen Geschichtsschreibung steht jedoch eine Art Rassenmystik im Vordergrund, die sie behaupten läßt, das Zeitalter der »Unwissenheit« sei das Zeitalter der menschlichen Reinheit und Autonomie gewesen. Ganz so unwissend waren die Menschen der früharabischen Zeit allerdings nicht. In den letzten Jahrzehnten hat die Kenntnis von arabischen Inschriften in Südarabien und im syrisch-mesopotamischen Grenzgebiet sprunghaft zugenommen, welche dokumentieren, daß es eine vorislamische Kulturtradition durchaus gegeben hat – an die der Islam naheliegenderweise anzuknüpfen versuchte. Aus den heute vorliegenden Informationen läßt sich folgendes Bild der arabischen Gesellschaft entwerfen:
Die Halbinsel war von Beduinen bewohnt, die sich plötzlich in Stämme aufgliederten, welche hierarchisch gegliedert waren. Ihre sprichwörtlich gewordene Freiheitsliebe kompensierten sie durch eine Stammesethik, die sie zwar nach innen solidarisierte, nach außen jedoch die Voraussetzung einer imposant dynamischen Stammesfehde stiftete: Stamm kämpfte gegen Stamm, und es wurde im buchstäblichen Sinn ein Kampf ums Überleben. Die Nomadenpfade waren nur zu oft Rache- und Beutezüge – und die Blutrache entwikkelte sich dabei zur zerstörenden Gewalt über alle arabischen Stämme –, aber überraschenderweise ist es den Stämmen nicht gelungen, sich zu größeren Kampfgemeinschaften zusammenzuschließen. Ihre religiösen Vorstellungen waren primitiv, was sie nicht hinderte, an einen höchsten Gott, Allah, zu glauben, aber daneben viele kleine Lokalgottheiten oder eben auch originell geformte Steine zu verehren und anzubeten. Vor allem jedoch fehlte dieser Religion und der Stammesethik jede allgemeine Verbindlichkeit, so daß sich im Laufe der Generationenfolge eine ganze Reihe von Stammesreligionen und -ethiken herausbildeten, die einander diametral gegenüberstanden und auch nicht ein Minimum an Übereinstimmung oder gar Versöhnlichkeit an den Tag legten. So atomisierte sich die Gesellschaft wie auch ihr geistiger Überbau und brachte die Araber an die Grenze dessen, was wir überhaupt noch als Gesellschaft wahrnehmen können. Allein die Hauptstadt (ein Begriff, der hier

nur mit größter Vorsicht zu verwenden ist) Mekka bildete so etwas wie ein Zentrum, da sich in ihr der heilige Stein in der Kaaba befand und ab und zu Jahrmärkte abgehalten wurden.
Aus alten Inschriften und Zeugnissen wissen wir auch, daß jene vormohammedanische Zeit bereits ihre Dichter, Märchenerzähler und Sänger besaß, die jedoch, und das ist bezeichnend, weniger von Gott und der Liebe als vielmehr von den Heldentaten des Lebens in der Wüste berichteten oder, wenn es hoch kam, ihre Lebensweisheiten in allgemeinverbindliche Formulierungen faßten. Ein geistiges Leben, das von gewissen Abstraktionen lebt, scheint es nicht gegeben zu haben. Nur der Süden Arabiens mag im Rahmen dieser bescheidenen Entwicklungen eine Ausnahme gemacht haben. Wir wissen (zum Teil aus dem Alten Testament), daß im Jemen viele Jahrhunderte vor unserer Zeitrechnung ein Königreich existiert haben muß, woher die legendäre Königin von Saba stammte. Zur Zeit des Ptolemäus bildeten sich Fürstentümer in der Höhe des Toten Meeres, deren berühmtestes das der Fürstin Zenobia in Palmyra war, westlich vom Euphrat und für das 3. Jahrhundert nachgewiesen. Darüber hinaus soll es in einigen Städten so etwas wie aristokratische Republiken gegeben haben, worunter man sich wohl autoritäre Herrschaften reicher Karawanenbesitzer vorzustellen hat, Stadtstaaten also, die als Handelszentren wichtig waren und von den großen Karawanen angelaufen wurden. Dennoch ist nicht nachgewiesen, daß sich in diesen Handelsmetropolen etwa ein geistiges oder bemerkenswertes religiöses Leben abgespielt hätte: Der Handel dominierte, und die kulturellen Einflüsse von außen hatten offenbar so gut wie keinen Einfluß auf das Geistesleben der Halbinsel. Das überrascht um so mehr, als es bereits in der byzantinischen Epoche zu Christianisierungen an der Peripherie des Landes kam – es hat sogar zwei christianisierte arabische Fürstentümer gegeben –; andererseits haben zur gleichen Zeit Byzantiner und Sassaniden einander den Seeweg zum Indischen Ozean streitig gemacht, aber zu einer kulturellen Beeinflussung von bedeutsamem Ausmaß ist es hier ebenfalls nicht gekommen. Mehr noch: Die ökonomisch determinierten Rivalitätskämpfe haben den Erosionsprozeß der arabischen Gesellschaft nur noch verstärkt und dazu beigetragen, daß die Geißel der Blutrache kurz vor dem Auftreten Mohammeds heftiger denn je wütete. Es kam zu Unruhen und paramilitärischen Auseinandersetzungen; Oasen wurden verwüstet, wertvolle Pflanzungen vernachlässigt; die innerarabischen Querelen nahmen in jeder Hinsicht zu.
Hinzu kam, daß die Araber durch die Expansion der Juden und der Christen zum erstenmal in ihrer Geschichte sich des religiösen und kulturellen Vakuums bewußt zu werden begannen, in dem sie lebten. Zwar waren die sie umgebenden Völker und ihre Emissäre alles andere als Missionare oder gar Theologen, die für die »bessere« Religion stritten; aber immerhin wurde den Arabern deutlich, daß ihre wenig verbindlichen Stammesethiken nicht in der Lage waren, sich der Wucht der Argumente der anderen großen Religionen zu widersetzen. Es stellte sich aber auch heraus (und das haben religionssoziologische Untersuchungen natürlich auf den ersten Blick gezeigt), daß die sozialen Unruhen, die das 6. Jahrhundert kennzeichneten, ein günstiger Boden für die religiöse Erneuerung waren, was vor Mohammed bereits die Hanifen

erkannt hatten, die auf der Suche nach einer tieferen Religiosität und nach einer reineren Auffassung von Gott waren. Um es mit einem Bild zum Ausdruck zu bringen: Auf diesem Boden, der zwar sandig, aber eben deshalb von einem tiefen Durst erfüllt war, waren die Voraussetzungen für eine religiöse Erneuerung optimal, und Mohammed hat, ganz nüchtern betrachtet, diese einmalige Gelegenheit sofort genutzt. Dabei sind wir uns der Profanität einer derartigen Äußerung durchaus bewußt: Zum Religionsstifter oder religiösen Erneuerer gehört sehr viel mehr als ein soziokultureller Wandel, der gewissermaßen ja nur die Erfolgsbedingungen der Mission garantiert. Zunächst bedarf es einer Stifterpersönlichkeit, die neben ihrer religiösen Struktur auch ein ausgeprägtes Gespür für die Notwendigkeit einer gesamtreligiösen Erneuerung entwickelt und darüber hinaus von jenem missionarischen Feuer besessen ist, das erforderlich ist, um nicht im Sektierertum zu verkümmern. Alle diese Bedingungen waren bei Mohammed auf einzigartige Weise gegeben, und wenn er sich im Laufe seines religiösen Lebens immer wieder darauf berief, er sei eigentlich nur der Gesandte Gottes, so machte er stets auf jene Mittlerfunktion aufmerksam, die ihn von jenen unterschied, die selbst Gott sein wollten oder sich sonst eine Privattheorie zurechtlegten und auf dem Jahrmarkt der Meinungen und Gerüchte loszuwerden versuchten. Die Einzigartigkeit des Propheten Mohammed ist seine ständige Bereitschaft, sich selbst hinter das Wort Gottes zurückzunehmen, und die Fähigkeit, Grundaussagen der jüdischen und der christlichen Religion zu übernehmen und auf sehr spezifische Weise so umzuschmelzen, daß nicht etwa ein neuer religiöser Aufguß, sondern vielmehr eine neue Religion entsteht, die sowohl die Züge ihres Stifters wie seiner Zeit und der arabischen Gesellschaft trägt; mit einem Wort: die unvergleichlich ist und unvergleichbar. Johann Gottfried Herder hat um diesen Wesenszug gewußt, als er in seinen *Ideen zur Philosophie der Geschichte der Menschheit* (1786) den Propheten Mohammed mit den Worten charakterisierte:

»Im Anfange des siebenten Jahrhunderts erschien dieser Mann, eine sonderbare Mischung Alles dessen, was Nation, Stamm, Zeit und Gegend gewähren konnte, Kaufmann, Prophet, Redner, Dichter, Held und Gesetzgeber, Alles nach arabischer Weise. Aus dem edelsten Stamm in Arabien, dem Bewahrer der reinsten Mundart und des alten Nationalheiligtums, der Kaaba, war Mohammed entsprossen ... Wenn der Haß gegen Greuel des Götzendienstes, die er in seinem Stamme sah und auch im Christentum zu finden glaubte, nebst einer hohen Begeisterung für die Lehre von Einem Gott und die Weise, ihm durch Reinlichkeit, Andacht und Guttätigkeit zu dienen, der Grund seines Prophetenberufes gewesen zu sein scheinen, so waren verderbte Traditionen des Juden- und Christentums, die poetische Denkart seiner Nation, die Mundart seines Stammes und seine persönlichen Gaben gleichsam die Fittiche, die ihn über und außer sich selbst forttrugen. Sein Koran, dies sonderbare Gemisch von Dichtkunst, Beredsamkeit, Unwissenheit, Klugheit und Anmaßung, ist ein Spiegel seiner Seele, der seine Gaben und Mängel, seine Neigungen und Fehler, den Selbstbetrug und die Notbehelfe, mit denen er sich und andere täuschte, klarer als irgendein anderer Koran eines Propheten zeigt.«

Von allen Religionsstiftern ist Mohammed Abul Kaßim ibn Abdallah vermutlich jener, der das meiste historische Profil besitzt, und dennoch ist es bedauerlicherweise nicht möglich, mit größtmöglicher Präzision Aussagen über sein Leben und seine Lehre zu machen, und zugleich weiß man über ihn sehr viel mehr als über Abraham, Buddha oder das wirkliche Leben des Jesus Christus. Die Kenntnisse über das Leben des Propheten beziehen wir aus zwei Quellen und einer sehr frühen Mohammed-Biographie, aber alle sind, wie nicht anders zu erwarten, durchsetzt von Legenden, märchenhaften Ausschmückungen und Phantasieprodukten, so daß es mitunter nicht leichtfällt, wissenschaftlich einwandfreie Aussagen über den Propheten zu treffen (was vielleicht auch nicht in jedem Fall erforderlich oder sogar notwendig ist). Die erste und sicherste Quelle zum Leben Mohammeds ist der Koran, der aus der Sicht der moslemischen Exegeten zwar zunächst nichts anderes ist als die Offenbarung Gottes aus dem Mund des Propheten, der aber darüber hinaus eine Fülle von Aussagen und Anspielungen über das Prophetenleben selbst macht. Allerdings stellt sich hier sogleich ein Einwand ein: Der Koran ist weder von Mohammed selbst geschrieben (also keineswegs so etwas wie eine Autobiographie mit geoffenbarten Wahrheiten), sondern vielmehr eine nach dem Tode des Propheten veranstaltete Zusammenfassung seiner Äußerungen, welche Arbeit sich auf nicht weniger als 20 Jahre erstreckte, so daß man getrost davon ausgehen darf, daß mehrere Autoren (wenn nicht überhaupt sehr viele!) an diesem Prozeß der schriftlichen Fixierung beteiligt gewesen sind. Auch ein flüchtiger Blick in die heutige Gestalt des Korans legt den Schluß nahe, daß eine ganze Reihe von Irrtümern kanonisiert werden, daß Lücken existieren und daß nicht wenige Suren an der falschen Stelle plaziert sind, so daß nicht einmal von einer chronologischen Ordnung gesprochen werden darf. Vor allen Dingen jedoch enthält der Koran naheliegenderweise in erster Linie die religiösen Aussagen Mohammeds und nur Marginalien zum Leben des Propheten selbst. Etwas anders verhält es sich mit der zweiten Quelle, mit den *Hadithen*, der Überlieferung. Hadithen sind Mitteilungen über einen Ausspruch oder eine Handlung des Propheten, die nach dem Verständnis des Islams normative Bedeutung haben, in gewisser Weise also als Ergänzung zum Koran gelesen werden müssen. Biographisch gesehen, sind sie ergiebiger als der Koran, aber sie sind auch weniger zuverlässig, weil sich die Autoren noch mehr Freiheiten herausgenommen haben, als man beim Koran schon ertragen muß. So ist es angesichts der morgenländischen Fabulierkunst kaum anders zu erwarten gewesen, als daß die Zahl der Hadithen mit den Jahren wuchs, die man sich von der Lebenszeit des Propheten entfernte. So wurden die Hadithen im Laufe der Jahrzehnte zu einem ansehnlichen Kompendium von Dichtung und Wahrheit, weil die verschiedenen Autoren die Details immer farbiger ausschmückten und neue Details hinzufügten, wobei sie durchaus nicht die Absicht verfolgten, durch Verschönerung zu verfälschen; im Gegenteil, es ging ihnen darum, eine »reine« Biographie herzustellen und Mohammed zu einem moralisch-ethischen Vorbild zu stilisieren. Ein derartiger Versuch ist gewiß rührend, aber von seiner historischen Detailgenauigkeit und Authentizität her mit Vorsicht zu genießen. Schließlich waren Mohammed und seine Jünger in jenem verlorenen Winkel Arabiens im 7. Jahrhundert alles andere als ein religiöser Orden, der ein Paradigma von religiöser Ernsthaftigkeit, Hygiene oder Rechtschaffenheit vorgelebt hätte; zunächst und vor allem waren sie Menschen und keine Heiligen. Dies erkannt zu haben, ist das Verdienst zweier Großmeister der Hadith-Literatur, deren Sammlungen als vorbildlich, vor allem als »gesund« (arabisch *sahih*) gelten, weil sie sie von zusätzlichen Ausschmückungen und Ornamentierungen weitgehend freizuhalten suchten: gemeint sind die Hadithen von Buchari (gestorben 870) und Muslim (gestorben 875). Aber auch diese Autoren und ihre Werke sind nicht in der Lage, unsere Zweifel zu beheben (wie wir Heutigen andererseits gut daran tun, unsere rationalen Vorbehalte mit Vorsicht zu kultivieren). Schließlich dürften wir mittlerweile gelernt haben, daß es nicht nur eine historische Wahrheit gibt, die sich auf Punkt und Komma belegen läßt, sondern auch die Wahrheit der Tradition, der Überlieferung. Vor allem jedoch wissen wir aus der Geschichte der Religionen nur zu genau, daß Widersprüche und Nuancenreichtum, unterschiedliche Lesarten und Bewertungen nicht selten das beste Mittel gegen dogmatische Verhärtungen, Verkürzungen oder einfach Fälschungen sind – und falsch sind die Hadithen in keinem Fall.

Die dritte Quelle schließlich, die uns das Leben Mohammeds erschließt, ist die *Sira*, chronologisch geordnete Lebensberichte des Propheten, die aus den Quellen des Korans wie der Hadithen gleichermaßen geschöpft und tradierte Erzählungen aufgenommen und ergänzt haben. Die erste, älteste und wohl auch beste Biographie Mohammeds stammt von Mohammed ibn Ishaq, der 768 (das ist 151 der Hedschra) in Medina gestorben ist. Von ihm stammt die erste große Zusammenstellung der Hadithen, auf deren Grundlage er die Biographie des Propheten zusammengestellt hat. Sein Material ist von allergrößtem Interesse, weil es sich im Gegensatz zu zeitgenössischen Beschuldigungen keineswegs um Fälschungen und unechte Hadithen handelt; vielmehr ist seine Biographie der authentischste Bericht über das Leben des Propheten, vor allem weil er sich weitgehend der Sakralisierung und Legendenbildung enthält und weil sein Autor auch insofern Historiker war, als er um die Problematik der erzählten Einzelheiten durchaus wußte. Allerdings ist die Biographie des Mohammed ibn Ishaq nur in Bruchstücken und Auszügen auf uns gekommen, insbesondere in der Bearbeitung eines anderen großen arabischen Historikers, des 833 gestorbenen Ibn Hisham aus Basra, der das Werk seines Vorgängers gestrafft und zum Teil wohl auch bewußt verändert hat. Da der Geschichtswissenschaft aber auch hier Anhaltspunkte und Vergleichsmöglichkeiten fehlen, ist man nach wie vor auf diese bescheidenen Quellen angewiesen, so daß man gut daran tut, das Leben Mohammeds so zu beschreiben, wie es sich aus der Verbindung von historischen Tatsachen und den späteren Ausschmückungen der Gläubigen darstellt. Vielleicht gehört zum Charakteristikum eines jeden maßgebenden Menschen ohnehin die Bereitschaft, nicht jedes biographische Detail auf die Goldwaage der wissenschaftlichen Präzision zu legen, um irgendwann zu der ernüchternden Erkenntnis zu gelangen, der so Gepriesene sei ja doch nur »irgendein einfacher Mensch« gewesen. Das war er wohl immer – auch.

Die arabische Überlieferung will es, daß Mohammed im Jahr des Elefanten geboren wurde, 570 in Mekka, und will man einigen Handbüchern trauen,

dann ist sein genauer Geburtstag der 20. April 571 gewesen. Seine Herkunft leitet sich vom Stamm Haschim ab, einer zur Unbedeutung herabgesunkenen Nebenlinie der Quraischiten (mitunter auch Kuraischiten geschrieben), welche die Stadt beherrschten und wohl zu den bedeutendsten Handelsherren des Orients gerechnet werden müssen. Mohammeds Vater starb, als das Kind geboren wurde, seine Mutter wenige Jahre danach. Sie hießen Abdallah und Amina und waren so arm, daß an keinerlei Ausbildung des Kindes gedacht werden konnte. Statt dessen wurde er nach der damaligen Sitte einer Beduinenfrau anvertraut, um die Sitten und Gebräuche der Nomaden kennenzulernen, aber auch um sich mit ihrer blumenreichen und metaphorischen Sprache vertraut zu machen – die einzige Möglichkeit, um sich der arabischen Kultur und ihrer Tradition ein wenig zu nähern. Als Mohammed sechs Jahre alt war, wurde er zu seiner Mutter zurückgebracht, die mit ihm zu Verwandten nach Yathrib, dem späteren Medina, wanderte, und auf dem Rückweg ist Amina dann gestorben. Der Knabe wurde daraufhin von seinem Großvater, später von seinem Onkel umsorgt, dessen Name mit Abu Talib angegeben und von dem überliefert wird, er habe das Kind wie seinen eigenen Sohn geliebt und umsorgt. Zusammen mit den Kindern des Onkels hütete Mohammed die Herde in der Wüste. Obgleich sich in diesen dünnen Linien nichts anderes als eine Dutzendbiographie andeutet und Mohammed das Schicksal vieler Zeitgenossen geteilt haben dürfte, hat er offenbar sehr unter der Armut seiner Jugendzeit gelitten, denn es fällt auf, daß er in seinen späteren Predigten immer wieder den Reichtum und den Luxus der Vornehmen kritisierte und als gottloses Leben verurteilte.
Wie in anderen Prophetenbiographien auch, so wurden die dürren biographischen Angaben über Mohammeds erste Lebensjahre von der Legende und der märchenhaften Unterhaltungsliteratur ausgeschmückt, um ja den Anschein zu erwecken, der spätere Prophet sei bereits als Knabe ein außergewöhnlicher Mensch gewesen. Das beginnt bereits mit den Zeugnissen über seine Geburt, die verblüffende Parallelen zur christlichen Literatur aufweist. So wie Maria die Geburt des Jesusknaben durch einen Engel mitgeteilt wurde, so soll auch Amina ein Engel erschienen sein und ihr das Ereignis angekündigt haben. Auch die Geburt des Propheten wurde später volkstümlich ausgeschmückt, indem man Amina beispielsweise berichten läßt, Mohammed habe unmittelbar nach seiner Geburt die Hände betend zum Himmel erhoben und dagelegen wie einer, der demütig den Segen Gottes herbeifleht. Schließlich will die Legende wissen, daß die Geburt des Propheten durch eine Reihe von Wundern und Zeichen begleitet gewesen sei: »Und als sie Mohammed geboren, sah Amina ein Licht. Von ihm erglänzten die Schlösser Basras. Die Engel standen um sie herum und breiteten ihre Flügel aus. Die Engelreihen, die lobsingenden, senkten sich herab und erfüllten Tal und Hügel.«
Über den pseudohistorischen Charakter dieser Ausschmückungen kann es keinen Zweifel geben, aber das ist ein Gesichtspunkt, der niemandem gestört haben wird, der sich mit der Vita des Propheten nach seinem Tod beschäftigt hat. Auch für die späteren Jahre des Knaben hat die Legende einige Details parat, die ein Verständnis für die Außerordentlichkeit dieses Menschen vermitteln sollen. So wird berichtet, daß Mohammed auf einer seiner vielen Rei-

sen, die er als Karawanenbegleiter unternommen hat, von zwei Männern in weißen Kleidern, die ein goldenes, mit Schnee gefülltes Becken trugen, gestellt wurde, wobei einer der Männer Mohammed ergriffen und ihm die Brust aufgeschnitten habe, um das Herz herauszuholen. Dieses habe er aufgeschnitten und einen schwarzen Klumpen, das Böse, herausgenommen und das so vom Bösen befreite Herz mit dem Schnee aus der goldenen Schüssel gewaschen. Dabei hätten sie sich zu ihm herabgebeugt und ihm aufgetragen, sich seiner Aufgabe gegenüber seinem Volk bewußt zu werden. Auf einer anderen Reise wiederum soll er auf einen christlichen Mönch namen Bahira getroffen sein, der ihm seine spätere hohe Stellung vorausgesagt habe. Eine Wolke sei über ihm geschwebt, und die Zweige eines Baumes hätten sich auf ihn herabgesenkt, um ihm Schatten zu spenden. Damals war Mohammed zwölf Jahre alt, so alt wie Jesus, als er im Tempel mit den Pharisäern diskutierte.
Es ist müßig, über die Authentizität derartiger Aussagen zu befinden, da deren Funktion ja nicht darin besteht, eine präzise Angabe zu einem historischen Datum zu machen, sondern es geht vielmehr um eine nachträgliche Begründung von Mohammeds Prophetenkarriere. Unbeschadet von den legendenhaften Ausschmückungen dürfen wir davon ausgehen, daß der Knabe Mohammed schon früh begonnen haben wird, über den Sinn des Lebens nachzudenken, und seine nicht eben glückliche Kindheit wird ihm dabei durchaus Stimulantien geboten haben. Möglicherweise ist er auch bereits als Kind mit jüdischem und christlichem Gedanken- und Glaubensgut in Berührung gekommen, aber da er weder lesen noch schreiben konnte, war ihm der Zugang zu den Quellen der anderen großen Religionen zeitlebens verschlossen. Es spricht jedoch vieles dafür, daß Mohammed gerade deshalb eine ausgesprochene Hochachtung vor den schriftlich fixierten Religionen hatte und daß er am Niveau der alten arabischen Stammesreligionen litt, die, abgegriffen und verbraucht, wie sie waren, nicht mehr in der Lage waren, seine brennenden Fragen nach Gott und dem Sinn des menschlichen Lebens zu beantworten. Vielleicht tun wir gut daran, uns Mohammed als einen Menschen jener spezifischen Schwermut vorzustellen, die noch zu allen Zeiten die Frage nach Gott dringend und neu gestellt und sich mit den alten Antworten nicht mehr zufriedengegeben hat. Auf jeden Fall ist die Prophetenbiographie durch eine lange Phase der Gottsuche geprägt.
Noch ehe Mohammed auf Anraten seines Onkels Abu Talib in die Dienste einer reichen Witwe namens Chadidscha trat – damals war er 25 Jahre alt –, dürften sich die Grundlinien seiner religiösen Vorstellungen herausgebildet haben, die eine deutliche Affinität zum jüdischen Glauben aufweisen. Danach ging Mohammed von der Frage aus, warum andere Völker ein sehr viel differenzierteres, aber auch eindeutigeres Verhältnis zu Gott hatten, wo doch Juden, Christen und Araber gleichermaßen an einen höchsten Gott glaubten, und es dürfte ihm in diesem Zusammenhang aufgegangen sein, daß Gott über Moses zu seinem Volk gesprochen und der Christengott gar seinen eigenen Sohn vom Himmel herabgesandt hatte, aber zu den Arabern war niemand gekommen. In der Erfüllung ihrer religiösen Sehnsucht seien sie bislang schmählich vernachlässigt worden, zugleich aber hätten sie sich davor gescheut, in der Anerkenntnis eines einziges Gottes die übrigen Lokal- und Pri-

vatgottheiten verschwinden zu lassen. Schließlich hat Mohammed wohl auch gesehen, daß die Zersplitterung der Araber in viele Stämme und Clans zu einer beängstigenden Form der religiösen Indifferenz geführt hatte, so daß im Grunde niemand bereit schien, sich dem göttlichen Gebot zu unterwerfen, weil es nicht allgemeinverbindlich, sondern allenfalls stammesspezifisch relevant war. Wenn es überhaupt zu einer religiösen Erneuerung kommen konnte, dann nur auf dem Weg der Anerkennung des einen und einzigen Gottes Allah und in der Bereitschaft, sein Wort zum Maßstab des menschlichen Denkens und Handelns zu machen – so wie sich die Juden dem göttlichen Gesetz ohne Einschränkung unterworfen haben. Darüber hinaus schien Mohammed noch von einem weiteren Gedanken erfüllt und angespornt gewesen: Er begann Gott – durchaus im Sinn des Alten Testaments – als Richter zu begreifen und glaubte daran, daß das Jüngste Gericht Gottes unmittelbar bevorstünde (die 81. Sure gibt davon beredt Zeugnis). Seine religiöse Phantasie kannte in der Ausstattung des Paradieses und der Hölle keine Grenzen, aber er ist bei der Verwendung einer spezifisch orientalischen Farbenpracht und Detailgenauigkeit nicht stehengeblieben, sondern hat vielmehr stets darauf hingewiesen, daß sich der Mensch dem göttlichen Gesetz unterwerfen muß, und zwar jederzeit und vor allem sofort. Die ihm eigene Dynamik als Prophet wäre nicht recht zu verstehen, wenn man Mohammeds Glauben an das unmittelbar bevorstehende Weltgericht außer acht ließe.
Mohammeds Ehe mit der bereits zweimal verheiratet gewesenen Chadidscha, die 15 Jahre älter war als der Prophet, ist für seine innere Biographie auf mehrfache Weise von Bedeutung. Chadidscha hatte von ihren früheren Ehegatten ein florierendes Handelshaus geerbt, in das Mohammed nun eintrat. Auf den notwendig werdenden Geschäftsreisen ist er mehrfach in Syrien gewesen und kam dort mit jüdischem Gedankengut zusammen, aber auch in Kontakt mit jungen christlichen Gemeinden, die sein ohnehin vorhandenes religiöses Interesse einmal mehr provoziert haben mögen. Zunächst aber machte ihn die Ehe mit Chadidscha reich und glücklich: Er stieg sozial auf und wurde Vater von sieben Kindern, von denen allerdings nur seine Lieblingstochter Fatima länger lebte und eine Rolle in der Frühgeschichte des Islams spielte, da ihr Mann Ali später zum vierten Kalifen berufen wurde. Noch im Koran ist dankbar der Wende im Leben Mohammeds gedacht (Sure 93, 3–11) und diese auch gleich ins Verhältnis zur Prophetenlaufbahn gesetzt: »Dein Herr hat dich nicht verlassen und nicht gehaßt! Und wahrlich, das Jenseits ist besser für dich als das Diesseits, und wahrlich, geben wird dir dein Herr, und du wirst zufrieden sein. Fand er dich nicht als Waise und nahm dich auf? Und fand dich irrend und leitete dich? Und fand dich arm und machte dich reich? Drum, was die Waise anlangt, unterdrücke sie nicht, und was den Bettler anlangt, verstoß ihn nicht, und was deines Herrn Gnade ist, *verkünde sie.*«
Die islamische Tradition will es, daß Mohammed im Alter von 40 Jahren sein Leben gründlich umgestaltete. Er war ein sorgenfreier, wohlangesehener Mann, der mit seiner Frau so glücklich zusammenlebte, daß er zu ihren Lebzeiten (sie starb in Mohammeds 50. Lebensjahr) keine Nebenfrauen und schon gar keinen Harem hatte. Aber das gesicherte Leben hatte die drängen-

den Fragen seiner Kindheit und Jugend nicht zum Schweigen gebracht. Vielmehr begann sich Mohammed allmählich von den Geschäften zurückzuziehen, führte zwischen 610 und 612 ein für die arabischen Gepflogenheiten ungewöhnlich asketisches Leben, zog sich in einsame Landstriche und Höhlen zurück, um zu beten und um mit seinem Glauben ins reine zu kommen. Das religiöse Leben in Mekka muß ihm je länger, je mehr zuwider gewesen sein, und er hatte hinreichend Veranlassung, über die Nichtigkeit der religiösen Vorstellungen seiner Zeitgenossen und Landsleute nachzudenken, die sich auf eine geradezu fetischistische Weise zum Götzendienst bekannten und denen die Eigenschaften einer jüdischen oder christlichen Religion völlig fremd waren. In einer Höhle des Berges Hira begann er Andachtsübungen und Meditationen durchzuführen, und hier hörte er zum erstenmal die Stimme Allahs. Zunächst hielt er es für einen bösen Scherz oder für einen Betrug, allmählich jedoch wurde er gewiß, daß kein anderer als Gott selbst zu ihm sprach und ihn beauftragte, jene Rolle zu übernehmen, die Abraham für die Juden und Jesus Christus für die Christen übernommen hatten. Die erste Offenbarung (heute die 96. Sure des Korans) fordert Mohammed noch auf, zu »rezitieren im Namen deines Herrn«, und stiftet in Mohammed eine Fülle an Zweifeln; als es aber heißt: »Steh auf und warne!« (Sure 74, 2) – was in der moslemischen Literatur als die zweitälteste Offenbarung gilt –, da kann sich Mohammed seinem Auftrag nicht mehr entziehen, vor allem als ihm bewußt wird, daß niemand anderer als der Erzengel Gabriel sich als Bote der Wahrheit zu erkennen gibt und den von Zweifeln, Ängsten und Selbstmordgedanken geschüttelten Mohammed von der Notwendigkeit seiner Aufgabe überzeugt. Die Stimmen und Visionen, die Mohammed in seiner Höhle wahrgenommen hat, blieben wohl zunächst sein Geheimnis, aber er hat seiner Frau Chadidscha als erster von seinen Offenbarungen Mitteilung gemacht und ist von ihr auch darin bestärkt worden, immer wieder in die Einsamkeit zurückzukehren, um sich dem göttlichen Auftrag zu stellen. Als der Erzengel Gabriel eines Tages den Befehl zum Prophetenamt überbringt, hat Mohammed seine Rolle gefunden. In der Biographie des Ibn Ishaq heißt es dazu folgendermaßen:
»In der Nacht, in welcher Gott ihn aus Barmherzigkeit gegen Seine Diener mit einer Botschaft ehrte, brachte ihm der Erzengel Gabriel den Befehl Gottes. ›Er kam zu mir, während ich schlief‹, so berichtet der Prophet, ›brachte ein mit Schriftzeichen bedecktes Tuch und sagte: Lies! – Ich antwortete: Was soll ich lesen? – Da drückte er mich in das Tuch, daß ich glaubte, ich müßte sterben. Dann ließ er mich los und sagte wiederum: Lies! – Ich erwiderte: Was soll ich lesen? – Da preßte er mich wieder in das Tuch, daß ich zu sterben glaubte. Als er mich losgelassen hatte, widerholte er: Lies! – Ich fragte: Aber, was soll ich lesen? – Dies sagte ich nur aus Furcht, er würde mich wieder wie zuvor behandeln, doch da sprach er:

Trag vor (rezitiere) im Namen deines Herrn, der erschuf,
erschuf den Menschen aus geronnenem Blut.
Trage vor (rezitiere), denn dein Herr ist allgütig, der die Feder gelehrt *(Anspielung auf die göttliche Offenbarung),*
gelehrt den Menschen, was er nicht gewußt. (Sure 96, 1–5)

So las ich es«, fährt Mohammed nach dem Bericht des Ibn Ishaq fort, »und er verließ mich wieder. Hieraus erwachte ich aus meinem Schlafe, und es war mir, als stünden diese Worte in mein Herz geschrieben.
Nun hielt ich aber keines von allen Geschöpfen Gottes mehr für verabscheuenswürdig, als einen verzückten Dichter oder als einen Besessenen. Diesen Gedanken konnte ich kaum ertragen und dachte: Wehe über mich! Poet oder Besessener – niemals sollen das die Koraisch *(seine Stammesgenossen)* von mir sagen. Lieber steige ich auf den Gipfel des Berges, um mich selbst hinabzustürzen. Wenn ich tot bin, habe ich Frieden. Als ich die Hälfte des Berges erstiegen hatte, hörte ich eine Stimme vom Himmel mir zurufen: O Mohammed! Du bist der Gesandte Gottes, und ich bin Gabriel! Ich hob mein Antlitz zum Himmel, und siehe! Der Erzengel Gabriel, in Menschengestalt, die Füße auf den Horizont gestellt, sagte wieder: O Mohammed! Du bist der Prophet Gottes, und ich bin Gabriel! – Ich stand und starrte auf ihn und ging weder vor noch zurück. Dann wollte ich mich von ihm abwenden, aber in welche Richtung des Firmamentes ich auch blickte, ich sah ihn trotzdem immer vor mir.«
Drei Jahre lang hütete Mohammed des Geheimnis seines Prophetenauftrags, drei Jahre lang blieb er unruhig und suchte nach weiteren Zeichen seiner Erwähltheit. Allein die kleine Gruppe seiner Familienangehörigen vertraute ihm und hielt ihn weder für wahnsinnig noch vom Teufel besessen, sie beglückwünschten ihn zu seiner Erwählung, sagten ihm aber zugleich Feindschaft und Mißgunst voraus, die sich bald einstellen sollten.
Die Bedeutung der Offenbarung des Mohammed ist in der Literatur sehr verschieden ausgelegt worden. Zwar stieß Mohammed bei seinen Zeitgenossen zunächst auf heftigen Widerstand und auch Abneigung – wie nicht anders zu erwarten war! Aber es hat so gut wie niemanden gegeben, der in Mohammed einen religiösen Fanatiker oder gar Scharlatan erblickt hätte. Zwar hat sich insbesondere das rationalistische 19. Jahrhundert kritisch über den göttlichen Auftrag, auf den sich Mohammed berief, gebeugt, aber auch zugleich erkennen müssen, daß sich die eigentlichen Offenbarungen, also die Visionen und die Erscheinung des Erzengels, jeder rationalen Deutung zwangsläufig entziehen. So versuchte man, Mohammed wenigstens zum Sozialisten zu stilisieren (Hubert Grimme) oder zum Apologeten des Weltuntergangs (Casanova) oder ganz nüchtern zum Staatengründer (Leopold von Ranke). Aber niemand seiner ernstzunehmenden Interpreten und Kritiker hat sich der Wucht und Ernsthaftigkeit seiner Sprache und Bilder entziehen können, und daß Mohammed religiöser Neuerer wie auch sozial engagierter Kritiker der mekkanischen Plutokratie gewesen ist, läßt sich vielen Stellen des Korans unschwer entnehmen. Einer Bemerkung wie der über die Auferstehung (Sure 75, 8–13) kann die gesamte vormohammedanische Religion in keiner Weise standhalten: »Wenn der Blick gewendet wird, und der Mond sich verfinstert und Sonne und Mond sich vereinigen, dann wird der Mensch an jenem Tage sprechen: ›Wo ist die Zuflucht?‹ Keineswegs; es gibt kein Asyl – zu deinem Herrn ist an jedem Tag die Zuflucht. Verkündet wird an jenem Tage dem Menschen, was er getan und versäumt.«
Über die »Notwendigkeit der Offenbarung« kann es aus moslemischer Sicht

überhaupt keinen Zweifel geben. Dies mit erfreulicher Unmißverständlichkeit festgestellt zu haben, ist unter anderem das Verdienst des Avicenna, der als der größte Gelehrte und Fürst der Wissenschaften des Islams gilt, einem Aristoteles zu vergleichen. In seinem Hauptwerk, einer großen philosophischen Enzyklopädie, der *Kitab usch-Schifa*, hat er sehr deutlich gemacht, daß eine für alle Menschen verbindliche Religion, die von einem einzigen Gott ausgeht, des Vermittlers bedarf, der in der Lage ist, die Rede Gottes in die Sprache der Menschen umzuwandeln. Dieser Vermittler aber muß mit einer Autorität ausgestattet sein, die von den Menschen nicht mehr in Zweifel gezogen werden kann, da sie damit zugleich die göttliche Autorität zerstören würden. Da nur wenige Menschen den wahren Begriff der »Einheit und unkörperlichen Natur Allahs erkennen«, bedarf es stets des Prophetenamtes, um den Kontakt zwischen Gott und den Menschen zu schließen. Anders gesagt: In gewisser Weise ist der Prophet die Sichtbarkeit des unsichtbaren Gottes, die einzige Möglichkeit der Wahrnehmung des göttlichen Willens. Zugleich hat Avicenna klargemacht, daß die Predigt des Gesandten »in Zeichen und Andeutungen bestehen« muß.

Zu sehr ähnlichen Deutungen über die mohammedanische Offenbarung ist auch der Universalgelehrte Abul-Walid Mohammed ibn Ahmad ibn Mohammed Ibn Ruschd gekommen, der im Jahre 1126 zu Cordoba in Spanien geborene Sohn eines Richters, der unter dem Namen Averroes in die Philosophiegeschichte eingegangen ist. An mehreren Stellen seines umfangreichen, allerdings im Original so gut wie kaum erhaltenen Werkes hat auch er sich über die Bedeutung der Offenbarung geäußert und dabei nicht nur Anmerkungen über das spezielle Schicksal Mohammeds, sondern darüber hinaus auch über die Charakteristika einer geoffenbarten Religion gemacht. »Du mußt wissen«, schreibt er, »daß der Zweck des Religionsgesetzes nur die Lehre des wahren Wissens und der wahren Praxis ist.« Die in diesem lapidaren Satz getroffene Feststellung war selbstverständlich auch Mohammed klar, aber gerade die Umsetzung der religiösen Lehre in gelebte Praxis ist es gewesen, womit er bei seinen mekkanischen Zeitgenossen auf sehr wenig Gegenliebe stieß. Das war ja das Angenehme und die trügerische Sicherheit der alten arabischen Religionen, daß sie in der Praxis hoffnungslos unverbindlich waren und von jedermann umgangen und korrumpiert werden konnten. Wenn er nun in der Folge daranging, seinen Stammesgenossen die neue, die wahre Lehre zu verkünden, so waren diese aus begreiflichen Gründen zunächst einmal mißtrauisch und voller Ressentiments und hielten Mohammed für einen Spinner, vielleicht auch für einen Epileptiker, den man keinesfalls ernst nehmen konnte. Ein halbes Jahrtausend nach Mohammed hatte es Averroes da vergleichsweise leicht, die Besonderheiten einer geoffenbarten Religion, insbesondere ihre Einmaligkeit und Verbindlichkeit, herauszustellen, und er hat dies mit der Deutlichkeit eines hochmittelalterlichen Philosophen getan:

»Das wahre Wissen aber ist die Erkenntnis Allahs und der bestehenden Dinge nach ihrer Art und besonders die des Religionsgesetzes und der Seligkeit und Unseligkeit des Jenseits. Die wahre Praxis besteht in der Befolgung der Handlungen, welche die Seligkeit zur Folge haben, und in der Vermeidung derjenigen, welche die Unseligkeit zur Folge haben. Die Kenntnis dieser

Handlungen heißt die praktische Wissenschaft. Und diese Handlungen sind zweifacher Art: erstens äußerliche, körperliche Handlungen – die Wissenschaft hiervon heißt die Rechtswissenschaft –, zweitens psychische Handlungen wie Dankbarkeit, Geduld und andere die Ethik betreffende, welche die Religion anempfiehlt oder verbietet; die Wissenschaft hiervon heißt Ergebenheit oder Wissenschaft des Jenseits.«
Es bedarf kaum der Erwähnung, daß Mohammed selbst weit von derartigen systematischen Überlegungen entfernt war – er war, wie jeder Prophet, alles andere als ein Systematiker –, da er aber von Jugend an ein sicheres Gespür für die Notwendigkeit der Neubelebung der Religion sich zu eigen gemacht hatte, schöpfte er aus der Offenbarung zunächst jenen Trost, der notwendig schien, um die Anfechtungen und Feindseligkeiten seiner Umwelt, aber auch seine Selbstzweifel zu ertragen. Wir wissen nicht, wie viele Offenbarungen Mohammed nach der Uroffenbarung zuteil wurden, da es möglicherweise nicht ganz zulässig ist, von den 114 Suren des Korans auf 114 Offenbarungen zu schließen. Allerdings darf man davon ausgehen, daß Mohammed über einen längeren Zeitraum und mit unterschiedlichen Intervallen Offenbarungen zuteil wurden, die er zunächst seinem engeren Familien- und Freundeskreis mitteilte, bis er sich an die Öffentlichkeit wagte. Man nimmt an, daß Mohammed um das Jahr 610, als er 40 Jahre alt war, zum erstenmal öffentlich in Mekka auftrat, um die Botschaft Gottes und seines Erzengels Gabriel zu verkünden. Auch er mußte zunächst erfahren, daß der Prophet im eigenen Lande nichts gilt, denn ungeachtet der moralischen und religiösen Krise, in der sich der Stamm der Quraischiten befand, war man keineswegs begeistert von den Worten des Propheten, der ihnen, zögernd noch und unsicher, mitunter auch unsicher in der Argumentation und damit Verdacht einflößend, unangenehme Wahrheiten sagte und der mit dem Hinweis, er verkünde die göttliche Botschaft, allenfalls Spott erntete. Daß es so und nicht anders kam, kann im nachhinein keineswegs verwundern. Was hatte er ihnen denn zu sagen? Zwar kennen wir den Text der ersten Predigten aus begreiflichen Gründen nicht, aber aus dem Zusammenhang der koranischen Literatur kann man unschwer schließen, daß er sich zunächst leidenschaftlich für eine Neubesinnung der Menschen in bezug auf ihre Taten einsetze. Die apokalyptischen Visionen, die den frühen Propheten Mohammed kennzeichnen, entwarfen ein Schreckensbild vom Jüngsten Tag und forderten die Zeitgenossen auf, ihr Verhalten auf Gott auszurichten, nicht mehr blindlings in den Tag hineinzuleben und sich zu einer Verhaltensethik zu bekennen. Ähnlich den jüdischen Propheten (und vermutlich auch nicht unbeeinflußt von diesen) forderte er dazu auf, die sozialen Mißstände im Lande zu beseitigen: Die Reichen sollten die Armen nicht länger unterdrücken; die Laster, an denen die Gesellschaft krankte, insbesondere Diebstahl, Mord und Trunksucht, sollten abgestellt, die perspektivelose Diesseitsorientierung überwunden werden. Mit einem Wort: Man sollte sich seines irdischen Lebens nicht so ganz sicher sein, vielmehr sich nach Gottes Gebot ausrichten, ein gottgefälliges, gerechtes und religiös erfülltes Leben führen, Unehrlichkeit, Betrug und Laster aller Art überwinden.
Darüber hinaus begann Mohammed insbesondere für eine religiöse Erneue-

rung zu werben, die unter dem Zeichen des eindeutigen Monotheismus stand: »Setze nicht neben Allah einen anderen Gott, daß du nicht dasitzest, mit Schimpf bedeckt und hilflos.« (Sure 17, 23) Er verurteilte den laschen und in keiner Weise sinnstiftenden, vor allem moralisch unverbindlichen Polytheismus der Mekkaner; er predigte, daß Allah nicht vergebe, wenn man neben ihm andere Götter verehre (was ja nichts anderes heißt, als daß ein polytheistischer Glaube sinnlos und also gar kein Glaube ist); und es dauerte wohl nicht lange, bis er die mekkanischen Götzen angriff und für wirkungslos erklärte. Stellen wir uns vor, daß Mohammed mit seiner Aufgabe wuchs, daß die Argumente und Visionen immer geläufiger aus ihm herausströmten, so kann es schwerlich verwundern, daß der Widerstand der mekkanischen Elite rasch zunahm. Immerhin predigte er ihnen ins Gewissen, von ihrem bisherigen Lebensweg abzulassen, ein asketisches, auf Gott gerichtetes Leben zu führen, mit den Armen und Unterdrückten zu teilen, die religiöse Indifferenz und die moralische Unzuverlässigkeit zu überwinden. Er sprach von der »unendlichen Glückseligkeit Allahs«, aber seine irritierten Zuhörer (sehr viele werden es zunächst nicht gewesen sein, aber dergleichen spricht sich herum) fürchteten mit Recht um ihre Privilegien und die Annehmlichkeiten des Luxuslebens. Also lehnten sie ihn ab; zumindest stießen seine Prophezeiungen und Offenbarungen auf wachsenden Widerstand. Nur die Armen, die ohnehin nichts zu verlieren hatten, brachten ihm ein wenig Verständnis und Interesse entgegen, und es mögen einige von ihnen gewesen sein, die bereits um das Jahr 615 nach Äthiopien auswanderten, um die neue Heilslehre weiterzuverbreiten; wichtiger wurden allerdings jene, die um 620 in die Stadt Yathrib zogen, wo Mohammed noch einige Freunde hatte, die bereit waren, sich zu seiner Lehre zu bekennen. Aber in Mekka schlug ihm zunächst nichts als eine Welle des Widerstandes entgegen.

»Und hätten wir auf dich herabgesandt eine Schrift aus Pergament, und hätten sie sie mit ihren Händen berührt, wahrlich, gesprochen hätten die Ungläubigen: ›Dies ist nichts als offenkundige Zauberei.‹« Mit diesen Worten (Sure 6, 7) versuchte Allah seinen Propheten darüber hinwegzutrösten, daß seine Predigten durchaus nicht nach dem Geschmack der Mehrheitsbevölkerung von Mekka waren, und sie deuten an, daß die Propheten, ob sie nun Mohammed, Buddha oder Abraham heißen, zu allen Zeiten Schwierigkeiten mit den Ungläubigen haben, die materialisierte Zeichen des Wunders mit Händen greifen wollen, ehe sie bereit sind, daran zu glauben – und die nicht verstehen wollen, daß materialisierte Zeichen des Wunders das Wunder selbst aufheben. Bei aller Bereitschaft des Orientalen, an Wunder und an die Wahrheit von Märchen zu glauben – was Mohammed zu berichten hatte, ging ihnen zu weit, weil er seine Zuhörer ja nicht nur unterhalten und belehren, sondern vielmehr in erster Linie zur inneren Einkehr und zum Sinneswandel ermuntern wollte. So haben auch die schönsten Erzählungen aus der Biographie des Propheten – seine Nachtreise nach Jerusalem, seine Himmelfahrt und seine Vision vom Jenseits – die Zuhörer mehr irritiert als interessiert. Daß es so kam, ist nicht zum geringsten auf die Stadt Mekka und seine Bewohner zurückzuführen; der Stadt kommt für die Prophetie Mohammeds eine besondere Bedeutung zu.

Im Koran gibt es zwei Stellen (Sure 6, 92; 42, 5), wo Mekka als die »Mutter der Städte« bezeichnet wird. Bereits in vorislamischer Zeit besaß die von den Quraischiten beherrschte Stadt eine zentrale Bedeutung, weil sie das Heiligtum des arabischen Pan- und Polytheismus barg, die Kaaba. Nach der Überlieferung geht die Bedeutung der Stadt sehr weit zurück. So soll Gott Abraham auf seinen Glauben geprüft und ihm viele Gesetze aufgetragen haben. Die Kaaba in Mekka soll er zu einem Versammlungshaus für die Menschen bestimmt und zu einem Asyl gemacht haben. Abraham selbst soll den Grundstein zur Kaaba gelegt und Allah gelobt haben, das von ihm erbaute Haus, das den Heiligen Stein birgt, für ewige Zeiten als Versammlungshaus für die Gemeinde zu nutzen. Allah verlieh der Heiligen Stätte ewiges Recht und Schutz und forderte die Menschen auf, eine Pilgerfahrt dorthin zu unternehmen: »In ihm *(der Kaaba)* sind deutliche Zeichen – die Stätte Abrahams. Und wer es betritt, ist sicher. Und der Menschen Pflicht gegen Allah ist die Pilgerfahrt zum Hause, wer da den Weg zu ihm machen kann. Wer aber ungläubig ist – siehe, Allah ist reich ohne alle Welt.« (Sure 3, 91–92) Spätere Legenden berichten davon, daß an der Stelle, an der Abraham das Haus für Allah erbaute, bereits ein anderes Gotteshaus gestanden habe, und noch andere Legenden wollen wissen, daß Allah die vier Stätten des Paradieses – Mekka, Medina, Damaskus und Jerusalem (arabisch Al Quds, d. i. die Heilige) – lange vor der Welt erschaffen habe und von Engeln bewachen ließ. Wie immer dem auch sei, auf jeden Fall kommt Mekka eine hervorragende Bedeutung für die Entfaltung der arabischen Welt und ihrer Religion(en) zu. Wenn wir feststellen, daß die Kaaba seit 632, also zehn Jahre nach der Hedschra, ein rein islamisches Heiligtum ist, so darf nicht übersehen werden, daß sie vermutlich jahrhundertelang das Zentralheiligtum anderer religiöser Auffassungen gewesen ist, gegen die Mohammed in seinen ersten Predigten anzukämpfen hatte.

Das Zentrum der Stadt Mekka zur Zeit des Mohammed wurde geprägt durch die zweistöckigen Lehmhäuser der reichen Quraischiten, insgesamt etwa 50 an der Zahl, die in der Nähe der einzigen Wasserstelle lagen. In der weiten Peripherie um dieses Zentrum gruppierten sich die Hütten und Zelte der Armen, die wiederum an die Vororte angrenzten, in denen Tausende von Lastkamelen für die Karawanenzüge lagerten. Die Hitze in der Stadt war (und ist) so groß, daß sie den Ausbruch von Seuchen verhinderte, aber in der Regenzeit kam es regelmäßig zu Epidemien, die die Bevölkerung jedesmal erheblich dezimierten. Es wird berichtet, daß sich der Platz um die Kaaba nicht selten in ein Meer verwandelte, wenn die Wolkenbrüche unentwegt niedergingen.

Im Zentrum der Stadt befindet sich die Kaaba. Der Vorgänger des heutigen Steinbaus muß aus Holz gewesen sein und wird nicht wenige Male abgebrannt sein. In ihrer heutigen Gestalt ist die Kaaba ein rechteckiges, 15 Meter hohes Gebäude in der Mitte der Zentralmoschee; es wird umhüllt von einem schwarzen, bestickten Tuch, das jedes Jahr nach der Pilgerzeit in kleine Stücke geschnitten wird, die die Hüter des Heiligtums als Amulette an die Pilger verkaufen. Der Boden des Heiligtums ist mit Marmorplatten bedeckt, das Dach wird von drei hölzernen Pfeilern getragen. In der Ostecke der Kaaba, in der Nähe der Tür, befindet sich der Heilige Stein: schwarz und in viele Teile zerfallen, so daß er von einem silbernen Rahmen zusammengehalten werden muß. Seine Oberfläche ist durch die milliardenfache Berührung durch die Lippen und Hände der Pilger so glatt geworden, daß die Gesteinsart nicht mehr festgestellt werden kann; möglicherweise handelt es sich um einen Meteoriten. Eine wissenschaftlich genaue Untersuchung des Steins ist aus religiösen Gründen niemals erfolgt.

Zu Mohammeds Zeiten war die Kaaba, damals noch aus Holz, mit vielen präislamischen Götterbildern ausgestattet, die nach der Eroberung Mekkas durch den Propheten im Jahre 630 ausgeräumt und vernichtet wurden. Seinen Zeitgenossen mußte es wie Hohn erscheinen, daß Mohammed ausgerechnet in Mekka zu predigen begann, wo zwar die Ungerechtigkeit und das Laster mit Händen zu greifen waren, aber nach alter Tradition eben auch das Zentrum des arabischen Glaubens beheimatet war, das der Prophet nun unbeirrt und konsequent ausräuchern wollte, weil er von der Verderbtheit der Sitten und Gebräuche wußte und mit einer neuen Glaubenssicherheit ausgestattet war, die Opposition hervorrufen mußte. Urplötzlich sah sich der fromme Mann einem Vielfrontenkrieg ausgesetzt, dem er zunächst nicht gewachsen schien, aus dem er jedoch nach wenigen Jahren als eindeutiger Sieger hervorging, indem er nicht nur die alten Religionsprinzipien überwand, sondern darüber hinaus auch noch das politische System auf eine völlig neue Grundlage stellte und schließlich die Voraussetzung für den Weg Arabiens in die Welt schuf.

Der Mohammed jener Zeit muß auf seine Stammesgenossen ausgesprochen irritierend gewirkt haben, und die nachträglichen Legendenbildungen haben diese Irritationen auf das schönste illustriert. Wenn es schon unvorstellbar schien, daß Mohammed von Gott selbst beauftragt war, den Glauben, Gottes Wort und eine neue Ethik zu verkünden, so wollte man sich das Begreifen des Unbegreiflichen wenigstens dadurch ein wenig erleichtern, indem man das Leben des Propheten, der ein bescheidenes, asketisches Dasein führte, mit Geschichten ausschmückte, wie sie vielleicht nur der Orient erfinden kann. Ibn Ishaq hat die Erzählungen von Mohammeds Nachtreise, seiner Himmelfahrt und seiner Vision des Jenseits in seine Biographie aufgenommen, und es gilt heute als sicher, daß kein Geringerer als Dante einige Details, möglicherweise sogar den Gesamtplan seiner *Göttlichen Komödie* dieser Biographie entnommen hat.

»In diesem Bericht ist vereinigt«, schreibt Ibn Ishaq, »was jeder von ihnen *(seinen Zeugen)* über die Ereignisse erfahren hat, als der Prophet auf die nächtliche Reise geführt wurde. Nach Al-Hasan erzählte der Gottgesandte: Als ich einmal im Hira schlief, kam Gabriel, stieß mich mit dem Fuße an und brachte mich hinaus vor das Tor. Dort wartete ein weißes Tier, halb Maulesel, halb Esel, mit Flügeln an den Seiten, die es schneller vorwärts kommen ließen. Quatada hatte erfahren, daß der Prophet gesagt hätte: Als ich das Tier besteigen wollte, scheute es zurück. Da legte ihm Gabriel die Hand auf die Mähne und sagte: Schämst du dich nicht, Buraq, dich so zu betragen? Bei Gott, kein Angesehenerer vor dem Herrn als Mohammed ist je zuvor auf dir geritten. Vor Beschämung brach dem Tier der Schweiß aus, und es stand still, so daß ich es besteigen konnte.

In seinem Bericht fährt Al-Hasan fort: Der Gesandte und Gabriel reisten ihres Weges, bis sie beim Tempel von Jerusalem ankamen, wo sie Abraham, Moses und Jesus inmitten mehrerer Propheten trafen. Nachdem der Gottgesandte als Imam ihr gemeinsames Gebet geleitet hatte, wurden ihm zwei Gefäße gebracht, deren eines Wein, das andere Milch enthielt. Er nahm die Milch, trank sie und verschmähte den Wein. Gabriel sagte hierzu: ›Du bist wohl beraten gewesen, Mohammed, und also wird es auch dein Volk sein. Wein ist euch verboten.‹ ...

Einer erzählte mir, und ich habe keinen Grund, es zu bezweifeln, von Abu Said Al-Khudri, daß er den Gesandten sagen gehört habe: ›Nach dem Ende meiner Verrichtung in Jerusalem brachte man mir eine Leiter, die schöner war als alles vorher Gesehene. Es war die gleiche, auf die der Sterbende blickt, wenn er den Tod nahen fühlt. Mein Gefährte stieg mit mir hinauf, bis wir an jene der Himmelspforten kamen, die Tor der Wächter heißt, an der ein Engel namens Ismael die Wache hatte. Unter seinem Befehl waren zwölftausend Engel, deren jeder wiederum zwölftausend andere unter sich hatte.‹

Nach einem Überlieferer, der es von jemandem wußte, der dies vom Propheten selbst gehört hatte, soll dieser gesagt haben: ›Alle Engel, die mir bei meinem Eintritt in den untersten Himmel begegneten, lächelten mir zum Willkomm zu und wünschten mir Gutes; einen ausgenommen, der mich wohl auch begrüßte, aber ohne zu lächeln und ohne die freundliche Miene der anderen. Als ich Gabriel nach dem Grunde fragte, teilte er mir mit, daß sicherlich auch dieser Engel mir ein Lächeln gezeigt haben würde, sofern er das überhaupt jemals getan hätte beziehungsweise in Zukunft tun könnte. Aber er lacht niemals, denn es ist Malik, der Hüter der Hölle. Ich bat Gabriel – der neben Gott die Stellung einnimmt, wie sie euch beschrieben wurde: gehorsam und getreu *(Sure 81, 21)* –: Möchtest du ihm nicht befehlen, mir die Hölle zu zeigen? Gewiß, erwiderte er, Du, Malik, zeige Mohammed die Hölle! Worauf mir die Hölle geöffnet ward, daß die Flammen hoch in den Himmel hinauf loderten, bis ich fürchtete, sie möchten alles verschlingen, und Gabriel bat, ihm zu befehlen, sie wieder dorthin zu schicken, wo sie hingehören. Und so geschah es.‹

In seiner Überlieferung berichtet Abu Said Al-Khudri, daß der Prophet gesagt habe: ›Bei meinem Eintritt in den untersten Himmel sah ich dort einen Mann sitzen, an dem die Seelen aller Abgeschiedenen vorbeigehen mußten. Zu der einen sprach er wohlwollend, indem er sich freute, ihr sagen zu können: Eine gute Seele aus einem guten Körper, indes er die andere unwillig und mit gerunzelter Stirn empfing. Gabriel erklärte mir, daß dies unser aller Vater Adam sei, der hier die Seelen seiner Nachkommen prüfe, wobei ihn die Seelen der Gläubigen mit Freude, die Seelen der Ungläubigen aber mit Abscheu erfüllen. Dann erblickte ich Leute mit Lippen gleich Kamelen; in ihren Händen waren glühende Stücke, wie Steine, welche sie mit dem Munde verschlangen, und die ihnen rückwärts wieder herauskamen. Sie hätten sich einst, erklärte man mir, schändlich an dem Eigentum von Waisen vergriffen. Dann gewahrte ich solche, die an die Familie des Pharao erinnerten, mit unvorstellbaren Bäuchen. Sie fielen übereinander beim Sturz in die Hölle, als wären sie vor Durst tolle Kamele; sie traten sich gegenseitig nieder, und kei-

ner vermochte aus dem Wege zu gehen. Das waren die Wucherer. Hierauf kamen Männer, welche gutes fettes Fleisch und übelriechendes mageres Fleisch, beides eng nebeneinander, vor sich hatten; wobei sie vom mageren aßen und das fette unberührt ließen. Das sind jene, welche die Frauen verschmähen, die Gott ihnen erlaubte, und den anderen nachlaufen, die Er ihnen versagt hat. Später sah ich an den Brüsten aufgehängte Frauen. Sie hatten ihren Ehemännern Bastarde untergeschoben ...
Hernach wurde ich in den zweiten Himmel geführt, wo ich die beiden Vettern mütterlicherseits traf, Jesus, Sohn der Maria, und Johannes, Sohn des Zacharias. Anschließend kam der dritte Himmel, in dem ein Mann mit einem wahren Vollmondgesicht war, mein Bruder Joseph, Sohn des Jakob ... Dann in den siebenten Himmel, und hier saß ein Mann auf einem Thron an der Pforte zum Wohnsitz der Unsterblichen. Alltäglich zogen siebzigtausend Engel hier ein, um erst am Tage der Auferstehung wieder zurückzukehren. Der Mann – niemals erblickte ich jemanden, der mir selbst mehr geglichen hätte; es war mein Vater Abraham. Er nahm mich in das Paradies hinein, wo ich ein junges Mädchen mit roten Lippen sah, das mir gleich im ersten Augenblicke sehr gefiel. Als ich wissen wollte, wem sie angehöre, erwiderte sie: Zayd ibn Haritha.‹ So brachte der Gesandte *(seinem Adoptivsohn)* Zayd gute Nachricht von ihr.«

Was sich heute wie eine liebenswürdige Mischung aus Dichtung und Heiligenlegende liest – wobei die religiösen Bezüge ebenso unübersehbar sind wie die religionsgeschichtliche Zuordnung Mohammeds –, mußte das Mißtrauen und den Zorn der Zeitgenossen provozieren. Hier tauchte jemand auf, der nicht nur von sich behauptete, einen göttlichen Auftrag erhalten zu haben, sondern der darüber hinaus – beziehungsweise seine Legendendichter – die Ungeheuerlichkeit beging, einer Gesellschaft, die noch an die alten Götzen glaubte (wenn überhaupt), Hinweise über Paradies und Hölle zu geben, die er mit eigenen Augen erblickt haben will. Zudem ist die Moral von der Geschichte in keiner Weise zu übersehen: Mohammed sagt sehr deutlich, daß keine menschliche Handlung ohne die göttliche Beurteilung bleibe, und damit kommt etwas zur Sprache, was in den vorislamischen Religionen mehr oder weniger verschüttet war: das Jenseits als Instrument der göttlichen Gerechtigkeit. Insofern ist Mohammeds Himmelfahrt sehr viel mehr als eine hübsche, phantastische Geschichte, die insbesondere jedem Orientalen Behagen bereitet hätte: Sie ist eine Illustration seines neuen Glaubens, und folglich ist es nicht mehr verwunderlich, wenn seine Zuhörer keinen Geschmack an ihr gefunden haben.

Den Quraischiten muß Mohammeds Erwählungsbewußtsein ein Dorn im Auge gewesen sein, weil sie sich die simple Frage stellten: Warum er – und nicht irgendein anderer? Wer so fragt, unterstellt, das Erwähltsein sei eine vergnügliche Auszeichnung, und hätte sich von Mohammed selbst eines Besseren belehren lassen können. Er wußte, daß der göttliche Gnadenerweis, der ihn aus Armut und Schuld befreit hatte, im gleichen Atemzug eine ungeheure Verantwortung auf ihn lud; er war sich wohl auch sein Leben lang seiner menschlichen Schwachheit bewußt, der er, insbesondere nach dem Tod seiner ersten Frau Chadidscha, mehr und mehr erlag; zugleich war er aber von jener

spezifischen Glaubenssicherheit erfüllt, die ihn nicht daran zweifeln ließ, daß Gott selbst ihn auf dem rechten Weg führe: »Und ohne Allahs Huld und Barmherzigkeit gegen dich hätte wahrlich ein Teil von ihnen versucht, dich irrezuführen; aber nur sich selber führen sie irre, ohne dir das geringste zu schaden. Und hinabgesandt hat Allah die Schrift und die Weisheit und hat dich gelehrt, was du nicht wußtest; und Allahs Huld war groß gegen dich.« (Sure 4, 113)
Nachdem Mohammed an seinem Erwähltsein selbst keinen Zweifel mehr hatte, stellte er sich in eine genealogische Reihe mit den Propheten des Alten Testaments – daher die Ähnlichkeit mit Abraham und der Hinweis auf die Vettern Jesus und Johannes in der Legende – und sah sich als den Vollender der jüdischen und christlichen Tradition an. Traditionalist und Bilderstürmer in einem, begann er seine Lehre als die Erfüllung der Religion Abrahams anzusehen, von welchem geradezu ungeheuerlichen Anspruch aus er keinerlei Veranlassung sah, die alten arabischen Glaubenssätze überhaupt noch ernst zu nehmen. Seine Prophetie wurde, in seinem Selbstverständnis, »das letzte Wort«. Daß er es damit gerade in Mekka als dem Zentrum des alten Glaubens und des Unglaubens besonders schwer haben sollte, erfuhr er gleich zu Beginn seiner prophetischen Tätigkeit. Nur seine engsten Verwandten, darunter seine Frau, sein Onkel Abu Talib und dessen Sohn Ali, sein Sklave und späterer Adoptivsohn Zayd sowie sein Freund Abu Bekr, der als ein Mann von edlem Gemüt und großer praktischer Vernunft geschildert wird, und einige der ärmsten Bewohner der Stadt Mekka gehörten zu seiner Gemeinde. Die übrigen, insbesondere und aus naheliegenden Gründen die Reichen, erklärten ihn der Einfachheit halber für verrückt oder für einen religiösen Narren und dachten nicht im Traum daran, dem bequemen Götzendienst abzuschwören und ihr Leben auf eine neue ethische Grundlage zu stellen. Mohammeds Biograph Ibn Ishaq berichtet sogar voller Abscheu: »Ein junger Bengel warf ihm sogar Staub auf den Kopf.«
In den gut zehn Jahren zwischen seiner Berufung und seiner Flucht nach Medina muß es wiederholt zu Handgreiflichkeiten gekommen sein, die seine kleine Gemeinde dezimierten, aber auch an Mohammeds Glaubensfestigkeit rüttelten. Er schien bestürzt und betroffen über die Verstocktheit und Militanz der Ungläubigen, und sein einziger Trost neben seinem Gottvertrauen war das Wissen, daß es den Propheten vor ihm auch nicht viel anders gegangen war: »Und also gaben wir jedem Propheten einen Feind aus den Frevlern; doch dein Herr genügt als Leiter und Helfer.« (Sure 25, 33) Dennoch blieb der Prophet nüchtern genug, seine Chancen bei den Ungläubigen realistisch einzuschätzen; so war er wohl unzweifelhaft von seinem missionarischen Auftrag erfüllt, aber es ist unübersehbar, daß er gleichzeitig auch in der Lage war, sich von verstockten Ungläubigen abzuwenden und sie ihrem gottlosen Schicksal zu überlassen. Der im Koran mitunter zu beobachtende Ton einer leisen Melancholie, vielleicht sogar von Resignation, ist möglicherweise nicht nur darauf zurückzuführen, daß diese ersten zehn Prophetenjahre schlichtweg erfolglos geblieben sind, sondern auch darauf, daß Mohammeds über alles geliebte Frau Chadidscha im Jahre 619 starb, und als sein Onkel Abu Talib ein Jahr später folgte, stand Mohammed allein.

Das heißt, ganz so allein war er nun auch wieder nicht. Immerhin war es ihm in den ersten Predigerjahren gelungen, einige Familien, die der sozialen Unterschicht angehörten, um sich zu versammeln, und da sie dadurch einmal mehr zu den Ausgestoßenen gehörten, schickte sie Mohammed um das Jahr 615 nach Äthiopien, um seine Botschaft zu verkünden. Die Überlieferung will es, daß Mohammed ihnen den ersten Teil der 19. Sure mitgegeben habe, welche die Geschichte der Maria, der Mutter des Jesus Christus, enthält, und die moslemischen Emigranten sollen sie dem Negus von Äthiopien vorgelesen haben; das soll 616 geschehen sein. Und noch eine zweite, winzig kleine Gruppe schloß sich ihm an beziehungsweise begann seine Lehre zu verbreiten: Araber aus der von Juden beherrschten Stadt Yathrib, später Medina genannt. In dieser Stadt hatte Mohammed schon aus früheren Zeiten Freunde, die sich spätestens dann seiner zu erinnern begannen, als die Kommune in zwei feindliche Lager zu zerbrechen drohte. Die beiden in der Stadt seßhaften Stämme waren dabei, sich in einer Dauerfehde auszulöschen, und die auch dort wohnhaften Christen und Juden wurden in die Händel mit einbezogen. Einige Bewohner der Stadt müssen anläßlich einer Pilgerreise nach Mekka Mohammed gehört haben, und seine Predigten dürften nicht zuletzt deshalb einen tiefen Eindruck auf sie gemacht haben, als ihnen die Übereinstimmungen zwischen seinen Worten und jüdischen Glaubenssätzen unmittelbar auffielen. Nun, da die Lage in der Stadt immer auswegloser wurde, erinnerten sie sich seiner und luden ihn und seine kleine Gemeinde ein, zu ihnen zu ziehen, den Streit zu schlichten und eine neue religiöse und politische Ordnung einzuführen. Daß Mohammed dieses Angebot angenommen hat, wird angesichts seiner ausweglosen Lage in Mekka kaum verwundern, und dennoch war es ein für arabische Verhältnisse geradezu ungeheuerlicher Schritt, denn damit sagte er sich von seinem alten Stamm los, begab sich in Rechtsunsicherheit – und gewann dennoch jene Zukunft, die ihm von Allah vorherbestimmt war. Viele werden es nicht gewesen sein, die Mohammed im September 622 von Mekka nach Yathrib folgten; man spricht von 60 Personen. Überraschenderweise wollten ihn die Mekkaner nicht einfach gehen lassen, so daß sich der Prophet und seine Anhänger verschiedentlich in entlegenen Höhlen verbergen mußten, um ihren Verfolgern zu entkommen. Als er und seine Anhänger nach gut einer Woche in Yathrib ankamen, wurden sie von der dortigen Gemeinde mit Wohlwollen aufgenommen. Die Hedschra, die Flucht, hatte ein Ende, die Emigration oder die neue Zukunft konnte beginnen, und Mohammed war voller Zuversicht: »Der Prophet befahl den Bau einer Moschee und eines Hauses für seine Familie, wobei er sich selbst am Werke beteiligte, um alle anzueifern.« (Ibn Ishaq) Er schlichtete den Streit unter den feindlichen Lagern und begann sich als politischer und religiöser Führer durchzusetzen. Folgerichtig wurde die Stadt Yathrib später in Medina, die Stadt des Propheten, umbenannt, und die Hedschra wurde zum Ausgangspunkt der islamischen Zeitrechnung: Der 1. Moharrem im Jahre 1, ein Freitag, entspricht dem 16. Juli des Julianischen Kalenders.
Angesichts der günstigen Ausgangsbedingungen in Medina konnte sich Mohammed offen als »Gesandter Gottes« bezeichnen, und in gewisser Weise mußte er schon deshalb immer wieder auf diesen heiligen Beruf hinweisen,

um über die Tatsache hinwegzukommen, daß sich gerade in der Auseinandersetzung mit den Juden und den Christen Medinas zeigte, wie oberflächlich seine Kenntnisse der beiden älteren Religionen waren. Wenn er davon ausging, die eigentliche und ursprüngliche Offenbarung zu bringen, so unterstellte er ja nichts Geringeres, als daß die jüdische und die christliche Offenbarung unvollständig beziehungsweise mehr oder weniger Fälschungen waren. Dabei handelt es sich, wie Gustav Mensching klargemacht hat, um eine Einstellung, die für viele Religionsstifter und Propheten typisch ist: »Sie treten auf gegen eine gegenwärtige Religionsverderbnis und kämpfen für eine angeblich uralte und eigentliche Religion, obwohl sie selbst oft Neues als uralt anbieten.«

Die medinische Gemeinde dürfte von solchen Bedenken wenig geplagt gewesen sein. In einer Zeit des soziokulturellen Wandels, die eben alles andere entwirft als das Bild der *Arabia felix*, begann Mohammeds Einfluß ständig zu wachsen, und seine Persönlichkeit hat seinen Zeitgenossen immer weniger Rätsel aufgegeben; im Gegenteil, sie begannen ihm seine Auserwähltheit abzunehmen, weil sie fühlten, er könnte der Mensch sein, von dem eine Erneuerung auszugehen hätte. Seine Persönlichkeit und seine Predigten schienen einmal mehr zu verdeutlichen, daß die Macht der Religion größer, weil tiefer und dauerhafter, ist als die Macht des Blutes, der Stammesfehde oder der Politik der bescheidenen Interessen. Eine Feudalgesellschaft, in der die Mehrheit unter der Knute einer Elite litt und in der die Ungerechtigkeiten jeden Tag mit Händen zu greifen waren, wurde, wie so oft in der Geschichte der Religionen, zum Nährboden der religiösen Besinnung und Erneuerung; wäre es anders, so hätte sich aus der kleinen medinischen Gemeinde niemals der Islam zur Weltreligion entfalten können. Wäre Mohammed jener Scharlatan gewesen, zu dem die Mekkaner ihn nur zu gern gestempelt hätten, so hätten wohl schon die Mediner ihn durchschaut. Statt dessen hatten sie ein ganz anderes Bild von ihm. Ibn Ishaq berichtet: »Er war weder zu groß noch zu klein, von mittlerer Statur; sein Haar war nicht zu kraus und nicht zu wallend; sein Gesicht war nicht zu voll und nicht zu fleischig, es war blaß, mit Röte gemischt. Er hatte schwarze Augen, lange Augenwimpern, einen starken Kopf und feste Schulterknochen, wenige feine Haare an der Brust, volle Hände und Füße. Er ging so leicht, als schwebte er auf dem Wasser (!), und wenn er nach einer Seite hinblickte, drehte er sich um. Zwischen seinen Schultern war das Siegel des Prophetentums. Seine Hände waren die freigebigsten aller Menschen, seine Brust war die mutigste, seine Zunge die wahrhaftigste. Er war der Treueste gegen seine Schützlinge, der Sanfteste und Angenehmste im Umgang. Wer ihn plötzlich sah, war von Ehrfurcht erfüllt, wer ihm näherkam, liebte ihn, wer ihn beschrieb, mußte sagen: Ich habe vor und nach ihm seinesgleichen nicht gesehen.«

Ganz so erhaben, wie Ibn Ishaqs Gewährsmann berichtet, war der Mohammed in Medina allerdings nicht, ja er hat sich einige Freiheiten herausgenommen, die zu seinen ethischen Gesetzen durchaus im Widerspruch stehen. Seinen Kampf gegen die Vielweiberei hat er zwar mit großer Autorität geführt, was ihn jedoch nicht hinderte, nach Chadidschas Tod zunächst die zehnjährige Tochter des Abu Bekr, Aischa, zu heiraten, die stets seine Lieblingsfrau bleiben und in deren Schoß er auch im elften Jahr der Hedschra sterben sollte; darüber hinaus war er noch zwölfmal verheiratet und besaß zeitweilig neun Frauen zur gleichen Zeit. Moralische Eiferer haben ihm hieraus einen Strick zu drehen versucht und auf einige sonstige Charaktereigenschaften verwiesen, die der prophetischen Erhabenheit widersprechen; dabei haben sie aber sowohl die arabische Mentalität als auch den oftmals politischen Charakter seiner Verheiratungen übersehen und die innere Biographie des Propheten außer acht gelassen.

Was Mohammed seiner Gemeinde zu sagen hatte, läßt sich mit einem einzigen Satz aus dem Koran zusammenfassen (Sure 2, 232): Glaube an Gott und an den Jüngsten Tag. Bereits in seiner ersten Predigt in Medina, deren Überlieferung wir wiederum Ibn Ishaq verdanken, schlug er einen Ton an, der für die gesamte islamische Religion und Frömmigkeit typisch sein wird und der in seiner inneren Dynamik alle bisherigen religiösen Vorstellungen seiner Zuhörer überwindet:

»O ihr Leute! Sendet gute Werke für euch voraus! Wisset, bei Allah, keiner von euch wird dem Tode entrinnen, dann verläßt er seine Herde ohne Hirten, und Allah wird ohne Dolmetscher und ohne Kämmerer zu ihm sagen: Ist nicht mein Gesandter zu dir gekommen und hat dir meine Botschaft gebracht? Ich habe dir Güter geschenkt und andere Wohltaten erzeigt, und was hast du für deine Seele vorausgeschickt? Er wird dann nach rechts und nach links schauen und nichts vorfinden; und er wird vorwärtsblicken und nichts als die Hölle sehen! Wer sein Gesicht vor der Hölle bewahren kann, und wäre es nur mit einem Stück von einer Dattel, der tue es! Und wer nichts hat, der mag es durch ein gutes Wort tun, denn dadurch wird die Tat von zehn- bis siebenhundertmal vergolten. Und über euch sei Heil und der Segen Allahs und seine Allbarmherzigkeit!«

Wer so spricht, verkauft keinen billigen Trost und ebensowenig das Bild vom furchtbaren Rächergott. Vielmehr wird hier die Vision des einen, gerechten Gottes entworfen und die Grundlage für ein Menschenbild gelegt, das die *vita activa* in Bezug setzt zum ewigen Leben. Anders gesagt: An die Stelle des bisherigen heidnischen Kultes tritt eine Religion, die die Beziehung des Menschen zu Gott und dem Jenseits regelt und das menschliche Handeln in einen neuen ethischen Zusammenhang mit dem Danach stellt. Damit sind die beiden charakteristischen Säulen des Islams benannt, wie sie sich auch prägend auf die letzten zehn Lebensjahre des Propheten ausgewirkt haben: Er stiftete eine Religionsgemeinschaft und zugleich einen Religionsstaat, er mußte Prediger und Politiker in einem sein; er war Patriarch, Richter, Gesetzgeber, Oberbefehlshaber und religiöses Oberhaupt in einer Person. Diese vielfältigen Aktivitäten haben dazu geführt, daß Mohammeds Biographie in der Literatur häufig in zwei Teile zergliedert wird: in die Zeit vor Medina und in die Periode nach der Hedschra. Dabei wird unterstellt, der Mohammed von Medina sei mit dem von Mekka in keiner Weise mehr identisch, man habe es gewissermaßen mit zwei ganz verschiedenen Menschen zu tun. Daran ist zweifellos richtig, daß der medinische Mohammed außer seiner religiösen Rolle noch eine Reihe weiterer Aufgaben zu erfüllen hatte, insbesondere die des Organisators seines Glaubens. Aber weder in Mekka noch in Medina kannte

Mohammed eine Trennung von Religion und Politik, und daß in Medina seine politische Funktion stärker auffällt, ergibt sich zwangsläufig aus den historischen Gegebenheiten. Wohl hat er in Medina seine staatsmännischen Fähigkeiten unter Beweis gestellt – wie später auch seine militärischen, als es um die Eroberung Mekkas ging, 630 –, aber es ist nichts darüber bekannt, daß er deshalb seinen prophetischen Dienst etwa vernachlässigt, geschweige denn vergessen hätte. Das Prophetenamt war und blieb stets das Dominante, und die Zergliederung von Mohammeds Biographie ist, wenn überhaupt, nur dann begreiflich, wenn man die ungeheure Wirkung in den Blick nimmt, die von dem Propheten und Staatsmann Mohammed auf die Zeitgenossen und die Nachwelt ausgegangen ist. Sein Leben und Werk bilden eine Einheit, die auch durch seine Tätigkeit in Medina nicht in zwei verschiedene Bereiche aufgespaltet betrachtet werden darf.

Die Bedeutung Medinas für die Entwicklung des Islams war religiöser und politischer Natur. Zum einen wandte sich Mohammed gegen die Ansprüche der jüdischen und der christlichen Religion, die einzig wahre Religion zu sein, und berief sich unmittelbar auf Abraham und seinen Glauben. Dessen »reine Religion« sei noch unverfälscht gewesen, und zu ihr gelte es zurückzukehren. Damit bekräftigte Mohammed die Religion des Alten Testaments, ohne sich zum Judentum oder zum Christentum zu bekennen, ja seine Auseinandersetzungen mit den Juden gingen weit über den theologischen Disput hinaus, als er ihnen Kooperation mit den Mekkanern nachsagte und sie deshalb mit seiner kleinen, rasch aufgestellten Armee in drei Feldzügen besiegte. Andererseits unterstrich Mohammed den arabischen Charakter der koranischen Offenbarung, indem er das arabische Hauptheiligtum, die Kaaba zu Mekka, keineswegs zum heidnischen Kultraum degradierte, sondern behauptete, sie sei in ihrer ursprünglichen Form von Abraham selbst geschaffen worden – womit sich die genealogische Authentizität von Abraham und seinem Glauben zum Islam einmal mehr nachweisen ließ. Damit besiegelte Mohammed die Selbständigkeit des Islams und koppelte ihn von Judentum und Christentum gleichermaßen ab. Zugleich, und das ist wichtig, erklärte er damit die Kaaba und Mekka zum Zentrum der arabischen religiösen und politischen Einheit (womit er auch zum Ausdruck brachte, daß sein Schicksal sich erst in der Eroberung Mekkas und der »Reinigung« der Kaaba erfüllen würde). Damit schuf er die Grundlage der arabischen Theokratie: Sein Staat baute sich nicht auf menschlichem oder natürlichem Recht auf, sondern auf dem geoffenbarten göttlichen. Wenn Hegels Wort vom Staat als der Sichtbarkeit Gottes in der Weltgeschichte überhaupt einen Sinn haben kann, dann im arabisch-islamischen Verständnis: Die weltliche Macht kommt von Gott, folglich muß sich jede Macht, die sich anders legitimiert, der islamischen unterordnen. Die politischen und militärischen Siege Mohammeds sind dafür ein eindeutiges Beispiel gewesen – für seine Zeitgenossen wie für seine Nachfolger, die Kalifen.

Noch in einer weiteren Hinsicht wurde Medina bedeutungsvoll für die Entfaltung des Islams: Im zweiten Jahr der Flucht aus Mekka schuf Mohammed seiner neuen politischen und religiösen Heimat eine Gemeindeordnung, die man wohl besser eine Gemeindeethik nennen muß, die sich auf einen schlich-

ten Satz der 49. Sure (Vers 10) zurückführen ließ: »Die Gläubigen sind Brüder; so stiftet Frieden unter euren Brüdern und fürchtet Allah; vielleicht findet ihr Barmherzigkeit.« In christlichen Ohren klingt eine derartige Formulierung einigermaßen bekannt – wenngleich im Christentum das Prinzip Barmherzigkeit auch die zwischenmenschlichen Beziehungen regulieren soll –, für die arabische Welt war diese These jedoch nichts weniger als revolutionär. Indem Mohammed die Brüderlichkeit zur Grundlage der menschlichen und gesellschaftlichen Beziehungen machte, hob er die alte Theorie (und ihre Praxis) der Blutsbande auf und stiftete damit die Voraussetzung für die arabische Nation, die bislang an den Stammesgrenzen gescheitert war. Mohammeds Vorstellung von der arabischen Brüderlichkeit, die auf die religiöse Grundlage zurückgeführt wurde, war in gewisser Hinsicht die Fortsetzung jenes Schrittes, den der Prophet mit der Hedschra 622 eingeleitet hatte; auch damals hatte er sich aus religiösen Motiven über die alte Stammesethik hinweggesetzt. Im selben Jahr 2 der Hedschra hatte Mohammed noch eine weitere Aufgabe zu lösen, die in der islamischen Literatur gern glorifiziert und damit ein wenig unhistorisch dargestellt wird. Es galt, der neuen Gemeinde in Medina eine materielle Grundlage zur Sicherung ihrer Existenz zu schaffen. Bei allem Wohlwollen, das dem Mann aus Mekka entgegengebracht wurde, war nicht zu übersehen, daß durch die restlose Verteilung des fruchtbaren Bodens keine Existenzgrundlage vorhanden war, außer man war bereit, niedere Dienste wie Wassertragen zu verrichten – oder auf Raub auszugehen. Es klingt nicht unbedingt schön, sich sagen zu müssen, daß die ersten Mohammedaner Straßenräuber gewesen sind, aber diese Kennzeichnung trifft den historischen Sachverhalt schon eher als der Versuch, die entsprechenden Aktivitäten als frühe Formen des Glaubenskrieges zu verherrlichen. Das trifft allenfalls für die Schlacht bei Bedr zu, im Jahre 2 der Hedschra, von der es noch im Koran (Sure 8) heißt, Mohammed habe sie mit Hilfe Allahs gewonnen, um die List der Ungläubigen zu schwächen (Vers 18). Tatsächlich kämpfte Mohammed gegen eine feindliche Übermacht, die aus seiner Vaterstadt gegen Medina gezogen war, und allen Erwartungen zum Trotz gelang ihm ein überragender Sieg, was sich sogleich zur Legendenbildung anbot. Man vermutete, daß Allah selbst Mohammed geholfen hatte, denn dieser soll seinen Feinden lediglich eine Handvoll Sand entgegengeworfen haben, wie es bei den Arabern üblich war, um seine Feinde zu verwünschen. Dadurch soll die Schlacht sogleich entschieden worden sein. Wie immer dem auch im einzelnen gewesen sein mag: Mohammed stieg in der Achtung seiner Zeitgenossen, weil sich durch den Sieg seine enge Verbindung zu Allah zu dokumentieren schien, und Mohammed selbst hat die auch propagandistische Bedeutung seiner symbolischen Handlung voll ausgekostet, indem er die Auseinandersetzungen mit den Mekkanern zum Heiligen Krieg erklärte und einem Hadith zufolge gesagt haben soll: »Wir kommen vom kleinen Heiligen Krieg und ziehen zum großen Heiligen Krieg.«
Die militärische Erfolgssträhne war jedoch auch mit einem Pechfaden durchzogen, der Mohammed beinahe den Erfolg gekostet hätte. Nach einem Jahr ohne größere Kampfhandlungen kam es 625 am Berg Uhud in der Nähe von Medina erneut zu einer Schlacht. Die Mekkaner, durch die geradezu irritie-

renden Siege Mohammeds beunruhigt, rückten mit einer Übermacht von 3 000 Mann an und waren damit etwa dreimal so stark wie ihre Gegner. Trotz dieser zahlenmäßigen Übermacht war ihre Niederlage beinahe entschieden, als durch die Beutegier einiger Mohammed-Anhänger die Schlachtreihen in Unordnung kamen und der Prophet die Schlacht verlor, mehr noch: Durch einen Pfeil getroffen, gehörte Mohammed selbst zu den Verwundeten, wodurch das Vertrauen in ihn und Allah erschüttert wurde. Erst als es ihm in der Folge gelang, einen jüdischen Stamm in Medina, der sich wegen des wechselnden Kriegsglücks mit den Mekkanern verbündet hatte, zu schlagen, konnte er seine Position erneut festigen. Aber nur zwei Jahre später, 627, wurde Medina noch einmal von den Mekkanern bedroht und soll von nicht weniger als 10 000 Mann belagert worden sein. Auch hierbei erwies sich Mohammed als Herr der Lage; zum einen ließ er Teile der Stadt durch einen rasch ausgehobenen Graben schützen – was für die Mekkaner eine völlig neue Verteidigungsmethode war, der sie nichts entgegenzusetzen wußten –, zum anderen bewährte er sich als geschickter Verhandlungsführer; es gelang ihm, das Lager der Feinde zu teilen und damit deren Stoßkraft zu verringern. Im Gegenzug wandte sich Mohammed noch einmal gegen Mekka, worauf nicht eigens hingewiesen werden müßte, wäre es dabei nicht zu der einzigen größeren, von Rachsucht diktierten Gewalttat Mohammeds gekommen: Er ließ 700 Juden der Gemeinde Kuraiza hinrichten, weil sie sich halbwegs unter den Schutz der Mekkaner gestellt hatten ...

Bei allen diesen militärischen Auseinandersetzungen hat Mohammed sein Ziel, Mekka religiös zu erobern, niemals außer acht gelassen, und da es damals wie heute unmöglich war, das Kampfgeschehen nach Siegern und Besiegten aufzuteilen, wagte Mohammed im Jahre 628 zum erstenmal eine Wallfahrt nach Mekka, auf der ihn eine große Schar Mediner begleitete. Durch das Kriegsgeschehen und durch wirtschaftliche Probleme geschwächt, boten ihm die Mekkaner, nachdem sie ihm anfangs das Betreten des heiligen Gebietes verwehrt hatten, einen zehnjährigen Friedensvertrag an, der im Abkommen von Hudaybiyya beiderseits akzeptiert wurde, obgleich insbesondere Mohammed keine Veranlassung sah, sich lange daran zu halten. Immerhin hatte er mittlerweile weitreichende Pläne entwickelt, die sich keineswegs auf eine Pilgerfahrt beschränkten. Diese kam im Jahre 629 zustande, aber um die gleiche Zeit ließ er an die mächtigsten auswärtigen Fürsten – sogar an den Kaiser in Konstantinopel! – die Aufforderung ergehen, den Islam als Glauben anzunehmen und sich ihm zu unterwerfen. Hier hat man den ganzen Mohammed: Erfüllt von der Zuversicht seines Glaubens und in der Verantwortung vor Allah, ist er nicht damit zufrieden, die Kaaba für den rechten Glauben zu erobern (genauer: zurückzuerobern); er weiß zugleich, daß das Reich seines Glaubens grenzenlos sein muß, und so fordert er mit der großen Geste des Propheten, die sich um die Zeitläufe nur wenig zu kümmern hat, alles für seinen Glauben ein.

Zu jener Zeit begannen immer mehr Araber sich Mohammed und seiner Gemeinde anzuschließen. Nur zwei Jahre nach dem Waffenstillstandsabkommen mit den Mekkanern soll er mit nicht weniger als wiederum 10 000 Mann gegen Mekka gezogen sein, um die heilige Stadt endgültig in seine Hand zu

bekommen, und die die Stadt beherrschenden Quraischiten haben gut daran getan, sich kampflos zu ergeben; das geschah 630. Ein siegreicher Feldzug gegen die mächtigen Stämme der Hawasin im Südosten von Mekka schloß sich an und besiegelte Mohammeds Machtstellung in Arabien endgültig. Im Besitz der Stadt, aus der er 622 aus religiösen Motiven geflohen war, ließ er Milde walten. Die Kaaba wurde von allen heidnischen Kultsymbolen und Götzen des alten Glaubens gereinigt und zum Heiligtum des Islams erklärt. Seine Glaubensanhänger forderte er auf, sich für die Sache Allahs und seiner Religion einzusetzen, und zwar nicht nur im Sinne der Mission, sondern notfalls auch im Kampf gegen die Feinde (Sure 9). Er selbst war gewillt, die Synthese von religiöser und militärisch-politischer Aktivität weiterhin vorzuleben. Zum einen ließ er sich in Mekka und Medina, wohin er nach 630 wieder zurückkehrte, von den Gesandten aller arabischen Stämme huldigen und unternahm im März 632 erneut eine große Pilgerfahrt nach Mekka, an der zum erstenmal keine Heiden teilnehmen durften. Zum anderen unterließ er es nicht, neue militärische Unternehmungen zur Ausbreitung des Islams vorzubereiten, deren letzte ein großer Feldzug gegen die Byzantiner war, dessen Ende er allerdings nicht mehr erleben sollte. Als er zum letztenmal vor der Kaaba stand, erlebte er seinen Triumph, und was die Legende hierüber berichtet, ist von tiefer innerer Symbolik: Bevor der Prophet von der Kaaba Abschied nahm, um nach Medina zurückzukehren, rief er im Angesicht einer großen, von religiösen Schauern erfüllten Volksmasse aus: »Gott! Habe ich meine Sendung nicht erfüllt?« Und das ganze Volk rief ihm begeistert entgegen: »Ja, Gott!« Schöner und vor allem stimmungsvoller kann man die Beziehung Gott–Prophet–Volk nicht ins Bild setzen.
Mohammed war 62 Jahre alt, als er nach Medina zurückkehrte, und die Anstrengungen der letzten Jahre forderten ihren Tribut. Er erkrankte Ende Mai 632, wurde von heftigen Fieberschauern und Phantasien heimgesucht und starb am 6. Juni 632 um die Mittagszeit in den Armen seiner Lieblingsfrau Aischa. In seinen letzten Worten soll er sich als erhabenen Gefährten des Paradieses bezeichnet haben. Aischa berichtet (nach Ibn Ishaq): »Der Prophet starb an meiner Brust und in meiner Obhut; ich hatte nichts verabsäumt. Nur meiner Unwissenheit und meiner großen Jugend ist es zuzuschreiben, daß er in meinen Armen verschied. Ich legte sein Haupt auf ein Kissen, dann schlug ich mich vor die Brust und begann mein Antlitz ebenso zu schlagen.« Mohammed wurde zunächst in der Hütte der Aischa beerdigt; sein Grab befindet sich heute innerhalb der erweiterten Moschee von Mekka.
Es fehlte nicht viel, dann wäre sein ganzes Werk zusammengebrochen, denn er hatte in keiner Weise für seine Nachfolge gesorgt. Zwar einigte man sich rasch auf Abu Bekr, den Vater von Mohammeds Lieblingsfrau, nach dessen Tod 634 Omar an die Spitze der Gemeinde trat, und beide hatten zu den engsten Vertrauten des Propheten gehört. Doch alles weitere mußte erst in mühsamen Schritten konstituiert werden. Mohammeds religiöser und politischer Sieg war noch so frisch, daß die Gründung eines arabisch-islamischen Reiches eher noch eine Zukunftsaufgabe zu sein schien, als daß man davon ausgehen konnte, der Prophet habe seine Hinterlassenschaft wohlgeordnet. Insofern ist es nicht verwunderlich, daß das Bild des Propheten in der Geschichte

durchaus unterschiedlich gesehen wurde. So hat Mohammeds Zeitgenosse Hassan ibn Sabit (gest. 674) vermutlich den richtigen Ton gefunden, wenn er in einem seiner Trauergedichte auf Mohammed von dem unendlichen Verlust spricht, den der Tod verursacht hat: »Er war die Flamme und das Licht, dem wir folgten, nach Allah, er war unser Auge und unser Ohr. Hätte doch Allah an dem Tage, da man ihn zu Grabe trug und Erde darüber warf, keinen von uns zurückgelassen, so daß nach ihm kein Mann und keine Frau mehr lebte...« Aber diese Zeilen enthalten zugleich einen Hinweis auf ein Grundproblem des Islams und damit seines Stifters. Die ausschließliche und kompromißlose Orientierung auf den Religionsgründer läßt die Frage nicht mehr recht zu, ob seine Religion denn wirklich neu und originell ist oder ob sie sich nicht doch in erster Linie auf die Kritik und Erneuerung alter religiöser (jüdischer und christlicher) Vorstellungen reduziert. Immerhin ist nicht zu übersehen, daß sich der Islam nach dem Tod des Propheten zwar fixiert und seine schriftliche Form gefunden, aber nicht mehr weiterentwickelt hat. Wissenschaftliche Theologie und Aufklärung sind ihm stets fremd geblieben, und Renaissance gilt ihm bis auf den heutigen Tag als Rückkehr zur Orthodoxie. Manche Autoren gehen sogar so weit, die politischen Leistungen Mohammeds über seine religiösen zu stellen, indem sie vermuten, er habe die Religion als Mittel zu seinen politischen Zwecken benutzt. Wer jedoch so argumentiert, übersieht das Charakteristische des Islams: daß er aus historischer Notwendigkeit eine religiöse und eine politische Dimension hatte und bis auf den heutigen Tag hat. Der Historiker muß in Mohammed vielmehr eine der überragenden Persönlichkeiten der Menschheitsgeschichte sehen. Mit der Kraft, die nur die Leidenschaft gibt, und der unbestreitbaren Aufrichtigkeit des tiefreligiösen Menschen hat er das moralische und geistige Niveau seiner Zeitgenossen und seines Kulturraumes zu heben versucht und ihm einen politischen Charakter verliehen, der bis heute lebt. Über jede Kritik erhaben ist auch die religiöse Inspiration des Propheten, die in ihrer Wahrhaftigkeit nicht geringer wird durch unser Wissen um die menschlichen und wohl auch sehr persönlichen Probleme, mit denen Mohammed mitunter zu kämpfen hatte. Jene Kritiker, die Flecken auf seinem Charakterbild wahrnehmen zu können glauben und ihm beispielsweise seinen großen Harem oder seine zeitweilige Unduldsamkeit gegen die Juden nachrechnen, sind Philister, gegen die sich Mohammed gerade in seinem Wissen um das Menschlich-Allzumenschliche meilenweit abhebt. Daß er in seiner Zeit verhaftet war, kann man ihm ebensowenig zur Last legen wie sein Gespür für die politische Verwendbarkeit des neuen Glaubens. Was bleibt ist, daß es Mohammed in den 20 Jahren seines Prophetenlebens gelang, dem neuen Glauben in Theorie und Praxis Konturen zu geben. Er schuf eine monotheistische Religion, die den Vergleich – so dergleichen überhaupt sinnvoll ist – mit den anderen großen Weltreligionen in keiner Weise zu scheuen braucht. Und er schuf einen Staat, oder zumindest doch dessen Grundlagen. Beide Leistungen sind imponierende Zeugnisse des menschlichen und geschichtlichen Fortschritts, ohne die die Welt ganz anders aussehen würde. Der französische Islamist Régis Blanchère hat gewiß recht, wenn er in einer feinsinnigen Studie über Mohammed schreibt, dessen Größe zeige sich auch darin, daß weder Gleichgültigkeit noch Beleidigungen, denen er ausgesetzt war, weder Schaden an Hab und Gut noch Intrigen und Drohungen ihn von seiner Sendung abzubringen vermochten. Mohammed habe sich durchweg der Versuchung entziehen können, sich zum Wundermann stilisieren zu lassen, vielmehr – und davon gibt der Koran unablässig Zeugnis – habe er sich stets als einen Sterblichen und als einen Menschen unter Menschen bezeichnet. Sollte sich Mohammed in den letzten Stunden nach der Erfüllung seiner Sendung gefragt haben, die ihm der Erzengel Gabriel seinerzeit aufgetragen hatte, so dürfte er im inneren Frieden der erfüllten Pflicht entschlafen sein.

Gottes Wort lesen

»Lies!«

Die ältere deutsche Koran-Übersetzung hat mit unüberbietbarer Deutlichkeit gesagt, was es mit dem Islam als Buchreligion auf sich hat. Die 96. Sure (Vers 1) vom »geronnenen Blut« fordert zur Kenntnisnahme des göttlichen Wortes auf, damit der Mensch das lerne, »was er nicht gewußt«. »Lies!« ist der kategorische Imperativ des Islams, und auch das Wort Koran, genauer Al-Qur'an, heißt zunächst soviel wie lesen, vortragen und in der heute maßgeblichen Übersetzung von Max Henning rezitieren. Der Koran stellt für den gläubigen Moslem das heilige Buch dar, worin die Offenbarungen enthalten sind, die Gott über seinen Propheten Mohammed den Menschen zuteil werden ließ. Folglich ist der Koran Gottes Wort, die Quelle der Religion, des sittlichen Handelns, Belehrung und Ermahnung und in jeder Hinsicht das Orientierungsbuch. Das religiöse Leben der Moslems ist ohne das genaue und ständige Studium des Korans undenkbar, und in den Koranschulen, die die Knaben besuchen, wird aus dem Koran vorgelesen, so wie die jüdischen Knaben in der Torahschule unterrichtet werden.

Der Grundgedanke des Islams ist dabei recht einfach, wenngleich auch durch die ein wenig verstaubte Bildhaftigkeit nicht sogleich sichtbar. Man nimmt an, daß es ein göttliches Urbuch gibt, gewissermaßen *die* heilige Schrift, die sich bei Gott im Himmel befindet. Alle Menschen hätten zu allen Zeiten versucht, die Geheimnisse und den Sinn dieses Urbuches zu entschlüsseln, wozu ihnen verschiedene Propheten – von Abraham bis Jesus – zu Hilfe gekommen seien. Aber die Menschen hätten jedesmal die wahren Aussagen dieses Buches entstellt, so daß sich unseligerweise unterschiedliche Verständnisse und also auch Religionen ausgebildet hätten. Mohammeds historische Leistung habe unter anderem darin bestanden, daß er die ihm durch den Erzengel Gabriel geoffenbarten Worte Gottes richtig verstanden und weitergegeben habe. Seine Zeitgenossen und Nachfolger hätten diese Worte des Propheten, die

nichts anderes sind als die Worte Gottes, aufgeschrieben und kanonisiert, so daß der Koran insgesamt den Anspruch verteidigt, das reine Wort Gottes zu sein, dem es zu folgen gelte, indem man es lese. In der frühmekkanischen 97. Sure heißt es dazu: »Siehe, wir haben ihn *(den Koran)* in der Nacht El-Qadr *(Nacht der göttlichen Bestimmung)* geoffenbart. Und was lehrt dich wissen, was die Nacht El-Qadr ist? Die Nacht El-Qadr ist besser als tausend Monate. Hinab steigen die Engel und der Geist in ihr mit ihres Herrn Erlaubnis zu jeglichem Geheiß. Frieden ist sie bis zum Aufgang der Morgenröte.«
Wenn man bedenkt, daß in dieser Sure zum Ausdruck gebracht werden soll, daß die Offenbarungen, die der Prophet Mohammed von Gott empfangen hat, dem Menschen Frieden und ein neues Morgen verschaffen, dann stellt sich vermutlich unmittelbar die Assoziation ein, man könnte es auch einfacher sagen. In der Tat ist der Koran schwer zu lesen, so daß es schon ein lebenslanges Lesen sein muß, um hinter den Sinn der göttlichen Worte zu kommen, und wer sie gar auswendig kann, erhält den Ehrentitel Hafis, was soviel heißt wie Bewahrer.
Der Koran ist alles andere als ein leicht zu lesendes Buch, und es ist auch kein geordnetes. Man geht davon aus, daß Gott beziehungsweise das heilige Urbuch zwar von einer inneren Logik erfüllt sind – was von Gott ist, hat Plan –, aber die Offenbarungen beziehen sich doch auf sehr unterschiedliche menschliche Fragesituationen, so daß es nicht verwundern kann, daß die Worte Gottes schon »äußerlich« ein geheimnisvolles, labyrinthisches Gebäude darstellen, in das man sich sehr tief hineinbegeben muß, ohne sich jedoch jemals zu verlieren. Wie viele große heilige Schriften anderer Völker und Religionen auch, wird im Koran von Vergangenheit und Gegenwart, Zukunft und Unendlichkeit gesprochen, aber man erfährt so gut wie nichts (oder doch nur sehr wenig) über das Leben des Propheten und seiner Zeitgenossen. Das eigentliche menschliche Leben, das im Alten Testament pulst und von atemberaubender Dramatik ist, fehlt im Koran, und insofern fällt er als historische Quelle weitgehend aus. Gerade deshalb wird aber immer wieder mit Recht auf den göttlichen Ursprung der Offenbarungen verwiesen: Warum sollte sich Allah mit den Alltagsproblemen der Menschen abgeben, warum sollte er gar ein Wegweiser fürs praktische Leben sein? Wer solches vom Koran erwartet, wird enttäuscht sein und muß sich auf die Legenden und Überlieferungen, die Hadithen, verlassen, worin die Humanfaktoren eine ungleich größere Rolle spielen. Nichts wäre jedoch falscher, als den Koran als eine trokkene Abhandlung für Theologen mißzuverstehen. Daß er ohne festen Plan ist, daß über die Anordnung der einzelnen Suren unterschiedliche Theorien existieren (wenngleich man sich heute auf eine bestimmte Lesart geeinigt hat), daß die Aussagen einiger Suren einander aufheben, daß man Unterschiede zwischen den mekkanischen und den medinischen Offenbarungen wahrnehmen kann, das alles macht den Koran ebenso zu einer aufregenden Lektüre wie der Umstand, daß man in ihm Geschichten aus dem Alten und dem Neuen Testament findet, die plötzlich in einem ganz anderen Licht erscheinen, weil sie in einen neuen Zusammenhang gestellt wurden. Als *die* Quelle des Islams braucht er sich um derlei vernunftorientierte Gesichtspunkte nicht zu kümmern, denn als ein von Gott inspiriertes heiliges Buch ist er über jede

rationale Kritik erhaben, vielmehr soll er auch die Ratio ausschließen und statt dessen die Erinnerung an die ewige Wahrheit Gottes und des heiligen Buches wachhalten. Da der Koran weder ein Geschichtsbuch noch die Niederschrift der religiösen Erlebnisse des Propheten ist, hat er über den liturgischen und sakramentellen Wert hinaus auch einen mystischen: Man soll sich hineinversenken, um Gott und sich selbst wiederzufinden. Insofern kann man recht gut verstehen, wenn Rilke nach dem Versuch, den Koran zu lesen, das Buch mit einem liebenswürdig ehrlichen Seufzer beseitelegte, weil er viel zu sehr von europäisch-abendländischen Voraussetzungen ausgegangen war, obgleich er den göttlichen Charakter der Schrift durchaus ahnte: »Einmal habe ich im Koran zu lesen versucht, ich bin nicht weit gekommen, aber so viel verstand ich, da ist wieder so ein mächtiger Zeigefinger, und Gott steht am Ende seiner Richtung, in seinem ewigen Aufgang begriffen, in einem Osten, der nicht alle wird.«
Das heutige Erscheinungsbild des Korans – er besteht aus 114 Abschnitten oder Suren mit unterschiedlich vielen Versen (die 103. Sure umfaßt nur drei Verse, die 2. Sure demgegenüber 286) – geht auf eine lange Vorgeschichte zurück, und, wie an anderer Stelle bereits erwähnt, auch die heutige Orientalistik und Islamistik sind sich noch immer nicht darüber einig, wo die authentischen Teile des Buches auszumachen sind und wo die Elemente der klassischen Antike, des Juden- und des Christentums in die Tradition des Islams eingegangen sind. Möglicherweise wären derartige philologische Spitzfindigkeiten heute weniger interessant, wenn Mohammed den Koran selbst geschrieben hätte; genau das hat er aber nicht getan und auch nicht tun können, denn er war bekanntlich Analphabet. So muß man davon ausgehen, daß seine ersten Zuhörer, Anhänger und Freunde die Aussprüche des Propheten eifrig gesammelt und auf sehr unterschiedlichen Materialien (immerhin befindet man sich in der Wüste!) festgehalten haben, wobei jenen Menschen nicht wenig Bedeutung zukommt, die mangels Schreibfähigkeit die Texte einfach auswendig lernten und sie auf diese Weise tradierten; ein für die Geschichte religiöser Texte durchaus nicht unübliches, im übrigen sogar ziemlich zuverlässiges Verfahren. Erst nach dem plötzlichen Tod Mohammeds dachte seine Gemeinde daran, die Texte zu ordnen und aufzuschreiben, was allein dadurch erleichtert wurde, daß nun nicht mehr mit weiteren Offenbarungen zu rechnen war: Die Quelle der göttlichen Weisheit war versiegt. Es scheint sicher zu sein, daß es zunächst eine Reihe privater Sammlungen gab, die Mohammeds Adoptivsohn Zayd nach Gutdünken koordiniert und herausgegeben hat. Neben dieser Urausgabe des Korans, die erst an Abu Bakr ging und dann an seinen Nachfolger Omar, soll es noch vier weitere Koransammlungen gegeben haben, was sogleich Anlaß zum Streit über den »richtigen« Koran gab. Unter dem dritten Kalifen Othman (644–656), also über zehn Jahre nach dem Tod des Propheten, wurde in fünfjähriger Arbeit eine offizielle Koranausgabe auf der Grundlage der Urausgabe hergestellt und die Parallelausgaben vernichtet. Damit war, nur 20 Jahre nach Mohammeds Tod, jene Textgestalt des Korans vorhanden, die bis auf den heutigen Tag gilt – eine in editorischer Sicht imponierende Arbeit, wenn man bedenkt, daß die Grundlage des Textes das gesprochene Wort war, und zwar nicht ein beliebiges, son-

dern das gewaltige Wort Gottes durch den Mund des Propheten. In diesem Sinne ist der Koran ganz ohne Zweifel authentisch. Mohammeds begreiflicher Wunsch, seine Äußerungen möglichst wortgetreu aufzuzeichnen (eine derartige Bekundung ist von Jesus in keiner Weise überliefert), ist somit in Erfüllung gegangen.
Im Gegensatz zur Bibel, deren strenge Schönheit nicht nur den religiösen Menschen, sondern auch den Historiker immer wieder erfreut, ist der Koran ein Katarakt von Themen, Aussprüchen, Aufforderungen, Geboten, Verboten, eine Enzyklopädie von Assoziationen und natürlich immer und vor allem Offenbarungen Gottes, der, in der Einzahl wie in der Mehrzahl von sich redend, zu seinem Propheten spricht. Die Fülle des Materials ist so imponierend, daß jeder Versuch eines Überblicks eine Reihe von Unterlassungen nach sich ziehen würde. Anders formuliert: Da der Koran Gottes Wort enthält, muß davon ausgegangen werden, daß Gott zu allen entscheidenden Menschenfragen Stellung nimmt, ohne sich, wie gesagt, zugleich in die Niederungen des Alltagslebens hinabzubegeben. Seine Ferne zum Menschen ist es ja erst, die die Funktion des Propheten erforderlich macht; diesem kommt dann die Aufgabe zu, die göttlichen Weisungen in die Gebote menschlichen Handelns umzuschmelzen. Der Wortlaut des Korans ist in 114 Suren (was möglicherweise soviel heißt wie Wunderzeichen) eingeteilt, deren jede (mit der einzigen Ausnahme der 9. Sure) mit den Worten beginnt: »Im Namen Allahs, des Erbarmers, des Barmherzigen!« Jede Sure hat darüber hinaus einen Namen, der in der orientalischen Zitierweise an die Stelle der fortlaufenden Numerierung tritt; so heißt die 2. Sure »Die Kuh« und die 8. Sure »Die Beute« und die 49. Sure »Die Gemächer« – um nur einige Beispiele anzuführen. Jede der einzelnen Suren ist in Verse unterschiedlicher Länge zergliedert, die teilweise sogar freie Endreime aufweisen. Da der Text nicht der Illustration oder der historischen Erinnerung dient, sondern die Anweisung Gottes ist, zeichnet er sich an vielen Stellen durch Kürze, Prägnanz und eine innere Dynamik aus, die allein durch den rhetorischen und didaktischen Charakter der entsprechenden Textstellen verständlich sind. Innerhalb der orientalisch-arabischen Literatur ist es schon überraschend, festzustellen, an wie wenigen Stellen der Koran bereit ist, etwas ausführlicher zu werden; die als typisch orientalisch geltende Pracht der Phantasie ist seine Sache nicht, denn Gott geht es nicht um Phantasie, sondern um Eindeutigkeit und Wahrheit. Sogar jene Stellen des heiligen Buches, die vom Paradies oder von der Hölle handeln, nehmen sich einigermaßen spartanisch aus im Vergleich zu dem, was arabische Literatur sonst zu bieten hat; auch dies ist ein deutlicher Hinweis auf die Authentizität des Korans.
Die Anordnung der Suren hat der Forschung große Schwierigkeiten bereitet, und die bisherigen Ergebnisse sind durchaus noch nicht zufriedenstellend, wenngleich insbesondere die Arbeit von Blanchère als der Versuch einer chronologischen Ordnung gilt. Immerhin hätte eine chronologische Ordnung (die von der heute maßgeblichen Koranausgabe – noch – nicht übernommen ist) den Vorteil, daß man mehr über die Entwicklung und den Charakter von Mohammed erschließen könnte und vor allem in der Lage wäre, die Unterschiede zwischen seinen Offenbarungen in Mekka und in Medina deutlicher

herauszuarbeiten. Aber was die Historiker interessiert, ist manchmal für den Religionswissenschaftler nicht von Nutzen. Dieser weiß ohnehin, daß es wichtiger ist, den gesamten Koran in seiner geradezu explosiven Ausdrucksweise und nichtphilologischen Struktur als die Offenbarung Gottes zu begreifen und den Sinn der göttlichen Aussagen aus dem Gesamtzusammenhang zu erschließen, wobei es dann nur noch von untergeordneter Bedeutung ist, ob diese oder jene Sure an der richtigen Stelle steht oder ob, was auch nachgewiesen werden konnte, manche Suren nicht aus einem Guß sind, sondern aus verschiedenen Stücken zusammengesetzt. Vielleicht deutet sich das unterschiedliche Grundverständnis des Korans bereits in der Tatsache an, daß die europäische Koran- und Islam-Forschung historisch-kritisch interessiert ist, die arabische Gelehrsamkeit jedoch stets davon ausgeht, daß es sich um die heilige Schrift göttlichen Ursprungs handelt, der mit philologischer Akribie nun einmal nicht beizukommen ist. Über diesen göttlichen Ursprung heißt es in der 42. Sure (Vers 50), die den Namen trägt »Die Beratung«: »Und nicht kommt es auf einen Menschen zu, daß Allah mit ihm sprechen sollte, es sei denn in Offenbarung oder hinter einem Vorhang.«

Die Grundüberlegung, daß der Koran die arabische Fassung der göttlichen Urschrift ist, betont den überirdischen Charakter des Buches, seine Erhabenheit und seine absolute Authentizität und Freiheit von Fehlern. Der Umstand jedoch, daß Gott seine Wahrheit in Form der »Offenbarung oder hinter einem Vorhang« mitteilt, sich also eines Mediums bedient oder einer Vermittlung, bedeutet zugleich auch, daß die Offenbarung für den Menschen »übersetzt« werden muß, um diesem verständlich zu sein. Immerhin richtet sich der Koran seinem Inhalt nach an den Menschen und fordert ihn auf, sich auf den rechten Weg zum wahren Glauben und zu dem einen und einzigen Gott aufzumachen. Um ihn richtig zu verstehen, ihn aus der Ewigkeit in die Diesseitigkeit der menschlichen Existenz zu transponieren, ist der Mensch zum lebenslangen Studium des heiligen Buches ebenso aufgefordert, wie er nicht umhin kann, umfangreiche, zusätzliche Studien anzustellen, um den Sinn gerade der schwierigen Stellen enträtseln zu können. So wurden in der langen Geschichte der Koran-Rezeption eine Unmenge von Kommentaren, Rechtsvorschriften, zeitgenössischen Dokumenten, Interpretationen und sogar grammatische und lexikalische Untersuchungen herangezogen, um zum richtigen Verständnis zu gelangen. Das »Lies!« der 96. Sure erhielt damit im Lauf der Geschichte eine ungeheure quantitative Bedeutung, deren Ende angesichts der heutigen Bedeutung des Korans für die islamische Renaissance noch gar nicht abzusehen ist. Aber noch in einer weiteren Hinsicht ist die Charakterisierung des Korans als göttliches Wort von Bedeutung. Allen Zeitläuften zum Trotz kann sich die islamische Theologie nicht mit dem Gedanken anfreunden, einige Rechtsvorschriften des heiligen Buches den modernen Lebensverhältnissen anzupassen. Insbesondere im Bereich der Familienvorschriften schien eine Liberalisierung vonnöten. Aber hier sperrt sich der Islam, da er nicht eingestehen will (oder auch nicht kann), daß manche Bestimmungen des Korans zeitbedingt sind und folglich auch überwunden werden müßten. Wie aber könnte Gottes Wort zeitbedingt sein? Aus dem sich hier andeutenden Dilemma kommt der Islam bis heute nicht heraus, aber es gehört nicht viel dazu, um die Vermutung zu äußern, daß der sozioökonomische Wandel, den die islamischen Staaten gegenwärtig durchmachen, auch an einige Positionen des Korans rühren wird, so daß Umschichtungsprozesse und Neubewertungen des Wortes Gottes unumgänglich sein werden.

Noch auf ein weiteres Charakteristikum des Korans muß hingewiesen werden. »Wahrlich«, heißt es in der 17. Sure (Vers 90), welche »Die Nachtfahrt« überschrieben ist, »wenn sich auch die Menschen und die Dschinn *(Geister)* zusammentäten, um einen Koran gleich diesem hervorzubringen, sie brächten keinen gleichen hervor, auch wenn die einen den anderen beistünden.« Hier, und an einigen anderen Stellen des Korans, fordert Mohammed seine Gegner und Feinde auf, ihn der Fälschung zu überführen, indem sie selbst einen Koran zusammenstellten – und er geht von der naheliegenden Vermutung aus, daß sie es nicht könnten, da ihnen eben nicht die Offenbarung Gottes zuteil geworden ist und sie allenfalls ein Phantasieprodukt hervorbringen könnten, dessen Lügencharakter sich allein schon in der Sprache zeigen würde. Der Koran ist ein arabisches Buch, genauer: ein in arabischer Sprache geoffenbartes und niedergeschriebenes Buch, dessen sprachliche Qualität von keinem menschlichen Autor imitiert, geschweige denn übertroffen werden könnte. In der Tat ist die Sprache des Korans noch in der (mustergültigen) deutschen Übersetzung von faszinierender Schönheit und innerer Dynamik, und es ist begreiflich, daß die moslemische Gelehrsamkeit dem Versuch, den Koran in eine nichtarabische (also nichtgöttliche!) Sprache zu übersetzen, stets mit Mißtrauen, Skepsis, ja mit Ablehnung entgegengetreten ist, es aber dennoch glücklicherweise nicht verhindern konnte. Die Sprache des Korans ist geheimnisvoll, heilig und erhaben, denn es ist die Sprache Gottes hinter dem Vorhang, und das Faszinierende des islamischen Gottesdienstes zeigt sich nirgends besser als in dem feierlichen Rezitieren des Korans, dessen Worten und Melodien von den Gläubigen mit berückender Intensität gelauscht wird. Anders als im Christentum, das sich während der gottesdienstlichen Feier der Musik, der Orgel und des Gesanges bedient, um den kultischen Charakter des Geschehens in der Kirche zu unterstreichen, und das zu allen Zeiten und in allen Stilrichtungen zu bildhaften Darstellungen der biblischen Texte übergegangen ist, teilt sich die Religiosität im Islam sprachlich mit: Wegen ihrer Schönheit und Unnachahmlichkeit hat die Sprache des Korans für die islamische Geisteswelt den Charakter eines Beglaubigungswunders für die prophetische Sendung Mohammeds. Es ist die Sprache, die den Koran authentisch macht: »Und dieser Koran konnte nicht ohne Allah ersonnen werden. Vielmehr ist er eine Bestätigung dessen, was ihm vorausging, und eine Erklärung der Schrift *(gemeint ist die göttliche Urschrift)* – kein Zweifel ist daran – vom Herrn der Welten.« (Sure 10, 38)

Die Sprache des Korans als die Sprache Gottes, das ist das letzte und entscheidende Kennzeichen des Islams als Buchreligion, kann aber von dem Inhalt der Botschaft nicht losgelöst werden. Als die Wahrheit Gottes und die wiederhergestellte Religion Abrahams muß das heilige Buch nicht nur gelesen, sondern gelebt werden, und so liest es der Gläubige, um Auskunft und Ermunterung zu erlangen, aber auch jene spezifische innere Zufriedenheit, die wohl nur die Religionen zu stiften in der Lage sind. Daß der Koran dies zu leisten imstande ist, kann niemanden verwundern; daß er es *so schön* tut, wird aus der Sicht des gläubigen Moslems auch ein Hinweis auf die Gerechtigkeit Gottes sein. In der 84. Sure (»Das Zerreißen«) kann man lesen (Vers 1–25): »Wenn der Himmel zerreißt und seinem Herrn pflichtschuldigst gehorcht; und wenn die Erde sich streckt und herauswirft, was sie birgt, und sich leert und ihrem Herrn pflichtschuldigst gehorcht (dann ist das Gericht da). O Mensch, siehe, du bemühtest dich in Mühe um deinen Herrn und sollst ihm begegnen. Und was den anlangt, dem sein Buch *(in dem seine Taten verzeichnet sind)* in seine Rechte gegeben wird, mit dem wird leichte Abrechnung gehalten, und fröhlich wird er zu seinen Angehörigen heimkehren. Was aber den anlangt, dem sein Buch hinter seinem Rücken gegeben wird, der wird nach Vernichtung rufen, doch in der ›Flamme‹ wird er brennen. Siehe, er lebte fröhlich unter seinen Angehörigen; siehe, er dachte nimmer, (zu Allah) zurückzukehren; doch fürwahr, sein Herr sah auf ihn. Und ich schwöre beim Abendrot und in der Nacht und was sie zusammentreibt, und dem Mond, wenn er sich füllt! Wahrlich, ihr werdet von einem Zustand in den anderen versetzt. Und was ist ihnen, daß sie nicht glauben, und wenn ihnen der Koran verlesen wird, nicht niederfallen? Ja, die Ungläubigen erklären ihn für die Lüge, doch Allah weiß am besten, was sie an (Bosheit) verbergen. Drum verkündige ihnen schmerzliche Strafe, außer denen, welche glauben und das Rechte tun; ihnen wird unverkürzter Lohn.«

Die Verkündigung des Propheten

Nach islamischer Auffassung ist der Koran Gottes eigenes Wort; die Erkenntnis Gottes ist allein durch seine Offenbarung zu erlangen. Gott ist fern, und deshalb bedarf es des Propheten, um zu den Menschen sprechen zu können; und zugleich ist Gott »dem Menschen näher als seine Halsschlagader«. Gott hilft, und Gott straft, er hat Mitleid und übt Rache aus, er hat menschliche Züge und ist zugleich entpersonalisiert: Wer ist Allah?
Der Islam als Religion ist die Rückkehr des Menschen zu Gott, der sich zwar im Laufe der Menschheitsgeschichte verschiedentlich den Menschen offenbart hat, der aber immer wieder falsch verstanden und uminterpretiert wurde. Wenn man davon ausgeht, daß der Gott Mohammeds auch der Gott Abrahams ist, und berücksichtigt, daß der historische Abraham um 1800 v. Chr. gelebt haben muß, so läßt sich unschwer ermitteln, daß die Geschichte der Menschheit und ihrer Religion zweieinhalb Jahrtausende durch Irrtümer und Fehleinschätzungen gekennzeichnet ist. Mehr noch: Indem die Menschen den wahren Sinn von Gottes Wort mißverstanden haben oder gar mißverstehen wollten, sind sie von ihm abgefallen, haben falsche Religionen entwickelt und haben, was das Sträflichste ist, sogar mehrere Götter angebetet. Wie alle großen Religionen, so geht auch der Islam von einer allgemeinen Unheilssituation aus, die sich aus dem falschen Götterglauben begründet. Noch einmal lebt der Mensch im Angesicht der Katastrophe, der Apokalypse und in Erwartung des Jüngsten Gerichts, und noch einmal – aber ein letztes Mal – hat er die Chance, sich dem wahren, dem einzigen Gott zu stellen. Nichts kennzeichnet den Islam als Religion mehr und genauer als die knappe Aussage aus der 2. Sure (Vers 233 ff): Glaube an Allah und an den Jüngsten Tag, und beide Topoi ziehen sich als *der* rote Faden durch die gesamte islamische Literatur, insbesondere natürlich durch den Koran, der damit ein Buch von Gott und der Apokalypse ist. Die Dynamik von Mohammeds Prophetie nimmt von daher ihren Ursprung: Der Prophet weiß, daß der Mensch im Angesicht

Gottes wie auch seiner letzten Chance lebt, und er läßt seine Hörer (und später auch seine Leser) mit jeder Zeile der Offenbarung spüren, daß man es mit einer existentiellen Bedrohung zu tun hat, wenn man diese letzte Chance nicht erkennt und wahrnimmt. Angesichts des um sich greifenden moralischen Verfalls und der religiösen Krise, die sich deutlich im Polytheismus und im billigen Götzenkult manifestiert, sieht sich Mohammed verpflichtet, sein Amt als das des Warners und Hüters zu begreifen, und er türmt immer neue Visionen des Untergangs der Welt auf, um die Unausweichlichkeit der historischen Situation, in der man sich aus religiöser Sicht befindet, zu beschreiben:

»Wenn der Himmel sich spaltet
und wenn die Sterne zerstreuen
und wenn die Meere emporgeworfen (aufgewühlt) werden
und wenn die Gräber umgekehrt werden,
dann weiß die Seele, was sie getan und unterlassen hat.
O Mensch, was hat dich von deinem hochsinnigen Herrn abwendig gemacht, der dich geschaffen, gebildet und wohlgestaltet hat, in eine Form, die ihm beliebte, dich gefügt hat?«

So fragt die 82. Sure (»Das Zerspalten«), um dann das Schicksal der Missetäter zu beschreiben, die von Gott abgefallen sind: »Sie werden darin *(im Höllenpfuhl)* brennen am Tag des Gerichts und sollen nimmer aus ihm heraus. Und was lehrt dich wissen, was der Tag des Gerichts ist? Wiederum, was lehrt dich wissen, was der Tag des Gerichts ist? An jenem Tage wird ein jeder für den anderen nichts vermögen, und der Befehl ist an jenem Tage Allahs.« (Sure 82, 1–8, 15–19)
Gott ist die Mitte, ja die Lebensmitte des Islams; es gibt keine Zweifel an Gott, denn es gibt keinen Gott außer Gott, und es gibt keine anderen Götter neben ihm. Alles, was existiert, nimmt von Gott seinen Ausgang und ist seinem Willen unterworfen; das menschliche Leben kann sich nur in Richtung auf Gott erfüllen. Ewiges Werden und Vergehen des Menschen sind allein vom göttlichen Willen abhängig. Auf eine knappe Formel gebracht, kann man sagen, das Verständnis Gottes, wie es sich im Koran niedergeschlagen hat, läßt sich auf den tautologischen Satz bringen: Gott ist Gott, Allah il Allah. Er ist die Alleinwirklichkeit und Alleinwirksamkeit, er ist un-bedingt, so daß alles, was nicht-göttlich ist, bedingt, demnach von ihm abhängig ist.
Diese Un-Bedingtheit Gottes und seine Einzigkeit gibt es auch in anderen Religionen, und Mohammed wird das zum Teil nicht unbekannt gewesen sein. Aber indem er die Formel »Gott ist Gott« als das einzig gültige Gottesverständnis prägte, wandte er sich nicht nur gegen die Polytheisten seiner Zeit oder gegen jene, die sich durch religiöses Desinteresse kennzeichnen ließen; er übte vielmehr zugleich Kritik an der jüdischen Gottesvorstellung, die immer wieder bohrend nach Gott fragte und niemals zu einer endgültigen Antwort zu kommen schien; und er kritisierte damit auch indirekt die christliche Vorstellung von der Dreieinigkeit, wie er ja stets, auf seine eigene Person angesprochen, von seinem Menschentum gesprochen hat. Mohammed, der Prophet, ist nichts anderes als das Sprachrohr, durch welches sich Gott ein letztes

Mal den Menschen mitteilt. Da Gott der Gott Abrahams und folglich den Menschen nicht unbekannt war, verzichtet der Prophet darauf, seine Existenz noch ein weiteres Mal zu beweisen; vielmehr ist es ihm darum zu tun, die »99 schönen Namen Allahs« aufzuzählen und seine Eigenschaften zu beschreiben, die ihn zum allwissenden, allmächtigen, einzigen, kämpfenden und listigen, liebenden, barmherzigen und wohltätigen Allah machen, dem sich der Mensch dankbar zu unterwerfen hat. In der 1. Sure des Korans, »Die Öffnende«, auch der »heilige Siebenvers« genannt, der im Islam etwa die Bedeutung des christlichen Vaterunsers zukommt, sind die Eigenschaften Gottes bündig zusammengefaßt mit dem Hinweis auf das Gericht und die Gnade (Sure 1, 1–7):

»Lob sei Allah, dem Weltenherrn,
dem Erbarmer, dem Barmherzigen,
dem König am Tag des Gerichts!
Dir dienen wir und zu dir rufen um Hilfe wir.
Leite uns den rechten Pfad,
den Pfad derer, denen du gnädig bist,
nicht derer, denen du zürnst, und nicht den Irrenden.«

Der Islam ist eine streng monotheistische Religion. Seine Gottesvorstellung geht von dessen Einzigkeit aus. Die 112. Sure spricht von »Allah, dem Alleinigen«, der weder zeugt (was nichts weniger als eine Kritik an der Gotteskindschaft Jesu ist) noch gezeugt wird (Vers 2, 3), und die 16. Sure (Vers 23) nennt Gott einen einigen Gott. An vielen weiteren Stellen des Korans wird die Absolutheit und Einmaligkeit Gottes ins Wort gebracht. Angesichts des Gesamtcharakters des Islams kann eine solche Vorstellung von Gott in keiner Weise überraschen. Historisch gesehen, ist es jedoch verständlich, wenn Mohammed wiederholt die Eigenschaften Allahs referiert, und zwar zum Teil mit durchaus heftigen Worten, um sich gegen den Polytheismus seiner Zeit zur Wehr zu setzen, zugleich aber auch um Kritik an jenen monotheistischen Religionen zu üben, die zu einer Verfälschung des Gottesbildes beigetragen haben. Die indirekte Polemik gegen Jesus fällt dabei besonders auf, da Mohammed allenfalls bereit ist, Jesus als einen Propheten wie viele andere vor und nach ihm anzuerkennen, keinesfalls jedoch als Sohn des einzigen Gottes.
Die Idee von der Einheit Gottes und vom Koran als dem Wort Gottes enthält darüber hinaus noch einen anderen bedeutsamen Aspekt, der überraschenderweise in der theologischen Literatur häufig übersehen wird, über den sich jedoch der an anderer Stelle bereits erwähnte Theologe Scheich Mohammed Abduh mit erfreulicher Klarheit geäußert hat. In seinem Hauptwerk, der 1897 abgeschlossenen *Abhandlung über die Einheit (Allahs)*, breitet er noch einmal das gesamte Wissen des Menschen über Allah aus, untersucht seine Eigenschaften und die Schwierigkeiten des menschlichen Verstandes, hinter den Sinn der göttlichen Offenbarungen zu kommen, und kritisiert andere monotheistische Religionen wie das Judentum und das Christentum. Zum einen wirft er ihnen vor, immer wieder den Gedanken zu kultivieren, Allah sei der Vater der Menschen – eine Auffassung, die der Islam strikt zurückweist –,

zum anderen jedoch, und das ist das Entscheidende, hält er den anderen Religionen vor, sie hätten nichts anderes als Spaltungen und Trennungen geschaffen. Die verschiedenen monotheistischen Religionen hätten immer wieder versucht, in das Geheimnis der göttlichen Bestimmungen zu dringen, »in die zu vertiefen uns verboten ist«, weil sich die menschliche Ratio nicht erdreisten dürfe, das Geheimnis des »Allerwahrhaftigsten« zu enträtseln. Schließlich sei aus derartigen abwegigen Bemühungen nicht viel mehr herausgekommen als Zweifel – und Glaubensspaltungen. Diese gelte es, nachdem das Wort Gottes ein letztes Mal geoffenbart sei, zurückzunehmen und die Einheit der Religionen als Zeichen der Einheit Gottes wiederherzustellen. Nichts anderes, meint Scheich Mohammed Abduh, sei die Konsequenz aus dieser Einheit Gottes: Die Pluralität der Religionen sei in dem Augenblick anachronistisch geworden, da Mohammed das Wort Gottes empfing.
Man mag über derartige Vorstellungen geteilter Meinung sein; dennoch ist ihnen eine gewisse Logik nicht abzusprechen, auf die andere Offenbarungsreligionen jedoch auch pochen, so daß die erwartete Synthese der Religionen nicht eingetroffen ist (wofür, wie jedermann weiß, auch andere Gründe herhalten mußten). Immerhin argumentiert der Islam hier aus der Position der jüngsten Weltreligion, welche sich bewußt in die Tradition der älteren Religionen stellt, und er liefert mit solchen Überlegungen ein weiteres schönes Beispiel für die Sehnsucht des Menschen nach Glaubensgewißheit, der möglicherweise immer dann noch ein Hauch von nennen wir es Unbehagen anhaftet, wenn man die Pluralität der Religionen in den Blick nimmt.
Die vornehmste Eigenschaft Allahs ist seine Erhabenheit; sie ist so stark ausgeprägt, daß alle anderen Vorstellungen mehr oder weniger durch diese erstickt werden. Der Koran hält dazu kein besseres, weil eindeutigeres Zeugnis bereit als den berühmten Thronvers der 2. Sure (Vers 256): »Allah! Es gibt keinen Gott außer ihm, dem Lebendigen, dem Ewigen! Nicht ergreift ihn Schlummer und nicht Schlaf. Sein ist, was in den Himmeln und was auf Erden. Wer ist's, der da Fürsprache einlegt bei ihm ohne seine Erlaubnis? Er weiß, was zwischen ihren Händen ist und was hinter ihnen *(das heißt, Allah kennt die Gegenwart und die Zukunft)*, und nicht begreifen sie etwas von seinem Wissen, außer was er will. Weit reicht sein Thron über die Himmel und die Erde, und nicht beschwert ihn beider Hut. Denn er ist der Hohe, der Erhabene.«
Zugleich ist Allah auch der Barmherzige, und jede der 114 Suren des Korans redet ihn zunächst mit diesem Namen an. Der Mensch tut folglich gut daran, sich Gott in jeder Hinsicht anzuvertrauen, denn Gott ist der Herr, der Mensch aber sein Knecht und, noch einmal, nicht sein Ebenbild. In diesem Zusammenhang enthüllt sich auch die eigentliche Bedeutung des Wortes Islam als »völlige Hingabe« an Allah, jenen Gott, der die Welt erschaffen hat und sie nach einem nur ihm bekannten Plan lenkt, der der Weltenrichter und der Gesetzgeber ist, der als Wettergott und Naturbezwinger bezeichnet wird, der der Gott der Fruchtbarkeit und das Licht der Welt ist. Alle diese Wesenseigenschaften sind Kennzeichen der Allmacht und Einzigkeit Gottes, und der Koran wie auch die islamischen Überlieferungen stellen geradezu eine Enzyklopädie dar, die sich einzig darum bemüht, diese Eigenschaften in immer neuen

Farben und Symbolen, Beispielen und Vergleichen auf den Begriff zu bringen.
Allahs Macht könnte den Menschen zu einem erbärmlichen Etwas verkümmern lassen, wäre da nicht die göttliche Barmherzigkeit, die Allah eben nicht zu einem furchtbaren, bösen Gott werden läßt, sondern zu jenem Weltenrichter, dessen Möglichkeiten Mohammed unablässig geschildert hat, um die Ungläubigen auf den rechten Weg zurückzubringen. Andererseits ist nicht zu übersehen, daß der Koran mit kompromißloser Deutlichkeit sagt, Allah werde nicht jeden Menschen um jeden Preis erlösen. Man habe sich an die göttlichen Gebote zu halten; wer das verabsäume, müsse unabänderlich die Konsequenzen auf sich nehmen, dem bleibe die Hölle nicht erspart. Allerdings gibt der Koran auf die Frage, ob alle Menschen prinzipiell in der Lage sind, sich gerecht und im Sinne der göttlichen Gebote zu verhalten, überraschenderweise keine klare Antwort. Zum einen geht er davon aus, daß alles, also auch das menschliche Leben, vorherbestimmt ist, so daß sich die Frage nach der Freiheit des menschlichen Handelns und Entscheidens stellt; zum anderen gibt es eine Reihe von Textstellen, die den Schluß nahelegen, die Unterscheidung zwischen Gut und Böse sei durch die Aussagen des Korans getroffen, so daß wer sich daran hält nichts falsch machen kann. Schließlich ist nicht zu übersehen, daß der Koran einige Stellen enthält, die davon sprechen, daß Allah den Menschen auch in die Irre führen kann: »Jedoch führt er irre, wen er will, und leitet recht, wen er will«, heißt es beispielsweise in der 16. Sure (Vers 95). Diese offenkundigen Widersprüche haben der Koran-Interpretation nicht wenig Kopfzerbrechen bereitet und sind unaufhebbar geblieben. Aus historisch naheliegenden Gründen wurde vermutet, Mohammed habe diese Formulierungen bewußt widersprüchlich angelegt, um eine Begründung dafür zu haben, daß es Gläubige und Ungläubige zur gleichen Zeit gibt. Andere wiederum meinen, hier zeige sich eine spezifisch arabische Eigenschaft, erst einmal alle Schicksalsschläge und Ereignisse des menschlichen Lebens auf Gottes Fügung zurückzuführen und dann erst nach der eigenen Verantwortung zu fragen. Unabhängig davon darf unterstellt werden, der Koran differenziere die menschlichen Handlungen, indem er sie auf zwei Ebenen diskutiert. Auf der Ebene des menschlichen Lebens handelt demnach der Mensch frei und für sich selbst verantwortlich – und tut gut daran, sich an die Weisungen des Korans zu halten –, und auf der Ebene der Religion ist alles von Gott vorherbestimmt und nach einem dem Menschen unbekannten Plan geregelt. Was dem Menschen hierbei als Widerspruch erscheinen mag, hebt sich unter dem Aspekt der göttlichen Gerechtigkeit und Barmherzigkeit auf, wenngleich die Zweideutigkeit für den Koranleser bleibt und ihm möglicherweise jene Spannung verleiht, die seinem irdischen Leben dazu verhilft, sich an Gott und seinem Gesetz zu orientieren. Auch wer von Gott gestraft wird, sollte davon ausgehen, daß es zu Recht geschieht. Nicht jedem ist es beschieden, das Paradies zu sehen; vor allem dürfte das für jene zutreffen, die sich ein Bild von Gott machen wollten: Seine Allmacht und Unbegrenztheit entzieht sich der Anschaulichkeit. Insofern wäre jeder, der die Bildlosigkeit Allahs überwinden möchte, ein Mensch, der von Allah abfällt.
Mit dem Glauben an Allah, den alleinigen Herrn und Schöpfer der Welt, eng

verbunden ist die Vorstellung von Paradies und Hölle und vom Gericht, das darüber entscheidet, wohin der Mensch kommt, wenn er das Jenseits betritt. So sehr sich der Islam davor gehütet hat, sich ein Bild von Gott zu machen, so detailliert hat er demgegenüber jene Fragen zu beantworten versucht, die den Menschen stets fasziniert haben und auf die nur die Religion eine Antwort weiß. Auch in dieser Beziehung ist Mohammeds Leistung als Religionsstifter nicht hoch genug einzuschätzen. Zwar hat er einige Elemente des alten Götterglaubens beibehalten, aber zugleich hat er ihn gründlich entrümpelt, so daß in seiner Verkündigung wohl Engel, Teufel und Feuergeister auftauchen, aber die gräßlichen Eigenschaften, die sie vormals hatten, sind ihnen genommen. Auch Zauberei und Magie sind in einige Stellen des Korans eingegangen, aber jener Primitivität enthoben, die das Charakteristikum der alten Naturreligion war. Schließlich hat er Elemente des Alten und des Neuen Testaments so umgeschmolzen, daß sie zur Grundlage der neuen, islamischen Religion werden konnten. Viele Passagen des Korans stehen in der Tradition der jüdischen und der christlichen Religion, aber zugleich hat Mohammed ihnen eine neue Tradition gestiftet, und in diesem einzigartigen Verhältnis von Überwindung und Kontinuität liegt jener besondere Reiz des Islams auch für den, der religiöse Themen bislang allein aus der Bibel kannte. In gewisser Hinsicht, könnte man sagen, hat Mohammed aus seinem Verständnis heraus den alten Glauben weitergebracht, indem er ihn von seinen phantastischen, aber areligiösen Elementen befreite. So gesehen, ist seine Prophetologie zunächst eine Reinigung der alten Texte gewesen, und überraschenderweise hat diese *renovatio* bereits die Grundlagen der neuen Religion geschaffen.

Es klingt zunächst wie ein Widerspruch zu dem bisher Gesagten, wenn behauptet wird, das Weltbild des Islams habe sich ohne allzu konkrete Anleihen bei anderen Religionen und Kulturen entwickelt. Dennoch ist nicht zu übersehen, daß beispielsweise biblische Berichte über die Schöpfung oder die Erschaffung des Menschen zwar von Mohammed gekannt und in gewisser Weise auch verarbeitet wurden, aber es kommt ihnen doch eine andere Bedeutung innerhalb der heiligen Texte zu, da sie im Kontext zu speziell arabischen Überlieferungen und Neuinterpretationen stehen. Insbesondere jedoch ist unübersehbar, daß der gesamte Koran in erster Linie ein Buch über Gott bleibt, womit alle anderen Fragestellungen zu einer nur sekundären Bedeutung heruntergeschraubt werden. Diese Tendenz verstärkt sich noch durch die Bedeutung des apokalyptischen Zeitalters, in welches der Mensch nach der Vollendung seines irdischen Daseins eingehen wird. Die bereits an einer früheren Stelle angedeutete Wichtigkeit der Apokalypse hat neben der Bedeutung Allahs im Koran ein solches Gewicht, daß man getrost von einer Dominanz dieser beiden Phänomene sprechen kann, hinter welchen alle anderen Fragen einigermaßen blaß erscheinen. Eine derartige Einschätzung wird bereits bei der Betrachtung der Schöpfungsgeschichte, wie sie im Koran mitgeteilt wird, deutlich. Zwar unterstreichen ungezählte Verse des Korans, daß Allah der Schöpfer der ganzen Welt und des Menschen ist. Er habe die Welt in nur zwei Tagen geschaffen, für die Bevölkerung der Erde habe er sechs Tage verwendet, dann aber habe er sich auf seinen Thron gesetzt, um die Welt zu regieren. Hier ist überdeutlich, wie kurzgefaßt die islamische Kosmogonie ist.

Fast möchte man meinen, Mohammed sei über die fraglichen Themen mit einer unwilligen Handbewegung hinweggegangen, so als wolle er sagen, man kenne die entsprechenden Geschichten schließlich aus anderen religiösen Berichten. Wie und warum Allah die Welt und den Menschen erschaffen hat, interessiert weniger als die Frage nach der Rolle, die der Mensch in der Schöpfung zu spielen hat. Angesichts der Definition Gottes als Weltenrichter kann diese Rolle nur durch ihre dienende Funktion beschrieben werden. Die Abhängigkeit des Menschen von Gott ist weniger die der *creatura* vom *creator*, vielmehr die des Dienenden vom Herrn, der die Taten seines Dieners beurteilt, belohnt und bestraft. Religionsgeschichtlich gesehen, haben wir uns Allah demnach als einen vergleichsweise jungen Gott vorzustellen, der die Welt von den älteren Göttern geerbt hat und dieses Erbe verwaltet. Die bohrenden Fragen des Judentums, was zuerst dagewesen sei, Gott oder die Materie, sind dem Islam völlig fremd; er geht davon aus, daß Himmel und Erde als Materie auch vor Allah bereits vorhanden waren. Mehr noch: Er kritisiert die philosophischen Denkanstrengungen, die um Geist und Materie kreisen, als überflüssige Spekulationen. Dennoch lassen sich eine Reihe an Übereinstimmungen von biblischem und koranischem Schöpfungsbericht ausmachen. Wenn es in der Genesis heißt (1, 3): »Gott sprach: Es werde Licht.«, so findet sich eine Analogie im Koran in der 36. Sure (Vers 82): »Sei! und es ist.« Und Allah als Weltenrichter, der sich nach vollendeter Schöpfung auf seinen Thron zurückzieht, darf man durchaus mit dem biblischen Gott vergleichen, der am siebten Schöpfungstag ausruhte. Unübersehbar bleibt jedoch, daß der Koran mit einer gewissen Flüchtigkeit über diese wichtigen Leistungen Allahs hinweggeht, um sich sehr viel ausführlicher mit der Erschaffung des Menschen zu beschäftigen.
Ausgehend von der Überlegung, daß es die ureigenste Eigenschaft Allahs sei, die Dinge und die Lebewesen zu erschaffen, die er will, entwickelt der Koran nicht nur die Geschichte der Erschaffung des Menschen durch Gott, sondern – was hier von besonderer Bedeutung ist – er antwortet auch auf die Frage, warum Allah den Menschen erschaffen hat. Nicht das Wie ist wichtig (»Und wahrlich, erschaffen haben wir den Menschen aus trocknem Lehm, aus geformtem Schlamm« [Sure 15, 26]), sondern das Warum. Welchen Sinn hat es, wenn Allah den Geistern, den Dschinn, befiehlt: »Und wenn ich ihn *(den Menschen)* gebildet und ihm von meinem Geiste eingehaucht habe *(man vergleiche Genesis 2, 7)*, so fallet anbetend vor ihm nieder.« (Sure 15, 29) Hier ist es zweifellos von großer symbolischer Bedeutung, daß Allah den ersten Menschen, der auch im Koran Adam heißt, während seine Frau namenlos bleibt, gegen die ausdrückliche Warnung der Engel geschaffen hat, die ihm entgegenhielten, der Mensch werde ohnehin nur Unheil anrichten. Sie selbst, die Engel, wollten Gott loben und anbeten, und sie fingen sogleich an, Allah zu loben und ihm Preislieder zu singen. Aber Allah widersetzte sich den Schmeichelreden der Engel, weil er klüger war und mehr wußte als diese, und schuf Adam, weil »ich auf der Erde einen Nachfolger einsetzen« will (Sure 28), einen Kalifen. Die 2. Sure, »Die Kuh«, berichtet dann ausführlich über den Eintritt Adams und seiner Frau ins Paradies, die Geburt der Söhne, die Vertreibung aus dem Paradies und den Brudermord etwa so, wie wir die Ge-

schichte aus dem Alten Testament kennen. Allerdings lassen sich auch hier nicht unwesentliche Unterschiede ausmachen. Zum einen fällt die Barmherzigkeit Allahs an mehreren Stellen der Ereignisse auf. Er ist eben nicht nur der rächende Gott, der die Menschen nach ihren Taten und Untaten beurteilt, er ist zugleich jener, der Mitleid und Erbarmen hat. Das zeigt sich an so schönen Details wie jenem, daß der Erzengel Gabriel, der die Aufgabe hatte, Adam und seine Frau aus dem Paradies zu führen, Mitleid mit den Verstoßenen hatte und ihnen eine Rebe von einem Weinstock aus dem Paradies schenkte, während an anderer Stelle berichtet wird, Gabriel habe dermaßen geweint, daß sein durch die Tränen benetzter Wanderstab Wurzeln geschlagen und die schönsten Früchte ausgebildet habe. Und Allah selbst soll Mitleid mit dem Brudermörder gehabt und ihm einen Raben geschickt haben, der ihn anwies, wie man den Leichnam zu begraben habe, und der Mörder sei über den Gnadenerweis reuig geworden und habe so Gnade vor Allah gefunden.
Geschichten dieser Art hält der Koran in einer wahren Fülle bereit, und bei vielen ist die Analogie zur Bibel, aber eben auch die entscheidende Umdeutung nachzuweisen. Das gilt insbesondere für das Schicksal Adams. Allah schuf ihn, um einen Nachfolger zu haben, dessen Weisheit größer war als die der Engel, die Allah von seiner Schöpfertat abrieten. Sure 95 (Vers 4) weiß zu berichten: »Wahrlich, wir erschufen den Menschen in schönster Gestalt.« Nur daß er sterblich ist, unterscheidet ihn von Allah und den Engeln, und daß über ihn und seine Taten einst Gericht gesessen wird, was aber angesichts der Gerechtigkeit Allahs kein Anlaß zum Fürchten ist (Sure 95, 7–8). Allerdings ist der von Allah selbst geschaffene Adam nicht zu vergleichen mit den übrigen Menschen, die die Erde bevölkern; er gilt als der von Allah unterwiesene, also mit einem höheren Wissen ausgestattete Allvater, und damit wird er zum ersten Propheten (oder Kalifen, wie es im Koran selbst heißt), der durch eine beachtliche Reihe anderer Propheten abgelöst und eines Tages durch Mohammed »ersetzt« wird. Die in der 17. Sure des Korans berichtete Nacht- und Himmelfahrt Mohammeds erhält hierdurch ihre besondere theologische Bedeutung: So wie einst Adam durch Allah geschaffen wurde, so offenbart sich Gott zunächst mit Hilfe seines Erzengels Gabriel dem jüngsten Propheten, der durch die Himmelsreise in eine Gottnähe gelangt, die allein mit der Gottgeschaffenheit Adams vergleichbar ist. So wie Allah Adam als seinen Nachfolger und als Führer der Menschen geschaffen hat, so wie Abraham und Moses ihr Volk geführt und auf den rechten Weg zu bringen versucht haben, so wie Jesus Christus noch einmal den Versuch unternommen hat, die Menschen zu retten, indem er ihnen das wahre Wort Gottes nahebrachte, so ist auch Mohammed und seine besondere Rolle für das Schicksal der Menschen nur aus dieser besonderen genealogischen Konstruktion heraus zu verstehen. Er ist der Fortsetzer, möglicherweise auch der Vollender jenes Vorhabens, das Allah im Sinn hatte, als er Adam, den Allvater, schuf.
Wer sich der koranischen Argumentation bis zu diesem Punkt anschließt – und das tut der Gläubige ohne Zögern –, der muß noch einen Schritt weitergehen. Allah hat seine Propheten zu bestimmten Zeiten und zu auserwählten Volksstämmen geschickt. So schickte er den Moses zu den Kindern Israels, um ihnen die wahren Worte Gottes zu bringen. Einige haben ihm geglaubt,

viele nicht. Die Gläubigen belohnt Allah, indem er sie in das Paradies eingehen läßt; die Ungläubigen werden bestraft, indem sie unter Plagen, Hunger und Katastrophen zu leiden haben. Zuletzt aber kam Mohammed, um noch einmal – und zwar ein letztes Mal – die Gläubigen im Namen Gottes zu versammeln und sie auf den rechten Weg zu bringen. Sein, Mohammeds, auserwähltes Volk sind aber nicht mehr die Kinder Israels noch irgendein anderer Volksstamm, sondern die arabischen Wüstenvölker, die sich unter dem Wort Allahs vereinigen und es in alle Welt bringen sollen. Ihr religiöser Auftrag richtet sich also sowohl nach innen, indem sie ausschließlich das Mohammed geoffenbarte wahre Wort Gottes anerkennen, als auch nach außen, indem sie ihrer Funktion als auserwähltes Volk mit Wort und Schwert nachgehen. Hier liegen viele Aspekte der arabisch-islamischen Mentalität beieinander: der Stolz des von Gott auserwählten Volkes, der aggressive Missionseifer, der insbesondere die Zeit nach des Propheten Tod gekennzeichnet hat, wie auch jener Gleichmut, der dem eigen ist, welcher sich der Sache des Glaubens völlig gewiß sein darf.

Aus diesen Zusammenhängen ergeben sich eine Reihe von Schlußfolgerungen, die zum Verständnis des Islams als jüngster der Weltreligionen unmittelbar beitragen. Daß er als jüngste der Weltreligionen gilt, hat ja nicht primär mit den Lebensdaten Mohammeds zu tun, sondern ist vielmehr Ausdruck der Auffassung, daß der Islam das letzte Angebot Gottes an die Menschen ist, sich in seinem Sinne zu verhalten. So wie die Mahnungen und Weisungen der früheren Propheten zerredet worden sind und wie die seinerzeit auserwählten Volksstämme sich zerrieben und gespalten haben, so soll und darf es nicht noch einmal geschehen: Am Ende von Mohammeds Werk auf Erden muß die *Wiederherstellung der Einheit* stehen, und zwar der Einheit des Glaubens wie auch der Völker. Als letztes göttliches Angebot ist der Islam nichts anderes als die letzte Chance der Menschheit. Sie zu erkennen und anzunehmen, darauf war das ganze Wirken Mohammeds gerichtet, und von daher versteht man einmal mehr seine Abneigung gegenüber Wundern, die man von ihm verlangte, um an seinen göttlichen Auftrag zu glauben, und auf seine ständigen Hinweise auf das Ende der Zeit. Mohammeds geradezu manischer Hang zu apokalyptischen Visionen speist sich aus dem Wissen um die letzte Chance der Menschheit, und sein prophetischer Eifer bei der Beschreibung des Zeitenendes erhält dadurch eine Relevanz, die sich nicht einfach mit der jüdischen oder der christlichen Apokalyptik vergleichen läßt (wenn auch hier Parallelen nicht zu übersehen sind).

Daß kein Mensch, insbesondere jedoch nicht die auserwählten Menschen dem göttlichen Schicksal entgehen können, wird vielleicht nirgendwo deutlicher als in der islamischen Lehre von der Prädestination des Menschen. Die Allmacht Gottes dokumentiert sich nämlich nicht nur im Akt der Schöpfung, sondern auch weiterhin insofern, als alles, was auf der Welt existiert, dem göttlichen Plan unterworfen ist, den der Mensch zwar nicht kennt, dem er sich jedoch zu unterwerfen hat. Durch die Prädestination wird der Mensch ständig an seine Abhängigkeit, aber auch an die Grenzen des freiheitlichen Handelns erinnert, und, wie bereits erwähnt, nur die ständige Lektüre des Korans kann ihn daran hindern, die göttlichen Gesetze und Vorschriften zu

übertreten. Die Lehre von der Prädestination schränkt demnach den Menschen in seiner Freiheit ein – daran kann keine theologische Argumentation rütteln –; sie macht andererseits die Ur-sprünglichkeit des Menschen gegenüber der göttlichen Un-bedingtheit klar. Insofern greift es zu kurz, zu unterstellen, die islamische Prädestinationslehre würde den Gläubigen zur Tatenlosigkeit oder gar zur Lethargie und zur Ergebenheit in das Schicksal verdammen. Auch im Islam wird der Mensch nach seinen Taten beurteilt – und gegebenenfalls verurteilt, sofern es ihm vorherbestimmt ist, sein Leben eher durch Untaten als durch Wohltaten zu erfüllen. Allah der Barmherzige wird, als Weltenrichter, eines Tages das entscheidende Wort sprechen, wenn der Mensch an das Ende seiner Zeit gekommen ist.
Durch die Erzählung der 17. Sure wissen wir von der Nachtfahrt Mohammeds und seinen Erlebnissen in Himmel und Hölle. Wir wissen auch, daß die Vorstellung vom Jenseits, von der anderen Welt und vom neuen Leben bereits in den Predigten des Mohammed in Mekka eine besondere Rolle gespielt haben. Und wir erinnern uns, daß der Glaube an den Jüngsten Tag neben dem Glauben an Allah einer der wichtigsten Sätze der islamischen Religion ist (Sure 2, 232). Auch hier finden sich Spuren aus dem jüdischen und dem christlichen Glauben, aber die Originalität des Islams ist in keiner Weise zu bestreiten. Zunächst unterscheidet der Koran (wiederum an diversen Stellen, die hier nicht im einzelnen nachgewiesen werden müssen) zwischen dem physischen Tod des Menschen und der endzeitlichen Katastrophe, dem eigentlichen Ende der Zeiten. Der Koran teilt mit, daß jeder Mensch sterblich ist (auch der Prophet Mohammed ist gestorben!) und daß es keinen Sinn hat, sich vor dem Todesengel zu verstecken. Dieser nimmt die Seele des Toten in Empfang und führt sie unmittelbar in den Himmel, um sie Allah zur Prüfung vorzuführen. Werden ihr die Sünden vergeben, geht sie in das Paradies ein; war das Leben allzu sündhaft, kann und wird sie den Qualen der Hölle nicht entgehen. Parallel zu dieser göttlichen Gerichtssitzung, die noch nicht das Jüngste Gericht darstellt, vollzieht sich die Anhörung des Toten im Grabe, die durch die Totenengel vorgenommen wird. Sie fragen ihn nach Allah, seinem Propheten, nach der wahren Religion, nach einzelnen Bestimmungen des Korans, nach der Gebetsrichtung und vielen anderen Einzelheiten. Wenn alle Fragen richtig beantwortet sind, können die Todesengel dem Verstorbenen Hoffnung auf das Paradies machen, und um dem Verstorbenen die Antworten zu erleichtern, werden ihm von seinen Angehörigen das Glaubensbekenntnis (Sure 1) und oft auch die 36. Sure »Ja Sin«, die Mohammed selbst »das Herz des Korans« genannt haben soll, vorgelesen.
Der Tod ist eine Reise und für den wahren Gläubigen der Anfang eines neuen Lebens im Jenseits, in dem man zwar auch Gott nicht wird sehen können (!), aber das Paradies muß herrlich sein, denn es ist ein Symbol der Freundschaft Gottes, so wie die Hölle der Ort der ewigen Pein sein wird. Vielleicht nimmt man nicht ganz ohne Überraschung zur Kenntnis, daß der Islam bei all seiner radikalen Diesseitigkeit ein ausgesprochenes Interesse für das Jenseits und das Dasein nach der Weltkatastrophe entwickelt hat; auf die apokalyptischen Visionen Mohammeds ist oft genug hingewiesen worden. Auffallend jedoch ist, daß es ein ganzes Kompendium von Aussagen des Pro-

pheten über »das Feuer und den Garten« – die Hölle und das Paradies – gibt, die im *Totenbuch des Islams* zusammengefaßt sind. Es handelt sich hierbei um die Hadithen Mohammeds, die erst einige Jahre nach seinem Tod aufgezeichnet wurden und worin er schildert, was die Seele des gläubigen Moslems erwartet, wenn sie in das Jenseits eingeht. Hier wird sehr deutlich, daß der Islam das Leben in einem menschlichen Körper nur als eine Station auf einer langen Reise der Seele ansieht, was man mit dem unschönen naturwissenschaftlichen Begriff Evolution umschreibt. Nicht weniger als 46 einzelne Kapitel enthält dieses Totenbuch und drückt damit schon rein quantitativ die Bedeutung aus, die der Prophet dem Tod und dem Danach beigemessen hat. Nach Mohammeds Lehre ist der Tod, noch einmal, der Beginn einer Reise, und für den Gläubigen verliert er dadurch seinen Schrecken. Vielmehr wird er mit Gelassenheit erwartet, vielleicht sogar manchmal mit einer gewissen Freude herbeigesehnt, da er die Reise in das Paradies eröffnet. Angesichts des Todes hat der Mensch zum letztenmal die Möglichkeit, über die Allmacht, Erhabenheit und Gerechtigkeit Allahs nachzusinnen, und dieses Wissen vermittelt ihm eine innere Ruhe, um die die Ungläubigen ihn nur beneiden können. Wer stets ein gottgefälliges Leben geführt, sich also im Sinne des Korans verhalten hat, dem geht angesichts des Todes jede Furcht ab, denn er weiß sich in Gott sicher. Im *Divan* des Scheichs Mohammed ibn al-Habib gibt es ein schönes Dokument, das sich als »Ratschlag für den Tod« versteht und das diese Zuversicht zum Ausdruck bringt:
»Bereite dich vor auf den Tod, du mein Bruder; denn er wird auf dich herabkommen. Und krame nicht deine Hoffnungen hervor, wenn dein Herz dich rauh behandelt.
Fahre beharrlich fort mit der Übung der Besinnung, welche dich bewußt macht und dich dazu bewegt, gute Taten zu tun, denn das Leben wird vergehen.
Bedenke immer wieder die Zustände der Letzten Stunde, die Auferstehung der Leiber, die Versammlung der Menschheit und die Waage, welche errichtet werden wird.
Und dann ist da die Brücke, auf der man Hindernisse aufgestellt hat, die das Überschreiten schwierig machen für die Ungehorsamen. Während alle, die gehorsam und aufrecht gegenüber Allah waren, wie ein Blitz hinüberfahren oder wie ein Windstoß, um ihre Reise fortzusetzen.
Und wenn du wünschest, daß dir am Tage der Versammlung ein Trank gereicht werde aus der Quelle des Gartens, dann mußt du den Propheten lieben wie seine Gefolgschaft.
Und segne den Führer, der Fürsprache einlegt für die Menschheit. Denn er ist es, der für uns alle bitten wird, wenn der Schrecken die Schöpfung erfaßt.
Möge der Segen Gottes in jedem Lande mit ihm sein; mit seiner Familie wie seinen Gefährten und jenen, welche ihn lieben.
Ich bitte Allah, den Herrn, um die Gabe der Glückseligkeit und ein Siegel tugendhafter Güte für mich und jene, die sich der Wahrheit nähern.«
Die Sehnsucht nach dem, was nach dem Tod kommt, ist hier wie so oft in der Geschichte der Religionen die Sehnsucht nach dem Paradies, dem ewig grünen Garten, und nach einer Herrlichkeit, die Mohammed seit seiner Flucht

aus Mekka seinen Gläubigen versprochen hat. Für alles, was der Mensch auf Erden erduldet und erlitten hat, soll er im Paradies reichlich belohnt werden, wobei er sich der besonderen Belohnung dann gewiß sein darf, wenn er nicht vom rechten Glauben abgewichen ist und den Tag des Gerichts mit der Gelassenheit dessen erwarten kann, der sich keines schuldhaften Verhaltens oder Handelns bewußt ist. Daß der Koran in der Schilderung von Hölle und Paradies ungleich sinnlicher ist als die Bibel, wird angesichts des kärglichen Erdendaseins eines Wüstenvolkes kaum verwundern. Vielleicht hat Mohammed in den Hadithen über »das Feuer und den Garten« seine Beschreibungen auch deshalb so prächtig ausgelegt, um den ethischen Abstand zwischen Christentum und Islam zu verdeutlichen.

In seiner geschichtsphilosophischen Meditation *Über das Ende der Zeit* hat der Philosoph Josef Pieper die Frage aufgeworfen, ob es denn überhaupt sinnvoll sei, die Apokalypse zu thematisieren. Immerhin sei es ja alles andere als ein erfreulicher Gedanke, sich das Leben des Menschen wie des Weltganzen im Angesicht der totalen Katastrophe zu denken. In seinem Versuch einer Antwort hat Pieper dann allerdings darauf hingewiesen, daß das Nachdenken über die Gegenwart immer auch die Zukunft einschließt und daß aus christlicher Sicht der Mensch auch dazu berufen ist, das Ende der Zeit zu überleben. Schließlich ginge es in der Einschätzung der Problematik nicht um ein pessimistisches contra ein optimistisches Lebens- und Weltgefühl; vielmehr um ein richtiges Verständnis der geschichtlichen Existenz des Menschen und der Welt insgesamt.

Die islamische Religion ist von derartigen rhetorischen Fragen völlig frei, da es aus ihrer Sicht keinerlei Anlaß gibt, die Apokalypse in das Reich der Spekulation zu verbannen. Sie ist real, da sich die Anzeichen vom kommenden Weltende dem geschichtlichen Menschen hier und jetzt mitteilen. Indem sich der Islam als die letzte Chance des Menschen begreift, den von Gott vorgezeichneten Weg einzuschlagen, versucht er wohl noch einmal eine Hoffnung zu begründen; zugleich jedoch ist er erfüllt von dem Vorgefühl der endzeitlichen Katastrophe. So gesehen, bekommt die Sehnsucht nach dem Paradies einen ganz anderen Charakter als im Christentum: Sie ist Ausdruck eines Bedürfnisses nach Flucht, nach Überstehenkönnen wie auch nach Überwindung der Apokalypse. Anders gesagt: Der Islam ist zwar auch eine Religion der Hoffnung, aber zunächst ist er die Religion im Angesicht der letzten Tage der Menschheit.

Mit einer beinahe beängstigenden Faszination spricht der Koran an vielen Stellen von der endzeitlichen Katastrophe, die zwar nicht datierbar, aber unausweichlich ist. Eine große kosmische Katastrophe leitet das Ende der Zeit und den Tag des Jüngsten Gerichts ein. Die Erde wird beben, der Himmel zerreißen, die Sonne faltet sich zusammen, der Mond spaltet sich, die Berge werden sich rühren, die Meere überlaufen, die Sterne erlöschen und vom Himmel fallen, die Tiere werden sich angstvoll versammeln, und die Menschen werden vor Angst vergehen. Sie werden ihre Tiere verlassen und ihren Behausungen fliehen, sie werden ihre Säuglinge vernachlässigen und trunken sein vor Entsetzen, denn »Allahs Strafe ist streng« (Sure 2, 2). Was in der Offenbarung des Johannes (6, 12–17) in wenigen Sätzen angedeutet ist, beschreibt der Koran in immer neuen Bildern und einer dramatischen Sprache, die dem Ernst des Themas mehr als nur einfach angemessen ist. Unwillkürlich fragt sich der Leser nach dem beklemmenden Lebensgefühl, das ihn angesichts solcher Visionen von den letzten Tagen befallen muß. Hätte man es nicht mit einer Religion zu tun, die diese Schreckensbilder entwürfe, so müßte man in der Tat völlig verzweifeln und sich zur Absurdität der menschlichen Existenz bekennen.

Die kosmische Katastrophe leitet den Jüngsten Tag und den Tag des göttlichen Gerichts ein. In dem Augenblick nämlich, in dem die Erde zu zerbersten droht, öffnet sich der Himmel, und der Mensch wird, wenn sich sein Blick über die geöffneten und umgestülpten Gräber erhebt, die Tore des Paradieses erkennen. Wenn er demgegenüber die Erde betrachtet, so wird er zugleich die Hölle sehen, aus der siedende Feuer emporschlagen. Dann wird er wissen, ob es richtig gewesen ist, sich der Lehre Mohammeds anzuschließen oder nicht. Der Koran und die Hadithen halten verschiedene Informationen bereit, was dann geschehen wird. Demnach wird ein Posaunenstoß den Gerichtstag Gottes ankündigen, der aus einem großen Schuldbuch die Taten und Untaten der Menschen ablesen und entsprechend beurteilen wird. Eine andere Stelle des Korans spricht von einer Waage, auf der die Menschen gewogen werden. Und noch eine weitere Stelle beschreibt eine Brücke, die zur Hölle führt und die schärfer als ein Schwert und dünner als ein Haar ist, von der die Ungläubigen herunterfallen, über die hingegen die Gläubigen unversehrt ins Paradies eingehen werden. Wir dürfen davon ausgehen, daß Allah am Tag des Jüngsten Gerichts uneingeschränkt herrschen, urteilen und richten wird. Er wird sich nicht an Stand und Herkunft der Menschen orientieren, sondern ausschließlich an ihren Taten und Untaten und daran, ob sie in ihrem Leben dem rechten oder dem falschen Glauben gefolgt sind. Alle Menschen, aber auch die Toten, müssen vor ihm erscheinen und seinen Urteilsspruch als das letzte Wort Gottes anerkennen, nicht nur die Moslems, sondern auch die Juden, die Christen, die Polytheisten und die Heiden, und Allah wird auch über ihr weiteres Schicksal befinden. Angesichts der göttlichen Güte und Gerechtigkeit besteht allein für die Gläubigen keinerlei Veranlassung, dem Tag des Gerichts mit Unbehagen entgegenzusehen. Sie wissen, daß sie sich stets auf dem richtigen Weg befunden haben, und freuen sich auf das Paradies, in dem Allah über die Gerechten und Rechtgläubigen herrscht, während die Frevler, Abtrünnigen und Ungläubigen die Qualen in der *Gehenna*, der Hölle, zu erleiden haben.

Nichts wäre falscher, als sich die islamische Vorstellung vom Jüngsten Gericht als ein beunruhigendes Phänomen vorzustellen, dem der Mensch mit Zittern und Angst entgegenlebt. Wer sich mit Mohammeds Vermittlung in seinem Glauben und seinen menschlich-alltäglichen Handlungen auf den Weg zu Allah gemacht hat, der darf von einer Sicherheit erfüllt sein, welche auch die anderen Weltreligionen bereithalten, mit dem entscheidenden Unterschied allerdings, daß der Islam dem barmherzigen Gott auch Milde gegenüber den Frevlern zutraut, es aber auch zu der Unerforschlichkeit des göttlichen Ratschlusses gehört, wenn einige (vielleicht sogar viele) Menschen für immer in der Hölle verschwinden.

Der Religionswissenschaftler Walter Beltz hat darauf hingewiesen, daß zwischen den zeitlichen Strafgerichten, in denen Allah ganze Völker wegen ihres Unglaubens untergehen lasse, und dem Endgericht, dem sich die Lebenden wie die Toten noch einmal zu stellen haben, kein Widerspruch besteht – was die Polytheisten beispielsweise nur zu gern Mohammed entgegengehalten haben. Die Sache mit dem Jüngsten Gericht und der Idee der Auferstehung sowie der Eingang in das Paradies schien ihnen so unglaublich, daß sie den Propheten der Lüge und des Betrugs bezichtigten und dies mit angeblich widersprüchlichen Äußerungen des Propheten zu unterstreichen versuchten. Mohammed war sich in diesem Zusammenhang keiner Falschmeldung bewußt, womit er zweifellos recht hatte. Er gab stets unverblümt zu, daß er nicht wisse, wann das Jüngste Gericht tage und wann der Tag der Auferstehung kommen werde; das sei allein Allahs Entscheidung, über die ein Mensch kein besonderes Wissen beanspruchen dürfe. Daß der Jüngste Tag jedoch kommen werde, darüber könne es überhaupt keinen Zweifel geben, und dieser stünde auch keineswegs im Widerspruch zu den Gerichtstagen, die sich in der historischen Zeit ausmachen lassen und deren eines Kennzeichen eben der Untergang ganzer Völker und Nationen sei oder die Spaltung – und damit verbunden die Unwirksamkeit – von Religionen. »Die Vorstellungen von den zeitlichen Strafgerichten«, schreibt Beltz, »und dem Endgericht liegen mythologisch auf zwei verschiedenen Ebenen. Die Szenen von den Strafgerichten gehören zu der Rolle Allahs als Herrn der Zeit, der Welt, der Menschheit schlechthin. Das Bild von dem Endgericht gehört zur Rolle Allahs als Herrn der erlösten und erretteten Gemeinde der Gläubigen in der Zeit, in der Nach-Zeit, der Ewigkeit im Paradiese.«
Obgleich es Mohammed stets als eine unerlaubte Neugier der Polytheisten empfunden hat, sich die Hölle und das Paradies – »das Feuer und den Garten« – detailliert vorzustellen, ist er im Koran wie in den Hadithen doch nicht umhingekommen, einige diesbezügliche Aussagen zu machen, obwohl sich der Prophet selbst im klaren darüber gewesen ist, inwiefern seine Vorstellungen stichhaltig sein könnten. Dennoch gehört es zum Kennzeichen einer geoffenbarten Religion, daß Allah seinem Propheten auch Mitteilungen über die Apokalypse und das Danach macht, nicht zuletzt wohl auch deshalb, weil der Prophet dadurch ein Instrument in der Hand hat, mit dessen Hilfe er einmal mehr für den wahren Glauben streiten kann. In gewisser Hinsicht hat ihm die Neugier der Polytheisten auch recht gegeben: Zwar konnte und wollte er ihre Frage, wann das Jüngste Gericht tage, nicht beantworten, aber unabhängig davon machte er schon einige einigermaßen drastische Aussagen, was dann kommen werde – und worauf man sich gefaßt zu machen habe, wenn man ihm, dem Propheten, nicht glaube. Publizistisch gesehen, sind die Ausschmükkungen von Paradies und Hölle also Hilfsmittel zur Verbreitung des Glaubens, und je plastischer der Prophet die Situation des Menschen nach dem Jüngsten Gericht schilderte, desto wirksamer konnte seine Prophetie sein.
Mit Juden und Christen teilt Mohammed die Auffassung, daß die Hölle der letzte Aufenthaltsort der Ungläubigen und Bösewichter ist, ja man darf davon ausgehen, daß Mohammed gerade in diesem Bereich die alttestamentlichen Überlieferungen gut vertraut waren, so daß er sich auf diese stützen konnte.

Im Gegensatz zum Jüngsten Gericht, das nur eine kurze Zeit dauert, ist der Aufenthalt in der Hölle ewig und unabänderlich. Die Verdammten – gleichgültig, ob es sich um Ungläubige, Abtrünnige, Teufel, Satane oder auch Kaufleute handelt, die in ihrem irdischen Dasein dem Mammon frönten und sich nicht um Allah kümmerten (was eine Besonderheit des Korans ist, da es sich um eine sozialkritische Komponente handelt, die aus Mohammeds Kritik an den reichen Quraischiten in Mekka entstanden sein mag) – müssen sich einem schauerlichen Schicksal ergeben. Unter der Fuchtel des Höllenvogtes Malik haben sie die unwahrscheinlichsten Plagen zu ertragen, und man weiß nicht, was das geringere der Übel ist: Heißes Wasser bringt ihre Eingeweide zum Schmelzen, sie müssen von einem Qualenbaum essen, der sie nicht satt macht, und Wasser trinken, das ihren Durst nicht stillt; sie können weder leben noch sterben und müssen so ewig existieren, wie die Glücklichen im Paradies leben. Im Hinblick auf die Praxis der islamischen Religion ist wichtig, daß die Hölle sieben Tore hat, die zu sieben verschiedenen Höllenquartieren führen. In das eine kommen die Frevler und Gesetzesbrecher, in das zweite die Hurer; die übrigen werden von Betrügern, Ehebrechern, Mördern, Abtrünnigen und Sodomiten bevölkert.

So scheußlich die Hölle, so schön ist das Paradies, diese ewige Sehnsucht des Menschen. Wir hätten es nicht mit einer Religion zu tun, die aus dem Kulturkreis der arabischen Welt stammt, um zu begreifen, daß sich der Koran mit geradezu liebevoller Detailgenauigkeit um die Schilderung der Wonnen des Paradieses bemüht. So läßt Allah seinen Propheten zunächst mitteilen, daß das Paradies in vier Gärten aufgeteilt ist, durch die die vier (auch aus der Bibel bekannten) Paradiesflüsse rauschen. Wer das Glück hat, in das Paradies einzugehen, wird von Gottes Engeln willkommen geheißen, mit Blumen und Gold geschmückt: »Siehe, die Gottesfürchtigen kommen in Gärten und Wonne, genießend, was ihr Herr ihnen gegeben hat. Und befreit hat sie ihr Herr von der Strafe des Höllenpfuhls. ›Esset und trinket und wohl bekomm's für euer Tun!‹ Gelehnt auf Polstern in Reihen; und wir vermählen sie mit großäugigen Huris *(das sind wunderschöne Mädchen, die von Allah eigens geschaffen wurden, um die Glücklichen zu erfreuen)*. Und diejenigen, welche glauben und deren Sprößlinge ihnen im Glauben folgen, die wollen wir mit ihren Sprößlingen vereinigen, und um nichts von ihren Werken wollen wir sie betrügen.« (Sure 52, 17–21) Die Gesichter der Menschen werden leuchten und von nie gekanntem Glück erfüllt sein; die Menschen werden im Angesicht Gottes leben – aber Gott wird wie stets hinter einem Vorhang verborgen bleiben; auch im Paradies bleibt er ohne Bild, also unsichtbar.

Es scheint müßig, über die Relevanz der koranischen Bilder vom Paradies zu disputieren, und es bleibt der vergleichenden Religionswissenschaft überlassen, die Übereinstimmungen und Unterschiede der christlich-jüdischen und der islamischen Paradiesvorstellung herauszuarbeiten. Entscheidend ist, und dafür gibt es im Koran viele Belege, daß der Eintritt ins Paradies wohl ein Akt der göttlichen Gerechtigkeit ist, aber durch das menschliche Tun, die menschliche Handlung erstrebt werden muß. Die Formel »... für euer Tun« taucht an so vielen Stellen auf, daß kein Zweifel darüber aufkommen kann, daß der Mensch auch im Rahmen einer Prädestinationslehre einen Beitrag –

und zwar einen entscheidenden – dafür leisten kann, ob er in das Paradies oder in die *Gehenna* eingeht. Das Paradies ist der Lohn für die Tätigkeit des Menschen im Diesseits, und daß es sich lohnt, in diesem Sinne tätig zu werden, kann schon deshalb nicht in Abrede gestellt werden, weil das diesseitige Leben zeitlich begrenzt, das Leben im Paradies – oder eben in der Hölle – ewig sein wird. Mehr noch: In der aus der ältesten mekkanischen Zeit stammenden sogenannten Trostsure (Sure 93, 4) wird ausdrücklich versichert: »Und wahrlich, das Jenseits ist besser für dich als das Diesseits.« Damit kommt eine Vorläufigkeit des irdischen Daseins zum Ausdruck, die man vielleicht nicht ganz zu Unrecht mit dem Paulus-Wort vergleichen kann: »Ich habe Lust abzuscheiden und bei Christus zu sein.« Hier deutet sich eine eigenartige Ambivalenz an, die für den Islam typisch zu sein scheint. Einerseits ist er durch die für eine Religion geradezu verblüffende Diesseitigkeit gekennzeichnet; zum anderen legt er das größere Gewicht auf das »andere Leben«. Der möglicherweise darin enthaltene Widerspruch löst sich erst dann auf, wenn man bereit ist, das irdische Leben ganz in den Dienst des jenseitigen zu stellen, sich dabei aber nicht in die Meditation zurückzieht, sondern jene *vita activa religiosa* lebt, die in einem ganz anderen Begründungszusammenhang das Leben der Juden kennzeichnet. Hier taucht noch einmal der koranische Gedanke von der göttlichen Allmacht auf, indem deutlich wird, daß der Mensch in seiner Unvollkommenheit und seinem Taumeln zwischen Gut und Böse sich ausschließlich an dem Vorbild Allah orientieren kann, um sein Leben recht zu gestalten, und das heißt: um das Richtige zu tun. Wenn es dem Menschen gelungen sein sollte, sich an die Richtlinien des Korans zu halten (und, so müssen wir noch einmal hinzufügen, wenn es die Vorsehung nicht anders will), dann wird sein Leben zum Vor-Leben, dem sich das eigentliche, ewige Leben anschließt. So gesehen, verlieren der Jüngste Tag und das göttliche Gericht ihren Schrecken und stiften ein Gefühl der Ruhe und der Gelassenheit, das beinahe schon ein Vor-Gefühl auf die paradiesische Glückseligkeit ist. Der Mensch also, der angesichts der Apokalypse lebt, ist keineswegs ein ängstlicher, der sich mehr und mehr von der Absurdität des menschlichen Daseins überzeugen läßt, sondern einer, der mit lächelndem Gleichmut seine Stunde erwartet, jedoch nicht mit im Schoß gefalteten Händen, sondern aktiv, praktisch und also diesseitsorientiert.

Im Vergleich zum Christentum und Judentum stellt sich hier ein geradezu ungeheuerlicher Gedanke ein: Der moslemische Gläubige braucht keinen Messias, keinen Erlöser, denn er erlöst sich durch seine Taten selbst. Gibt es einen größeren Ausdruck für den Stolz des Islams als den, den seine Anthropologie bereithält? Indem sich Mohammed von »allen gnostischen und neuplatonischen Vorstellungen einer Zweipoligkeit des Menschen« gelöst hat und zu einer jüdisch-alttestamentlichen Sicht des Menschen als ganzheitlichem Wesen zurückkehrt, meint Walter Beltz, gebe es für ihn zwischen Weltlichem und Geistlichem, etwa zwischen Staat und Kirche, »so wenig einen Gegensatz wie zwischen Leib und Seele, einem irdischen und einem himmlischen Dasein«. So darf es auch nicht verwundern, wenn der Islam die christliche Differenzierung zwischen Diesseits und Jenseits ebenso kritisiert, wie er die geradezu spartanische Ausstattung des christlichen Paradieses mit einer beinahe beleidigten Geste verwirft: Er bekennt sich lebhaft zur Sinnenfreude des Lebens, und deshalb gibt es auch keine Hemmungen, die Vergnügen des Paradieses zu schildern, wozu – für das Christentum undenkbar – auch die menschliche Sexualität gehört (man denke an die Huris in der 52. Sure). So kann es auch nicht verwundern, wenn der Islam keine Passionsgeschichte kennt und das Symbol vom leidenden Gott nicht begreift. Die Religion des Islams hat vielmehr die Tragik als Grundstimmung des menschlichen Seins aufgehoben, indem sie einen radikalen Humanismus und die völlige Transzendierung Allahs ins Wort gebracht hat. Dadurch unterscheidet sie sich, neben vielen Einzelaspekten, von allen anderen Religionen des Orients wie auch der Antike, daß sie die Tragik überwindet und die Bedingungen des menschlichen Glücks nennt, die im Diesseits wie im Jenseits gleichermaßen gelten und aufeinander bezogen sind wie zwei Seiten einer Münze. Man wäre beinahe versucht, den Islam eine »fröhliche Religion« zu nennen, hätte eine derartige Definition nicht in jedem Fall einen unseriösen Beigeschmack. Entscheidend bleibt bei alledem dies: Die islamische Religion, in der die Apokalypse eine zentrale Bedeutung erhält, ist alles andere als eine Religion der Weltuntergangsstimmung.

Nach all dem bisher Gesagten ist es nicht weit bis zu der Einsicht, daß der eigentliche Schwerpunkt des Islams weniger seine Glaubenslehre als vielmehr seine diesseitige Frömmigkeit ist. Sie ist die pragmatische Seite des Glaubens und hat dem Islam den Charakter einer Gesetzesreligion gegeben. Deshalb ist es angebracht, den Begriff der islamischen Frömmigkeit so weit wie möglich zu fassen, da es zum Wesen des Religionsverständnisses gehört, daß sämtliche Bereiche des menschlichen Lebens durch das Gesetz Allahs geregelt beziehungsweise (vorher)bestimmt sind. Darüber hinaus ist, religionsgeschichtlich gesehen, die islamische Frömmigkeit das Ende des Widerstandes gegen Gott, da mit der Anerkenntnis des einen Gottes alle anderen, früheren Gottesvorstellungen und also auch religiösen Vorstellungen hinfällig werden. In dem Augenblick, in dem man sich auf den rechten Weg zu dem rechten Gott begibt, hat man dort wieder Tritt gefaßt, wo vorislamische Religionen versagt und ein falsches Bild von Gott und Religion vermittelt haben. Auf eine einfache Formel gebracht, heißt das, daß der Islam als die wahre Religion die wahre (richtige) Frömmigkeit stiftet, welche den wahren Weg zu Allah zeigt. Alle früheren Versuche, zu Gott zu gelangen, werden damit hinfällig. Zugleich enthält dieser Gesichtspunkt jedoch auch ein Element der Tradition, genauer des Konservatismus, insofern als eine wie auch immer geartete Reform der islamischen Frömmigkeit sich ebenso verbietet wie eine Neuinterpretation koranischer Texte. Der heutige Moslem ist, so gesehen, auf genau die gleiche Weise fromm wie sein Glaubensgenosse vor 1 300 Jahren. Alle Formen des soziokulturellen Wandels sind spurlos an der islamischen Frömmigkeit vorbeigegangen. Dies scheint um so verwunderlicher, als der Islam in seiner Eigenschaft als Gesetzesreligion sehr strenge Vorschriften entwickelt hat, die in vieler Hinsicht mit denen des jüdischen *Mitzwoth* vergleichbar sind, in mancher Beziehung wohl auch von diesem abgeleitet wurden. Jedoch ist allein ein durch die europäische Aufklärungsphilosophie gegangenes Denken fähig, Kritik an der Starre der islamischen Gesetze zu üben, weil es nur zu

gern übersieht, daß diese Gesetze Ausdruck der Weisheit und Barmherzigkeit Allahs sind und keineswegs restriktive Gebote oder gar Fallstricke, mit denen Allah den Menschen »hereinlegen« möchte.
Wie viele Religionen, so ist auch der Islam unter anderem dadurch gekennzeichnet, daß er eine Morallehre aufgestellt hat, die die menschlichen Handlungen in gute und böse Taten unterscheidet. Gott allein ist nur weise und gut; da der Mensch nicht sein Ebenbild ist, kann er sowohl gut als auch böse sein; ein gutes Leben führt er jedoch nur dann, wenn er sich an die Gesetze des guten Gottes hält. Gott ist also das oberste moralische Vor-Bild, und seine Gesetze sind Richtlinien für das richtige Verhalten des Menschen im Dasein, und daher sind sie, noch einmal, alles andere als repressive Verhaltensanweisungen. Gemäß der koranischen Anthropologie ist der Mensch nicht schlechthin gut, sondern er kann vielmehr gut werden, wenn er sich an die göttlichen Gesetze, die von Weisheit und Barmherzigkeit gekennzeichnet sind, hält. Es ist demnach keineswegs zu hoch gegriffen, wenn man von einer koranischen Ethik spricht, die in die Religion eingebettet ist und die zunächst nichts anderes ist als deren praktische Seite. Durch die anthropologische Überwindung der Vorstellung von der Dualität der menschlichen Existenz wird ein Menschenbild geschaffen, das sich stets von der Gegenwart Gottes umhüllt weiß. Insofern kann es auch keine Trennung in religiöses und nichtreligiöses (etwa politisches) Leben geben. Die Allgegenwart Gottes widerspräche dieser Differenzierung auf das entschiedenste, und da der islamische Mensch dies weiß, richtet er sich, wenn er ein wirklicher Gläubiger ist, während seines ganzen Lebens nach den ethischen Gesetzen und Weisungen, ebenso um der Hölle zu entgehen, wie der göttlichen Gnade teilhaftig zu werden.
Bereits in der 2. Sure des Korans (Vers 172) hat Mohammed deutlich ausgesprochen, daß die islamische Frömmigkeit sich nicht in der Anbetung Allahs allein erschließt, auch nicht in einer *vita contemplativa.* Vielmehr definiert er sie als ethisches Verhalten und gibt sogleich eine Reihe von Verhaltensregeln an, die in den sogenannten *Fünf Grundpfeilern des Islam* wieder auftauchen werden: »Nicht besteht die Frömmigkeit darin, daß ihr eure Angesichter gen Westen oder Osten kehret; vielmehr ist fromm, wer da glaubt an Allah und den Jüngsten Tag und die Engel und die Schrift und die Propheten, und wer sein Geld aus Liebe zu Ihm ausgibt für seine Angehörigen und die Waisen und die Armen und den Sohn des Weges *(das heißt den Wanderer)* und die Bettler und die Gefangenen; und wer das Gebet verrichtet und die Armensteuer zahlt; und die, welche ihre Verpflichtungen halten, wenn sie sich verpflichtet haben, und standhaft sind in Unglück, Not und Drangsalzeit; sie sind's, die da lauter sind, und sie, sie sind die Gottesfürchtigen.« Aus einer solchen Textstelle geht unmittelbar hervor, was im Islam jene radikale Diesseitigkeit bedeutet: Es ist nicht das Ende der Metaphysik, sondern im Gegenteil das Hereinnehmen metaphysischer Positionen in das Alltagsleben, das Wissen um die Allgegenwart und Unmittelbarkeit Allahs (auch hier stellt sich sofort eine Parallele zum Judentum her).
Nirgendwo wird die spezifische islamische Frömmigkeit deutlicher als in den moslemischen Sakralbauten, den Moscheen. So unterschiedlich die Stilrichtungen sein mögen, die sich in der langen und auch sehr verschiedene Kultur-

bereiche berührenden Geschichte der islamischen Sakralbaukunst nachweisen lassen, so sind doch alle Moscheen durch ein bestimmtes Moment gekennzeichnet: Sie fordern auf zum Gebet und verzichten auf jede Art der sakralen Gerätschaft, auf Bilder und jenes pompöses Gepräge, das so viele andere Religionen kennzeichnet. Der Moslem in der Moschee bedarf keines Vermittlers, keiner Anschaulichkeit, keiner komplizierten Symbolik und keiner ausgeklügelten heiligen Handlung. Die Erhabenheit Gottes teilt sich ihm in den heiligen Räumen auf eine völlig andere Weise mit – durch jene Schlichtheit und Unaufdringlichkeit, die sich nur in der absoluten Glaubensgewißheit mitteilt. Noch die größte Moschee, ob es sich nun um die Große Moschee in Cordoba oder um die in Damaskus oder Isfahan handelt, ist alles andere als der architektonische Ausdruck einer göttlichen Erhabenheit, die den Menschen klein und unscheinbar macht, sondern vielmehr sehr häufig ein grandioses Symbol für diese Erhabenheit, die sich auch auf den frommen Menschen überträgt. Vor allem jedoch sind die moslemischen Gotteshäuser in ihrer ausgewogenen Komponiertheit stets Ausdruck einer Ruhe, die sich gerade deshalb mitteilt, weil auf äußerliche Reize, die den Menschen nur ablenken würden, verzichtet wird.

So paradox es klingt: Die islamische Frömmigkeit erst macht den Menschen frei, weil sie ihm die reale Chance gibt, den rechten, einzig menschenwürdigen Weg einzuschlagen. Mohammed Ikbal hat einmal ein Gedicht geschrieben, welches das Leben des Moslems beschreibt, und darin davon gesprochen, daß der Gläubige sein Herz »mit Allahs Arzenei« tränkt, damit er das zu sehen lernt, wofür er ohne die Hilfe Allahs blind wäre: »Was du auch tust, so habe stets im Sinn, / daß es zu Allah näher führt dich hin.«

Der Weg des Menschen zu Gott ist der Weg des Menschen vor Gott, insofern Gott der Gesetzgeber und das Vor-Bild ist. Da er allein den wahren Sinn des Urbuches kennt, sind die Menschen aufgefordert, sich dem göttlichen Gesetz und am Ende auch dem göttlichen Urteil zu ergeben. Auf jeden Fall ist es ihnen untersagt, mit Gott zu handeln oder sogar mit ihm zu rechten, was insbesondere jenen Menschen hart treffen mag, der durch die Prädestination vom rechten Weg abgelenkt wird und keine Chance erhält, sich in seinem Erdendasein die Voraussetzungen für den Eingang ins Paradies zu erkämpfen. Unter dieser Bedingung ist es nicht mehr verwunderlich, wenn sich das islamische Denken nicht ausschließlich auf religiöse Fragen konzentriert, sondern auch auf rechtliche, welche dem Glauben erst die feste ethische Grundlage vermitteln. Der Gesetzescharakter der islamischen Religion zeigt sich, neben den einzelnen ethischen und moralischen Bestimmungen, deutlich auch darin, daß der Islam lange Zeit keinen Unterschied zwischen Recht und Religion gemacht hat, was sich bis in die Sprache hinein verfolgen läßt: Das arabische Wort für Gesetz, *fiqh*, heißt zunächst soviel wie Einsicht und bezieht sich sowohl auf das Studium des Rechts wie auch der Religion. Die Einsicht in das Gesetz vermittelt die Einsicht in die Religion, und umgekehrt stiftet die Religion die moralische Grundlage für das Akzeptieren eines Gesetzes, das das Leben und Handeln des Menschen zwar bis ins einzelne vorprogrammiert, ihn damit aber keineswegs seiner Freiheit beraubt, sondern umgekehrt erst frei macht, weil er sich auf diese Weise vor Gott bewährt. Die Bedeutung des islamischen Gesetzes zeigt sich unter anderem auch darin, daß in den ersten vier Jahrhunderten nach dem Tod des Propheten die moslemischen Gelehrten vornehmlich damit beschäftigt waren, die Hadithen Mohammeds zu sammeln, zu ordnen und in *fiqh*-Büchern zu kanonisieren. Vielleicht kennzeichnet nichts so sehr die Eigentümlichkeit des Islams, daß er sich mehr für das menschliche Tun als für den Glauben interessiert, als die Tatsache, daß sich im Laufe der Geschichte verschiedene Rechtsschulen mit insgesamt vier Hauptrichtungen hervorgetan haben. Wo Vertreter anderer Religionen um die Interpretation von Glaubenssätzen stritten, da stritt man im Islam allenfalls um die Prinzipien des Rechts.

Eine Religion, deren ethische Konzeption den Anspruch hat, sämtliche Bereiche des menschlichen Lebens zu regeln, kann sich nicht mit ein paar allgemeinen Vorschriften begnügen, und so ist es nicht verwunderlich, wenn die *fiqh*-Bücher umfangreiche Kompendien mit detaillierten Angaben sind, die man in der Tradition des Islams fortgeschrieben hat, so daß man sie allenfalls mit den jüdischen Gesetzen vergleichen kann, die – wie die islamischen Vorschriften auch – aus den alttestamentarischen Zehn Geboten (Buch Exodus) hervorgegangen sind und sich lawinenhaft fortentwickelt haben. Im Mittelpunkt der Gesetze stehen, wie nicht anders zu erwarten, jene Festlegungen, die die Beziehungen des Menschen zu Allah regeln; sie bilden die Grundlagen des religiösen Verhaltens oder der Frömmigkeit und gelten als die *Fünf Grundpfeiler* oder *Säulen des Islam.*

An erster Stelle steht das Glaubensbekenntnis: »Es gibt keinen Gott außer Allah, und Mohammed ist sein Prophet.« Dieses *shahada* ist das Grundprinzip der islamischen Religion. Es ruft dem Gläubigen, der es wenigstens fünfmal am Tag auszusprechen hat, die Einzigartigkeit der geoffenbarten Religion in Erinnerung. Zusammen mit einigen Hinweisen aus dem Koran wird er sich zugleich der Möglichkeiten bewußt, ein gläubiges Leben zu führen (Sure 32, 26; 32, 27). Das Glaubensbekenntnis *shahada* hat also Aufforderungscharakter, indem es dem Gläubigen das Schicksal der Ungläubigen in Erinnerung ruft und den Abfall vom Glauben als schwerste Sünde betrachtet. Zugleich dokumentiert der Gläubige sich und Allah gegenüber, daß er noch dem wahren Glauben anhängt. Es bestätigt also ein Beziehungssystem: Der Mensch ruft sich seine Treue zu Allah ins Gedächtnis.

Die zweite Säule ist das rituelle Gebet, der *salat.* Hierbei handelt es sich um ein Pflichtgebet, das fünfmal am Tag zu verrichten ist, wobei sich der Gläubige an sehr genaue Vorschriften zu halten hat. Beim *salat* handelt es sich um ein rituelles Gebet, zu dem der Muezzin aufruft, das sowohl in der Moschee als auch an jedem anderen Ort der Welt gebetet werden kann. Allein die Richtung, die der Betende einnimmt, ist wichtig. Sie deutet nach Mekka und ist in jeder Moschee durch die Gebetsnische gekennzeichnet. Obwohl es neben diesem rituellen auch noch ein privates Gebet *(du'a)* gibt, ist die Bedeutung des *salat* für die Frömmigkeit unübersehbar. Sie dokumentiert sich unter anderem darin, daß die Hadithen berichten, Mohammed selbst habe präzise Vorschriften hinterlassen, wie die Pflichtgebete zu beten seien. Andererseits hat der bedeutende arabische Gelehrte Ibn Abi Zayd al-Qayrawani, der im 10. Jahrhundert in Spanien und Nordafrika gelebt hat, umfangreiche Gebetsvorschriften ausgearbeitet, die ein intensives Studium verlangen, um allen Prinzipien einigermaßen gerecht zu werden. Hierher gehört auch die rituelle Reinheit, auf die der Islam ebenso großen Wert legt wie das Judentum: Sie beginnt mit Vorschriften über das Wasser, über die Gefäße, schreibt die Reinigungen und Waschungen vor und nennt Gründe, wann solche Waschungen ungültig sind; sie macht detaillierte Angaben über die »große Reinigung« und schreibt den Genuß von Speisen und Getränken ebenso vor wie die Art, nach der Tiere geschlachtet werden dürfen (hierbei sind die Parallelen zum Judentum ganz unübersehbar). Auch die Totenbräuche, Waschung und Beerdigung der Leichen sowie die Totengebete, werden bis ins einzelne vorgeschrieben, um dem Gebot der rituellen Reinheit entsprechen zu können.

Die dritte Säule des Islams bezieht sich auf das Fasten im Monat Ramadan. Schon in der 2. Sure des Korans (Vers 183 ff) wird das Fasten als religiöse Vorschrift definiert. Danach ist jedem gesunden, erwachsenen Moslem das Fasten als Pflicht aufgetragen. Zwischen Sonnenaufgang und Sonnenuntergang darf der Gläubige nichts zu sich nehmen; auch das Rauchen und die geschlechtliche Betätigung sind ihm untersagt. Erst nach Sonnenuntergang sind alle normalen Tätigkeiten wieder erlaubt. Das Ende der Fastenzeit wird mit einem dreitägigen großen Fest gefeiert. Aus religiöser Sicht ist weniger der Umstand des Fastens von Wichtigkeit als vielmehr seine rituelle Bedeutung. Zunächst bedeutet das Fasten eine Art der Buße, mit der sich die Menschen für die Offenbarung Gottes dankbar erweisen sollen. Sodann soll es das moralische Empfinden der Gläubigen stärken, indem es auf die Vorläufigkeit des diesseitigen Daseins aufmerksam macht und daran erinnert, daß die größere Lebensfreude sich erst im Paradies einstellen wird. Schließlich besteht die Funktion des Fastens auch darin, die Solidarität der islamischen Gemeinschaft zu stärken, so daß man fast versucht ist, im Fasten eine soziale Komponente zu erkennen. Immerhin wird der Fastenmonat Ramadan bis auf den heutigen Tag dazu verwendet, den Armen zu spenden und Amnestien zu erlassen, um auch auf diese Weise sich der göttlichen Gnade würdig zu zeigen.

Der soziale Charakter der islamischen Frömmigkeit wird bei der vierten Säule, der Armen- oder Almosensteuer, noch deutlicher. Wenngleich diese Armensteuer im Laufe der Jahrhunderte allmählich in eine Art Sozialsteuer, an die Staatskasse zu zahlen, umgewandelt worden ist, so bleibt doch ihr religiöser Charakter eindeutig. Die *zakat*, die auf den meisten landwirtschaftlichen Produkten und auf Metallen liegt, soll das Wohlwollen Allahs und seine Bereitschaft zur Vergebung der Sünden fördern. Auch die *zakat* soll die islamische Gemeinschaft stützen, so daß ihr eine gesellschaftspolitische Bedeutung nicht abgesprochen werden kann, wenngleich der Koran mit unerbittlicher Präzision vorschreibt, für wen die Almosen verwendet werden dürfen: »Die Almosen sind nur für die Armen und Bedürftigen und die, welche sich um sie bemühen, und die, deren Herzen gewonnen sind, und für die Gefangenen und für die Schuldner und den Weg Allahs und den Sohn des Weges.« (Sure 9, 60)

Schließlich die fünfte Säule, die Pilgerfahrt nach Mekka, die *hadschi*, der Traum eines jeden frommen Moslems, den er sich wenigstens einmal im Leben gönnen möchte. Sie bildet den Höhepunkt des gläubigen Lebens und ist der vorzügliche Ausdruck jener Unterwerfung unter den Willen Gottes, von dem die islamische Ethik lebt. Kein anderer religiöser Brauch hat so viel zur Einigung der arabischen Stämme und der verschiedenen islamischen Schulen beigetragen wie diese Pilgerfahrt in die Geburtsstadt Mohammeds, die ihren Höhepunkt in der siebenfachen Umrundung der Kaaba mit dem heiligen schwarzen Stein erfährt. Bevor sich der Moslem auf die genau festgelegte Reise (!) begibt, muß er sich der großen rituellen Waschung unterziehen, bei der nach Möglichkeit auch die Kopfhaare völlig abgeschnitten werden sollen (um sie nach dem Ende der *hadschi* nie mehr zu schneiden). Er kleidet sich mit einer besonderen Pilgertracht und verrichtet genau vorgeschriebene Gebete, die, wenn er nach Mekka kommt, durch den wiederholten Ruf: »Hier bin ich, Herr!« unterbrochen werden. Der Pilger begibt sich unmittelbar zur Kaaba, und jedesmal, wenn er an der Ostecke an dem schwarzen Stein vorbeikommt, spricht er sein »Allah ist am größten!« Am achten Tag des Wallfahrtsmonats geht er unter der Führung des Imam vor die Tore der Stadt, wo er den Berg Arafat besteigt, um immer wieder auszurufen: »Hier bin ich, Herr!« Wenn die Sonne allmählich untergeht und der Pilger die Kanzel auf dem Gipfel des Berges erreicht hat, erfüllt sich ihm ein frommer Pilgertraum: Er steht in demütiger Haltung, die nichts als fromme Ergebenheit auszudrükken vermag, vor der Erhabenheit Allahs und ist sich wie nie zuvor in seinem Leben der tiefsten Bedeutung des Islams bewußt: Hier steht er bittend und um Gnade für seine Sünden flehend vor dem einzigen Gott und fühlt geradezu, daß er nicht abgewiesen wird, daß er nicht allein ist.

Was der islamische Mensch auf dem Berg Arafat empfindet – wir wissen es nicht oder können es allenfalls ahnen. Ganz sicher ist, daß er dort oben noch sehr viel weniger als in seinem alltäglichen Dasein die Gesetze seiner Religion als Last erlebt. Vielleicht ist auch wahr, daß er sie gerade an den heiligen Stätten des Islams als die einzig wirkliche Freiheit begreift, die ihm vermittelt, was es in der Wüste wohl nur sehr selten oder unter erschwerten Bedingungen geben mag: eine Heimat. Wo auch immer der Islam in seiner 1 300jährigen Geschichte seine Gläubigen hingeführt hat – und seine Entfaltungsgeschichte ist von einer beispiellosen Dynamik und Expansionsfreude gekennzeichnet –, wirklich zu Hause ist der fromme Moslem immer nur in seinem Glauben, der ihm Ruhe, Sicherheit, Gelassenheit und ein Gefühl der stolzen Überlegenheit eingibt, welches die nichtislamische Welt nur zu oft mit Mißtrauen und Mißachtung quittiert haben dürfte. Die islamische Schwermut, die wir auszumessen versucht haben, hat nichts, aber auch gar nichts mit einem Zustand der Depression zu tun, denn was sollte einen Menschen schon bedrücken, der am Ende seines Lebens von sich sagen kann: »Ich habe an Allah geglaubt, und an Seine Engel, und an Seine Bücher, und an Seine Gesandten, und an den Jüngsten Tag, und an die Verheißung Allah-ta'alas über das Gute wie Böse an diesem Tage, und an die Auferstehung nach dem Tode.«?

DIE RELIGIONEN DES OSTENS
oder
DIE STILLE DER ERKENNTNIS

Der vergoldete Pessimismus

Der Ferne Osten, insbesondere natürlich China und Indien, waren schon immer mehr als eine riesige Landmasse und ein selbständiger Kontinent. Beschränkte sich die Kenntnis der Griechen noch auf dürftige Nachrichten, so war es bereits der spätantike Geograph Ptolemäus im 2. nachchristlichen Jahrhundert, der von einem goldenen Land sprach und dabei möglicherweise an die Hoffnung der Ägypter und Phönizier anknüpfte, die das sagenhafte Goldland Ophir an der Westküste Vorderindiens suchten. Aber die großen und geheimnisumwitterten (weil so gut wie nicht bekannten) Länder Indien und China waren eben nicht nur geographische Fixpunkte und von ökonomischem Interesse. Stets schienen sie den Menschen mehr zu sein als ein Territorium; vor allem Indien mit seinem Vielvölkergemisch, seinen kulturellen und religiösen Eigentümlichkeiten hat die Phantasie der Menschen bis heute beschäftigt. Es war und ist wohl auch so etwas wie ein Zustand der Seele, eine philosophische Grundstimmung, die bei dem Phänomen Indien mitschwingt, und wenige Europäer haben sich diesen bunten, exotischen und betäubenden Reiz mehr erschlossen als Hermann Hesse in seiner *Morgenlandfahrt* (1932). Er schildert in dieser Erzählung eine märchenhafte *mystificatio* und deutet sie als den Versuch, aus den traditionellen europäischen Denk- und Verhaltensweisen auszubrechen. Er zeigt die Menschen als Wanderer in die Bereiche des Unbewußten und des Unterbewußten, ja es gelingt ihm, das Leben als Wanderung zu deuten, die allein erst eine seelische und geistige Erneuerung des Menschen konstituiert: »Unser Morgenland war ja nicht nur ein Land und etwas Geographisches, sondern es war die Heimat und Jugend der Seele, es war das Überall und Nirgends, war das Einswerden aller Zeiten.«
Die Hinwendung zur Weisheit des Ostens hat viele Menschen zu allen Zeiten beschäftigt, und ob es nun ein Aufbruch, eine Erneuerung oder schlicht Neugier gewesen ist, stets war wohl auch jene Sehnsucht nach dem ganz anderen dabei, die wir an früherer Stelle bereits als religiöses Gefühl bestimmt haben.

Noch ein Mann wie Henry Miller war davon überzeugt, daß eine geistige Erneuerung des alten Europa und der Neuen Welt nur von den Religionen des Ostens ausgehen könne. Gewiß ist es aber auch eine Art von Modeerscheinung, sich für die Religionen des Ostens zu interessieren, und wenn in unseren Tagen Tausende ihr Hab und Gut verkaufen, um nach Indien zu reisen und in Poona das Seelenheil zu erlangen, dann verschwistern sich rüde Geschäftemacherei mit Zivilisationsüberdruß und einer spezifischen Aussteigermentalität, die eben auch eine Zeitkrankheit sein kann. Bei allen solchen Erscheinungen sollte man jedoch nicht aus dem Auge verlieren, daß solche Entwicklungen ohne eine bestimmte Glaubens- und Identitätskrise nicht recht denkbar sind und daß sich das Bild der asiatischen Religionen, nimmt man alles in allem, dem Europäer mit lächelnder Rätselhaftigkeit entzieht...

Ein Land wie Indien, gekennzeichnet durch einen gigantischen territorialen Besitz, durch völkischen und kulturellen Pluralismus, ist so vollkommen von Religion durchdrungen, daß es jedem Vergleich standhält. Es ist die Brutstätte ständig neuer Religionen, der Tummelplatz für Heilige und Sekten und natürlich auch für Gaukler und Scharlatane. Es ist das Land des religiösen Pluralismus mit eindeutigen Schwerpunkten in Brahmanismus und Hinduismus, es ist aber auch das Land, dem immer wieder vorgehalten wird, seine Religiosität hindere jede auch nur halbwegs vernünftige Entwicklung. Nicht die primitiven und abergläubischen Riten sind damit gemeint, sondern vielmehr die bedeutenden Religionen, die erhebliche – und vor allem negative – Folgen für die soziokulturelle Entwicklung des Subkontinents gehabt hätten und auch weiterhin haben. Und in der Tat: Die Religionen Indiens fördern das Hinwegtauchen aus der Wirklichkeit und aus dem Leben, indem sie sich auf das Jenseits und die Seelenwanderung und die Wiedergeburt konzentrieren, indem sie sich an einem hohen Ideal orientieren, das es in diesem Leben ohnehin nicht zu erreichen gibt. Das *Dharma* des Hinduismus, die Suche nach dem rechten Weg, ist immer auch der Weg aus dieser Welt, so daß letztlich nur das Jenseits zählt und nicht das Hier und Jetzt.

Der gängige Einwand, die hochentwickelte indische Religionsphilosophie und ihre Literatur hätten in einem Land, dessen Bevölkerung zu über 70 Prozent Analphabeten sind, keinen »Schaden« anrichten können, geht am Wesentlichen vorbei. Zweifellos haben die Details der indischen Religionen im einfachen Volk niemals Wurzeln geschlagen, aber ihre Konsequenzen haben das Leben der Inder vielfältig beeinflußt. So hat das Analphabetentum die Sekten begünstigt und die im Kastenwesen auftauchende soziale Komponente der indischen Religionen niemals in Frage gestellt. Und das Sichabwenden von der Wirklichkeit ist auch dem Paria, dem Ausgestoßenen, vertraut und prägt sein Leben – obwohl er niemals einen Blick in die Quellen der Religion geworfen hat. Eine Religion, die sich dem Jenseits und der Wiedergeburt verschrieben hat, ist nicht recht in der Lage, die Probleme der Gegenwart ernst zu nehmen, und insofern kommt der Etikettierung der indischen Religionen als konservativ schon eine besondere Bedeutung zu.

Aber auch ein Gandhi hat im ersten Drittel des 20. Jahrhunderts aus den gleichen Quellen der Religion geschöpft und *Satyagraha* gepredigt, was soviel heißt wie Liebe, Wahrheit und Nächstendienst und sich gegen Engstirnigkeit,

Fanatismus, Egoismus und Krieg richtet. Gandhi glaubte an die ethische Erneuerung des Menschen, und niemand wird ihm nachsagen können, er habe diese auf den Zeitpunkt der Wiedergeburt vertagt. Er hat die Erneuerung vorgelebt und den Widerstand gegen die Briten erfolgreich und vor allem ohne Gewalt organisiert – aber er hat das Kastensystem nicht angetastet, und insofern ist er aus europäischer Sicht mitverantwortlich für eine Religion, die in ihrer Daseinsverachtung keine Skrupel zeigt, wenn auf den Straßen Kalkuttas jedes Jahr eine Million Menschen tot liegen bleiben. Auch das gehört zu den vielen Gesichtern Indiens.

Der indische religiöse Pluralismus ist nur ein Ausdruck dieser vielen Gesichter des Landes, aber er ist der entscheidende. Indien ist mit Göttern geradezu gesegnet, die Zahl der Götter ist beträchtlich, und zugleich – auch hier ein Widerspruch – ist die Tendenz zum Monotheismus unübersehbar. Der Brahmanismus spricht von dem absoluten Einen und der Hinduismus von Wischnu, und die hierarchischen Tendenzen im Buddhismus sind ebenfalls nicht zu übersehen. Kein Wunder also, wenn der Religionssoziologe Gustav Mensching die indischen Religionen unter dem Stichwort »Einheit und Vielfalt« zusammenfaßt, wobei er sich ohne Schwierigkeiten auf die *Upanishaden* hätte beziehen können, das heilige Opus magnum der Brahmanen, worin ebenfalls häufig von Einheit und Mannigfaltigkeit die Rede ist. Im *Isha-Upanishad* heißt es geradezu:

»Dem Weisen, dem erkenntnisreich
Sein Selbst zu allen Wesen ward,
Wo bleibt ihm Kummer oder Wahn,
Wenn sich All-Einheit offenbart?«

Die All-Einheit der *Upanishaden* grenzt sich durchaus vom Polytheismus des *Veda* ab, teilt mit ihm jedoch die Weltabgewandheit und Jenseitsfrömmigkeit. Der religiöse Pluralismus Indiens setzt sich in der Binnenstruktur seiner einzelnen Religionen adäquat fort. So ist das Erscheinungsbild des Hinduismus nicht anders als heterogen zu bezeichnen; der ihm vorausgehende Brahmanismus wiederum ist ein eigenwilliges Gebilde aus Pantheismus und Mystik, deren einige wesentliche Elemente sich im Hinduismus wiederfinden lassen; der Buddhismus muß sich die ewige Frage stellen lassen, ob er nicht in erster Linie eine egozentrische Asketenethik darstellt; zugleich drückt er eine gewisse Verwandtschaft zum *Tao Te King* des Laotse aus, was wiederum auf China verweist, das mit dem Konfuzianismus eine religiöse Morallehre ausgebildet hat, und so geht es mit den Verschränkungen und Entsprechungen immer weiter bis zur völligen Verwirrung und Unkenntlichkeit.

Einigermaßen hilflos geworden, sucht man nach einer umfassenden Definition. Sie kann nur lauten, daß die indische Religion – und dabei insbesondere der Brahmanismus und der Hinduismus – eine Religion der Entsagung ist, die allen Bereichen des menschlichen Lebens Vorschriften macht, den Menschen unter Gesetze und Abhängigkeitsverhältnisse stellt und den Hinduismus als das *Santana Dharma*, das ewige Gesetz, definiert, dem unbedingt Gehorsam zu leisten ist. Bei aller Fähigkeit, Rituale, Lebensformen und religiöse

Vorstellungen zu prägen, ist der Hinduismus orthodox, und zugleich hat er nicht verhindern können, daß sich ein buntes Kaleidoskop an Sekten um ihn herum gebildet hat, die jedoch – und das ist wieder das spezifisch Indische daran – allesamt nach Befreiung, nach Entsagung, auf Verinnerlichung abzielen oder, deutlich gesagt, auf Weltflucht. Der geradezu ungeheure Symbolreichtum der religiösen Vorstellungen der Inder konzentriert sich auf einige Elemente, die für den religiösen Menschen unabdingbar sind, weshalb er mit schöner Regelmäßigkeit »europäische Argumente« gegen die Weltabkehr in den Wind schlägt.

Man tut gut daran, die gegensatzreiche und auch widerspruchsvolle Religiosität Indiens deutlich beim Namen zu nennen, aber im gleichen Atemzug muß man auch die beispiellose Toleranz des indischen religiösen Verhaltens nennen. Die vielzitierte Weisheit der Brahmanen drückt sich nicht besser aus als in eben dieser Fähigkeit, buchstäblich jeden nach seiner Fasson selig werden zu lassen. Zwar glaubt der Brahmane an das eine Sein, an das absolute Brahman, aber zugleich akzeptiert er ohne jede Schwierigkeit das Vorhandensein anderer Götter oder zumindest den Glauben daran. Wenn Toleranz so etwas ist wie ein Stadium der Reife, dann hat der religiöse Inder dieses Stadium erreicht, und das Staunen Andersgläubiger über die Vielfalt und Widersprüchlichkeit des indischen religiösen Lebens und Erlebens kann er nur mitleidig belächeln.

So gesehen, ist es für den Inder vollkommen belanglos, sich Gedanken über die Frage zu machen, ob der Buddhismus, der um 500 v. Chr. von Buddha gestiftet wurde, nur eine religiöse Entwicklung (vom Brahmanismus zum Hinduismus) unterbrach, ob es sich um eine Ketzerbewegung oder um die schon erwähnte Asketenethik handelt. Auch der Buddhismus hat Anspruch darauf, ernst genommen zu werden, schon weil ihn so viele Menschen als *die* Einsicht in das Wesen der Dinge anerkennen. In Indien bezweifelt auch niemand (und in der religionswissenschaftlichen Literatur natürlich auch nicht), daß es sich bei Hinduismus und Buddhismus um echte religiöse Alternativen handelt, aber die religiöse Freiheit der Hindus stößt sich nicht an der sozialen Komponente des buddhistischen Freiheitsbegriffs und umgekehrt, denn beide Religionen richten ihr Augenmerk nicht auf diese Welt, sondern auf die dahinter, und also ist der Streit um die Prioritäten müßig und im Grunde nur ein Ausdruck einer zu überwindenden Unzulänglichkeit des menschlichen Denkens. Zudem ist man sich der Tatsache bewußt, daß alle indischen Religionen auf ein weitgefaßtes Bündel an Einflüssen von außen und kulturellen Entwicklungen im eigenen Land zurückzuführen sind, und so ist für eine Auseinandersetzung einmal mehr keine Veranlassung.

Die Religionen Asiens sind also auf vielfache Weise miteinander verschränkt, zeigen aber, wenn man genauer hinsieht, daß sie jeweils etwas sehr anderes sind. Es handelt sich um sehr viel mehr als nur um Wechselbeziehungen, wenn man die Korrelationen von Buddhismus und dem Tao untersucht und dabei Übereinstimmungen mit dem Konfuzianismus in China beobachtet. Dabei spielt der gängige Einwand, wonach der Konfuzianismus überhaupt keine Religion sei, so gut wie keine Rolle, ganz abgesehen von dem Umstand, daß diese Auffassung schlicht unzutreffend ist. Das Verwunderliche an der

Lehre des Konfuzius ist nur, daß sie zur Staatsethik Chinas wurde und das Land und seine Gesellschaft so intensiv prägte, daß noch der alte Mao Tsetung, selbst ein Philosoph, zum Kampf gegen die gefährlichen Gedanken des Konfuzius aufrief.

Dem Konfuzianismus die Bedeutung einer Religion absprechen heißt übersehen, daß er auf alle Bedürfnisse und Sehnsüchte, aus denen heraus der Mensch glaubt, eine Antwort gegeben hat, nur hat er in seinem merkwürdigen Unterlassen einer Trennung zwischen menschlicher und göttlicher Welt eine Diesseitigkeit konstituiert, die ihn in den Rang einer Ethik oder Anthropologie erhebt, aber des religiösen Etiketts gleichermaßen beraubt. Zu Unrecht, wie wir meinen, denn der chinesische Mensch ist ohne Zweifel eines religiösen Gefühls fähig, wenngleich er in seinen kultischen Handlungen (zum Beispiel beim Ahnenkult) eine Diesseitigkeit an den Tag legt, die geradezu verblüffend und irritierend ist. Diese offenbar spezifisch chinesische Ausrichtung auf die Wirklichkeit hat denn auch verhindert, daß sich Brahmanismus und Hinduismus in China durchgesetzt haben, und auch der moderne Konfuzianismus ist, zumindest in seinen metaphysischen Dimensionen, dem Realitätssinn der Chinesen zum Opfer gefallen.

Sehr ähnliche Vorbehalte haben sich gegenüber dem Shintoismus in Japan angemeldet, und zwar aus sehr verschiedenen Gründen, deren geringster nur auf die Abhängigkeit des Shintoismus vom Buddhismus verweist. Vielmehr hat man Anstoß genommen an der shintoistischen Auffassung, daß es 80 bis 800 Myriaden göttliche Wesen gebe, so daß man sich angesichts dieser ungeheuren Zahl fragen muß, was unter diesen Umständen nicht göttlich sei. Auch die Simplizität der theologischen Schriften Japans wurde wiederholt als Argument dafür herangezogen, daß es sich nicht eigentlich um eine Religion handele. Alle diese (und noch weitere) Gesichtspunkte und vielleicht sogar Argumente können vor einer phänomenologischen Religionsbetrachtung keinerlei Bestand haben.

Das religiöse Erleben der Japaner ist anders als das der Chinesen oder Inder, was soll's; immerhin trifft das für andere Kontinente und deren Völker gleichermaßen zu. Den Japanern aber religiöses Empfinden schlichtweg abzusprechen, ist jedoch eine unerlaubte Vereinfachung, die angesichts der religiösen Zeremonien des Shintoismus verblaßt. Zwei Weltkriege und ein staunenmachender Aufschwung der Wirtschaft haben die Bedeutung des Shintoismus für die Japaner der Gegenwart nachhaltig erschüttert, und nirgendwo ist das klarer zutage getreten als in der Selbstbescheidung des Tenno, des japanischen Kaisers, der in der Verantwortung der militärischen Niederlage Japans seine auch religiös begründete Machtstellung freiwillig aufgegeben hat. Aber Technik und Wissenschaft haben die Bedeutung der Religion keineswegs radikal eliminiert, und angesichts des ausgeprägten japanischen Sinnes für Schönheit kann man sich kaum ein ergreifenderes Symbol denken als jenes Tor aus rohem Holz, das die Japaner ihren Toten des letzten Weltkrieges gewidmet haben. Es steht am Kap Erimo, am südlichen Zipfel der Insel Hokkaido, dem nebelreichsten Ort unseres Planeten und eine der einsamsten Gegenden Japans, und beweist, daß der Shintoismus nichts von seiner Reinheit und sinnstiftenden Kraft verloren hat.

In dem *Brahmana der hundert Pfade*, einem vedischen Werk, findet sich eine schöne Legende über die Ausbreitung der Religionen, die von dem alten *Veda* ausgegangen sind und sich über den ganzen ostasiatischen Kontinent erstreckt haben. Darin wird vom Feuergott Agni Vaisvanara berichtet, der in das Heimatgebiet des vedischen Sakralwesens, den Osten, wandert. Agni überwindet Ströme und Berge, und hinter ihm ziehen der Fürst Mathava und der Brahmane Gotama, aber als sie an den Fluß Sadanira gelangen, der von den Schneebergen im Norden herabströmt, bleibt Agni mit seiner kleinen Gefolgschaft stehen. »Den überschritten vordem die Brahmanen nicht«, heißt es in der Quelle, »denn Agni war nicht über ihn hinweggeflammt. Jetzt aber wohnen östlich von dort viele Brahmanen. Dies war vordem gar schlechtes Land, zerfließender Boden, denn Agni hatte es nicht genießbar gemacht. Jetzt aber ist es gar gutes Land, denn nun haben Brahmanen es mit Opfern genießbar gemacht.«

Man sieht: Durch die opfernden, das heißt gläubigen Brahmanen wird das Land erst gut, und so schließen sich dem Glauben immer mehr Stämme und Völkerschaften an, weil sie erkennen, daß mit Hilfe der Religion mehr gedeiht, als wenn man das Land nur den pflügenden und sich abmühenden Bauern überließe. Auch wenn in dieser Legende der Eindruck entsteht, das menschliche Leben würde leichter, erträglicher oder auch erst sinnvoll durch die Religion, so ist der Pessimismus dennoch durchgängig zu erkennen. Was außer dem Menschen ist, ist leidvoll; das ist das zentrale Motiv des indischen Pessimismus, das sich vom Atman und Brahman der Brahmanen über den buddhistischen Pessimismus bis zu Ramakrishna und seiner Philosophie vom »Weg zu Gott« nachweisen läßt.

Allem Augenschein zum Trotz, der Indien als einen Kontinent der Farben, der Harmonien und der süßen Verführungen des Lichts wahrnimmt, ist das Leben und Fühlen des Inders von einem tiefen und unüberwindbaren Pessimismus gekennzeichnet. Nirgendwo sonst auf unserem Planeten wird das Leben so sehr als Last empfunden wie in Indien, und sie drückt sich in einer Daseinsunlust aus, die im buchstäblichen Sinn dem Leben keinerlei Chance gibt.

Wenn der europäische Mensch angesichts der Hungerkatastrophen, der Seuchen und Kindersterblichkeitsquoten in Indien erschreckt und erschüttert ist, dann erschüttert ihn gleichermaßen auch der Fatalismus, dies alles nicht ändern zu können. Er erlebt den Inder in der trügerischen Schönheit des Pessimismus und der Absage an eine Welt, die nur als Unvollkommenheit und Nichtigkeit begriffen wird, die es möglichst rasch zu verlassen gilt. Die Abkehr vom Brahman, jenem Glauben an die Vollkommenheit und Erlösung, und das Wissen um die Unvollkommenheit der Natur, des Menschen, seine Sündhaftigkeit, Schmerzen, Leid, Krankheit und Tod lassen den indischen Gläubigen sich zurückziehen in sich selbst, um das Leiden zu ertragen und zu überwinden. Die Kraft hierfür gibt der Glaube an die Wiedergeburt und die Seelenwanderung und die Hoffnung auf Erlösung von einer schlechten Welt in einer guten.

Hier, aber auch erst hier, deutet sich ein wenig von jener Ambivalenz an, die wir zwischen Einsamkeit und Freiheit auszumachen versuchen. Nur wer wirklich einsam ist und nur noch Atem (Atman), der ist auch frei. In den *Upanishaden* kann man über die Erlösung lesen: »Wenn alle Leidenschaft verschwunden, die in des Menschen Herzen nistend schleicht, dann hat der Sterbliche Unsterblichkeit gefunden, dann hat das Brahman er erreicht.« Und: »Wie eine Schlangenhaut tot und abgeworfen auf einem Ameisenhaufen liegt, also liegt dann dieser Körper; aber das Körperlose, das Unsterbliche, das Leben ist lauter Brahman, ist lauter Licht.«

Die heiligen Bücher

»Ziel der Religion ist, uns über unseren momentanen, sinnlosen Provinzialismus emporzuheben, die Bedeutung des Ewigen klarzumachen, uns in den Stand des Ewigen zu erheben und Anarchie und Wirrsal des Lebens in jene reine, unsterbliche Essenz zu überführen, die seine ideale Möglichkeit darstellt. Wenn sich der menschliche Geist wandelt, um ständig in der Herrlichkeit des göttlichen Lichts zu sein, wenn sich die menschlichen Gefühle ändern, um Maßstab und Bewegung der göttlichen Glückseligkeit zu werden, wenn das menschliche Handeln teilhat am Schöpfergeist des göttlichen Lebens und das menschliche Leben teil an der Reinheit des göttlichen Seins, wenn wir dieses höhere Leben ertragen können, dann werden die langen Mühen des kosmischen Prozesses gerechtfertigt sein und die tiefe Bedeutung der Evolution der Jahrhunderte ans Licht kommen. Das Leben des Menschen im einzelnen und in der Rasse zu vergöttlichen, das ist der Traum der großen Religionen.«

Man möchte immer so weiter zitieren, denn in diesen Zeilen enthüllen sich Geist und Temperament des religiösen Empfindens der Inder auf singuläre Weise. Sie stammen von einem der bedeutendsten Philosophen des modernen Indien, Sarvapalli Radhakrishnan, und finden sich in seinem 1929 erschienenen Buch *An Idealist View of Life*. In dieser Studie versuchte Radhakrishnan eine Beziehung zwischen hinduistischem und westlichem Denken herzustellen, ohne dabei die Eigentümlichkeiten der indischen Religion zu verwässern. Daß ihm dies gelingt, unterliegt keinem Zweifel, denn er hat durchgehend darauf verwiesen, daß das indische religiöse Empfinden sich schon deshalb vom abendländischen unterscheidet, weil es sich ständig mit dem Problem auseinandersetzt, ob der Mensch überhaupt in der Lage ist, das Göttliche als die Seinsweise des Absoluten zu ertragen. Immerhin gehen die meisten großen Religionen recht unbefangen von der Überlegung aus, daß der Mensch sich zum Numinosen auf irgendeine Weise religiös verhält, und es war dem

indischen philosophischen Denken vorbehalten, die Frage nach dem Ob und Wie des Göttlichen so zu stellen, daß sich der Mensch radikal über die Ungeheuerlichkeit bewußt wird, die dem Göttlichen eigen ist. Wenn die Christen vom himmlischen Königreich sprechen, entwickeln sie mehr oder weniger plastische Vorstellungen davon. Die indische Vorstellung vom *Brahman* als dem All-Einen sprengt demgegenüber alle traditionellen Anschauungen vom Paradies und der Erlösung und ist allenfalls mit Platons Lehre von der Unversehrtheit des Seins oder der klaren Anschauung der reinen Idee zu vergleichen. Radhakrishnan schreibt dazu: »Der Himmel ist nicht der Ort, wo Gott lebt, sondern eine Seinsweise, eine Welt des Geistes, wo die Ideen der Weisheit, Liebe und Schönheit ewig existieren, ein Königreich, das wir im Geist schon jetzt betreten, das wir in uns selbst und in der Gesellschaft vollkommen verwirklichen können, wenn auch erst nach langen, geduldigen Mühen. Die Erwartung der Wiederkunft bringt den Glauben der Seele an die Wirklichkeit des Geistigen zum Ausdruck. Die Entwicklung der Welt ist vollendet, wenn jeder Mensch weiß, daß er der unsterbliche Geist, der Sohn Gottes ist und es auch wirklich ist. Bis dieses Ziel erreicht ist, ist jeder einzelne, der gerettet ist, ein Brennpunkt des universalen Bewußtseins. Er ist nach wie vor tätig, handelt, nur daß er kein Ich-Gefühl mehr besitzt... Der einzelne handelt in der kosmischen Entwicklung nicht mehr als unbekanntes, begrenztes Ich, sondern als Brennpunkt des göttlichen und universalen Bewußtseins, das alle individuellen Manifestationen umfaßt und in Harmonie umwandelt.«
Es muß kaum hervorgehoben werden, daß hier ein Ton angeschlagen wird, der in der Religionsgeschichte seinesgleichen sucht. Daß Radhakrishnan sich auf diese Weise äußert, muß nicht verwundern, aber die Feststellung hat durchaus etwas Unglaubliches, daß er nicht viel anderes sagt, als was der Brahmanismus in einer 3 000jährigen Tradition überlieferte. Zu den vielen Erstaunlichkeiten und Besonderheiten dieser frühen Form des Hinduismus – man könnte auch sagen: es handele sich um einen Vorläufer – gehört, daß seine komplizierten und hochphilosophischen Gedankengänge und Begriffe über viele Generationen ausschließlich mündlich überliefert wurden – denn bis in unsere Zeit sind vier Fünftel der Inder Analphabeten. Der Brahmanismus ist eine Religion aus lauter Literatur, und nur die wenigsten konnten sie lesen. Vermutlich ist der Gedanke nicht abwegig, daß die philosophische Argumentation des Brahmanismus den einfachen Menschen verschlossen blieb, so daß man auf die Weisungen und Interpretationen der Priester (Brahmanen) angewiesen war, aber alles das hat offenbar niemanden gehindert, die alten Weisheiten, die die Säulen des Brahmanismus darstellen, weiterzuerzählen, bis sie irgendwann einmal aufgeschrieben werden konnten.
Der Brahmanismus ist die Urform des indischen Pantheismus und der Mystik. Von ihm führen viele Querverbindungen zu Hinduismus und Buddhismus, aber er selbst geht wiederum auf uralte religiöse Traditionen zurück, und niemand kann sagen, wo und wann er beginnt. Er kann auf keine Stiftergestalten wie Moses, Jesus, Mohammed oder Buddha verweisen, sondern ist das Ergebnis einer langsamen, weil jahrtausendealten soziokulturellen Entwicklung und Symbiose unterschiedlichen Ursprungs. Die Archäologie hat eine Indus-Kultur entdeckt, die bereits über eine Schrift verfügte, welche man bis

heute nicht entziffern konnte. Man fand Götterdarstellungen, die den sumerischen Göttern auffallend ähnlich waren, und entdeckte Parallelen zur persischen Mythologie. Man vermutet, daß die sogenannten Indo-Arier jene Indus-Kultur zerstörten, aber Elemente ihrer Religiosität aufnahmen und an die nächste Kulturzone weitergaben. Vor allem aber weiß man, daß die bunten Rassen- und Kulturmischungen Indiens im Laufe der Jahrhunderte ein buntes Gemisch an religiösen Vorstellungen mit gegenseitiger Beeinflussung entwickelt haben, so daß sich die Frage nach dem Ursprung des Brahmanismus erübrigt. Man darf davon ausgehen, daß vor dem Brahmanismus von einer weitverzweigten Mythologie in Indien gesprochen werden kann, die sich thematisch erst konzentrierte, als sich eine Kunst- und Hochsprache der Priester herausbildete, welche die Voraussetzung für eine begriffliche Vereinheitlichung schuf: das Sanskrit, das »Latein Indiens«. Die heiligen Bücher der Brahmanen sind in dieser Sprache »abgefaßt«, und ihre religiöse Terminologie macht dem europäischen Religionsinterpreten bis heute zu schaffen.
Das älteste Religionsdokument der Inder ist der *Veda*, den man getrost die älteste heilige Schrift der Welt nennen darf. Es handelt sich dabei um vier umfangreiche, schwerverständliche Texte oder Sammlungen *(Samhitas)*, die um die Mitte des 2. Jahrtausends v. Chr. entstanden sein dürften, um Ordnung in die zerklüftete Vielfalt der religiösen Vorstellungen Indiens zu bringen. *Veda* heißt soviel wie Wissen, und die indische Orthodoxie unterstellt, daß dieses Wissen von Gott oder den Göttern offenbart und von Sehern oder Priestern zwischen 1500 und 1200 v. Chr. zum erstenmal formuliert worden ist. Wie immer dem auch sei, auf jeden Fall ist der *Veda* trotz seines Gedankenreichtums und seiner vielfach verschachtelten Struktur mit einer staunenerregenden Gedankentreue tradiert worden, so daß kein Religionswissenschaftler je ernsthaft Zweifel an der Authentizität der Texte angemeldet hat.
Der ältere *Veda* setzt sich aus europäischer Sicht (die Inder ordnen anders) aus vier *Samhitas* zusammen, deren ältester und religionsgeschichtlich wichtigster der an anderer Stelle bereits erwähnte *Rigveda* ist, der das in Versen niedergelegte heilige Wissen der Brahmanen enthält. In nicht weniger als 1 028 Hymnen, die wiederum in zehn Bücher oder Liederkreise zusammengefaßt sind, ist das Fundament des Brahmanenglaubens fixiert. Der *Samaveda*, etwas jüngeren Datums, enthält das Wissen von den Lobsprüchen, der *Yajurveda* das Wissen von den Opferformeln und der *Atharvaveda* schließlich das Wissen von den Zaubersprüchen. Man tut gut daran, sich diesen *Veda* als eine Anthologie des religiösen Denkens der Inder vorzustellen, die die Absicht einer Vereinheitlichung des Glaubens verfolgt, und insofern liegt es nahe, daß er durch eine polytheistische Göttervielfalt gekennzeichnet ist, die sich erst in den späten Schriften des Brahmanismus, den *Upanishaden* oder *Vedanta*, auf eine monotheistische Vorstellung des Göttlichen konzentrieren. Da beide Riesentexte jedoch die Grundlage der Brahmanen-Religion bilden, soll man durchaus mit Mensching von der »Einheit und Vielfalt« sprechen. Nichts wäre falscher, als sich die vedische Literatur aus einem Guß vorzustellen; das verbietet schon die mündliche Überlieferung. Die Forschung geht heute davon aus, daß die erste schriftliche Fixierung der Quellen um das Jahr 1000 n. Chr., also nicht weniger als 2 500 Jahre nach der vermutlichen Entste-

hung des *Rigveda*, erfolgt ist. Aber noch bis in unsere Zeit hinein ist der *Veda* primär – man denke an die Analphabeten – mündlich tradiert worden. Dabei umfaßt allein der *Rigveda* in der in Breslau vor der Jahrhundertwende erschienenen Ausgabe acht umfangreiche Bände. Und auch der Entstehungszeitraum ist beinahe unbegreiflich und gigantisch: Der *Rigveda* stammt wie gesagt aus dem 2. Jahrtausend v. Chr., und die die vedische Literatur abschließenden *Upanishaden* sind im 5. und 4. Jahrhundert v. Chr. gesammelt worden; von den Kommentaren, die sich um diese Werke herum gebildet haben, gar nicht erst zu sprechen. Diese *Brahmanas* werden in der wissenschaftlichen Literatur sehr unterschiedlich bewertet (von »opferwissenschaftlichen Abhandlungen« bis zu »willkürlichen und phantastischen Interpretationen« ist die Rede); nur das *Brahmana der hundert Pfade (Shatapatha-Brahmana)* verdient einige Aufmerksamkeit. Dieser Kommentarwildwuchs erklärt sich unschwer aus der Tatsache, daß der Brahmane, 60 Jahre alt geworden, in die Einsamkeit des Waldes zieht, um sich ganz der Meditation und dem Studium der heiligen Bücher hinzugeben, und dabei verfaßt er »Wildnistexte«, *Aranyakas*, ohne zu berücksichtigen, daß seine religiösen Monologe ziemlich fragwürdige Produkte werden müssen, weil sie esoterisch-weltfremde Assoziationen darstellen und mehr verwirren als erläutern.

Die 1 028 Hymnen des *Rigveda*, die durch lange Jahrhunderte ausschließlich im Gedächtnis der Priester bewahrt wurden, gelten einer Welt von Göttern, die sich nicht eben durch Systematik auszeichnet. Die schöne Ordnung und Hierarchie der Griechen – im *Rigveda* sucht man sie vergeblich. Statt dessen werden 33 Götter vorgeführt, die in keinem genealogischen Zusammenhang miteinander stehen, so daß es auch nicht leicht ist, die jeweiligen »Funktionen« der Gottheiten mit letzter Sicherheit auszumachen. So ist man allenfalls in der Lage, nach der Häufigkeit der namentlichen Erwähnung auf die Bedeutung der Gottheit zu schließen, und wenn der Gott Indra an erster Stelle steht, so ist das weniger auf seine Vitalität und grenzenlose Kraft zurückzuführen als vielmehr auf den Umstand, daß er in etwa 250 Hymnen genannt wird. Und auch dem Feuergott Agni geht es nicht viel besser: Mit 200 Nennungen nimmt er den zweiten Platz ein, und so geht das immer weiter bis zur Göttin Usas, welche die Morgenröte personifiziert und sich mit 20 Nennungen zufriedengeben muß. Der *Rigveda* kennt aber nicht nur personifizierte Gottheiten, sondern auch ethische Komponenten und Gemütsstimmungen, etwa Zutrauen oder Zorn oder Liebe, denen durchaus göttliche Eigenschaften beigemessen werden. Und ganz am Horizont sind Gottheiten zu erkennen, die im späteren Hinduismus zu Macht und Bedeutung gelangen werden; der das Weltall durchmessende Gott Vishnu wird sichtbar sowie der furchteinflößende Rudra, aus dem im Hinduismus der Gott Shiva werden soll...

Die religiöse Deutung des *Rigveda* sieht sich in mehrfacher Hinsicht beinahe unlösbaren Problemen gegenüber, und die Forschung ist noch längst nicht zu einem bündigen Befund gekommen. Dennoch sind eine Reihe von Beobachtungen möglich, die das Bild von den Göttern der alten Inder, so wie es sich in ihren Überlieferungen niedergeschlagen hat, einigermaßen erhellen. Die polytheistische Struktur des *Rigveda* hat die Herausbildung einer gewissen Prioritätenfolge der Götter nicht behindern können, und ob es sich nun um den kämpferischen Indra, den streitsüchtigen Vritra oder um den in anderem Zusammenhang bereits erwähnten Varuna handelt, sie alle gehören zum Typ des allwissenden Gottes, sie alle sind Wächter über Gut und Böse, Wahrheit und Lüge, und sie alle können nur in kultischer Verehrung erlebt werden. Der *Rigveda* weiß um den tiefen Unterschied zwischen Menschen und Göttern und formuliert diesen in einer ethischen Differenzierung, die sich als roter Faden durch die gesamte *Veda*-Literatur hindurchzieht: »Die Götter sind aus Wahrheit, die Menschen sind aus Lüge zusammengesetzt.« Zugleich definiert aber der *Veda* das Verhältnis zu den Göttern mit den Opfern, die der Mensch darzubringen habe und deren die Götter existentiell bedürfen. Der *Yajurveda* ist nichts anderes als ein Kompendium an Opferformeln – um sich die Götter gefügig zu machen! Das Wissen um den Unterschied zwischen Göttern und Menschen hindert den Brahmanen in keiner Weise, auf die Abhängigkeit der Götter von diesen Opfern zu verweisen, und fast möchte man meinen, man nehme mit einer gewissen Genugtuung zur Kenntnis, daß »der Gott wie ein Stier nach dem Opfer brüllt«.

Die Abhängigkeit der Götter von den Opfer darbringenden Menschen darf jedoch nicht dahin mißverstanden werden, als unterstelle der Brahmane eine gewisse Gleichberechtigung von Gott und Mensch; vielmehr deutet sich hier bereits der Gedanke des *Brahman* an, jene abstrakte Kategorie oder Idee, der Götter wie Menschen gleichermaßen unterworfen sind. Damit aber wiederum nähert sich der Brahmanenglauben dem Punkt, an dem aus der Vielzahl der Einzelgötter die Tendenz zu einer Vereinzelung der Gottheit, genauer: zu einem einzigen Gott, erkennbar wird. Im *Atharvaveda*, der vierten Sammlung des alten *Veda*, ist der Weg zum Monotheismus bereits deutlich angezeigt, indem die vielen Götter in ihren Funktionen auf einen einzigen Gott ausgerichtet werden. Daß dieser eine Gott namenlos, weil nicht benennbar ist, kann aus der Perspektive der jüngeren *Veda*-Schriften, den *Upanishaden*, nicht verwundern, wie es andererseits unübersehbar wird, daß wir es allmählich mit einer höheren Art der Frömmigkeit und der Gottesvorstellung zu tun haben, welche die engen und mythischen Dimensionen der Volks- und Naturreligion weit hinter sich läßt. Hat es im *Atharvaveda* noch geheißen, es gebe so etwas wie eine göttliche Hierarchie (»der Eine unter anderen Göttern«), so tritt in einem Lied des *Rigveda* (10, 121, 1–9) bereits das »absolute Eine«, die spätere »Idee des einen Seienden« der *Upanishaden*, das Brahman, auf, wobei die alten indischen Mystiker sich mit der ewigen Frage der Entstehung der Welt auseinandersetzen und zu der Erkenntnis gelangen, daß niemand wissen könne, wie alles geworden sei. Nicht einmal die Götter wüßten das, denn sie seien jünger als das absolute Eine, das Brahman:

»Nicht war Nichtseiendes, nicht Seiendes war damals,
Nicht war Luftraum, nicht Firmament über ihm.
Was webte damals? Wo? In wessen Schutz?
War etwa Nebel das unergründliche Tiefe?
Nicht Tod, nicht Leben war da,
Nicht unterscheidendes Merkmal zwischen Nacht und Tag.
DAS (*Tad*) atmete, jedoch in einer Weise, ohne Hauch, das E i n e .«

Nicht die Tatsache ist erstaunlich, daß es die Brahmanen-Literatur geschafft hat, den Weg vom Polytheismus zum Monotheismus zu gehen, wobei das Kunststück des alten *Veda* darin besteht, daß er in seinen verschiedenen Textgeschichten mit beiden Vorstellungen des Numinosen gleichermaßen vertraut ist. Erstaunlich ist vielmehr die philosophische Dimension des Monotheismus, die auf eine ethische und abstrakte Vorstellung des Numinosen abzielt und damit vom religionsphilosophischen Standpunkt aus eine beeindrukkende gedankliche Leistung ist. Nicht Indra steht an der Spitze der Hierarchie der Götter, sondern das Unnennbare, das Einzigartige, das Eine. An die Stelle der großen und kleinen Götter tritt, verknüpft mit der alten Schöpfungsproblematik, die Auffassung, daß alle Dinge, auch die Götter, aus dem höchsten Einen entstanden sind.
Die nonpersonale Gottesidee, die sich im Brahman enthüllt, ist bereits im *Rigveda* vorgebildet. Er begreift Gott nicht mehr als Person, der Opfer dargebracht werden müssen, sondern als Idee, als umfassende Formel des Seienden, als die Einheit der Vielheit. Gott ist überall da, wo Stille, Atemlosigkeit, Raum und Verklärung ist; Gott ist der Himmel und das Licht und der Glanz, von dem es im *Kathaka-Upanishad* heißt:

»Dort leuchtet nicht die Sonne, nicht Mond und Sterne,
noch diese Blitze, geschweige irdisches Feuer. –
Ihm, dem Glänzenden, glänzt alles nach, von seinem
Glanze erglänzt die ganze Welt.«

Gegen solche Verklärungen verblassen die Heldentaten des Indra und Varuna, und auch der Feuergott Agni muß sich bescheiden in seinen Opferrauch zurückziehen. Das All-Eine, das Unnennbare, erhebt sich unendlich über sie und die Menschen, deren vornehmstes Opfer die Denkfrömmigkeit und Mystifikation wird, ritualisiert in der Yogaübung, die den Menschen in sich hineinhören und in seiner Stille sich aufheben läßt. Daß der sogenannte einfache Mensch mit einer derart philosophischen Gottesvorstellung zweifellos überfordert ist, tut nichts zur Sache und ist aus indischer Sicht auch falsch, denn die vielen Gurus, Asketen und Yogis versuchen mit ihren meditativen Riten nichts anderes zu erreichen als jenen Schwebezustand der Seele und des Geistes, der die Erlösung verspricht.
Die Herausbildung der Idee des All-Einen wäre ohne die Entwicklung der indischen Mystik völlig undenkbar, und ihr bedeutendstes Dokument sind in vorbuddhistischer Zeit die *Upanishaden* oder *Vedanta*, das heißt das Ende des *Veda*. Wenn der alte *Veda* noch zwischen Naturreligion und Opferritual schwankte, so sind die *Upanishaden* bereits die vollausgebildete Grundlage der indischen Erlösungsreligion. Nach dem All-Einen zu fragen heißt, sich über die engen Begrenzungen der Mystik hinwegsetzen und an deren Stelle eine dynamische, prozeßhafte Vorstellung des Numinosen zu entfalten, von dem sich die Menschen jederzeit abhängig wissen. Sie wissen aber auch, daß dieses All-Eine das Gesetz des Lebens ausgegeben hat, dem man sich nicht mit Opfern entziehen, sondern nur durch Selbstdarbringung nähern kann. Die religiöse Betrachtung der Welt schließt seit den *Upanishaden* die Frage

nach ihrer Entstehung ebenso ein wie die der Erlösung, und damit weiß sie auch um eine tiefe Unerlöstheit der Welt und des Menschen. Die Welt ist ein ständiges Kommen und Gehen, ein Wellenberg und ein Wellental, und nichts hat Bestand außer dem All-Einen.
Der indische Pessimismus, der von diesem Gedanken ausgeht, hat sich in zwei Religionstypen entwickelt: im Buddhismus und im Brahmanismus der *Upanishaden*, und beide weisen einen Weg zur Erlösung nur durch die Überwindung der Welt. In dem alten *Veda* konnten die Menschen sich und die Welt und ihre Güter noch lieben; in dem jüngeren herrscht das Wissen um die irdische Vergeblichkeit und die Fragwürdigkeit des Seins vor.
Den Übergang vom älteren *Veda* zum jüngeren der *Upanishaden* bildet das vermutlich aus dem 10. Jahrhundert v. Chr. stammende *Brahmana der hundert Pfade (Shatapatha-Brahmana)*, und es ist kein Zufall, daß dieses literarische Zwischenstück sich mit den vier Schulden des Menschen auseinandersetzt und damit das tragische Lebensgefühl der Brahmanen begründet; denn die Frage nach der Erlösung kann das *Brahmana* noch nicht beantworten: »Jeder, der lebt, hat vom Augenblick seiner Geburt an eine Schuld den Göttern, den Weisen, den Vätern und den Menschen gegenüber. Beim Opfern tritt ihm die Schuld den Göttern gegenüber ins Bewußtsein: Für sie handelt er also, wenn er opfert oder ihnen ein Opfer darbringt...«
Erst den *Upanishaden* gelingt es, den Schritt vom Opfer über das richtige Opferwort zur Erkenntnis und zum Wissen über das Geheimnis des Weltganzen zu vollziehen, und dieser Schritt ist so gewaltig, daß er den Weg eröffnet zu einer völlig neuen Religiosität, weil er an die Stelle der heidnischen Frömmigkeit und ihrer Opferzeremonien die Erkenntnis und das Wissen setzt und damit schließlich auch den immanenten Pessimismus der Brahmanen überwindet. Die Größe und Bedeutung der brahmanischen Literatur zeigt sich hier wohl auch darin, daß in ihr Raum ist sowohl für die heidnischen Vorstellungen als auch für deren Überwindung durch eine neue Philosophie.
Das Sanskritwort *Upanishad* bedeutet soviel wie zusammensitzen oder niedersitzen und meint das Gespräch zwischen Lehrern und Schülern, die sich über eine esoterische Geheimlehre verständigen. Im Indischen werden die *Upanishaden* auch *Vedanta* genannt, was auf das Ende des *Veda* hindeutet. Inhaltlich gesehen, sind die *Upanishaden* nichts weniger als die Vollendung des vedischen Denkens, denn seine zentralen Texte, die im wesentlichen auf den Gelehrten Yajnavalkya zurückgehen, setzen sich mit hochphilosophischen Problemen der Einheit in der Mannigfaltigkeit, der Antithese von Wissen und Sein und deren Überwindung sowie mit den Begriffen *Brahman* und *Atman* auseinander. Einer der schönsten Texte der *Upanishaden* und der religionsgeschichtlich bedeutsamste dürfte die *Brihadaranyaka-Upanishad* sein, die sich mit keinem bescheideneren Thema als der Erschaffung der Welt aus der Seele befaßt. Noch Schopenhauer war von diesen Texten so fasziniert, daß er sich ein Leben lang damit beschäftigte und eine Reihe eigener philosophischer Ideen in den *Upanishaden* wiedererkannte.
Die Religionswissenschaft hat die *Upanishaden* nach Alter, Inhalt und Form in drei Gruppen zusammengefaßt, deren älteste, vermutlich zwischen 700 und

500 v. Chr. entstanden, noch deutliche Verwandtschaft zum alten *Veda* zeigt. Rudolf Otto und Paul Deussen haben sich darum bemüht, die Übereinstimmungen, aber auch die neuen Elemente der beiden *Veda*-Gruppen zu analysieren, und sie wollen nicht weniger als 109 verschiedene Autoren beziehungsweise Fragmente erkannt haben, aus denen sich die älteren *Upanishaden* zusammensetzen. So interessant derartige Untersuchungen textgeschichtlich auch sein mögen – die eigentliche Bedeutung der *Upanishaden* ist auf einer ganz anderen Ebene zu suchen, sie ist inhaltlicher Natur.

Unter Berücksichtigung vorbereitender Ideen in den *Brahmana*-Texten muß als das eigentliche Thema der *Upanishaden* die Frage nach dem Sinn des Lebens, nach dem Schicksal des Menschen nach dem Tod und nach dem Weg zur Erlösung genannt werden. Indem die *Upanishaden* zum erstenmal das Problem der Seelenwanderung thematisieren, überwinden sie darüber hinaus die traditionelle brahmanische Frömmigkeit, die sich der Frage nach dem Tod durch komplizierte Opferrituale zu entziehen suchte *(Atharvaveda!)*. In dem Augenblick jedoch, in dem sich die *Upanishaden* mit der Unerlöstheit des Menschen und seiner Sehnsucht nach Sinngebung und Erlösung auseinandersetzen und die Idee der Wiedergeburt entwickeln, stoßen sie die Tür auf zu einer Religiosität, die sich nicht mehr nur ausschließlich an der Götterwelt orientiert, sondern vielmehr erkennt, daß es der Mensch selbst ist, der von dieser tiefen Sehnsucht nach Überwindung seines Zustands der Unvollkommenheit ergriffen ist. Anders gesagt: Die *Upanishaden*-Religion begründet die anthropologische Dimension des religiösen Denkens. Von diesem Ansatz her ist es nur konsequent, wenn nicht mehr ausschließlich über die Schöpfung und die Götterwelt nachgedacht wird, sondern eben auch über das Menschenschicksal. Anlagen und Möglichkeiten zu dieser religiösen Haltung waren gewiß auch im alten *Veda* hier und da versteckt; in den *Upanishaden* wird das Menschenproblem jedoch gleichgeordnet neben das Gottesproblem gerückt.

Die anthropologische Dimension ist das eine, die Ausrichtung der Religion auf das All-Eine das andere. »Nur das Seiende, mein Lieber, war hier am Anfang, und zwar nur als E i n e s ohne ein Zweites«, soll der weise Svetakeku gesagt haben; jedenfalls steht es so in dem *Chandogya-Upanishad*, das Paul Deussen zusammen mit 59 anderen 1938 ins Deutsche übertragen hat. In diesem Text, der mit der polytheistischen Vorstellungswelt radikal aufräumt, indem er sich auf das Problem des Seins und die Idee des Ur-Einen konzentriert, steht auch die bekannte Formel »tat twam asi«, was soviel heißt wie »das bist du«. Was aber ist das Eine?

Um das Eine zu kennzeichnen, haben die *Upanishaden* das artikellose Sanskritwort Brahman geschaffen, das wir vielleicht mit Weltseele übersetzen mögen, das aber auch etwas sehr viel anderes bedeuten kann. Wenn es bereits im *Veda* heißt: »Die Rede ist das Brahman«, oder »das Brahman erzeugt die Götter und die ganze Welt ... das Brahman ist der Brahmane in eigener Person«, dann heißt das zunächst ja nicht viel mehr, als daß Brahman etwas ist, dem sich Gott, Götter und Menschen gleichermaßen zu unterwerfen haben. Brahman ist das Wesen der Dinge, aber nicht die Dinge selbst; es ist das All-Eine und die Macht; Brahman ist der Ursprung der Welt und jener Zustand,

auf den der Mensch sich hin entwickeln soll; Brahman ist das absolute Ich; Brahman ist im Menschen und in der Welt, überall und nirgends. Die Brahmanen haben sich längst damit abgefunden, an dessen Existenz zu glauben, ohne es begrifflich in irgendeiner Weise fassen zu können, und alle Erklärungsversuche werden mit einem bemitleidenden Lächeln abgetan, weil die Neugier des Interpreten für sie unbegreiflich ist und unerlaubt.
Brahman ist also nicht zuletzt auch ein Problem der Sprache, die an die Grenzen ihres Ausdrucksvermögens gelangt. Dennoch gibt es in der Brahmanenliteratur selbstverständlich ein paar Stellen, die eine Vorstellung vom Brahman vermitteln können. So heißt es bereits im *Shatapatha-Brahmana*: »Voran steht der Geist. Der Geist ist der erste der Atemzüge. Das Auge ist der ›Fuß‹; denn mit Hilfe des Auges wandelt dieses Selbst einher ... Das ist das größte Brahman. Nicht gibt es etwas Größeres als das. Der Größte und Beste unter den Seinigen wird der, der also weiß. Das Brahman hat nichts vor und nichts hinter sich. Der, welcher das Brahman in dieser Weise als etwas kennt, das nichts vor und hinter sich hat, hat unter seinesgleichen keinen besseren, als er selbst ist.«
Auch das *Katha-Upanishad* beschäftigt sich mit der einheitlichen Allseele und stellt diese in ein Verhältnis zum Menschen. In der Übertragung von Deussen lauten die entscheidenden Verse folgendermaßen:

»Das Licht, als eines, eindringt in den Weltraum
Und schmiegt sich dennoch jeglicher Gestalt an;
So wohnt das eine innre Selbst der Wesen
Geschmiegt in jeder Form, und bleibt doch draußen.«

Die Verknüpfung der Idee des All-Einen mit dem menschlichen Schicksal wird an ungezählten Stellen im Text deutlich und weist ununterbrochen darauf hin, daß der Mensch erst in der Überwindung seiner schuldhaften Existenz des Brahman teilhaftig werden kann. Die große, alles stiftende Weltseele, der Atem des Seins, ist nicht nur die Grundlage der kosmologischen Ordnung, sondern damit auch die Motivation des Menschen, sich ihm durch die Überwindung der Welt zu nähern, tragische Existenzdeutung und Zukunftshoffnung treffen sich an dieser Stelle unvermittelt:

»Den Weisen, die es in sich selbst erkannt,
Winkt ewger Frieden, nicht den anderen.«

Die Vorstellung der Weltseele oder des Weltgeheimnisses ist das eine, was das brahmanische Religionsverständnis ausmacht; die Überlegenheit des Brahman über die Götter das andere. Mit unmißverständlicher Deutlichkeit und überraschender Detailfreude heißt es im *Kena-Upanishad* dazu: »Es geschah, daß das Brahman für die Götter den Sieg über die Dämonen erfocht. Die Götter aber brüsteten sich ob dieses Sieges des Brahman; denn sie dachten: ›Unser ist dieser Sieg, unser ist dieser Ruhm.‹ Als das Brahman bemerkte, daß sie das taten, machte es sich ihnen offenbar; aber sie erkannten es nicht und sprachen: ›Was ist das für ein Wunderding?‹« Die Götter veranstalten

daraufhin verschiedene Experimente, um hinter das Geheimnis aller Geheimnisse zu gelangen, müssen aber schmählich ihr Unvermögen erkennen. Am Schluß der Erzählung trifft Indra – immerhin noch der Obergott der vedischen Mythologie – eine Frau, die als Personifikation des Wissens dargestellt wird. »Zu der sprach er: ›Was ist das für ein Wunderding?‹ – ›Das ist das Brahman‹, sprach sie, ›das Brahman, welches jenen Sieg erfocht, ob des ihr euch brüstet!‹ – Da erst erkannte er, daß es das Brahman war.«
Das Brahman ist die Seinsweise des Absoluten, dem sich auch die Götter unterwerfen müssen, es ist der Urwert, der Anfang und das Ende und das Nichts. Es ist das wahre Selbst des Seins und damit die Voraussetzung jenes Atman, worunter wir dann das wahre Selbst des Menschen zu verstehen haben werden. Sind Brahman und Atman in der *Upanishaden*-Literatur ursprünglich getrennt beziehungsweise parallel existent, so versucht schon das *Maitrayana-Upanishad* die funktionale Beziehung zwischen beiden Phänomenen herzustellen. Denn der Brahmane verschließt sich der empirischen Mannigfaltigkeit der Welt keineswegs und weiß zugleich, daß hinter aller Vielfalt das Eine steht, so wie er selbst einzigartig und einmalig in seiner Existenz ist. Er ist zwar weit von der christlichen Idee der Gottesebenbildlichkeit des Menschen entfernt, aber für ihn besteht überhaupt kein Zweifel mehr, daß die eigentliche Erlösung in der Fähigkeit besteht, jenen Zustand zu erreichen, der für die Welt insgesamt Brahman und für das menschliche Sein Atman heißt. Die entsprechende Textstelle im *Maitrayana-Upanishad* lautet:
»Das Brahman, fürwahr, war diese Welt zu Anfang, der Eine, Unendliche; unendlich nach Osten, unendlich nach Süden, unendlich nach Westen, unendlich im Norden und nach oben und unten, unendlich nach allen Seiten. Für ihn gibt es keine östliche oder sonst eine Himmelsgegend, kein in die Quere, kein unten oder oben. Er ist der unbegreifliche, höchste Atman, unausmeßbar, ungeboren, unerforschlich, undenkbar ist er (!), ›dessen Selbst die Unendlichkeit ist‹. Er ist es, der, wenn das Weltall untergeht, allein wach bleibt; und er ist es, der dann (wieder) aus diesem Weltraume das Reingeistige erweckt; durch ihn allein hat es sein Denken, und in ihm geht es wiederum unter. Das ist eine glanzvolle Erscheinungsform, was dort in der Sonne glüht, und das Licht, welches in dem rauchlosen Feuer in bunten Farben spielt, und er ist in dem Leibe befindlich als das Feuer, welches die Nahrung verdaut. Denn so heißt es: ›Der da im Feuer weilt, und der im Herzen weilt, und der in der Sonne weilt, die sind nur er, der Eine allein.‹ – Der gelangt zur Einheit mit dem Einen, der solches weiß.«
Man muß sich immer wieder vergegenwärtigen, daß es sich hierbei um Aussagen handelt, die spätestens im 5. vorchristlichen Jahrhundert entstanden sind, ausschließlich mündlich überliefert wurden und erst in nachchristlicher Zeit zu einer Sammlung von religiösen Quellen geworden sind, um sich eine Vorstellung von der gedanklichen Tiefe der *Upanishaden*-Mystik machen zu können. Sokrates, möchte man sagen, hatte immerhin einen Platon, der die Weisheiten des Philosophen »notierte«, aber die mündliche Überlieferung der *Upanishaden*-Literatur braucht sich des Vergleichs mit der platonischen Lehre von der reinen Idee auch inhaltlich nicht zu schämen.
Die Bedeutung des Brahman für die Entstehung und die Ordnung der Welt

ist in den *Upanishaden* hinreichend herausgestellt; aber damit begnügen sie sich wie gesagt nicht. Wenn Brahman das All-Eine, das Absolute, das wahre Selbst des Seins ist, dann muß auch der Mensch Brahman sein können. Das Brahman des Menschen ist Atman oder das wahre Selbst des Menschen. Atman ist der zu sich selbst gekommene Mensch, der mit sich selbst identische, unentfremdete, der Mensch, der in unmittelbare Beziehung mit Brahman gelangt ist – kurz gesagt: der erlöste Mensch. Der tiefe Pessimismus der brahmanischen Literatur und der sie begründenden Anthropologie geht zurück auf den anspruchsvollen Gedanken, daß der wahre, erlöste Mensch nur im Atman gedacht und verwirklicht werden kann, nur in der das alltägliche Leben mit seinen vielfältigen Kümmernissen und Unvollkommenheiten überwindenden Einheit. Die Einheit des Menschen mit sich selbst, die Überwindung von Sein und Bewußtsein, Subjekt und Objekt ist jener Zustand der Erlösung, den man als die Metaphysik des Ich bezeichnen kann, weil er notwendigerweise ein bewußtloser oder bewußtseinsüberwindender Zustand ist. Im *Brihadaranyaka-Upanishad* liegt eine umfassende Darstellung des Atman im Zustand des Wachens, des Traums, des Tiefschlafs, des Todes und der Erlösung vor und zeigt, daß die Erlösung die selige Ruhe dessen ist, der sich selbst überwunden hat und Brahman geworden ist. Noch im meditativen Yoga-Kult finden sich Spuren jener religiösen Übung, die über die Seinsvergessenheit und die Versenkung in den Zustand der Ruhe und des seelischen Gleichmuts gelangen möchte.

»Das Atman, das sündlose, frei vom Alter, frei vom Tode und frei vom Leiden, ohne Hunger und ohne Durst, dessen Wünsche wahrhaft, dessen Ratschluß wahrhaftig ist, das soll man erforschen, das soll man suchen zu erkennen; der erlangt alle Welten und alle Wünsche, wer dieses Selbst gefunden hat und erkennt«, heißt es über das wahre und falsche Selbst im *Brihadaranyaka-Upanishad.* Und über die universale Heilsidee führt es weiterhin aus: »Nicht des Gatten wegen liebt man seinen Gatten, sondern des Atman wegen. Nicht der Gattin wegen liebt man seine Gattin, sondern des Atman wegen. Nicht der Söhne wegen liebt man seine Söhne, sondern des Atman wegen. Nicht des Besitzes wegen liebt man seinen Besitz, sondern des Atman wegen ... Nicht der Götter wegen liebt man die Götter, sondern des Atman wegen ... Darum muß man nach dem Atman spähen, nach dem Atman horchen, muß den Atman denken und muß auf den Atman merken ..., denn wenn man den Atman erspäht, gehört und gedacht und erkannt hat, so hat man das All erkannt.«

Auch diese Textstelle zielt auf die Verknüpfung von Brahman und Atman ab, denn sie steuert unmittelbar auf eine metaphysische Einheit des Menschen mit der Erscheinungswelt und der Welt des Brahman zu. Gleichzeitig weist der Text aber auch darauf hin, daß jene Menschen des ewigen Unheils gewiß sein müssen, die sich nicht um das Atman bemühen: »Das Brahman hat den ausgestoßen, der das Brahman in etwas anderem sucht als im Atman; die Welten haben den ausgestoßen, der die Welten in etwas anderem sucht als im Atman; denn dieses Brahman, diese Welten sind dasselbe wie das Atman.«

Bereits im *Chandogya-Upanishad* wurde darauf hingewiesen, daß alle Geschöpfe »das Seiende zur Wurzel, das Seiende zum Halt, das Seiende zur

Grundlage« hätten, so daß sich im Grunde die Frage verbietet, was mit jenen geschieht, die sich der Forderung des Atman entziehen wollen. Immerhin ist es bezeichnend, daß die *Upanishaden* sich weniger mit dem Verbleiben der sündhaften Existenzen beschäftigen als vielmehr den Gedanken der Erlösung mit lückenloser Konsequenz verfolgen. Danach muß der Tod so etwas wie eine Befreiung sein, da er auf der einen Seite die Erlösung von der schuldhaften irdischen Existenz bedeutet, andererseits jedoch die Chance birgt, dem Zustand des Atman näherzukommen. Denn die Auffassung der Brahmanen vom Leben ist von der *Karma*-Lehre bestimmt, was wörtlich soviel heißt wie Handlung oder Tat und von dem Gedanken der ewigen Wiederkehr der Wesen auf diese Welt nicht zu trennen ist.

Die brahmanische Idee der Seelenwanderung und der Wiedergeburt ist unmittelbar mit dem Karma-Gedanken verknüpft, da die Wiedergeburt abhängig gemacht wird von dem Gesetz der Vergeltung guter oder böser Taten. Dem Karma ist eine starke ethische Komponente eigen, die sich auch in den *Dharma-Sutras* des *Veda* nachweisen läßt, denn *Dharma* ist die Norm der Brahmanen und Hindus und bezieht sich nicht nur auf religiöse, sondern ebenso auf juridische Sachverhalte. Das Rad ist aus brahmanischer Sicht das Symbol des Lebens, und es dreht sich nach dem physischen Tod des Menschen und der dadurch ausgelösten Seelenwanderung ein Stückchen weiter, um über die Wiedergeburt eine höhere Stufe der Erlösung zu erreichen, vorausgesetzt, der Mensch erweist sich durch seine Werke und Taten einer Wiedergeburt würdig. Nicht der Fatalismus oder eine mysteriöse Todessehnsucht sind die eigentlichen Kennzeichen des Brahmanismus, sondern der mühevolle Weg zum Wissen und zur Erkenntnis, welche das Wissen um die erlösende Kraft der Wiedergeburt einschließt. Fast möchte man von der Einheit von Theorie und Praxis, Erkennen und Handeln im Brahmanismus sprechen, der den Weg des Menschen zu sich freilegt und der Abkehr der brahmanischen Frömmigkeit von der Welt seinen besonderen Reiz verleiht.

Eine der ältesten Schilderungen der Wiedergeburt (Sanskrit: *Sansara*) und deren Abhängigkeit von den menschlichen Handlungen *(Karma)* findet sich im sogenannten Gesetzbuch des Manu, *Manava Dharmashastras*, einem Klassiker der brahmanischen Rechtstheorie aus dem 2. oder 1. vorchristlichen Jahrhundert, der in Maximen das *Dharma* oder Normensystem des Brahmanismus wie des folgenden Hinduismus zusammengefaßt hat. Manu ist hierbei der fiktive Name für einen fiktiven Urvater der Menschheit, dem Brahman seine höchsten Ziele offenbart. In anschaulichen und bisweilen volkstümlichen Bildern und Beispielen werden die Gesetze des sittlichen Handelns aufgelistet, wobei in der Regel auf die unangenehmen Folgen des Karma verwiesen wird. Hier sind die Verhaltensweisen des Brahmanen gegenüber seinen Eltern, dem Alkohol, dem sinnlichen Genuß, den Tieren und so weiter vorgeschrieben, und es besteht kein Zweifel, daß derjenige, der sich nicht um die Einhaltung des *Dharma* und um die Erlösung im Atman bemüht, schweren Zeiten entgegengeht: »Der Brahmane, der von seinem Gesetz abweicht, wird ein Gespenst, ›mit flammendem Fackelmund‹, das Ausgespienes ißt; der Kshatriya, ein Gespenst ›mit stinkender Nase‹, das unreine Dinge und Kadaver ißt.«

So drastisch und abmahnend diese Hinweise auch sein mögen, es kennzeichnet den Brahmanismus doch in erster Linie, daß er von der Erlösungssehnsucht des Menschen nicht abweicht und den Weg dorthin unaufhörlich beschreibt. Das Leben selbst ist zwar keine Hölle, aber da das Erleben des Brahmanen durch die Einsicht in seine Unvollkommenheit gekennzeichnet ist, bemüht er sich zugleich, die Irritationen und Täuschungen des irdischen Lebens zu erkennen und handelnd zu überwinden. So gesehen, ist der Brahmanismus eine Erlösungsreligion, die nicht die Erlösung durch Gott meint (wie etwa im Christentum), sondern durch die Handlungen und Denkakte des Menschen selbst. Die Überwindung der Unwissenheit und die Orientierung des Lebens am *Dharma* begründet die Einheit von Brahman und Atman; erst sie macht frei und erlöst.
Bei all diesen gewiß nicht einfachen Gedankengängen, Gesetzen und Abstraktionen bleibt eine Frage – und wie wir meinen nicht die unwesentlichste – allerdings unbeantwortet: Wer in der indischen Gesellschaft, ob es nun die um 500 v. Chr. ist oder die heutige, wer ist in der Lage, nach diesen Gesetzen zu leben, wer kann im Sinne der *Upanishaden* wirklich erlöst werden? Wer so fragt, muß einen Blick werfen auf eine Besonderheit der indischen Gesellschaft und Kultur, das Kastensystem, jene Viergliederung der indischen Gesellschaft, die wiederum in zahlreiche Untergliederungen dividiert wird, und deren erste Erwähnung bereits im *Rigveda* nachgewiesen werden konnte. Danach seien die vier großen Kasten aus einem Urwesen Purusha entstanden:

»In wie viele Teile ward er umgewandelt,
als sie zerstückelten den Purusha?
Was ward sein Mund, was wurden seine Arme,
was seine Schenkel, seine Füße da?
Zum Brahmana ist da sein Mund geworden,
die Arme zum Rajanya sind gemacht,
der Vaishya aus den Schenkeln, aus den Füßen
der Shudra ward hervorgebracht.«

Die eigentliche Differenzierung der indischen Gesellschaft erfolgte allerdings erst in dem historisch späteren Gesetzbuch des Manu, das einigermaßen rücksichtslos die Auffassung vertritt, nur die Brahmanen-Priester selbst, also die oberste Kaste, seien in der Lage, zur wirklichen Erkenntnis und Erlösung zu gelangen. Nur sie würden vom Rad der ewigen Wiedergeburt befreit und zögen damit in die Ewigkeit des All-Einen, in das Nirvana, ein. Daß dieser Gedanke demokratisch wäre, wird niemand behaupten wollen, und noch Gandhi hat sich in unserem Jahrhundert darum bemüht, Indiens Gesellschaft vom lastenden Druck des Kastensystems zu befreien; vergeblich.
Die Bezeichnung Kaste geht auf das portugiesische Wort *casta* zurück, was soviel bedeutet wie Rasse oder Stand, damit aber den eigentlichen soziologischen Sachverhalt nicht hinreichend erklärt. Dieser muß berücksichtigen, daß die Differenzierung in Kasten zum einen sozioökonomische, zum anderen aber auch religiös-kulturelle Elemente berücksichtigt. So setzt sich die zweite Kaste, die also den Brahmanen unmittelbar folgt, aus den Kshatriyas oder

Rajanyas zusammen, die als Vertreter der weltlichen Gewalt gelten und als Krieger oder Herrscher bezeichnet werden dürfen. Ihnen folgt die Kaste der Vaishyas, worunter man Siedler, Bauern oder Handwerker zu verstehen hat; und in der vierten Kaste schließlich sind die Shudras zusammengefaßt, die den ersten drei Kasten in einigem Abstand folgen, weil sie die Angehörigen verachteter oder doch zumindest unbedeutender Berufe versammelt. Weit unterhalb dieser vierten Kaste befinden sich in der Hierarchie des Kastensystems die Unberührbaren, die Ausgeschlossenen, die Parias, deren irdisches Leben in materieller wie in geistiger Hinsicht eine einzige Tragödie darstellt. Sie haben keinerlei Chance, jemals das Dunkel ihrer Randgruppenexistenz zu verlassen, dürfen sich nicht durch Heirat den höheren Kasten nähern, und der Gedanke an eine Erlösung ist ihnen fremd.

Aus religionssoziologischer Sicht ist das Kastensystem insofern von Bedeutung, als der Brahmanismus davon ausgeht, daß die Beziehung zum Göttlichen, zum Brahman, durch Geburt bereits festgelegt ist, da diese ja als Wiedergeburt verstanden wird. So dürfen sich die obersten drei Kasten mit einiger Genugtuung des Umstands erfreuen, daß sie zu den Zweimalgeborenen gehören, während die vierte Kaste die Kaste der Einmalgeborenen ist. Zweimal geboren zu sein, heißt soviel wie nach der leiblichen Geburt auch eine geistige Geburt erlebt zu haben, und das wiederum bedeutet, daß sich der Kreislauf der Wiedergeburt schneller vollzieht als bei den Einmalgeborenen. Die Sozialstruktur des Kastensystems trägt damit eindeutig Züge einer religiösen Privilegierung, oder – marxistisch gesprochen – das Kastensystem stabilisiert eine Religion, die das Stigma der Klassengesellschaft trägt. Wenn man davon ausgeht, daß die Zahl der sogenannten Unberührbaren in Indien gegenwärtig etwa 100 Millionen beträgt, so kann man sich des Eindrucks kaum erwehren, daß der Brahmanismus neben seinen faszinierenden auch seine inhumanen und grausamen Züge trägt. Zwar weist er den Gedanken weit von sich, daß die Parias nicht auch die Erlösung erstreben könnten, aber der Weg dorthin ist so ungleich mühsam und entwürdigend, daß das Karma durch den Fatalismus und die Resignation ersetzt werden dürfte. Schließlich ist nicht zu übersehen, daß die *Dharma-Sutras*, also das Normensystem der Brahmanen und Hindus, klassenbedingt sind und den Angehörigen der vierten Kaste wie auch insbesondere den Unberührbaren kaum Platz in der Gesellschaft, vor allem aber in der Religion gewähren, da das ganze ethische System darauf ausgerichtet ist, die Klassenverhältnisse beizubehalten.

Damit nicht genug, hat die indische Gesellschaft nicht weniger als 3 000 Unterkasten ausgebildet und bis auf den heutigen Tag fortgeführt, so daß eine Orientierung innerhalb der engen Kastengrenzen einigermaßen schwerfällt, von der nächsthöheren Kaste aber stets streng beobachtet wird. Die Situation des einzelnen Menschen in der Kaste ist demnach durch Abhängigkeit gekennzeichnet, und seine Freiheit endet spätestens an den durch die Kastengesetze gezogenen Grenzen. Von Freiheit im europäischen liberalen Sinn kann keine Rede sein; aber der Inder träumt ja auch nicht von dieser (sonst wäre Gandhi nicht gescheitert).

Die Sehnsucht nach Erlösung und Atman vollzieht sich nicht im irdischen Dasein. Dieses ist durch das Karma allenfalls in der Lage, das Rad der Wiedergeburt schneller oder langsamer zu drehen. Da aber nun alles auf die Wiedergeburt und die Einheit von Brahman und Atman ausgerichtet ist und die Brahmanenkaste davon ausgeht, daß ihr die Vollendung am frühesten gelingt, zieht sich diese mit esoterischer Gelassenheit mehr und mehr aus den Unbillen des irdischen Daseins zurück. Aber auch die anderen Kasten in der riesigen und erdrückenden Hierarchie der indischen Gesellschaft versuchen es den Brahmanen gleichzutun, halten sich streng an das *Dharma* und verschwenden keinen Gedanken an ihre momentane Existenz. Der gelegentliche Aufschrei des europäischen Menschen angesichts des unbeschreiblichen Elends in Indien erreicht nicht die Ohren der Brahmanen, von einem gewissen Verständnis nicht erst zu reden.

Was der Europäer den indischen Pessimismus nennt, ist für den Brahmanen nichts weniger als jene spezifische Gelassenheit der Seele, die sich auf ständiger Wanderschaft weiß und die sich von den Geschäften des Lebens entfernt, um sich mit »dem Eigentlichen« zu beschäftigen. Die Weltabgewandtheit des Brahmanismus zeigt sich am auffälligsten, wir sagten es schon, im Yoga, das keineswegs eine gymnastische Übung, sondern ein Zustand der Konzentration und der Verinnerlichung ist und sich an Brahman und Atman orientiert. Nietzsche hatte dieses Verhalten im Auge, als er den Begriff »jenseits von gut und böse« prägte, aber man darf vermuten, daß er das Wesentliche des Brahmanismus nicht getroffen hat. Das große Wort der *Upanishaden* »tat twam asi« stiftet nämlich eine Identität des Menschen, für welche die europäische Philosophie keine Begriffe mehr hat. (Nur das Jahwe-Wort aus dem Alten Testament »Ich bin, der ich bin« käme dem nahe.)

Da die menschliche Tat, das Karma, nicht ausreicht, um zur Erlösung zu gelangen, wendet sich der Yoga von der Welt ab, um in die Welt des Glaubens einzugehen, in der der Dualismus von Endlichkeit und Ewigkeit aufgehoben ist. So gesehen, kennt der Brahmane auch keine Angst vor dem Tod, weil mit dem Tod nicht alles aufhört, sondern ein neuer Kreis in der ewigen Wiederkehr des Gleichen beginnt, die Erkenntnis und damit die Vollkommenheit größer wird und das menschliche Wesen sich dem Brahman einen Schritt näher weiß. Die brahmanischen Spekulationen von der erlösenden Macht der Erkenntnis haben dem Menschen als Wanderer zwischen den Welten ein Ziel gewiesen, in dem der Mensch Atman ist und sich mit Brahman vereinigt. Dieses Ziel ist das *Nirvana*, das wir durchaus mit dem christlichen Paradies gleichsetzen dürfen, auch wenn Nirvana eine unpersönliche Ruhe des Wesens Mensch meint und nicht eine Fortexistenz der Seele im Angesicht Gottes.

Das Eingehen des Menschen in das Nirvana ist seine Vollendung und Erlösung in der reinen Idee des Selbst. Die vielen heiligen Bücher des Brahmanismus haben sich mit unendlicher Behutsamkeit, aber begreiflicherweise auch mit existentieller Scheu dem Nirvana genähert, ohne es freilich sprachlich auf den Begriff bringen zu können. Nirvana ist der Seelenzustand der erlösenden Wahrheit, die Entschlüsselung des Weltgeheimnisses; es ist eine Stimmung, die Buddha einmal als die »ewige Ordnung« bezeichnet hat; und es ist namenlos wie Brahman und Atman selbst. Im *Mundaka-Upanishad*, einem der späten Texte der Brahmanen-Literatur, wird das Bild von den Strömen verwendet, die sich in das unendliche Meer ergießen, um das Nirvana zu kennzeichnen: »Wie die fließenden Ströme im Meer verschwinden, indem sie Namen und Form ablegen, so geht der Weise, von Name und Form erlöst, in den himmlischen Geist ein, der höher als das Höchste ist.«

Wir dürfen nicht davon ausgehen, daß der Brahmanismus jemals in Europa oder Übersee Fuß gefaßt hätte, obwohl er, alles in allem, den großartigen Versuch darstellt, eine Erlösung zu denken, in welcher sich der Mensch selbst erlöst, weil er erkennt. Der Wissende lebt in einem Glauben ohne persönlichen Gott, ja der Brahmanismus hat den Gottesbegriff Schritt für Schritt zurückgedrängt und an dessen Stelle das überirdische Brahman gesetzt. So irritierend die sozioökonomischen Folgen des Brahmanismus für die indische Gesellschaft gewesen sind und ihre Entwicklung in eine moderne Gesellschaft auch weiterhin beeinträchtigen, es ist unübersehbar, daß in diesem zerklüfteten und zerstrittenen, durch sprachliche und kulturelle Barrieren getrennten Vielvölkergemisch eine Religion entstanden ist, die in ihrer Einzigartigkeit und intellektuellen Führung auch Menschen außerhalb Indiens angesprochen, weil fasziniert hat, vor allem in Zeiten der Krise der Kultur und der Identität. Der Gedanke, über die wahre Erkenntnis zur befreienden Erlösung und damit zur Überwindung des endlichen und unvollkommenen Daseins zu gelangen, ist zu groß, als daß er nur für den Brahmanen Gültigkeit haben könnte. So ist es gewiß kein Zufall, daß (um nur ein Beispiel zu wählen) Thomas Wolfe in seinem letzten Roman mit dem bezeichnenden Titel *Es führt kein Weg zurück* seinen Helden George Webster einen Brief an seinen Freund schreiben läßt, worin nicht nur Enttäuschung und Skepsis, sondern auch Hoffnung sich niederschlagen. »Ich glaube«, heißt es darin, »daß wir hier in Amerika verloren sind, aber ich glaube auch, daß wir eines Tages neu entdeckt werden.« Der Schluß dieses Briefes benutzt Wendungen, die ohne das Brahman der *Upanishaden* nicht recht denkbar sind:

»Aber eines muß ich Dir noch sagen, ehe ich gehe:

Es hat mich gerufen in der Nacht, beim letzten Flackern des schwindenden Jahres; es hat mich gerufen in der Nacht und hat zu mir gesagt, ich werde sterben – wo, weiß ich nicht. Es hat gesagt: ›Laß fahren diese Erde, die du kennst, um höherer Erkenntnisse willen; laß fahren die geliebten Freunde, um einer höheren Liebe willen; ein Land erwartet dich, das gütiger als die Heimat ist und größer als die Erde ...‹

›Dort ist der Grund, auf dem die Pfeiler dieser Erde ruhn – der Hort des Weltgewissens ... ein Wind erhebt sich, und die Ströme fließen.‹«

Dieses ist der Ton der brahmanischen Erlösungssehnsucht und das zentrale Problem jeder Religion. Das Heil des Menschen erfüllt sich nicht in dieser Welt, sondern nach brahmanischer Auffassung in der Vollendung der Vielheit in der Einheit. Ein bedeutender Kommentator des *Veda*, der im 9. Jahrhundert n. Chr. lebende Gelehrte Shankara, hat diesen Gedanken noch so weit getrieben, daß er die Erlösung im unkörperlichen reinen Sein begreift. In einem der letzten Texte, die noch zur *Vedanta* gehören, schreibt er noch einmal aus brahmanischer Sicht über das wahre Selbst, das Brahman, das ihm einzig real scheint, während die Wirklichkeit nur von der Last der Vergänglichkeit gekennzeichnet und ein Trugbild ist:

»Jenes im absoluten Sinne reale, allerhöchste, ewige, wie der Äther alldurchdringende, aller Veränderung entrückte, ungeteilte, seiner Natur nach sich selbst als Licht dienende (Sein), in welchem kein Gutes und kein Böses, keine Wirkung, keine Vergangenheit, Gegenwart oder Zukunft statthat – dieses unkörperliche (Sein) heißt die Erlösung.

Aber auch insofern ist die Erlösung durch kein Tun bedingt, als sie durch moralische Besserung nicht erreichbar ist. Denn alle Besserung geschieht an dem zu Bessernden durch Zulegung von Tugenden oder Ablegung von Fehlern. Durch Zulegung von Tugenden kommt Erlösung nicht zustande; denn sie besteht in der Identität mit dem keiner Zulegung von Vollkommenheit fähigen Brahman; und ebensowenig durch Ablegung von Fehlern: denn das Brahman ... ist ewig rein. Aber wenn sonach die Erlösung eine Beschaffenheit des eigenen Selbst ist, nur daß dieselbe uns verborgen bleibt, kann sie nicht dadurch sichtbar gemacht werden, daß man das Selbst durch eigene Tätigkeit läutert, ebenso wie der Glanz als Beschaffenheit des Spiegels dadurch, daß man denselben durch die Tätigkeit des Putzens reinigt? Das geht nicht an, weil das Selbst (Atman) kein Objekt der Tätigkeit sein kann. Denn eine Tätigkeit kann sich nicht anders verwirklichen, als indem sie das Objekt, auf welches sie sich bezieht, verändert. Würde nun das Selbst, Atman, durch eine Tätigkeit verändert, so wäre es nicht ewig, und Worte wie ›unwandelbar wird es genannt‹ wären unrichtig, was nicht annehmbar ist. Folglich kann es keine Tätigkeit geben, die sich auf das Selbst als Objekt bezieht; bezieht sie sich aber auf ein anderes Objekt, so wird eben das Selbst nicht von ihr betroffen und folglich auch nicht gebessert.«

Nirvana und der Weg dorthin bleiben die Aufgaben des Brahmanen.

Die tausend Quellen der Sühne

Es gibt eine schöne Abhandlung von Ramakrishna, den man den letzten Heiligen des Hinduismus genannt hat (1834[1836?]–1886), worin er sich mit dem Weg des Menschen zu Gott aus hinduistischer Sicht auseinandersetzt: »Gott ist dem Wunschbaum gleich: Wer immer in seiner Gegenwart denkt, er sei verlassen und arm, der bleibt ein solcher, aber wer glaubt, daß der Herr allen seinen Bedürfnissen gerecht werde, der empfängt alles von ihm. Wie Wasser, wenn es friert, so ist die sichtbare Form des Allmächtigen die stoffgewordene Offenbarung des allgegenwärtigen formlosen Brahman. Wie das Eis, das doch nur aus Wasser besteht, eine Zeitlang im Wasser bleibt und darin zerschmilzt, ebenso ist der persönliche Gott nur ein Teil des Unpersönlichen. Er ersteht aus dem Unpersönlichen, bleibt dort und geht schließlich darin ein und verschwindet. Es ist ein und derselbe Avatara *(das heißt die Inkarnation Gottes als Mensch)*, der in das Meer des Lebens sich stürzt, an einer Stelle heraufkommt und als Krishna bekannt wird und, wiederum tauchend, an einer anderen Stelle heraufkommt und Christus heißt.«
Ramakrishna liefert hier ein eindringliches Beispiel für die Toleranz des Hinduismus, die von dem Gedanken, daß das Ewige eins ist, aber viele Namen hat, mühelos die Verbindung zu vielen anderen Religionen und ihren Gottesvorstellungen herstellen kann. Das Einssein des Ewigen ist für den Hinduismus allenfalls das Gebot, sich wie die anderen Religionen auch auf den Weg zu Gott zu machen in der Hoffnung, ihm nahezukommen, vielleicht auch in der Sehnsucht, ihn ein wenig früher als die anderen Religionen zu erreichen.
»Wie jemand, der nach einem fremden Lande geht, sich an die Weisungen dessen, der den Weg kennt, halten muß – denn dem Rate vieler zu folgen, kann Verwirrung zur Folge haben –, so folge man, wenn man Gott zu erreichen versuchen will, mit unbedingtem Vertrauen dem Rate eines einzigen Lehrers, der den Weg zu Gott kennt. Wahrlich, wahrlich, ich sage euch: Wer nach Gott sich sehnt, der findet ihn.

Wann werde ich frei sein? – Wenn deine Ichheit verschwinden und dein Eigenwille in die Gottheit aufgehen wird.«

Die Bemerkungen des Ramakrishna zeugen nicht nur von der sprichwörtlichen Toleranz des Hinduismus, sondern auch von seiner Beziehung zum Brahmanismus, den der Hinduismus jedoch auf entscheidende Weise verändert, so daß ein völlig neues religiöses System entsteht. Zunächst allerdings ist der Hinduismus ein Volksglaube und eine Religion der Liebe; er hat nichts – oder doch recht wenig – vom esoterischen Habitus seiner Vorgängerreligion, die immer nur das religiöse Bewußtsein einer Minderheit erfüllen konnte. Der Hinduismus ist die Religion der 800 Millionen Inder und anderer asiatischer Völker, die zu über 80 Prozent Analphabeten sind und mit komplizierten und abstrakten Ewigkeitsvorstellungen intellektuell einfach überfordert wären. Da er seine Herkunft aus dem Brahmanismus nicht verleugnen kann, ist sein Erscheinungsbild disparat; zum einen ist der Hinduismus von erfrischender Diesseitigkeit und Lebensfreude, bunt und düster in einem, der Ausdruck von Volksfrömmigkeit, die sich aufgrund der ihm eigenen Toleranz einer Fülle von Sekten und Untergruppierungen erfreut, was ihn seit seiner Entstehung bis heute kennzeichnet und seiner Substanz in keiner Weise geschadet hat. Zum anderen ist er aber auch ein hochdifferenziertes und kompliziertes religiöses System, das durch seine monotheistisch angelegte Gottesvorstellung ebenso gekennzeichnet ist wie durch seine metaphysische Erlösungssehnsucht und die Hoffnung auf ein besseres, anderes Leben.

Zudem hat der Toleranzgedanke des Hinduismus dazu beigetragen, Kontakte mit anderen Religionen schöpferisch zu verwerten, so daß sich nach der Epoche des traditionellen Hinduismus, die ihre letzte große Blüte in der Zeit des europäischen Spätmittelalters erlebte, aber bis an den Anfang des 19. Jahrhunderts fortdauerte, nach 1820 eine Reformbewegung im besten Sinne des Wortes nachweisen läßt, die mit bedeutenden Namen aufwartet. Und noch in unserer Zeit macht der Hinduismus auch in Europa von sich reden, da sich immer neue Gruppen und Sekten bilden, die zum Teil Anhänger in Europa und Amerika mobilisieren, welche sich der Transzendentalen Meditation (TM) widmen und echten und falschen Gurus nachlaufen. In der Tat: Bei allen Absonderlichkeiten und Eigentümlichkeiten ist der Hinduismus eine höchst lebendige Religion geblieben, und gerade seine modernen Vertreter wie Tagore, Ramakrishna, Vivekananda, Gandhi oder Radhakrishnan haben seine Aktualität und religiöse Vitalität überzeugend unter Beweis gestellt.

Ohne den Brahmanismus wäre der Hinduismus nicht denkbar. Religionsgeschichtlich gesehen, ist die Kontinuität zwischen den beiden Religionen durch die Entstehung des Buddhismus im 6. Jahrhundert v. Chr. unterbrochen worden, so daß die Entstehungszeit des Hinduismus in die Zeit zwischen Buddha und den Beginn der christlichen Zeitrechnung verlegt werden muß. Beide Religionen stimmen in wesentlichen Aussagen überein, genauer: der Hinduismus übernimmt vom Brahmanismus zentrale Positionen, um sie jedoch im Rahmen seiner eigentümlichen Religionsvorstellung entsprechend zu wandeln. Beide Religionen gehen von der Relevanz des *Karma* und der Seelenwanderung *(Sansara)* aus, vor allem aber stimmen sie im *Santana Dharma* völlig überein, was nicht weniger bedeutet, als daß sie von der Vorstellung der

ewigen Ordnung des Seienden überzeugt sind. Daß darüber hinaus die Frage der Erlösung des Menschen in beiden Religionen zentrale Bedeutung hat, kann nicht verwundern; das läßt sich auch von anderen Religionen sagen.
Allerdings sind die Unterschiede zwischen Brahmanismus und Hinduismus wiederum so eklatant, daß beim Hinduismus nicht einfach von einer Fortsetzungsreligion gesprochen werden kann. Auch der Protestantismus ist ja nicht die Fortsetzung des katholischen Glaubens mit anderen Mitteln, sondern eine andere Religion, und die Tatsache des gemeinsamen Ursprungs, ja der gemeinsamen Bibel ist nur von untergeordneter Bedeutung. Neben der Herausbildung spezifischer Rituale und der durch den Toleranzgedanken bedingten synkretischen Neigungen des Hinduismus muß zunächst auf seine gewandelte Vorstellung vom Göttlichen hingewiesen werden. An die Stelle der Idee des All-Einen, des Brahman, dem sich auch die Götter zu unterwerfen haben und das das Produkt einer tiefen und ernsthaften Denkanstrengung ist, tritt beim Hinduismus der persönliche Gott, der Heilandsgott, den man mit Du ansprechen kann, der sich sogar durch Herabsteigungen sichtbar machen kann, der als der Herr und der Erhabene bezeichnet wird und dem erst jene »Realität« zu eigen wird, die es braucht, wenn sich eine Volksreligion ausbreiten möchte.
Der zweite entscheidende Unterschied bezieht sich auf das Verhältnis des Menschen zu Gott, auf die Art der Religiosität und der Frömmigkeit. Ist der Brahmanismus durch das Streben nach Erkenntnis und Wissen gekennzeichnet, so erklärt der Hinduismus die Liebe zum Prinzip der wechselseitigen Beziehungen schlechthin, und damit erhält er jene Wärme, die ihn vom kalten Intellektualismus der *Upanishaden* wesentlich unterscheidet. Immerhin hat der Brahmanismus an keiner Stelle seiner umfangreichen Literatur den Trost der Erlösung (und den Zeitpunkt hierfür) als reale Möglichkeit versprochen und obendrein keinen Hehl daraus gemacht, daß nur die Brahmanen-Priester selbst in das Nirvana eingehen werden. Demgegenüber bietet der Hinduismus jedem Menschen, auch dem Angehörigen der untersten Kasten und den Unberührbaren, die Chance der Erlösung und zeigt sich damit von einer tief menschlichen Seite, die dem Brahmanismus im Grunde fremd ist. Das Bild von Gott oder dem Numinosen sowie das Verhalten des Menschen zu Gott sind anders im Hinduismus, und insofern ist es auch eine andere, unvergleichbare Religion, selbst wenn, noch einmal, die heiligen Bücher des Brahmanismus auch für den Hinduismus als oberstes Normsystem gelten.
Dennoch ist die Grundlage des Hinduismus ein anderes literarisches Werk Indiens, die *Bhagavadghita*, die als sogenannte didaktische Episode in eines der beiden großen indischen Nationalepen, das *Mahabharata*, eingeschoben ist. Neben dem *Ramayana*, das Ramas Lebenslauf schildert, ist das *Mahabharata* eines jener Werke der Weltliteratur, das schon allein durch seinen Umfang alles in den Schatten stellt, was der Europäer an Epen kennt. In nicht weniger als 106 000 epischen Doppelversen schildert das *Mahabharata* die Feindschaft zweier verwandter Geschlechter. Da sich diese nicht gütlich einigen können, muß zu den Waffen gegriffen werden, und nach einer 18tägigen mörderischen Schlacht, in deren Verlauf es zu einer Vielzahl von Einzelkämpfen kommt, an deren Ende die eine Familie siegt, zieht deren Oberhaupt als König in die Hauptstadt ein und läßt sich als Weltherrscher titulieren.

So interessant die Schilderung der Auseinandersetzungen sein mögen – die Literaturwissenschaft hat das *Mahabharata* neben die *Ilias* des Homer gestellt –, die Bedeutung des Epos liegt für unseren Zusammenhang auf einer anderen Ebene; sie ist moralischer Natur. Die Inder selbst haben das Werk stets in moralischer Absicht gelesen und dabei ihr Augenmerk insbesondere auf die *Bhagavadghita* gerichtet, die den Triumph der Tugend und die Eliminierung des Lasters schildert und ein weiteres Dokument des frühen Suchens der Inder nach der Wahrheit der Religion ist. Angesichts der quantitativen Verbreitung des Hinduismus heute ist es gewiß nicht zuviel gesagt, wenn man die moralische Wirkung der *Bhagavadghita* mit der Bibel vergleicht. Über seine Entstehungszeit ist so gut wie nichts bekannt; man nimmt an, daß das Epos in seiner heutigen Form auf Quellen aus dem 4. vorchristlichen bis zum 4. nachchristlichen Jahrhundert zurückgeht.
Die *Bhagavadghita* ist das am weitesten verbreitete religiöse Buch Indiens. Noch heute liegt es in vielen, allerdings radikal gekürzten Ausgaben vor. Es wird in Indien studiert wie in Europa die Bibel – soweit der Inder eben lesen kann. Es gilt als Tröstung für die Leiden des Lebens und als Vorbereitung auf den erlösenden Tod, und viele Politiker, allen voran Gandhi, haben sich immer wieder mit ihm auseinandergesetzt und ihre politischen Maximen an ihm ausgerichtet. Die *Bhagavadghita* stellt den »Gesang des Erhabenen« dar und greift an einer bestimmten Stelle des vom *Mahabharata* geschilderten Geschehens in die kämpferischen Auseinandersetzungen ein, und zwar in dem Augenblick, als der Held Arjuna vor dem brudermörderischen Kampf zurückschreckt und am liebsten die Waffen hinwerfen möchte. Sein Wagenlenker jedoch erinnert ihn daran, daß es die Pflicht des Kämpfers sei, zu kämpfen, und immerhin könne nur der Körper getötet werden, wohingegen die menschliche Seele unverletzlich und ewig existiere. Man müsse seine Pflicht unbedenklich erfüllen, äußere Einflüsse nach Möglichkeit außer acht lassen, sich in geistiger Konzentration üben und zugleich die Gottesliebe nicht vernachlässigen. Als Arjunas Zweifel ungelöst bleiben, offenbart sich ihm der Wagenlenker als Krishna, die Inkarnation (oder *Avatara*, wie es im Sanskrit lautet) des Gottes Vishnu, und in langen Ausführungen verbreitet er sich über die Unterscheidung von Selbst und Körper, über die Merkmale des vollkommenen Weisen sowie über die Unzerstörbarkeit der Seele. »Denn dem Geborenen ist der Tod gewiß, dem Toten ist die Geburt gewiß. Darum sollst Du über eine unvermeidliche Sache nicht trauern.« Noch Wilhelm von Humboldt war von diesen Episoden so begeistert, daß er sie als das Schönste bezeichnete, »das alle uns bekannten Literaturen aufzuweisen haben«.
Die Indologie hat sich lange mit dem Umstand geplagt, daß die *Bhagavadghita* voller Widersprüche und Ungereimtheiten ist, und noch der deutsche Gelehrte Richard Garbe hat um die Jahrhundertwende versucht, einige Teile des Epos als unecht zu bezeichnen und entsprechend zu eliminieren. Mittlerweile hat man jedoch herausgefunden, daß jede Zeile authentisch ist und daß die Widersprüche als eine typische Eigenschaft des Hinduismus hingenommen werden müssen. In der *Bhagavadghita* ist der Gott Vishnu der oberste Gott, der alle anderen Götter mit einschließt, bei den Vaishnavas, den speziell den Gott Vishnu verehrenden Hindus, aber auch der einzige Gott ist –

und für beide Möglichkeiten läßt die *Bhagavadghita* Raum. Sie spricht von der »Einspitzigkeit« Vishnus und vom Wesen der hinduistischen Frömmigkeit, die sich zum einen an dem Aufgehen in Brahman und Nirvana orientiert, zum anderen jedoch – und das macht den Unterschied zum Brahmanismus – in einem Zu-Vishnu-Kommen vollzieht: »Die liebend mich verehren, die sind in mir, in ihnen ich«, lautet eine charakteristische Formel der hinduistischen Frömmigkeit. Im Gegensatz zum abstrakten Brahman des Erkennenden wird hier die sehr viel wärmere Auffassung vertreten, daß Vishnu in den Herzen der Gläubigen weilt, ein sorgender und vertrauenswürdiger Gott ist, dessen Liebe man sich nicht entziehen kann, sofern man selbst liebt. Das Prinzip der Gottesliebe ist ein gegenseitiges, und sie teilt sich dem Menschen auf überraschende Weise mit, indem Gott Vishnu menschliche Gestalt annimmt, herabsteigt von seinem himmlischen Thron und ein zeitweilig irdisches Dasein führt. Vishnus *Avatara* ist Krishna (im *Ramayana* heißt er später Rama), und das erste, was er Arjuna berichtet, ist, daß auch er, die Inkarnation Gottes, vom Gesetz der ewigen Wiedergeburt nicht ausgelassen ist: »Gar viel Geburten hab' ich schon durchlebt – du auch, o Arjuna! Ich weiß von ihnen allen noch, doch du weißt nichts davon. O Held! Zwar ungeboren, ewig auch und aller Wesen Herr bin ich, und doch entsteh' ich oftmals neu durch meines Wesens Wunderkraft.«
Das Herabsteigen Vishnus in Gestalt des Krishna ist also in keiner Weise mit den Göttern Griechenlands vergleichbar. Immerhin wird mit dem Hinweis auf die Wiedergeburt Krishnas ein ethisches Gesetz des alten *Veda* auch für Gott (oder seine Stellvertreter auf Erden) reklamiert, was für den Menschen durchaus tröstlich sein muß und im Hinduismus auch als Trost ausgelegt wird. Das Prinzip des *Avatara*, verknüpft mit dem Gedanken der Wiedergeburt, macht den Hinduismus zu einer »Religion des glaubenden Vertrauens« (Mensching) und eliminiert jene Willkür, die noch den griechischen Götterglauben gekennzeichnet hat. Hier ist Gott wieder das Du der Religionsphilosophie, und der Gläubige nähert sich ihm vertrauensvoll und mit berechtigter Hoffnung. Vishnu ist der sympathische Gott, mit dem der Hindu glaubend und gläubig verbunden ist und zu dem er eine echte, von Zuneigung gekennzeichnete Beziehung unterhält. Ganz im Gegensatz zu Shiva, den die Shaivas unter den Hindus als obersten Gott verehren, eine düstere und nicht gerade freundlich gesonnene Gottheit, ist Vishnu der Erlösergott, wie ihn ähnlich auch das Alte Testament kennt.
Die Beziehung zu Gott Vishnu kann folglich nur die Liebe sein, und sie steht in einem echten Gegensatz zum Erkenntnisinteresse des Brahmanismus. Im *Bhagavadghita* wird der in seiner Herrlichkeit geoffenbarte Krishna beschrieben: »Mit vielen Mündern und Augen, mit vielen wunderbaren Gesichtern, mit vielem himmlischen Schmuck, mit vielen emporgestreckten göttlichen Waffen, himmlische Kränze und Gewänder tragend, mit himmlischen Düften und Salben, aus allen Wundern bestehend, strahlend, grenzenlos, das Antlitz nach allen Seiten gerichtet: Würde am Himmel plötzlich das Licht von tausend Sonnen aufflammen, so würde vielleicht dies dem Glanze jenes erhabenen Wesens gleichkommen.« Die ganze Farbenpracht der indischen Phantasie scheint vonnöten, um die Herrlichkeit Gottes beschreiben zu können, und

zugleich erkennt der Hindu – hier vertreten durch den Kämpfer Arjuna –, auf welche Weise er sich Gott nähern darf: »Darum verbeuge ich mich und werfe meinen Körper vor dir nieder, o anbetungswürdiger Herr. Ich suche deine Gnade. Wie ein Vater mit seinem Sohne, wie ein Freund mit seinem Freunde, wie ein Liebender mit seiner Geliebten sollst du, o Gott, Nachsicht mit mir haben.«

Hier wird ein Ton angeschlagen, der in der Frömmigkeit der Brahmanen undenkbar, weil unangebracht wäre. Das gläubige Indien hat stets mehrere Wege des Heils und der Frömmigkeit gekannt, den Weg der Werke (Karma), den Weg der Erkenntnis (Jnana) und den Weg der Hingebung oder der völligen Vereinigung mit Gott (Bhakti). Der Hinduismus mit Vishnu an der Spitze hat den letzteren Weg bevorzugt, und Vishnu hat über Krishna die Richtung gewiesen: »An mich denkend, mich verehrend, mir opfernd, huldige mir allein! Gibst du in Andacht mir dich hin, dann gehst du einstmals ein zu mir!«

Indem der Hindu mit dem unpersönlichen Brahman nichts zu tun hat, darf er sich der Gegenwart Gottes und der Vereinigung mit ihm ohne Hindernisse freuen. Bhakti, die Hingabe des Gläubigen an seinen Gott, stiftet eine Frömmigkeit, wie sie jede Religion bedarf, die sich dem ganzen Volk eröffnet, und da wir es hier mit dem indischen Volk zu tun haben, so kann es nicht verwundern, daß diese Hingabe sich auf sehr verschiedene Weise vollzieht. Die vornehmste ist wiederum der Yoga, von dem es bereits im *Bhagavadghita* heißt:

»Wenn der von allen Begierden erlöste, gebändigte Geist einzig im Selbst fest gegründet ist, wird er durch Yoga ausgeglichen genannt...

Dieses, worin das Denken ruht, das durch Versenkungsübung zurückgedrängt ist, worin er das Selbst mit dem Selbst schaut und sich am Selbst erfreut;

worin er dieses höchste Entzücken findet, das durch den Verstand wahrnehmbare, jenseits aller Sinnesbereiche liegende, worin gegründet er nicht mehr von der Wahrheit abweicht;

dieses, welches er für einen nicht mehr zu übertreffenden Gewinn hält, sobald er es gewonnen hat, worin gegründet er selbst vom schwersten Leide nicht erschüttert wird;

dieses möge man unter dem Namen Yoga erkennen, die Loslösung aus der Verbundenheit mit dem Leiden.«

Hier klingen noch sehr deutlich Erinnerungen an das Brahman und den Weg dorthin an, aber zugleich ist von Freude und Entzücken die Rede, die über den Brahmanismus hinausweisen. Die Bhakti-Frömmigkeit hat darüber hinaus ein buntes Kaleidoskop an Merkmalen der Volksfrömmigkeit ausgebildet, die bei aller Plastizität und Prunkhaftigkeit an keiner Stelle den tieferen Ernst der Erlösungssehnsucht übersieht. So werden die Götter oder ihre Inkarnationen in unendlich vielen Tempeln und Kultstätten verehrt. Die Zahl der heiligen Stätten, der Kultorte, der Monumente, die sich mit religiösen Symbolen geradezu überlasten, ist unübersehbar; es finden Prozessionen, rituelle Tänze und mystische Feiern statt, und daneben existieren gleichberechtigt Asketen, Angehörige besonderer Kasten mit ihren fremdartig anmutenden Stirnzeichen, Fakire, Zauberer, Gurus, große und kleine Heilige. So unterschiedlich die Erscheinungsformen, die Symbole und die Menschen selbst sind, alle kennzeichnet die Vishnu-Bhakti, die sich auf die Hingabe zu Gott konzentriert und niemanden in der Ausübung seiner Art der Frömmigkeit kritisiert, sondern alles mit der gleichbleibenden Toleranz gutheißt. Die Merkmale des vollkommenen Weisen, wie sie die *Bhagavadghita* beschreibt, können nicht besser ausgedrückt werden als in den Worten des Gottes Vishnu: »Wer kein Wesen haßt, von Mitgefühl und Barmherzigkeit erfüllt ist, uneigennützig und selbstlos, in Unglück und Glück derselbe, geduldig, immer zufrieden, sich anspannend, beherrschten Sinnes, fest im Entschluß, Geist und Gedanken in mir ruhen lassend, mir ergeben, der ist mir lieb.«

Warum also sollte der Hindu, »dessen Geist friedvoll ist, dessen Leidenschaften gestillt sind, der fleckenlos und mit Gott eins geworden ist«, Kritik üben an der Art der Frömmigkeit anderer Hindus, wo sie doch alle »der höchsten Wonne« teilhaftig und von der Sünde befreit werden, so daß sie »mühelos die unendliche Wonne der Berührung mit dem Ewigen« genießen? In der Tat: »Die Frömmigkeit der *Bhagavadghita* war wie das Anbrechen des Frühlings in der Welt der indischen Religion«, schreibt Wolfram Buisman, und er vergleicht die Vishnu-Bhakti mit der »frohen Botschaft« des Christentums, denn beide kennen keine Klassenschranken und spenden den Trost der echten Erlösungsreligion. Da der Hindu alles dies weiß – selbst wenn er nie einen Blick in die *Bhagavadghita* geworfen hat -, spielen Frömmigkeit und Religiosität eine große Rolle in seinem an glücklichen Augenblicken nicht eben reichen Leben.

Sichtbarster Ausdruck dieser Frömmigkeit sind die zahlreichen Wallfahrten und Prozessionen, die von Musik, kultischem Tanz und von Tempeldirnen, den sogenannten Bajaderen (Goethe hat sie in seinem Gedicht *Der Gott und die Bajadere* besungen), begleitet werden und sich auf die heilige Stadt Benares und den heiligen Fluß, den Ganges, konzentrieren. Hier ist es wieder, das Flußsymbol, von dem früher bereits die Rede war, nur daß die Hindus es auf ihre Weise ergänzt haben: Der Fluß ist das Symbol der Reinigung und der ewigen Wiederkehr, und er nimmt sie alle auf, die Jungen und die Alten, die Einzelgänger und die religiösen Gemeinschaften, die Kranken und die Toten, und was an seinen Ufern geschieht an farbenprächtiger, phantasievoller und wogender ritueller Geschäftigkeit, kann nur ein Dichter beschreiben. Stefan Zweig hat Benares, die Stadt der tausend Tempel und der tausend Sühnen, Anfang des Jahrhunderts besucht, und in seinen Zeilen schwingt noch die Erregung über den fremden Zauber mit.

»Benares, dies ist die Stadt, die mit so vielen glitzernden Türmen und Tempeln auf vielen geheiligten Treppen niedersteigt zum Ganges, dem großen Gotte, dem ewigen Sühnequell der Inder. Von allen Tälern und Bergen dieses gigantischen Reiches kommen die Pilger zur erlesenen Stätte der Heiligung, und der große, breit und fast ohne Strömung dahinwandernde Fluß nimmt geduldig mit, was sie ihm anvertrauen, die Sünden der Lebenden, die Asche der Toten, die entstellten, leise an seiner Oberfläche schaukelnden Leichen der Heiligen. Die fast mythischen Fürsten des Radschaputana kommen, die Maharadschas und die Ärmsten der Armen, die zu Fuß pilgern müssen durch den gelben Lehm der Ebenen oder in den Waggons der Bahnen zu Hunderten in den engen Abteilen sich drängen, aber hier wird alles gleich. Mit gleicher Welle rührt das langsame Wasser an den nackten Körper, denn gleich sind die Sünden in allen Kasten, gleiche Flamme zehrt die Leiber hier auf und wirft ihren Widerschein in den fließenden Spiegel. Die mystische Rose im Bündel der hellen, der grellen, der lebendigen Städte Indiens ist Benares, hier allein fühlt man, wie die Flamme des Glaubens noch stark und glühend unter dem kühlen Schein ihrer abgewendeten Augen brennt, hier dämmert Ahnung der geheimnisvollen Hoffnungen auf, um derentwillen diese demütigen und schweigsamen Menschen Knechtschaft fremder Völker geduldig tragen und die Ketten der Kaste. Hier und nur hier wird ein matter Schein dieser unsichtbaren Leidenschaft zur Ahnung, aber zur Ahnung nur, denn selbst in ihren heiligsten Zeremonien ist noch ein Letztes, das die Äußerlichkeit scheut: den Prunk, die Schaustellung und das Wort. Hier wie immer liegt das letzte Geheimnis einer Religion hinter den Möglichkeiten der Rede, in einem undurchdringlichen Schweigen, dunkel und rätselhaft wie die zu Tempeln gehöhlten Felsen der Vorzeit...

Hier spielt sich jenes wundervolle Schauspiel der Sühne täglich ab, gewaltiger in seiner Inbrunst als alle Riten abendländischer Religionen. Noch ist die Sonne nicht aufgegangen, und schon sendet die Stadt aus ihren verschlafenen Häusern die ersten Menschen zum Strom. Undeutliche Gestalten nähern sich dem Ufer, treten in die Strömung und nehmen das heilige Bad. Einige zünden, wie vor einem frommen Bild, am Ufer kleine Kerzen an, die spiegelnd im Wasser widerzittern.

Und dann steigt die Sonne empor. Ihre ersten Strahlen treffen aufgerichtete Gestalten, die mit geschlossenen Augen, gefalteten Händen und murmelnden Lippen ihren Aufstieg grüßen, unbeweglich wie erzene Statuen verharrend, und erst, wenn ihr Glanz ihnen in die Blicke leuchtet, sich niederbeugen, um mit Gangeswasser die Lippen zu netzen. Und nun, da das Leuchten die Häuser trifft, beginnen sich die Ufer zu färben. Man sieht die Gewänder, die roten und blauen Musseline, in denen die Frauen kommen, und nun, wie sie sie abtun und niedertauchen in die Flut, man sieht die braunen Gestalten der Männer, auf deren benetztem Körper die Strahlen tausendfach glitzern. Und immer mehr kommen aus den Gassen, Schiffe und Barken flirren auf der blanken Fläche, am Ufer tauchen hinter ihren gelben und grünen Riesenschirmen die Brahmanen auf. Ihre Tische sind überhäuft von Blumen und Früchten, den frommen Geschenken, und zum Dank malen sie den Gläubigen nun das grelle Zeichen Shivas, die Keile oder die Schmetterlingsflügel, weiß auf die dunkle Stirn. Hoch oben, in einem Verschlag, hockt eine nackte Gestalt in enger Zelle. Ein Yogi, ein Heiliger, ist das, der Tag und Nacht in diesem Gebälk verharrt, stets den Blick auf den göttlichen Strom gerichtet. Und immer mehr Badende kommen, und nun auch, leise nur den Fluß berührend, eine seltsame Barke. In weißes Leinen eingeschlagen, unbeweglich, liegt dort eine Gestalt zwischen den Ruderern und den reglosen anderen. Ein Toter ist es. Und sie führen ihn hin zum Ufer, wo die Holzblöcke schon geschichtet sind, sprühen ihn noch einmal an mit dem heiligen Wasser und legen dann die Scheite um den Leichnam. Als unser Boot dann wiederkehrt, ist es schon eine Flamme, und bald wird es dunkle Asche sein, die den Fluß hinabgleitet. Täglich spiegelt die Strömung solche Flammen, denn die Fürsten müssen ebenso wie die ganz Armen, die drüben am nackten Ufer ihre Stätte haben, an die reinen Elemente ihr Sterbliches wiedergeben. Seit dreitausend Jahren lodern diese Flammen, Generationen und Geschlechter, Dynastien und ganze Völker sind an diesem Ufer Asche geworden, sind hingeschwunden in diesem leise strömenden Wasser. Und immer sind wohl so in diesen verlorenen Zeiten und ebenso gestern die Verwandten, die Freunde reglos dabeigestanden, stumm und ohne sichtbaren Schmerz. Kein Grauen scheint sie zu berühren, keine Angst vor dem eigenen Schicksal sie zu befallen. Andere Masken muß hier der Tod tragen, ein anderes das Sterben bedeuten, anders müssen diese Menschen Grauen und Schauer fühlen. Denn wie wären sonst diese Szenen voll Entsetzen möglich, die einem eisig das Herz anrühren und die keiner von denen zu sehen, zu fühlen scheint. Dort am Ufer, mitten zwischen den Geschäftigen und Frommen, liegt ein alter Mann, röchelnd und allein. Seine braune Haut ist trocken wie Holz, an den hervorstehenden Knochen des eingefallenen Gesichtes schlottert ein weißer Bart. Und so liegt er hier auf dem nackten Stein, ganz allein, keiner hilft ihm, keiner spricht ihm zu. Sie haben ihn hergebracht, daß er hier sterben solle, denn heilig ist hier der Tod. Und nun lassen sie ihn, sie, die kein Tier töten, die alte, unbrauchbare Geschöpfe in eigenen Häusern pflegen, hier lassen sie ihn, den Menschen, röcheln und einsam verrecken. Im Wasser treiben aufgedunsene Gestalten, Raben sitzen darauf und picken gierig in das faulende Fleisch: das sind die Leichen ihrer Heiligen, die das Vorrecht haben, nicht verbrannt, sondern dem Fluß überliefert zu werden, und der Fluß treibt sie nun an seiner Oberfläche, zwischen den kleinen Blumenbooten, die ihm Frauen zum Geschenk, zum Opfer gebracht haben, derselbe Fluß, dessen gelbes, brackiges Wasser die Frommen dort trinken, zu dem die Tausende und Tausende verzückt niedertauchen.«

Wir hätten uns nicht erlaubt, Stefan Zweig so ausführlich zu zitieren, wäre es ihm nicht gelungen, in seinem Bericht den ganzen Hinduismus in seiner täglichen Frömmigkeit besser zu schildern, als es jedes religionswissenschaftliche Werk vermöchte. In dem Bild des großen gelben Flusses, der alles aufnimmt und willig weitertreibt, hat man in der Tat die Metapher für den Hinduismus schlechthin zu sehen: die echte Frömmigkeit, die Idee von der Reinigung von den Sünden, den Gleichmut angesichts des Todes, der das Lebensrad nur ein Stückchen weiterdreht, die Erbarmungslosigkeit des öffentlichen Sterbens sowie die Eigenschaft der Religion, arm und reich im Glauben gleichzumachen. Die Bhakti-Frömmigkeit des Hinduismus könnte sich kein eindringlicheres Symbol geschaffen haben als das Eintauchen des Frommen in den heiligen Fluß.

An dieser Stelle lohnt es sich, noch einmal einen Blick in die *Bhagavadghita* zu werfen, um sich die Merkmale der Vollkommenheit und Erlösung aus hinduistischer Sicht zu vergegenwärtigen, die der Hindu schlicht als »göttlichen Zustand« begreift. Auf Arjunas Frage nach dem vollkommenen und erlösten Menschen antwortet Krishna mit einer ausführlichen Liste von Verhaltensvorschriften, die bei aller Anspruchshaltung auch von dem einfacheren Menschen wahrgenommen werden können und womit sich der Hinduismus wiederum von der brahmanischen Esoterik abhebt. Krishna der Erhabene erwartet von dem vollkommenen Weisen eine Geisteshaltung, worin der Geist in sich selbst Genüge findet; die Fähigkeit, sich durch Leiden nicht erschüttern zu lassen; die Freiheit von Begierden; den Abbau des Hasses; die Überwindung des Zorns und der geistigen Verwirrung; die Zügelung der Sinne; Lauterkeit des Geistes, Zucht und ein Versenkungsvermögen, das sich in der Yogahaltung ausdrückt: »Wer ohne Versenkungsvermögen ist, findet keinen Frieden. Und wie könnte es für einen, der keinen Frieden hat, Freude geben?«

Krishna belehrt Arjuna darüber, daß sich in der wahren Frömmigkeit erst jene Freude einstellt, deren der Mensch während seines irdischen Daseins bedarf, und daß der Seelenzustand des religiösen Menschen sich durch Freude ausdrückt. Warum sollte der Hindu dann nicht glücklich sein in seinem irdischen Leben, wo er doch um die Freuden des Himmels weiß und den »göttlichen Zustand« als ein für jedermann nicht nur erstrebenswertes, sondern auch erreichbares Ziel begreift? Sein Leben wird auf einmal frei von Angst, und seine Mühsal ist nur ein vorübergehender Zustand, den man mit Geduld ertragen lernen muß. »Dies ist«, sagt Krishna, »der göttliche Zustand. Wer ihn erreicht hat, wird nicht mehr verwirrt. Wer am Ende *(in der Todesstunde)* in ihm feststeht, geht in die Seligkeit Gottes ein«, in das Brahman-Nirvana.

In diesen Aussagen offenbart sich der eigentliche Charakter des Vishnu-Hinduismus als Erlösungsreligion, die dem Menschen Trost gibt, ihn seiner Hoffnungslosigkeit entreißt und damit noch der erbärmlichsten Krüppelexistenz in den Slums der indischen Riesenstädte einen Lebenssinn gibt. Mag auch aus europäischer Sicht noch eine Diskrepanz zwischen Heilserwartung und realer Existenz bestehen, der gläubige Hindu hat sich längst Gott hingegeben und ist seiner Erlösung gewiß. In den Schlußworten der *Bhagavadghita* ist von Gott als dem Zufluchtsort des Menschen die Rede und von dem Versprechen, den Menschen zu erlösen: »Du bist mir teuer, überaus, darum verkünd' ich dir das Heil.« Und als gelte es auch den letzten Zweifler zu beruhigen, lauten die allerletzten Worte »sei unbesorgt«. Mehr Sicherheit und Frieden stiftet keine Religion, wie sich in dieser Bemerkung enthüllt, die, im Gegensatz zum Brahmanismus, nicht nur auf die Bedeutung von Karma, Kult und Erkenntnis verweist, sondern – was mehr ist – auf einen gütigen Gott, der den Menschen auch in seinen schweren Stunden nicht vergißt.

Vishnu ist der Gott des Erbarmens, dem der Mensch vertraut. Aber nicht alle Hindus erkennen ihn als einzigen oder obersten Gott an. Die Shaiva-Hindus verehren an seiner Stelle Shiva als den höchsten Gott, und in ihrer Toleranz gehen sie mitunter so weit, Vishnu und Shiva als gleichberechtigt gelten zu lassen oder sogar in der Gestalt eines Harihara zu verehren, dessen eine Hälfte aus Vishnu und dessen andere Hälfte aus Shiva besteht. Zahlreiche Bildnisse zeigen ihn denn auch in anatomisch absonderlicher Gestalt. Aber auch allein betrachtet, zeigt sich Shiva in einer von Vishnu-Darstellungen abweichenden Weise; er ist vielarmig, mitunter mehrköpfig, groß, unfaßbar und geheimnisvoll, dann wieder klein wie ein Zwerg, er gilt als der Besieger des Todes, von ihm hängen Zeugung und Fruchtbarkeit ab. Zugleich ist er der Gott der Askese und der Kunst der Yoga-Meditation, er bewirkt die Schöpfung und die Vernichtung der Welt. Alles in allem gehen von ihm sowohl Unbehagen und Grauen als auch vielfache Gnadenbeweise aus, denn Shiva ist es, der über den Eingang der Seele in das Nirvana bestimmt; er ist der oberste

ethische Richter im religiösen Pantheon des Hinduismus. Die Gottesliebe, bei Vishnu ein Prinzip der Gegenseitigkeit, gilt bei Shiva als ein göttliches Geschenk, dessen der Mensch sich im Grunde nicht recht würdig erweist.
Die literarischen Quellen des Shiva-Glaubens bilden zum einen die *Shaiva-Siddhanta*, zum anderen die Schriften des Manikka Vashagar, vor allem sein Werk *Tiruvashaga*. Trotz der Übersetzungsbemühungen des deutschen Indologen H. W. Schomarus ist über die Quellen wie über die Autoren in Europa so gut wie nichts bekannt. *Shaiva-Siddhanta* lehrt, daß der Mensch so lange an die Fesselung der ewigen Wiedergeburt gebunden ist, bis er, durch ethische Werke und die Einhaltung des shivaistischen Rituals (worunter in erster Linie Meditation und religiöse Ekstase zu verstehen sind) geläutert ist, durch Shivas Gnade sich selbst erkennt und durch Shiva-Bhakti sich mit Gott vereinigt.
Manikka Vashagar, der auch Ashowas genannt wird, gilt als der hervorragendste klassische Mystiker Südindiens. Obwohl er Ministerpräsident des Königs Pandya gewesen ist und Oden verfaßte, die auch heute noch zur shivaistischen Liturgie gehören, ist über sein Leben nichts bekannt. Einigen Quellen zufolge soll er im 7., anderen zufolge im 8. oder 9. nachchristlichen Jahrhundert gelebt haben. Seine Lieder zeugen von einer glühenden Gottesliebe, verteidigen einen geradezu militanten Monotheismus und erflehen unaufhörlich die göttliche Gnade. Eine seiner Hymnen, die sich mit der gnädigen Erlösung durch Shiva auseinandersetzen, beginnt mit den Worten:

»Verstrickt in der Sinne Gewalt
War ich – ach! – völlig verwirrt,
Ich verfiel dem Sterbenmüssen,
Ich durchirrte weite Räume,
Wäre fast zur Hölle gefahren!
Und einem solchen hat
Die unermeßliche Seligkeit
Das wirre Herz erleuchtet,
Hat es gemacht zur Wohnstatt
Der höchsten Seligkeit,
Und in den Dienst genommen!
Die unermeßliche Seligkeit,
Die habe ich gesehen
Im schönen Chidambaram *(eine Shiva-Kultstätte)*.«

Auch Shiva ist also der Gott der Erlösung, allerdings verlangt er eine etwas andere Frömmigkeit als Vishnu. Schon Manikka Vashagar hat in seinen Oden die Vision vom tanzenden Shiva entworfen und auf das ekstatische Moment der Bhakti-Frömmigkeit verwiesen. Shiva ist stets beides: der Gott des Grauens und der Erlösung, der Gott der Meditation und der Ekstase, und seine gläubigen Anhänger, die sich vor allem im Süden Indiens finden lassen, haben sich ein unermeßlich großes Spektrum an ekstatischen Meditationsmöglichkeiten geschaffen, vom auf dem Nagelbrett sitzenden Fakir bis zum Heiligen, der eine Eremitenexistenz in irgendeinem Baum führt. Für alles dies – und noch weit mehr – ist dank der sprichwörtlichen Toleranz Platz im Hin-

duismus, und weit und breit ist kein Dogmatiker auszumachen, der eine private oder auch absonderliche Frömmigkeit kritisierte.
Daß diese Toleranz in Indiens Geschichte und Gegenwart eine Reihe religiöser Schulen und unterschiedlicher Lehrmeinungen hervorgebracht hat, ist folglich naheliegend, hat in Indien selbst aber noch niemanden gestört. Heftige religiöse Dispute, Ketzerverfolgungen, tiefschürfende theologische Auseinandersetzungen sind in dem Land und seiner Religion unbekannt. Dabei ist der Hinduismus ohne Schwierigkeiten in der Lage, auf eine Reihe erlauchter Namen zu verweisen, die sich mit dem Gottesproblem, der Frage nach der endlichen Lösung, dem Verhältnis des Menschen zu Gott und vielen anderen Problemen auseinandergesetzt haben, von Shankara, dem großen Religionsphilosophen des 9. Jahrhunderts, bis zu Tagore und Ramakrishna.
Daß dem so ist, darf nicht zuletzt auf das religiöse Pantheon des Hinduismus zurückgeführt werden, worin sich neben Vishnu und Shiva viele kleine Götter und Göttinnen tummeln. Ihre verwirrende Vielfalt drückt sich in unterschiedlichsten Kulten und Ritualen aus, in denen sich uralter Aberglaube, Astrologie, Handlesen, Wahrsagen mit echter Frömmigkeit und Entrückung auf geheimnisvolle Weise vereinigen. Hierher gehört auch der Kuh-Kult, der es einigen hunderttausend abgemagerten und nutzlosen Kühen gestattet, auf allen Straßen und Plätzen des Landes herumzustehen und verehrt zu werden; oder auch in einigen südlichen Regionen Indiens der Kult der Affen, die eine wahre Landplage geworden sind; und, drastischer noch, der Kult um die Kobraschlangen, denen geheimnisvolle Fähigkeiten nachgesagt werden, welche sich allerdings in erster Linie dadurch offenbaren, daß an ihren Bissen Jahr für Jahr Tausende sterben ...
Man könnte eine ganze Anthologie des rituellen und kultischen Verhaltens der Inder zusammenstellen, die in jedem Beispiel zeigen würde, daß der Inder auch in seinen alltäglichen Handlungen und Entscheidungen nicht ohne Religion auskommt. Allein die vielen Feste und Feiern, die für jeden indischen Unternehmer aus volkswirtschaftlichen Gründen zu einem Alptraum werden, nehmen schon einen großen Teil des Jahres für sich in Anspruch; aber all dies ist nichts anderes als der Ausdruck einer Lebenshaltung, die durch die hinduistische Religion geprägt ist und sich mit stolzer Selbstverständlichkeit jeder diesseitsorientierten Logik entzieht. Die Bedeutung der Religion für das Leben des Inders zeigt sich wohl am besten angesichts des Todes, der mit Gleichmut hingenommen und als Schritt in der weiteren Entwicklung der menschlichen Seele völlig undramatisch aufgefaßt wird. Der Hindu verzichtet auf eine eigentliche Totenfeier, und sein ganzes Interesse konzentriert sich darauf, möglichst am Ganges verbrannt zu werden, um den Weg freizumachen zu einer neuen irdischen Inkarnation – vielleicht als Mensch, vielleicht aber auch als Kuh oder Affe.
Wir dürfen wohl davon ausgehen, daß der Hindu in seiner Glaubenshaltung ein glücklicher Mensch ist; aber die Verhältnisse, in denen er lebt, sind es nicht. Die Zahl der Analphabeten und der Armen ist so unvorstellbar groß, die Diktatur der Kastenordnung so entwürdigend, daß deren Gegensatz zur alle Menschen gleichbehandelnden Religion allzu deutlich ist. Bereits Anfang des 19. Jahrhunderts, als Indien britische Kronkolonie war, also keine eigene

politische Entwicklung hatte, aber durch die koloniale Abhängigkeit mit ausländischem Gedankengut in Berührung kam, haben Männer wie Ram Mohan Roy, den man den Vater des neuen Indien genannt hat, und sein Nachfolger Debendranath Tagore, der Vater des 1941 verstorbenen Dichterphilosophen Rabindranath Tagore, den Versuch unternommen, den Hinduismus zu einer weltoffenen Religion zu reformieren, um den Gegensatz zwischen religiöser und politischer Wirklichkeit abbauen zu helfen.

Es spricht dabei für das unkomplizierte Selbstverständnis des Hinduismus, daß er sich damit wiederholt in die Auseinandersetzung mit dem Islam und dem Christentum einließ, wobei der Dialog mit dem Islam in das 16. Jahrhundert zurückgeht und seine indische Aktualität bis heute dadurch beweist, daß die Pakistani Mohammedaner geworden sind und mit diesem religiösen Separatismus dazu beigetragen haben, den indischen Subkontinent in zwei selbständige Staaten aufzuteilen. Aber bereits Ram Mohan Roy, der zwischen 1772 und 1833 lebte und als der erste Brahmane gilt, der sich für die abendländische Kultur und ihre Religion interessierte, hat in seinen Schriften die ethischen Elemente des Hinduismus nachdrücklich herausgearbeitet und unterstrichen, daß der Hinduismus dem Christentum in keiner Weise unterlegen sei, weil Indien auf eine lange religiöse und philosophische Tradition mit ihrer eigenen Philosophensprache zurückblicken könne.

Dieser Gedanke ist von anderen Hindu-Theoretikern Mitte des 19. Jahrhunderts verschiedentlich wiederaufgenommen worden. So hat beispielsweise der hochgebildete Keshab Candra Shen die Idee einer synkretischen Universalreligion konsequent verfolgt, weil er der Auffassung war, die Erlösungsreligionen der Welt kreisten allesamt um das gleiche zentrale Problem, und die Unterschiede seien allenfalls untergeordneter Natur. Ihm schwebte so etwas wie eine Einheitsreligion von hoher ethischer Relevanz vor, wenngleich in seinen späteren Schriften das nationalindische Element wieder zu überwiegen begann.

Auch Ramakrishna (1834[1836?]–1886) und sein Schüler Vivekananda (1863–1902) haben sich intensiv für eine übergreifende Synthese aller Religionen eingesetzt. Vivekananda begründete zu diesem Zweck 1897 in Kalkutta sogar eine Ramakrishna-Mission, welche die Ideen des Hinduismus, angepaßt an die heutigen Bedürfnisse, in aller Welt verbreiten sollte. In immer neuen Ansätzen versuchte er den Geist des *Veda*, der *Upanishaden* und der *Bhagavadghita* von Indien in die Welt zu bringen und lieferte damit die schönsten Beispiele des hinduistischen Missionsgedankens, der, anders als in manchen sonstigen Religionen der Welt, die Worte des Glaubens nicht mit Feuer und Schwert, sondern mit Hilfe von Überzeugung verbreiten wollte, um der Welt wie Indien selbst den Weg in die Moderne und die Humanität zu weisen: »Das ist das große Ziel, das uns vorschwebt und für das sich jeder rüsten sollte – die Eroberung der Welt durch Indien – nichts Geringeres, und darauf sollten wir uns alle vorbereiten, für dieses Ziel sollten wir alle unsere Kräfte anspannen. Laßt die Fremden nur kommen und überall im Land Truppen aufstellen, uns soll es nicht kümmern. Erhebe dich, Indien! Erobere die Welt durch deine Spiritualität! Möge die Liebe, wie auf diesem Boden gesagt worden ist, den Haß besiegen.«

Mit diesen Worten Vivekanandas wird eine Position bezogen, die sich zumindest in zweifacher Weise auslegen läßt. Zum einen weiß er, und mit ihm viele bedeutende Hindus vor und nach ihm, daß die einzige Macht der Welt, die wirklich siegt, die der Religion und des Wortes ist; damit lädt er zu einer Verständigung der Völker und Systeme ein und zu einer Überwindung der jahrtausendealten Schranken des Hasses und der kriegerischen Auseinandersetzung. Zum anderen wird in Vivekanandas Worten jedoch ein Ton angeschlagen, der in den Schriften Rabindranath Tagores wieder auftaucht, und dieser besagt nicht weniger, als daß Indien, seine Menschen und seine Religion den für sie lange Zeit typischen Pessimismus überwinden müssen, denn »der Pessimismus ist eine bloße Pose, sei es nun eine Pose des Intellekts oder des Gefühls. Doch das Leben ist optimistisch, es will vorwärts. Der Pessimismus ist eine Art geistiger Trunksucht«.
Mit anderen Worten, wer Indiens Bedeutung für die Entwicklung der Welt und der Menschheit unterstreicht, kann das schwerlich aus der Sicht des Pessimismus; insofern muß der Hinduismus weltoffen und optimistisch zugleich sein. Immerhin stimmt es nachdenklich, wenn sogar die von Dayanand gegründete »Gesellschaft der Arier« unter der Parole »Zurück zum *Veda*!« nicht nur nationales Gepräge aufweist, sondern sich zugleich lebhaft für Schule und Bildung und die Überwindung des Kastensystems einsetzt, weil sie davon ausgeht, daß zu einer echten Religion nicht nur die Gottesfurcht und die Erlösungssehnsucht, sondern ebenso die gesellschaftliche Praxis, das heißt die Verbesserung der gesellschaftlichen, körperlichen und geistigen Lebensbedingungen gehört. Auch der hinduistische Traditionalismus, so läßt sich aus diesem Beispiel ablesen, ist alles andere als ein Verein von konservativen Finsterlingen, sondern eine Gruppe von Menschen, die religiös motiviert sind und verantwortlich handeln. Die ethische Komponente des Hinduismus könnte sich nicht schöner zeigen, und sie gehört so unabdingbar zu dieser Religion wie der weltentsagende Asket oder der in sich hineinlauschende Yogi oder die heiligen Kühe oder die rituellen Waschungen am Ganges und die Texte der *Bhagavadghita*.
Der Gegensatz zwischen Brahmanismus und Hinduismus kommt jedoch nirgendwo deutlicher zum Ausdruck als in dem Selbstvertrauen, welches der Glauben an Vishnu und Shiva in den Inder eingepflanzt hat. Produziert der Brahmanismus schließlich nicht viel mehr als eine stolze Verweigerung vor der wirklichen Welt sowie eine intellektuell untermauerte pessimistische Auffassungsweise, so besteht andererseits die Stärke des Hinduismus darin, daß er den Inder reif macht für die Ewigkeit, ohne ihm auch noch die letzte Daseinsfreude zu rauben. Zwar ist es dem Hinduismus bis heute nicht gelungen, jenen als typisch geltenden indischen Gleichmut zu zerstören, der eine starre, undemokratische und in vieler Hinsicht inhumane Gesellschaft der vielen Armen und der wenigen Superreichen nach wie vor stabilisiert, aber spätestens seit Gandhi (1869–1948) kann sich kein Politiker und kein frommer Hindu mehr darauf ausreden, daß es in Indien kein Wechselverhältnis von Religion und Politik gebe. Denn Gandhi ist es gewesen, der den Weg zu Gott über die *Ahimsâ*, die Gewaltlosigkeit, beschrieben hat und der zum Verkünder eines neuen, um Vollkommenheit und Reinheit kreisenden Hinduismus geworden

ist. Er wurde Politiker, ohne aufzuhören, ein Heiliger zu sein, und noch einmal in der langen Geschichte des Hinduismus ist es ihm gelungen, den Glauben als Mobilisierung der Seele und zugleich als ein vertrauendes Festhalten an Gott zu definieren. Gandhi hat die Botschaft des Hinduismus an die Welt in Worte gefaßt, deren Überzeugungskraft und Wahrheitsgehalt durch den Umstand, daß die Welt sich auch weiterhin nicht daran orientiert, in keiner Weise gelitten haben:
»Um den universalen, allgegenwärtigen Geist der Wahrheit von Angesicht zu Angesicht zu schauen, muß man fähig sein, noch die niedrigsten Geschöpfe wie sich selbst zu lieben. Ein Mensch aber, der sich darum bemüht, muß an allem, an allen Lebensbereichen Anteil nehmen. So hat mich meine Hingabe an die Wahrheit zum Politiker gemacht; ja, ohne zu zögern, wage ich in aller Bescheidenheit zu behaupten, daß diejenigen, die sagen, Religion habe nichts mit Politik zu tun, keine Ahnung von Religion haben. Nun ist es aber unmöglich, sich mit allem Lebendigen zu identifizieren ohne Selbstläuterung; ohne Selbstläuterung bleibt die Befolgung des Gebotes der *Ahimsâ* ein leerer Traum; Gott kann niemals durch einen Menschen verwirklicht werden, dessen Herz nicht rein ist. Selbstläuterung bedeutet mithin Läuterung in allen Lebensbereichen. Und da sie höchst ansteckend ist, führt sie notwendig auch die Läuterung der Umwelt herbei, in der man lebt. Aber der Pfad der Selbstläuterung ist schwierig und unwegsam. Um die vollkommene Reinheit zu erlangen, muß man jedwede Leidenschaftlichkeit im Denken, Reden und Handeln ablegen, sich über die gegensätzlichen Gefühle von Liebe und Haß, Zu- und Abneigung erheben.«

Die Leiden des Erleuchteten

Der Philosoph Ernst Bloch hat einmal geschrieben, wirklich interessant an der Geschichte der Religionen und der Kirchen seien einzig die Ketzer. Mag eine solche Feststellung auch ein wenig überzogen sein, so enthält sie dennoch einen zutreffenden Kern. Alle großen Religionen der Weltgeschichte haben irgendwann einmal Abweichler, Abtrünnige, Reformatoren oder auch Ketzer hervorgerufen, und ihr Erscheinen in der Geschichte der Religionen ist nicht zuletzt auf Erstarrungszustände innerhalb der großen Religionen zurückzuführen. Ketzer sind ja nicht einfach Renegaten, also Neinsager, sondern häufig gläubige Menschen, die sich im offiziellen Stil der Kirche oder der Religion nicht mehr zurechtfinden und die eine Erneuerung anstreben, aus der eine Reformation oder eine mehr oder weniger bedeutende Sekte hervorgehen kann.

Buddha war ein Ketzer. Er hat sich, im 6. vorchristlichen Jahrhundert, gegen die religiösen Vorstellungen des Brahmanismus wie des älteren Hinduismus gestemmt, obwohl – oder gerade weil – er die Grundgedanken der beiden Religionen übernommen hat, sie aber auf entscheidende Weise veränderte. Buddhas religiöse Lehre, ursprünglich nicht viel mehr als eine esoterische Mönchsreligion, ist ohne die düstere Weltsicht der asiatischen Religionen undenkbar, und so ist sie zwangsläufig auch eine Erlösungsreligion. Aber an die Stelle des durch Glauben und Taten zu erreichenden Brahman und im Gegensatz zur personalisierten Erlösungsreligion des Hinduismus kennzeichnet sich der Buddhismus durch eine stolze Verweigerung. Er geht nicht mehr davon aus, daß die Erlösung ein Zustand außerhalb des Menschen ist, auf den sich dieser hinbewegen muß; vielmehr lehrt er, daß der Zustand der Erlösung, das Nirvana, im Menschen selbst eingekörpert ist, der Mensch sich also nur durch Entzug von der Welt in den Zustand der Erlösung begeben kann.

Im Gegensatz zu allen anderen Weltreligionen ist es dem Buddhismus nicht um den Frieden Gottes zu tun, sondern um den Frieden des Menschen mit sich selbst, und auf eine radikale Formel gebracht heißt das nicht viel anderes, als daß der Buddhismus auf den Gott der Religion verzichtet. Folglich ist er eine negative Religion, aber in einem ganz anderen Sinn, als Franz Rosenzweig im Zusammenhang mit der jüdischen Gottesvorstellung meinte. Es geht ihm nicht darum, daß man von Gott nichts weiß, sondern darum, daß Gott nicht viel mehr ist als eine leere Formel, eine Hülle, die man abstreift und deren man nicht mehr bedarf, wenn man sich in sich selbst zurückzieht. Unter diesem Gesichtspunkt liegt die Frage nahe, ob es sich beim Buddhismus überhaupt noch um eine Religion oder nicht vielmehr um eine esoterische Asketenethik handelt, aber, wie so oft, gibt es darauf keine einhellige Antwort, und so leben beide Auffassungen in der Religionsgeschichte nebeneinander, ohne sich mehr in heftige Kontroversen einzulassen. Allein schon der Umstand, daß der Buddhismus sich in 2 500 Jahren über 30 asiatische Länder ausgedehnt hat und in 22 asiatischen Sprachen vermittelt wird, spricht dafür, ihn nicht so ohne weiteres mit dem Ketzeretikett abzutun, denn Ketzer stellen immer Minderheiten dar, und davon kann beim Buddhismus nicht die Rede sein.

Die Lehre des Buddha ist von einem verführerischen Glanz, denn sie schenkt dem Menschen eine Autonomie, die keine andere Religion zu vermitteln vermag: Der Mensch selbst soll über die Selbsterkenntnis zur Erlösung gelangen; er ist unabhängig von Gott, wenn er sich selbst zu seinem eigenen Gott macht, wenn er das Nirvana ausschließlich in sich selbst sucht. Da aber jeder Glanz etwas Selbstbetrügerisches hat, vor allem, wenn er durch Selbstbespiegelung erzeugt wird, so macht auch der Buddhismus nicht wirklich frei. Seine Philosophie der Selbsterkenntnis und Selbsterlösung ist – zunächst – nichts anderes als das Produkt des auf die Spitze getriebenen asiatischen Pessimismus, da seine stolze Verweigerung der Ausdruck eines tiefempfundenen Leidens an der Welt und einer Daseinsenttäuschung ist, die an den Haß auf alles Weltliche heranreicht. Insofern war die buddhistische Religion nur konsequent, wenn sie sich in ihrer ältesten Form als Mönchs- oder Ordensreligion definierte, die sich auch äußerlich von der Welt abgrenzte, indem sie sich hinter Klostermauern verbarg und diese nur dann verließ, wenn es galt, den Lebensunterhalt in der nachbarschaftlichen Gesellschaft zu erbetteln. Das bekannteste Beispiel dieser auch architektonisch zum Ausdruck gelangenden Entsagung von der Welt ist die Potala in Lhasa, an den Hängen des ehemaligen Himalaya-Fürstentums Tibet, ein festungsartiger Mönchspalast mit tausend Räumen, zu denen kein »normaler« Mensch je Zutritt hatte. Auf der anderen Seite hat die buddhistische Weltentsagung nicht verhindert, daß sich einzelne Orden mit einem geradezu bestürzenden Machthunger in die örtliche Politik vieler asiatischer Regionen gedrängt haben, zum Beispiel in Sri Lanka, dem ehemaligen Ceylon, oder in Japan vor dem Ende des Zweiten Weltkrieges. Daß beide Auffassungen in Einklang mit den kanonisierten Aussagen des Buddhismus gebracht werden konnten, kann angesichts der Tatsache, daß sich die Religion in verschiedene Schulen auseinanderentwickelt hat, nicht eigentlich verwundern.

Der Buddhismus ist eine Stifterreligion, die ihren Ursprung genommen hat vom Leben und der Lehre des Siddhartha Gautama, dessen Erlösungsphilo-

sophie sich zunächst an eine kleine Gruppe von Mönchen (später auch Nonnen) richtete. In der schönen Metaphorik des Pali, einer in Mittelindien gesprochenen Sprache, die dem Sanskrit nicht ganz unähnlich, aber nicht eigentlich verwandt ist, heißt der ursprüngliche Buddhismus *Hinayana,* was soviel bedeutet wie »kleines Fahrzeug« oder »kleines Schiff« – im Gegensatz zum späteren Buddhismus, dem *Mahayana,* der erst nach der Zeitenwende entwickelt wurde und im 2. Jahrhundert n. Chr. seine höchste Blüte erlebte. Hinayana oder kleines Schiff heißt die Religion, weil sie sich ursprünglich als Mönchsreligion begreift, in der nur wenige Menschen das Glück der Erlösung erreichen. Ähnlich wie der ebenfalls aus Indien stammende Jainismus, der jedoch älteren Datums ist, versteht sich der auf Buddha unmittelbar zurückgehende Buddhismus als elitäres religiöses System von noch größerer Exklusivität, als es schon für die Brahmanen-Religion kennzeichnend gewesen ist. Wäre es dem Buddhismus nicht in späteren Jahrhunderten gelungen, auf das größere Schiff umzusteigen – auf dem naturgemäß mehr Menschen Platz haben, aber eben auch nicht alle –, so hätte er das Schicksal einer Ketzergemeinde durchlitten, aber nicht viel mehr.
Der heutige Buddhismus ist keineswegs einheitlich, sondern durch mannigfaltige Ausprägungen gekennzeichnet. Der tibetische oder ceylonesische Buddhismus hält in der Regel an der buddhistischen Lehre des Hinayana fest, nennt sich jedoch *Theravada*-Buddhismus, älterer Buddhismus, wohingegen der »Buddhismus des großen Fahrzeugs« seinen Namen Mahayana beibehalten hat. In dieser Form hat er sich in Asien ausgedehnt, vor allem in China und Japan; aber das indische Mutterland hat er verlassen, da sich dort der Hinduismus als Volksreligion durchsetzen konnte. Die Besonderheiten und Eigentümlichkeiten des Buddhismus enthüllen sich jedoch zunächst im Theravada-Buddhismus, dessen Elemente und Strukturen auch die Antwort auf die Entstehungsbedingungen des Mahayana-Buddhismus enthalten, als dessen dialektischer Gegensatz das dritte Fahrzeug, der *Vajrayana*-Buddhismus oder Lamaismus, entstanden ist, der mit dem edlen Namen »Diamantfahrzeug« ausgestattet ist – es gibt kaum einen deutlicheren Namen für die Exklusivität einer Erlösungsreligion.
Die Fragwürdigkeit des Daseins, das Leiden des Lebens und die Verzweiflung über die menschliche Unwissenheit stehen im Mittelpunkt der asiatischen Religionen, und von diesem geht auch der ältere Buddhismus aus. Das Schiff, ob groß oder klein, ist eine Metapher für das Entkommen aus einer Situation ohne Sinn und einem Leben ohne Gehalt, und es ist das Symbol der Abkehr vom Festland. Mehr noch: Indem das Schiff irgendwann am Horizont verschwindet, überwindet es die Groteske des irdischen Daseins und löst sich auf. Sein Ziel ist weniger ein geographisch oder philosophisch vorherbestimmbarer Punkt, sondern vielmehr die vollständige Abkehr von der irdischen Welt und das Verlöschen aus deren Augen. Der Buddhist, der sich in sich selbst kehrt, wird, da er für die Welt keinen Blick mehr übrig hat, auch für diese unsichtbar. Wenn wir feststellen, daß der Buddhismus die letzte Vertiefung oder Intensivierung des asiatischen Pessimismus ist, dann gehen wir davon aus, daß er in dieser Welt keine Heilssituation gelten läßt, daß er in der Welt keinen ruhenden Pol kennt und den Kreislauf der ewigen Wiedergeburt

als den einzigen Weg zur Überwindung des Lebens geradezu begrüßt. Beinahe ist man versucht, den Buddhismus als eine Philosophie vom Sterben-Lernen zu bezeichnen (so hat sich, nach Cicero, Montaigne einmal geäußert), wenn das Sterben selbst nicht durch das Prinzip der Wiedergeburt aufgehoben würde und wenn die Idee vom Leben als Leiden nicht zugleich auch den Gedanken von der Heiligkeit des Lebens enthielte.
Die buddhistische Auffassung, Gott existiere nicht, außer in einem selbst, enthält den Gedanken einer radikalen Individualität, der sogar im esoterischen Brahmanismus in dieser Form ungehörig wäre. Die Idee der Selbstbefreiung durch Selbsterkenntnis und Erleuchtung, die Buddha gelehrt hat, sagt ja nicht mehr, aber auch nicht weniger, als daß jeder Mensch Buddha, der Erleuchtete, werden kann, so daß der Buddhismus schließlich zu einem einigenden Band unzählig vieler Einzelpersönlichkeiten wird, die den Weg der Vergänglichkeit und des Leidens bis zu dem Punkt verfolgen, wo sie sich durch das Verlöschen selbst befreien. Hermann Oldenberg, dem die moderne Indologie unendlich viele Anregungen verdankt, hat deshalb nicht zu Unrecht das Bild der Kerze verwendet, um den Erlösungsgedanken des Buddhismus einprägsam zu machen: Sie brennt und erhellt, um schließlich, wenn sie ihren Zweck erfüllt hat, zu erlöschen.
Der buddhistische Grundgedanke, noch einmal, ist der der Vergänglichkeit und des Leidens, dem alles Irdische unterworfen ist. Der Buddhist ist der Mensch der tragischen Weltsicht, denn er sieht nicht nur die Schattenseiten des Daseins, den Tod und die Qualen; er weiß, daß auch jede Freude ihren Gegensatz im Leiden erfährt und daß das Leben des Menschen von einer unerhört leidvollen Vergangenheit geprägt ist. Geburt, Alter und Tod sind Grundformen des Leidens; die Krankheit, das Unwissen, die Friedlosigkeit der Welt sind es ebenfalls; wie könnte man da glücklich sein? Die Lehre des Buddha hat ihren Grundakkord in Moll, und es gibt keine Überlieferung, worin dieser nicht hörbar wäre:
»Der Mutter Tod, des Vaters Tod, des Bruders Tod, der Schwester Tod, des Sohnes Tod, der Tochter Tod, Verlust der Verwandten, Verlust der Güter, das alles habt ihr durch lange Zeiten erfahren«, sagt Buddha zu seinen Jüngern, als er ihnen von der Seelenwanderung und der ewigen Wiedergeburt erzählt. »Und indem ihr dies durch lange Zeiten erfuhrt, sind der Tränen mehr geflossen und von euch vergossen, wie ihr auf diesem weitem Weg umherirrtet und wandertet und jammertet und weintet, weil euch zuteil wurde, was ihr haßtet, und nicht zuteil wurde, was ihr liebtet, als alles Wasser, das in den vier großen Meeren ist.«
Im Gegensatz zum Brahmanismus oder Hinduismus, die die Wiedergeburt als weiteren Schritt in die Vollkommenheit freudig begrüßen, macht die pessimistische Weltsicht des Buddhismus auch vor dem Sansara nicht halt: Zunächst ist die Wiedergeburt durch die quantitative Zunahme der Leiden gekennzeichnet, und die sich damit einstellende Verzweiflung läßt sich allenfalls durch Selbstversenkung überwinden, nicht durch gute Werke oder die Einhaltung der Glaubensrituale. Weder Sansara noch Brahman noch Gott noch irgendein Wesen in der Welt sind in der Lage, die Erlösung zu stiften – es sei denn der kontemplative Mensch selbst, denn die Existenz des tätigen Men-

schen, der dem irdischen Glück nachjagt, ist vom Fluch der Vergeblichkeit und Nichtigkeit gekennzeichnet.
Der buddhistische Standpunkt, so hat der Yale-Professor Richard A. Gard einmal geschrieben, ist geprägt durch die Beschäftigung mit der Bedingtheit des Seins, mit der unmittelbaren Wahrnehmung der menschlichen Existenzbedingungen und durch die Geisteshaltung des vernünftigen Prüfens, wofür Buddha selbst eine ganze Fülle an Beispielen »hinterlassen« hat. Daraus leitet sich wiederum unzweifelhaft das Prinzip der buddhistischen Toleranz ab, die ihren schönsten Ausdruck in der Auffassung findet, daß alle Menschen die Freiheit in vollkommener Existenz erlangen können, sofern sie zur Selbsterkenntnis fähig sind. Ob Theravada- oder Mahayana- oder Vajrayana-Buddhismus, der buddhistische Standpunkt ist stets der gleiche: Ewige Wiedergeburt und das Nirvana sind keine Seinsweisen, sondern Interpretationen der menschlichen Erfahrung, die durch die Denkanstrengung, die Konzentration und die schließlich gewonnene Erleuchtung real werden. So gesehen, hebt der Budhismus die Philosophie des Lebens als Leiden beinahe wieder auf, wenn wir auch nicht übersehen wollen, daß ein Rest bleibt, der Unbehagen schafft, weil er den trügerischen Glanz der individuellen Befreiungsphilosophie zu erkennen meint.
Der Buddhismus ist ein vielfältiges und vielfältig zerklüftetes System, das sich keineswegs auf die Lehre der drei Schiffe beschränkt. Schon der Theravada-Buddhismus (also die älteste, auf Buddha selbst zurückgehende Form) spricht von den drei Schätzen, Kleinoden oder Diamanten, aus denen die buddhistische Religion besteht, nämlich *Buddha* selbst, dem Erleuchteten, *Dharma,* der Glaubenslehre oder dem buddhistischen Kanon, und der *Sangha,* der buddhistischen Gemeinde, die ursprünglich aus dem Orden und seinen Regeln bestand. Alle drei Kleinodien sind durch das Gesamtsystem des Buddhismus zusammengefaßt, was nicht zuletzt zur Folge hatte, daß Buddha mehr und mehr idealisiert – und damit beinahe zu einem Gott umfunktioniert – wurde, als daß man ihn in seiner historischen Bedeutung anerkannt hätte. Jedenfalls vermitteln die buddhistischen Verehrungsformeln, wie sie in der Sangha geübt werden, den Eindruck, als wäre Buddha ihnen als Gott entrückt, worauf auch nicht wenige Buddha-Monumente und -Tempel verweisen.
Vom historischen Buddha sind keinerlei schriftliche Quellen hinterlassen worden, so daß die buddhistische Religion, ähnlich wie bei den Propheten des Alten Testaments, zunächst auf die mündliche Überlieferung angewiesen war, wobei die Reden des Erleuchteten – er hat immerhin nicht weniger als 40 Jahre lang gepredigt – eine besondere Bedeutung erlangt haben. Ihre angeblich authentische Sammlung bilden den wichtigsten Teil des als *Dreikorb* (auf Pali *Tipitaka)* bekannten Kanons der buddhistischen Texte, die dort als *Korb der Lehrtexte* bezeichnet werden. Diese Lehrtexte, die sogenannten *Sutras,* geben für das äußere Leben des Buddha nicht allzu viel her, und es bedurfte erst der außerordentlichen Forschertätigkeit eines Hermann Oldenberg, um wenigstens einiges Wissen über den historischen Buddha zu sammeln. Dabei ist dem *Mahaparinirvana-Sutra* stets besondere Wichtigkeit beigemessen worden, schon weil er vom Titel her als »Großer Lehrtext vom

vollständigen Erlöschen« in die Geschichte der buddhistischen Quellentexte eingegangen ist. Darüber hinaus dürfte es zweifellos der einzige buddhistische Text sein, worin sich die Erinnerung an den wirklichen Buddha niedergeschlagen hat, ganz im Gegensatz jedenfalls zur *Buddha-Legende*, die weniger durch historische Genauigkeit als durch die in ihr enthaltenen Lehrmeinungen interessant ist, wenngleich sie sich mit der Entwicklung Buddhas von seiner Geburt bis zu seiner ersten Predigt im Park von Benares auseinandersetzt.

Die Reden des Buddha, die eigentlichen Predigttexte oder *Sutras*, sind im Pali-Kanon, dem Dreikorb, zusammengefaßt. Inhaltliche Struktur, Wortgewalt, Plastizität der Beispiele und normativer Wert des Dreikorbs machen diesen zu einem gleichwertigen literarischen Produkt neben den anderen großen religiösen Epen der Inder, und er hat ohne Schaden den Umstand überstanden, daß sich nicht alle buddhistischen Richtungen gleichermaßen an ihm orientiert haben. Das *Tipitaka* und die späteren abweichenden Fassungen enthalten das Gesamtsystem des buddhistischen Glaubens auch in seiner historischen Entwicklung bis hin zum Mahayana-Buddhismus und den Varianten, die auf den buddhistischen Konzilen kanonisiert wurden. Obwohl die Bedeutung der Texte keinerlei Zweifel unterliegt, hat es überraschend lange gedauert, bis es gelang, diese ungeheure Textmasse schriftlich zu fixieren, um damit auch ihre kanonische Bedeutung zu unterscheiden. So wurde die erste vollständige Ausgabe des Dreikorbs 1893/94 auf Veranlassung des Königs Chulalongkorn von Siam in der Thai-Sprache gedruckt und brachte es auf nicht weniger als 39 Bände. Die erste (und bislang einzige) Ausgabe in lateinischer Sprache erschien in London zwischen 1882 und 1964 und umfaßt 59 Bände, aus denen wiederum Auszüge in allen modernen europäischen Sprachen erschienen. Es handelt sich also um ein gewaltiges literarisches Werk, auf das der Buddhismus zurückgreifen kann, und nichts ist unrichtiger als die Auffassung, der Buddhismus sei lediglich eine Sammlung von einigen Sprüchen des Erleuchteten. »Was Buddha wirklich sagte«, läßt sich mit letzter historischer Genauigkeit zwar nicht rekonstruieren; aber unzweifelhaft ist, daß der *Korb der Lehrtexte* die Gedanken und Meinungen des Erleuchteten einigermaßen präzis umschreibt, die, in ein kompliziertes und in sich verschachteltes Thesensystem gedrängt, wiederum drei bis sechs moderne Buchbände umfassen.

Wer war Buddha, und welche Bedeutung hat sein Leben für die Entfaltung der buddhistischen Religion? Über sein Leben könnte man einen ganzen Roman schreiben oder sich auch auf wenige Zeilen beschränken, denn die Frage, wie wichtig seine Vita für seine Lehre und seine Wirkung ist, läßt sich nicht so ohne weiteres beantworten. Jedoch hat sein Lebensweg insofern paradigmatischen Charakter, als er die Entwicklung eines Menschen schildert, der seine leidbedingte Existenz überwindet, indem er von zu Hause fortgeht, um durch Selbsterkenntnis und Erleuchtung zu sich selbst zu kommen. Als Buddha um 560 v. Chr. irgendwo an den Hängen des Himalaya geboren wurde – der genaue Geburtsort ist unbekannt –, leuchtete die ganze Natur in den herrlichsten Frühlingsfarben, und als er um 480 v. Chr. in Nordostindien starb, trauerte sie wie um einen verlorenen Sohn, und alle Tiere des Dschungels sollen sich zur Totenwache eingestellt haben; so jedenfalls will es die Legende. Er stammte aus einem angesehenen Fürstengeschlecht und erhielt den Namen Siddhartha Gautama und soll, nachdem seine Mutter sieben Tage nach seiner Geburt gestorben war, von seinem Vater und seiner Tante erzogen worden sein, auf die später übrigens die Gründung des ersten buddhistischen Nonnenordens zurückgehen sollte. Er soll, um eine standesgemäße Existenz führen zu können, drei Paläste besessen haben, und es wird auch berichtet, daß er früh heiratete und einen Sohn hatte. Er führte das sorglose, durch Luxus und Langeweile ausgezeichnete Dasein eines Fürstensohnes, und das einzige Interesse seines Vaters konzentrierte sich darauf, den Sohn auf die Nachfolge als politischer Herrscher vorzubereiten, was nichts anderes bedeutete, als daß er die traditionelle Ausbildung in militärischen und politischen Angelegenheiten erhielt, sich mit religiösen oder gar philosophischen Fragen jedoch nur am Rande beschäftigte. Später berichtete Buddha seinen Jüngern von dieser jugendlich-unbekümmerten Zeit, er sei sehr verwöhnt worden. Tag und Nacht habe man einen weißen Sonnenschirm über ihn gehalten, und »in den vier Monaten der Regenzeit verließ ich den Palast überhaupt nicht und war von weiblichen Musikanten umgeben«.

Wichtiger als die äußere Biographie Buddhas, die ohnehin auf wackeligen Füßen, weil ungesicherten Quellen steht, ist die innere. Wir wissen nicht, wann in ihm der Wunsch entstand, sich mit der Frage nach dem Sinn des Lebens auseinanderzusetzen, aber in einem der kanonischen buddhistischen Texte wird die schöne Geschichte von Buddhas Auszug aus den väterlichen Palästen geschildert, und in ihrer schlichten Lebendigkeit mag sie durchaus den tatsächlichen Gegebenheiten nahekommen. »Da erwachte in mir dieser Gedanke«, heißt es in der Überlieferung, »ein unwissender Alltagsmensch, ob er gleich selbst dem Altern unterworfen und von des Alters Macht nicht frei ist, fühlt Abscheu, Widerwillen und Ekel, wenn er einen anderen im Alter sieht: der Abscheu, den er da fühlt, kehrt sich gegen ihn selbst. Auch ich bin dem Altern unterworfen und von des Alters Macht nicht frei. Sollte auch ich... Abscheu, Widerwillen und Ekel fühlen, wenn ich einen anderen im Alter sehe? Das käme mir nicht zu.«

Um dieses neue Interesse zu befriedigen, unternimmt Buddha vier Ausfahrten aus des Vaters Palast, um sich einen Eindruck von der wirklichen menschlichen Existenz zu verschaffen. Als er den väterlichen Park hinter sich gelassen hat, der nie von einem Zeichen der Unschönheit getrübt war, offenbaren sich ihm die Bilder der Vergänglichkeit und des Leidens in Gestalt eines hilflosen Greises, eines schwerkranken Menschen und eines Toten. Der vierte Ausflug läßt ihn auf einen wandernden Asketen treffen, der mit geschorenem Kopf und in eine gelbe Toga gehüllt, das Bild des Friedens und der Erlösung von allem irdischen Leid vermittelt, und Buddha beschließt, es dem Wandermönch gleichzutun. Des Nachts wirft er noch einen letzten Blick auf die schlafende Frau und das Kind, schickt den Wagenlenker in den Palast zurück und begibt sich von zu Hause in die Hauslosigkeit, die weinenden Eltern zurücklassend. Er soll 29 Jahre alt gewesen sein, als er diesen Entschluß faßte, und er hatte noch 50 Lebensjahre vor sich.

Der junge Mann begann ein ruheloses Wanderdasein, das sieben Jahre dauern sollte. Er ließ sich von zwei geistlichen Lehrern unterrichten, aber auch sie konnten ihm den Seelenfrieden nicht vermitteln; so gab er beispielsweise das von seinen Lehrern auferlegte Gebot der strengen Askese wieder auf und wurde von anderen Wandermönchen als Abtrünniger kritisiert und verstoßen. Am Ende des siebten Jahres erreichte Buddha auf seiner Wanderschaft den Fluß Neranjana in der Gegend von Gaya, und er war von der Gegend so begeistert, daß er zu bleiben beschloß. Hier begann er mit der Meditation, und eines Nachts, unter einem Feigenbaum sitzend, den die Inder seit alters den »Baum der Erkenntnis« nennen, gewann er die Erleuchtung als Folge der Meditation und der Selbsterkenntnis. Die alten Überlieferungen erzählen, daß Buddha durch immer reinere Zustände der Selbsterkenntnis und der Selbstentäußerung seines Bewußtseins hindurchgegangen sei, bis das Gefühl der allwissenden Erleuchtung über ihn kam. In alldurchdringender Intuition habe er die Irrwege der in die Seelenwanderung verschlungenen Geister erkannt und das Wissen von den Quellen, aus denen das Leiden der Welt fließt, ebenso erhalten wie die Kenntnis jenes Weges, der allein zur Überwindung und Vernichtung dieses Leidens führt.

»Da ich solches erkannte«, soll er unter dem Feigenbaum gesagt haben, »und da ich solches schaute, ward meine Seele erlöst von der Verderbnis der Begier, erlöst von der Verderbnis des Werdens, erlöst von der Verderbnis des Irrglaubens, erlöst von der Verderbnis des Nichtwissens. Im Erlösten erwachte das Wissen von der Erlösung: Vernichtet ist die Wiedergeburt, erfüllt der heilige Wandel, getan die Pflicht; nicht werde ich zu dieser Welt zurückkehren: also erkannte ich.«

Von diesem Augenblick an datiert der Buddhismus die große Wende im Leben Buddhas, der ja erst von diesem Erlebnis an Buddha, der Erleuchtete, hieß und seinen alten Namen Siddhartha Gautama ablegte. Die Erleuchtung – auf Pali: *bodhi* –, wie sie in den kanonischen Texten geschildert wird, hat die religionswissenschaftliche Forschung vor nicht wenige Probleme gestellt, weil sie sich zunächst um die Klärung der Frage bemühte, auf welche Weise Buddha überhaupt dazu gelangt sei; überraschenderweise schien es ihr lange Zeit wichtiger, zu klären, ob es sich nicht vielleicht um eine fiktive Berichterstattung gehandelt habe. Das wirklich Wichtige und religionsgeschichtlich Bedeutsame ist aber doch ein anderes: In der Erzählung vom Buddha unter dem Baum der Erkenntnis und der sich daran anschließenden 40jährigen Wander- und Predigtzeit des Erleuchteten und seiner Jünger wird eine religiöse Wende von zunächst unübersehbarer Konsequenz eingeleitet, indem Buddha nach seinen eigenen Worten einerseits die Erinnerung an seine eigenen früheren Geburten in sich aufkommen spürt; zum anderen entdeckt er das ewige Gesetz, das den Kreislauf des Lebens und Sterbens bestimmt; und drittens – und das ist das Wichtigste – offenbaren sich ihm die vier heiligen Wahrheiten von der Entstehung und der Aufhebung des Leidens, die er zum zentralen Inhalt seiner Predigtlehre machen wird und die somit wiederum der Mittelpunkt des buddhistischen Glaubens geworden sind. Was auch immer man über den Legendencharakter jener Nacht unter dem Feigenbaum sagen mag: Von diesem Erlebnis datieren der Heilsweg und die Heilslehre des Buddhismus.

In den Buddha-Legenden hat der Erleuchtete selbst ausführlich Rechenschaft

über die vier Stufen der Versenkung gegeben, an deren Ende sein Herz von einem nie gekannten Glücksgefühl erfüllt gewesen sei, aber er hat sich zugleich, als sein »Geist gesammelt, gereinigt, geläutert und fleckenlos« war, gefragt, ob es angemessen sei, den Weg zur Überwindung des Nichtwissens für sich zu behalten, oder ob man ihn auch anderen Menschen mitteilen müsse. Immerhin schien sich Buddha der Tatsache bewußt, daß der sogenannte einfache Mensch intellektuell überfordert sei, wenn man von ihm die meditative Konzentration auf sich selbst, seine Vergangenheit und seine zukünftigen Daseinsweisen verlange, und so hat er in der Tat eine Zeitlang mit dem Gedanken gespielt, die Erfahrung über die Wege der Erkenntnis für sich zu behalten. Hier wird eine Grenze gezogen, die für den Buddhismus kennzeichnend ist, denn sie deutet eine wesensmäßige und wohl auch intellektuelle Unfähigkeit zur Religiosität an, wie sie auch der Brahmanismus kennt, vom Hinduismus aber überwunden wurde. Man nimmt vielleicht nicht ganz ohne Überraschung zur Kenntnis, daß Buddha vom Gott des Bösen, Mara, heimgesucht wurde, der ihn in der Auffassung bestätigen wollte, die Erkenntnis besser für sich zu behalten (wer möchte dabei nicht an Christus und seine Versuchung durch den Teufel denken!); und es bedurfte schon der Autorität des Gottes Brahma, der Buddha anwies, sein Wissen in Form von Predigten und Unterweisungen weiterzugeben, so daß im Lauf der Geschichte aus einem Buddha viele Buddhas werden. Mit den Worten: »Geöffnet sei das Tor der Ewigkeit; wer Ohren hat, höre das Wort und glaube«, machte sich Buddha auf und zog predigend und wandernd durch einen vergleichsweise bescheidenen Teil des nordöstlichen Indien.
Im Gazellenhain von Benares setzte Buddha das »Rad der Lehre« in Bewegung, indem er in einer großen Predigt erstmals die Lehre vom Leiden, von der Ursache des Leidens, von der Aufhebung der Leidensursache und von dem Weg, der zur Aufhebung der Leidensursache führt, verkündete, die als die »Lehre von den vier heiligen Wahrheiten« in die buddhistische Literatur eingegangen ist. Er wies auf die Heilsbezogenheit seiner Lehre und auf die Bedeutung des mönchischen Lebens, und es ist einigermaßen naheliegend, daß er seine erste Predigt nicht vor der großen Masse, sondern vor wenigen Freunden und Anhängern gehalten hat; man spricht von nur fünf Hörern, und angesichts dieser kleinen Zahl soll Buddha einmal mehr davon ausgegangen sein, daß seine Gedanken sich nur an wenige richten könnten, ja er soll sogar einmal seinem Lieblingsjünger Ananda gegenüber geäußert haben, nach 500 Jahren werde sich niemand mehr um die »wahre Lehre« kümmern; womit er Unrecht hatte.
Die zentrale Bedeutung der Predigt von Benares läßt sich auf die vier heiligen (oder edlen) Wahrheiten zurückführen, und Buddha hat sich im Gegensatz zu seiner sonstigen Eloquenz einigermaßen knapp und präzis gefaßt, indem er den Grundakkord des Leidens in seine vier Bestandteile zerlegte:
»Dies nun, ihr Mönche, ist die edle Wahrheit vom Leiden: Geburt ist leidvoll, Alter ist leidvoll, Krankheit ist leidvoll, Sterben ist leidvoll; mit Unlieben vereint zu sein, ist leidvoll; von Lieben getrennt zu sein, ist leidvoll; nicht zu erlangen, was man begehrt, ist leidvoll. Kurz gesagt, die ›fünf Gruppen des Ergreifens‹ sind leidvoll.

Dies nun, ihr Mönche, ist die edle Wahrheit von der Entstehung des Leidens: Es ist dieser Wiedergeburt erzeugende, von Wohlgefallen und Lust begleitete Durst, der bald hier, bald dort sich ergötzt, das will sagen: der Durst nach Sinnenlust, der Durst nach Werden, der Durst nach Vernichtung.
Dies nun, ihr Mönche, ist die edle Wahrheit von der Aufhebung des Leidens: Es ist ebendieses Durstes restlose, durch Gleichmut erreichte Aufhebung, seine Aufgabe, Preisgabe, die Erlösung und das Freisein von ihm.
Dies nun, ihr Mönche, ist die edle Wahrheit von dem zur Aufhebung des Leidens führenden Pfad: Es ist eben dieser edle Achtgliedrige Weg, nämlich: rechte Sicht, rechte Gesinnung, rechte Rede, rechtes Handeln, rechte Lebensführung, rechtes Bemühen, rechte Achtsamkeit und rechte Konzentration.«
Man darf nicht übersehen, daß es sich hierbei nicht um einen theologisch-philosophischen Traktat, sondern um eine mündlich vorgetragene Predigt handelt, die jedoch, und das ist für die gesamte buddhistische Literatur typisch, weil vorbildlich geworden, neben ihrer Weitschweifigkeit von einer starken Konzentration auf die zentralen Elemente der Lehre des Buddha gekennzeichnet ist, und Buddha selbst hat sie mit gekonnter Klarheit formuliert. Hat man zunächst den Eindruck, er würde seine Theorie des leidbedingten Daseins aus der Perspektive der absurden Weltsicht entwickeln und es dabei bewenden lassen, so zeigt er gegen Ende seiner Predigt, daß ein ganz anderer Gedanke der eigentliche Dreh- und Angelpunkt seiner Denk- und Glaubensanstrengungen ist: der Begriff der Erlösung. Gott und die Welt interessieren ihn letztlich nicht, und auch die Leiden der Welt und an der Welt an sich berühren ihn nicht so sehr wie der Weg zur Überwindung dieser Welt und ihrer Leidensstruktur. Die einzige Frage, die den Buddhismus wirklich umtreibt und die folglich auch im Mittelpunkt der 40jährigen Tätigkeit Buddhas als Prediger steht, ist die, wie man in dieser Welt des Leidens vom Leiden loskommen kann, und die Antwort, welche die Predigt von Benares mit dem Hinweis auf den achtfachen Weg der Erlösung gibt, versteht sich als das grandiose *und* einzige Instrument zur Erlösung und Freiheit, und so schließt der Bericht über dieses denkwürdige Ereignis von Benares folgerichtig mit der Bemerkung: »Um jene Zeit gab es sechs Heilige in der Welt«, Buddha selbst und seine fünf Hörer, die seine Jünger wurden.
Daß Buddha beschloß, seine Erkenntnis nicht für sich zu behalten, macht ihn zu einem der großen Religionsstifter der Menschheitsgeschichte und, wie Jaspers einmal gesagt hat, zu einem der »maßgebenden Menschen«. Er überzeugte nicht durch Wunder oder mystische Beschwörungen; er rief nicht Gott und die Unsterblichkeit an; er redete und wirkte einzig durch das Wort und die Art, wie er seine Gedanken und Vorstellungen in ein unverwechselbares logisches System brachte, das in seiner scheinbaren Dialektik oft genug an die *Summa theologica* des Thomas von Aquin erinnert. Sein Selbstanspruch war durchaus nicht gering, und wenn er Bescheidenheit predigte, so hinderte ihn das keineswegs, festzustellen: »Ich bin der Heilige in der Welt, ich bin der unvergleichliche Lehrer. Ich allein bin der Vollkommenerleuchtete, ruhig bin ich geworden, Nirvana habe ich erreicht... In dieser finsteren Welt will ich die Trommel der Unsterblichkeit rühren.« Die in den kanonischen Texten immer wiederkehrende Formel »also sprach der Erhabene« oder »also sprach der

Erleuchtete« deutet auf Buddhas Heiligkeit ebenso hin wie auf die absolute Richtigkeit seiner Aussagen, denn er hat seit der Erleuchtung die vierte und letzte Stufe der Heiligkeit erlangt, das heißt, er ist nach buddhistischer Interpretation aus dem Rad der ewigen Wiedergeburt ausgeschieden und bereits zu Lebzeiten in das *Arhat*, das Heilige und Vollkommene, eingegangen; fast ist man versucht zu sagen, er sei Gott geworden (was aber voraussetzen würde, daß es den Gottesbegriff im Buddhismus gibt).

Buddha, der Erleuchtete, der Ketzer, ist Buddha, der Lehrer. Da Religion im Buddhismus nicht bedeutet, Beziehung des Menschen zu Gott, sondern Lehre von der Selbstversenkung und Selbstbefreiung, kommt dem Religionsstifter Buddha auch die Rolle des Propagandisten zu. *Er* machte es sich zur Aufgabe, *seine* Botschaft unter die Menschen zu bringen, und er tat das mittels der wandernden Lehrtätigkeit und bediente sich dabei der Form des Gleichnisses und des Dialogs mit seinen Jüngern oder auch seinen imaginären Gesprächspartnern. Er verglich die Lehre mit einem Floß, dessen man bedarf, um das andere Ufer zu erreichen, und daß dieses andere Ufer nichts anderes ist als das erlösende Nirvana, machte er seinen Zuhörern an vielen Beispielen immer wieder klar. Daß er sich zur Verdeutlichung der Form des Märchens oder des Gleichnisses bediente, kann angesichts der religiösen Vorkenntnisse seiner Zuhörer nicht verwundern, denn bereits unter dem Feigenbaum hatte er gesagt: »Wenn ich die Lehre predigte und die andern sie nicht verständen: das wäre für mich Ermüdung, das wäre für mich Qual.« Also bemühte er sich in immer neuen Anläufen und unter Zuhilfenahme einer scharfsinnigen Lehrmethode um die Vermittlung seines Wissens, wobei er sich stets auch um jeden einzelnen seiner Schüler individuell bemühte, damit er auf den Weg des Heils käme. »Das Zurruhekommen aller Gestaltungen, das Fahrenlassen aller irdischen Bestimmtheit, der Untergang des Durstes, das Freisein von Verlangen, das Aufhören, das Nirvana«, kurz, die zentralen Gedanken seiner Lehre brachte er in immer neue Sinnzusammenhänge, und so ist seine weitere Lebensbeschreibung die Geschichte ungezählter Bekehrungen. Noch kurz vor seinem Tod wies er seinen Lieblingsschüler Ananda an, die Lehre als das höchste Gut zu betrachten, denn es gäbe keine andere Zuflucht, und die Lehre sei »eine rettende Insel«.

Es spricht für die Weitsicht Buddhas, daß er seinen Jüngern, der frühesten Form des buddhistischen Ordens, *Sangha*, über die Lehrinhalte hinaus auch Anweisungen über die Lehrmethoden hinterließ, daß er ihnen das schrittweise Verfahren in der Übermittlung der Botschaft ans Herz legte und selbst durch ungezählte Beispiele das Medium der Sprache in einer Weise kultivierte, die unnachahmlich und damit unverwechselbar ist. Buddha, der Lehrer, fand einen Ton für seine Lehre, die durchaus einen Eindruck seines eigenen inneren Seelenzustandes vermittelt, so leicht und frei und vollkommen ist er. Das macht ihn groß, daß er sein überragendes Wissen *(Abhinna)* nicht für sich behielt oder eine esoterische Sprache kultivierte, sondern daß seine Predigten stets von der richtigen Beurteilung *(Sanidana)* der geistigen Konstitution seiner Zuhörerschaft gekennzeichnet waren. In seinem Gleichnis von dem Mann, der von einem vergifteten Pfeil getroffen wurde, wird seine sprachliche Kompetenz ebenso deutlich wie die durchgehende Beobachtung, daß er sich

ausschließlich mit Fragen des Heils und niemals mit Problemen der Metaphysik auseinandergesetzt hat. Das ist hier insofern von Bedeutung, als der Mönch Malunkyaputta genau diese Frage an Buddha richtete, ob nämlich der Vollendete, der *Tathagata* (das heißt »der so Gegangene«), jenseits des Todes existiere oder nicht. Buddha antwortete:
»Daß die Welt ewig ist, Malunkyaputta, wurde von mir nicht erklärt; daß die Welt nicht ewig ist, wurde von mir nicht erklärt; daß die Welt endlich ist, wurde von mir nicht erklärt; daß die Welt unendlich ist, wurde von mir nicht erklärt; daß Seele und Körper geschieden sind, wurde von mir nicht erklärt; daß Seele und Körper dasselbe sind, wurde von mir nicht erklärt; daß ein Tathagata nach dem Tode existiert, wurde von mir nicht erklärt; daß ein Tathagata nach dem Tode nicht existiert, wurde von mir nicht erklärt; daß ein Tathagata nach dem Tode sowohl existiert als auch nicht existiert, wurde von mir nicht erklärt; daß ein Tathagata nach dem Tode weder existiert noch nicht existiert, wurde von mir nicht erklärt. Und warum, Malunkyaputta, wurde dies von mir nicht erklärt? Weil dies, Malunkyaputta, keinen Nutzen bringt und nicht den Anfang heiligen Lebenswandels bildet, weil es nicht zur Weltabkehr, nicht zur Leidenschaftslosigkeit, nicht zum Aufhören des Leidens, nicht zur Ruhe, nicht zur Erkenntnis, nicht zur Erleuchtung, nicht zum Nirvana führt, darum ist dies von mir nicht erklärt worden.«
Daß Buddha von seinen Jüngern und dem späteren Orden geliebt und verehrt wurde, bedarf kaum der Erwähnung, denn der Buddhakult ist ein Bestandteil der drei Kleinoden des Buddhismus. Dennoch oder vielleicht gerade deswegen hat der Erleuchtete wiederholt auf den impersonalen Charakter des Buddhismus aufmerksam gemacht, seine Lehre also höher eingeschätzt als seine Person. Aber er hat auch nicht verhindern können, daß sich eine Fülle von Buddha-Legenden bildeten, daß man Gedichte über seine Person schrieb, denn es ist in der Geschichte der indischen Religionen ein weitverbreitetes Phänomen, daß man den Religionsstifter wie einen Gott verehrt oder – modern ausgedrückt – mit einem Personenkult umgibt, der möglicherweise nicht im Interesse des so Verehrten ist. Man weiß nicht, ob man die Ausführungen aus dem *Suvarnaprabhasa-Sutra,* die »zum Lobpreis des Buddha« erdacht wurden und die sein Angesicht mit dem klaren Vollmond und seine Zeichen und Symbole mit der Unauslotbarkeit des Himmels vergleichen, als das wichtigste Dokument der klassischen Buddha-Verehrung betrachten soll oder einen schönen Spruch aus dem *Dharmapadam,* der Buddha »von allen Träumen aufgewacht« nennt, oder die symbolische Zusammenfassung aller äußeren Elemente seiner einzigartigen Persönlichkeit im Bild einer Lotosblüte, die »in der Welt geboren und lebend, aber nicht von der Welt befleckt« ist. Fest steht, daß schon 100 Jahre nach seinem Tod, auf dem Konzil zu Vaishali um 380 v. Chr., die Diskrepanz zwischen dem historischen und dem geglaubten Buddha so deutlich wurde, daß sie zu einer Spaltung in die Vertreter des »kleinen Schiffes«, die Orthodoxen, und des »großen Schiffes« führte, aus denen wiederum mehrere Schulrichtungen hervorgegangen sind.
Alle diese Auseinandersetzungen hat Buddha nicht mehr erlebt, und es ist mehr als fraglich, ob sie ihn überhaupt interessiert hätten. Er soll das stattliche Alter von 80 Jahren erreicht haben, als er nach 44jähriger Wander- und Predi-

gerzeit in den Ort Kusinara kam und an einer Pilzvergiftung (nach anderen Berichten soll es sich um verdorbenes Wildschweinfleisch gehandelt haben) starb. Seine letzten Worte richtete er an seine Lieblingsjünger, und sie lauteten: »Wohlan, ihr Mönche, ich sage euch: Dem Vergehen unterworfen sind die Daseinserscheinungen, vervollkommnet euch mit Eifer!«
Sein Tod wurde in dem *Mahaparinirvana-Sutra* legendenhaft ausgeschmückt, indem nicht nur auf die trauernde Natur verwiesen wird, sondern auch auf die vier Stufen der Versenkung, die Buddha durchmißt, um das völlige Nirvana zu erreichen. Der Text ist auch insofern bedeutsam, als er einige prinzipielle Aussagen über die buddhistische Todesvorstellung enthält. »Nachdem sich aber der Herr«, heißt es in dem Sutra, »aus dem Zustand des gänzlichen Aufhörens von Vorstellen und Empfinden erhoben hatte, versenkte er sich in das Reich, wo es weder ein Vorstellen noch ein Nichtvorstellen gibt. Nachdem er sich aus dem Reich, wo es weder ein Vorstellen noch ein Nichtvorstellen gibt, erhoben hatte, versenkte er sich in das Reich des Nichtseins. Nachdem er sich aus dem Reich des Nichtseins erhoben hatte, versenkte er sich in das Reich der Bewußtseinsunendlichkeit. Nachdem er sich aus dem Reich der Bewußtseinsunendlichkeit erhoben hatte, versenkte er sich in das Reich der Raumunendlichkeit. Nachdem er sich aus dem Reich der Raumunendlichkeit erhoben hatte, trat er in die vierte Stufe der Versenkung ein ... Nachdem er sich aus der vierten Stufe der Versenkung erhoben hatte, erreichte der Herr unmittelbar das völlige Nirvana. Nachdem der Herr völlig zur Ruhe gegangen war, da entstand zugleich mit dem völligen Nirvana *(Parinirvana)* ein großes Erdbeben, ein furchtbares, schaudererregendes, und Göttertrommeln erdröhnten.«
Ist der Erleuchtete selbst das erste Kleinod der buddhistischen Lehre, so stellt das *Dharma* die eigentliche Religion dar, die aus den Grundprinzipien und den Bräuchen des Buddhismus zusammengefügt ist und die Grundlage für das buddhistische Ordensleben, den *Sangha,* darstellt. Bereits der historische Buddha war sich völlig darüber im klaren, daß seine Äußerungen mit denen des Brahmanimus nicht in Einklang zu bringen waren, denn er lehnte nicht nur die Autorität der *Upanishaden* ab, sondern weigerte sich darüber hinaus auch, das Brahman und das Erreichen einer neuen Existenz durch die Karma-Lehre anzuerkennen. Seine Lehre konzentriert sich auf das Erlöschen jeglicher Lebensgier und manifestiert sich in der vollkommenen Konzentration auf sich selbst. Die brahmanische Daseinsunlust wird im Buddhismus noch auf eine höhere Stufe gehoben, weil er das Leiden der Welt nicht als eine letzte Voraussetzung, sondern vielmehr als das Ergebnis tieferliegender Faktoren begreift, die es im religiösen Bewußtsein zu erkennen und in der Selbstversenkung zu überwinden gilt. Der Tenor des Buddhismus läßt sich auf den einen Satz reduzieren, wonach das Leiden der Welt dem einzelnen Menschen eine asketische Lebensweise (Ethik) auferlegt, mit deren Hilfe er die Versenkung und Erleuchtung erlangt, und sein endlicher Eingang in das Nirvana ist das einzig sinnvolle Ziel des menschlich-irdischen Daseins. Um dieses Ziel zu erreichen, lehrte Buddha bereits in seiner ersten Predigt im Gazellenhain von Benares die vier Grundwahrheiten und definierte sie als Stationen auf dem Weg zur Verwirklichung des buddhistischen Lebens, gab

ihnen damit also eine eindeutig ethische (nicht primär eine religiöse) Qualität und bezeichnete ihre Erkenntnis als Voraussetzung zur Erreichung der äußersten Freiheit.

In den vier heiligen Wahrheiten kommt der buddhistische Pessimismus unmißverständlich zum Ausdruck, aber daß es sich dabei nicht um eine einfache Leidensvorstellung handelt, sondern um eine ganze Philosophie des Leidens und der tragischen Existenz, das enthüllt sich doch erst dann, wenn man die »fünf Gruppen der Daseinsfaktoren« betrachtet, die aus Körperlichkeit, Empfindungen, Bewußtsein, Unterscheidungsvermögen und schließlich Triebkräften bestehen, die nicht weniger als 170 Daseinsfaktoren umschließen, von denen nur ein einziger, der 170., das Nirvana nämlich, ewig und unvergänglich und damit unabhängig und positiv ist. Alle anderen bedingten Daseinsfaktoren sind leidvoll und ohne eigene Identität (Pali: *Anatta*); also ist das Leiden universell: »Drei Arten von Empfindungen gibt es, hat der Erhabene gesagt«, heißt es im *Samyutta-Nikaya*, einem der kanonischen Texte des Buddhismus, »die lustvolle, die leidvolle und die, welche weder lust- noch leidvoll ist. Der Erhabene hat aber auch gesagt: ›Was auch immer empfunden wird, das gehört zum Leiden.‹ – ›Gewiß, Mönche, das habe ich beides gesagt. Wenn ich sagte: Was auch immer empfunden wird, das gehört zum Leiden, so habe ich das gesagt, weil alle bedingten Daseinsfaktoren dem Dahinschwinden, dem Vergehen unterliegen.‹«

Man muß sich die Ungeheuerlichkeit dieser Aussage bewußt machen, um zu ermessen, welche Weltvorstellung dem Buddhismus eigen ist. 169 Daseinsfaktoren sind leidbedingt, und der einzige, der es nicht ist, ist nur in der Überwindung der Welt zu erlangen, und auf diesen einzigen allein kann sich das Leben sinnvollerweise konzentrieren. Düsterer und lebensfeindlicher hat sich wohl keine andere Religion der Weltgeschichte artikuliert, und so tauchen die Begriffe Schmerz, Leiden, Qual, Übel und Vergeblichkeit an sehr vielen Stellen des *Dreikorbs* auf, und nur sehr fern am Horizont winkt die befreiende Erlösung. Allerdings darf hierbei nicht übersehen werden, daß die buddhistische Religion, so merkwürdig es klingen mag, auch eine Religion der Hoffnung ist, da sie nicht nur die Leidbedingtheit der Existenz und überhaupt alles Seienden beschreibt, sondern darüber hinaus in einem höchst komplizierten Denk- und Kausalitätssystem die Voraussetzung zur Überwindung eben dieses Leidens zu einer realen Möglichkeit des Menschen macht. So heißt es in der zweiten Wahrheit, der Mensch dürste nach Wiedergeburt, ja er sei geradezu durch eine Lebensgier gekennzeichnet, die es zu überwinden gelte, weil Leben nun einmal mit Leiden identisch sei. Damit ist gesagt, daß das Dasein in seinem ruhelosen Werden und Vergehen die Ursache des menschlichen Unglücks sei, denn allein der Wille mache den Menschen frei, und dieser müsse auf die Überwindung des *Sansara*, der Wiedergeburt, gerichtet sein. Das Leben des Menschen sei von dem Gesetz der Kausalität bestimmt; dieses enthalte zwölf Kausalitätsfaktoren, die dem jetzigen Leben seine Struktur geben, es aber auch mit dem vergangenen und dem künftigen Leben verknüpft, so daß sich das Rad der Wiedergeburt und des Leidens ein Stückchen weiterdreht.

Man darf sich diesen Prozeß etwa folgendermaßen veranschaulichen:

1.	Nichtwissen	*Das frühere Leben*
2.	Einprägungen	
3.	Erkennen	*Wiedergeburt*
4.	Personwerdung	
5.	Ausbildung der sechs Sinne*	
6.	Berührung: Organe und Bewußtsein beginnen zusammenzuarbeiten	
7.	Empfindung	
8.	Durst, Beginn des neuen Karma	
9.	Ergreifen neuer Lebensziele	*Wiedergeburt/Das zukünftige Leben*
10.	Werden	
11.	Eigentliche Wiedergeburt	
12.	Neues Leben, Alter und Sterben	

Das Schaubild vermittelt nur einen bescheidenen Eindruck von der Tiefe und Ausschließlichkeit des buddhistischen Kausalitätsgedankens, und es mag sein, daß das Komplizierte dieses Gedankenganges ein Grund dafür war, daß der Mahayana-Buddhismus einige entscheidende Abstriche davon gemacht hat. Er relativiert nämlich das Prinzip der Abhängigkeit des Leidens von der Wiedergeburt und nimmt damit in gewisser Weise das tröstende Element der dritten, insbesondere jedoch der vierten heiligen Wahrheit vorweg. So wie die dritte Wahrheit die Aufhebung des Lebensdurstes durch restlose Vernichtung der Begierde fordert und damit die Grundlage für die äußerste Freiheit in vollkommener Existenz stiftet, so bezeichnet die letzte der vier Wahrheiten den Weg zur Aufhebung der Leidensursache, beschäftigt sich also mit nichts Geringerem als der Ur-Kausalität des Leidens und begründet damit die Ethik der rechten Existenz wie auch das Menschsein selbst.

Diese vierte Wahrheit ist das einzige Mittel, womit die erste Wahrheit erfaßt, die zweite Wahrheit erkannt und die dritte Wahrheit verwirklicht werden kann. Sie begründet den Mittleren oder Edlen Weg und den Achtfachen Pfad aus der leidbedingten Existenz heraus in das Nirvana. Der Achtfache Pfad ist so wichtig, daß er hier noch einmal wiederholt werden muß; er besteht aus rechtem Verstehen, rechtem Denken, rechtem Reden, rechtem Handeln, rechter Lebensführung, rechtem Streben, rechter Achtsamkeit und rechter Konzentration. Sein Ziel ist die Überwindung des Unwissens – also die Erleuchtung – und die Überwindung der Welt als Leiden – also das Nirvana. Wie dieses Ziel zu erreichen ist, hat der Theravada-Buddhismus allenfalls in dunklen Worten angedeutet, wenn es heißt: »Wird aber das Nichtwissen aufgehoben unter gänzlicher Vernichtung des Begehrens, so bewirkt dies die Aufhebung der Gestaltungen; durch die Aufhebung der Gestaltungen wird das Erkennen aufgehoben; durch die Aufhebung des Erkennens werden Name und Körperlichkeit aufgehoben; durch die Aufhebung von Namen und Körperlichkeit werden die sechs Gebiete *(Sinne)* aufgehoben; durch die Aufhebung der sechs Gebiete wird die Berührung *(zwischen den Sinnen und den Objekten)* aufgehoben; durch die Aufhebung der Berührung wird die Empfin-

* Die Inder rechnen das Denken als den sechsten Sinn.

dung aufgehoben; durch die Aufhebung der Empfindung wird der Durst aufgehoben; durch die Aufhebung des Durstes wird das Ergreifen *(neuer Lebensziele)* aufgehoben; durch die Aufhebung des Ergreifens wird das Werden aufgehoben; durch die Aufhebung des Werdens wird die Geburt aufgehoben; durch die Aufhebung der Geburt werden Alter und Tod, Schmerz und Klagen, Leid, Kümmernis und Verzweiflung aufgehoben. Dieses ist die Aufhebung des ganzen Reiches des Leidens.«

So dunkel diese Angaben auch sind, sie greifen mit beherrschter Kraft in das Rad der ewigen Wiedergeburt ein und bringen es zum Stillstand; und sie enthalten zugleich die wesentlichen Elemente der buddhistischen Ethik, indem sie Verhaltensvorschriften machen, die in einer Stufenfolge zueinander geordnet sind, an deren Spitze die Freiheit, das Heil oder die rechte Gesinnung stehen. Wie alles im Buddhismus, so sind auch seine ethischen Grundsätze in ein wohlausgeführtes gedankliches System eingefügt. Am Anfang steht die ethisch-asketische Zucht, gefolgt von der Stufe der Versenkung, die vom rechten Streben bis zur rechten Konzentration reicht; und am Ende erfolgt die Erkenntnis oder die Erleuchtung. Wenn wir gesagt haben, der Buddhismus enthalte trotz aller Betonung des Leidens eine Element der Hoffnung, so ist es dieses, daß der Mensch unter Einhaltung der Gesetze des Achtfachen Weges, das heißt unter Einhaltung der ethischen Prinzipien des ständigen Rückzugs aus den Bedingungen und Begierden der Welt, jene Freiheit erlangt, die der Buddhismus allein gelten lassen will (und an deren Vorhandensein nicht nur der abendländische Mensch zweifelt, sondern ebenso der Hindu und der Brahmane, die Buddha und seine vielen Nachfolger zu Ketzern stempelten ...).

Im Buddhismus jedoch ist der vorgeschriebene Weg nur konsequent, denn er ist der einzig gangbare, und es ist der Weg, den Buddha selbst beschritten hat. Sein Erlebnis unter dem Feigenbaum stellt ja nichts anderes dar als die konsequente Durchführung dieses Befreiungspfades, und will man der Legende glauben, dann war der historische Buddha nicht nur frei (und das heißt, noch einmal, auch: frei von der Welt), sondern wohl auch glücklich, und sein Verlöschen im Nirvana kann nur noch als Metapher des zu sich selbst gekommenen Menschen gedeutet werden.

Die Einhaltung der ethischen Prinzipien (rechtes Reden, rechtes Handeln, rechtes Leben) ist nicht zuletzt durch die Fülle der kanonisierten Verhaltensvorschriften und buddhistischen Ordensregeln nachvollziehbar. Was aber hat man sich unter der zweiten Stufe des Heils, der Versenkung, vorzustellen, sofern es nicht erlaubt ist, darunter einen meditativen Yoga-Kult zu begreifen? Wie erreichte Buddha die Erleuchtung konkret? Man darf wohl nicht daran zweifeln, daß methodisch geübte Bemühungen vonnöten sind, um die Versenkung herbeizuführen, und sie haben vermutlich das hervortretende Element im Leben der ersten buddhistischen Mönche gespielt (so wie das Klosterleben im Christentum ja auch durch einen durch die Ordensregeln bestimmten Rhythmus gekennzeichnet ist, der sich weder um Schlafbedürfnis noch um Ökonomie kümmert). Aus den vielen eingehenden Beschreibungen, welche die Überlieferung über die Versenkungszustände der buddhistischen Asketen (und Asketinnen) bereithält, ragen jene Texte hervor, welche sich mit den

»vier Stufen der Versenkung« auseinandersetzen. Das Pali-Wort *Jhâna* für Versenkung bezeichnet dabei einen Zustand, für den allein körperlich der Inder eher prädestiniert zu sein scheint als der Europäer (diese Auffassung hat jedenfalls unter anderen Hermann Oldenberg vertreten); dieser Zustand zeichnet sich durch lange anhaltendes Abwesendsein aus, »in welchem der Körper zur Reglosigkeit erstarrt, die Empfänglichkeit für äußere Eindrücke aufgehoben oder auf ein Minimum herabgesetzt ist, während der Geist in überirdischer Wonne schwelgt« (Oldenberg). In der nüchternen Sprache der modernen Indologie (hier nach Ulrich Schneider) ist dieser beinahe mystische Entrückungsprozeß in ein einfaches Schema gebracht worden, das neben den vier Stufen der Versenkung noch fünf weitere Entrückungszustände nennt, weil sich beispielsweise im *Maraparinirvana-Sutra* bei der Schilderung vom Sterben Buddhas (seinem »vollständigen Verlöschen«) entsprechende Aussagen finden lassen:

1. Erste Stufe der Versenkung (*Jhâna*, in Sanskrit *Dhyana*)
2. Zweite Stufe der Versenkung
3. Dritte Stufe der Versenkung
4. Vierte Stufe der Versenkung
5. Bereich der Raum-Unendlichkeit
6. Bereich der Bewußtseins-Unendlichkeit
7. Bereich des Nichts
8. Bereich jenseits von Bewußtem und Unbewußtem
9. Aufhören von Wahrnehmung und Gefühl

Wem diese Ausführungen allzu nüchtern sind, der muß auf den Text *Digha-Nikaya* zurückgreifen, der in der mittlerweile nicht mehr ganz unvertrauten Diktion folgendes über die vier Stufen der Versenkung mitteilt: »Sobald der Meditierende sieht, daß die fünf Hemmungen geschwunden sind, entsteht in ihm eine frohe Stimmung, dann freudige Verzückung, dann wird sein Körper ruhig, dadurch empfindet er ein Glücksgefühl, und dann sammelt er sein Denken zur Konzentration. Losgelöst von Sinnenlüsten und den unheilvollen ›Dingen‹ (Dharma) erreicht er die erste Versenkung, die aus der Loslösung geborene, welche durch Erwägen und Erfassen, durch Freude und Glücksgefühl gekennzeichnet ist.« Sodann erreicht er den inneren Frieden und die Einigung des Denkens, und die dritte Versenkung »erfüllt und durchdringt seinen Körper mit einem freudefreien Glücksgefühl, vergleichbar dem kühlen Wasser, das eine unter dem Wasserspiegel blühende Lotosblume ganz und gar umspült. Nach dem Aufgeben von Glück und Leid, nachdem Frohsinn und Trübsinn vergangen, erreicht er die von Glück und Leid freie vierte Versenkung, die rein ist durch Gleichmut und besonnenes Überdenken. Er durchdringt seinen Körper mit reinem, geläutertem Denken und sitzt da wie einer, der vom Kopf bis zu den Füßen mit weißen Gewändern bedeckt ist.« Damit ist der Weg zur Erkenntnis als der höchsten Stufe des Heils beschrieben, und es stellt sich jene Erleuchtung ein, die mit dem Zustand der Erlösung identisch ist. Damit ist die leidbedingte Existenz des Menschen und der Welt überwunden und das Nirvana erreicht. Das Nirvana ist der einzige unbedingte Daseinsfaktor, es ist die Heilswirklichkeit des Buddhisten und jenes Endstadium, in dem die Erlösung über den Pessimismus und das Leiden gesiegt hat, und es ist jener Zustand, worin alle Möglichkeiten für ein weiteres Werden gänzlich aufgehoben sind. Nirvana ist das Unaussprechliche und Unerfaßbare, und es ist doch das Reale, weil es sich dem Menschen nicht verschließt, der auf dem buddhistischen Pfad der Erlösung unentwegt weiterschreitet, die Bedingungen des irdischen Daseins nach und nach hinter sich läßt und seine Ruhe findet im Erlöschen. In einem Text sagt es Buddha selbst (Udana 8, 10):

»Gleichwie das Licht, vom Windeshauch getroffen,
Zur Ruhe eingeht und dem Blick entschwindet,
So geht der Weise, Nam' und Leib ablegend,
Zur Ruhe ein, entschwindet jedem Blick.«

Man hat, wir erinnern uns, die Lehre Buddhas als eine negative Theologie oder als eine Religion ohne Gott bezeichnet und sie auf eine ketzerische Individualethik reduziert, die jedoch nicht den Anspruch auf die Kennzeichnung als Religion erheben darf. So scheint auch die buddhistische Vorstellung vom Nirvana als dem vollständigen Erlöschen nur sehr schwer mit den traditionellen religiösen Erlösungsvorstellungen in Übereinstimmung gebracht werden zu können; viel eher, möchte man meinen, hat man es hier mit einer frühen und religiös überhöhten Form des Nihilismus zu tun. Solche Überlegungen werden in gewisser Weise unterstützt durch die Tatsache, daß sich bereits der historische Buddha mit den bohrenden Fragen seiner Jünger nach dem Wesen des Nirvana, nach dem Heiligen und nach dem menschlichen Ich auseinandersetzen mußte, und vielleicht hat er sogar ein wenig geseufzt, als er, unter dem Baum der Erkenntnis sitzend, bemerkte: »Schwer wird es der Menschheit zu erfassen sein, das Gesetz der Kausalität, die Verkettung von Ursachen und Wirkungen. Und auch dies wird ihr gar schwer zu erfassen sein, das Zurruhekommen aller Gestaltungen, das Ablassen von allem Irdischen, das Erlöschen des Begehrens, das Aufhören des Verlangens, das Ende, das Nirvana.«
Es besteht kein Zweifel, daß der Buddhismus von seinen Jüngern und Anhängern große intellektuelle und ethische Opfer verlangt, um die wahre Lehre voll auskosten zu können. Daraus hat sich ja auch folgerichtig und organisch der Gedanke des *Sangha*, des buddhistischen Mönchsordens, entwickelt, der die Voraussetzung für die Weltverweigerung schafft, zugleich aber einen deutlichen Hinweis darauf gibt, daß nicht jeder Gläubige die Seligkeit des Nirvana erreichen kann. Wenn Buddha sagt, es gebe kein Brahman und kein Atman, dann sagt er damit nicht weniger, als daß es keine menschliche Seele, kein Ich gebe, weil der Mensch lediglich eine Ansammlung aus den fünf Bestandteilen sei. Vom Ewigen, Substantiellen in der Persönlichkeit könne keine Rede sein; der »Mensch sei nur ein Haufen wandelbarer Gestaltungen«, und diesen Wandel gelte es durch das Verlöschen im Nirvana zum Stillstand zu bringen. Anders gesagt: Wenn eine dialektische Philosophie alles, was ist, als werdend, das heißt in Bewegung und Veränderung, definiert und diese Pro-

zeßhaftigkeit freudig begrüßt, so ist das Werden für den Buddhismus nichts anderes als der trübselige Ausdruck der Unvollkommenheit. Vollkommen und mit sich selbst identisch ist der Mensch aber nur dann, wenn er sich den Zeitläuften und den Lebensbedingungen entzieht und sich selbst zum Stillstand bringt. Die alte Streitfrage der abendländischen Philosophie, die sich um Sein oder Nichtsein dreht, heißt in bezug auf das buddhistische Nirvana nichts anderes, als daß man sich über die eigentliche Qualität dieses Letztzustandes im Unklaren ist. So hat der bedeutende Forscher Max Müller gemeint, das Nirvana sei die Vollendung des Daseins, nicht aber seine Aufhebung. Seiner Meinung nach hätten die buddhistischen Metaphysiker im Nichts das höchste Ziel alles Strebens gesehen, wohingegen die ursprüngliche Lehre des Buddha das Nirvana als Eingehen des Geistes zu einer seligen Ruhe bezeichnet hätte, die von den Freuden der vergänglichen Welt so himmelweit entfernt sei wie von ihrem Leid. Immerhin würde, so Müller, eine Religion, die zuletzt beim Nichts anlangt, aufhören, eine Religion zu sein. Sie wäre nicht länger mehr eine Brücke zwischen dem Endlichen und dem Unendlichen, sondern allenfalls ein trügerischer Steg, der irgendwo abbricht und den Menschen dort, wo er sein Ziel in der Ewigkeit erreicht zu haben meint, in den Abgrund des Nichts hinabstürzen läßt.

Hier liegt mit Sicherheit ein religionsphilosophisch höchst schwieriges Problem vor, das nicht einfach mit dem Hinweis, immerhin glaubten viele Millionen in Asien im Sinne des Buddhismus, beiseite gedrängt werden kann. So großartig der Gedanke der Selbsterlösung zunächst ist, er ist das Ende der Metaphysik und begründet damit eine Religion ohne Gott. Zwar haben verschiedene Forscher wiederholt versucht, diesen radikalen Gedanken interpretatorisch abzuschwächen, wenn möglich sogar zu überwinden, und Hermann Oldenberg hat sich denn auch zu der Bemerkung bereitgefunden, in der »schwülen Stille Indiens« würden »die Gedanken anders als in der Luft des Westens wachsen«, aber auch damit ist das buddhistische Geheimnis keineswegs enträtselt. Es bleibt unübersehbar, daß diese stolze Asketenethik den Gottesgedanken überwunden beziehungsweise die traditionelle Götterwelt depotenziert hat (um es mit einem synthetischen Begriff auszudrücken). Aber es stellen sich noch andere Fragen ein, auf die der Mensch eine Antwort sucht, so die nach der Freiheit, die der Mensch durch seine Selbsterlösung angeblich erlangt, oder die Frage nach dem Tod, und schließlich immer die nach dem menschlichen Ich. Es genügt ja nicht zu sagen, nach buddhistischer Auffassung habe der Mensch kein Ich, und Buddhas Jünger haben ihren Meister denn auch immer wieder mit diesen Fragen konfrontiert. Die Antwort, die der Erleuchtete jeweils gegeben hat, war konsequent, auch wenn sie für europäische Denkkategorien einigermaßen unnachvollziehbar bleibt: Er schwieg. Was unerfaßbar ist, soll das heißen, kann nicht ins Wort gebracht werden, und wo die Vollkommenheit herrscht, herrscht das Schweigen. Also sind das menschliche Ich wie das Nirvana im Augenblick ihrer Identität die vollkommene Ruhe, das Schweigen, aber nicht das Nichts, wie wir es vielleicht aus der abendländischen Philosophie kennen.

Die Zustände des Schweigens, der Versenkung und der Ruhe sind oftmals beschrieben worden, ohne damit ihr wahres Wesen zu enthüllen, weil es nur verinnerlicht erlebt, nicht aber veräußerlicht und artikuliert werden kann. Wenn der Zen-Buddhismus »die Stille in uns selbst« meint, um die es bei der Erlösung geht, dann kann sich diese nur auf folgende Weise ausdrücken (und den Vorwurf der Theoriefeindlichkeit nimmt der Buddhismus einmal mehr gelassen hin): »Gehen ist Zen, sitzen ist auch Zen. Rede ich, schweige ich, ruhe ich, eile ich: Dem Wesen nach ist alles das Unbewegte.«

Wer diesen Zustand des Schweigens und der Versenkung erreichen will, kann dies nur durch eine stolze Abkehr von der Welt und in der Stille des Klosters, des Ordens, der im Buddhismus als das dritte Kleinod bezeichnet wird. Der Theravada-Buddhismus hat eine strenge Ordensregel entwickelt, den *Sangha*, der, wie christliche Ordensregeln auch, genaueste Anweisungen über das richtige Verhalten, das heißt die Einhaltung des Achtfachen Pfades der Erlösung, enthält. Der Sangha ist zugleich Ausdruck der Annahme, daß nicht alle Menschen das Ziel der Erlösung erreichen können, sondern ähnlich wie im Brahmanismus nur wenige. Zwar kennt die Lehre des Erleuchteten über den Orden hinaus auch buddhistische Laiengruppen oder eine Laienbruderschaft, die zur Unterstützung der eigentlichen Mönche und Nonnen gedacht sind, aber ein irgendwie demokratischer Gedanke ist dem alten Buddhismus immer fremd gewesen. Er zog die Enge des Hinayana, des kleinen Schiffes, vor, um auch quantitativ die Abkehr von der Welt und der Mehrheitsgesellschaft zu demonstrieren.

Unter diesen Umständen kann es nicht verwundern, wenn zu Beginn der christlichen Zeitrechnung vor allem im nördlichen Indien religiöse Prozesse stattgefunden haben, die auf eine Überwindung des elitären älteren Buddhismus abzielten, indem an die Stelle des Hinayana der Mahayana trat, das große Schiff, auf dem viele Menschen Platz haben, um das Heilsziel des Buddhismus zu erreichen, und ähnlich wie bei der Entgrenzung des Brahmanismus durch den Hinduismus hat man es bei der Entfaltung des Mahayana-Buddhismus mit mehr zu tun als mit einem Popularisierungsprozeß. In der Absolutsetzung des Nirvana als des höchsten Heilsziels sind sich beide Richtungen durchaus gleich, aber ansonsten überwiegen die Unterschiede, die man auf zwei zentrale Punkte zurückführen kann.

Der Mahayana-Buddhismus hat, erstens, das antimetaphysische Element der klassischen Ordensreligion als Problem erkannt und an die Stelle des Schweigens ein neues Lebensideal gestiftet in Gestalt der Verwirklichung des *Bodhisattva*-Ideals. Bodhisattva hieß im alten Buddhismus derjenige, der sich darum bemühte, ein Buddha zu werden, ein Erleuchteter.

Der Theravada-Buddhismus sprach stets davon, daß die Auserwählten des Ordens Buddhas würden, da für sie das Buddha-Ideal einzig maßgebend sei.

Im Mahayana-Buddhismus hingegen erfährt die Idee der »Vergöttlichung« des Menschen eine entscheidende Korrektur, und das ist der zweite entscheidende Punkt, worin er sich vom älteren Buddhismus unterschiedet: In dem Augenblick nämlich, wenn der Mensch, den Achtfachen Pfad zur Erlösung beschreitend, vor den Toren des Nirvana angelangt ist, macht er kehrt, um aus Mitleid und Erbarmen allen anderen Menschen zu helfen, ebenfalls das Nirvana zu erreichen. Aber damit nicht genug, richtet sich das Erbarmen

auch auf die tätige Nächstenliebe und setzt damit den Karma-Gedanken der indischen Religionen wieder in Kraft. Bodhisattva, ob er nun als einzelner oder in der Vielzahl der um Erlösung bemühten Menschen begriffen wird, ist ein Heiland der Welt, und die Parallele zur Bhakti-Frömmigkeit des Hinduismus bietet sich an, und sie artikuliert sich auch in einem Bodhisattva-Gelübde, das sich im *Vajradhvaya-Sutra* findet: »Die Rettung aller Wesen ist mein Gelübde, von mir müssen alle Wesen befreit werden... Ich bemühe mich nicht nur um meine eigene Erlösung, denn alle diese Wesen müssen von mir mit dem Boot des Gedankens an die Allwissenheit aus der Flut des Sansara *(Wiedergeburt)* herausgeholt werden.«
Von diesem Gedanken aus hat der Buddhismus erst seinen Weg in die (asiatische) Welt genommen, und hier deutet er auch eine verblüffende Parallele zur christlichen Nächstenliebe an. Daß vom Theravada-Buddhismus damit nicht mehr viel geblieben wäre, ist ein hartes Wort, das aber nicht ganz an dem wahren Sachverhalt vorbeizielt, und dennoch bleibt auch wahr, daß der Buddhismus des großen Schiffes, seine vielen Richtungen, Sekten und geopolitischen Besonderheiten ohne die Lehre des Erhabenen undenkbar wären. Vielleicht läßt sich das Herabsteigen des Buddhismus in die Welt und damit zu den Erlösung suchenden Menschen auch durch einen urbuddhistischen Gedankengang erklären. Danach hängt das Erreichen des Nirvana vom richtigen Denken und vom richtigen Verhalten ab, und beide konstituieren das richtige menschliche Sein. Dieses kann jedoch in seiner irdischen Existenz nicht von den empirischen Daseinsbedingungen losgelöst werden und muß damit vor dem Gedanken zurückschrecken, wonach die eigentliche Freiheit erst in dem Zustand des Erlöschens sich vollendet. Es wäre jedoch eine beinahe unverzeihliche Selbsttäuschung, anzunehmen, die Entsagung und schließlich der Tod brächten die Freiheit. Diese kann immer nur real in der Welt gedacht und gefordert und also auch erreicht werden. Ein Erleuchteter, der nur sich selbst beleuchtet, für den bleibt die Welt im Dunkeln und ohne Trost, und so ist er auch nicht wirklich frei. Vielleicht bestand der Irrtum des älteren Buddhismus darin, daß er Diamant und Kohle verwechselt hat: Der Edelstein leuchtet nur – dann allerdings in den feurigsten Lichtern –, wenn das Licht von außen auf ihn fällt; im Dunkeln jedoch bleibt er so stumm und unansehnlich wie die Kohle, und beide bestehen aus dem gleichen Element, nur mit dem Unterschied, daß der Diamant einen hohen Grad an Vollkommenheit erlangt hat...

Die ewigen Menschenfragen: Wo kommen wir her? Wo gehen wir hin?, hat keine Religion mit jener Exaktheit beantworten können, die sich der Mensch manchmal vielleicht wünscht. Aber dieses letzte Wissen bleibt ihm versagt, und jede Religion kann nur eine Annäherung an das Weltgeheimnis sein und den Versuch unternehmen, die Sehnsucht des Menschen nach Antwort und Trost und Erlösung zu stillen. In einem schönen Gedicht hat ein Vertreter des Zen-Buddhismus, der Japaner Ryokwan, am Ausgang des 18. Jahrhunderts den rational schwer nachvollziehbaren Zustand des Ruhens zum Ausdruck gebracht, der das Kennzeichen jedes Glaubens ist, und keinen Zweifel daran gelassen, daß er vollkommen glücklich ist:

»Woher kommt mein Leben?
Wohin wird es enden?
In meiner Hütte sitz' ich allein
Und sinne ruhevoll, doch mit Ernst.
Mit all meinem Denken weiß ich kein Woher,
Noch irgendein Wohin zu ersinnen.
So ist auch meine Gegenwart
Ewiger Wechsel – alles in Leere.
In dieser Leere schwebt das Ich eine Weile
Mit seinem Ja und seinem Nein.
Ich weiß nicht, wohin mit Ja und Nein –
So treib' ich im Karma dahin,
Vollkommen befriedet.«

ANHANG

Abkürzungen der biblischen Bücher

Am	Das Buch Amos
Apg	Die Apostelgeschichte
Dtn	Das Buch Deuteronomium (Das fünfte Buch Mosis)
Eph	Der Brief an die Epheser
Ex	Das Buch Exodus (Das zweite Buch Mosis)
Ez	Das Buch Ezechiel
Gen	Das Buch Genesis (Das erste Buch Mosis)
Hos	Das Buch Hosea
Jer	Das Buch Jeremia
Jes	Das Buch Jesaja
Joh	Das Evangelium nach Johannes
1 Kön	Das erste Buch der Könige
2 Kön	Das zweite Buch der Könige
1 Kor	Der erste Brief an die Korinther
Lev	Das Buch Levitikus (Das dritte Buch Mosis)
Lk	Das Evangelium nach Lukas
Mk	Das Evangelium nach Markus
Mt	Das Evangelium nach Matthäus
Num	Das Buch Numeri (Das vierte Buch Mosis)
Offb	Die Offenbarung des Johannes
Ps	Die Psalmen
Röm	Der Brief an die Römer
1 Thess	Der erste Brief an die Thessalonicher

Literaturverzeichnis

Einleitung – Allgemeine Literatur

Brugger, Walter, Theologia naturalis, Barcelona 1964

Eliade, Mircea, Die Sehnsucht nach dem Ursprung. Von den Quellen der Humanität, Wien 1973

Heiler, Friedrich, Erscheinungsformen und Wesen der Religion, Stuttgart 1961

Lanczkowski, Günter, Geschichte der Religionen, Frankfurt am Main 1980

Lissner, Ivar, Wir alle suchen das Paradies. Die Jenseitsvorstellungen der Menschen, Frankfurt am Main – Berlin – Wien 1977

Mensching, Gustav, Das lebendige Wort. Texte aus den Religionen der Welt, Wiesbaden o. J.

Mensching, Gustav, Leben und Legende der Religionsstifter, Baden-Baden 1955

Mensching, Gustav, Die Weltreligionen, Wiesbaden 1981

Pieper, Josef, Über die Schwierigkeit, heute zu glauben, München 1974

Rahner, Karl, Hörer des Wortes, München 1941

Robinson, John A., Gott ist anders, München 1964

Schultz, Hans Jürgen, Wer ist das eigentlich – Gott?, Frankfurt am Main 1979

Tillich Paul, Religionsphilosophie, Stuttgart 1962

Die frühen Religionen

Durkheim, Emile, Die elementaren Formen des religiösen Lebens, Frankfurt am Main 1981

Evans-Pritchard, Edward E., Theorien über primitive Religionen, Frankfurt am Main 1981

Girard, Rafael, Die ewigen Mayas. Zivilisation und Geschichte, Wiesbaden o. J.

Kerényi, Karl, Antike Religion. Werke in Einzelausgaben, Band VII, München – Wien 1971

Krickeberg, Walter, Altmexikanische Kulturen, Berlin 1956

Lurker, Manfred, Götter und Symbole der alten Ägypter, München 1981

Pieper, Josef, Über die platonischen Mythen, München 1965

Rochedieu, Edmond, Von der Antike bis zum Mittelalter, Genf 1972

Schärer, Hans, Die Gottesidee der Ngadju-Dayak in Süd-Borneo, Leiden 1946

Das Judentum

Baeck, Leo, Das Wesen des Judentums, Wiesbaden o. J.

Ben Gurion, David (Hrsg.), Die Juden in ihrem Land. Die Geschichte des Volkes Israel von den Anfängen bis in unsere Zeit, Würzburg 1967

Bibel, Die. Altes und Neues Testament. Einheitsübersetzung, Stuttgart 1980

Cohen, Hermann, Religion der Vernunft aus den Quellen des Judentums, Wiesbaden 1978

Daniel-Rops, Henri, Die Umwelt Jesu. Der Alltag in Palästina vor 2000 Jahren, München 1981

Hertzberg, Arthur, Der Judaismus, Stuttgart 1981
Kampmann, Wanda, Deutsche und Juden. Studien zur Geschichte des deutschen Judentums, Heidelberg 1963
Roth, Joseph, Juden auf Wanderschaft. In: Ders., Romane, Erzählungen, Aufsätze, Köln 1964, S. 559–615
Schoeps, Hans-Joachim, Jüdische Geisteswelt. Zeugnisse aus zwei Jahrtausenden, Wiesbaden 1980
Scholem, Gerschom, Über einige Grundbegriffe des Judentums, Frankfurt am Main 1970
Scholem, Gerschom, Die jüdische Mystik in ihren Hauptströmungen, Frankfurt am Main 1980
Scholem, Gerschom, Zur Kabbala und ihrer Symbolik, Frankfurt am Main 1981
Trepp, Leo, Das Judentum. Geschichte und lebendige Gegenwart, Reinbek 1970

Das Christentum
Augstein, Rudolf, Jesus Menschensohn, Gütersloh – Wien 1972
Bonhoeffer, Dietrich, Widerstand und Ergebung. Briefe und Aufzeichnungen aus der Haft, München 1951
Brunner, Emil, Erlebnis, Erkenntnis und Glaube, Tübingen 1923
Bultmann, Rudolf, Die Theologie des Neuen Testaments, Tübingen 1958
Bultmann, Rudolf, Jesus, Hamburg 1967
Dawson, Christopher, Die Gestaltung des Abendlandes, Frankfurt am Main 1961
Flusser, David, Jesus, Reinbek 1968
Jeremias, Joachim, Die Gleichnisse Jesu, Göttingen 1962
Käsemann, Ernst, Das Problem des historischen Jesus. In: Ders., Gesammelte Aufsätze, Band 1, Göttingen 1960
Kraft, Heinrich, Die Entstehung des Christentums, Darmstadt 1981
Küng, Hans, Existiert Gott? Antwort auf die Gottesfrage der Neuzeit, München 1978
Pieper, Josef, Scholastik. Gestalten und Probleme der mittelalterlichen Philosophie, München 1960
Pieper, Josef, Hinführung zu Thomas von Aquin, München 1963
Pieper, Josef, Über das christliche Menschenbild, München 1964
Winter, Eduard, Ketzerschicksale. Christliche Denker aus neun Jahrhunderten, Köln 1981
Zahrnt, Heinz, Die Sache mit Gott. Die protestantische Theologie im 20. Jahrhundert, München 1966

Der Islam
Beltz, Walter, Die Mythen des Koran. Der Schlüssel zum Islam, Berlin – Weimar 1980
Cahen, Claude, Der Islam. Vom Ursprung bis zu den Anfängen des Osmanenreiches, Frankfurt am Main 1968
Dermenghem, Emile, Mohammed, Reinbek 1980

Du Ry, Carel J., Die Welt des Islam, Baden-Baden 1969
Fischer-Barnicol, Hans A., Die islamische Revolution. Die Krise einer religiösen Kultur als politisches Problem, Stuttgart 1981
Fitzgerald, Michael; Khoury, Adel Th.; Wanzura, Werner, Renaissance des Islams. Weg zur Begegnung oder Konfrontation?, Graz – Wien – Köln 1980
Grunebaum, Gustav Edmund von, Der Islam. Die islamischen Reiche nach dem Fall von Konstantinopel, Frankfurt am Main 1971
Hunke, Sigrid, Allahs Sonne über dem Abendland, Frankfurt am Main 1960
Jockel, Rudolf, Islamische Geisteswelt. Von Mohammed bis zur Gegenwart, Wiesbaden 1981
Khoury, Adel Th., Einführung in die Grundlagen des Islams, Graz – Wien – Köln 1981
Koran, Der. Aus dem Arabischen übersetzt von Max Henning, Wiesbaden o. J.
Lewis, Bernard, Der Islam von den Anfängen bis zur Eroberung von Konstantinopel, Zürich – München 1981
Nagel, Tilman, Staat und Glaubensgemeinschaft im Islam. Geschichte der politischen Ordnungsvorstellungen der Muslime, Zürich – München 1981
Rahim, Imam 'Abd ar-Rahim ibn Ahmad al-Qadi, Das Totenbuch des Islam, Bern – München 1981
Tibi, Bassam, Die Krise des modernen Islam, München 1981
Williams, John Alden, Der Islam, Stuttgart 1973

Die Religionen des Ostens

Bauer, Wolfgang, China und die Hoffnung auf Glück. Paradiese, Utopien, Idealvorstellungen in der Geistesgeschichte Chinas, München 1974
Deussen, Paul, Sechzig Upanishads des Veda, Darmstadt 1963
Gard, Richard A., Der Buddhismus, Stuttgart 1981
Geldner, Karl F., Der Rigveda, Göttingen 1923 (Reprint Wiesbaden 1951)
Glasenapp, Helmuth von, Indische Geisteswelt, Baden-Baden 1958
Granet, Marcel, Das chinesische Denken. Inhalt, Form, Charakter, München 1963
Oldenberg, Hermann, Die Lehre der Upanishaden und die Anfänge des Buddhismus, Göttingen 1915
Oldenberg, Hermann, Buddha. Sein Leben, seine Lehre, seine Gemeinde, München 1961
Otto, Rudolf, Religiöse Stimmen der Welt, Jena 1921
Otto, Rudolf, Die Katha-Upanishads, Berlin 1936
Radhakrishnan, Sarvapalli, An Idealist View of Life, London 1929
Radhakrishnan, Sarvapalli, Die Bhagavadghita, Baden-Baden 1961
Renou, Louis, Der Hinduismus, Stuttgart 1981
Schneider, Ulrich, Einführung in den Buddhismus, Darmstadt 1980
Zimmer, Heinrich, Indische Mythen und Symbole. Vishnu, Shiva und das Rad der Wiedergeburten, Düsseldorf – Köln 1981

Namenregister